谨以此书纪念业师郑天挺先生诞辰 120 周年

南开大学历史学院教育基金资助 (范曾先生捐赠)

南开大学中外文明交叉科学中心资助

南开史学家论丛

第四辑

清史考辨

白新良 著

中华书局

图书在版编目（CIP）数据

清史考辨/白新良著. —北京：中华书局,2021.4
（南开史学家论丛.第四辑）
ISBN 978-7-101-15079-7

Ⅰ.清… Ⅱ.白… Ⅲ.中国历史–研究–清代 Ⅳ.K249.07

中国版本图书馆 CIP 数据核字（2021）第 031012 号

书　　名	清史考辨	
著　　者	白新良	
丛 书 名	《南开史学家论丛》第四辑	
责任编辑	杜艳茹	
出版发行	中华书局	
	（北京市丰台区太平桥西里 38 号　100073）	
	http://www.zhbc.com.cn	
	E-mail:zhbc@zhbc.com.cn	
印　　刷	北京瑞古冠中印刷厂	
版　　次	2021 年 4 月北京第 1 版	
	2021 年 4 月北京第 1 次印刷	
规　　格	开本/920×1250 毫米　1/32	
	印张 16¾　插页 2　字数 490 千字	
印　　数	1-900 册	
国际书号	ISBN 978-7-101-15079-7	
定　　价	78.00 元	

出版说明

　　新世纪伊始,南开大学历史学科魏宏运、刘泽华、张国刚等先生与著名国画大师范曾先生商定,设立"范伯子史学基金",资助出版《南开史学家论丛》第一辑,一为纪念南开史学的奠基一代,二为总结南开史学文脉一系,三为传承郑天挺、雷海宗等先生的教泽。第一辑收录了郑天挺、雷海宗、杨志玖、王玉哲、杨生茂、杨翼骧、来新夏、魏宏运等先生的文集(中国日本史、亚洲史研究的开拓者吴廷璆先生,因文集另外出版故暂未收入),九位先生可谓南开史学在20世纪50年代崛起的奠基一代,令人高山仰止。第一辑于2002年由中华书局出版后,产生了良好的学术和社会反响,形成了南开史学的品牌效应。

　　2003年,《南开史学家论丛》第二辑出版,收录刘泽华、冯尔康、俞辛焞、张友伦、王敦书、陈振江、范曾先生的文集。七位先生是20世纪80—90年代南开史学持续提升的学术带头人,可谓一时风流。

　　2007年,《南开史学家论丛》第三辑出版,收录南炳文、李治安、李喜所、陈志强、杨栋梁、王晓德六位先生的文集。确定入选者朱凤瀚、张国刚、李剑鸣先生此时调离南开,王永祥先生英年早逝,四位先生的文集未及编辑。诸位先生皆是南开史学崛起的股肱帅才。

　　《南开史学家论丛》第一至三辑,共收录了自郑天挺、雷海宗先生以下二十一位南开历史学科著名学者的文集,大致可分为三代学人,他们或治中古史、或修中近史、或览欧美文化、或观东洋史实。三代衣钵相继,奠基、传承、发扬,对相关学术方向皆有重要贡献,享誉史林,才有了南开史学近百年的无上荣光。这是一份能激动人心的史学积淀,一份能催人奋进的学脉遗产。

　　有鉴于此,南开大学历史学科学术委员会决定继续出版此套丛书的第四辑,委托江沛教授主持编务,以持续梳理南开史学的学术史,总结学科名家的高水平成果,向2023年南开史学的百年华诞献礼。

《南开史学家论丛》第四辑入选学者是:中国史学科的郑克晟、白新良、赵伯雄、张分田、杜家骥、乔治忠、许檀、王先明、常建华、世界史学科的杨巨平、李卓教授。十一位学者在各自领域皆有公认的学术成就,其学术活跃期多在20—21世纪之交前后三十年间,同样是南开史学第四代的代表性学者。

从四辑的入选学者名单可以看出,南开史学历经百年发展,先有梁启超、蒋廷黻、刘崇鋐、蔡维藩等先生筚路蓝缕,继有郑天挺、雷海宗先生代表的第二代深耕根基,再经刘泽华、冯尔康先生领衔的第三代发扬光大,继有多为20世纪50年代出生学者扛鼎的第四代学人守正创新,终于成就蔚然之史学重镇。

如今,南开史学百余名教师,秉承"惟真惟新、求通致用"的院训,以高水准的人才培养、求真创新的学术成果,打造出一支公认的实力雄厚、享誉全球的史学群体,努力为探寻中华传统文化、构建人类命运共同体而全力拼搏。

2019年,南开大学提出"4211"发展战略,其中一个"1",即是建立十个交叉科学中心,努力实现跨学科融汇,强调人文与自然科学两大学科间贯通、协同发展,以服务于国家战略及社会发展需求,这是中外文明交叉科学中心的宗旨所在。在文科率先成立的中外文明交叉科学中心,依托历史学科建设。《南开史学家论丛》第四辑,是一个学术品牌的延续,也是中国史、世界史两大学科成果的总结,凝结了对中外历史与文明的比较及思考。故而第四辑的出版,得到了南开大学中外文明交叉科学中心的资助,在此衷心致谢。

在《南开史学家论丛》第四辑出版之际,衷心感谢著名国画大师范曾先生对本丛书连续四辑的慷慨捐赠和大力支持,他致力弘扬中华优秀传统文化、尊师重道的精神令人敬仰。希望早日迎来第五、六辑的持续出版,让南开史学始终站在历史学的潮头,共同迎接中华民族的伟大复兴。

南开大学历史学科学术委员会

2020年12月12日

目　录

第一章　索隐表幽：入关前先清 已湮史迹钩沉

满洲政权早期前四旗考

根据各种史料记载,在清太祖努尔哈赤建立八旗之前,有黄、白、蓝、红四旗,后来八旗制度即是在四旗的基础上建立起来的。但是,关于四旗的建置,清代各种官修史书的记载不但非常简略,而且不尽相同。如清代中叶纂修的《八旗通志初集》称:

> 太祖高皇帝初设四旗。先是癸未年,以显祖宣皇帝遗甲十三副征尼堪外兰,败之,又得兵百人,甲三十副。后以次削平诸部,归附日众。初,出兵校猎,不论人数多寡,各随族长屯寨行。每人取矢一,每十人设一牛录额真领之。至辛丑年,设黄、白、红、蓝四旗,旗皆纯色,每旗三百人为一牛录,以牛录额真领之。……甲寅年,始定八旗之制,以初设四旗为正黄、正白、正红、正蓝,增设镶黄、镶白、镶红、镶蓝四色,为八旗。

据此,四旗之设置当早在 1601 年。因而,与之大体同时成书的一些清代官书如《清通考》以及近人有关清史的一些专著在涉及四旗的成立时多取此说。

然而,成书于清初的《清太祖武皇帝实录》却与之不同,该书卷二称:

> 乙卯年……太祖削平各处,于是每三百人立一牛录厄真,五牛录立一札栏厄真,五札栏立一固山厄真,固山厄真左右立美凌

厄真。原旗有黄、白、蓝、红四色,将此四色,镶之为八色,成为八固山。

据《清太祖武皇帝实录》所载,八旗之前虽有四旗,但对四旗建于何时却未作说明。其他一些史书如《满洲实录》《太祖高皇帝实录》《开国方略》《满洲源流考》、蒋氏《东华录》、王氏《东华录》,在涉及这一问题的记载中,也都和《清太祖武皇帝实录》一样,将之系于乙卯年条下。惟《开国方略》、王氏《东华录》于叙四旗时,分别加注"创置年月无考""创制年月无考"。

由此看来,在八旗建立之前确曾有过四旗的发展阶段,但是四固山建于何时,其发展演变情况如何,却是一个需要解决的问题。而且,从努尔哈赤起兵直至他死,共四十多年,八旗成立以前的时间又占了四分之三,搞清楚这一时期旗制的发展演变情况,对于了解满洲社会和努尔哈赤早期势力的发展,也有着重要的意义。因此,本文试就这一问题作一初步的探讨。

一

在清人本身对四旗的建立和发展记载简单而又矛盾的情况下,我们不得不使用朝鲜人和明人的记载对之进行纠正和补充。"旗"在满语中称为"固山",在满洲社会的早期,所有满洲政权统治下的人民无不隶于固山。每一固山由一个满洲权贵统治,拥有一定数量的人民和兵士,成为满洲政权中的一支势力。作为最高统治者的"汗"也有自己的固山。除了汗和各固山之主有着一定的从属关系外,各固山之间的权利和义务完全平等。在清人自己的记载中,这些作为固山之主的满洲权贵有时被称为"固山王""贝勒",有时又被称之为"固山贝勒""管旗贝勒""和硕贝勒"。而当时的朝鲜人或明人由于不了解旗制的内情,则往往只抓住其中一个方面的特征加以记载。如看到八旗军作战时分为八支,因而称之为"部";[1]也有的看到这些固山之主和最高统治者"汗"之间存在血缘关系,以及他们又有着各镇一方的势力,犹似于明朝的藩王,故而又称之为"王";[2]也有的径直采

---

① 《光海君日记》,光海君十三年九月戊申。

② 《李朝实录》,仁祖十年闰十一月壬戌。

用满语"固山"一词之对音而称之为"孤山"、①"高沙"、②"高山"。③ 但是,在朝鲜人的记载中,较多地是看到满洲人作战时按固山出兵,固山之王往往是一旗军队之统帅,因而称之为"将"。因此,朝鲜记载中的"八将"则往往可以作为八固山、八固山王以及满洲政权内八支势力的代称。如《栅中日记》己未年(1619)七月十五日记萨尔浒战后将朝鲜俘虏分隶八旗的情况:

> 五十余人尽数分于八将,使之守直云。逼迫驱出之状,惨不可言,闻数日后,尽数杀害云。

同书次年二月二十三日又载:

> 奴酋令八将,自今后朝鲜被虏军卒,更勿剃头,使之长发云。

《建州闻见录》载:

> 胡语呼八将为八高沙……胡语呼拜阿罗军者,奴酋手下兵也,五千余骑,极精勇云(七将皆有手下兵,而未详其数)。……凡有杂物收合之用,战斗力役之事,奴酋令于八将,八将令于所属柳累将,柳累将令于所属军卒,令出不少迟缓。

《光海君日记》光海君十三年六月丁酉载:

> 都体察使朴承宗启曰……河瑞国说称虏国有八将,而每将统长甲军,合计九万。如李永芳所统又不下万余。

《燃藜室记述》卷二一载:

> 奴酋八将,一、老酋,姓崔,癸丑生;二、贵永介,奴长子;三、多乙舍所吐里,奴弟小乙可赤长子,或名阿未罗;四、亡哥吐,奴次子;五、弘太始,奴第四子;六、豆斗,奴长孙;七、所道里,奴侄子;八、阿斗,奴从弟云。(学官朴希圣所述)

可见,朝鲜记载中之"八将"即是指八旗旗主、八固山王、八固山。而且,如果对上述各种记载进行比较,还可看出其中一些记载虽然将

---

① (清)陈仁锡:《无梦园初集》。
② 〔朝鲜〕李民寏:《建州闻见录》。
③ 《李朝实录》,仁祖十年闰十一月壬戌。

努尔哈赤列于八固山王之上,但是,八固山王也还是包括努尔哈赤本人及其所领之固山的。

当然,也需要指出,在朝鲜的一些记载中,"将"并不一定都指固山而言,有时又是指固山之下的牛录将(即柳累将)或更低一些的官员。如申忠一出使建州后记:"奴酋诸将一百五十余名,小酋诸将四十余名,皆以各部酋为之,而率居于城中。"①又如记努尔哈赤灭辉发时称:"老酋亲领八十八将先攻回波部落,战胜仍向忽温云。"②一般来说,朝鲜记载中的这两种"将"是很容易区别的,因为它们之间的数字差别是很明显的。

朝鲜记载中往往以"八将"指代满洲政权中的"八固山王""八固山"给我们以很大的启示,在八旗建立之前的三十多年里,在朝鲜人记载的有关努尔哈赤早期活动的一些史料中,如果出现了几将或几支势力的记载,不是也可据此认为当时满洲政权内有几个固山吗?将这些有关史料加以排比并辅之以其他旁证,不正可看出满洲政权内旗制发展演变的情况吗? 然而,在我们按照这一原则查阅朝鲜有关史籍时,一些记载却是出乎我们意料的。《李朝实录》宣祖四十年(1607)三月甲申条载:

> 稳城府使郑沉驰报内,浦项住胡阿乙送阿老兵被掳回还言:初七日被掳于老兵,到县城则将帅称号者三人,而二人则父子云。三将相议,自囊中搜出印信文书而授余曰:庆、训两镇,已送此文,汝当持此文于稳城镇云。

在努尔哈赤因与乌喇为敌而执行远交近攻、结好朝鲜政策的时候,一些被满洲政权所俘获的朝鲜人得以放回本国,而据其看到的满洲政权内部的情形则是"将帅称号者三人"。既然在这之后的朝鲜记载往往以"八将"指代"八固山",这里的三将不正好说明在1607年时满洲政权存在着三个固山吗?

正在我们对这一推论表示怀疑并因此而从各方面审核这条史料记载的真实性的时候,此后不久的一条朝鲜史料又重申了努尔哈赤

---

① 《李朝实录》,宣祖二十九年正月丁酉。
② 《李朝实录》,宣祖四十年九月庚子。

当时仅有"三将"的说法,《事大文轨》卷四八万历三十五年(1607)六月二十四日载:

> (前略)奴酋使其弟小乙可赤及其子好音舍未各将军马一千百余名,为收领县城部落,由山外到来等情……
>
> 于本月(三月)二十六日,据咸镜北道兵马节度使李时言状启……又该胡人朴守自县城躲身出来,口报,奴酋军兵,分属三将,各持青、白旗为号云云。①

上条《李朝实录》的记载是当年三月甲申(二十一日),《事大文轨》所记此条虽系于当年六月二十四日,但地方官之状启却在三月二十六日,和《李朝实录》所记在时间上仅仅相差五天! 两个地方基本同时报告努尔哈赤所部"分属三将",不但说明了这些材料的真实性是无可怀疑的,也说明了1607年时满洲政权有三个固山的推论不是只有一条孤证的。

在由朝鲜记载而发现1607年时满洲政权内有着三个固山的同时,我们也发现,原先使我们无法理解的《满文老档》中的一些史料可以因此而得到解释,并可作为满洲政权内存在过三个固山的新证据。和朝鲜记载不谋而合的是,在这之后三年即万历三十八年(1610)《满文老档》的记载中,努尔哈赤把灭掉哈达后掳获的明朝政府赐予海西各部的敕书在满洲政权各级贵族内部进行分配时,恰好也是按三个单位进行的。

《满文老档》第七十九卷至第八十一卷是满洲社会早期的可靠的档案资料,它记载了万历三十八年时努尔哈赤将从哈达抢来的敕书在各级满洲贵族内部进行再分配的情况。据统计,在参与分配的三个穆昆中,第一穆昆拥有117道敕书,第二穆昆拥有126道敕书,第三穆昆拥有120道敕书,三个穆昆共拥有敕书363道。而如果和明人记载进行比较,便可看出,这363道敕书就是明朝政府赐予哈达历代部长王台、猛格布录、武尔古岱敕书的一部分,也是努尔哈赤灭掉哈达后所抢得的哈达敕书的全部数字。如《明神宗实录》卷五〇七万历四十一年四月乙巳载:

---

① 转引自〔日〕三田村泰助:《清朝前史研究》,东洋史研究会,1965年,第310页。

> 问奴何为杀我七部属夷,何为夺我发给吾儿忽答等敕书三百六十三道?

同书卷五一九万历四十二年四月丁酉载:

> 且南关三百六十三道敕书锡予出自天朝,奴酋夺而有之,我不但不问南关之所以去,而并不问敕书之所以来,公然以南关之赏赏之,是诲盗也,是赏叛也,损威辱国,莫此为甚。

可见,三卷《满文老档》所载的 363 道敕书就是努尔哈赤灭亡哈达之后掳获的海西敕书的总数,而且这一数字至叶赫被灭亡前一直没有变化。设如努尔哈赤所部在 1610 年时有四个固山,当将这些敕书按四个单位进行分配;设如当时虽有四个固山而仅是《满文老档》失载,则三个穆昆所有敕书之和当不至 363 道。和我们这些推断相反,三个穆昆所有敕书之和恰是 363 道,这就排除了在 1610 年时努尔哈赤所部有第四个固山的存在。《满文老档》记载的三个穆昆和朝鲜人记载的"奴酋军兵,分属三将"在时间上和数字上都是如此巧合,这不但进一步证明了在 1607 年至 1610 年时满洲政权确实有过三个固山的发展阶段,而且证明了三卷《满文老档》所记载的穆昆也就是当时的固山或至少是当时固山的上层核心,这为我们进一步研究努尔哈赤早期的满洲社会的组织形式提出了新的启示。

当然,也需指出,在此 363 道敕书之外,此时努尔哈赤还持有明朝政府赐予建州的 500 道敕书,①而这 500 道敕书的详细分配情况却失载了。但是,通过对一些史料进行分析,可以看出,这 500 道敕书也是以三个穆昆为单位在各级满洲权贵内进行了分配的。《满文老档》卷三记壬子年努尔哈赤训斥褚英时说:"你们生于其他兄弟之前,分给年长的同母两兄弟国人各五千家,各八百牧群,银各一万两,敕书八十道。给我爱妻所生诸子的国人、敕书都比这个少。"按之三卷《满文老档》,褚英、代善各持敕书 40 道,这就说明,他们在各持 40 道海西敕书之外也还各持 40 道建州敕书。而且,因为海西 363 道敕书是作为战利品进行分配,事在建州 500 道敕书既分之后,如果此时满洲政权内部存在着四个固山,努尔哈赤绝不会遗漏一个固山使其

---

① 《清太祖武皇帝实录》卷一,戊子年。

仅持有建州敕书,而不分予海西敕书的。因此,尽管建州五百道敕书的详细情况失载,但并不能由此作出努尔哈赤此时尚有第四个固山的推论。

由上所述,至少是在1607年至1610年时满洲政权内部存在过三个固山,那么,这三个固山的具体情况如何呢?

在三卷穆昆、达旦的档子中,第一穆昆中拥有敕书最多的是努尔哈赤本人,占40道。其次是后来在满洲政权中职位很高的五大臣,其中额亦都8道,何和里7道,费英东7道,扈尔汉7道,安费扬古6道,共计35道。努尔哈赤和五大臣拥有的敕书几乎占全穆昆敕书总数的三分之二。努尔哈赤分配敕书,是以被授予人在满族政权中的地位高低和拥有部众的多少而为等差的。就努尔哈赤在第一穆昆中拥有敕书最多来看,努尔哈赤就是这一固山之主。就五大臣在第一穆昆中拥有仅次于努尔哈赤本人的敕书来看,这几个人拥有的部属构成了努尔哈赤自领固山的重要组成部分。而且,五大臣来归年份皆在万历十六年前,因此可以说,至少自16世纪90年代始,努尔哈赤便亲自控制了这一固山。

就第二穆昆的情况分析,在全部126道敕书中,以努尔哈赤长子褚英和其婿武尔古岱占有最多,其中褚英40道,武尔古岱30道。二人拥有敕书之和占全部敕书的半数以上。故而可定,此二人在这一固山中势力最大,拥有部众最多。然而,这两人究竟谁是固山之主?如对有关史料加以分析,则可看出,始为武尔古岱,而后才改为褚英。

万历二十七年(1599)秋,努尔哈赤以帮助哈达抵御叶赫侵扰为借口,乘机出兵,将哈达人民"悉编入户籍以归"。但不久,"仍令吴尔户代带其人民而归"。① 武尔古岱复国是在辛丑年,可见,在哈达灭亡之后两年,作为亡国之君的武尔古岱仍然拥有自己的哈达旧部——虽然是出自于明朝政府的干涉。

哈达复国不久,努尔哈赤便以"哈达国饿,人皆无食"为借口而将其重新吞并,以至"南关之敕书、屯寨、土地、人畜、尽为奴有"。② 为了不至于引起明朝政府的再度干涉,在这部分人民的管理上,努尔哈

---

① 《清太祖武皇帝实录》卷二。
② (明)程开祜:《筹辽硕划·奴酋考》。

赤表示"誓抚吾儿忽答保寨",①意即允许武尔古岱自己管理其哈达旧部。而后,明臣奏疏也提到"海西夷酋吾儿忽答见在建州寨内住牧",②而且,在这之后,还提出了对武尔古岱实行策反的办法。③ 可见,一个时期内,武尔古岱及原来哈达之众虽已移居建州,但却是自成体系的。如果武尔古岱及所部之众已被剥夺,如何"住牧"? 对他进行策反,还有什么价值?

但是武尔古岱任此固山之主的时间并不长,至晚在1607年春以前,便已被褚英所取代。由于史料缺乏,我们现在已难以知道其具体过程。但前述《李朝实录》宣祖四十年已经提到"将帅称号者三人,而二人则父子",可知此时褚英已在固山王之列,而《满文老档》第八十卷褚英和武尔古岱恰在一个穆昆,便可知其所取代者为武尔古岱了。

就第三穆昆的情况分析,在120道敕书中,以代善最多,占40道;其次是努尔哈赤之弟舒尔哈齐,占25道;再其次是舒尔哈齐之子扎萨克图,占有10道。就敕书拥有的数量而言,代善毫无疑义地是这一固山之主。但是,如果和其他史料进行比较,便可看出,这仅是1609年己酉之变以后的情况。在这之前,这一固山之主当是舒尔哈齐。

《满文老档》卷一己酉年三月载:"淑勒昆都仑汗因为弟舒尔哈齐贝勒是同父同母所生的惟一的弟弟,国人、好的僚友、敕书、阿哈等都全部同自己一样的专主。"以此可证,在己酉年三月之前,舒尔哈齐当和努尔哈赤一样拥有40道海西敕书,并是这一固山的主人。

但是,由于长期以来的权力之争,两者矛盾终于在己酉年三月爆发。为了制止舒尔哈齐率部"移居黑扯木"④的分裂行动,努尔哈赤采取断然措施,囚禁舒尔哈齐,诛杀其党羽,并"收回给弟贝勒的全部国人、僚友及一切东西"。在逼迫他低头认罪之后,才又"把收回的国人、僚友,重新还给弟贝勒"。⑤

如据《老档》此条所记,似乎在己酉之变之后舒尔哈齐仍拥有整

① 《明神宗实录》卷三六六、卷四六〇。
② 《明经世文编》卷四五三。
③ 《明神宗实录》卷三六六、卷四六〇。
④ 《清史稿》卷二一五、卷二二五。
⑤ 《满文老档》卷一。

个固山,但另据《清太宗实录》卷八天聪五年正月壬寅所记,却并非如此:

> 己酉岁,我国当宁谧之时,二贝勒父子欲擅离我国,往据一方自立。我皇考劝之不听,法难宽宥,只以亲弟之故,宥而不诛,将以其罪,罪二贝勒。我诸兄弟力为谏止,仍收养之,夺所属人民之半,此其旧恨一也。

对照三卷《满文老档》的分配情况,在第三穆昆中,舒尔哈齐仅持有敕书 25 道,加上其子扎萨克图的 10 道也不过 35 道。而代善竟以努尔哈赤之子进入舒尔哈齐所领固山,独占 40 道敕书。可以推断,在舒尔哈齐生前,其所领固山之半,已被代善夺去并代替他而成为该固山之主了。

综上所述,可以看出,在八旗建立之前,满洲政权曾经经过三个固山的发展阶段。这一阶段从努尔哈赤吞并哈达之后便已开始,至晚在 1610 年时仍然存在。在这一时期中,努尔哈赤亲领之固山是稳定的;以哈达旧部为基础建立起来的固山则经历了褚英取代武尔古岱为固山之主的变化;舒尔哈齐所领固山在己酉之变后曾一度易主,而后又分为两支势力并以代善为固山之主。这就是八旗历史上三个固山发展阶段的大致情况。

二

如上所述,在 17 世纪初叶满洲政权的三个固山中,先以武尔古岱而后又以褚英为首领的固山既然是以哈达旧部为基础建立起来的,由此推论,在努尔哈赤灭掉哈达之前,满洲政权应当经历过两个固山的发展阶段。如果对这个时期的有关史料记载进行分析,则恰可证明这一推论是符合史实的。《李朝实录》宣祖二十二年(1589)七月丁巳载:

> 平安兵使书状:满浦呈内,建州卫彼人童坪者等十八名……归顺出来,言内左卫酋长老乙可赤兄弟以建州卫酋长李亦难等为麾下属,老乙可赤则自中称王,其弟则称船将。多造弓矢等物,分其军四运:一曰环刀军,二曰铁锤军,三曰串赤军,四曰能射军。间间练习,胁制群胡,从令者馈酒,违令者斩头,将为报仇

中原之计云云。

一些学者仅据"分其军为四运"句,便以为这是四固山之证。其实,如果综观全段引文,则当指使用不同武器的兵种而言,而努尔哈赤称王,其弟自称船将,则适可证明努尔哈赤所部其时已分为二支,而后的许多史料又进一步证明了这一点。《李朝实录》宣祖二十八年(1595)十一月戊子载出使建州的朝鲜使臣在向努尔哈赤行礼后接记:

> 小乙可赤处亦一样行礼矣。老乙可赤屠牛设宴,小乙可赤屠猪设宴,各有赏给。

两个月后,申忠一又出使建州,也还是受到努尔哈赤兄弟的分别接待,回赠礼物也还是分别进行。从接待外国来使的情况可以看出,满洲政权内部已分为两支势力,而且,这两支势力的首领努尔哈赤和舒尔哈齐的地位也是大致平等的。

不仅如此,一些史料还证明,这两支势力各有自己的部众,各有自己的行政机构,各有自己的土地。

《李朝实录》宣祖二十八年十一月戊子载:

> 老乙可赤麾下万余名,小乙可赤麾下五千余名。……老乙可赤战马则七百余匹,小乙可赤战马四百余匹。

同书宣祖二十九年正月丁巳载:

> 奴酋诸将一百五十余名,小酋诸将四十余名,皆以各部酋为之,而率居于城中。

同书宣祖三十年四月壬午又载:

> 二月十五日,老酋小酋,各聚其兵。

可见,努尔哈赤和舒尔哈齐各有自己的部众。

同书宣祖二十九年正月丁巳还载朝鲜使臣申忠一在接受努尔哈赤兄弟赠送的礼物时说:

> 我以满浦军官,只持文书往复而已,有何勾干,膺此两都督府重礼,分贶家丁,尤极未安。承领无名,情愿反璧。

努尔哈赤兄弟各自开府治事,可见,满洲政权内此时存在着两个权力相同的行政机构。

另据申忠一此次出使时所作的《建州纪程图记》所载,在他出使途中,凡见"奴酋农幕"一,"小酋农幕"二,申忠一所见,当然不是努尔哈赤兄弟所拥有的全部土地,但由此可知,努尔哈赤兄弟还各有自己的土地。

综上所述,在16世纪80年代末以后,至哈达灭亡之前,满洲政权内存在着两支势力。这两支势力各自有着自己的首领,各有自己的部众,各有自己的官署,各有自己的土地,已经具备了形成固山所必要的条件。而此时努尔哈赤兄弟以平等身份接待朝鲜使者更为八旗建立后所没有。同时,在这两支势力之外,并没有关于第三支势力以及三支以上势力的记载。据此,可以认为,这个时期满洲政权内部只有两个固山,两个固山的首领就是努尔哈赤和其弟舒尔哈齐。

与之有关的还有一个五色旗问题。《李朝实录》宣祖二十九年正月丁巳载:

> 正月初四日,胡人百余骑各具兵器,粮饷数斗许,建旗出北门,乃烟台及防备处捯奸事去云。旗用青、黄、赤、白、黑,各付二幅,长可二尺许,初五日亦如之。

就八旗成立后的情况而言,每一固山使用一种颜色的旗帜,而此处却有五种颜色的旗帜同时出现,是否可据此认为此时满洲政权内部当有五个固山呢?

指代八旗之"旗"是满语"固山"的汉译,但是并非所有之旗皆可理解为固山,即使是清人本身的史料也是如此,更不用说朝鲜人的记载了。只是在旗切实具备了固山的其他条件时,才可以理解为固山。申忠一所见,仅百十人行军,便用旗多至于五色,且每幅长仅二尺许。在没有其他佐证的情况下,便以为满洲政权内有五个固山,似乎是过于简单化了。

那么,五色旗的作用又何在呢?就上下文内容分析,笔者比较倾向于这是用于一个固山之下的指挥小股部队进退行止所使用的旗帜,即后来郑忠信出使后金时看到的"统司、哨队"之旗。在16世纪90年代,即使已以旗之颜色指代固山,亦必处于草创阶段,而且由于当时只有两个固山,指代固山的旗帜也必然仅有两色,故而不会因有作用不同、大小不同的两种旗帜而引起混乱。至于五色旗各起什么作用,由于史料缺乏,我们已经不详其所以了。

两个固山的情况已如上述,那么,这两个固山是怎样建立的? 在这之前的情况又如何呢?

万历十一年努尔哈赤起兵时,仅有父、祖遗甲十三副。而后,虽不断发展,但在万历十六年以前的历次出兵数字上,没有达到千人的记载。因为兵微将寡,故而在出兵作战时,往往身先士卒,冲锋陷阵,甚至"自执旗先进"。① 而且,这几年中,其活动范围,又仅仅限于苏子河一隅之地。因此,很难设想,这时努尔哈赤会有两个固山。

苏克苏浒部统一之后,努尔哈赤成为建州五部中之一小霸。对于其他四部,或武力攻取,或联姻劝降,一时之间,出现了各部来附的热潮。万历十六年,苏完部酋长索尔果、栋鄂部酋长何和里、雅尔古寨扈喇虎等相继率部归附。据史载,索尔果来归时率军民"五百户",何和里来归前"兵马精壮"。② 兼之以此后不久建州五部的统一,努尔哈赤属下的人民和土地扩大数倍。应当是在各部来附的高潮中,为了加强对新附部众的管理,努尔哈赤于原来固山之外,另建第二个固山的。其原有之固山,给予了自己的同胞母弟舒尔哈齐,其新建之固山,则置于自己管辖之下。因为新建固山是以来附各部为主体,故而努尔哈赤对各部酋长加意笼络,或妻之以女,或养以为子,或授以高位。其从原来固山所带出的,不过是少数亲信、侍从而已。《满文老档》卷一载努尔哈赤斥责舒尔哈齐时称:"你倚仗为生之道的国人、僚友,并不是我们父亲专主的国人、僚友,是兄我给的国人、僚友。"可证舒尔哈齐所部之基础原是努尔哈赤部下。另,至 1610 年时,苏完部长索尔果之子费英东、栋鄂部长何和里、扈喇虎之子扈尔汉等于万历十六年来归之人及其部众皆在努尔哈赤所领固山,可见,万历十六年时努尔哈赤以新附部众另建固山的推测是符合史实的。而后不久,这一情形便为朝鲜人所知并留下努尔哈赤"称王",其弟自称"船将",所部分为两支的记载,从而为我们深入进行八旗发展史的研究

① 《清太祖武皇帝实录》卷一。
② 《清史稿》卷二二五。

保存了可贵的资料。

三

由上所述,可以看出,从努尔哈赤起兵至 1610 年时,满洲政权经历了从一个固山向两个固山以致三个固山的发展过程,那么,第四个固山又是何时和怎样建立的?

一些史料证明,在八旗发展史上,确实有过四旗的发展阶段,但是,和第二、第三个固山不同的是,它不是以来归部族为主体建立起来的,而是在满洲贵族集团的内部斗争中建立起来的。

如前所述,由于长期以来努尔哈赤和舒尔哈齐两个政治集团之间的矛盾,导致了 1609 年的己酉之变。斗争的结果,是舒尔哈齐部众被剥夺和努尔哈赤以其次子代善入主舒尔哈齐所领固山,但不久,又将其中的一部分部众重新给予舒尔哈齐,而仅"夺所属之半"。其原因,依《老档》说法是因为舒尔哈齐的悔悟,而如对当时的形势进行分析,则当因努尔哈赤尚未十分强大,无力控制和自己实力相当的舒尔哈齐的全部部众;而且舒尔哈齐又受职于明朝,联姻于乌喇,恐怕因此而引起外来干涉,以致自己处于被动局面的缘故。

己酉之变后,夺舒尔哈齐"所属之半"的结局使得满洲政权虽在形式上仍是三个固山,但在实际上却分成了四支势力。分析己酉之变后的三卷《满文老档》,便可看出这一变化。其中,第一、第二固山均无变化,仍分别以努尔哈赤和褚英为固山之主。只有第三固山,分成为代善和舒尔哈齐两支势力,正是这两支势力,构成了后来的两个固山的基础。

根据有关史料的记载,第四个固山的建立应当是在舒尔哈齐死去之后,《清太宗实录》卷八天聪五年正月壬寅载:

> 己酉岁,我国当宁谧之时,二贝勒父子欲擅离我国,往据一方自立。我皇考劝之不听,法难宽宥,只以亲弟之故,宥而不诛。将以其罪,罪二贝勒,我诸兄弟力为谏止,仍收养之,夺所属人民之半,此其旧恨一也。其后,二贝勒之父既薨,皇考不以弟之子而异视之,等于亲生三大贝勒,增所属人员,自成一旗,称四和硕贝勒。

　　舒尔哈齐死于辛亥年，也就是说，是在此之后，才将这一固山分为两个固山的。第四固山建立于此时，也可以从另外一些旁证中得到证明。《满洲老档》卷三壬子年九月努尔哈赤出征乌喇前训斥正在执政的褚英时说：

　　　　"如果是像你这种心胸狭隘，认为给你国人、牧群、财货等东西少，那么你专主的国人、牧群、财货等和你弟弟们合在一起再平分。"……于是长子对他的四个僚友议论说："和诸弟平分国人，我不能再活了，你们和我一起死吗？"

　　由此可见，至晚是在壬子年夏秋之交，努尔哈赤为适应诸子陆续长成、部众不断增加的新形势而试图进行一次管理体制的大改革。其改革的蓝图大抵应当是于努尔哈赤、褚英之外，另使自己"爱如心肝的四个儿子"，①即天命建元后的四和硕贝勒也在这次改革中各占一席之地。按照这一方案，其中原来的第三固山，事实上已经分成两支势力，只要明确分为两个固山即可。但是，在努尔哈赤要将褚英所领固山分出一半给自己"爱如心肝的四个儿子"中的一个去管理的时候，却遭到了褚英的坚决抵制，以致这一工作刚刚开始，仅仅建立了四个固山，便不得不中途停止下来。尔后，由于乌喇灭亡，部众骤增，形势变化，扩四固山而为八固山，虽然在建旗数目上，未必完全是努尔哈赤之原意，但就八旗初建时之旗主而言，却大体未出努尔哈赤1612年时所设想之规范（仅因形势变化，褚英被其子杜度所替代）。这就足可证明，在舒尔哈齐死后，灭乌喇之役前，努尔哈赤曾经进行过一次管理体制的改革，第四固山的建立，应当不晚于此。

　　四固山的建立情况已如上述，四固山的旗色又是怎样分配的？

　　在满洲政权中，努尔哈赤既是一固山之主，又是满洲政权的最高统治者，壬子年九月征乌喇之役，即已"张黄盖"；②八旗建立后，又亲领两黄旗；天命建元，也"黄衣称朕"。③由此可知，在四固山时期，其所领固山之旗色，当是黄旗。

　　如前所述，褚英所领之固山为哈达之旧部，哈达原为海西女真之

---

①　《满文老档》卷三。
②　《满文老档》卷三。
③　（明）王在晋：《三朝辽事实录》卷一。

一部。据明人魏焕分析:"海西山寨之夷,曰熟女直,完颜之后,金之遗也。"①又据《大金国志》:"金俗好衣白,自灭辽臣宋,渐有文饰,至于衣服,尚如旧俗。"《金史·舆服志下》亦载:"其衣色多白。"可见,这个部落有尚白的习俗。在四固山时期,其旗色,当是白旗。八旗建立后,褚英之子杜度仍领镶白旗也可证明这一点。

代善所领之固山,原是从舒尔哈齐固山分出。从八旗建立后的情况看,代善一直自将两红旗。以此逆推四固山时期,其所领固山之旗色,当是红旗。

阿敏所领之固山,为舒尔哈齐遗部。八旗建立后,阿敏为镶蓝旗主。由此逆推,四固山时期,其所领固山之旗色,似当为蓝旗。但据早期八旗史料,未见蓝旗出现。和四固山时期相衔接的三固山时期,也只见"持青、白旗为号"字样。《清史稿·太祖本纪》亦载:"初以黄、红、白、黑四旗统兵,至是增四镶旗,易黑为蓝。"早期、晚期史料均可获得一致。因此,始建四固山时,阿敏所领固山之旗色当为黑旗,至建八旗设四镶旗时,才于正蓝旗建立之后,将其改为镶蓝旗的。

由此逆推三个固山时期,除褚英、舒尔哈齐两固山之旗色与四固山时期相同而分别为白、青二色之外,努尔哈赤所领固山之旗色极有可能是红色,而且从 16 世纪 80 年代末这一固山建立时起便是如此。因为在满洲社会早期,尚有尚红之习俗。②只是到了四固山建立时,努尔哈赤势力进一步壮大,始将红色旗给予代善,而其自领固山则公然揭起黄旗了。我们看到,在八旗建立之后,这种通过改变旗色而改变各旗在满洲政权中的政治地位的做法仍多次被使用。这说明,在这之前,已经有过这样的先例,他们这样做,是有故事可援的。

四

对于满洲政权早期前四旗的形成,可以大致评述如下:

一、有关满洲早期的史料证明,从努尔哈赤起兵至八旗建立之前的三十多年的时间内,满洲政权经历了从一个固山向两个固山、三个固山以致四个固山的发展过程。在努尔哈赤起兵之初,满洲政权仅

---

① (明)魏焕:《皇朝九边考》。
② 《清太祖武皇帝实录》卷四,天命九年四月。

有一个固山。在 16 世纪 80 年代末,建立起第二个固山。17 世纪初灭亡哈达之后,建立起第三个固山。十年之后,在满洲贵族集团内部斗争中,又建立起第四个固山。四个固山不是一次成立,而是在三十多年的军事征服和满洲贵族集团的内部斗争中逐步形成的,四个固山形成的历史和努尔哈赤势力发展壮大的历史是完全一致的。

二、就四固山时期各固山的构成成分而言,在三个固山以前的历史时期,大抵是以部族为主,拆散被征服者的血缘和原居住地的联系而分入各固山,仅居次要地位。三个固山形成以后,这一情况开始发生变化。被征服者被分入各固山以保持各固山之间的势力平衡,在满洲贵族内部斗争中获胜的一方为控制对方而将亲信及其部众派赴各固山,导致了一族分居几固山的现象,从而使各个固山的内部结构也发生了深刻的变化,使其由以血缘或原居地为纽带的联合体逐渐改造成为以新的地域和共同的经济生产、共同的政治利益为纽带的社会结构。固山内部结构的变化,是一个历史的进步,它加快了各部族间互相融合的步伐,促进了满洲共同体形成的历史进程。

三、就四固山和八固山的关系而言,无论就固山的内部结构或是各固山的首领、部众而言,四固山都为八固山的建立奠定了基础。四固山时期建立起来的满洲政权的基层组织——牛录,同样也构成了八固山时期满洲政权和八固山的基层组织;八旗初建时期的各旗旗主大体上又是以四固山时期为基础;而且,四固山时期的各固山部众在进入八固山时期后,其发展脉络、分合归属,也都清晰可寻。例如三固山时期的舒尔哈齐一支,在四固山时期分为红、黑两固山,至八旗建立后又分别构成两红、镶蓝三旗的基础。而不能因为后来三旗颜色的不同便认为三旗各有其源。另外,四固山时期满洲权贵内部的政治斗争,也在很大程度上影响着八旗建立后满洲权贵内部的政治斗争。因此,可以说,四固山时期是满洲政权发展的重要历史时期,四固山的建立为八旗和后金政权的建立准备了条件,在八旗发展史上起过重要的作用。

努尔哈赤时期八旗左右翼考

清代八旗,有左右翼之分。《八旗通志初集》卷三〇《八旗方位图说》载:

> 世祖章皇帝定鼎燕京,分列八旗,拱卫皇居。镶黄居安定门内,正黄居德胜门内,并在北方。正白居东直门内,镶白居朝阳门内,并在东方。正红居西直门内,镶红居阜城门内,并在西方。正蓝居崇文门内,镶蓝居宣武门内,并在南方。一从祖制。以八旗分左右两翼,亦准前规。

如果把上述左右翼的编排与努尔哈赤时期历次战争中所出现的左右翼旗进行比较,则可看出,《八旗通志初集》所载的左右翼并没有遵从"祖制",而是变化很大。那么,努尔哈赤时期的左右翼是怎样划分的?《八旗通志初集》所载的左右翼又是从何时开始?

《清太祖武皇帝实录》卷二天命三年四月条载:

> 次日(四月十四日),分二路进兵,令左侧四固山兵取东州、马根单二处,(努尔哈赤)亲与诸王率右侧四固山兵及八固山摆牙拉取抚顺所。

又,《满文老档》卷六天命三年四月十五日条载:

> 游击李永芳勉强投降,穿官服乘马出了城。镶黄旗固山额

真阿敦带来与汗会见时,不让下马,互相拱手相见。

可见,攻打抚顺城的是右翼四旗,镶黄旗固山额真阿敦参与是役,则镶黄旗自属右翼。

又,《清太祖武皇帝实录》卷三记天命四年三月萨尔浒之战时,连续两次出现"右二白旗固山"字样。"再令右二白旗固山瞭望界凡敌兵。""正冲击之时,右二白旗固山渡河前进,夹攻之。"可知,除镶黄旗外,正、镶两白旗也属右翼。

《满文老档》第十六卷载天命五年八月二十一日与明军战斗事:

> 于是命左翼一固山额真莽古尔泰贝勒说,你方的(敌)兵少,你去驱逐他们。莽古尔泰贝勒听到这个话,就率领挑选的摆押拉各一百,去驱逐尼堪兵。

莽古尔泰是正蓝旗和硕贝勒。说明正蓝旗是属左翼的。

同卷同日又载:

> 停在另一处的尼堪兵和右翼四旗的兵各停在山的一侧。右翼的诸贝勒、诸大臣没有看见尼堪兵。于是汗派遣了自己身边左翼一旗的兵。那一旗的兵去驱逐尼堪兵,仅精锐旗兵一百追及蜂拥进入沈阳城北门的兵,杀死百人返回了。

努尔哈赤自将两黄旗,除镶黄旗已属右翼外,另一"自己身边左翼一旗"自然是正黄旗。

《满文老档》第十九卷天命六年三月二十日条记辽阳之役:

> 左翼四旗莽古尔泰贝勒、阿敏贝勒、达尔汉虾的兵夺西门的桥而入。

这条史料不仅证实了前引天命五年八月二十一日条《老档》记载莽古尔泰的正蓝旗属左翼,同时,还说明了阿敏所将的镶蓝旗也属左翼。

这里的问题在于努尔哈赤时期达尔汉虾(即扈尔汉)属于何旗。从《八旗通志初集》以后的清代各种官修史书的记载看,达尔汉虾属于正白旗,而此前萨尔浒之战时又已见正白旗属右翼,这里,属于正白旗的达尔汉虾却又在左翼出现,这岂不是矛盾吗?笔者将《满文老档》和《李朝实录》的有关记载加以对照,发现在努尔哈赤时期,达尔汉虾一直隶于正黄旗。

依据《满文老档》中的八旗历次排列次序(第四十一卷、第五十五卷、第六十七卷至第七十卷),无不是以黄为首。达尔汉虾所属旗在《满文老档》第十八卷天命六年闰二月二十日条、第三十八卷天命七年三月初七日条均名列第一。又,前此《满文老档》第六卷天命三年四月十五日条已说明阿敦是镶黄旗固山额真,则达尔汉虾自当是正黄旗固山额真。

又,《光海君日记》一六九卷光海君十三年九月戊申条载朝鲜满浦金使郑忠信出使后金后汇报的情况:

> 老酋(即努尔哈赤)自领二部,一部阿斗尝将之,黄旗无画;一部大舍将之,黄旗画黄龙。

阿斗,即阿敦之对音。郑忠信到达东京的日期是天命六年九月二十四日,前此六天(九月十八日)阿敦刚被逮捕下狱,所以在这里说"阿斗尝将之"。大舍之"舍",当读如"虾",大舍当即达尔汉虾之对音。达尔汉虾能领努尔哈赤自将之一旗,也可证明他是正黄旗固山额真。

达尔汉虾死于天命八年十月,而两年后,在《满文老档》第六十七卷天命十年登记两黄旗官员任命敕书的档子中,达尔汉虾的儿子浑塔、准塔皆在正黄旗。这也说明,在努尔哈赤时期,达尔汉虾是隶于正黄旗的。

由上所述,在努尔哈赤时期,达尔汉虾是正黄旗固山额真,且在左翼。这样,左右翼便各有三旗。左翼是正黄、两蓝;右翼则是镶黄、两白。那么,余下的两红旗自然是一左一右了。至于正、镶两红旗究竟孰左孰右,我们分析一下努尔哈赤下辽东后八旗兵的分驻情况,便可发现,正红旗属左翼,而镶红旗属右翼。

《清太宗实录》卷七天聪四年六月乙卯条称:"太祖时守边驻防,原有定界。"《满文老档》第四十一卷天命七年四月十七日条记载了下辽东后八旗兵的守边驻防情况。据这条档子记载:

> 正黄旗收揽的地方是费阿拉、尚间崖、博石、扎克旦、恒郭、抚西、西彰间、德立石、奉集堡等八城;

　　镶黄旗收揽的地方是柴河、抚安、范河、懿路、三岔儿、铁岭、【原档残缺】宋家泊、丁家、必音、嘉呼禅等十城；

　　正红旗收揽的地方是温得恨、扎库穆、清河、一堵墙、碱厂、孤山、山羊峪、咸宁营、东州、马根单等十城；

　　镶红旗收揽的地方是沈阳、浦河、平房堡、十方寺、上榆树、静远堡、武靖营、长宁堡、会安堡、虎皮驿、长勇堡、长胜堡等十二城；

　　镶蓝旗收揽的地方是旅顺口、木场驿、金州、石河驿、黄骨岛、归附堡、望海埚、红咀对八城；

　　正蓝旗收揽的地方是岫岩、青苔峪、马库瓦勒赛、水场峪、伊兰博里库、镇东、镇夷、凤凰、汤站、险山、甜水站等十一城；

　　正白旗收揽的地方是复州、栾古堡、杨官堡、永宁监、五十寨、盖州、盐城堡、天成堡、庆云堡等九城。

　　镶白旗收揽的地方是海州、东京堡、耀州、穆家堡、析木城、古城堡、长安堡、青城堡、鞍山等九城。

　　据上述地理位置进行分析，左右两旗的情况是很分明的，自北向南左翼是正黄、正红、正蓝、镶蓝，右翼则是镶黄、镶红、镶白、正白。这不仅证明了正红旗属左翼、镶红旗属右翼，而且进一步证实了我们关于两黄、两蓝、两白六旗的左右翼的分析也是确实可信的。

　　努尔哈赤时期的八旗左右翼已如上述，那么，《八旗通志初集》中所载的八旗左右翼是从何时开始的？ 史料证明，《八旗通志初集》中所载的八旗左右翼划分的情况，是从皇太极继位后开始的。《清太宗实录》卷五天聪三年十一月壬午朔条下记载：

　　　　上集诸贝勒群臣定议，以初三日攻遵化城。正黄旗纳穆泰率本旗攻北面之西，镶黄旗额驸达尔哈率本旗攻北面之东，正红旗额驸和硕图率本旗攻西面之北，镶红旗雍舜率本旗攻西面之南，镶蓝旗额驸固三台率本旗攻南面之西，正蓝旗攻南面之东，镶白旗图尔格率本旗攻东面之南，正白旗喀克笃礼率本旗攻东面之北。各指其地示之，授以方略。

　　将这段记载中的八旗分布和《八旗通志初集》中所记载的左右翼划分情况对照，已经是完全一致了。

试论努尔哈赤时期满洲政权的中枢决策

　　努尔哈赤时期是满洲政权中枢决策机构的建立和形成时期,对于满洲政权的建立和发展,起过重要的作用。笔者拟以努尔哈赤时期满洲政权的中枢决策为题,对于当时中枢决策机构的发展演变、中枢决策的特点以及与之密切相关的信息输送、处理和保存等问题加以探讨,以就正于清史研究同仁。

一

　　努尔哈赤时期,满洲政权及其中枢决策机构的发展变化大致可分为三个时期:初建满洲政权中枢决策机构的统一建州本部时期;与满洲政权中枢机构中的二元化倾向进行斗争的统一女真各部时期;采取各种措施巩固中枢决策一元化领导的与明对峙时期。

　　统一建州本部时期是满洲政权中枢决策机构的建立时期。这一时期,努尔哈赤兵微将寡。他的依靠力量,只有其同母胞弟舒尔哈齐以及额亦都、安费扬古等少数几个军事首领。很自然的,这些人便成为最早参加中枢决策的主要成员。在他们的共同努力下,军事征服不断取得胜利,统治地盘也不断扩大。为了加强对辖区民众的管理,万历十五年,努尔哈赤于费阿拉启建楼台,“定国政”,建立了自己的政权。而后,邻近各部如苏完部酋长索尔果、雅尔古寨寨主扈喇虎、栋鄂部部长何和里相继率部归附。因为他们所属部众甚多,努尔哈赤对他们加意笼络,或妻之以女,或养以为子,同时,又授索尔果之子费英东、扈喇虎之子扈尔汉、栋鄂部部长何和里皆为大臣,分别管辖所属部众并参与中枢决策。这样,以贝勒、大臣为主要成分的中枢决策机构正式形成。随着建州本部的统一,根据所属部众不断增多的现实情况,为了便于管辖,努尔哈赤将所属部众一分为二。一部由努尔哈赤亲自统率,一部由其弟舒尔哈齐统率。努尔哈赤与舒尔哈齐虽同居费阿拉,却各自受职于明,在建州内部也并称"二都督",各有人众属地,各有军队、大臣,各自开府治事。遇有共同问题如海西各部联合人犯及明朝、朝鲜使臣出使等,则联合抵抗或共同接待。这样,从 16 世纪 90 年代开始,满洲政权中枢决策机构开始出现了二元化的倾向。

满洲政权中枢决策机构中的二元化倾向严重影响了满洲政权的发展并使满洲政权孕育着内部分裂的危机。由于努尔哈赤和舒尔哈齐地位相侔,各有部众,不但在有关权益分配上萌发了互相争夺的苗头,而且,在统一海西各部的战争中,也出现了互相推诿、保存实力的迹象。正因如此,打败九部联军进犯之后,满洲政权虽已叩开了统一海西各部的大门,但是在五六年的时间里,迄无重大进展。后来,随着形势的发展,这种二元化的倾向愈益明显。万历二十七年攻灭哈达之役,万历三十五年与乌喇进行的乌碣岩之役,舒尔哈齐虽与努尔哈赤一起出兵,但却违背统一部署,不是临阵退缩,便是拥兵不前。不但"在战争中没有一次特别好的表现,在国家大政中,也没有心平气和地说过一次好话,全然无德"。① 万历三十七年三月,舒尔哈齐的分裂活动发展到了顶点,欲率所部离开都城赫图阿喇,移居黑扯木。为了制止满洲政权公开分裂,努尔哈赤即刻囚禁舒尔哈齐,并将和他一起密谋作乱的大臣武尔坤蒙古和他的一个名叫阿什布的儿子处死。在此同时,努尔哈赤还以自己的次子代善入主舒尔哈齐旧部。后来,虽因舒尔哈齐表示悔悟而归还其部分部众,但是其余大部分仍由代善继续掌管。而且,舒尔哈齐直至去世,也没有摆脱努尔哈赤的控制。

舒尔哈齐的分裂倾向虽被制止,但是,满洲政权中枢决策机构二

---

① 《满文老档》卷一。

元化的倾向仍然存在并继续发展,只是其代表人物由舒尔哈齐改成了努尔哈赤的长子褚英。在努尔哈赤与其胞弟舒尔哈齐进行斗争时,褚英是努尔哈赤的得力助手。因而,从16世纪90年代末褚英成人后,努尔哈赤极力提高他的地位并赋予他极大的权力。攻灭哈达后不久,大约在万历三十五年前后,努尔哈赤又借故废黜哈达部长武尔古岱,改以褚英统率哈达旧部,从而使自己在当时满洲政权的三支势力中占有其二,为两年之后平定舒尔哈齐分裂行动准备了条件。因而,在对舒尔哈齐斗争取得胜利之后,鉴于自己年岁渐老和国家事务繁多,努尔哈赤"遂命长子阿尔哈图图门(褚英封号)执政"。① 在此同时,努尔哈赤还考虑到莽古尔泰、皇太极两个儿子也都陆续长大成人,为了扩大自己的羽翼,计划使他们也都拥有部分部众并在中枢决策机构中各据一席之地,从而进一步改变中枢决策机构中努尔哈赤家族势力颇为孤弱的局面。孰知,努尔哈赤的这一设想刚一提出,即刻遭到了褚英的强烈反对。在他看来,他与努尔哈赤是各主一部的首领,同时也是其父的当然继承人,努尔哈赤不但无权剥夺他的所属部众,而且,其父死后所遗留的部众、财产也应归他所有,其他任何人包括努尔哈赤"爱如心肝的四个儿子"(指代善、阿敏、莽古尔泰、皇太极)以及五大臣均不得染指。为此,他视四弟、五大臣如同寇仇,甚至咬牙切齿地表示,在他坐了汗之后,即将四弟、五大臣杀掉。他的这些想法遭到努尔哈赤的严厉批评,遂对其父也产生了深深的敌意。万历四十一年春,努尔哈赤率师征讨乌喇。这时,受命居守都城的褚英竟与他的亲信僚友诅咒努尔哈赤及四弟、五大臣,同时,还密谋发动政变,"不让父、诸弟入城"②。他的这些分裂活动暴露后,努尔哈赤被迫将其囚禁高墙。两年多之后,又"下了最大的决心"将其处死,从而使满洲政权再一次摆脱了分裂的危险。

囚禁褚英之后,努尔哈赤根据攻灭乌喇之后满洲政权人众骤增以及诸子陆续长成的现实情况,对于满洲政权和中枢决策机构,均进行了大刀阔斧的改革。在政权建设方面,主要活动有二:一是扩建八固山并在固山、牛录之间增设五牛录这一组织;二是在万历四十四年

---

① 《满文老档》卷三。
② 《满文老档》卷三。

正月正式建国号后金,建元天命,自称"抚育列国英明汗",从而使自己成为满洲政权及其中枢决策机构的最高主宰者。在中枢决策机构建设中,则是使代善、阿敏、莽古尔泰、皇太极等四大贝勒一起进入中枢决策机构,其他成年子孙如岳托、硕托、济尔哈朗、宰桑古等也都令其随班议政。由于努尔哈赤子孙成批进入中枢决策机构或随班议政,努尔哈赤还采取各种措施,降低异姓五大臣的权力和地位,不但将他们分隶各固山,使其成为各贝勒所属人众,而且,还寻找机会,对他们屡加斥责甚至处罚。所有这些,虽然有利于努尔哈赤家族对后金政权的控制,但也导致了努尔哈赤家族内部矛盾的激化。这样,随着形势的发展,努尔哈赤又采取措施,扩大中枢决策机构成员,使满洲政权中枢决策机构由努尔哈赤控制下的四大贝勒共议国政向努尔哈赤控制下的八和硕贝勒共议国政的转变。在此转变过程中,努尔哈赤诸子争夺继嗣权力的斗争起了重要的推动作用。天命建元之初,努尔哈赤心目中的继嗣一度曾是大贝勒代善。为此,他曾公开表示,在他死后,想把自己几个小儿子和大福晋"给大阿哥(代善)优厚收养"。[1] 但是由于满洲贵族内部矛盾错综复杂,随即便有大贝勒代善与努尔哈赤大福晋关系暧昧的流言传到努尔哈赤耳中,促使努尔哈赤不得不取消前议。同时,为了防止四大贝勒之间矛盾激化以至不可收拾,天命六年正月十二日,努尔哈赤特与代善、阿敏、莽古尔泰、皇太极、德格类、济尔哈朗、阿济格、岳托等参与议政的中枢机构成员共同盟誓。誓词称:"今祷上下神祇,吾子孙中纵有不善者,天可灭之,勿令刑伤,以开杀戮之端。如有残忍之人,不待天诛,遽兴操戈之念,天地岂不知之,若此者亦当夺其算。昆弟中若有作乱者,明知之而不加害,俱怀理义之心,以化导其愚顽,似此者天地佑之,俾子孙百世延长,所祷者此也。自此之后,伏愿神祇,不咎既往,惟鉴将来。"[2]一个月后,努尔哈赤为了表示自己对四大贝勒并无亲疏远近,他又将部分权力下放,安排四大贝勒分月值班,处理国家机要事务。即使如此,四大贝勒尤其是竞争嗣位最为积极的大贝勒代善和四贝勒皇太极之间仍然相互为敌,彼此讦告不已,即使是在军书旁午、戎

① 《满文老档》卷一四。
② 《清太祖武皇帝实录》卷三。

马倥偬的攻占辽东的日子里,这些斗争也不曾停止。如果任其发展,不但会使数月前的共同盟誓之词变成一张废纸,使得数年前精心构制起来的中枢机构面临垮台的危险,而且还有可能引火烧身,危及努尔哈赤本人。于是,作为一个成熟的政治家,努尔哈赤适时地提出了八和硕贝勒共治国政的蓝图,从而不但使满洲政权中枢决策机构得到进一步完善和发展,同时也将满洲贵族集团的内部斗争下降到了最低限度。

天命七年三月初三日,广宁之役取得胜利之后,明朝方面对后金的军事威胁暂时解除,后金政权开始在辽东站住脚跟。这时,努尔哈赤将他思考已久的八和硕贝勒共治国政的方案提了出来。这一方案的要点是:(1)将原先努尔哈赤控制下的四大贝勒共议国政改为八和硕贝勒共议国政。即努尔哈赤所说:"你们八子为八王,如果八王共同商议,就没有失败。"(2)努尔哈赤身后,新任国君从八固山王中遴选。(3)八固山王拥有推戴、废黜新君的权力。如果新任君主"不纳谏,不遵道","你们八王就更换你们立的汗"。(4)八固山王须尽心国事,如果有人不尽心国事,或者才力不及,不胜其任,经过其他七固山王议定,即可更换。(5)分配物资,须八家均分,不得贪隐。如有贪隐,即视情节予以处罚,直至取消其分配权利。①

综观努尔哈赤此次讲话,其主要用意是:(1)将四大贝勒十分关注的继嗣人选问题推至自己身后由八和硕贝勒共同处理,实际上是将此搁置不议。这一决定,不但巧妙地避开了努尔哈赤本人和四大贝勒的正面冲突,而且也使四大贝勒之间的斗争暂时得以平息。(2)在中枢决策机构中又充实了阿济格、多尔衮、多铎、杜度四小王,不但使自己心爱的三个少子在满洲政权中各得一杯羹,而且也降低了四大贝勒的权势。(3)为了防止四大贝勒尤其是争夺储位最力的代善、皇太极因为权势降低而继位无望以至铤而走险,努尔哈赤仍一般地承认他们有继嗣权利,但却含蓄地警告他们以不得树敌过多为条件;对于无力营求嗣位的另外两个大贝勒阿敏和莽古尔泰,也警告他们不得搞分裂,不然,其和硕贝勒地位将不能保。(4)重申政治上、经济上八旗平等,以维持八旗均势,保持满

---

① 《满文老档》卷三八。

洲政权内部团结。

新的中枢决策机构建立起来之后,努尔哈赤即全力以赴地采取各种措施维护这一体制。其一是对四大贝勒加强控制,限制他们的权势,缩小他们的影响。前此,对于各领一部、实力雄厚的四大贝勒,努尔哈赤几乎是"爱如心肝",待若上宾。在他们与属下大臣发生争执或矛盾时,总是袒护旗主而处罚大臣。① 但是,在任命八和硕贝勒之后,和过去对四大贝勒的爱抚相反,努尔哈赤却派人监视诸贝勒的活动。天命八年二月,努尔哈赤任命八大臣"观察诸贝勒的心",并将情况"向汗报告"。② 在发现诸贝勒有什么越轨不法行动时,小过则批,大过则罚,令出法随,决不宽宥。如天命八年五月因诸贝勒对满汉罪犯执行同一判罪标准而对之进行了严厉的批评。③ 又如同年六月,努尔哈赤因皇太极"独善其身""对他人越分行事"而对之进行批评并罚金银。④ 再如同年八月二十一日,三大贝勒(代善、莽古尔泰、皇太极)上书向努尔哈赤承认过错,⑤虽然其原因尚不清楚,但是像这样的事情,天命七年三月以前绝未出现过。而且,努尔哈赤还把手伸向四大贝勒控制的各旗部众。天命七年十一月,努尔哈赤命令各旗官员向汗宣誓效忠。⑥ 天命八年七月,努尔哈赤又规定:"下达给诸申,以汗的文书下达。"⑦这样,各旗官民都必须听从汗的指挥,服从汗的调动。有了这种权力,努尔哈赤便致力于对四大贝勒所领各旗实力的限制。据笔者统计,天命六年闰二月时,四大贝勒所领各旗牛录数在八旗牛录总数中占 66%(164.5 牛录比 250 牛录),天命十年八月时,则降为 45%(96 牛录比 211 牛录)。⑧ 与之相反,对于自己的三个少子阿济格、多尔衮、多铎,不但毫无批评之词,而且还多次让他们参加盟督和各种礼仪活动以提高他们的地位,甚至还把自己控制的两黄旗所属牛录也分给他们,以使他们拥有与四大贝勒相抗

① 《满文老档》卷五、卷一六、卷二七。
② 《满文老档》卷四五。
③ 《满文老档》卷五二。
④ 《满文老档》卷五四。
⑤ 《满文老档》卷五八。
⑥ 《满文老档》卷七五。
⑦ 《满文老档》卷五八。
⑧ 《满文老档》卷一八、卷六八至卷七〇。

衡的实力。除此之外,在任命八和硕贝勒之后,对于军国大事,努尔哈赤还事必躬亲,甚至诸贝勒已经决定了的事情,努尔哈赤也可以推翻。可以看出,天命七年三月努尔哈赤制定的八和硕贝勒共议国政的中枢决策体制,实际上是在努尔哈赤控制下的八和硕贝勒共议国政。这种体制,虽使努尔哈赤与四大贝勒之间产生了裂痕,但是却使后金政局获得了安定,同时,也对努尔哈赤身后清代中枢机构的存在形式和发展变化产生了深远的影响。

二

努尔哈赤时期,作为少数民族的满洲政权,不只建立了一套具有民族特色的中枢决策机构,同时,在决策过程中,也有着自己的特点。正是这些特点,对于满洲政权的崛起和发展,起到了重要的作用。

当时,满洲政权中枢决策大致有以下几个特点。其一是决策范围广泛,并无决策机构和执行机构之分。努尔哈赤起兵之初,兵微将寡,辖地部民均十分有限,几乎任何一个细小问题都和满洲政权的存在和发展息息相关。因而,这一时期,不但中枢决策范围广泛,举凡战和决定、战役策划、后勤供应、发使遣书、组织生产、安排生活、基层政权建设、俘获人员、物品分配等莫不在中枢决策之列。而且,在执行决策时.也径由决策机构执行。其二是秘密进行决策。满洲政权初起,军事活动居多,为了保证战争胜利,必须严守秘密。如天命三年伐明,虽然从当年正月即已开始准备,但是由于严守秘密,一直到战争即将发动之时,对方尚未察觉。又如萨尔浒战后,努尔哈赤以朝鲜附明出兵,"数次与诸将会议"朝鲜之事,"逐日谋议,极秘之"。①所有这些,对于军事战争的胜利和满洲政权的发展壮大都起到了重要的作用。

上述两个特点之外,满洲政权中枢决策的另外一个显著特点是共议性。满洲政权初起,社会发展阶段颇为原始,君臣上下等级关系并不森严。每有重大事务,常常是君臣并坐共议。据《满文老档》记载,天命建元前后,努尔哈赤"每五日聚集诸贝勒、诸大臣在

---

① 〔朝鲜〕李民寏:《栅中日录》。

衙门讨论事的是非,公平的审断,作为常例".① 在"我国汗之下的诸贝勒、诸大臣每日会见,商讨有关国民苦乐的政治、军事的胜败".② 而且,为了使中枢决策尽量符合客观实际,一个时期中,作为满洲政权中枢决策机构的主持人,努尔哈赤还一再鼓励其他中枢决策机构成员如四大贝勒、五大臣等发表意见,吸收他们建议中的合理因素,形成正确的中枢决策。如万历四十一年十二月,他即告诫他的几个儿子和任用的大臣:"即使是我说的,全部是正确的吗? 如果有什么不对的话,不要窥视我的脸色,你们众人考虑的事情可能比〔我〕一人考虑的事情要正确,你们诸子、诸大臣要劝我做众人考虑的正确的事。"③有关清初的各种史料显示,在各种决策活动中,努尔哈赤放弃个人意见而采纳诸贝勒大臣意见获取成功的事例并不鲜见。如万历四十一年正月,努尔哈赤与四子、五大臣率倾国之兵出征乌喇。进入乌喇地界后,考虑到乌喇为海西大部,难以一举消灭,努尔哈赤打算先占其附近村落,"破坏村寨,尽毁粮谷","这样才能灭亡大国".④ 他的这种看法遭到诸贝勒、大臣反对。他们认为,如果按照努尔哈赤的设想去做,战争将旷延时日,不但会使乌喇贝勒布占泰取得喘息时间,同时也会增加满洲军队的损失。因为诸贝勒大臣言之有理,努尔哈赤放弃了个人意见,挥师进攻乌喇山城,"击溃敌兵三万人,杀一万人,获得甲六千副",灭掉乌喇,取得了满洲政权建立以来最大的一次胜利。又如天命三年四月征伐抚顺之役,事前,满洲政权做了许多准备工作,对明朝方面也严密封锁消息。但是,行军途中下起了雨。努尔哈赤以天气阴雨,不便前进,想收兵回国。这时,大贝勒代善进谏道:前此我们与大明和好已久,现在以七大恨告天伐明,两国已成寇仇。如果退兵回国,两国是继续和好,还是互为仇敌? 而且,兴兵至此,已无秘密可言。如果退兵,只能使其加强战备,不利将来再次进攻。再说,目前天虽降雨,我国军队皆有雨衣,弓矢也有备雨之具,而天降

---

① 《满文老档》卷四。
② 《满文老档》卷八。
③ 《满文老档》卷三。
④ 《满文老档》卷二。

之雨,正可懈怠麻痹明人,使之不会想到我们雨夜进兵。因此,这场雨对我有利,对明不利,应该乘雨进攻。一席话使得努尔哈赤顿然醒悟,传令继续进兵,从而取得了抚顺之役的胜利。再如,抚顺之役后,努尔哈赤收兵回国。明广宁镇守将张承胤等率兵一万急追至谢里甸。努尔哈赤得知此事,认为敌兵来追,并非前来寻战,不过是向上司交差的例行公事,大可不理,仍旧传令撤兵。这时,大贝勒代善、四贝勒皇太极却派人报告,如果我兵"默默而回",敌方必以我兵"怯不敢战",主张率兵迎击。努尔哈赤觉得他们意见正确,遂率八旗军队回师迎敌并大败追来的明军,阵斩敌将五十余员,"敌兵十损七八,获马九千匹,甲七千副,器械无算"。①

当然,作为满洲政权中枢决策机构的主持人,努尔哈赤也并非事事都采纳其他中枢决策机构成员的意见,从维护满洲政权的总体利益和长远利益出发,他也时常坚持推行个人意见。如满洲政权早期,满族人民与汉人交易,人参是其大宗。为了多获利润,满洲人先将人参在水中浸泡,以增加重量,而明朝商人却以其含水量过多而多方推托,拖延时日,致使满洲人为防止人参腐烂变质而不得不廉价出售。对此,努尔哈赤提出将收采人参煮熟晒干。囿于传统观念,诸贝勒大臣皆表反对,"太祖不徇众言,遂煮熟,徐徐发卖,果得价倍常"。② 又如万历四十三年时,叶赫贝勒金台石将女本已许嫁努尔哈赤,又转嫁给蒙古。诸贝勒大臣得知此事,争相鼓动努尔哈赤借此出兵攻灭叶赫,同时一并向出兵守护叶赫的明朝军队开火。按照当时满洲政权国力,无论是武装力量或者是物资储存,都还没有达到同时对叶赫与明朝开战的能力。为此,努尔哈赤一方面下令将已经整装待发的满洲兵马调回,一方面发表长篇讲话,指出:为了一个女人兴师动众并不值得,应该先务"收揽国人,巩固领土,修建边关,种田积谷,充实库藏",③才能次第进行灭亡叶赫、统一满洲、对明开战的大业,从而避免了一场因条件不成熟而可能会给满洲政权带来损失的战争。再如天命四年六月,努尔哈赤率军四万攻破明朝重镇开原后,在还师途

① 《清太祖武皇帝实录》卷二。
② 《清太祖武皇帝实录》卷二。
③ 《满文老档》卷四。

中,为了利于秋天进兵,遂向诸贝勒提议就势迁都界凡。经贝勒大臣讨论,并不同意他的意见。但是,出于对明作战大局需要,努尔哈赤仍然坚持迁都并下达迁都命令。还如,天命六年努尔哈赤攻克辽东后,中枢决策机构曾就本部军民是否移居辽东进行过一场争论。按照诸贝勒大臣的意见,都要求仍回边外旧地。但是努尔哈赤认为弃已得之地而还国,将来不知要花多少力气才能再次得到。一席话,说得贝勒大臣们心服口服,随即决定迁都辽阳。伴随着这一行动,满洲军民成批西迁,定居辽东,从而使之成为满洲政权可靠的根据地,为以后满洲政权的发展奠定了坚实的基础。还如,迁都辽阳数年后,天命十年三月,努尔哈赤又欲迁都沈阳。这时,诸贝勒大臣一齐进谏道:连年修建东京,民力已困疲不堪,再行迁都,势必又有城筑宫室之役,而且国内连年失收,食用不足,如果迁都,恐怕激起变乱。但是努尔哈赤认为,沈阳四通八达,为战略形胜之处,便于对明、蒙、朝鲜用兵,与辽阳偏处一隅大不相同。为了满洲政权的总体和长远利益,应以迁都沈阳为是。尽管遭到诸贝勒大臣的反对,他仍然强令执行,数日后,即迁都沈阳。就努尔哈赤坚持个人意见、否决诸贝勒大臣意见的上述各项决策来看,不能不承认努尔哈赤的识见较之诸贝勒大臣高出一筹。因而,尽管努尔哈赤多次否决诸贝勒大臣的意见,却仍然受到他们的拥护,成为满洲政权中枢决策机构的核心。这种以努尔哈赤为核心的中枢决策机构成员的合议制,对于满洲政权的发展和壮大起到了重要的作用。

必须指出,由于努尔哈赤事业不断成功及其在中枢决策中长期的特殊地位,到了晚年,特别是确定八和硕贝勒共治国政的体制之后,其思想和作风愈加主观专横,致使一个时期之内,共议制受到了破坏。这一因素和其他因素共同作用的结果,使得满洲政权的中枢决策出现不少失误,从而也在一定程度上影响了满洲政权的发展壮大。

共议性之外,中枢决策的民族性也是一个主要特点。所谓民族性,是指除了其决策机构成员民族成分单一之外,也还指其决策出发点和归宿都以本民族利益为前提。满洲政权虽以女真之一支——建州起家,但是在统一女真各部过程中及其之后,却以代表各部女真总体利益的女真国和满洲族相号召。这种做法,不仅使其在统一女真各部过程中造成的征服者和被征服者之间的矛盾迅速消失,而且在动员满洲各部团结一致反抗明朝政府的民族压迫政策上也起了极大的号召作用。正是在努尔哈赤满洲政权中枢决策机构所树起的民族旗帜下,满族共同体迅速形成,满洲政权迅速壮大,满洲族人民也争先恐后地投入了对明战争。当然,也须指出,努尔哈赤攻下辽东后,满洲政权辖下出现了远较满人为多的汉人。与此同时,不少汉人降官也加入满洲政权统治阶层。满洲政权本应据此改变中枢决策机构中民族成分颇为单一的情况,并在决策出发点和归宿上都做些调整,但是因为思想跟不上形势的发展,进据辽东之初,即强迫汉人剃发,继而又没收当地汉人土地,强制移民,并推行反动的分丁编庄政策,对广大汉人进行奴役。在引起反抗后,努尔哈赤非但不改弦更张,反而推行屠杀政策。而且从天命九年起,还将屠刀挥向了手无寸铁的无粮贫民和汉族知识分子,致使后金境内满汉民族矛盾空前激化,广大汉民"不能聊生,叛亡殆尽"。① 这样,满洲政权中枢决策的民族性开始产生负面效应,反过来影响了满洲政权的进一步发展和壮大。

三

在满洲政权中枢决策中,信息输送占据着重要的地位。有关清初的各种史料证明,努尔哈赤时期,随着满洲政权中枢机构的不断发展,信息输送及其渠道也都由简单而趋于多样,与此同时,各种信息保存制度也初步建立起来。

努尔哈赤初起,军事活动是其主要活动。因而,各种信息传递,主要是围绕军事活动进行,而且其方式也颇简单原始。调兵作战,则以令箭征兵。侦探敌情,则临时派出哨探。传达军事命令,也只是口耳相传。为了取信,则令派出人执其头盔或骑其乘马,或执其黄伞。后来,随着满洲政权的发展,信息传递方式虽然改以文字为主,但是由于军事活动的特殊性,口耳传递信息的方式仍被广泛使用并且趋于多样化。如 17 世纪初年以后,满洲政权建立了放炮、举旗、点燃烽火、敲云版、敲锣等遇敌报警制度和敲鼓报捷制度。同时,侦探制度

---

① 康熙朝修《太宗实录》卷一。

也趋于完善,并规定了各种奖惩制度。所有这些,对于及时传递信息以及中枢决策的贯彻落实,特别是军事行动的胜利都起了重要的保证作用。

上述信息传递方式之外,通过文字及其载体纸木等书写工具传递信息是满洲政权输送信息的主要方式。随着满洲政权的发展,这种传递方式还经历了由使用异族文字到使用本族文字为主的转变,由上层使用到普遍使用的转变。满洲政权早期,满族尚无文字,传送文字信息主要靠蒙汉两种文字。万历十九年,海西叶赫、哈达、辉发三部遣使建州,以战争相威胁,索取土地,努尔哈赤严词拒绝,同时,"并书前言",令阿林恰送至叶赫,似即使用蒙古文字。① 又,满洲政权兴起之初,为了取得明朝支持,努尔哈赤对明朝政府极表忠顺。与此同时,无论进京入贡,或是边关贸易,与明朝官员、边将、商民来往频繁,学习、使用汉字实所必需,因而,不但其部下将领如佟羊才等通晓汉语,同时,还聘任流落建州的汉族知识分子龚正陆掌理文书,"凡所通书,此人专掌"。② 为了培养对明交往的后继人才,还使其向晚辈儿孙教授汉语。使用蒙汉文字传递信息,虽然便于满洲政权的对外交往,但是也有明显弊病。一是因为对外文书书写、翻译必须借助异族知识分子,并不利于信息的保密;二是严重影响各种中枢决策在境内的传达、贯彻和执行。这样,创制一套简便易行的本民族文字的工作便提上了满洲政权的议事日程。万历二十七年二月,努尔哈赤谕令巴克什额尔德尼、大臣噶盖以蒙古字母改制为满洲文字,颁行国中。因为创制满文是适应满族社会发展之举,故而创制之后不久,即首先在满洲贵族和官员中开始使用,创制满文之后不过八年,满洲政权即委任专人以满文逐年记载国史。从此之后,满文开始进一步普及。天命六年六月,出于攻占辽东后计丁授田的需要,努尔哈赤下令"每一牛录各出十人写档子"。③ 前此一年时,满洲政权牛录数字已达二百三十多个。以此推算,此次满洲政权征用书写人员已在两千以上。这就说明,满文在创制之后约二十余年已经普及,业已成为满

① 《清太祖武皇帝实录》卷一。
② 《朝鲜宣祖大王实录》卷六九。
③ 《满文老档》卷二四。

洲政权内部传递信息的主要方式。

在文字信息输送过程中，与满文逐渐普及相一致，满洲政权内部出现了一支以书写、传递、保存文字信息为业的文职官员——巴克什队伍。他们有的直接供职于努尔哈赤身边和满洲政权中枢，或从事文书、法令的起草和翻译及保存，或受命出使外国，传递信函。多数人则在各旗负责档册登记、起草报告、保存文件和从事信息传递工作。有时因为工作需要，还将他们集中使用。如天命六年十二月，即派莽阿图率各旗游击三人、巴克什三人清查诸城堡汉人男丁数目。[1]有的还担任教职，负责官员贵族子弟的教育工作。[2] 据《满文老档》（太祖朝）记载，仅在满洲政权中枢机构工作的巴克什即有额尔德尼、达海、图鲁什、希福、库尔缠、额克星额、武讷格、库里、纳泰、达扬阿、罗济、什莱、库拜等十余人。因为工作性质重要，满洲政权对他们待遇从优。一般皆按备御、代子备御对待，其中个别人因为才能突出，满洲政权须臾不能离开，还分别任以副将、游击等职；如犯有过失，还从轻处理或特加宽宥。而且，随着攻占辽东后满洲政权的发展，努尔哈赤还致力于巴克什队伍的扩大并丰富巴克什的民族成分。如天命七年三月，努尔哈赤即命令八旗各任命诸申、尼堪、蒙古巴克什各一人。[3] 这样，在努尔哈赤的扶持下，至天命之末，以巴克什为主要成分的文职官员已经从武职官员中分离出来。

随着满文使用日渐普及和文职官员不断增加，传递各种信息的渠道拓宽，文书数量也进一步增多。早在天命政权建立之初，努尔哈赤即规定了狱讼中的信息输入渠道："凡事都堂先审理，次达五臣。五臣鞫问，再达诸王。如此循序问达，令讼者跪于太祖前，先闻听讼者之言，犹恐有冤抑者，更详问之。将是非剖析明白，以直究问。故臣下不敢欺隐，民情皆得上达矣。"[4]天命五年六月移都界凡后，为了拓宽信息输入渠道，努尔哈赤又命"竖二木于门外"，"凡有下情不得上达者，可书诉词悬于木上。吾据诉词颠末，以便审问"。[5] 天命六

---

① 《满文老档》卷三〇。

② 《满文老档》卷二四。

③ 《满文老档》卷三八。

④ 《清太祖武皇帝实录》卷二。

⑤ 《清太祖武皇帝实录》卷三。

年攻占辽沈后,满洲政权统治区域急剧扩大,辖内不但人口众多,而且民族成分、政治向背情况也十分复杂,军政、民族、外交事务都空前繁多,各种文书数量也成倍增长。为了适应新的形势需要,满洲政权的下行、上行文书都有了一些变化,就下行文书而言,原先只有"汗下达文书"一种形式,此时则于其之外,又先后增加了诸贝勒下达文书和都堂下达文书两种形式。其中,诸贝勒下达文书始于天命六年二月。当时,辽沈之役将拉开序幕,为了将自己从繁忙的文牍中解放出来,同时,也出于缓和贵族集团内部矛盾的愿望,努尔哈赤规定了四大贝勒轮流值月制度,即由四大贝勒轮流按月值班,处理包括文书在内的各种军政事务。《满文老档》(太祖朝)中录载的未注明的"汗下达文书"字样的下行文书,似即由四大贝勒轮流值月时下达的文书。天命六年至天命八年七月前,满洲中央政权下达的文书,以此数量最多。都堂下达文书始于天命六年四月,起初是为适应处理境内汉人民政、赋税等事务而设。但是,随之而来的是攻占辽沈后,满族军人妻小成批西迁辽东,并且与广大汉民同住、同吃、同耕种,以及为扩大兵源而征召汉人丁壮服兵役,又使都堂的工作范围超出汉人民政事务而扩大到管辖满洲诸申和汉人军政事务。因而,都堂下达文书,这也呈不断增长之势。据统计,至天命八年七月,其下达文书数量约四十余道,几与同时期内汗下达文书数量持平。满洲政权中枢机构分由三条渠道各自下达文书,这虽对满洲政权国家机器的正常运转起了一定的积极作用,但是,在此期间,诸贝勒和都堂下达文书数量超过汗下达文书的情况也引起了努尔哈赤的注意。为了不致使自己被架空并防止中枢机构的多元化倾向,他先是不断撤换都堂成员并提出八和硕贝勒共治国政。天命八年七月,他又采取重大举措,取消都堂衙门,并在下行文书形式上也作出了重大的改动:"汗的决定,下达给诸申,以汗的文书下达;下达给汉人,以八贝勒的文书下达,停止都堂下达文书。"①从此以后,下行文书渠道由三条改为两条。而且,诸贝勒下达文书,虽然仍由四大贝勒按月分理政事,但是下达文书的名义须是八贝勒,而且其范围仅至于汉人,并且在不少情况下,还要经过努尔哈赤批准。尽管如此,下行文书渠道的减少并不意味着下行

---

① 《满文老档》卷八五。

文书的数量的减少。在此之后,大量的中枢决策分别以下行文书的形式下达到地方各机构。就其对象而言,遍及满、蒙、汉三族。其中既有各级贵族和官员、将领,也有远道来附的蒙古各部首领和投诚的汉族官员。就其内容而言,则几乎包括当时军政事务的各个方面。其在军务方面如调动军队、指示方略、后勤供应、墩台哨探;其在行政管理方面如任命官员、计丁授田、征取贡赋、编户、清查男丁、组织生产、规定物价、通报逃人、审查狱讼、安排差役等;其他方面如礼仪、宗教等也无不涉及。其中,有不少下行文书努尔哈赤特别指示严格保密,或者要求汇报执行情况。正是通过这些下行文书,努尔哈赤牢牢地控制着国家政权。

在大量下达下行文书的同时,各地各机构的大量上行文书也汇送到满洲政权中枢。其中有的是以单位如固山、牛录、城镇报告情况;有的是以个人报告情况。就其内容而言,有的是公事,如报告情况并请示处理意见;有的是私事,如诉冤、求功、讦告、认罪等。使用文字,也据上书者身份而分别使用满、蒙、汉三种文字。这些不同渠道汇送的上行文书,都能畅通无阻地达到满洲政权中枢,不但使其迅速地掌握各地关于中枢决策的一般执行情况及各阶层、各地区的动态,从而成为新的中枢决策的依据,也使中枢机构及时了解各地突发事件并立即作出应变反应,以免遭受不必要的损失。

努尔哈赤时期,满洲政权不但建立起畅通无阻的各种信息输送渠道和信息处理机构,也极为重视信息的保存,即档案文献的收藏和管理。早在天命建元前多年,努尔哈赤即将明朝所赐入贡敕书和自己掳自海西各部的明朝敕书视若拱璧,加意收存,其中一些敕书的分配情况还以满文详细加以记载。在此同时,还委派专人逐年记载自己的国史。天命建元后,随着满洲政权的发展壮大,需要记载保存的文献不断增多,于是,从中枢机构到八旗都普遍建立了系统的档案保存制度,如天命八年五月,努尔哈赤谕令将升黜官员档案抄录八部,"革职时,八部档子一齐注革;登记官职时,八部档子同时登记"。①这些档案,并非束之高阁,不再问津,而是根据政务需要,派人查阅并不断登录新内容。有时还派人进行整理。如天命六年五月,努尔哈

---

① 《满文老档》卷五一。

赤"重看档子,任命齐汤古尔为参将"。^① 又如天命八年七月,"汗查档子,赏给死去的官员们人口"。^② 天命十年正月,因为国内盗贼繁兴,努尔哈赤又根据档案了解各牛录犯罪人员多寡,并据此对牛录额真各予处罚。^③ 这些都是利用档案处理政务之例。又如天命八年四月,诸贝勒请示努尔哈赤任命额齐勒布等为备御,并将其"写在档子上"。^④ 同年五月,革去都昧、硕尔辉两人游击职务时,即将其事注于档册。^⑤ 这些都是随时登载新档之例。再如,天命六年攻打辽沈之役,不少将士战死疆场。为了区别满汉生死,加强管理,战争结束后,努尔哈赤下令"把尼堪和死的人都重新写在别的档子上",^⑥这是根据需要整理旧档之例。总之,终努尔哈赤之世,满洲政权一直很重视对于档案的收藏、管理和使用,使其在帮助国务的处理上发挥了重要的作用。

---

① 《满文老档》卷二二。
② 《满文老档》卷五七。
③ 《满文老档》卷六五。
④ 《满文老档》卷五〇。
⑤ 《满文老档》卷五一。
⑥ 《满文老档》卷二二。

萨尔浒之战与朝鲜出兵

　　萨尔浒之战是明清之际一场重要的战争,对于当时的辽东形势以至后来长时期的明金(清)对峙都产生了深远的影响。因而,不少史家皆对之予以高度重视并进行了深入的研究。但是,相对来说,对于其中的朝鲜参战却未予充分注意,致使有关研究仍然有待深入。

一

　　14世纪末李氏朝鲜政权建立之后,即和明朝政权保持着宗主、藩属关系。在两个多世纪的时间里,两国使节频繁往来,络绎不绝。尤其是朝鲜壬辰倭乱期间,明朝政权出兵援朝抗倭,使得两国关系十分密切。李氏朝鲜政权一有机会就向明朝政府表示自己的"事大之诚",而明朝政府也将朝鲜视为藩属中的模范。然而,就在两国关系十分密切之时,建州女真首领努尔哈赤崛起,并于统一女真各部之后与明朝政府公开决裂,于公元1616年(明万历四十四年,后金天命元年,李朝光海君八年)建立后金,两年之后,又向明朝边关重镇抚顺、东州、马根单等处发动突然袭击。为了维护明朝政权对东北地区的统治,明朝政府任命杨镐为兵部左侍郎,经略蓟辽军务,先后抽调数万名将士出关,与此同时,还向与后金只有一江之隔的藩属朝鲜征兵,计划对后金大张挞伐。而在此时,为了避免陷于腹背受敌的境地,后金政权也于抚顺之役前后分别派遣使者对朝鲜进行威胁恫吓,

"语意极其狂悖",①声称:"朝鲜则与我朝有信之国,若辽东请兵于朝鲜,则会宁、三水、满浦等处,我将当以一支兵马,发送攻击。朝鲜与我将无嫌怨,谨守封疆,勿使动兵。"②这样,如何对待中国境内明、金两个政权以及是否应征出兵、越境作战等问题便摆到了李氏朝鲜政权的面前。

基于长期以来两国之间的密切关系,尤其是对壬辰倭乱期间明朝出兵援朝抗倭有着深深的感恩思想,李氏朝鲜统治集团的感情和立场都站在明朝一边。但是,面对居于卧榻之侧的强大的努尔哈赤后金政权,如果应征出兵会不会引火烧身,危及本政权的存在,李朝君臣也不能不严肃地加以考虑。就是在这样的情况下,在对待明朝征兵问题上,李朝政权表示了相当消极的态度。

万历四十六年闰四月,抚顺之役刚过半个来月,明朝辽东巡抚李维翰即咨告朝鲜:"奴酋无端生事,计袭抚顺,公行叛逆。贵国申严提备,整练兵马,俟剿奴之日,合兵征剿。"③而后,明朝总督蓟辽经略汪可受亦咨知朝鲜国王,要求朝鲜出兵四万,独当一面,与各路明军进攻后金。对于明朝辽东官员的这些要求,朝鲜国王光海君当即表示:"老酋桀骜,虽以中朝兵力未必能一举剿灭,此回咨中恐不可轻议征剿,更加商量,务出万全。"并要求回咨中"善措添入以送"。④ 这样,按照光海君的指示精神,李朝政权分别就是否出兵越境作战、出兵数目、是否独当一面等问题与明朝辽东军政官员进行了反复的交涉。最初,李朝备边司建议,对辽东地方官员的征兵要求婉词加以拒绝。该建议称:"小邦积弱之余,南倭北虏之备,常患不赡,此外调出数千之卒,事极不易。况此虏巢穴密迩我国,天兵征剿之日,其势必当乘虚奔进于小邦。顾此形势,必也严兵关守,可免躐突之患。今若分兵远赴,则不教之卒无益于应援,而小邦自守之兵尤极削弱,恐贻天朝东顾之忧。既蒙咨会,候敕谕到日,敢不赴援。"⑤光海君当即表示同意并命使明官员前赴辽东申诉:"我三边防备,自守不暇,举单弱不教

① 《李朝实录》第三十三册,《光海君》卷一二六,光海君十年四月丙辰。
② 《李朝实录》第三十三册,《光海君》卷一二八,光海君十年五月丙辰。
③ 《李朝实录》第三十三册,《光海君》卷一二七,光海君十年闰四月辛未。
④ 《李朝实录》第三十三册,《光海君》卷一二七,光海君十年闰四月癸酉。
⑤ 《李朝实录》第三十三册,《光海君》卷一二七,光海君十年闰四月戊寅。

之卒入援，天朝有何所益，愿老爷深思小邦情事，许令固守藩篱。"①
为了实现这一目的，光海君还专门拨出"人情"银两，向辽东官员行
贿。同时，又以成化年间调兵合剿李满住曾有皇帝敕书为据，对辽东
官员征兵加以推托。然而，继当年闰四月辽东抚院李维翰、蓟辽总督
汪可受先后下达征兵檄文之后，是年五月，新任经略杨镐再次檄调朝
鲜兵马出境作战，而且还向出使辽东的朝鲜使臣出示了载有"联络北
关(叶赫)，鼓舞朝鲜"的万历皇帝的敕书，并对李朝政权的消极态度
严加指责。李朝政权再无回旋余地，方在原则上同意了调兵出境作
战的要求。

　　除就是否调兵出境作战这一基本问题进行交涉之外，李朝政权
还在出兵数字以及是否独当一面问题上与明朝辽东官员进行了争
执。万历四十六年闰四月，总督汪可受咨告朝鲜国王，要求出兵数
万。咨文中称："曩者王国一经倭奴之难，本朝即遣十万之师，竭厥岁
月，平荡倭氛。深量国王世笃忠贞，与王之克缵丕基也，虽国多故，乌
容已其兴数万之师，夹攻奴酋，必翦必克。是王之报效本朝，而绵国
无疆之祚者矣。是非以王之兵力即灭奴酋也，国家数路进讨，或扼其
吭，或断其肘，王从而蹶之，蔑不济矣。"②收到这一咨文，光海君即表
示："以我国兵力，其果能自当一面入攻强虏乎，中朝各衙门必不详我
国事势也。今宜具陈，此贼非如建州贼李满住等胡种，以我兵力决难
独当一面征讨矣。姑为申饬边将，十分防守，而如不得已，则调送天
兵一支，与我国军兵合为声势，共力入讨，则庶有所倚赖皇灵之
意。"③同时，对于出兵数字，他也表示，"数万之卒，实难调出"，欲以
数千军队"于义州等处天朝近境之地，以为犄角声援"。④　为此，光海
君致书辽东军政官员，申述本国"四面受敌，东南防倭，西北防虏，沿
边障堡守操不给。自经倭燹之后，兵籍减缩，生聚无几"，"兵力自来
脆弱，野战攻城尤非所长，若使独当一面专事挟击，则决非全胜之
策"。⑤　关于出兵数字，则表示只能出兵七千，"数万之数固难充备，

---

① 《李朝实录》第三十三册，《光海君》卷一二七，光海君十年闰四月己卯。
② 《李朝实录》卷三十三册，《光海君》卷一二七，光海君十年闰四月乙酉。
③ 《李朝实录》卷三十三册，《光海君》卷一二七，光海君十年闰四月丙戌。
④ 《李朝实录》卷三十三册，《光海君》卷一二八，光海君十年五月戊子。
⑤ 《李朝实录》卷三十三册，《光海君》卷一二八，光海君十年五月己丑。

七千之兵卒庶可签就"。① 李朝政权的这些表示当即遭到了明朝辽东地方官员的严厉斥责:"当初边事不急之时,酌定以七千之数。目今奴贼孔炽,方为动天下之兵,大举征剿。尔国当以督府咨会,急拨数万军兵,依期听候,而只以七千,欲为塞责之计。在尔国分义,何敢乃尔!"②当年六月,新任经略杨镐到达广宁,接见朝鲜赍咨官、弘文馆校理李埱,决定朝鲜于"七千之外,再调三千"。而后,又致书朝鲜国王:"当今与王约,止预选精兵一万,兼备旬月间粮糗在王之境上,临时拒奴酋东冲,以防逃逸。俟冬月进兵之时,仍以辽镇精锐,一同前攻,不过二三百里之遥,数路齐捣,旬日毕事。"③关于具体进兵路线,则要求其于"正月、二月,五路汇剿时,自婆猪江进兵"。④ 同时,还令其报送统兵将官姓名。军令如山,朝鲜方面无法再行争执。而且,杨镐所定之出兵数字已较前任总督汪可受所定之出兵数字大大减少,再行争执,只会引起明朝政府的恶感。因而,李朝方面除对经略杨镐未就朝鲜出兵是否独当一面公开表态而再度申述"若天兵与我国兵协力入讨则可也,若使独当则决难遵"⑤之外,其他要求,概表同意。当年七月,李朝政权将"所有选过兵丁名数,将领偏裨姓名,水陆要冲,图画近酉地理形势等项"逐一开列,报送明朝经略杨镐。计开:都元帅议政府左参赞姜弘立、中军官原任节度使李继先、总领大将副元帅平安道节度使金景瑞、中军官虞候安汝讷、分领偏裨防御史文希圣、左助防将金应河、右助防将李一元等,选出兵丁炮手三千五百名、射手六千五百名,总计一万名。后来,明朝经略杨镐又对五路出师计划也加以改动,将北关叶赫一路附于左侧北路马林,将朝鲜军队附于右侧南路刘綎,完全满足了朝鲜方面不"独当一面"的要求。其间是否有着光海君的"人情"银子发挥作用,因为史无明文,也就无法推知了。

---

① 《李朝实录》卷三十三册,《光海君》卷一二八,光海君十年五月己丑。
② 《李朝实录》卷三十三册,《光海君》卷一二九,光海君十年六月丙子。
③ 《李朝实录》卷三十三册,《光海君》卷一二九,光海君十年六月丙子。
④ 《李朝实录》第三十三册,《光海君》卷一三〇,光海君十年七月癸巳。
⑤ 《李朝实录》第三十三册,《光海君》卷一三〇,光海君十年七月癸巳。

二

　　在明朝政府的逼迫下,李氏朝鲜政权虽然最后决定出兵协同进剿后金,并于万历四十七年二月十九日至二十三日,在都元帅姜弘立率领下,朝鲜左、中、右三营军队一万三千人渡过鸭绿江,踏上征途。但是,由于是被迫出兵,朝鲜方面不只战前准备严重不足,士气低下,而且出于长期以来对努尔哈赤的畏惧,对于此次战争能否取得胜利,李朝君臣也深表怀疑。因此,为了避免全师覆没,就在出师前后,李朝君臣即背着明朝政府与后金政权进行秘密接触,以求得到后金政权的谅解,从而导致了东路战争的失败。

　　首先是战前准备严重不足。万历四十六年冬,战争进入最后准备阶段,各路明军先后集结沈阳、铁岭等近边地带。而在此时,朝鲜军队则刚刚招募完毕。朝鲜兵农合一,以未加训练之士卒投入战斗,岂非驱羔羊入狼群?与此同时,各种军器也质量甚差,据随军幕僚李民寏所见:"甲胄则不坚不密,重且龃龉;弓矢刀枪则歪弱钝弊,不堪射击;炮铳则四五放,多有毁裂者。其他诸具,皆非著实可用之物。"①再则,军装单薄,饷运不继也是一个十分重要的问题。当年十月,据都元帅姜弘立报告:"南西之军,衣裳单薄。南方之卒,不耐寒苦,即今初冬,已有冻皴之患",②"今此西征将士,官给装束之资,亦甚凉薄。而过京犒慰之日,不给一尺绵布,只馈一器单醪,其何以慰悦军情而得其死力乎?"③至于粮食,虽然指令户曹调拨一万二千石,但因"舟楫不具,粮运甚难",④除于渡江之日,各发十日行粮之外,而后半月期间,运至军营的粮食仅有数十石,以致出征朝军或乞借于明军,或掳掠于附近村落。兼之以出征之时,天降大雪,天气奇寒,出征朝军饥寒交迫,冻死饿毙者相望于途。尽管如此,李朝君臣仍然认为,不论就全局,或是就东路,征剿后金的主力都是明朝军队,朝鲜出兵,不过是充当配角,跑跑龙套而已,对此并不在意。但是,在朝鲜军队渡江之后,都元帅姜弘立去拜会明军东路提督刘綎时才发现,该路

---

① 〔朝鲜〕李民寏:《建州见闻录》。
② 《李朝实录》第三十三册,《光海君》卷一三三,光海君十年十月丁丑。
③ 《李朝实录》第三十三册,《光海君》卷一三三,光海君十年十月丁丑。
④ 《李朝实录》第三十三册,《光海君》卷一三七,光海君十一年二月乙卯。

明军虽然号称三万,然而实际上连同刘綎亲丁在内,"不过万余名"。① 而且,更为严重的是,由于经略杨镐和刘綎不和,在拨派军队时,还故意少往东路派军,以置刘綎于死地。得知这一情况,朝鲜国王光海君始觉事态严重。因而,在姜弘立向其报告杨镐下令将朝鲜军队五千炮手调往西路,已经遵令调出四百名时,他即急令姜弘立:"毋徒一从天将之言,而惟以自立于不败之地为务。"②在此同时,他还一方面设法与后金政权秘密接触,通过前至会宁贸易的后金商人告知被迫出兵情况,企图得到后金方面的谅解;另一方面,则"密教帅臣观势向背,使虏勿为移兵先击之"。③ 根据这些指示,姜弘立不只在行军途中有意使朝鲜军队落后于明军,而且还设法与后金进行秘密接触,取得联系。二月二十九日,东路联军深入后金腹里地区,姜弘立一反以前行军时的消极态度,主动向刘綎建议:"前头道路夷险、虏中情形全不闻知,不可轻进。而六镇藩胡慕恋我国者,多在奴酋麾下。西路大军若入,则藩胡辈可诱以内应。"④头脑简单的东路提督刘綎不知是计,竟然"深以为然"。遂差"标下一人偕通事河瑞国、金彦春持谕檄,入送虏中,使之开谕侦探"。⑤ 檄文略称,"我有七种火器,汝不可当,须速来降"。⑥ 两方使者刚刚出发不过十来里路,即遇后金军队,刘綎所差明使当即逃归,河瑞国、金彦春则借机进入后金军中,告知后金方面:"往被上国催驱,至此常在阵后,不为接战计,顷战败之后,得以款好。"⑦至此,东路战争将会如何收局,已是不问可知了。

由于光海君和姜弘立与后金政权的接触都是秘密进行,为了不致引起明朝政府和东路明军将领的怀疑,渡江之后,姜弘立仍率朝鲜军队缓缓而行。二十四日,姜弘立率军进至莺儿沟(今宽甸至桓仁之

① 《李朝实录》第三十三册,《光海君》卷一三七,光海君十一年二月辛巳。

② 《李朝实录》第三十三册,《光海君》卷一三七,光海君十一年二月丁巳。

③ 〔朝鲜〕李肯翊:《燃藜室记述》二三《深河之役》,转引自《清入关前史料选辑》第一辑,中国人民大学出版社,1984年,426页。

④ 〔朝鲜〕李民寏:《栅中日录》。

⑤ 〔朝鲜〕李民寏:《栅中日录》。

⑥ 〔朝鲜〕李民寏:《栅中日录》。

⑦ 《李朝实录》第三十三册,《光海君》卷一三九,光海君十一年四月乙卯。

间)。二十五日,行军五十里至亮马甸。二十六日,行军三十里至榛子头,与刘綎会师。二十七日,行军五十里至拜东葛岭(今桓仁县南与宽甸交界处),而刘綎已率军前行至平顶山。因为朝鲜军队行进迟缓,监军明将乔一琦使其部下前赴朝鲜军营斥责姜弘立:"逗留观望,畏缩太甚。"①并拔刀威胁。姜弘立不得已,从各营中抽出六百人看守辎重,其余军队于次日以急行军方式追赶明军。二十八日薄暮时分,至牛毛寨(今桓仁县西牛毛大山),与明朝军队连营下寨。二十九日,都元帅姜弘立以"士卒饥馁,运粮未到",请求留驻一日。三月初一日,后方运粮始到,仅数十石。于是明军先行,朝鲜军队继发。行四十里,至马家寨扎营。三月初二日,继续行军约二十里,午时到达深河(今桓仁西北),与后金小股部队接火,明军、朝鲜军联合进攻,获胜。因为前运粮米已经吃光,是日,"三军营卒,不食屡日"。② 经提督刘綎批准,再驻一日待饷。姜弘立令各营掠粮于附近村落,"得其埋谷,以石擂碎,糜粥而食"。③ 就在东路军队没有目的的缓缓行进之时,努尔哈赤已率八旗劲旅连败西路两支明军,回戈东指。而刘綎、姜弘立于此却全然不觉。当日傍晚,听到东北方向三声炮响,本是后金军队南下信号,他们竟以为是西路明军已经进抵赫图阿喇附近所发之信号。因而,三月初四日破晓,仍然由明军在前,朝鲜兵在后,继续行军。然而,行进数十里,到达距离后金都城赫图阿喇之南六十余里的富察地方时,突闻三声炮响。远远望去,狂风四起,烟尘障天。姜弘立见状,急率中营驰登左边山冈,同时传令左营扎营于阵前山冈,右营扎营于南面山冈。就在传令之时,明将乔一琦等狼狈逃至,告称前行明军遇伏,提督刘綎以下将士全军覆没。顷刻之间,但见后金数万铁骑分作两翼如同潮水一样涌至,并向立脚未定的朝鲜左右两营发起进攻。两营朝兵被迫反击,炮铳刚放一次,未及再放,后金军队已冲入阵中,将两营朝鲜兵穿插切割,"瞬息间,两营皆覆"。④ 眼见败局已定,姜弘立即令中营朝军"倒掩饰旗",⑤准备投

---

① 〔朝鲜〕李民寏:《栅中日录》。

② 〔朝鲜〕李民寏:《栅中日录》。

③ 〔朝鲜〕李民寏:《栅中日录》。

④ 〔朝鲜〕李民寏:《栅中日录》。

⑤ 《清太祖武皇帝实录》卷三。

降。恰在此时,后金将领遣使来到营前,要求速派通事(翻译)进行联络。姜弘立得知后即令通事黄连海出营,告称:"两国自前无怨,今此入来,迫不得已。"①后金将领即令朝军大将前去面议和好。姜弘立遂令副元帅金景端前往。"酋馈酒撰,初更还营"。② 当夜,为防朝鲜兵溃逃,后金军队将朝鲜军营密密围住,"巡逻之声,达夜不止"。③次日,朝鲜统帅姜弘立又应召前往满洲军营,面议和好条件,随令旗手下令朝鲜军队放下武器,并在后金军队挟持下前往赫图阿喇。姜弘立、金景瑞以下将官十余人被长期囚禁,其余被俘军士,则被分予满洲军队为奴。后来,除约二千七百余人陆续逃回本国外,其余几乎全部被杀害。至于派往西路的四百名朝鲜炮手,除其中七十余人历尽千难万险逃回之外,其余三百余人也全部阵亡。因为这场战役发生在深河附近,在朝鲜史籍中,普遍称为"深河之役"。

三

由于信息传递迟误,直至萨尔浒战后,后金方面才从会宁商胡、朝鲜通事河瑞国、金彦春以及朝鲜被俘将官姜弘立等人那里得知了朝鲜方面有意求和的确切消息。这一消息,对于今后一个时期进攻重点定于辽东的后金来说,不啻至宝。因此,萨尔浒之战刚刚结束,后金即对朝鲜展开一场外交攻势。与此同时,面对萨尔浒之战朝鲜军队全军覆没的现实,为了防止后金借机入犯朝鲜,李朝政权也加强了与后金方面的接触,从而使得两国关系也开始发生变化。

最初,为了确保进军辽沈时不致有后顾之忧,对于与朝鲜修好关系,后金方面不但相当主动,而且条件不高。萨尔浒战后半个月,后金即释放被俘朝鲜官员,会同后金使者小弄耳赍带努尔哈赤书信前赴朝鲜,要求与朝鲜建立友好关系。在该信中,一方面对朝鲜因报壬辰倭乱时明朝出兵相助之恩而应征出兵表示谅解,同时,敦促朝鲜在后金与明两国之间表明立场。因该信是以金国汗名义发出,且有天命年号,如由朝鲜国王复书,即等于承认后金政权,朝鲜方面无法向

---

① 〔朝鲜〕李民寏:《栅中日录》。

② 〔朝鲜〕李民寏:《栅中日录》。

③ 〔朝鲜〕李民寏:《栅中日录》。

宗主国明朝交待；而如不复，又可能招致后金入犯。因而，五月间，朝鲜方面以平安道观察使朴烨名义复书"建州卫马法"，首先申述前此出兵是因为与明朝"义同父子，不得不从"，同时表示"自今而后，两国各守封疆，相修旧好"。① 一个多月后，后金方面又迅速复书，要求两国互相遣使，共同盟誓。"书盟约之言以焚之，杀白马祭天，乌牛祭地，子子孙孙，永无争斗之事"，并提出"贵国之使到此，则与大将盟；我国之使上贵京，则与政丞盟"，②同时，还要求回书须有朝鲜国王御印。虽然这些要求条件并不算高，但是就当时形势而言，朝鲜尚不能做到。而且恰在此时，明朝使臣也到达朝鲜。为避免招惹是非，朝鲜方面迄未答复。即使如此，后金都不予计较，不但对朝鲜方面所处环境表示谅解，而且还于次年朝鲜遣返后金逃人之时，就势送还萨尔浒战时所俘朝鲜官员数人并再次致书表示感谢。可见，为了争取朝鲜，后金方面表示了相当的耐心。

对于与后金来往，相对来说，李朝政权则显得颇为持重。不但在外交礼仪上不予国书，而仅以地方官员名义复书，而且对于后金方面提出的两国盟誓、互不侵犯的要求也不予正面答复。所有这些，固然是因为长期臣属于明，一时之间，立场不能骤转，同时也是害怕明朝政府知道此事，导致被动。虽然如此，作为萨尔浒之战的失败一方，李朝政权无时无刻不在担心后金入犯。因而，对于与后金外交往来，可以说是极端重视。如对于萨尔浒战后后金方面首次来书，朝鲜方面刚刚收到，光海君即下令二品以上官员讨论复书内容、形式。为了不致复书过迟，惹恼对方，招来兵祸，光海君还几次催促复书。后来，对于后金方面的几次来书，也莫不如此。

其次，对于后金方面的一些要求，即使无法满足，也是说明情况，争取谅解，或者采取其他方法予以弥补。如对后金方面首次来书，虽然仅以地方官员名义复书，但却称对方为"贵国"，并表示："两国各守封疆，相修旧好"，对后金政权予以事实上的承认。当年七月，后金方面再次来书，要求两国盟誓、互不侵犯。对此，李朝政权无法做到，但

---

① 〔朝鲜〕李民寏：《栅中日录》。
② 〔朝鲜〕李民寏：《栅中日录》。

却反复表示："两国相好，唯在信义，何必形诸文字。"①为了替自己迄未复书作出解释，也实事求是地解释，是因为明朝使臣前来，不便复书。与此同时，还将逃往朝鲜的后金逃人送回后金，以示友好。

再次，是厚待来使，馈送礼物。前此，在李朝君臣心目中，建州夷人等同犬羊禽兽，凡有使者前来，不许过江，而仅令其于江西结草庐以居。而在萨尔浒战后，只要有后金使者，必然迎请过江，宿于馆舍并享以盛馔，"握手开怀，酌酒赠物，期得其欢心"。② 以致使者回到后金，盛称朝鲜接待"有倍于前"。③ 与此同时，还向后金方面致送礼物。万历四十七年五月，朝鲜方面初次复书后金，即致送"白苎布六十端，白纸十余束，绵布十余端"。④ 次年正月，又以姜弘立家属名义向后金方面致送其所奇缺的布匹、纸张、食盐等物。对此，后金方面十分清楚，不经李朝政府批准，片纸寸布不得出境。因而，这一行动本身就是友好的表示，从而也大大缓解了后金方面的敌对情绪。

最后，值得重视的是，李朝政权不但瞒着明朝政府进行上述活动，而且还公开地坚决拒绝明朝政府再次征兵的要求。万历四十七年八月，明朝政府遣使朝鲜，赏赐白银万两并征调朝鲜鸟枪兵数千人从征。对此，光海君表示，"发兵一事，以今日我国事势，决难从之"。⑤ 为此，明朝使者几乎磨破嘴皮，朝鲜方面仍然坚拒不从。本来，后金方面最为担心的是朝鲜再次出兵，利用后金的这一心理，明朝辽东将帅也制造朝鲜兵分两路进军牛毛岭、万遮岭的传言，干扰后金方面的战略决策。努尔哈赤也一度信以为真，计划对朝鲜用兵，只是后来得知事实真相，才最终打消了出兵朝鲜的念头。正是由于李朝政权高度重视并慎重处理与后金的关系，同时又在后金最为敏感的出兵辽东这一关键问题上没有触犯后金，从而使得萨尔浒战后大约两年左右的时间里，两个政权的关系在平稳中良性向前发展。

然而，经过两个政权共同努力所导致的两国关系良性发展的局面并非一帆风顺。在此期间，由于李朝政权对后金政权始终未予正

① 《李朝实录》第三十三册，《光海君》卷一五〇，光海君十二年三月壬午。

② 《李朝实录》第三十三册，《光海君》卷一三九，光海君十一年四月壬戌。

③ 〔朝鲜〕李民寏：《栅中日录》。

④ 〔朝鲜〕李民寏：《栅中日录》。

⑤ 《李朝实录》第三十三册，《光海君》卷一四三，光海君十一年八月乙卯。

式承认,后金方面对此十分不满,以武力征服朝鲜的念头不时在后金统治者脑海中闪现。而且,天启元年后金攻占辽东之后,辽东人民成批避乱渡江,并在明将毛文龙等人领导下,不时对后金辖地发动袭击,又使两国矛盾增加了新的内容。为了缓和矛盾,李朝政权曾企图将毛文龙礼送出境,但因势微力薄,未能如愿。后来,又派满浦金使郑忠信前去通和,但也未能得到后金方面的谅解。即使如此,终光海君在位期间,各守封疆这一原则大致被两个政权所遵守,李朝政权对于后金所采取的各种策略和政策,也大致都收到了成效。

四

对于萨尔浒之战前后,李氏朝鲜对于后金政权的政策变化,可以大致评述如下:

朝鲜李朝光海君在位时期,中国东北政局发生了剧烈的变化。随着明朝政权的不断削弱,建州女真首领努尔哈赤于统一女真各部之后公开揭起了反明的旗帜。面对明、金对峙的局面,为了维护本国安全,朝鲜方面必须正视现实,不只以前剿杀、控制女真的政策已经过时,就是将其与己一起视为明朝藩属,各守封疆、保境安民也无法再行继续。形势的发展需要李朝政权重新审视自己与明和后金的关系,调整政策。萨尔浒之战前后,李朝政权对于后金的一些外交活动即显示了这种政策变化。最初,这种变化不只是暂时的、策略性的,同时也是痛苦的、艰难的。而后,随着形势的发展,则逐渐发展成为长期的、固定的、自觉的政策。这一变化,历经二十余年始告完成。因而,萨尔浒之战以及其后李朝政权对后金政策的变化,对于当时和此后长时期的中朝关系都产生了深远的影响。

由于不同政治集团之间的政争,一个正确的政策推行中间或有曲折和间断,但是因其符合现实需要,最后必将仍然回到这一政策上来。光海君时期,李朝政权主动调整与后金政权关系的政策,虽于本政权、本民族有利,但却为政敌所利用并成为自己被推翻的一个重要的原因,从而导致了此后一个时期朝鲜与后金关系的逆转。直至17世纪20年代后期,由于后金入侵,李朝政权才被迫改变政策,重新回到光海君时期开始的与后金修好的政策上来。

皇太极继位初的一次改旗

　　皇太极时期，是满洲社会从八旗贵族分权向中央集权过渡的重要历史时期。这一时期，皇权与旗权之间进行了激烈的较量。而这中间，以皇太极为代表的两黄旗与以多尔衮、多铎为代表的两白旗之间的矛盾和斗争，又占据着重要的地位。它不仅一般表现为控制与反控制的斗争，而且，在皇太极死后，还发展为黄、白两个政治集团在争夺最高权力斗争中的尖锐对立，甚至在一定程度上影响了入关后政局的发展。黄、白之间斗争的时间如此之长，斗争的程度又如此激烈，这种斗争有无其特殊的历史根源，是清初八旗制度研究中不可忽视的一个问题。笔者接触到的史料证明，在皇太极继位之初，曾经进行过一次以努尔哈赤时期的两黄、两白四旗互易旗色为主要表现形式的改旗，正是这次改旗导致的黄、白各旗在满洲政权中地位和作用的变化，构成了长期存在的黄、白矛盾和斗争的特殊历史根源。但是，对于这次改旗，自皇太极以后的清朝历代统治者，为了宣扬努尔哈赤对皇太极"圣心默注，爱护独深"，①却极力掩饰，以致各种官修清朝史书于此皆削而不录。而后来的研究者，也未对此加以探讨。本文拟对清初一些关于这次改旗的史料进行比较、分析，探讨这次改旗的大致轮廓、历史背景及它对清初政治的影响。

---

　　① （清）王先谦：《东华录·天聪一》。

一　皇太极继位初的一次改旗

（一）皇太极自将两黄旗考实

根据清初各种史料记载,在努尔哈赤时期,努尔哈赤自将两黄旗,皇太极将正白旗,杜度将镶白旗(天命末年镶白旗主改为豪格)。①但是,在皇太极继位之后,却改为皇太极自将两黄旗,多铎将正白旗,阿济格将镶白旗(天聪二年三月后镶白旗主改为多尔衮)。②

---

①　关于努尔哈赤时期的两黄、两白四旗旗主,《建州闻见录》(辽宁大学历史系《清初史料丛刊》本)载:"奴酋领二高沙。阿斗、于斗总其兵,如中军之制。贵盈哥亦领二高沙,奢、夫羊古总其兵。余四高沙,曰红歹是;曰亡古歹;曰豆斗罗古(红破都里之子也);曰阿未罗古(奴酋之弟小乙可赤之子也)。小乙可赤有战功,五六年前,为奴酋所杀)……旗帜(有五色之大小不同者,奴酋黄旗,贵盈哥黑旗,红歹是白旗云)。"《光海君日记》光海君十三年九月戊申载:"其兵有八部,二十五哨为一部……老酋自领二部。一部阿斗尝将之,黄旗无画;一部大舍将之,黄旗画黄龙……洪太主领一部,洞口鱼夫将之(即东郭额驸何和里),白旗无画……酋孙斗斗阿古领一部,羊古有将之,白旗画黄龙。"上述史料可证,努尔哈赤自将两黄旗,但皇太极、杜度之两白旗究竟孰镶孰正尚未清晰,依太祖朝《满文老档》历次八旗排列次序,无不是以黄为首,以白为末(《老档》卷四一、卷五五、卷六七至七〇)。而在两白旗的排列次序中,又是正白旗在前,镶白在后,正白旗总是位居八旗总序第七位。何和里时隶皇太极麾下,而其子多济里又"事太宗文皇帝于藩邸"(《国朝耆献类征》卷二六二《将帅二》)。故而可证皇太极所将之旗为正白旗,杜度所将之旗则是镶白旗。但在天命末年,镶白旗旗主有了改变。据《清史稿》卷二四九《索尼传》载,豪格曾"列名太祖遗诏"。又陈仁锡《无梦园集》载豪格于皇太极继位初改为镶黄旗贝勒。据此可知,豪格于努尔哈赤死前已为镶白旗旗主。又据王氏《东华录》崇德五年十二月己酉载杜度之语:"似我无罪有功之人,止以不敬希尔艮,遂不论功,而反加罪,无非我来红旗故耳。"由此可知,在豪格取代杜度为镶白旗主后,杜度改隶两红旗。

②　关于皇太极继位后的两黄、两白四旗旗主,另本《旧满洲档译注》(太宗朝)天聪元年五月十一日条载:"汗(皇太极)率他的两黄旗及两白旗出征,由大凌河地方前进。"又据《清太宗实录》卷三天聪元年五月丙子(十一日)载:"上(皇太极)率两黄旗两白旗兵,直趋大凌河。"互读上述两条史料,可见自皇太极继位后,便亲领两黄旗。又,陈仁锡《无梦园集》载:"黄旗下是喝竿汗(即皇太极)……内有黄心红边者是台吉超哈贝勒(即豪格),乃喝竿汗之男。"而据《太宗实录》卷一二,豪格直至天聪六年六月乙未始被晋封为和硕贝勒。可见在皇太极继位后的一段时间,豪格只是在皇太极控制下的镶黄旗贝勒。《清太宗实录》卷四天聪二年三月庚申载:"初,贝勒多铎欲娶国舅游击阿布泰之女,贝勒阿济格不奏请于上,又不与众贝勒议,擅令阿达海与多铎为媒,又同阿达海至阿布泰家视其女,至是事闻,上命罚阿济格银千两,驲甲胄鞍马一——仍革固山贝勒任,以其弟贝勒多尔衮代之。"同据上书卷二五天聪九年十月丙午载:"汤古岱阿哥讦告大贝勒代善……于是汤古岱阿哥等往依镶白旗和硕默尔根戴青贝勒多尔衮居住。"互读上述两条史料,可以看出,阿济格在天聪初曾为镶白旗主,天聪二年三月后为多尔衮所取代。又据上书卷四六崇德四年五月(转下页)

两个时期中,两黄、两白四旗的旗主竟然完全不同,这是什么原因呢?

如果说,努尔哈赤自将的两黄旗是在他临终之际交给皇太极的,但是,对于这一假设,一无史料记载可证,二则一些侧面的史料却与之相反。据史载,努尔哈赤"未尝有此子(指皇太极)可继世为君之心",①皇太极也自称"皇考无立我为君之命"。②既然努尔哈赤并没有传位于皇太极的遗命,他怎么会把自己的两黄旗交给皇太极呢?

也许,努尔哈赤临终之际并未来得及对他自将的两黄旗进行分配,致使他死后,两黄旗无人继承,皇太极是在这样的情况下将两黄旗据为己有的。但是,这一设想也是缺乏根据的。因为早在天命七年三月,努尔哈赤就曾"命皇子八人俱为和硕贝勒,共议国政",③在天命十一年六月二十四日的遗训中又重申了"分主八旗之八和硕贝勒"④亦即四大王、四小王"同心共事"⑤的规定。换言之,在努尔哈赤生前,八旗包括努尔哈赤自将的两黄旗在内,都已分拨停当。在诸申对旗主依附关系很强的情况下,皇太极又怎能撇开自己的原领的正白旗而将已有所属的两黄旗据为己有呢?

设或在努尔哈赤生前,虽已对两黄旗的所属问题有所安排,只是皇太极在继位后,凭借手中的权力而将两黄旗夺为己有。但是,在八家共治的情况下,阿济格、多尔衮、多铎或许由于少不更事,姑置勿论,其他三大贝勒能否允许他这样做呢? 更何况皇太极在继位誓词中明明有着不"削夺皇考所予户口"的保证。⑥一方面信誓旦旦地表示不"削夺皇考所予户口",而同时又将已有所属的两黄旗据为己有,这岂不是很矛盾吗?

(接上页)辛巳条载皇太极训斥多铎之语:"戊寅年(1638),闻喀尔喀兵犯我归化城,出师往御。还至张家口,与明人议互市事,兼索察哈尔旧例。正当议时,尔乃大言于众曰,明之所与者,多不过银三千两、缎三百匹而已,岂可为此微物而驻兵乎? 就使得之,我所应分得之数,亦必不取,固山额真阿山可代取之。"按之《清太宗实录》,阿山自天聪八年五月始任正白旗固山额真(前此为正白旗佐管大臣),至顺治三年春解职,前后十二年。阿山隶多铎属下,说明多铎所领之旗为正白旗。

① 《三朝实录采要·太宗一》。
② 《清太宗实录》卷一,天命十一年八月辛未。
③ 《满文老档》卷三八。
④ (清)王先谦:《东华录·天命四》,天命十一年六月乙未。
⑤ 《清太祖武皇帝实录》卷四,天命十一年六月二十四日。
⑥ 《清太宗实录》卷一,天命十一年九月丁丑。

所有这些矛盾的记载,不能不使我们对努尔哈赤自将的两黄旗的下落和皇太极自将的两黄旗的来源提出疑问。

关于努尔哈赤自将的两黄旗的下落,皇太极继位很久以后的一次讲话中露出了蛛丝马迹。《清太宗实录》卷四六崇德四年五月辛巳条载皇太极批评豫亲王多铎时说:

> 昔太祖分拨牛录与诸子时,给武英郡王十五牛录,睿亲王十五牛录,给尔十五牛录,太祖亦自留十五牛录。及太祖升遐,武英郡王、睿亲王言,太祖十五牛录,我三人宜各分其五。朕以为太祖虽无遗命,理宜分与幼子。故不允其请,悉以与尔。

可见,努尔哈赤在晚年分拨牛录与阿济格、多尔衮、多铎时,自己掌握的全部力量是六十牛录,这和各书关于努尔哈赤自己拥有两旗的记载是吻合的。[①] 但是,问题在于,在努尔哈赤手中的六十牛录是两黄旗,分到阿济格、多尔衮、多铎手中以后,却变成了两白旗。这不能不使我们作出这样的推论,即努尔哈赤的两黄旗在进入皇太极时期后改为两白旗了。

又,天聪初年三大贝勒斥责阿巴泰之语亦称:

> 阿济格阿哥、多尔衮阿哥、多铎阿哥皆掌父皇全旗之臣也。[②]

由这条记载也可看出,阿济格、多尔衮、多铎的两白旗是由努尔哈赤的两黄旗转变而来的。

再,如果我们把太祖朝的《满文老档》第六十七卷登记两黄旗官员任命敕书的档子和有关皇太极时期的各种记载以及《八旗通

① 《清太祖武皇帝实录》卷二载:"乙卯年……太祖削平各处,于是每三百人立一牛录厄真,五牛录立一扎栏厄真,五扎栏立一固山厄真。"据此,则在努尔哈赤时期,每旗当有二十五牛录。但对照《老档》各卷,各旗牛录数并不平衡。故可知《实录》所称二十五牛录为一固山的说法仅是一个平均数,努尔哈赤亲掌之六十牛录,当即两黄旗之众。

② 《台吉阿巴泰引罪》,天聪元年十二月初八,载《汉译满文老档拾零》,《故宫周刊》第 284 期。

志》初集卷五、卷七两白旗旗分佐领作一比较,①便可发现,凡可以查得出的努尔哈赤时期的两黄旗的总、副、参、游、备御各级官员及其所领牛录,在皇太极时期基本上都改为两白旗。兹将这一情况列表如下:②

表1　镶黄旗

名字	《老档》中职务	皇太极时期改隶旗	名字	《老档》中职务	皇太极时期改隶旗
康古礼	三等总兵官	正白旗	汉泰	备御	正白旗
喀克笃礼	三等总兵官	正白旗	珠瑚达	备御	正蓝旗
武讷格	三等总兵官	正白旗	萨克察	备御	正白旗
阿山	一等参将	正白旗	松郭图	备御	正白旗

---

①　《满文老档》卷六七至卷七〇是天命十年的档子,依据档子的内容进行分析,其写作时间当不早于是年七月初七,不晚于是年八月底。(《满文老档》第六十五卷天命十年七月初七日载有浑塔由副将降备御事,而同书六十七卷正黄旗的档子载有浑塔以父功而为备御。可知,这四卷档子是天命十年七月初七以后的记载。又据同书六十五卷天命十年八月初九条载:"雅瑚、喀木塔尼带挂勒察户来……带来的人口数一千九百,男子五百四十人。"而对这些人的任命敕书又未归入上述四卷中的八旗档子,而是附于第七十卷卷末。故而可知,这四卷敕书的写作时间当在天命十年七、八月间)。虽然卷首是何旗的档子的字样已经残缺,使我们无法直接辨认出这就是镶黄旗的档子,但和前此提到的两黄旗官员相对照,两者是吻合的(如《满文老档》卷四五天命八年二月初七任命八旗的官员中所载两黄旗的官员相吻合)。而且,依据《老档》历次提到的八旗次序,无不是以两黄为首,以两白为末(《满文老档》卷四一收揽八旗边境的档子、卷五五八旗排列次序都是这样)。而在卷六七上紧接残缺一旗字样的档子后面便是正黄旗的档子。故而可以断定,这就是镶黄旗的档子。亦依此例,卷六九的档子自达尔汉额驸以下虽失著旗分,但却可以断定为镶白旗的档子。天命十年七、八月距努尔哈赤死时不过一年,而《满文老档》卷六七之末又载"丙寅年(即天命十一年)五月二十六给了"一语,更可看出,一直到努尔哈赤死前百日左右,还是这样划分八旗人员的。因此,这四卷档子大体反映了努尔哈赤末年八旗的组织状况。

②　《满文老档》卷六七两黄旗的档子所载官员共有八十七人,经和各书对照已查出七十四人,十三人未查出。另,卷六九正白旗的档子亦有五人尚未查出,卷六九、卷七〇镶白旗的档子亦有七人尚未查出。究其原因,当是这次登记敕书各旗的备御多是为总、副、参、游各级官员管理牛录,即以自身管备御事,因此,不少人或因战死,或因被撤换,以致湮没无闻。但是,这次登记敕书各旗备御数却表示了该旗的牛录数。

（续）

名字	《老档》中职务	皇太极时期改隶旗	名字	《老档》中职务	皇太极时期改隶旗
吉巴克达之弟兑勒慎	一等参将	正白旗	硕毕锡	备御	正白旗
克彻尼	三等参将	正白旗	单谭	备御	正白旗
扈瓦山	三等参将	正白旗	塔海	备御	镶白旗
季思哈	三等参将	正白旗	方吉纳	备御	正白旗
济尔海	备御	正白旗	喀萨里	备御	
索海	三等游击	镶黄旗	都木拜	备御	正黄旗
雅什塔	一等游击	正白旗	阿萨里	备御	镶白旗
吴达海	二等游击	正白旗	东山	备御	正白旗
锡拉纳	三等游击	正白旗	乌山泰	备御	
李山	备御	正白旗	马克图	备御	
博博图	三等游击	正白旗蒙古	巴锡	备御	正白旗
巴兰	三等游击	正白旗	乌西泰	备御	正白旗
茂达色	备御	正白旗	赵德	备御	
福拉塔	备御		噶布喇	备御	正白旗
扎努颗尔坤	备御		伊拜	备御	正白旗
汤角	备御	两白旗	皮雅达	备御	正白旗
绰木诺马兰	半备御		萨木哈图	备御	正白旗
瑚什里	（免一次死罪）	镶白旗	楞额礼	备御	正白旗

表 2　正黄旗

名字	《老档》中职务	皇太极时期改隶旗	名字	《老档》中职务	皇太极时期改隶旗
尤德赫之弟和勒多	二等参将	正白旗	浑塔	备御	镶白旗
荆古尔达	三等参将	镶白旗	额参	备御	镶白旗

（续）

名字	《老档》中职务	皇太极时期改隶旗	名字	《老档》中职务	皇太极时期改隶旗
英俄尔岱	三等参将	镶白旗	特登额子	备御	镶白旗
苏纳	一等参将	镶白旗	布延	备御	正白旗
拜出喀	三等游击	镶白旗	绥占	备御	正白旗
喀木塔尼	备御	正白旗	阿玉什	备御	镶白旗
尼恩珠	三等游击		鄂勒标	备御	
辛泰	二等游击	镶白旗	图勒伸	（免二次死罪）	镶白旗
巴达	三等游击		泽克都里	备御	
阿济格尼堪	三等游击	镶白旗	喀囊阿	备御	镶白旗
托克托辉	三等游击	正白旗蒙古	绰哈尔	备御	镶白旗
宜尔登	三等副将	镶白旗	巴当阿	备御	镶白旗
尊塔	备御	镶白旗	诺木图	备御	
苏桥	备御		僧格之子尼雅纽克	备御	镶白旗
毕鲁海	备御	正白旗蒙古	布颜图	备御	镶白旗
库尼雅克塔	备御	镶白旗	色纽克	备御	镶白旗
苏瓦延伊拉泰	备御	镶白旗	纳木	备御	正白旗
塔木拜	备御	镶白旗	颗郭	备御	正白旗
马勒图	备御	镶白旗	巴笃礼	备御	正白旗
达岱	三等游击	正白旗	巴达纳之弟和罗辉	备御	正黄旗
哈尔松阿	备御	镶白旗	阿什达尔汉	一等参将	镶白旗

上列两表中，努尔哈赤时期的两黄旗总计五十六个牛录又半个牛录，经和《八旗通志》初集相对照，寻得五十二个牛录。其中曾改为两白旗者便有四十六个。另外，三牛录改为蒙古正白旗，一牛录改为正蓝旗，二牛录改为皇太极时期的两黄旗。两表总计官员八十七人，

就已查得的七十四人来看,曾经改为两白旗的便有六十五人,而且,其中的五十三人曾在皇太极时期的两白旗活动中多次出现(详见本文附表1、2)。另,在皇太极继位之初,蒙古八旗尚未建立。据史载,"天聪九年,编审蒙古牛录时,以八旗蒙古甚少,令八旗各添二牛录",[①]因此,改入蒙古正白旗的三个牛录应是如伊拜等人例先改为满洲两白旗而后才改为蒙古正白旗的。改为正蓝旗的一牛录看来是随同汉泰等人例先改为两白旗而后在顺治七年十二月与信郡王多尼一起调往正蓝旗的。[②] 而且,如果再对两表所列人员的旗分改动情况进行分析,还可进一步看出,在经过少许的调整之后,努尔哈赤时期的镶黄旗改为皇太极时期的正白旗,努尔哈赤时期的正黄旗则改为皇太极时期的镶白旗了。

由此可以看出,努尔哈赤时期的两黄旗在进入皇太极时期后基本上都改为两白旗。既然如此,皇太极时期的两黄旗又从何而来呢?

如果把太祖朝《满文老档》第六十九、七十两卷登记两白旗官员任命敕书的档子和关于皇太极时期的各种记载以及《八旗通志》初集卷三两黄旗旗分佐领进行比较,就可发现,和努尔哈赤时期的两黄旗改为皇太极时期的两白旗相一致,努尔哈赤时期的两白旗各级官员及其所领牛录在皇太极时期也基本上都改为两黄旗。兹将这一情况制表如下:

表 3　正白旗

名字	《老档》中职务	皇太极时期改隶旗	名字	《老档》中职务	皇太极时期改隶旗
楞额礼	一等总兵官	正黄旗	博尔晋	三等游击	镶红旗
拜音图	一等副将	正黄旗	阿岱	三等游击	正黄旗蒙古

①　《八旗通志》初集卷一一。
②　伊拜于《老档》卷六七天命十年八月隶镶黄旗,于《太宗实录》卷五天聪三年十一月隶正白旗,于同书卷二二天聪九年二月改隶正白旗蒙古。《清史稿》卷二一五《诸王传》载:"汉岱,穆尔哈齐第五子……(顺治)三年,授镶白旗满洲固山额真……七年,授吏部尚书,正蓝旗满洲固山额真。"《清世祖实录》卷五一顺治七年十二月己巳载:"调王多尼(多铎之子)于正蓝旗,以公韩岱为固山额真,阿尔津为护军统领。"

（续）

名字	《老档》中职务	皇太极时期改隶旗	名字	《老档》中职务	皇太极时期改隶旗
哈山	三等副将	镶蓝旗	鄂奔堆	三等游击	两黄旗
雅希禅	一等参将	正黄旗	彰山	备御	镶黄旗
霸奇兰	一等游击	正黄旗	塔纳喀	备御	镶黄旗
雅珊	三等游击	正黄旗	苏勒东阿	备御	镶黄旗
满达尔汉	三等游击	正黄旗	和罗辉	备御	镶黄旗
拜山	三等游击	镶黄旗	瑚什布	三等游击	
汤阿里之子喀喀木	三等游击	正黄旗	纳木泰乌济和	备御	镶白旗
王津	备御		托和齐	备御	正红旗
钟郭堆	备御	正黄旗	汉都	备御	
喀尔喀玛	备御	正黄旗	马福塔	备御	正黄旗
爱通阿之弟鄂木硕颗	备御	镶黄旗	雅尔布	备御	镶黄旗
特木鲁	备御	镶黄旗	巴布海	备御	正黄旗
顺扎秦	备御	镶黄旗	阿什克（缺）	备御	
图鲁什	备御	正黄旗	巴锡	备御	镶黄旗
达济汗	备御		巴雅尔图子阿宰	备御	正黄旗
巴思哈	备御	正黄旗蒙古	喀尔交	备御	正黄旗

表 4　镶白旗

名字	《老档》中职务	皇太极时期改隶旗	名字	《老档》中职务	皇太极时期改隶旗
达尔汉额驸	三等副将	镶黄旗	吴巴海	备御	两黄旗
达朱瑚	三等游击	镶黄旗	福克察	备御	正蓝旗

（续）

名字	《老档》中职务	皇太极时期改隶旗	名字	《老档》中职务	皇太极时期改隶旗
尼喀里	二等参将	正蓝旗	努山	备御	
雅尔纳	三等参将	镶白旗	窝和德	备御	正蓝旗
阿勒哈	三等游击		阿桥	备御	
多内	三等游击	镶黄旗	额勒奇	备御	
鄂内	三等游击	镶白旗	珠克苏	备御	正蓝旗
泽尔济诺之弟喀住	二等游击	镶白旗	哈宁阿	备御	两黄旗
齐尔格伸	备御	镶黄旗	青善	备御	正蓝旗
库瓦泰珠	备御	镶黄旗	济逊	备御	镶黄旗
阿布泰	备御	镶白旗	杨善	备御	镶黄旗
冲济阿	备御	镶白旗	魏齐	备御	正黄旗
彻彻格依子鄂米纳	备御	镶白旗	诺约多	备御	镶黄旗蒙古
襄金	备御	正蓝旗	瑚勒迈	备御	正蓝旗
萨木占巴颜（死）	备御		布岱	备御	正蓝旗蒙古
纳齐布	备御	镶黄旗	诺敏	备御	

　　由上列两表可见，努尔哈赤时期的两白旗四十七个牛录、各级官员六十八人，经和有关皇太极时期的各种记载以及《八旗通志》初集相对照，寻得三十七个牛录（正白旗十九、镶白旗十八），五十六人（正白旗三十一、镶白旗二十五）。其中二十五个牛录、三十五人曾经改为皇太极时期的两黄旗。其余，一人改为正黄旗蒙古，一牛录、一人改为镶黄旗蒙古，四牛录、六人改为正蓝旗，一牛录、一人改为正蓝旗蒙古，四牛录、七人改为镶白旗，改为正、镶二红旗各一牛录、二人，一人改为镶蓝旗。上述情况说明，努尔哈赤时期的两白旗构成了皇太极时期的两黄旗的基本部分。而且，改入两黄旗蒙古的二人当如伊

拜等由正白旗改为正白旗蒙古例,是先改为两黄旗而后才改为两黄旗蒙古的。改为正蓝旗及正蓝旗蒙古的五牛录、七人当是如达尔汉额驸等人例,先改为镶黄旗而后于天聪十年正月重建正蓝旗时又改为正蓝旗的。① 改为镶白旗的四牛录、七人除个别人(如阿布泰)系皇太极继位初的调整,其余当皆是如杨善、鄂莫克图等人例,于皇太极继位后始改镶黄、崇德中改正蓝旗而在顺治元年四月满洲贵族集团的内部斗争中被罚入镶白旗的。② 至于改为两红、镶蓝三旗的个别牛录及人员,则可能是皇太极在争夺汗位的斗争中为了取得三大贝勒的支持而付出的代价。

如果再对努尔哈赤时期两白旗人员、牛录所属旗分的改动情况进行深入分析,便可看出,其中的正白旗虽然大多改为两黄旗,但在天聪九年十二月前改为镶黄旗者绝少,相反,在天聪中隶正黄旗而在崇德后改为镶黄旗者却相当之多。由此判断,努尔哈赤时期正白旗的基本部众在皇太极政权初期(天聪朝)曾改为正黄旗,只是在天聪九年皇太极吞并正蓝旗,"以正蓝旗附入皇上旗(正黄旗),分编为二旗"③时,才将其中的部分牛录改为镶黄旗。与努尔哈赤时期的正白旗在皇太极继位后曾改为正黄旗相一致,努尔哈赤时期的镶白旗,在皇太极继位后则经过少许调整改为镶黄旗了。也正是这部分人员,在天聪九年底,因皇太极将正黄旗与正蓝旗加以合并分为两黄旗时改为正蓝旗的。这也就是天聪间的正蓝旗人员皆在崇德后的两黄旗出现,而天聪间的镶黄旗人员皆在崇德后的正蓝旗出现的原因(见附

---

① 《群臣朝贺》(见《汉译满洲老档拾零》,《故宫周刊》第 332 期)载:"崇德元年正月朔(?)【原档残缺】第十一右翼镶蓝旗推固山额真率领众大臣朝贺,第十二左翼正蓝旗推固山额真梅勒章京达尔汉额驸率众大臣朝贺。"据此可证,天聪九年十二月正蓝旗"附入皇上旗分"(正黄旗)后,皇太极又另行编立了正蓝旗。其基本成员,当为天聪时期的镶黄旗成员。崇德以后正蓝旗的旗主,据各书所载,当为肃亲王豪格。《清世祖实录》卷三七顺治五年三月己亥载诸大臣讦告郑亲王济尔哈朗之词:"又讦告上迁都燕京时,将原定后行之镶蓝旗,令近上立营,同上前行。又将原定在后之正蓝旗,令在镶白旗前行。肃王乃罪废庶人,如何令其妻在辅政叔德豫亲王、和硕英亲王之福金前行。"又,谈迁《北游录·纪闻下·顺治二年十月朔颁历式》载:"蓝旗。发奋亲王历,伯阳郡王历。"发奋亲王即肃亲王之旧称。据上两条史料,可证豪格在崇德后为正蓝旗旗主。

② 《清世祖实录》卷四,顺治元年四月辛巳。

③ 《清太宗实录》卷二六,天聪九年十二月辛巳。

表 3、4)。

由上述四表可以看出,努尔哈赤时期的两黄旗在皇太极时期基本上都改为两白旗,努尔哈赤时期的两白旗在皇太极时期也基本上改为两黄旗。这就说明,努尔哈赤并没有把自己的两黄旗交给皇太极,而是交给了阿济格、多尔衮、多铎;皇太极并没有继承努尔哈赤的两黄旗,而是将努尔哈赤时期的两白旗改为两黄旗了。努尔哈赤时期的两黄旗和皇太极时期的两黄旗虽然旗色相同,但其基本部众,却大不相同。

将《满文老档》第六十八、六十九两卷中登记的两红、两蓝任命敕书的档子和《八旗通志》初集等书相对照,除正蓝旗有很大变化外,两红、镶蓝三旗的人员却是相对稳定的。正蓝旗的变化是由天聪九年底"附入皇上旗",而后又于天聪十年正月重建和顺治五年旗主由豪格向多尔衮易手①以及顺治七年十二月信郡王多尼调往正蓝旗这三次大的变动所造成的。而两红、镶蓝三旗,所以能保持其人员的相对稳定,恐系在后金和清初历次争夺最高权力的斗争中,多持旁观态度而造成的。因和这次改旗关系不大,故不再列表。

两黄、两白四旗的变化已如上述,但是,这些人及其所领牛录的旗分的变化散见于皇太极继位后的各种记载,怎能证明黄、白之间是在一次性的调整中改动了旗分呢?

在皇太极继位之初,因曾向诸贝勒立下了不"削夺皇考所予户口"的誓言,故而在一个时期之内,各旗之间的人员是相对稳定的,这从天聪六年皇太极的一次上谕中也可以看得出来:

> 谕曰:朕蒙天眷佑,缵承丕基,国中人民财物,皆吾所有,然曾见我夺人一美妇乎? 曾不问其主,强夺一良马乎? 曾见有才具人,令彼离其主而从我乎? ……②

一妇、一马、一人尚且不夺,何况人多丁旺的牛录,更不是皇太极所能夺取的了。这说明,天聪六年前,各旗间的人员是相对稳定的。

① 顺治八年二月二十二日《追论摄政王罪状诏》(《明清史料》丙编第四本,第 306 页):"又吹毛求疵,逼死肃亲王,遂纳其妃。将官兵、户口、财产等项,即与皇上,旋复收回,以厚其力。"由上述史料可证,顺治五年三月豪格被囚禁后,正蓝旗曾为多尔衮所有。

② 《清太宗实录》卷一一,天聪六年四月癸未。

随着皇太极实力的增长,皇太极对八旗的控制也加强了。表现在对各旗贝勒的处分上,增加了一条罚牛录。但从有关皇太极时期的各种记载来看,这不过是向诸贝勒示威而已,绝大部数未成事实。除天聪九年底吞并正蓝旗外,其他各旗的组织成员仍相对稳定。将天命十年两红、镶蓝三旗的档子和《八旗通志》初集、《八旗满洲氏族通谱》相比较,便可说明这一点,对皇太极时期和多尔衮时期两黄、两白的关系进行分析,也可说明这一点。《清世祖实录》卷五三顺治八年二月己亥条载:

> 追论睿亲王多尔衮罪状,昭示中外。诏曰:"……又将皇上侍臣伊尔登、陈泰一族及所属牛录人丁、刚林、巴尔达齐二族,皆收入自己旗下。"

同书卷九○顺治十二年三月庚子条亦载:

> 又,太宗时英王被论,因罚出公遏必隆等三牛录。及甫至燕京,睿王擅将此三牛录,取还英王下。又将黄旗下刚林、何洛会、巴尔达齐三族,取入伊旗下。

多尔衮死后,顺治皇帝亲自下诏追论其罪状,是对多年以来黄、白矛盾的总清算。但在涉及黄、白之间所属牛录的攘夺上,仅仅提到他从两黄旗取还了图尔格、伊尔登、遏必隆三牛录及刚林、何洛会、巴尔达齐三族,而不言及其他,这说明,多尔衮时期的两黄、两白四旗在组织上是相当稳定的。而多尔衮在权势赫赫之时并没有从两黄旗取回更多的牛录,仅取回原被罚入的两黄旗的三牛录,这说明皇太极时期的两黄、两白四旗在组织上也相当稳定的,并不存在反复改旗的问题。因此,尽管这些人及其所领牛录旗分的变化散见于皇太极时期以致多尔衮时期的各种记载,但却并不是一个陆续改旗的过程,而是一个在各方都认可的情况下的一次性改旗。

既然如此,这次改旗的具体时间又如何确定呢?

如前所述,努尔哈赤生前既没有"此子(皇太极)可继世为君之心",[①]而且事实上也未把两黄旗交给皇太极,当然就更谈不上允许两白旗改为两黄旗。因此,努尔哈赤向八旗官员分发任命敕书虽距

---

① 《三朝史录采要·太宗一》。

他死尚有百日左右,①但是,在努尔哈赤时期进行这次改旗却是不可能的。况且《清太祖武皇帝实录》和太祖朝《满文老档》根本就没有关于改旗的记载。

根据清初各种史料的记载,努尔哈赤死后,满洲贵族集团曾经有过一场争夺最高权力的斗争。如果将改旗和这场斗争结合起来考察,便可发现,这次改旗是在努尔哈赤死后八旗之间经过激烈的斗争并确定皇太极继承汗位后便已进行的一项活动,至天命十一年九月丁丑皇太极作出继位后的第一次人事安排时,这次改旗已经大体完成。《清太宗实录》卷一天命十一年九月丁丑条载:

> 上以经理国务,与诸贝勒定议,设八大臣。正黄旗以纳穆泰,镶黄旗以额驸达尔哈,正红旗以额驸和硕图,镶红旗以侍卫博尔晋,镶蓝旗以顾三台,正蓝旗以拖博辉,镶白旗以车尔格,正白旗以喀克笃礼,为八固山额真,总理一切事务。凡议政处,与诸贝勒偕座共议之,出师行猎,各领本旗兵行,凡事皆听稽查。又设十六大臣,正黄旗以拜尹图、楞额礼;镶黄旗以伊逊、达朱户;正红旗以布尔吉、叶克舒;镶红旗以吴善、绰和诺;镶蓝旗以舒赛、康喀赖;正蓝旗以屯布禄、萨壁翰;镶白旗以吴拜、萨穆什喀;正白旗以孟阿图、阿山为之。佐理国政,审断狱讼,不令出兵驻防。又设十六大臣,正黄旗以巴布泰、霸奇兰;镶黄旗以多内、杨善;正红旗以汤古岱、察哈喇;镶红旗以哈哈纳、叶臣;镶蓝旗以孟坦、额孟格;正

① 就有关清初的各种资料分析,努尔哈赤时期,满洲八旗牛录数始终在二百个左右(《清太祖武皇帝实录》卷二乙卯年十一月;《满文老档》卷五天命六年七月朔日;《满文老档》卷一八天命六年闰二月二十日,卷二七天命六年九月十六日)。而《满文老档》卷六七至卷七○登记八旗官员任命敕书的档子,八旗共有二百一十一又半个备御,故而可知这就是当时的八旗牛录总数。但这只是天命十年七、八两个月的数字。在这之后,又有增加。《满文老档》卷六五天命十年八月初九条载:"雅瑚、喀木塔尼带挂勒察户来……带来的人口数一千九百,男子五百四十人。"同卷八月初十又载,"博尔晋虾去征讨住东海边的国人,带五百户回来了"。按每户五口计,则为两千五百人。又《满文老档》卷六六天命十年十月初三载:"塔拜阿哥获得男子四百、九百口,阿巴泰阿哥、巴布泰阿哥获得男子二百、六百口。"《清太祖武皇帝实录》卷四于此条作"获人一千五百"。三次征讨总计获人五千九百口。如果考虑这些人也编为牛录的话,则在努尔哈赤死前,八旗牛录总数当在二百二十个左右。两黄旗牛录数当达六十个,两白旗当有五十个牛录。这里为了叙述方便,是以天命十年七、八月间的档子所载备御数作为努尔哈赤死前满洲八旗牛录的总数的。

蓝旗以昂阿拉、色勒；镶白旗以图尔格、伊尔登；正白旗以康古礼、
阿达海为之。出兵驻防，以时调遣，所属词讼，仍令审理。

这是史书记载的皇太极继位后的第一次人事安排，事在努尔哈
赤死后二十七日，皇太极即位之第八天，上距努尔哈赤分发八旗官员
的任命敕书不过一百三十天（是年闰六月）。但是，对这次任命官员
所隶旗分和四个月前《满文老档》的记载相比较，便可看出，两红、两
蓝四旗虽有变化，但大多数是在本旗内的升黜（除镶红旗博尔晋外），
独有两黄、两白四旗，主要官员的所隶旗分却有一个大的交换。为说
明这一情况，试制表 5 如下：

表 5

《太宗实录》卷一旗分 1626.9.8	名字	职务	《老档》中的旗分 1626.5.26	备考
正黄旗	纳穆泰	固山额真		
正黄旗	拜尹图	十六大臣（佐管）	正白旗	
正黄旗	楞额礼	十六大臣（佐管）	正白旗	
正黄旗	巴布泰	十六大臣（调遣）		
正黄旗	霸奇兰	十六大臣（调遣）	正白旗	
镶黄旗	达尔哈	固山额真	镶白旗	
镶黄旗	伊逊	十六大臣（佐管）		当在镶白旗
镶黄旗	达朱户	十六大臣（佐管）	镶白旗	
镶黄旗	多内	十六大臣（调遣）	镶白旗	
镶黄旗	杨善	十六大臣（调遣）	镶白旗	
镶白旗	车尔格	固山额真		当在正黄旗
镶白旗	吴拜	十六大臣（佐管）		
镶白旗	萨穆什喀	十六大臣（佐管）		当在正黄旗
镶白旗	图尔格	十六大臣（调遣）		《老档》卷四五
镶白旗	伊尔登	十六大臣（调遣）	正黄旗	隶正黄旗
正白旗	喀克笃礼	固山额真	镶黄旗	
正白旗	孟阿图	十六大臣（佐管）		当在正黄旗
正白旗	阿山	十六大臣（佐管）	镶黄旗	
正白旗	康古哩	十六大臣（调遣）	镶黄旗	
正白旗	阿达海	十六大臣（调遣）		当在镶黄旗

（续）

《太宗实录》卷一旗分 1626.9.8	名字	职务	《老档》中的旗分 1626.5.26	备考
正红旗	和硕图	固山额真	正红旗	
正红旗	布尔吉	十六大臣(佐管)		
正红旗	叶克舒	十六大臣(佐管)	正红旗	
正红旗	汤古岱	十六大臣(调遣)		《老档》卷四五
正红旗	察哈喇	十六大臣(调遣)	正红旗	隶正红旗
镶红旗	博尔晋	固山额真	正白旗	《老档》卷三八
镶红旗	吴善	十六大臣(佐管)	镶红旗	前隶镶红旗
镶红旗	绰和诺	十六大臣(佐管)	镶红旗	
镶红旗	哈哈纳	十六大臣(调遣)	镶红旗	
镶红旗	叶臣	十六大臣(调遣)	镶红旗	
镶蓝旗	顾三台	固山额真	镶蓝旗	
镶蓝旗	舒赛	十六大臣(佐管)	镶蓝旗	
镶蓝旗	康喀赖	十六大臣(佐管)	镶蓝旗	
镶蓝旗	孟坦	十六大臣(调遣)	镶蓝旗	
镶蓝旗	额孟格	十六大臣(调遣)	镶蓝旗	
正蓝旗	托博辉	固山额真	正蓝旗	
正蓝旗	屯布禄	十六大臣(佐管)		
正蓝旗	萨璧翰	十六大臣(佐管)		
正蓝旗	昂阿拉	十六大臣(调遣)		《老档》卷五九
正蓝旗	色勒	十六大臣(调遣)	正蓝旗	隶属正蓝旗

由上表可见，在这次人事安排中，在已查出的努尔哈赤时期黄、白四旗所属旗分的十三人中，在两黄旗任职的八人，全部来自于努尔哈赤时期的两白旗；而在两白旗任职的五人，又全部来自于努尔哈赤时期的两黄旗。另，前文述及，自皇太极继位后努尔哈赤时期的两黄旗人物绝大多数出现于两白旗，与此同时，努尔哈赤时期的两白旗人物在皇太极继位后却纷纷出现于两黄旗，而绝少再在两白旗活动中出现。据此，我们可以得出这样的结论：在皇太极继位之初，满洲贵族集团在皇太极的主持下，曾经进行过一次以努尔哈赤时期的两黄、两白互易旗色为主要表现形式的改旗，这次人

事安排中出现一些主要官员改动旗分的现象,则是这次改旗完成
的标志。

(二)皇太极时期黄、白实力分析

由上述改旗情况可以看出,皇太极时期的两黄旗是以努尔哈赤
的两白旗为基础建立起来的,皇太极时期的两白旗则是以努尔哈赤
时期的两黄旗为基础建立起来的。而在改旗之前的天命十年七、八
月间,黄、白之间的力量对比是:两黄旗五十六个又半个牛录,两白旗
四十七个牛录。这就使我们很自然地作出了这样的推论,在皇太极
改旗之初,必然是两白旗大于两黄旗。而有关皇太极时期的八旗的
一些史料也恰恰证明了这一点。《清太宗实录》卷二〇天聪八年九月
甲戌条载:

> 上以季思哈征瓦尔喀,所俘人民未经分拨,遣英俄尔岱、龙
> 什、穆成格与大贝勒代善及诸贝勒等会议。谕之曰,此俘获之
> 人,不必如前八分均分,当补壮丁不足之旗。八旗制设牛录,一
> 例定为三十牛录。如一旗于三十牛录之外,余者即行裁去,以补
> 各旗三十牛录之不足者。如有不满三十牛录旗分,择年壮堪任
> 牛录之人,量能补授,统辖所管壮丁,别居一堡,俟后有所俘获,
> 再行补足。朕意旧有人民,不便均分,新所俘获,理应拨补旗分
> 中不足者。若八旗不令划一,间有一旗多于别旗者,其意欲何为
> 乎?代善等皆曰,如此分拨最当。重分旧人,似属未便,今后俘
> 获之人,自应分补不足旗分,于是英俄尔岱等还奏。

早在天命末年,阿济格、多尔衮、多铎便已拥有努尔哈赤给予
的六十牛录,经过八九年的发展,两白旗当皆超过三十牛录。可
见,皇太极在这里特别强调的"不满三十牛录旗分",不是别的什么
旗,主要指的就是以努尔哈赤时期两白旗为基础建立起来的两
黄旗。

尽管这时改变了对俘获人口、降民的分配办法,但是,在皇太
极改旗以后,黄、白差距仍然不是在短时间内所能消除的。因此,
在天聪、崇德之交,一些史料证明,皇太极自己控制的两黄旗仍然
小于两白旗。兹以天聪九年和崇德二年七月两征瓦尔喀制表
如下:

表6　两征瓦尔喀黄、白兵力比较表

年份	旗号	出兵数字	备考
天聪九年十月	两黄	297 名	据《太宗实录》卷二五
	两白	337 名	
崇德二年七月	两黄	170 名	据《太宗实录》卷三七
	两白	300 名	

　　满洲政权对外战争，总是按牛录摊派出兵人数。天聪九年十月之役，亦规定"每旗派官各三员，每牛录兵各五名，旧蒙古各二名"，[①]故而各旗出兵的数字大致反映了该旗牛录数的多少。而据上述记载，两白旗牛录数明显地多于两黄旗，这就进一步证明了皇太极所一再强调的"不满三十牛录旗分"指的正是他自将的两黄旗。直到入关之前，两白旗牛录数仍居八旗之冠，达九十八个牛录又半个牛录，而在天聪九年底吞并了正蓝旗的皇太极合两黄、正蓝三旗之众达一百一十七个牛录又半个半牛录，虽然在总数上已超过两白旗，但在平均数上仍低于两白旗。[②] 在皇太极继位后十几年的时间里，两白旗大于两黄旗的这一现象正好说明，皇太极的两黄旗并不是努尔哈赤的两黄旗，在皇太极继位之初，是应该有过一次以两黄、两白互易旗色为主要表现形式的改旗之举的。

（三）改旗的手段和目的

　　综上所述，皇太极在继位之初，曾经进行过一次以两黄、两白互易旗色为主要表现形式的改旗。然而，这次改旗是通过什么方式进行的？它的目的又何在呢？有关清初八旗的一些史料证明，这次改旗是在皇太极继位后八旗同时改换旗帜装饰的情况下进行的。其目的，则在于通过这次改旗调整各旗在满洲政权中的地位，特别是改变皇太极自己原领的正白旗在满洲政权中的地位和作用。

　　关于八旗的旗帜，《清太祖武皇帝实录》卷二载：

---

　　① 《清太宗实录》卷二五，天聪九年十月癸未。

　　② 光绪《大清会典事例》卷一一一一《八旗都统》载："原定八旗满洲佐领镶黄旗三十三，又半分佐领三；正黄旗四十二，又半分佐领三；正白旗四十八，又半分佐领一；正红旗三十；镶白旗五十；镶红旗三十一，又半分佐领二；正蓝旗四十二，又半分佐领四；镶蓝旗三十三，又半分佐领五。八旗满洲佐领共三百有九，又半分佐领十八。"据此可证，这就是入关之前满洲八旗的牛录总数。

乙卯年……太祖削平各处，于是每三百人立一牛录厄真，五牛录立一扎栏厄真，五扎栏立一固山厄真，固山厄真左右立美凌厄真。原旗有黄、白、蓝、红四色，将此四色，镶之为八色，成八固山。

单据这段记载，看不出努尔哈赤时期和皇太极时期八旗旗帜装饰有什么变化，很容易使我们相信《八旗通志》中所说的"黄、白、蓝均镶以红，红镶以白"是从建八旗以来便已如此的事情。但是如果把当时朝鲜人的记载和明人的记载相比较，八旗旗帜装饰的变化是很明显的。

天命六年九月，努尔哈赤下辽沈之后，朝鲜方面为侦察后金的情况，曾专派满浦金使郑忠信以通好为名赴辽东，据他报告的情况是：

其兵有八部，二十五哨为一部……老酋自领二部，一部阿斗尝将之，黄旗无画，一部大舍将之，黄旗画黄龙；贵盈哥领二部，一部甫乙之舍将之，赤旗无画，一部汤古台将之，赤旗画青龙；洪太主领一部，洞口鱼夫将之，白旗无画；亡可退领一部，毛汉那里将之，青旗无画；酋侄阿民台主领一部，其弟者送哈将之，青旗画黑龙；酋孙斗斗阿古领一部，羊古有将之，白旗画黄龙。①

可见，在努尔哈赤时期，八旗的旗帜，虽然和后来一样有黄、白、蓝、红四色，但却是以画龙与不画龙区别同色正镶两旗的。

但据皇太极时期的明人记载，八旗旗帜的装饰已和努尔哈赤时期不相同了。陈仁锡《无梦园集·山海纪闻一》载：

黄色是憨，红、白、蓝是贝勒（即各王子），黄、蓝、红、白作心，以别色作边。是憨与贝勒下孤山、牛鹿之类，不外黄、蓝、红、白四色，非如中国五色俱全，寓五行、五方、五音、五味相生相克之意。一、黄旗下是喝竿汗，老奴第四男也。老奴死，喝竿立，奴众称为汗，伪号后金国皇帝。砍倒黄旗，则喝竿之颈可系，头可献。内有黄心红边者是台吉超哈贝勒，乃喝竿汗之男……
一、红旗下是昂把免贝勒，内有红心白边者是姚塔、少塔，乃昂把免所生二男，亦有两孤山、大小牛鹿。砍倒红旗，此族可缚。

① 《光海君日记》卷一六九，光海君十三年九月戊申。

一、蓝旗下是卖疙疸贝勒，偏阿贝勒；内有蓝心红边者是安明贝勒、吉汗尖山。亦有两孤山、大小牛鹿。砍倒蓝旗，奴亦大败。

一、白旗下是阿吉哥贝勒，内有白心红边者是王哈赤贝勒，乃王台之男……砍倒白旗，则奴之党与可灭，心胆可寒，授首指日矣。

就这条史料的内容分析，其写作时间当不早于天命十一年九月，不晚于天聪四年，极有可能是天启六年十月陈仁锡参与改修《明光宗实录》时根据当时有关辽东边情的邸报记录下来的。[①] 而他所记载的八旗装饰竟与《八旗通志》所载完全相同，这就说明，在皇太极继位之初，八旗的旗帜改变了装饰。

不但明人的记载能够证明皇太极继位后八旗的装饰有了改变，就是清人本身的记载也可证明这一点，统观太祖朝《满文老档》，在涉及八旗的装饰时，虽然没有画龙与不画龙的记载，但亦未发现有镶边、不镶边的记载。只是到了皇太极继位后，在一些史料中才陆续出现了镶边、不镶边的记载。[②] 这就进一步证明，在皇太极继位后，八旗的旗帜装饰都发生了变化，由原先以画龙不画龙改为镶边、不镶边来区别同色的正、镶两旗了。应该就是通过这一八旗同时改变旗帜装饰的方式，在皇太极的主持下，进行了这次改旗的。那么，皇太极为什么在继位后要通过改换八旗旗帜装饰的方式来进行这次改旗，换言之，皇太极这样做的目的又何在呢？

自八旗建立以来，努尔哈赤一直自将两黄旗，天命建元，又"黄衣

---

① 《明熹宗实录》卷七二天启六年十月癸丑载："改修光宗皇帝实录，以太傅英国公张贤为监修官。……编修朱继祚、陈仁锡……充纂修官。"《明史》卷二二八《文苑四·陈仁锡传》载："崇祯改元，召复故官。……以预修神、光二朝实录，进右谕德，乞假归。越三年，即家起南京国子祭酒，甫拜命，得疾卒。"陈仁锡死于崇祯四年，又于天启末参与改修《光宗实录》，故可知，此段记载不晚于天聪四年，极有可能是天启末预修《光宗实录》时根据当时关于辽东边情的邸报记录下来的。

② 《明清史料》甲集第一本第51页载有"厢边红旗备御祝世胤奏本"，其上书时间为天聪二年十一月，是目前看到的清人本身关于八旗装饰的最早的记载。

称朕"，①行军狩猎，也打黄盖、张黄伞。② 黄旗甚至黄色，就是汗的象征，最高权力的体现。可是，努尔哈赤生前，又已将两黄旗给予了阿济格、多尔衮、多铎。努尔哈赤死后，在"皇考无立我为君之命"情况下继位的皇太极，面对两黄旗已有所属的局面，很可能是以努尔哈赤自将两黄旗的先例为理由，在四大贝勒互相牵掣无法吞并两黄旗的情况下，通过改变八旗装饰的方式，将两白旗改为两黄旗的。在这同时，又将原来的两黄旗改为两白旗。这种不改变旗主而改变旗帜颜色及装饰的做法没有侵犯当时最有权势的三大贝勒的切身利益，故而可为他们所接受。但是，这一行动的结果却改变了原来两白旗在后金政权中的政治地位，更何况从长远的角度来看，政治地位的改变会对皇太极个人实力的进一步发展起重大的作用！

在皇太极及两白旗通过这次改旗而得到极大的政治、物质利益的同时，努尔哈赤时期的两黄旗却因改为两白旗而降低了它的政治地位。因此，这种改变旗帜颜色和装饰的事件在当时和以后很长一段时间内，必定给人们极其深刻的印象，尤其是在最高权力更迭之际，更为人们所关心。《清世祖实录》卷五六顺治八年四月丁巳条载：

> 上召固山额真公谭泰谕曰，昨冷僧机引多尔博见朕，及出，冷僧机奏言，两（黄）旗大臣，原誓立肃亲王为君，睿亲王主立皇上。今虽将多尔博破格宠顾，何足以报。……尔谭泰可传谕贝子锡翰，此是何等言语，朕实不能不加详鞫。随下法司，传集贝子巩阿岱、锡翰、固山额真尚书公谭泰、内大臣席讷布库、巴图鲁詹、护军统领鳌拜巴图鲁、伊尔德、议政大臣哈世屯、巴哈、侍卫坤巴图鲁等讯鞫。据供，我等立誓，但云若换朝廷宫殿瓦色，变易旗帜，我等即死于此。

在顺治皇帝要追查八年前两黄旗大臣拥立豪格的问题时，两黄旗大臣的这种回答，虽然不无自饰之词，但却真实地反映了皇太极死后他们的心理活动。皇太极死后，两白旗大臣极力怂恿多尔衮继位，而一些史料也证明多尔衮确有穿黄袍、继皇位的欲望。如果这一图

---

① （明）王在晋：《三朝辽事实录》卷一。
② 《清太祖武皇帝实录》卷二，壬子年九月；《满文老档》卷二一，天命六年五月初三日。

谋得以实现,十几年前曾经上演过的改旗易色的历史剧又要重演,皇太极多年经营的两黄旗也像努尔哈赤死后的两黄旗一样,面临着改变旗帜,并由此降低自己在满洲政权中的政治地位的危机。这时,处于既得利益集团地位的两黄旗大臣,为了不改变旗帜,几乎搞出了一场宫廷政变,[①]才使两白旗要依样画葫芦进行改旗的图谋没有实现。他们所以对旗色这样敏感,以至于寸步不让,正说明了在前次最高权力更迭之际,曾经有通过"变易旗帜"的方式改变各旗在满洲政权中的地位和作用的先例,而这些先例留下的经验和教训,是足够他们借鉴的。

(四)几点总结

对于这次改旗,可以简单地归纳如下:

(1)和努尔哈赤时期相比较,在皇太极继位后,两黄、两白四旗的旗主有了变化,两黄、两白之间的主要官员有了变化,两黄、两白各级官员及其所领牛录的旗分有了变化,与此同时,八旗旗帜的装饰也有了明显的变化。而且,和努尔哈赤时期不同的另一点是,皇太极时期,两白旗大于两黄旗。虽然黄、白之间发生了这样大的变化,但在整个皇太极时期,黄、白各旗在组织上却保持着相当的稳定性。根据这些情况,可以大致断定,在皇太极继位之初,在他的主持下,曾经进行过一次以努尔哈赤时期的两黄、两白互易旗色为主要表现形式的改旗。

(2)经过各旗间的少许调整,在这次改旗中,努尔哈赤时期的镶、正两黄旗分别改为正、镶两白旗,努尔哈赤时期的正、镶两白旗则改为正、镶两黄旗。通过这一活动,调整和改变了各旗在满洲政权中的地位和作用,这就是这次改旗的主要内容。这次改旗,是通过努尔哈赤死后最高权力更迭之际同时改换八旗旗帜装饰的方式实现的。皇太极继位后作出的第一次人事安排,便是这次改旗完成的标志。

(3)这次改旗,对努尔哈赤晚年规定的八家共治既有保留,又有修改。它保留了八家,而在八家中把努尔哈赤的两家改换成皇太极的两家,这就初步跳出了努尔哈赤晚年坚持的关于自己身后八和硕贝勒共治的窠臼,在满洲政权中央集权化的道路上迈出了新的一步。

---

① 《清史稿》卷二四九《索尼传》。

因此，它虽然在形式上是一次黄、白互易旗色的改旗，而其实质，则是对八旗制度的一次重要改革。终皇太极之世，对八旗制度多所改动，这次改旗则是他对八旗进行改革的第一步，并为以后的改革准备了必要的前提。

（4）将《满文老档》和清代各种官修本朝史书进行比较，可以看出，《满文老档》以后各书关于努尔哈赤时期黄、白各旗人员所隶旗分的记述，都不是努尔哈赤时期他们所隶之旗分，而是皇太极时期以后他们所隶之旗分。其所以在记述旗分时"倒踩年月"，并对努尔哈赤时期黄、白各旗人员的所隶旗分全然不书，最初，其原因显然是政治性的，入关前的两朝《实录》曾随政局的变化一再修改便可证明。而在这次改旗的影响随着政治形势的变化逐渐消失以后，则成为一种纯自然的隐瞒了。对外隐瞒其先世曾经臣属于明的历史事实，对内隐瞒皇太极继位之初的这次改旗，二者一起构成了清初历史上的两大公案。

二　改旗的历史背景

（一）天命建元后八旗改革的趋势

皇太极继位初进行的这次改旗，有着深刻的历史根源。它是从努尔哈赤时期便已开始的八旗改革事业的继续和发展，是对努尔哈赤晚年推行的分裂、倒退政策的纠正和扭转。

八旗制度，作为后金政权的主要组成部分，虽然在建立之初，就已通过一整套制度将封建等级关系确定下来，但是由于八旗各设旗主、各有部民、各置官署，因而，在统一的后金政权之下，八旗之间各有相当大的独立性。天命建元之初，在努尔哈赤之下，四大和硕贝勒拥有极大的权势，便是八旗独立性在政治上的表现。这一状况，无疑是女真族长期以来分裂局面在后金政权内部的残余表现。如果说，在后金政权建立之前，满族人民的主要任务是如何实现满洲的统一以推动满洲社会的发展，那么，天命政权建立之后，摆在满洲政权面前的任务，便是如何消除这种分裂的残余，把统一提到更高一级的程度上来。具体来说，便是如何实现由八旗贵族分权向中央集权的过渡。这是满洲社会发展的客观要求。在这一客观趋势的推动下，从努尔哈赤时期开始，满洲政权的各代统治者进行了近半个世纪的努力,才使这一历史任务大体完成。

我们注意到,八旗建立之初,在由于历史的原因使努尔哈赤不得不赋予旗主以极大权势的同时,他对八旗的控制也在逐步地加强。任命自己子侄担任旗主、在八旗军中另编巴牙喇由汗直接控制以及天命五年改定八旗官制等等,都是这一趋势的表现。与此同时,在八旗建立之前便已拥有很大权势的四大和硕贝勒佐理国政制度也出现了危机。为了争夺努尔哈赤身后的继嗣权力,四大和硕贝勒尤其是代善和皇太极之间进行了激烈的明争暗斗。这说明八旗贵族分权的形式已经显示出了不适应后金社会发展的朕兆。如果让这种斗争无限制地发展下去,对于努尔哈赤的统治和后金政权的前途都是十分不利的。如果说,在广宁之役前,面对着和明朝中央政权严重的军事和政治上的对峙局面,努尔哈赤尚不得不依靠四大和硕贝勒因而对他们也不得不有所容忍的话,那么,在广宁之役后,随着后金政权在军事上、政治上生死存亡问题的大体解决,努尔哈赤便着手限制四大和硕贝勒的权势了。在这样的情况下,天命七年三月,努尔哈赤便有八和硕贝勒之任命。

对天命七年三月初三日努尔哈赤任命八和硕贝勒的上谕进行分析,可以明显地看出努尔哈赤裁抑四大和硕贝勒权势的意图。首先,对于四大和硕贝勒敏感的继嗣问题,努尔哈赤提出,“不要强有力的人立为国主”,而要由八和硕贝勒推举“不拒绝你们八王的人,继承你们的父为国主。如不听你们的话,你们八王就更立你们立的汗,拥立不拒绝你们话的好人”。① 其次,关于国家政事的处理,努尔哈赤作出了八和硕贝勒共治国政的规定。即凡涉及国家军政大计的一切重要事务,均须由八和硕贝勒共同决定。不但政治权利上八家平等,而且经济待遇上也八家均分。所有这些,表面上看来,对于八和硕贝勒都是一视同仁的,但如考虑到在这之前,虽有八旗,但却是八旗六主,②尤其是四大贝勒在后金政权中又拥有很大权势的情况,那么,努尔哈赤更改旧章,于原来四大和硕贝勒之外又设四和硕贝勒,而且,在未来新汗的继承和军国大政的处理上,又使他们和四大和硕贝

---

① 《满文老档》卷三八,天命七年三月三日。
② 《光海君日记》卷一六九,光海君十三年九月戊申。

勒拥有相同的权利的这一决定,不能不被看作是对四大和硕贝勒权势的限制。

努尔哈赤通过任命八和硕贝勒以限制四大和硕贝勒的权势,是有它的具体环境的。天命七年三月前,就八旗势力分析,努尔哈赤自掌两黄旗,虽然是八旗几支势力中最大的一支势力,但在总体上,又处于劣势。代善、皇太极两支势力前此已为继嗣问题争得不可开交,如果这时努尔哈赤再轻率地对之进行罚责、削夺,那不但会加剧矛盾甚至会引火烧身。他所可行的只能是通过"众建诸侯而少其力"的方式以达到降低四大和硕贝勒权势的目的,更何况这时努尔哈赤也切望通过一次权力和财产的再分配以使其尚未成年的几个心爱的少子各分一杯羹呢?

对一些史料进行分析可以看出:在任命八和硕贝勒并使其"分主八旗"的同时,努尔哈赤并没有放弃对两黄旗的控制。这样,努尔哈赤便居重驭轻,对满洲政权,对八旗的控制都进一步加强了。

努尔哈赤对八旗控制的加强,首先表现在对八和硕贝勒特别是四大和硕贝勒的严密控制上。天命七年三月以前,努尔哈赤对于手握重兵、势力雄厚的四大和硕贝勒几乎是"爱如心肝",[①]敬若上宾。在他们与属下大臣发生争执或矛盾时,总是袒护旗主而处罚大臣,[②]甚至在代善和大福金勾搭、侵犯到努尔哈赤本人的利益时,也不敢开罪于他。[③] 但是,在任命八和硕贝勒之后,和过去对四大和硕贝勒的爱抚相反,努尔哈赤却派人监视诸贝勒的活动。天命八年二月,努尔哈赤任命八大臣,"观察诸贝勒的心",并将情况"向汗报告"。[④] 在发现诸贝勒有什么越轨不法行为时,小过则批,大过则罚,令出法随,绝不宽宥。如天命八年五月,因诸贝勒对满汉罪犯执行同一判罪标准而对之进行了严厉的批评。[⑤] 又如,同年六月,努尔哈赤因为皇太极

---

① 《满文老档》卷三,癸丑年六月。

② 《满文老档》卷五,天命二年十月十四日;卷一六,天命五年七月二十一日;卷二七,天命六年九月十八日。

③ 《满文老档》卷一四,天命五年三月二十五日。

④ 《满文老档》卷五二,天命八年二月初七日。

⑤ 《满文老档》卷五二,天命八年五月二十四日。

"独善其身""对他人越分行事"而对之进行批评并罚金银。①再如，同年八月二十一日，三大贝勒(代善、莽古尔泰、皇太极)上书向努尔哈赤承认过错，②虽然其原因尚不清楚，但是像这样的事情在天命七年三月以前是极为少见的。与此相反，对于四小王包括自己心爱的几个儿子，这样的批评，却一次也没有。在当时，八和硕贝勒都是实际上或名义上各将一旗的旗主，对他们控制的加强，说明努尔哈赤的权势较之天命七年三月前有了增长。

其次，努尔哈赤对八旗控制的进一步加强，也还表现在对各旗官员甚至各旗所属诸申的控制上。天命七年十一月，努尔哈赤命令各旗官员向汗宣誓效忠。③天命八年七月，努尔哈赤又规定："下达给诸申，以汗的文书下达。"④这样，各旗官员甚至各旗人民，都必须听从汗的指挥，服从汗的调动。有了这种权力，努尔哈赤便致力于对四大和硕贝勒所领各旗实力的限制。将《老档》第十八卷天命六年闰二月的档子和第六十八卷至七十卷天命十年八月的档子相对照，四大和硕贝勒所领各旗的牛录在八旗牛录总数的比重由66%(一百六十四个半牛录比二百五十牛录)下降为45%(九十六牛录比二百一十一牛录又半个牛录)，四大和硕贝勒的实力及其在后金政权中的地位显著降低了。

事实上，在任命八和硕贝勒之后，和他提倡的八和硕贝勒共治国政相反，举凡军国大政，包括战和大计、升黜官员、迁都沈阳，无一不是努尔哈赤自作主张，甚至诸贝勒已经决定了的事情，努尔哈赤也可以推翻。一直到努尔哈赤死前九天，他还直接处理国家政务。⑤可见，努尔哈赤理想中的八和硕贝勒共治国政，至少在他生前，并没有真正地实行过。

努尔哈赤任命八和硕贝勒，加强汗权，究其目的，无非是为了巩固自己的统治。但他的这些活动却在客观上适应了满洲统一后由八旗贵族分权向中央集权过渡的这一历史的趋势。因而，他的这些活

---

① 《满文老档》卷五四，天命八年六月初九日。
② 《满文老档》卷五八，天命八年八月二十一日。
③ 《满文老档》卷七五。
④ 《满文老档》卷五八，天命八年七月二十一日。
⑤ 《满文老档》卷七二，天命十一年八月初二日。

动收到了明显的效果。和天命七年前四大和硕贝勒为争夺继嗣权利而互相斗争的局面相反,在这之后的几年中,后金政权的上层是稳定的,努尔哈赤的统治也是巩固的。努尔哈赤在后金政权中的特殊地位几乎是无可争议的。

(二)努尔哈赤晚年政策剖析和皇太极继位后的改旗

综上所述,天命七年三月以后,努尔哈赤顺应历史发展潮流,为着加强汗权而对八旗进行改造的一些政策都收到了较大的成功。既然如此,何以在努尔哈赤死后,却发生了完全违背他的意愿的变化呢?

一些史料证明,天命末年,在后金政权于政治、军事各方面都取得了很大的成就时,努尔哈赤在加强汗权的同时,又破坏和削弱着汗权,在对八旗改革刚取得一些成就时,又以一些行动否定了这些改革。

首先,天命七年三月后,努尔哈赤任命八和硕贝勒、对八旗的改革,仅仅是通过增加旗主的方式限制四大和硕贝勒的权势。因此,这种改革是表层的而不是深入的。尽管如此,努尔哈赤的这些行动却在一定程度上收到了加强汗权的效果,这对于巩固满洲政权的统一,无疑有着一定的积极意义。但是,从这一过程中我们看到,任命八和硕贝勒的进步作用是以努尔哈赤控制两黄旗、居重驭轻为条件的。如果离开这个条件,不是名义上而是确实地使和硕贝勒各将一旗,那将比四大和硕贝勒治理国政对后金政权带来更为严重的影响。但是,恰恰是在这个问题上,努尔哈赤表现了政治上的短视,而在临终之前作出了使"分主八旗之八和硕贝勒"①"同心共事"②的规定。这就使努尔哈赤身后的新汗,只能是八和硕贝勒中之一员,只有一旗之实力,从而必然使努尔哈赤时期刚刚加强起来的汗权,受到了极大地削弱。努尔哈赤的这种思想,是当时满洲社会所处时代的过渡性在他头脑中的反映。作为一个跨时代的人物,在他的头脑中,既有先进的封建主思想,又有落后的乃至反动的奴隶主以及氏族贵族的军事民主思想的残余。满洲社会时代的过渡性和努尔哈赤这些思想交错作用的结果,使得努尔哈赤对八旗的改革不得不带有相当大的盲目

---

① (清)王先谦:《东华录·天命四》,天命十一年六月乙未。
② 《清太祖武皇帝实录》卷四,天命十一年六月二十四日。

性,对几个幼子的过分宠爱更使他把握不住时代的脉搏和历史发展的趋势。如果说,天命七年三月努尔哈赤任命八和硕贝勒,尚有限制四大和硕贝勒权势加强汗权的积极作用的话,那么,他在临终之前的遗训中继续强调八固山王同心干国,便要严重地影响到自己身后汗权的加强和巩固了。

其次,在自己身后八固山王同心干国的思想支配下,努尔哈赤在临终前不久作出了十分错误的决定,将自己所领的两黄旗分拨于阿济格、多尔衮、多铎。① 两黄旗在努尔哈赤手中是一支势力,但是在分成三支势力后,则力量大大分散了。而据各书所载,努尔哈赤临终前有传位于多尔衮的遗嘱。② 努尔哈赤将自己所领的六十牛录分拨于多尔衮等人,似即这一愿望的表现。假若果真如此,那么天命七年三月前,努尔哈赤以自掌两黄旗之势,又有和四大和硕贝勒的父子关系,尚且不能完全控制形势,在他死后,却要其心目中的继嗣及其遗部以一旗之众控制其他七旗,这岂不是一种不切实际的幻想? 这样,随着努尔哈赤时代的结束,由努尔哈赤心目中的继嗣及其遗众来作为后金政权的核心和中坚已是不可能的了,而由另外一个能胜任这一任务的人物和集团起而代之,也是必然的了。

再次,天命七年三月以后,努尔哈赤任命八和硕贝勒,加强汗权的一系列活动,都严重地损害了四大和硕贝勒的权益,在努尔哈赤和四大和硕贝勒之间形成了很深的裂痕。如果说,在努尔哈赤生前,由于他的"父汗"的特殊地位和对四小王有着更多的控制力因而四大和硕贝勒尚不敢有什么表示的话,那么,在他死后,面对两黄旗已被分拨、势力分散的有利形势,一度曾受限制和压抑的四大和硕贝勒便要捐弃前嫌、联合起来对努尔哈赤遗部及其代表乌拉纳喇氏采取报复

---

① 根据《满文老档》卷六七天命十年七、八月两黄旗的档子所载,两黄旗只有五十六个又半个牛录。故而可知,《清太宗实录》卷四六崇德四年五月辛巳所称努尔哈赤将自己所领的六十牛录分拨于阿济格、多尔衮、多铎,是在这之后的事情。又,在这次登记八旗官员任命敕书之后,又有三次征讨,俘获人口五千九百。如果将这些人分编牛录,隶于八旗,则两黄旗于天命十一年初时当达六十牛录。又,卷六七卷末补写"丙寅年五月二十六给了",可知,至此时,两黄旗尚未被分拨。可见,两黄旗被分拨的时间当是努尔哈赤死前不久的事情,极有可能是天命十一年六月二十四日书训词与八固山王的时候。由此之前,阿济格、多尔衮、多铎恐怕仅掌个别牛录,只是名义上的和硕贝勒或一般贝勒。

② 详见李光涛:《清太宗夺位考》,《明清史论集》下册,台湾商务印书馆,1971 年。

行动了。努尔哈赤死后八旗贵族集团内部的派别斗争是导致皇太极继位并进行这次改旗的另一个原因。

由上可见,努尔哈赤晚年推行的分裂、倒退政策导致了他死以后诸王争国、汗权极度削弱的局面,使得后金政权在中央集权化的道路上出现了较大的曲折。这时,在争夺汗位斗争中获胜的皇太极,为了巩固自己的地位,就必须对努尔哈赤时期各旗在满洲政权中的地位进行相应的调整。这样,皇太极在继位之第八天,在承认三大贝勒已有权益的条件下,作出了将原来的两白旗改为两黄旗的决定,并将其置于自己的控制之下。在这同时,又将原来的两黄旗改为两白旗,而由阿济格、多铎分任旗主。至于多尔衮,则可能因系努尔哈赤心目中的继嗣故而亦是皇太极心目中的政敌的缘故,而被撤销旗主身份,降居诸贝勒之列。在这同时,又改变了八旗装饰,更动了八旗排列次序。这样,以皇太极继位后对八旗进行的这次改革为契机,各旗在满洲政权中的地位有了新的调整,这就是这次改旗的大致过程和内容。

三 改旗的效果和影响

(一)改旗促进了皇太极势力的增长

如上所述,皇太极是在努尔哈赤死后的汗权极度消弱的情况下继位的。因此,在当时最有权势的三大贝勒和皇太极之间,形成了相当大的离心力。政治上,镶蓝旗旗主阿敏提出要"出居外藩",[①]在目的没有达到后还"自视如君",[②]跋扈异常。在驻防、耕地的分配上,也不听管束,任意搬迁,完全不考虑国防的需要。[③] 在军事活动中,各旗贝勒则不顾大局、任意行止,一般将士又是"各抢各得"。[④] 甚至连努尔哈赤时期并不是和硕贝勒的阿巴泰,仅有六牛录的资本,也想浑水摸鱼,独掌一旗。[⑤] 努尔哈赤晚年"分拨牛录"、坚持八固山同心干国所产生的恶果在这时充分暴露出来。正是这样,皇太极对八旗

① 《清太宗实录》卷四八,崇德四年八月辛亥。
② 《清太宗实录》卷七,天聪四年六月乙卯。
③ 《清太宗实录》卷七,天聪四年六月乙卯。
④ 《明清史料》丙编第一本,第47页。
⑤ 《清太宗实录》卷三,天聪元年十二月辛丑。

制度进行的这种力所能及的改革,在当时收到了初步收拾局面、加强汗权的效果。

在这次改旗中,值得重视的是,皇太极利用汗权,大大提高了固山额真的职权,使他们掌管旗务,并参与国家大政方针的讨论和处理。"凡议国政,与诸贝勒偕坐共议之,出师行猎,各领本旗兵行。一切事务,皆听稽查"。① 这一决定,在当时至少起到了两个作用。第一,它增加了皇太极个人势力在满洲政权领导阶层中的力量。虽然皇太极的两黄旗在当时实力较小,但是,在政治上,在涉及后金政权一些大政方针的决定和处理上,却和他旗至少享有同等的权力。这就使满洲政权的构成成分发生了有利于皇太极的变化。第二,提高固山额真职权,使其"入则赞襄庙谟,出则办理国事",②也在一定程度上限制了各旗贝勒的权权。这样,在一些问题上,各旗贝勒尤其是和皇太极一起并坐,"按月分掌"③的三大贝勒便不能随心所欲地自行其是,从而使皇太极的意志能够比较顺利地得以贯彻执行。这就在一定程度上制止了三大贝勒对皇太极的离心倾向,在政治上收到了加强汗权、巩固统治的效果。

这次改革不但在政治上对于皇太极政权的巩固,有着一定的积极作用,而且,将原来的两白旗由一般旗分升为皇上旗分,也为皇太极势力的壮大开辟了道路。如果说,在他继位之初,由于势力弱小和三大贝勒对皇太极政权的离心倾向以致各旗对战争中的俘获"各抢各得",因此皇太极不得不强调"入官平分"④的话,那么,在经过一系列的斗争除掉阿敏、莽古尔泰两个主要政敌以后,皇太极便利用有利的政治形势,凭借手中的权力改变了对战争中俘获人口、降民的分配办法。这就是由以前的"八家均分"改为"拨补壮丁不足之旗"或"不满三十牛录旗分",从而进一步促进了皇太极个人实力的发展。兹以天聪九年正月将"从察哈尔叛来的众大臣、国人分给八旗"的情况列表如下:⑤

---

① 《清太宗实录》卷一,天命十一年九月丁丑。
② 《清太宗实录》卷八,天聪五年三月乙亥。
③ 《清太宗实录》卷五,天聪三年正月丁丑。
④ 《明清史料》丙编第一本,第47页。
⑤ 汉译《满文旧档》,天聪九年正月二十二日,辽宁大学历史系《清初史料丛刊》本。

旗分	正黄	镶黄	正白	镶白	正红	镶红	正蓝	镶蓝	总计
分得人数	901	365	108	457	437	321	436	167	3192

由上可见,在三千一百九十二个降人中,两黄旗分去的数字竟达1266人,几占总数的40%。就是通过这样的办法,使得经过改旗而部众较少的两黄旗赶了上来。是年十二月,在正黄旗和硕贝勒德格类死后,又以谋大逆案将正蓝旗收归己有。至入关之前,合两黄、正蓝三旗之众,已达一百一十七个牛录又半个牛录,由原先很小的一支势力一跃而为第一大势力了。

虽然十几年中皇太极势力发展很快,但是,皇太极却汲取了努尔哈赤晚年"分拨牛录与诸子"[1]的教训,除天聪六年六月至天聪九年十二月曾一度使豪格为镶黄旗和硕贝勒外,一直坚持自掌两黄旗,居重驭轻,以控制八旗。这样,在皇太极死后,在阿济格、多铎跪劝多尔衮继位的同时,另一方面,却是作为一支势力的"两黄旗大臣盟于大清门",[2]誓立帝子。正是由于十几年间皇太极实力的发展和两黄旗大臣"六人如一体"[3]所造成的内部团结,才保证了皇太极死后由其儿子继位。而多尔衮在任摄政王期间能够指挥一切,也是和两黄旗的支持分不开的。顺治皇帝亲政后,为了进一步加强中央集权,将正白旗收为皇上旗分,出现了天子自将上三旗的局面。这时,上距皇太极继位初的这次改旗已有二十五年,满洲八旗包括两黄旗在内,其构成成分都发生了不少变化。但就两黄旗而言,仍然包括了皇太极原将的正白旗的过半数的牛录。也正是这部分人员,构成了上三旗的中坚和骨干。因此,从清初中央集权化的总过程进行考察,皇太极继位初的这次改旗也为入关以后上三旗的形成奠定了最初的组织规模。

(二)改旗导致了长期的黄、白旗矛盾和斗争

在这次改旗中,努尔哈赤自将的两黄旗被改为两白旗。这样,这

---

[1] 《清太宗实录》卷四六,崇德四年五月辛巳。

[2] 《清史稿》卷二四九《索尼传》。

[3] 《清史稿》卷二四九《索尼传》。

支政治势力在后金政权中的地位大大下降了。

政治上，天命七年三月后，本来有所谓八和硕贝勒之称，但是，在皇太极继位后相当长的一段时间内，除了皇太极和三大贝勒之外，再也看不到八和硕贝勒之称，而只有汗、三大和硕贝勒和诸贝勒。皇太极和代善、阿敏、莽古尔泰一起并坐，接受诸贝勒、诸大臣的朝贺。在天聪三年正月前，还和努尔哈赤时期一样，四人按月分理政事，掌握国家日常事务的处理以及国家大政方针的最后决定权。在汗、三大贝勒和诸贝勒之间，形成了一条很明显的界限。阿济格、多铎虽然分任镶白、正白两旗旗主并参与议政，但是，在有关国家大政的决策上，根本没有决定权力。而且，努尔哈赤生前最属意的多尔衮，除了掌有努尔哈赤给予的部分牛录外，连旗主也未当上。当时，除皇太极自己控制两黄旗外，其他三大贝勒分别把持或控制两红、两蓝四旗。也就是说，只有两白旗旗主没有参加政权的最高领导阶层。就八旗排列次序而言，虽然形式上和努尔哈赤时期一样以黄、红、蓝、白为序，但是经过了这次改旗，努尔哈赤遗部便由天命间的最前面而变为最后面了。两白旗在满洲政权中的低下地位是显而易见的。

在俘获物的分配上，两白旗也受到了限制。尤其是天聪八年九月改变对俘获人口、降民的分配办法后，两白旗面临的情况便是战争中出兵最多，而在俘获人口、降民的分配上又所得很少。如果说两白旗旗主未能参加国家最高阶层的领导，仅属旗主待遇的问题，那么在俘获物分配中的不合理现象，便要直接影响到两白旗的将士部众了。作为一个政治集团，他们的代表人物在政治上受压抑，在实力发展上又受限制。所有这些，必然会引起两白旗的不满和反抗。天聪年间，这一矛盾一度达到相当尖锐的程度：

天聪二年三月，皇太极以镶白旗旗主阿济格擅自为其同母弟正白旗旗主多铎主婚并私托正白旗调遣大臣阿达海"为媒往说"为罪名，革去阿济格旗主而代之以其母弟多尔衮，阿达海亦因此受到"没其家产之半"的处分。①

同年六月，正白旗调遣大臣阿达海以上述旧罪及私往"兴京旧地

---

① 载《天聪皇帝日录》，《史料丛刊初编》。

方渔住"而被杀。①

同年八月,阿达海之兄正白旗佐管大臣阿山叛投明朝。以明兵拒绝而"悔罪来归",并首告努尔哈赤宠臣"雅荪曾谋同逃"。皇太极宥阿山罪,"复其职",而诛雅荪。②

天聪五年前,有正白旗调遣大臣康古礼、正白旗固山额真喀克笃礼兄弟合谋"从朝鲜走入熊岛,约令叛逃"事。③

天聪八年前,又有正白旗固山额真喀克笃礼图谋"奔回原籍瓦尔喀,以财务运藏本屯"事。④

至此,皇太极继位之初任命的几个正白旗主要大臣,一个被杀,三个谋叛,另一个佐管大臣孟阿图也在天聪初"因多取田产,又以余地私给汉官,及择各处腴地别立庄屯"⑤而被削职。而遍阅《清太宗实录》可以看出,在皇太极时期发生的几起叛逃事件,除刘兴祚(正红旗,汉人)因民族矛盾外,其余几起都发生在正白旗。这就说明,在这次改旗之后,以正白旗为代表的努尔哈赤遗部和皇太极之间的矛盾是很尖锐的。

面对改旗后两白旗对皇太极政权的抵触情绪,皇太极在致力于皇权加强的同时,也采取了一些措施来保证满洲政权内部的团结和统一,并力求把这一矛盾制约在一定范围内之内。他的主要办法是区别对待,有打有拉,伺机削弱。在两白旗中,重点打击正白旗的反抗势力。对两白旗中的功臣后裔,因为他们有着众多的属人和很高的社会地位,则优礼有加,竭力争取。对于叛逃者又区别情况,轻易不开杀戒,尤其不株连无辜,以免失去人心,甚至还和曾经叛逃的正白旗固山额真阿山结为亲戚。⑥ 尤其是在天聪六年六月任命豪格为和硕贝勒以后,为了降低代善等大贝勒的地位,先后恢复了多尔衮、多铎和硕贝勒的称呼并更动了八旗的排列次序,两白旗在满洲政权

---

① 载《天聪皇帝日录》,《史料丛刊初编》。

② 另本《旧满洲档译注》,天聪二年八月初七日;《清太宗实录》卷五,天聪三年八月戊辰。

③ 《清太宗实录》卷四九,崇德四年十月己丑。

④ 《清太宗实录》卷二二,天聪九年二月癸丑。

⑤ 《清太宗实录》卷八,天聪五年三月甲午。

⑥ 《清太宗实录》卷五五,崇德七年十一月丁亥。

中的地位才有所改善,这股叛逃风才停下来,黄、白旗之间的矛盾才被制约在一定的范围之内。但是,终皇太极之世,黄、百矛盾一直存在,而在皇太极死后,形成了黄、白旗之间在争夺最高权力斗争中的尖锐对立。

崇德八年八月,皇太极病死,黄、白之间的矛盾和斗争进入了一个新的发展时期。这时,面对着有利的政治形势,两白旗上至旗主、贝勒多铎、阿济格,下至大臣阿山、阿布泰,一起怂恿多尔衮继位,了解历史上改旗真相的礼亲王代善也认为:"睿亲王若允,我国之福。"①但是和十七年前情况不同的是,经过皇太极近三十年尤其是继位十几年以来的经营,两黄旗势力不但迅速壮大,而且也没有像努尔哈赤晚年那样被分割,这就形成了一支足以和两白旗相抗衡的政治势力。而且,由于自皇太极继位以来满洲社会封建化的进一步深入,中央集权观念深入人心。这样,为两白旗极力追求同时也为两黄旗极力反对的改换旗色的事情才没有发生。客观形势迫使多尔衮放弃继位的打算而拥立皇太极幼子福临,自任摄政王。这时,两白旗的地位才进一步提高。多尔衮死后,清朝统治者所以要把正白旗收为上三旗,除了旨在强化皇权之外,恐怕也是想以承认努尔哈赤遗部在满洲政权中的特殊地位为代价来弥合多年以来黄、白旗之间的矛盾,以此达到拆散两白旗联合的目的。但是,这两个集团的矛盾,并未因此而终止,康熙初年又以换地为导火线而进行了一场激烈的斗争。虽然这时距皇太极改旗已四十年,黄、白旗的成分和改旗时相比发生了很大的变化,而且,他们之间的斗争也不像皇太极时期那样,其中一方有着加强皇权、推动社会前进的进步作用,而只是权臣擅政时两个政治集团间的混斗。但是,从鳌拜等人在这场斗争中所十分强调的八旗左右翼问题,仍可看出努尔哈赤遗部和皇太极遗部之间为着政治上和物质上的利益而斗争的痕迹。② 也就是说,皇太极继位后的这次改旗,对后金和清初政局的影响,前后达四十年。

关于皇太极和两白旗之外各旗旗主的斗争以及皇太极死后的

---

① 《清史稿》卷二四九《索尼传》。

② 《清史稿》卷二四九《鳌拜传》。另据《老档》卷四一记载:努尔哈赤时期八旗左翼是正黄、正红、正蓝、镶蓝四旗,右翼是镶黄、镶红、镶白、正白四旗。皇太极继位后,将此加以改变。左翼为镶黄、正白、镶白、正蓝四旗,右翼为正黄、正红、镶红、镶蓝四旗。

黄、白旗矛盾和斗争,一些文章已专加论述,本文不拟多说。仅需指出的是,皇太极继位后的这次改旗构成了黄、白旗矛盾和斗争的特殊历史根源。正是这一特殊的历史原因,造成了黄、白旗之间矛盾和斗争的长期性、曲折性和复杂性。在皇太极和两蓝旗、两红旗的斗争中,往往不过几个回合便见分晓。对手或一败涂地,或俯首帖耳。而黄、白旗之间的矛盾和斗争却历经三朝,持续四十年,而且中间几起几伏。这说明,除了两白旗因是努尔哈赤遗部而有着较强的实力外,也还因为他们是努尔哈赤遗部,一个时期之内,在精神上他们也是有所凭恃并居于某种优势地位的。

结语

兹以寥寥数语,对于本文所论述的主要内容,作一简单地回顾和总结。

一、天命建元后,随着满洲统一的大体完成,在上层建筑领域,作为后金政权主要支柱的八旗制度也开始了由八旗贵族分权向中央集权的演变过程。在这种形势下,作为那个时代的代表,努尔哈赤在改造八旗制度、加强他自己的汗权等方面,作出了一些努力,取得了一些成就。但是,作为一个跨时代的人物,由于为极端狭隘的个人私利所驱使,他对八旗所作的这些改革是表面的、盲目的。而在这一改革刚刚取得一些成就后,在其临终前,又以自己的一些行动破坏了这些成就。这样,八旗制度在其改革过程中便出现了曲折,从而造成了努尔哈赤死后诸王争国、汗权极度削弱的局面。这些,便构成了皇太极继位初进行这次改旗的历史背景。

二、随着努尔哈赤死去和皇太极继位,满洲政权出现了新的核心。为了巩固自己的统治,皇太极在继位之初,便亲自主持进行了这次以黄、白易色为主要表现形式的改旗。经过各旗间的少许调整,在这次改旗中,努尔哈赤时期的镶、正两黄旗分别被改为正、镶两白旗,并由多铎、阿济格、多尔衮继续统辖。努尔哈赤时期的正、镶两白旗则分别改为正、镶两黄旗,并由皇太极自己控制。通过这一活动,改变了各旗在后金政权中的地位和作用,收到了稳定形势、巩固统治的初步效果。这就是这次改旗的主要目的和内容。

三、这次改旗,就其形式而言,似乎仅仅是通过黄、白易色,调整在八旗贵族集团中对权利和财产进行再分配的问题,但究其实质,却是一次对八旗制度的重要改革。它在一定程度上纠正了努尔哈赤晚年的分裂、倒退政策,并在新的形势下,通过自己力所能及的努力,把努尔哈赤时期便已开始的八旗改革事业继续向前推进。这次改革,是皇太极对八旗制度进行改革总过程中的第一步,并为以后的改革准备了条件和前提。

四、这次改旗,对后金和清初政局都产生了较大的影响。一方面,这次改革使后金政权的构成成分发生了有利于皇太极的变化,为皇太极个人实力的增长和皇太极时期中央集权的加强创造了条件,并为入关后出现的上三旗奠定了最初的组织规模。另一方面,这次改旗所导致的黄、白各旗在后金政权中地位和作用的调整,也构成了长期存在的黄、白矛盾的特殊历史根源。在皇太极继位之初,它表现为正白旗大臣的叛逃,在皇太极死后,又表现为争夺最高权力斗争中黄、白两个政治集团的尖锐对立,并在一定程度上影响了入关以后政局的发展。因此,这次改旗是皇太极继位之初的重大政治事件,在八旗发展史上,在后金和清初政治中都有着重要的地位。

附表 1 镶黄旗

名字	《老档》中职务	皇太极时期所隶旗分	《八旗通志》中所隶旗分佐领	各书中所隶旗分
康古礼	三等总兵官	《太宗实录》卷一天命十一年九月隶正白旗	正白旗第一参领第十五佐领	《清史稿》卷二二七隶正白旗
喀克笃礼	三等总兵官	《太宗实录》卷一天命十一年九月领正白旗	正白旗第一参领第十三佐领	《清史稿》卷二二七隶正白旗
武讷格	三等总兵官	汉译《满文老档》天聪九年正月隶正白旗	正白旗蒙古右参领第二佐领	《清史稿》卷二三〇隶正白旗蒙古
阿山	一等参将	《太宗实录》卷一天命十一年九月隶正白旗	正蓝旗第五参领第四佐领	《清史稿》卷二二七隶正蓝旗

（续）

名字	《老档》中职务	皇太极时期所隶旗分	《八旗通志》中所隶旗分佐领	各书中所隶旗分
吉巴克达弟兑勒慎	一等参将		镶白旗第一参领第十一佐领	《清史稿》卷二三〇正白旗改镶白旗
克彻尼	三等参将	汉译《满文旧档》天聪九年十一月隶正白旗	正白旗第五参领第十二佐领	《八旗通志》初集卷二〇四隶正白旗
扈瓦山	三等参将	《太宗实录》卷一六天聪六年隶正白旗		《八旗通志》初集卷二二六隶正蓝旗
季思哈	三等参将		镶白旗第一参领第九佐领	《清史稿》卷二三〇正白旗改镶白旗
济尔海	备御	《故宫周刊》第404期崇德元年五月隶正白旗		《八旗通志》初集卷一六六隶正蓝旗
索海	三等游击	《太宗实录》卷六一崇德七年七月隶镶黄旗		《清史稿》卷二二五隶镶黄旗
雅什塔	一等游击	《太宗实录》卷四四崇德三年十月隶正白旗	正白旗第四参领第八佐领	
吴达海	二等游击	汉译《满文旧档》天聪九年正月隶正白旗	正蓝旗第一参领第四佐领	《清史稿》卷二一五载太宗时隶正白旗
锡拉纳	三等游击	《世祖实录》卷四七载顺治七年隶正白旗牛录承管人子车克	镶白旗第四参领第二佐领	《清史稿》卷二三八隶镶白旗

（续）

名字	《老档》中职务	皇太极时期所隶旗分	《八旗通志》中所隶旗分佐领	各书中所隶旗分
李山	备御	《太宗实录》卷六五崇德八年七月隶正白旗牛录承管人阿尔赛	正蓝旗第三参领第三佐领	
博博图	三等游击	《世祖实录》卷二崇德八年十一月隶正白旗蒙古牛录承管人子明安达礼	正白旗蒙古右参领第六佐领	《清史稿》卷二二八隶正白旗蒙古
巴兰	三等游击	《太宗实录》稿本卷一四崇德元年六月隶正白旗		《八旗满洲氏族通谱》卷二〇隶正蓝旗茂达色之兄
汉泰	备御	汉译《满文旧档》天聪九年正月隶正白旗	正蓝旗第一参领第三佐领	《清史稿》卷二一五载顺治初年任镶白旗固山额真
茂达色	备御	《太宗实录》稿本卷一四崇德元年六月隶正白旗	正蓝旗第三参领第三佐领	
单谭	备御		正白旗第五参领第四佐领	《八旗满洲氏族通谱》卷一隶正白旗
塔海	备御		镶白旗第四参领第十三佐领	
方吉纳	备御		正白旗第二参领第十一佐领	
喀萨里	备御			

（续）

名字	《老档》中职务	皇太极时期所隶旗分	《八旗通志》中所隶旗分佐领	各书中所隶旗分
都木拜	备御		正黄旗第一参领第十六佐领	《清史稿》卷二四二隶正黄旗
阿萨里	备御	《故宫周刊》第444期崇德元年九月隶镶白旗		
东山	备御	《太宗实录》稿本卷三八崇德七年十月隶正白旗	正白旗包衣第一参领第一佐领	
乌山泰	备御			
马克图	备御			
巴锡	备御	《故宫周刊》第404期崇德元年五月隶正白旗	正蓝旗第一参领第十六佐领	
乌西泰	备御	《太宗实录》稿本卷一四崇德元年六月隶正白旗	镶白旗第一参领第十二佐领	
赵德	备御			
福拉塔	备御			
扎努颗尔坤	备御			
汤角	备御	《太宗实录》卷二五天聪九年十月隶两白旗		
绰木诺马兰	半备御			
瑚什里	（免一次死罪）	《世祖实录》卷一一顺治元年十一月隶镶白旗牛录承管人佤尼隆阿	正蓝旗第五参领第十一佐领	

（续）

名字	《老档》中职务	皇太极时期所隶旗分	《八旗通志》中所隶旗分佐领	各书中所隶旗分
噶布喇	备御		正白旗第三参领第十五佐领	《八旗满洲氏族通谱》卷三六隶正白旗
珠瑚达	备御		正蓝旗第一参领第十佐领	
萨克察	备御	《世祖实录》卷一二〇顺治十五年九月隶正白旗		
松郭图	备御	《故宫周刊》第404期崇德元年五月隶正白旗		
硕毕锡	备御	《故宫周刊》第451期崇德元年九月隶正白旗牛录承管人弟乌尔哈纳	正白旗第五参领第十三佐领	
伊拜	备御	《太宗实录》卷五天聪三年十一月隶正白旗，同书卷二二天聪九年二月隶正白旗蒙古	正蓝旗第五参领第九佐领	《清史稿》卷二四一隶正蓝旗
皮雅达	备御	《太宗实录》卷五二崇德五年六月隶正白旗牛录承管人弟雅布喀	正白旗第五参领第一佐领	
萨木哈图	备御	《故宫周刊》第404期崇德元年五月隶正白旗		《八旗满洲氏族通谱》卷一九隶正白旗
楞额礼	备御			《八旗满洲氏族通谱》卷一一隶正白旗

附表 2　正黄旗

名字	《老档》中职务	皇太极时期所隶旗分	《八旗通志》中所隶旗分佐领	各书中所隶旗分
尤德赫之弟和勒多	二等参将	《太宗实录》卷二五天聪九年十月隶两白旗	正白旗第二参领第十佐领	《八旗通志》初集卷二〇四隶正白旗
荆古尔达	三等参将	《太宗实录》卷三三崇德二年正月隶镶白旗牛录承管人弟崇阿	正白旗第四参领第十三佐领	《清史稿》卷二二七隶正白旗
阿什达尔汉	一等参将	汉译《满文老档》天聪九年正月隶镶白旗	正白旗第二参领第四佐领	《清史稿》卷二三〇隶正白旗
英俄尔岱	三等参将	汉译《满文旧档》天聪九年正月隶镶白旗	正白旗第一参领第四佐领	《清史稿》卷二二八隶正白旗
苏纳	一等参将	汉译《满文旧档》天聪九年正月隶镶白旗	正白旗第二参领第二佐领	《清史稿》卷二三〇隶正白旗
拜出喀	三等游击	《太宗实录》卷四六崇德四年四月隶镶白旗牛录承管人子詹楚喀	镶白旗第三参领第十四佐领	《八旗通志》初集卷二〇四隶镶白旗
喀木塔尼	备御		正白旗第五参领第八佐领	
尼恩珠	三等游击			
辛泰	二等游击	《故宫周刊》第444期崇德元年九月隶镶白旗牛录承管人弟星讷	正白旗第五参领第七佐领	《清史稿》卷二四一隶正白旗
巴达	三等游击			

（续）

名字	《老档》中职务	皇太极时期所隶旗分	《八旗通志》中所隶旗分佐领	各书中所隶旗分
阿济格尼堪	三等游击	《故宫周刊》第320期天聪六年五月隶镶白旗	正白旗第一参领第一佐领	《清史稿》卷二三五隶正白旗
托克托辉	三等游击		正白旗蒙古右参领第八佐领	
宜尔登	三等副将	《太宗实录》卷一天命十一年九月隶镶白旗		《清史稿》卷二三三隶镶白旗
泽克都里	备御			
喀囊噶	备御	《太宗实录》卷三六崇德二年六月隶镶白旗	正白旗第三参领第十三佐领	《八旗满洲氏族通谱》卷一隶正白旗
绰哈尔	备御	《太宗实录》卷三三崇德二年正月隶镶白旗牛录承管人陈泰	镶黄旗第一参领第七佐领	《清史稿》卷二三三隶镶黄旗
巴当阿	备御	《故宫周刊》第444期崇德元年五月隶镶白旗		《八旗满洲氏族通谱》卷二二隶正白旗
尊塔	备御	汉译《满文旧档》天聪九年正月隶镶白旗	正白旗第三参领第七佐领	《清史稿》卷二三五隶正白旗
苏桥	备御			
毕鲁海	备御		正白旗蒙古左参领第五佐领	
库尼雅克塔	备御	《故宫周刊》第411期崇德元年六月隶镶白旗		

（续）

名字	《老档》中职务	皇太极时期所隶旗分	《八旗通志》中所隶旗分佐领	各书中所隶旗分
苏瓦延伊拉泰	备御	《太宗实录》卷二○天聪八年十月隶镶白旗		
塔木拜	备御	《太宗实录》卷五七崇德六年八月隶镶白旗	正白旗第四参领第一佐领	《清史稿》卷二四一隶正白旗
马勒图	备御		镶白旗第一参领第六佐领	《八旗通志》初集卷一六七隶镶白旗
达岱	三等游击	《太宗实录》稿本卷三八崇德七年十月隶正白旗牛录承管人子色尔图	正白旗第二参领第七佐领	
哈尔松阿	备御	《太宗实录》卷六五崇德八年七月隶镶白旗		
浑塔	备御	《太宗实录》卷二一天聪八年十一月隶镶白旗	正白旗第三参领第五佐领	《清史稿》卷二二五隶正白旗
额参	备御	《太宗实录》卷二一天聪八年十月隶镶白旗		
布延	备御			《八旗满洲氏族通谱》卷一七隶镶白旗
特登额子	备御			《八旗通志》初集卷二○八隶镶白旗

（续）

名字	《老档》中职务	皇太极时期所隶旗分	《八旗通志》中所隶旗分佐领	各书中所隶旗分
马拉噶	备御			
绥占	备御		正白旗第四参领第十七佐领	《八旗满洲氏族通谱》卷三三隶正白旗
阿玉石	备御	《太宗实录》卷七天聪四年五月隶镶白旗		《八旗通志》初集卷二〇四隶正白旗
鄂勒标	备御			
图勒伸	（免二次死罪）	《太宗实录》卷三三崇德二年正月隶镶白旗牛录承管人侄崇阿	正白旗第四参领第十三佐领	
诺木图	备御	《世祖实录》卷二崇德八年十一月隶镶白旗牛录承管人弟席特库	正白旗第五参领第九佐领	《八旗满洲氏族通谱》卷三〇隶正白旗
僧格之子尼雅纽克	备御	汉译《满文旧档》天聪九年十一月隶正白旗，《清太宗实录》稿本卷三八崇德七年七月隶镶白旗	镶黄旗第四参领第十四佐领	
色纽克	（免一次死罪）	《清太宗实录》稿本三八卷崇德七年七月复由正白旗改镶白旗	镶黄旗第四参领第十四佐领	
纳木	备御	《太宗实录》卷六五年崇德八年八月隶正白旗		《八旗通志》初集卷二〇九隶镶白旗

（续）

名字	《老档》中职务	皇太极时期所隶旗分	《八旗通志》中所隶旗分佐领	各书中所隶旗分
颗郭	备御			《八旗满洲氏族通谱》卷三二隶正白旗
布颜图	备御	《故宫周刊》第321期、444期隶镶白旗牛录承管人弟毛墨尔根	正白旗第五参领第五佐领	《八旗满洲氏族通谱》卷二三隶正白旗（乌拉布占泰子）
巴笃礼	备御	汉译《满文旧档》天聪九年正月隶正白旗	正白旗第四参领第六佐领	《清史稿》卷二二六隶正白旗
巴达纳弟和罗辉		汉译《满文旧档》天聪九年正月隶正黄旗	镶白旗第二参领第十佐领或第二参领第十六佐领	《清史稿》卷二四六隶镶白旗

附表 3　正白旗

名字	《老档》中职务	皇太极时期所隶旗分	《八旗通志》中所隶旗分	各书中所隶旗分
楞额礼	一等总兵官	《太宗实录》卷一天命十一年九月隶正黄旗	正黄旗第二领第七佐领	《清史稿》卷二二七隶正黄旗
拜尹图	一等副将	《太宗实录》卷一天命十一年九月隶正黄旗,《太宗实录》卷二六天聪九年十二月隶镶黄旗		
哈山	三等副将			《八旗通志》初集卷七〇七隶镶蓝旗

（续）

名字	《老档》中职务	皇太极时期所隶旗分	《八旗通志》中所隶旗分	各书中所隶旗分
雅希禅	一等参将	汉译《满文旧档》天聪九年正月隶正黄旗,《太宗实录》卷五二崇德五年六月隶镶黄旗牛录承管人子恭衮	镶黄旗第二参领第三佐领	
霸奇兰	一等游击	《太宗实录》卷一天命十一年九月隶正黄旗	镶红旗第一参领第二佐领	《清史稿》卷二二三隶镶红旗
雅瑚	三等游击	《世祖实录》卷一崇德八年八月隶两黄旗牛录承管人子满达尔汉	正黄旗第四参领第一佐领	《清史稿》卷二二八隶正黄旗
满达尔汉	三等游击	《世祖实录》卷一崇德八年八月隶两黄旗	正黄旗第四参领第一佐领	《清史稿》卷二二八隶正黄旗
拜山	三等游击	《世祖实录》卷一崇德八年八月隶两黄旗牛录承管人子顾纳岱	镶黄旗第五参领第二佐领	《清史稿》卷二二六隶镶黄旗
汤阿里之子喀喀木	三等游击	汉译《满文旧档》天聪九年正月隶镶黄旗,《太宗实录》稿本卷三八崇德七年十月隶镶黄旗	镶黄旗第四参领第八佐领	《清史稿》卷二四三隶镶黄旗
博尔晋	三等游击	《太宗实录》天命十一年九月隶镶红旗	镶红旗第四参领第一佐领	《清史稿》卷二二七隶镶红旗

（续）

名字	《老档》中职务	皇太极时期所隶旗分	《八旗通志》中所隶旗分	各书中所隶旗分
阿岱	三等游击	汉译《满文旧档》天聪九年二月隶正黄旗蒙古		《八旗通志》初集卷二七〇隶正黄旗蒙古
鄂奔堆	备御	汉译《满文旧档》天聪九年十月隶两黄旗牛录承管人子叟塞	正黄旗蒙古都统略尔沁参领第一佐领	《清史稿》卷二二九隶正黄旗蒙古
彰山	备御	天聪间隶镶黄旗牛录承管人杨善	镶白旗第五参领第六佐领	《八旗通志》初集卷一六一隶镶白旗
塔纳喀	备御	《太宗实录》卷四六崇德四年四月隶镶黄旗		
巴锡	备御	《世祖实录》卷一崇德八年八月隶两黄旗牛录承管人子敖内	镶黄旗第四参领第五佐领	
苏勒东阿	备御	《世祖实录》卷一崇德八年八月隶两黄旗牛录承管人子舒淑	镶黄旗第四参领第六佐领	
和罗辉	备御	汉译《满文旧档》天聪九年正月隶正黄旗	镶白旗第二参领第十佐领或第二参领第十六佐领	《清史稿》卷二四六隶镶白旗
珊什布	三等游击			
纳木泰乌济和	备御			《八旗通志》初集卷一六一隶镶白旗

（续）

名字	《老档》中职务	皇太极时期所隶旗分	《八旗通志》中所隶旗分	各书中所隶旗分
王津	备御			
钟郭堆	备御	汉译《满文旧档》天聪九年四月隶正黄旗		
喀尔喀玛	备御	《太宗实录》卷二〇天聪八年十月隶正黄旗	镶白旗第三参领第四佐领	
爱通阿弟鄂木硕颗	备御	《世祖实录》卷四五顺治六年七月隶镶黄旗	镶黄旗第一参领第十二佐领	
特木鲁	备御	《故宫周刊》第414期崇德元年六月隶镶黄旗		
顺札秦	备御	《历朝八旗杂档》隶镶黄旗	镶黄旗第三参领第十四佐领	《清史稿》卷二二六隶镶黄旗
图鲁什	备御	汉译《满文旧档》天聪九年二月隶正黄旗	镶黄旗第五参领第七佐领	《清史稿》卷二二六隶镶黄旗
达济汉	备御			
巴思哈	备御	《世祖实录》卷一崇德八年八月隶两黄旗牛录承管人巴特玛	正黄旗蒙古都统参领第五佐领	
托和齐	备御	《太宗实录》卷二〇天聪八年十月隶正红旗	正红旗蒙古都统左参领第二佐领	
汉都	备御			

（续）

名字	《老档》中职务	皇太极时期所隶旗分	《八旗通志》中所隶旗分	各书中所隶旗分
马福塔	备御	《太宗实录》卷四五崇德四年正月隶正黄旗	正黄旗第四参领第四佐领	《清史稿》卷二二八隶正黄旗
雅尔布	备御	《故宫周刊》第403期崇德元年五月隶镶黄旗		
巴布海	备御	汉译《满文旧档》天聪九年二月隶正黄旗		
阿什克	备御			
巴雅尔图子阿宰	备御	汉译《满文旧档》天聪九年二月隶正黄旗牛录承管人南褚	正黄旗第三参领第八佐领	《八旗通志》初集卷二二一隶正黄旗
喀尔交	备御	《太宗实录》卷三二崇德元年十二月隶正黄旗		

附表 4　镶白旗

名字	《老档》中职务	皇太极时期所隶旗分	《八旗通志》中所隶旗分	各书中所隶旗分
达尔汉额驸	三等副将	《太宗实录》卷一天命十一年九月领镶黄旗，《故宫周刊》第332期天聪十年正月领正蓝旗	正蓝旗第二参领第七佐领	《清史稿》卷二二七载由镶黄旗改镶蓝旗
达朱瑚	三等游击	《太宗实录》卷一天命十一年九月隶镶黄旗	正蓝旗第三参领第六佐领	《清史稿》卷二二六隶正蓝旗

（续）

名字	《老档》中职务	皇太极时期所隶旗分	《八旗通志》中所隶旗分	各书中所隶旗分
尼喀里	二等参将	《故宫周刊》第405期崇德元年五月隶正蓝旗牛录承管人孙克什图	正蓝旗第四参领第九佐领	
雅尔纳	三等参将		镶白旗第五参领第十五佐领	《八旗通志》初集卷二〇四隶镶白旗
阿勒哈	三等游击			
多内	三等游击	《太宗实录》卷一天命十一年九月隶镶黄旗，《世祖实录》卷二顺治元年四月隶正蓝旗	镶白旗第三参领第三佐领	《八旗通志》初集卷九〇一隶镶白旗
鄂内	三等游击		镶白旗第二参领第十四佐领	
泽尔济诺弟喀住	二等游击		镶白旗第二参领第十四佐领	
吴巴海	备御	汉译《满文旧档》天聪九年十月隶两黄旗	正黄旗第四参领第十一佐领	
福克察	备御		正蓝旗第四参领第十一佐领	《八旗满洲氏族通谱》卷五一隶正蓝旗
努山	备御			
窝和德	备御	《故宫周刊》第405期崇德元年五月隶正蓝旗牛录承管人子克什图	正蓝旗第四参领第九佐领	

（续）

名字	《老档》中职务	皇太极时期所隶旗分	《八旗通志》中所隶旗分	各书中所隶旗分
阿桥	备御			
额勒奇	备御			
珠克苏	备御	《太宗实录》卷五四崇德六年二月隶正蓝旗，《世祖实录》卷六〇六顺治九年九月隶镶白旗牛录承管人子瓦尔喀朱马拉	正白旗第一参领第十六佐领	《清史稿》卷二三三隶正白旗
哈宁阿	备御	《故宫周刊》第341期崇德元年二月载天聪八年隶两黄旗，《太宗实录》卷四六崇德四年五月隶正蓝旗		
齐尔格申	备御			《八旗满洲氏族通谱》卷四一镶黄旗改镶白旗
库瓦泰珠	备御			
阿布泰	备御	《太宗实录》卷六三崇德七年十月由镶白旗改正白旗	正白旗第四参领第十佐领	《八旗通志》初集卷一五五隶正白旗
冲济阿	备御			《八旗满洲氏族通谱》卷三九隶镶白旗

（续）

名字	《老档》中职务	皇太极时期所隶旗分	《八旗通志》中所隶旗分	各书中所隶旗分
彻彻格依子鄂米纳	备御			《八旗通志》初集卷二〇八隶镶白旗
萨木占巴颜(死)	备御			
囊金	备御	《故宫周刊》第405期崇德元年五月隶正蓝旗牛录承管人子乌鲁喀		《八旗通志》初集卷二〇八隶镶白旗
纳齐布	备御	《故宫周刊》第320期天聪六年五月隶镶黄旗，《太宗实录》卷五四崇德六年二月隶正蓝旗牛录承管人苏尔德	正蓝旗第四参领第三佐领	
青善	备御			
济逊	备御	《太宗实录》卷一天命十一年九月隶镶黄旗，《太宗实录》卷五二崇德五年七月隶正蓝旗兄伊逊	镶白旗第五参领第四佐领	《清史稿》卷二二七隶镶白旗
杨善	备御	《太宗实录》卷一天命十一年九月隶镶黄旗，《世祖实录》卷四顺治元年四月隶正蓝旗		《清史稿》卷二二七载由镶黄旗改隶镶白旗

（续）

名字	《老档》中职务	皇太极时期所隶旗分	《八旗通志》中所隶旗分	各书中所隶旗分
魏齐	备御	汉译《满文旧档》天聪九年二月隶正黄旗,《太宗实录》卷五六崇德六年六月隶镶黄旗牛录承管人子鳌拜	镶黄旗第二参领第八佐领	《清史稿》卷二二七隶镶黄旗
诺约多	备御		镶黄旗蒙古右参领第七佐领	
瑚勒迈	备御		正蓝旗第五参领第三佐领	《清史稿》卷二三三隶正蓝旗
布岱	备御	《故宫周刊》第449期崇德元年九月隶正蓝旗蒙古	正蓝旗蒙古左参领第一佐领或第十五佐领	
诺敏	备御			

第二章 统驭万方:清朝前期的政治与人物

吴三桂请兵入关路线考

一

吴三桂请兵入关是明清之际发生的一个重要的历史事件，不但在当时对国内各种政治势力的消长变化起了重要的作用，而且对此后全国政治形势的发展也产生了深远的影响。然而，值得注意的是，在涉及吴三桂请兵路线这一重要问题时，几种主要史书的记载却自相矛盾或互相矛盾。其中一书自相矛盾者如《清世祖实录》，该书卷四顺治元年四月壬申条载：

> 摄政和硕睿亲王师次翁后（南距锦州约四日程——见《沈馆录》卷七），明平西伯吴三桂遣副将杨坤、游击郭云龙自山海关外致书曰："……乞念亡国孤臣忠义之言，速选精兵，直入中协、西协；三桂自率所部，合兵以抵都门。灭流寇于宫廷，示大义于中国，则我朝报北朝者，岂惟财帛，将裂地以酬，不敢食言……"王得书，即遣学士詹霸、来衮往锦州，谕汉军赍红衣炮，向山海关进发。

由上可见，吴三桂乞师信中所要求的清兵入关路线明明是中协、西协（即今之喜峰口、龙井关、墙子岭、密云等处），何以多尔衮在接到吴三桂的乞师信后却折而向南取道山海关入关？对于这一矛盾记载,乾隆年间蒋良骐修撰《东华录》时已经无法解决,故而不得不削足适履,将吴三桂乞师信中请求清兵"直入中协、西协"之语削去以求与摄政王多尔衮率兵向山海关进发之记载相符合。此后成书之各家著作在涉及吴三桂之请兵路线这一重大问题时,也大多沿蒋旧说而无所更改。然而,回避矛盾并不等于解决矛盾,《清世祖实录》中的吴三桂请兵路线为什么会和多尔衮的实际进兵路线相矛盾?

除此之外,还值得注意的是,将《清世祖实录》所载吴三桂的乞师信内容和同卷四月癸酉多尔衮的复信相对照,两者内容也不甚衔接。吴三桂在乞师信中,累称明朝为"我朝",称清朝为"北朝",并一再表示请兵之目的是"灭流寇于宫廷,示大义于中国。"可见,吴三桂是以明朝遗臣的身份请求清朝出师相助,而并没有要投降清朝的意思。但多尔衮在复书中,却奢谈吴三桂若率军来归,"必封以故土,晋为藩王","世世子孙,长享富贵"。多尔衮虽是满人,其手下也不乏有才之士,何以复书内容竟如此文不对题?

《清世祖实录》只是在吴三桂乞师路线和多尔衮实际进军路线上相矛盾,而《清世祖实录》和《沈馆录》二书则在吴三桂乞师路线上也出现了矛盾。在《清世祖实录》的记载中,吴三桂的请兵路线还是中协、西协,在《沈馆录》中,吴三桂请兵路线又改成了山海关。《沈馆录》卷七载:

> (四月)十五日(即四月壬申)卯时,行军五里许,九王(即多尔衮)驻兵不进,未知其由。俄闻有俘获汉人之说,世子使徐尚贤微探于阵中,则范文程密言曰:"山海关总兵吴三桂遣副总一人、游击一人来言,山西流贼,春秋初犯皇城。三月皇城见陷,皇帝兵逼自缢,后妃皆自焚。国势至此,已无可为。贼锋东指,列郡瓦解,唯有山海关独存,而力弱兵单,势难抵挡,今闻大王业已出兵,若及时促兵来救,当开山海关门以迎大王。大王一入关门,则北京指日可定,愿速进兵。"

《清世祖实录》是官修史书,虽于清初史实多有所讳饰,但在吴三桂请兵进关路线上进行窜改实无必要。《沈馆录》出于随同清兵入关的朝鲜世子的随行人员之手,史料价值甚高。何以两书在记载吴三桂请兵路线上竟然矛盾至此?吴三桂到底邀请清兵从何处入关?吴三桂请兵入关的真相究竟如何？

二

如果对《清世祖实录》所载吴三桂乞师信和《沈馆录》所载吴三桂使者的乞师要求详加分析，则可看出，两者虽然皆为请兵而来，但其形式和内容却大不相同。就形式而言，《清世祖实录》所载者为使者带来的吴三桂的乞师信，《沈馆录》所载者则是吴三桂使者转达的吴三桂的口头请兵要求。就内容而言，在乞师信中，吴三桂是为消灭李自成起义军而请兵相助，而使者转达的乞师要求则是为生存而乞师相救。因而，尽管这两个请兵请求都是吴三桂在明朝灭亡后作出的决定并在同一时间到达清军主帅多尔衮那里，但却是形成于不同时间的、要达到不同目的的两个请兵决定。

既然如此，乞师信和吴三桂使者转达的乞师要求的具体决定时间又如何确定呢？

在吴三桂的乞师信中，吴三桂声称："三桂受国厚恩，悯斯民之罹难，拒守边门，欲兴师问罪，以慰人心，奈京东地小，兵力未集，特泣血求助……乞念亡国孤臣忠义之言，速选精兵，直入中协、西协；三桂自率所部，合兵以抵都门。灭流寇于宫廷，示大义于中国。"可以看出，吴三桂是为主动进击李自成而求助于清军的。考明朝灭亡后，吴三桂虽曾一度"决意降李"，率领所部继续西进，"朝见新主"，[1]试图进行一次政治投机。然而，李自成起义军进入北京后，吴襄被囚，陈圆圆被虏，使得吴三桂降而复叛，率部重返山海关并进而树起反李复明的旗帜。当时，李、吴军事力量的对比极为悬殊，吴三桂如要达到兴兵复仇、打败李自成的目的，除了邀请清兵入关作战之外，几乎别无二途。就在此时，吴三桂部将胡守亮"献借兵之策"，[2]吴三桂被迫把目光转向了多年的宿敌、雄踞关外的清朝政权并开始了其联清击李计划的实施。《明季北略》卷二十崇祯十七年三月二十七日载，"吴三桂挟清骑叩山海关"，同书《吴三桂请兵始末》又载，三月二十九日，李自成使降将唐通携吴襄手书和银两至吴三桂营中进行劝降活动，吴

---

① 《辛巳丛编·吴三桂纪略》。
② （清）钱士馨：《甲申传信录》卷八。

三桂伪受其诏书而阴遣人东行乞师。这些史料表明,早在和李自成决裂之初的崇祯十七年三月底,吴三桂联清击李的计划即已开始着手。该书又载,四月辛酉(初四日),吴三桂作书绝父并檄李自成必得太子而后止兵。当时双方势力对比极为悬殊,而其反李态度又如此强硬,则恰又表明,经过六七天的反复考虑,吴三桂联清击李的计划已经最后确定。因而,《清世祖实录》所载吴三桂之乞师信当在此时便已写好,或者至少已将乞师信中的各项主要内容确定下来。

当时,吴三桂虽已和李自成势不两立,但是,李自成却仍将工作重点放在争取吴三桂归降上,因而并没有对吴三桂施加过大的军事压力,其主力部队仍然集结在北京一带,并未东征,山海关一带仍在吴三桂的控制之下。为了用最小的代价换取最大的成果,吴三桂经过反复考虑,制定了邀请清兵从遵化(中协)、密云(西协)一带进关开辟第二战场的联清击李计划。这些地方,既是以往历次清兵进犯内地之旧路,又是目前李自成主力部队驻扎之地。按照这一计划,不但可以保护自身安全,防止烧香引鬼,给清兵以假途灭虢的可乘之机;而且还可以通过开辟第二战场,促使清军与李自成主力部队进行火并,而自己却坐收渔翁之利。应该说,这个计划并未给清朝方面以过多的权益。对吴三桂而言,是一个保护自己、打击敌人的最佳方案。

然而,四月上旬以后李、吴军事对峙形势的急剧发展打破了吴三桂的如意算盘。在吴三桂作书绝父并连败降将唐通、白广恩后,李自成开始注意到山海关方面局势的严重性,着手对吴三桂施加更大的军事压力。四月初六,李自成增派万人东援并运大炮出城。两天之后,又"发数万骑东行",[①]而后又决定率军亲征。这些消息,当都在四月初十以后传至山海关。李自成大军东来,山海关将作为主要战场。这样,山海关形势顿时空前紧张。即使清军应邀从中协、西协等处入境也解救不了吴三桂即将覆亡的命运。在形势的逼迫下,吴三桂被迫改变初衷,由不许清兵自山海关进关,转而改变为迫切要求其自山海关入关,以和即将兵临城下的李自成主力部队作正面的交锋。《沈馆录》卷七甲申四月十五日条记吴三桂使者之语为"贼锋东指,列郡瓦解,惟有山海关独存,而力弱兵单,势难抵挡",反映了在李自成

---

① (明)谈迁:《国榷》卷一〇一。

大兵压境前吴三桂朝不保夕的恐惧心情。而这种被动的情态恰和吴三桂乞师信中要求主动进击李自成的态度形成了鲜明的对照。就是在这样的被动形势下，吴三桂通过使者之口转达了要求清兵从山海关入关的紧急要求并微露其投降之意。也正是应吴三桂的这一要求，清军主帅多尔衮才临时改变了原来西走蓟州、密云的行军路线，转而取道山海关进关作战并在给吴三桂的复信中进行劝降活动。另外，《沈馆录》卷七载吴三桂使者乞师时尚有"今闻大王业已出兵"之语，沈阳距山海关约有一千一百里，清朝政权宣布征明是在四月初七。吴三桂消息再灵通，得知清军出师消息亦当在四月初十以后。因而，《沈馆录》中所载的吴三桂使者转达的吴三桂乞师的口头要求，最早决定日期，当在四月十一日之后，和《清世祖实录》所载吴三桂乞师信相比，时间要晚七八天。

三

由上可见，《清世祖实录》所载吴三桂乞师信和《沈馆录》所载吴三桂使者的乞师要求，是吴三桂在李、吴军事对峙的不同阶段提出的内容不尽相同的两个乞师要求。这样，两书在请兵入关路线上的矛盾记载可以由此迎刃而解。然而，仍然使人费解的是，既然乞师信较之吴三桂派遣使者转达的乞师要求至少要早七八天，那么，为什么这两个内容不尽相同的乞师要求却同时到达清军主帅多尔衮的身边呢？换言之，吴三桂的乞师信为什么迟了七八天才发出呢？

如上所述，李、吴关系破裂之后，吴三桂在政治上倒向清朝政权虽是势所必然，但是，将这一设想付诸实施却仍有许多现实的困难。首先，几十年来，明、清两个政权一直处于严重的军事对峙状态，不独那些战败降清的军政要员如洪承畴、祖大寿等因此而为士林所不齿，就是那些主张停战议和的官员如杨嗣昌、陈新甲等也为此而饱受唾骂。现在自己却要去步这些人的后尘，会不会因此而授人以柄，给李自成政权制造一个动员各阶层人士讨伐自己的口实？其次，由于两个政权长期仇杀，自己军队中的仇满情绪也一定相当强烈。在这种情况下，自己在政治上公开倒向清政府，会不会因此而引起部队的哗变？因此，尽管此时吴三桂已决定请求清兵出师相助，但是，迈出实施这一计划的第一步却相当困难。而且，只要吴三桂尚有一线生路，他是轻易不愿冒此绝大风险的。四月上旬，李、吴政治谈判虽已决裂，但此后数日之内，吴三桂并没有接到李自成东征的情报，这样，请兵决定便无形中被搁置了数日。在此期间，除了和李自成的小股部队进行战斗外，吴三桂集中力量发动宣传攻势。他首先为崇祯帝后发丧，而后，又在京城内外广发传单，大造复辟舆论，鼓吹"周命未改，汉德可思"，"试看赤县之归心，仍是朱家之正统"。① 吴三桂这些活动的用意有二，一是煽动军队、士庶对李自成政权的仇恨情绪，二是为自己请兵击李寻找借口。这些活动，虽然使其在李吴军事对峙中取得了一些舆论上的优势，但是，由于数日之内李、吴军事形势的迅速发展却使乞师信的内容显得过时和不适用了。四月十日左右，李自成大军东征的消息传到山海关。在形势非常危急的情况下，吴三桂最后作出了遣使发书的决定。由于形势紧急，来不及另行修书，吴三桂只好向使者口授希望清兵从山海关进关的要求，以对原信中的请兵路线作必要的改动。至于原信，则因仍有吴三桂署名之故而一起被使者随身带去，以取信于清朝方面。正是这样，这两个前后相差数日的乞师要求才同时到达了正在率军西进的清军主帅多尔衮那里。对于吴三桂的两次乞师要求，《清世祖实录》《沈馆录》二书各记其一，虽皆不完全，但是将两书和有关史料互读，仍可了解吴三桂请兵入关的全貌和真相。而后出的蒋氏《东华录》、夏氏《明通鉴》等书却仅因《清世祖实录》所载吴三桂请兵路线和多尔衮实际行军路线不符，而不问就里，便将吴三桂乞师信中之请兵路线一笔删去，从而使后人更加难以弄清问题了。

四

搞清了吴三桂在请兵过程中曾有两度乞师之举并在请兵路线上有过重要变动，我们便可对吴三桂请兵入关的全过程作一大致评述了。明朝灭亡后，吴三桂曾一度决定投降李自成，但是由于李自成政策上的失误，使得这一良机转瞬即逝。李、吴破裂后，吴三桂倒向清朝政权虽是势所必然，但却因主观认识和客观条件的限制而有一个发展过程。最初，吴三桂曾经试图联清击李，希望清兵从密云、遵化

---

① （清）徐鼒：《小腆纪年附考》卷五。

一带入关,开辟第二战场;几天之后,才改变为邀请清兵自山海关进关。这一转变是吴三桂向清朝政权进一步靠拢的重要迹象,对清、吴联合战线的形成起了重要的推动作用,它表明,吴三桂正在由原来的联清击李向降清击李过渡。而在这一转变过程中,李自成大军东征起了很大的促进作用。

清兵入关与明朝宗室

朱明宗室是明朝统治集团中的一个重要的阶层,对于明朝政治形势的发展,发挥过重要的作用。清兵入关之后,这一阶层的情况如何? 入主中原的清朝政权对明朝宗室采取了什么样的政策? 这些政策对清初政局和社会发展又产生了什么影响? 对此,笔者拟作粗浅探讨。

一

明太祖朱元璋建国之初,为了巩固自己一家一姓的长期统治,即推行了分封宗室的政策。尔后,成祖以下的历代皇帝,除了在政治上严加限制、不许宗室干政之外,对于明初以来的宗室政策,一直奉行不渝。迄至明末,宗室中的亲王、郡王约近三百,镇国将军以下更不计其数,成了明朝统治阶级中的一个重要阶层。凭借政治上的特权,他们在享有优厚的宗禄的同时,还通过奏请、乞讨等方式兼并了大量的土地。所有这些,都直接导致了国家财政危机和阶级矛盾的激化。因而,在轰轰烈烈的明末农民大起义中,他们成了重点打击对象。义军势力所到之处,明朝宗室被"屠戮几尽"。[①] 据统计,从崇祯十四年至十七年,短短三四年的时间里,仅以宗室中最为显赫高贵的亲王而

---

① (清)温睿临:《南疆逸史》卷四八《宗藩》。

言,先后被义军擒获、消灭者即有福王、襄王、唐王、徽王、崇王、岷王、楚王、秦王、韩王、代王、晋王、赵王、瑞王、蜀王等十四人,竟是当时全部受封亲王的半数左右。至于郡王、将军以下更是不胜枚举,无法悉数。在人民起义的严厉打击下,惠、吉、桂、潞、周、鲁等亲王以及其他宗室先后皆逃离初封地,分别向江浙、闽广等农民起义势力未及的地区奔窜。就在此时,清军统帅多尔衮挥师入关,开始了他对全国的军事征服过程。这样,作为一个统一进程的重要问题,即如何对待明朝宗室的问题便摆到了清朝统治者的面前。

二

清初,由于受多种矛盾的制约和影响,清朝政权和明朝宗室之间的关系及其发展情况大致可分为三个历史阶段:从入关到顺治二年六月前,以招徕、恩养为主要内容;从顺治二年六月下南京后到顺治八年二月前,在军事上统一全国而和明朝宗室发生正面冲突;从顺治八年二月至康熙初年,清朝统治确立后对明朝宗室剿抚并施。

后金的创建者努尔哈赤和明朝有杀父之仇,清朝政权建立后又和明朝一直处于政治上的对峙状态并多次进行大规模的战争,因而,早在入关之前,在几次入犯中原的军事行动中,清朝政权对明朝宗室,皆采取了以军事镇压为主的政策,如崇祯十二年、十五年两次入犯,即先后擒斩德、鲁两亲王和不少郡王、宗室。然而,明亡之后,国内政治形势急剧变化,清朝政权对待明朝宗室的政策,也就一改以往之屠杀政策,而采取了以招徕、恩养为主的政策。进京之初,在礼葬明崇祯帝后的同时,还宣布:"朱姓各王归顺者,亦不夺其王爵,仍加恩养。"[①]"朱氏诸王有来归者,亦当照旧恩养,不加改削。"[②]为了解除明朝宗室的疑虑,清朝政权首先对已在自己控制之下的故明妃嫔李氏、任氏、范氏、郭氏、冯氏以及光宗妃襄嫔张氏等予以优待,安排房屋,致送粮米,赐给貂裘、衣服、银两等,这样,从当年五月始,京城和近畿各处的朱明宗室开始陆续向清朝政权靠拢。至当年九月,先后投诚之明朝宗室计有东原王世子(失名)、宗室朱帅钦、朱鼎清、德王

---

① 《清世祖实录》卷五。
② 《清世祖实录》卷五。

朱由弼、衡王(失名)、襄陵王朱魁图等。为了争取更多的明朝宗室前来投诚,对这些已投诚的明朝宗室,清朝政权皆予以妥善安置,或优给银米,或授以官职。如顺治元年八月,"赐阵获晋王朱审煊银两有差",①九月,"赏故明晋王朱审煊貂褂一领,貂蟒袍一袭。②"赐故明宗室镇国中尉朱充犨并其子廷舒房屋"。③"支给投诚故明襄陵王朱魁图银米等",④十一月,"赐故明襄陵王朱魁图白金衣服等物",⑤"赐大同镇国中尉朱崇缵及其子廷佐各银二十两"。⑥直至次年五月,在清朝政权已和南明政权发生正面冲突时,还"赐故明晋王朱审煊银一千两,郡王、公主各五百两",⑦"给故明晋王朱审煊家口月粮"。⑧对于其他一些投诚宗室如朱鼎清、朱帅鈘等,还分别授予工科给事中、保定府知府的官职。⑨与此同时,对于不在清朝政权控制之下的明朝宗室,也反复申明其恩养政策,积极加以招徕。如顺治元年十月,顺治帝于登极诏中即再次宣布:"前朝宗室首倡投诚、先来归顺、赴京朝见者,仍给禄养,以昭朝廷兴继至意。"⑩次年四月,在进兵陕西时又宣布:"前朝秦、肃、庆、韩、瑞各府宗藩,有倡先投顺者,优给养赡。"⑪

虽然如此,由于清兵入关之根本目的是取代明朝,统治全国,因而,这种政策的制定和推行不过只是一种策略而已。随着军事上的不断胜利,其政策必然会发生变化。即使是在入关之初,在其推行招徕、恩养政策的同时,便已对明朝宗室严加防范并开始对其中个别人加以诛戮。其一是严禁明朝宗室与故明将官互相勾结,拥众自立。顺治元年六月,投诚大同总兵姜瓖向清廷奏报,为了安定地方,已拥

① 《清世祖实录》卷七。
② 《清世祖实录》卷八。
③ 《清世祖实录》卷八。
④ 《清世祖实录》卷八。
⑤ 《清世祖实录》卷一一。
⑥ 《清世祖实录》卷一一。
⑦ 《清世祖实录》卷一六。
⑧ 《清世祖实录》卷一六。
⑨ 《清世祖实录》卷五。
⑩ 《清世祖实录》卷九。
⑪ 《清世祖实录》卷一五。

明朝宗室枣强王朱鼎珊"续先帝之祀",仍使用崇祯年号。清朝摄政王多尔衮得知此事后,虽对其杀贼投诚予以嘉许,而对其拥立枣强王一事则严加训斥。他说:"议委枣强王以国政使续先帝祀,大不合理。不特枣强王先在明时系何等级仍当照旧,即明之嫡系将军,亦宜照旧,不许干预一切国政军务,致违我法。"①对于刚刚建立的南京福王政权,则更是杀气腾腾地以调兵南下相恫吓:"今若拥号称尊,便是天有二日,俨为勍敌,予将简西行之锐转旆东征,且拟释彼重诛,命为前导。"②其二是对崇祯血胤严加诛戮,斩草除根。李自成入京后,崇祯太子朱慈烺逃亡在外。半年多以后,在清朝政权招徕、恩养明朝宗室政策的影响下,太子复出。当年十一月底,潜至其外祖嘉定伯周奎家,与其妹长公主相见,"相抱而哭"。③ 两天之后,周奎惧祸连及己,遂将太子出首。得知此事,清朝政权"即日廷勘",且召"旧锦衣曾侍太子者十人质之",④"十人一见齐跪曰:此真太子"。⑤ 太子之真已无可置疑。如果按照清朝一再宣布的明朝宗室政策,必应从优加以恩养,但是由于清兵入关不过半年,根基并不牢固,如果承认太子为真并加以恩养,必然会对广大汉族官民的心理产生重大影响,并且会在清朝政权之外形成另外一个中心,从而构成对清朝政权的严重威胁。出于这种考虑,清朝以假乱真,使人冒充在李自成进京时早已自杀的崇祯帝贵妃袁氏前去辨认太子真伪,假袁妃辨认真太子,太子自然会由真变假。清朝政权的这种卑鄙手法引起了广大官民的公愤,刑部主事钱凤览、河南道御史赵开心等先后上疏抗争,这时,清朝统治者恼羞成怒,将太子及疏救太子之官员悉数下狱论死,方将这一事件强压下去。

顺治二年上半年,李自成起义军主力已被清朝政权所摧垮,为了统一全国,清朝挥军江南并和明朝宗室所建立的福王政权发生了正面冲突。为适应这一变化,对明朝宗室也转而采取以军事镇压为主,以政治招降为辅的政策。根据这一政策,继顺治二年六月消灭福王

---

① 《清世祖实录》卷五。

② 《清世祖实录》卷六。

③ 转引自孟森:《明烈皇殉国后纪》,载《明清史论著集刊》,中华书局,1959 年。

④ (清)吴伟业:《鹿樵纪闻·两太子篇》。

⑤ 《鹿樵纪闻·两太子篇》。

政权之后,浙东鲁王监国、福州唐王隆武、粤中唐王绍武和广西桂王永历政权先后都成了清朝进军的主要目标。与此同时,为了加速军事上的胜利,清朝又宣布:"国家遇明朝子孙,素从优厚,如晋、德两藩,皆待以殊礼,恩赡有加。今江西益、淮等府,湖广惠、桂等府,四川蜀府,广西靖江王各府,果能审知天命,奉表来归,当一体优待,作宾吾家。"①这样,在清朝军事压力和政治诱降面前,明朝宗室开始发生分化。一些明朝宗室如潞王朱常淓、惠王朱常润、淮王朱常清相继向清军投降;另外一些宗室则在明朝官员和当地百姓支持下相继起事,抗击清兵南下。顺治二年六月以后,除唐、鲁二藩起兵自立外,还有义阳王起兵于崇明,通城王朱盛渙起兵于浙江,瑞昌王朱谊氻、潞安王朱谊石起兵于南京,益王朱由本、永宁王朱由榓、罗川王朱由核起兵于江西,新昌王起兵于淮南,汉中王起兵于凤翔,镇国将军朱常棨起兵于安徽等,一时之间,清朝和明朝宗室的矛盾空前激化。为此,对于起兵抗清的明朝宗室,清朝不惜全力予以镇压。

与此同时,对于已经投降清朝的明朝宗室,清政权也开始在政治上进行限制并在经济上加以裁抑和剥夺。顺治二年闰六月,清朝首先下令禁止明朝宗室出仕,不许参加科举考试。"已用者俱着解任。"根据这一规定,不但攻克南京后投降的故明宗室"在任者,悉改补别员",②即使入关之初投降授官的明朝宗室如工科给事中朱鼎清、保定府知府朱帅㲃也赏赐银两,勒令"致仕"。③其次,在经济上对宗室土地、财产进行清理,规定:"明朝宗室故绝者,产业入官;健在者,分别等次,酌给赡田,入民册内。"④不久,又对宗禄具体数字也作出规定:"定岁给故明宗室赡养银两地亩,亲王银五百两,郡王四百两,镇国将军三百两,辅国将军二百两,奉国将军一百两,中尉以下无论有无名封,及各王家下人丁,每名各给地三十亩。"⑤如果与明代宗室禄银成千上万,土地跨州连郡等情况相比较,那么,这些规定,与其说是对明朝宗室的优待和赡养,不如说是对他们的限制和剥夺。除此之

①《清世祖实录》卷一七。
②《清世祖实录》卷一九。
③《清世祖实录》卷一九。
④《清世祖实录》卷一八。
⑤《清世祖实录》卷一九。

外，清朝还开始对已经投降了的明朝宗室的人身自由和活动范围严加限制。为了防止他们散处地方发动叛乱，顺治二年八月，下令："故明诸王无论大小，俱着赴京朝见。"[①]这样，江西擒获之钟祥王朱慈若等九人，河南投诚之怀安王，陕西的秦王世子俱先后被送至京师，与其他在京的明朝宗室一起处于严密的监视之下。

上述政策产生了严重后果，进入顺治三年，不但拥众建号、起兵抗清的明朝宗室此起彼伏，迫使各路清军东追西堵往返捕救，少有暇日，而且，在投诚宗室中，也有不少人重新树起反清旗帜。对此，清朝政权首先是对建号抗清的明朝宗室实行严厉镇压。顺治三年三月下令："故明废宗姓有献地投诚者，俱着免死携来京师，若穷迫降顺或叛而复归及被执献者，无少长尽诛之。"[②]这样，从顺治三年至顺治八年顺治帝亲政前，先后被擒斩的明朝宗室名号可稽者即有镇国将军朱常𥻗、蜀王朱盛浓、潞安王朱谊石、瑞昌王朱谊汸、宗姓朱常洊、楚王、晋平王（均失名）、唐王朱聿键、朱聿鐭、曲阳王朱盛渡、松滋王朱演汉、西城王朱通简、遂平王朱绍鲲、高安王朱常淇、金华王朱由栌、瑞昌王朱谊贵、周王朱肃罘、益王朱思哭、辽王朱椎、邓王朱由鼎、巨野王朱寿鋾、通山王朱蕴钺、高密王朱弘椅、仁化王朱慈鈉、鄢陵王朱肃汭、南安王朱企垅、周王世子朱恭槑、辽王世子朱伊镣、宗姓朱由梧、朱慈㔶（以上顺治三年），赵王朱由棪、麟伯王、霭伯王（均失名）、义王朱泼及其子朱槼、瑞昌王朱统鋈、鲁王朱鼎兆及世子朱乾生、永历太子朱尔珠、骊山王朱埏琬、安昌王朱埏眷、荣王朱由桢、宜春王朱谊衍、宗姓朱梅川（以上顺治四年），贵溪王朱常标、郧西王朱常潮、荣王朱由桢子朱松、奉国将军朱运铨、南威王朱寅卫及其子朱载功、长沙王朱由栉、辅国将军朱华、石城王朱统锜、宗姓朱履祧、延长王朱识鎊、秦王朱森釜（以上顺治五年），宗室朱由植、朱蕴俨、乐陵王朱华旑、朱常瑛、朱由杠、泗江王（失名）、德化王朱慈烨（以上顺治六年）、石城王朱谊澇、新建王朱由模、靖江王朱享歅等（以上顺治七年），其中仅郡王以上者即达五十余人，论其总数，当在数万人以上。而在此期间，主动投诚的明朝宗室见于记载者不过只有颖川王朱在鏶、汝宁

---

① 《清世祖实录》卷二〇。

② 《清世祖实录》卷二〇。

王朱嗣业、岷王朱延墋数人而已。与此相一致,对于已经投诚的明朝宗室,限制愈加严厉,待遇愈加刻薄。其一是革除宗室名色,取消特权。顺治三年三月,清朝下令:"各省前朝宗室禄田钱粮,与民田一体起科,造册报部;其宗室名色,概行革除,犯法者与小民一体治罪。"①其二是人身控制愈加严厉。顺治三年六月,再次下令各省督抚查明在各省居住之亲王、郡王,"并其眷属,委拨官兵,护送来京",②严加控制。对于散处各地的亲王、郡王以下的明朝宗室,因为人数甚多,不便一起解送来京,则令"将守分者散居本省郡邑;好事者,散处江北诸省;其不轨之徒,见投营伍者,并敕镇将驱治之"。③ 其三是罗织罪名,予以杀戮。顺治三年前后,为了反对清朝政权的军事镇压和财产剥夺,已经投诚的故明玉田王之子"聚众祭旗",起兵反清;与此同时,陕西也发生了叛将王元、马德戕杀抚臣、拥立明庆王之孙起兵反清事件。④ 这些使清朝统治者深感已经投诚的明朝宗室也极不可靠。为此,顺治三年五月,清朝以在北京的明朝宗室"私匿印信,谋为不轨"为借口,对已在自己控制之下的明朝宗室进行了一场大屠杀,鲁王、荆王、衡王世子等十一人被一起处死。⑤ 两年之后,南京俘获之福王和早已投降的晋王、周王、德王、潞王等又一起遇害。⑥ 与此同时,各地也普遍掀起了屠杀明朝宗室、抄没家产的浪潮。⑦ 在此期间,对屠杀不力或疏纵故明宗室的官吏也都予以惩处。如顺治三年八月,青州道副使韩昭宣以纵脱故明宁阳王朱翊鏼被革职逮问⑧。次年四月,又有山西副使管按察使事娄惺伯坐疏纵故藩王弃市。⑨ 经过这几年的集中打击,明朝宗室数量锐减,政治、经济地位也一落千丈。除少数人继续坚持抗清斗争之外,其他绝大多数人则窜伏草莽,隐姓埋名,沦为齐民百姓。至此,作为明朝统治阶级中最高贵的一个阶

---

① 《清世祖实录》卷二五。

② 《清世祖实录》卷二五。

③ 《清世祖实录》卷二六。

④ 《清世祖实录》卷五四。

⑤ 《清世祖实录》卷二六。

⑥ 《国榷》卷一〇四。

⑦ 《清世祖实录》卷八二。

⑧ 《清世祖实录》卷二七。

⑨ 《清世祖实录》卷三一。

层,在称雄国内二百多年之后,随其政权的丧失,终于彻底垮台。

顺治皇帝亲政后,为了缓和矛盾,进一步巩固对全国的统治,便开始扭转多尔衮时期执行的对明朝宗室的政策。顺治八年闰二月,颁布谕旨:"前者青州府故明玉田王之子聚众祭旗,恣行不轨;又陕西叛将王元、马德戕杀抚臣,议扶庆王之孙,招摇惑众。因而故明各王等多被诛戮,朕甚悯焉。今朕亲理万机,代天子民,务期四海万姓,咸得其所,岂独故明子姓,不在函育之中乎?自今以后,凡各直省有故明亲王、郡王流落地方者,该督抚察其投诚实情,有无功次,并将家口起送来京;其镇国将军以下不必起送,各照原籍,编氓乐业,令其一体输税当差。"[1]与此同时,对于依然拥众抗清的明朝宗室,在继续实行军事镇压的同时,政治招降也重新被加以重视。为了表示诚意,顺治帝数次亲祭昌平明陵,礼葬崇祯帝妃,为崇祯帝建碑纪绩并将其追谥"庄愍"。顺治帝的这些笼络政策产生了良好效果,顺治八年以后,除明朝宗室益阳王、宜川王、东平王(均失名)、乐安王朱谊溯、宗姓朱义檠、朱义盛、江夏王朱蕴铖、德阳王朱俨锦、石泉王朱聿铃、光泽王朱俨铁、桂王朱由榔、东安王朱盛蒗等先后被剿除外,不少明朝宗室又先后向清朝政权投诚。其主要者,在顺治九年有西平王朱聿𨦬在顺治十三年有永安王朱华墭,[2]在顺治十四年有崇阳王朱蕴钤[3]、奉国将军朱议溇,[4]在顺治十六年有辅国将军朱儒相,[5]在顺治十七年有德阳王朱至潚等。[6]为了多事招徕,对于一些投诚的明朝宗室,顺治帝还下令有关机构"从优收养,务令得所",[7]从而在一定程度上加速了军事统一的进程。

随着清朝统治的进一步巩固,对于明朝宗室的政策进一步放宽。首先是改变旧例,授予官职。顺治十八年六月,南明布政使朱企鋊投诚,按例应以五品官用,但因该人系故明宗室,吏部碍于旧例,无法录

---

① 《清世祖实录》卷五四。

② 《清世祖实录》卷二六。

③ 《清世祖实录》卷一○七。

④ 《清世祖实录》卷一二二。

⑤ 《世祖实录》卷一二六。

⑥ 《小腆纪年附考》卷二〇。

⑦ 《清世祖实录》卷一二〇。

用,只好"请令入旗,酌量畜养"。为此,清朝政府特令破例"给予文官品级养赡"。① 不久,又有故明蜀藩内江王下宗室朱奉镧前来投诚,按例"应照原籍编氓当差",而清朝中央得知后,即刻下令:"朱奉镧既经投诚,应照投诚人员例议叙,不宜因明宗室,辄议令为编氓。"②而后,又就投诚宗室授职问题专门作出规定:"向来故明宗室投诚者,王等以下,起送来京,分别禄养;镇国将军以下,令照各籍编氓乐业。今思投诚各项人员,俱加叙录,惟故明宗室,概为编氓,非一视同仁、鼓励招徕之意。以后故明宗室投诚者,王等以下,仍照前起送来京,其镇国将军以下,查照投诚功绩,酌量录用。"③从此以后,前来投诚之明朝宗室如奉国将军朱议澹、伪王朱璟涞、朱至濬、朱鼎潢分别被授予拜他喇布勒哈番或拖沙喇哈番世职并赐给"俸禄及人口、牛种、庄屯、器物"。④有的授官之外还编入旗籍,成了统治阶级所依靠的对象。⑤ 其次,鉴于明清陵替之际,不少明朝宗室改易姓名,隐藏逃避,致生事端,被人讦告,既累本身,又负国家恩养,成为地方不安定的一个因素,康熙四年十二月,清政府专令礼部行文于各省督抚,刊示晓谕:"如朱氏宗族改易姓名隐藏逃避者,俱令回籍,各安生理,勿仍前疑惧。"⑥至此,除极个别顽固者外,明朝宗室进行的抗清斗争基本上停止下来,清朝的政治招降政策获得了成功。

三

清朝对明朝宗室所采取的政策,是清朝政权统一全国总政策中的一个重要方面,对于清初的政局、对于当时和以后的社会发展都产生了重大的影响。

首先,入关之初,以摄政王多尔衮为代表的满族贵族所推行的恩养、招徕明朝宗室的政策对于在北京建立清王朝起了重要的积极作用。明朝灭亡前,清军虽曾数次入犯内地,但是在明朝中央政府和广大官民的

---

① 《清圣祖实录》卷三。
② 《清圣祖实录》卷五。
③ 《清圣祖实录》卷五。
④ 《清圣祖实录》卷一二。
⑤ 《清圣祖实录》卷一九。
⑥ 《清圣祖实录》卷一七。

反抗下,却一直未能在关内站得住脚。明朝灭亡后,明朝残余势力和农民军的互相敌对以及以吴三桂为代表的明朝残余势力向清朝靠拢,客观上给了清朝政权以联甲打乙、各个击破的机会,但是能否不失时机地抓住这一机会并在政策上相应地不断加以调整,仍然要看清朝最高统治者的主观认识。在此关键时刻,清军主帅多尔衮异常果断,一反原来公然与明朝中央政权为敌之政治立场,对农民军攻陷京师,"明主惨亡"表示"不胜发指",对明朝官员一概录用,对明朝宗室也概加恩养。这种政策、策略上的巧妙而灵活的变化与运用,不但使自己摆脱了两面作战的困境,而且因为争取到明朝残余势力的支持而使自己的力量空前壮大,从而得以在北京建立起代明统治全国的清朝政权。

其次,顺治二年六月以后,清朝对明朝宗室政策的改变是形势发展的需要,对于社会发展也有着重要的意义。如前所述,清兵入关的根本目的是取代明朝统治。如果说,入关之初,为了摆脱两面作战的困境,清朝政权尚不得不对明朝宗室加以恩养和招徕,那么,在将李自成起义军主力消灭之后,继续推行这种政策就不再具有什么意义了。撇开人所共知的政治、军事原因不谈,仅就经济原因来分析,改变政策也是势在必行。有明一代,宗室尤其是其中的亲王、郡王大都土地跨州连郡,与此同时,庞大的宗禄开支也压得政府喘不过气来。所有这些,是导致明末阶级矛盾空前激化和爆发明末农民起义的重要原因之一。如果继续承认并保护他们的这些财产与特权,阶级矛盾就无法缓和,政局就不能安定,清朝政权也就无法巩固。正是出于这些考虑,清朝统治者才改变政策,在政治、军事上对明朝宗室势力加以限制和打击,并在经济上对其实行剥夺。这些虽然只是易代之际新旧统治集团内部权力、财产再分配的斗争,但却对缓和阶级矛盾、促进经济恢复和发展、支援统一战争起了积极的作用。就此而言,清朝推行的这些政策在一定程度上完成了明末农民大起义所没有完成的任务,对于中国社会的发展和进步具有一定的意义。

与清朝政权相反,由明朝宗室建立的南明政权却继续执行明朝的宗室政策。福王政权建立伊始,首先下令对"流寓失所"的藩王"善为安置",并规定:"宗室在南京者,名粮宜按时给发。"①完全承认明

---

① (清)计六奇:《明季南略》卷一,中华书局,1984年。

朝宗室的各种经济特权。但在政治上,却仅从巩固自己小集团的统治出发,对宗室严加控制。始而"恐有奸宄挟之,不利社稷"而采马士英之议将其"迎至京师",①继而又惧其为患于肘腋而"禁宗室入京"。② 国难当头之际,还推行这样的排己政策,如何谈得上调动宗室力量进行抗清? 至于那些南逃宗室,也很少有人以国事为念,不是竞相"非法罔利",③就是以钻营"换授官职"为能事。④ 而福王政权覆灭之后,其他几个南明政权更是一蟹不如一蟹,一个个死到临头,还为争夺地盘和名号而自相水火,从而铸就了其被清军各个击破的命运。明朝宗室的这些卑劣行径,从反面证明了清朝对明朝宗室所采取的政策,是灵活适时有远见的。

---

① 《明季南略》卷一。
② 《明季南略》卷三。
③ 《明季南略》卷三。
④ 《明季南略》卷二。

康熙何时擒鳌拜

　　康熙帝智擒鳌拜是清朝历史上的重要事件,不但对当时政局的发展起了关键作用,同时对于此后清朝政局的发展也产生了深远的影响。然而,关于康熙帝擒拿鳌拜的具体时间,《清圣祖实录》的有关记载却颇为模糊,仅于康熙八年五月戊申(十六日)条下载,"命议政王等拿问辅臣公鳌拜等",①并于其下列数鳌拜及其同党罪状。按照当时惯例,皇帝颁布谕旨须由内院发交科抄送交关系衙门始行颁布。即使颁谕于议政王,无须科抄,亦经反复讨论而后定稿。总计从皇帝颁旨到正式交付执行机构,所需时日,大致都在一二日之间。而擒拿鳌拜又是一次非常之举,是在擒拿鳌拜之后才行颁旨,而非同于一般上谕,颁谕之后始行执行。因此,当年五月十六日颁谕议政王拿问鳌拜之时,鳌拜应已就擒。虽然如此,但是因为相关史料甚少,学界论及康熙帝擒拿鳌拜时间时,不得不勉从《清圣祖实录》所载,将其定于康熙八年五月十六日。

　　就在史家对此颇为致疑而又苦于没有史料可证之时,一些满文档案的翻译出版却为解决这一问题提供了可贵的线索。其中,1996年中国社会科学出版社出版的《康熙朝满文朱批奏折全译》中的第2条《康熙帝钦定鳌拜等十二条罪状谕》、第3条《康亲王杰书等宣票签

---

　　① 《清圣祖实录》卷二九,康熙八年五月戊申。

上谕从宽减免鳌拜罪行事》、第 4 条《康亲王杰书等议拟鳌拜罪时皇帝所颁票签》、1998 年黄山书社出版的《雍正朝满文朱批奏折全译》第 5108 条《辅政大臣遏必隆等奏陈近贤远恶治国折》等四条史料尤为珍贵。将其和《清圣祖实录》有关史料互读,不但可以推测出康熙帝擒拿鳌拜的准确时间,而且还可以进一步丰富康熙帝擒拿鳌拜的具体过程和内容。其中,《康熙帝钦定鳌拜等十二条罪状谕》书写时间为康熙八年五月十二日,是为现在已知康熙帝处理鳌拜一案中时间最早之史料。核其内容,其中值得注意者,一是所列鳌拜罪状中之六条皆同于《清圣祖实录》康熙八年五月戊申条所载;二是其中另有六条为《清圣祖实录》康熙八年五月戊申条所不载;三是该条之末另有"着将彼等宗族尽行监禁,从重议罪具奏。至拘捕与否之处,再行具奏请旨"数语为《清圣祖实录》所不载,①而《清圣祖实录》却于此处增出"阿南达(时为一等侍卫)负朕恩宠,每进奏时,称鳌拜为圣人,着一并严拿勘审"数语。② 由此判断,《康熙帝钦定鳌拜等十二条罪状谕》实为康熙八年五月十六日所颁"命议政王拿问辅臣公鳌拜"谕旨之初稿。所以于五月十六日所颁谕旨中删除其中六条,并非因其内容不重要,不是鳌拜主要罪状,而是以其内容过于重要,牵涉面过广,分别涉及康熙初年圈占民地;镶黄、正白两旗换地;诛杀苏纳海、朱昌祚、王登联和辅政大臣苏克萨哈全家等重大事件,过早宣布易引起八旗内部乃至京畿一带激烈动荡。特别需要指出的是,该文之末尚有"着将彼等宗族尽行监禁,从重议罪具奏。至拘捕与否之处,再行具奏请旨"等语。由此可见,至迟是在康熙八年五月十二日,鳌拜及其主要党羽已经成擒。如果此时尚未擒拿鳌拜及其主要同党,哪里能谈得上监禁他们的家属。

《康熙帝钦定鳌拜等十二条罪状谕》已可证明,康熙帝擒拿鳌拜的具体时间不晚于康熙八年五月十二日,循此思路,对《清圣祖实录》有关史料进行分析,还可将康熙帝擒拿鳌拜的大致时间确定为同年五月初十日。据《清圣祖实录》康熙八年五月庚申(二十九日)和硕康亲王杰书等遵旨勘问鳌拜及其同党罪款中所列内秘书院大学士班布

① 中国第一历史档案馆编译:《康熙朝满文朱批奏折全译》第 2 条,中国社会科学出版社,1996 年。

② 《清圣祖实录》卷二九,康熙八年五月戊申。

尔善罪状第十六条载："班布尔善嫉户部尚书王弘祚练达部务，若留在部内，恐伊党马迩赛凡事不得自专，将王弘祚票拟革职。"①考王弘祚革职，事在康熙七年八月壬申。②而恰恰是这个被鳌拜、班布尔善一伙视为异类的王弘祚，却在康熙八年五月壬寅（初十日）被康熙帝任命为兵部尚书，以顶替七日前调转礼部尚书的龚鼎孳。③且不说上引史料已经说明至少在康熙八年五月十二日鳌拜已经就擒，即以同年五月十六日康熙帝擒拿鳌拜而论，五月初十日前后，康熙帝亦必处于临战前的紧张准备之中。鉴于对手党羽遍布宫禁和在中枢各主要机构分掌军政大权，擒拿鳌拜及其同党，必须智取，必须麻痹对手使其全然无备，必须对己方行动计划严守秘密以免引起对手警觉。而康熙帝竟于此时作出这一重要人事任命，而且按照当时程序，还要征得鳌拜、遏必隆两位辅政大臣同意，再送内院发交科抄，所有这些，岂不是自泄机密？岂不会使自己的行动计划全盘暴露？因而，合理的解释只能是，康熙帝擒拿鳌拜及其主要同党，就是在五月初十日这一天。刚刚将鳌拜擒拿，随即又擒拿了其在兵部担任尚书的死党噶褚哈和在内秘书院担任大学士的死党班布尔善。拔掉了这两颗钉子，考虑到兵部势位重要而满汉尚书均已出缺的情况，即行任命王弘祚为兵部尚书以把持大局。由于鳌拜死党内秘书院大学士班布尔善已经就擒，此项任命未遇任何阻滞，当天即发交科抄，从而使之成为康熙帝清除鳌拜集团后的首次人事任命。

由上所述，可以看出，康熙帝擒拿鳌拜这一历史事件是发生在康熙八年五月初十日，那么，何以迟至六日之后康熙帝始行颁谕命议政王拿问鳌拜呢？何以《清圣祖实录》不载首擒拿鳌拜之具体时间呢？就当时形势分析，鳌拜虽已就擒，但是因其多年经营，同党遍及宫禁及中枢要津。因而智擒鳌拜之后的首要工作，尚非颁布谕旨，向臣民公布其罪状，而是捕拿同党。据《清圣祖实录》康熙八年五月各次谕

---

① 《清圣祖实录》卷二九，康熙八年五月庚申。

② 《清圣祖实录》卷二六，康熙七年八月壬申。

③ 《清圣祖实录》卷二九，康熙八年五月壬寅；又，据《清圣祖实录》卷二八康熙八年三月庚戌（十七日）条载："谕吏部，原任户部尚书王弘祚系皇考简用之人，效力年久，可照原职补用。"可能是由于鳌拜及其在内院、吏部同党抵制，这一决定在一个多月的时间内，一直没有落实，直到同年五月初十，始行落实。

旨,鳌拜在京任职同党不下二三十人,不但皆须全部缉拿,而且还要万无一失。这些,当是康熙八年五月初十擒拿鳌拜后便立即开始的活动。两天之中,这一活动大致完成。这时,因为捕拿人犯颇多,牵连宗族甚众,而且大多是满洲世家,社会联系广泛。为了防止他们之间互相串联,生出不虞之变,康熙帝又作出了将捕拿人犯宗族家属"尽行监禁"的决定。同时,还拟就鳌拜罪状初稿,交议政王及索额图等讨论修改之后作为正式谕旨公布。因为变起突然,议政王等自然皆如寒蝉杖马,嗫嚅不言,康熙帝只能和索额图等亲近人员反复推敲,多方斟酌,尽量将其中容易引起负面效应、不利政局安定的罪状和词眼删除。以此之故,原有罪状十二条在定稿时被删去六条。兼之以谕旨周转需时,故而四日之后,始行公布,从而使之成为清除鳌拜集团后皇帝颁谕公布其罪状的第一个文件。而其原来初稿《康熙帝钦定鳌拜等十二条罪状谕》则一直深藏宫中,清朝灭亡后又和其他宫中档一起历尽沧桑,直到三百年后才由台北故宫博物院收入《宫中档康熙朝奏折》,影印行世,从而为确定康熙帝擒拿鳌拜的准确日期提供了珍贵的第一手可信资料。至于《清圣祖实录》何以不载首擒鳌拜具体日期,笔者认为,一是当时清朝皇室尚未建立起居注制度,擒拿鳌拜这一历史事件当时即无专职史官予以记录。而且,参与其事的又只是少数官员侍卫,此后数十年中,他们又以各种原因而不断更新换代。随着时代推移,文献均觉不足,变成了需要考证才能明白之事。二是因为准备周密,擒拿鳌拜及其同党未曾遇到武装抵抗,更没有发生流血事件,因而不但当时处理时,除鳌拜及其一兄、一子圈禁,处死死党九人外,其他概予从宽,而且,康熙五十二年,还特将鳌拜原有之一等公爵令其后人承袭。与此后发生的多起重大历史事件相比,康熙帝擒拿鳌拜已经降为二三流事件,无须详细记载。三是康熙帝擒拿鳌拜,原是智取,质言之,并非光明正大之举。因而,《清圣祖实录》纂修官与其为此费尽心血,钻到档案堆中考据,作费力不讨好的事情,不如直据康熙八年五月十六日谕旨刊载照录,以示已故圣祖仁皇帝之"仁"。正是因此,《清圣祖实录》载录鳌拜一案处理时,仅自当年五月十六日始而不及以前。如果不是因为有关满文档案保存至今,真将使其成为一桩无头公案了。

除了《康熙帝钦定鳌拜等十二条罪状谕》之外,《辅政大臣遏必隆等奏陈近贤远恶治国折》《康亲王杰书等宣票签上谕从宽减免鳌拜罪行事》《康亲王杰书等议拟鳌拜罪时皇帝所颁票签》等三条满文档案也都对于康熙帝擒拿鳌拜这一历史事件的内容有所丰富。其中,《雍正朝满文朱批奏折全译》第 5108 条《辅政大臣遏必隆等奏陈近贤远恶治国折》虽然不著上折时间,但以其内容而言,可以确定为康熙六年七月遏必隆、鳌拜所上奏折。所以如此确定,一是该奏折开头即称"辅政大臣等谨奏""今皇帝亲理万机"等语,故知其时为康熙亲政之初。二是奏折中又称:"虽谓臣我等三人言,若独有暗自参奏者,即显露于面前,整治天下人心,奸者尽绝"等语,可知其时在索尼已死、苏克萨哈被诛之前、康熙帝亲政之初的康熙六年七月。考康熙帝于当年七月七日亲政,苏克萨哈于是年七月十三日疏辞一切职务,则其上疏时间,应在此七日之内。至于文末署名为遏必隆、鄂贝二人,则可断定其中之鄂贝即是辅政大臣鳌拜。就奏折内容而言,口头上尽管打着太宗皇帝旗号,要求康熙帝"用正直人,纳谏",实际用意则是设置条条框框,企图继续控制康熙帝。如奏折中称:"今臣等既于御前辅理政事,务完成愚钝之心,仅能图报世祖章皇帝遗留要旨,以尽忠诚。惟请诸凡奖善参恶之人,若不明奏而暗中具奏,皇帝睿鉴,听闻即出对质,以辨是非,嘉勉忠人,惩治暗中诬告之奸宄小人",①则更是企图将康熙帝变成没有独立思想的傀儡。这些,理所当然地引起了康熙帝的反感和厌恶。兼之以在此之后,鳌拜一伙不只在治国方针大计上倒行逆施,而且在政权构成上也肆无忌惮地任用私人,拉帮结派,从而使康熙帝与辅政大臣之间矛盾不断激化并最终于康熙八年五月公开爆发。

至于《康亲王杰书等宣票签上谕从宽减免鳌拜罪行事》《康亲王杰书等议拟鳌拜罪时皇帝所颁票签》书写日期,分别为康熙八年五月二十三日和五月二十四日。核其内容,是康熙帝关于处理鳌拜及其同党的决定。经和《清圣祖实录》互读,内容大致同于康熙八年五月庚申(二十九日)条载康亲王杰书等遵旨勘问鳌拜等罪款后所附康熙帝处理旨意。但将此两条票签相核对,五月二十三日所书之《康亲王

---

① 中国第一历史档案馆译编:《雍正朝满文朱批奏折全译》第 5108 条,黄山书社,1998 年。

杰书等宣票签上谕从宽减免鳌拜罪行事》内容较简,仅及鳌拜、卓布特依(《实录》作赵布太)籍没家产圈禁,遏必隆革爵,侍卫阿南达免于处死,硕岱、桑格、纳木塔尔、舒尔呼纳(《实录》作舒尔虎纳克)、罗多免罪,照旧供职。而五月二十四日所书之《康亲王杰书等议拟鳌拜罪时皇帝所颁票签》则内容进一步丰富,而且内容基本同于《清圣祖实录》。首先是籍没家产圈禁人员内增加了鳌拜之子纳木福(《实录》作那摩佛)。其次,免死人犯内又增加了赖虎、查齐(《实录》作插器)、佛伦、布达里、刘广(《实录》作刘光)、阿林、希佛(《实录》作希福)、刘志远(《实录》作刘之源)、额文德赫(《实录》作额尔德黑)、郭尔浑、拉木布(《实录》作兰布)、穆书、锡哈纳(《实录》作席哈纳)、卓灵阿、纳穆岱(《实录》作那木代)等十六人。再次,新增处死人犯巴木布尔善(《实录》作班布尔善)、塞本德依(《实录》作塞本得)、阿思哈、嘎楚哈(《实录》作噶褚哈)、穆理玛、塔毕图(《实录》作泰必图)、诺谟(《实录》作讷莫)等七人。最后,对于已死人犯马尔善(实应为马迩赛)宣布免于追究,对于在外出差之吉喜(《实录》作济世)、迈音达、吴格色(《实录》作吴格塞),则决定返回之后再行审拟。由此可知,五月二十三日票签实为五月二十四日票签之初稿。这一决定,从五月二十三日起草,至五月二十九日公布,其间花费时间达六日之久。另外,对五月二十四日票签进行分析,还可看出,对于鳌拜个别党羽班布尔善、那摩佛二人的处理,康熙帝的决定曾有变化。其中之那摩佛(又作纳木福)原拟免死,鞭一百,康熙帝改为革职籍没圈禁。内秘书院大学士班布尔善,原拟"因属宗室,应免于处死,着革职籍没家产圈禁"。[1] 康熙帝改为"着即革职,并处以绞刑"。[2] 所有这些,也都进一步丰富了康熙帝擒拿鳌拜和处理鳌拜一案的具体内容。

---

① 《康熙朝满文朱批奏折全译》第 4 条。
② 《康熙朝满文朱批奏折全译》第 4 条。

乾隆帝巡幸盘山、天津述论

　　根据《清高宗实录》记载,乾隆帝在位期间,曾经多次巡幸盘山和天津。但是,后人研究乾隆帝巡幸,往往集中于六下江南及北上秋狝。至于其巡幸盘山、天津,普遍未予关注。为补阙漏,笔者对此略作评述,以使学界了解乾隆帝巡幸中的其他方面的大致情况。

一

　　根据《清高宗实录》记载,乾隆帝在位六十三年(含太上皇三年)中,前后巡幸盘山凡三十二次。兹将其历次巡幸情况详列如下:
　　1. 乾隆四年(1739 年,乾隆帝 29 岁)
　　九月辛酉(十七日),奉皇太后谒陵回銮幸盘山,驻跸一日。①
　　2. 乾隆七年(1742 年,乾隆帝 32 岁)
　　九月壬申(十六日),谒陵回銮幸盘山,驻跸一日。②
　　3. 乾隆九年(1744 年,乾隆帝 34 岁)
　　十月癸酉(二十日)至甲子(二十一日),奉皇太后自汤山至盘山,驻跸二日。③

　　① 《清高宗实录》卷一〇一,中华书局 1986 年版,第 521—524 页。
　　② 《清高宗实录》卷一七四,第 239—249 页。
　　③ 《清高宗实录》卷二二七,第 928—931 页。

4. 乾隆十年(1745 年,乾隆帝 35 岁)

谒陵回銮,二月辛酉(十九日)至癸亥(二十一日),驻跸静寄山庄三日。①

5. 乾隆十二年(1747 年,乾隆帝 37 岁)

谒陵回銮,二月甲戌(十四日)至丁丑(十七日),驻跸静寄山庄四日。②

6. 乾隆十三年(1748 年,乾隆帝 38 岁)

专幸盘山,闰七月辛未(十九日)至甲戌(二十二日),驻跸静寄山庄四日。③

7. 乾隆十四年(1749 年,乾隆帝 39 岁)

秋,塞上行围回銮,九月壬戌(十七日)至丙寅(二十一日),奉皇太后驻跸静寄山庄五日。④

8. 乾隆十五年(1750 年,乾隆帝 40 岁)

谒东西两陵、巡幸中州途经。八月辛卯(二十二日)至癸巳(二十四日),奉皇太后驻跸静寄山庄三日。⑤

9. 乾隆十七年(1752 年,乾隆帝 42 岁)

二月,谒陵回銮。二月戊午(二十六日)至癸亥(三月初二日),驻跸静寄山庄六日。⑥

10. 乾隆十七年(1752 年,乾隆帝 42 岁)

十月,送孝贤皇后灵枢奉安裕陵地宫,回銮,乙卯(二十八日)至丁巳(三十日),驻跸三日。⑦

11. 乾隆十八年(1753 年,乾隆帝 43 岁)

塞上行围回銮。九月庚午,皇后前赴盘山。十月丙戌(初五日)至庚寅(初九日),奉皇太后驻跸静寄山庄五日。⑧

12. 乾隆十九年(1754 年,乾隆帝 44 岁)

① 《清高宗实录》卷二三四,第 25—31 页。
② 《清高宗实录》卷二八四至二八五,第 706—712 页。
③ 《清高宗实录》卷三二一,第 278—293 页。
④ 《清高宗实录》卷三二一,第 799—812 页。
⑤ 《清高宗实录》卷三七一,第 1097—1102 页。
⑥ 《清高宗实录》卷四〇九至四一〇,第 363—371 页。
⑦ 《清高宗实录》卷四二四,第 565—571 页。
⑧ 《清高宗实录》卷四四八,第 790—840 页。

二月,谒陵回銮,二月丙申(十六日)至辛丑(二十一日),驻跸静寄山庄六日。①

13. 乾隆二十年(1755 年,乾隆帝 45 岁)

二月,谒陵回銮,二月己未(十五日)至癸亥(十九日),驻跸静寄山庄五日。②

14. 乾隆二十一年(1756 年,乾隆帝 46 岁)

三月,谒陵回銮,三月癸巳(二十五日)至甲午(二十六日),驻跸静寄山庄二日。③

15. 乾隆二十三年(1758 年,乾隆帝 48 岁)

十月,专幸盘山。辛巳(二十八日)至十一月甲申(初一日)驻跸静寄山庄四日。④

16. 乾隆二十五年(1760 年,乾隆帝 50 岁)

二月,谒陵回銮,丁亥(十二日)至庚寅(十五日),驻跸静寄山庄四日。⑤

17. 乾隆二十八年(1763 年,乾隆帝 53 岁)

二月,谒陵回銮。辛亥(二十三日)至乙卯(二十七日),驻跸静寄山庄五日。⑥

18. 乾隆二十九年(1764 年,乾隆帝 54 岁)

九月,自塞外回銮,十月己卯(初一日)至癸未(初五日),驻跸静寄山庄五日。⑦

19. 乾隆三十一年(1766 年,乾隆帝 56 岁)

二月,谒陵回銮,二月甲寅(十四日)至丁巳(十七日),驻跸静寄山庄四日。⑧

20. 乾隆三十一年(1766 年,乾隆帝 56 岁)

九月,自塞外回銮,九月壬辰(二十五日)至丙申(二十九日),驻

---

① 《清高宗实录》卷四五六,第 941—948 页。
② 《清高宗实录》卷四八二,第 39—47 页。
③ 《清高宗实录》卷五〇八,第 418—433 页。
④ 《清高宗实录》卷五五八至五七三,第 68—298 页。
⑤ 《清高宗实录》卷六〇六,第 807—813 页。
⑥ 《清高宗实录》卷六八一,第 621—632 页。
⑦ 《清高宗实录》卷七一九,第 1018—1031 页。
⑧ 《清高宗实录》卷七五四至七五五,第 302—313 页。

跸静寄山庄五日。①

　　21. 乾隆三十四年(1769 年,乾隆帝 59 岁)

　　三月,专幸盘山。三月癸巳(初十日)至丁酉(十四日),驻跸静寄山庄五日。②

　　22. 乾隆三十五年(1770 年,乾隆帝 60 岁)

　　二月,谒陵回銮,二月庚午(二十三日)至丙子(二十九日),奉皇太后驻跸静寄山庄七日。③

　　23. 乾隆三十七年(1772 年,乾隆帝 62 岁)

　　二月,专幸盘山。二月丁丑(十二日)至癸未(十八日),驻跸静寄山庄七日。④

　　24. 乾隆三十九年(1774 年,乾隆帝 64 岁)

　　二月,谒陵回銮,辛亥(二十八日)至丙辰(三月初三日),驻跸静寄山庄六日。⑤

　　25. 乾隆四十年(1775 年,乾隆帝 65 岁)

　　三月,专幸盘山。三月甲寅(初七日)至庚申(十三日),驻跸静寄山庄七日。⑥

　　26. 乾隆四十七年(1782 年,乾隆帝 72 岁)

　　三月,专幸盘山。三月壬寅(初五日)至戊申(十一日),驻跸静寄山庄七日。⑦

　　27. 乾隆五十年(1785 年,乾隆帝 75 岁)

　　三月,专幸盘山。丁巳(初八日)至癸亥(十四日),驻跸静寄山庄七日。⑧

　　28. 乾隆五十二年(1787 年,乾隆帝 77 岁)

　　二月,谒陵回銮,戊辰(三十日)至三月壬申(初四日),驻跸静寄

　　①　《清高宗实录》卷七六九至七七〇,第 440—452 页。

　　②　《清高宗实录》卷八三〇至八三一,第 70—77 页。

　　③　《清高宗实录》卷八五三至八五四,第 419—429 页。

　　④　《清高宗实录》卷九〇二至九〇三,第 42—54 页。

　　⑤　《清高宗实录》卷九五三至九五四,第 920—930 页。

　　⑥　《清高宗实录》卷九七八至九七九,第 57—69 页。

　　⑦　《清高宗实录》卷一一五二至一一五三,第 433—442 页。

　　⑧　《清高宗实录》卷一二二六至一二二七,第 433—443 页。

山庄五日。①

29. 乾隆五十四年(1789 年,乾隆帝 79 岁)

三月,专幸盘山。庚午(十三日)至丙子(十九日),驻跸静寄山庄七日。②

30. 乾隆五十六年(1791 年,乾隆帝 81 岁)

三月,专幸盘山。壬午(初八日)至戊子(十四日),驻跸静寄山庄七日。③

31. 乾隆五十八年(1793 年,乾隆帝 83 岁)

三月,专幸盘山。庚子(初七日)至丙午(十三日),驻跸静寄山庄七日。④

32. 嘉庆二年(1797 年,乾隆帝 87 岁)

三月,乾隆帝专幸盘山。丁未(初七日)至癸丑(十三日),驻跸静寄山庄七日。⑤

由上可见,乾隆帝巡幸盘山,有着几个明显的特点:

其一是巡幸次数多。在历代帝王中,乾隆帝是一个以巡幸而著称的"马上朝廷"。据统计,终其一生,外出巡幸凡一百五十余次,总计离京时间将及二十年。其主要者有谒拜京畿东西两陵六十六次,北上秋狝五十二次,巡幸天津八次(三次为途经),南巡江浙六次,巡山东五次,西巡五台五次,出关谒陵四次,巡幸中州一次。而在这一百五十余次巡幸中,单是盘山一地即达三十二次(其中谒陵途经十六次,秋狝回銮驻跸四次,专幸盘山十二次)。这一数字,虽然不及谒拜东西两陵及北上秋狝,但是和其他巡幸活动相比,却名列前茅。

其二是绝对驻跸时间长。据笔者统计,三十二次巡幸,绝对驻跸时日达一百五十七日。如果再加上专幸盘山自京启程及返京花费时间,总计当在二百天以上。这一数字,亦仅次于北上秋狝而远在其他各种巡幸之上。

---

① 《清高宗实录》卷一二七五至一二七六,第 75—86 页。

② 《清高宗实录》卷一三二四至一三二五,第 931—940 页。

③ 《清高宗实录》卷一三七四至一三七五,第 440—453 页。

④ 《清高宗实录》卷一四二四至一四二五,第 47—61 页。

⑤ 《清高宗实录》卷一四九六,第 1033—1034 页;《清仁宗实录》卷一五,第 209—211 页。

其三是持续时间长。从乾隆四年九月乾隆帝初巡盘山，至嘉庆二年三月最后一次巡幸，前后历时五十九年。更是超过包括秋狝在内的所有巡幸活动，几与谒拜东西两陵比肩。

可以看出，终其一生，乾隆帝都有着极深的盘山情结。巡幸盘山，在乾隆帝个人历史上居于重要的地位。

二

乾隆帝历次巡幸盘山，不但在乾隆帝个人历史上占据着重要的地位，同时，对于当时全国政局的发展，也产生了一定的影响。

其一是调整情绪，以利投身于全国军政事务的处理。即以谒陵归途驻跸盘山而言，由于清初以来各帝皆是"敬天法祖""以孝治天下"，而东西两陵又皆在京畿，故而乾隆帝在位期间，谒陵之典，岁必举行。缅怀先祖创业勤劳，每次谒拜东陵区内的昭西陵、孝陵、景陵，即心潮起伏，望见碑亭，即降舆恸哭。一日之间，情绪极难立即平静。而盘山仅距东陵一二日路程，归途之中，驻跸盘山数日，调整一下情绪，势所必须。再以专幸盘山及塞外秋狝返京途中小驻盘山而言，亦是于京城繁忙政务中暂求解脱和于数月塞外生活之后收乎其放心，以便投入新的工作之中。由此可见，对于乾隆帝而言，巡幸盘山，起着调整情绪的重要作用。

其二是出于巩固统治的目的而"察民瘼，备边防，合内外之心，成巩固之业"。正是因此，乾隆帝在位期间，对全国各地，尤其是对其中一些重点区域进行了为数频繁的巡幸活动。其中京畿一带是清朝统治的核心地区，官方吏治、民生疾苦对于清朝政府巩固统治至关重要。因而，乾隆帝亦对之特表重视。不但巡幸次数远在其他多种巡幸活动之上，而且还通过亲自视察和与当地中下级官员直接接触，发现问题，即予解决，不使矛盾积累，影响统治。如乾隆四年九月初巡盘山，看到京畿一带收成丰稔，因而传谕直隶总督孙嘉淦，劝导百姓节俭度日，讲求积储，以备荒年。为了加强当地百姓对中央政府的向心力，每次巡幸盘山，均免除沿途州县应纳钱粮十分之三。有时，还根据实际情况增加蠲免份数。如乾隆十五年八月巡幸盘山，即以当年京东收成歉薄，而将蠲免份数由十分之三增至十分之五。乾隆五十六年三月巡幸盘山，途次得知蓟州灾情，又特命展赈半月。与之同时,历次巡幸,对于垫道夫役、兵丁,则各赐银两;对于随扈臣工,也频频赐食赐宴。所有这些,对于清朝统治的巩固,都起到了一定的作用。

其三是在巡幸盘山期间及时处理全国军政要务。和巡幸全国其他地区一样,乾隆帝历次巡幸盘山,均有军机大臣、章京及内阁、各部院主要官员随驾扈从。与之同时,各省督抚、将军及京中各部院题奏本章也都两日或三日一次由内阁加封以快马递送行在。至于机密程度更高的奏折尤其是关乎军政要务的奏折,更是随到随递。因而,尽管乾隆帝身在盘山,但是由于信息输送渠道畅通无阻,对于京城及全国各地情况却了若指掌并皆予及时处理。据其自称:"现今驻跸静寄山庄,每日理事,宣召臣工,仍与常日无异。"其中寻常题奏本章经乾隆帝批准之后,登时驿递送京由内阁发交有关中央、地方机构落实执行;奏折则或经行在军机大臣讨论之后,由乾隆帝口授谕旨以廷寄形式发出,或由乾隆帝自行批示径行发出,交具奏官员执行。据笔者所见,乾隆帝三十二次巡幸盘山期间,其所处理的全国性的军政要务几乎遍及乾隆一朝的所有主要事件。举其著者,其关乎政治者如多次最高统治集团内部斗争、各起文字狱案件处理、官员升黜、刑狱谳决、秘密宗教及各地农民起事等;其关乎军事者如两次金川之役,平定准噶尔、回疆叛乱,征缅之役,抗击廓尔喀入侵西藏等;其关乎民族者如蒙藏回各部王公、台吉、伯克承袭、入觐等;其关乎邦交者如外藩入贡;其关乎文化者如修纂《四库全书》等;至于河工、漕运、救灾、催欠等其他事务更是不胜枚举,书不胜书。可以说,乾隆帝巡幸盘山期间,盘山几乎成了全国的政治中心,在国家机器正常运转中发挥着重要的作用。

其四,许多资料显示,乾隆帝巡幸盘山期间,还是他对一些难以处理的军政要务进行思考并进行决策的重要时期。乾隆时期尤其是乾隆前期,最高统治集团内部矛盾错综复杂,其中一些问题还可能危及乾隆帝的最高统治地位。其主要者计有乾隆四年九月发生的允禄、弘晳案,乾隆五年以后逐渐明显的鄂、张朋党案,乾隆十三年三月以皇后去世所触发的政治风波,乾隆十六年夏天以后发生的伪孙嘉淦奏稿案,乾隆二十年三月发生的胡中藻文字狱案等。也正是在这些案件发生之际,乾隆帝巡幸盘山。返京之后,便立即采取行动,各予处理。如乾隆四年九月巡幸盘山返京次日,即将宗室火器营都统弘昇锁拿治罪并揭开了允禄、弘晢结党谋逆案的盖子。乾隆七年九月巡幸盘山返京之后不久,即加大了惩治鄂、张朋党的力度。乾隆十三年闰七月专幸盘山返京之后不久,即下令将在皇后丧期中违制剃发的署南河总督周学健、湖广总督塞楞额赐令自尽,"以全国体"。乾隆二十年二月巡幸盘山返京之后不久,即一手炮制了胡中藻文字狱案等。正是通过这些活动,乾隆帝才建立起了自己的专制统治。

乾隆后期,乾隆帝专制统治虽已巩固,但是颇为棘手而又难以处理的军政要务依然很多。其中,最值得一述的是对达赖、班禅和蒙藏各地活佛转世灵童的决策。前此,西藏、蒙古虽已久隶版图并由清朝政府派出大臣、军队戍守,但是因其俗尚黄教,而且距离清朝政治中心北京极远,中央政府总有鞭长不及之感。以是之故,长时期中,西藏内乱不绝。乾隆五十年代,还以内乱而招致廓尔喀两度入侵。为了维护国家统一,必须采取措施,限制当地僧俗贵族权势。考虑到达赖、班禅和蒙藏各寺活佛转世,传统办法皆是将灵童姓名置于瓶内,由巫师吹忠掣签决定,其间或以蒙藏僧俗贵族暗中贿求,或因吹忠徇情妄指,"或出自族属姻娅,或出自蒙古汗、王公等家,竟与蒙古王公、八旗世职官袭替相似",以致众心不服,成为当地动乱之源。乾隆五十八年三月,乾隆帝驻跸盘山期间,即指出,寻认活佛"若仍由该吹忠等降神指认,伊等皆可听受嘱托,假托神言任意妄指,虽由金奔巴瓶内掣签,而所掣之人,仍不能无徇情等弊,不过一二权势之人主谋",因而谕令严化掣签监督。经过数日思考,是月戊申,在返京途中,他又颁布长篇谕旨,对金瓶掣签制度进行重要更动。其一是由中央政府制一金奔巴瓶,"派员赍往,设于前藏大昭,仍从其俗,俟将来藏内或出达赖喇嘛、班禅额尔德尼及大呼图克图等呼毕勒罕时,将报出幼孩内择选数名,将其生年月日与姓名写一签入于瓶内,交达赖喇嘛念经,会同驻藏大臣在众前签掣,以昭公当"。其二是于京城雍和宫内"亦设一金奔巴瓶,如蒙古地方出呼毕勒罕,即报明理藩院,将年月名姓缮写签上,入于瓶内,交掌印扎萨克、达赖喇嘛、呼图克图等在佛前念经,并交理藩院堂官公同掣签,其从前王公子弟内私自作为呼毕勒罕之陋习,永行停止"。从而进一步加强了中央政府对边疆地区的控制,巩固了国家的统一。至于乾隆帝其他各次巡幸盘山期间,似此事例,亦所在多有。为惜篇幅,不另赘举。

三

根据《清高宗实录》记载,乾隆帝在位期间,先后于三十二年、三十五年、三十六年、三十八年、四十一年、五十三年、五十五年、五十九年八次巡幸天津(其中三十六年、四十一年、五十五年为巡幸山东归途所经)。兹将其历次巡幸情况简列如下:

1. 乾隆三十二年二月己未(二十五日)至三月庚辰(十六日),巡幸天津、子牙河。三月戊辰(初四日)至癸酉(初九日)驻跸天津行宫六日。共计二十二日。①

2. 乾隆三十四年十二月辛亥,谕谒东陵,巡幸天津。戊午,以皇太后懿旨,定于来年二月巡幸。乾隆三十五年二月乙丑(十八日)至三月己卯(初二日),谒东西陵,巡幸盘山、天津。三月甲午(十七日)至丁酉(二十日),驻跸天津四日。共计十四日。②

3. 乾隆三十六年二月巡幸山东,回銮途中,于三月戊辰(二十七日)驻跸天津府行宫,至庚午(二十九日)皆如之。夏四月丁丑(初七日)还京。③

4. 乾隆三十八年三月壬辰(初二日)至丙辰(二十七日),谒西陵,巡幸天津,视察河工。乙巳(十六日)至戊申(十九日),驻跸天津四日。共计二十六日。④

5. 乾隆四十一年三月壬申朔(初一日)谕:"朕以金川全境荡平,恭奉皇太后安舆,巡幸山东"。四月戊辰(二十七日)回京,返銮途经天津,于四月庚申(十九日)驻跸柳墅行宫,至壬戌(二十一日)皆如之。⑤

6. 乾隆五十三年二月辛亥(十八日)至三月乙亥(十三日),巡幸天津,视察河工。二月庚申(二十七日)至三月乙丑(初三日)驻跸天

① 《清高宗实录》卷七七九至七八〇,第570—592页。
② 《清高宗实录》卷八四八至八五五,第354—457页。
③ 《清高宗实录》卷八七八至八八二,第753—814页。
④ 《清高宗实录》卷九二八至九二九,第477—498页。
⑤ 《清高宗实录》卷一〇〇三至一〇〇七,第431—524页。

津柳墅行宫六日。共计二十五日。①

7. 乾隆五十五年二月己未，谒东西两陵、东巡山东。四月丁巳（初七日），回銮途中，至天津，驻跸柳墅行宫，至己未（初九日），驻跸三日。乙丑（十五日），还京。共计九日。②

8. 乾隆五十九年三月庚子（十三日）至四月癸亥（初七日），巡幸天津。三月辛亥（二十四日）至乙卯（二十八日），驻跸天津柳墅行宫五日。共计二十四日。③

由上可见，乾隆帝巡幸天津，亦有几个方面值得注意：其一是就巡幸次数而言，超过南巡，位居第四。其二是计其绝对驻跸时间，亦有三十五日。如果再加上启銮至返京时间，则近半年。其三是其历次巡幸集中于乾隆三十年代和五十年代。

在所有巡幸地点中，乾隆帝何以颇为重视天津？笔者认为：

其一是天津地处京畿，拱卫皇居，是清朝统治的腹里地区。巡幸天津，既可以以此加强对腹里地区的控制，同时，也可作为了解全国情况的一个窗口。因此，他继其祖康熙帝三十七次巡幸畿甸之后，八次巡幸天津。为了加强这些地区官吏士民对自己的向心力，每次巡幸，皆大沛恩膏。对于当地百姓，一般则是根据成例，皆蠲免巡幸沿途经过州县及天津府当年应纳地丁钱粮十分之三。与此同时，还分别根据具体情况，扩大蠲免地区，增加蠲免份数。如乾隆三十二年、三十五年、三十八年、五十三年巡幸，除沿途州县及天津府属之外，还将直隶历年积欠钱粮尾数概加蠲免。乾隆五十五年出巡之初，因为前此已经颁谕普免天下钱粮，乾隆帝遂下令将直隶乾隆四十五年至五十三年未完地丁钱粮一百四十二万余两亦概加蠲免。同时，考虑到直隶一些州县当年被灾，又下令经过州县展赈一月。乾隆五十九年巡幸天津，还将当地节年积欠蠲免十分之四。其中一些村落如琴高祠、石口村、杨柳青夹河居民因为"扶老携幼，夹道欢迎，尤为踊跃可嘉"，乾隆帝还特别下令将上述地方本年应征钱粮普行蠲免。除此之外，对于前来欢迎的沿途和天津老民老妇，看到他们一个个庞眉皓

---

① 《清高宗实录》卷一二九九至一三〇〇，第 461—489 页。
② 《清高宗实录》卷一三四八至一三五三，第 37—110 页。
③ 《清高宗实录》卷一四四八至一四五〇，第 321—335 页。

首,"足征盛世耆年之瑞",乾隆帝也特别下令俱加恩赏。对于当地士子,乾隆三十二年、三十五年两次巡幸,皆下令增加直隶通省本年入学名额,大学五名,中学四名,小学三名。乾隆三十八年以后历次巡幸,又改为考试当地进献诗赋士子。中试者,一等赐予举人,补内阁中书,二等赏赐段匹。乾隆五十九年巡幸,考试范围还扩大到了全国各地在津士子。其中八十三岁的山西生员范大龄虽未取中,亦赏段一匹,以示"寿考作人"之意。对于办差水手、兵丁也一再赏赐。其中之水手,皆于每日工钱银五分外另加三分,兵丁则各加一月钱粮。对于办差官员则更是普施恩泽。历次巡幸,皆下令有过降级、罚俸、住俸者皆予开复,其他官员各加一级。对于长芦盐商,则允其推迟时间奏销。乾隆五十九年巡幸,还下令长芦盐商本年应纳盐课银三百八十八万两展限三年奏销。即使是对于直隶军流以下在押人犯,也于三十二年、三十五年、三十八年历次巡幸时下令各予减等发落。所有这些,使得畿辅地区各阶层人民普受实惠,从而进一步巩固了自己的统治。

其二是视察河务。天津为九河下梢,乾隆时期,水患不绝,直接关乎民生并影响着清朝统治。因而,乾隆帝多次巡幸天津,视察河务治理情况并指授方略。如乾隆三十二年巡幸天津,即一路视察淀河、子牙河、海河并命加修文安至大城一带河堤。回銮途中,又命展宽子牙河道,"用消沥水,以卫民田"。乾隆三十五年巡幸天津,启銮之后,即首阅文安一带河堤。而后,他又命大修永定、北运二河,并于乾隆三十八年再次普阅各河治理情况,"期为畿辅生民永筹利赖"。乾隆五十三年巡幸天津,又再次周览河工。这样,在乾隆帝的关心下,以天津为出海口的直隶水系得到了一次普遍的治理,一定程度上减轻了水灾为患的程度。

其三是视察海防。18世纪,海上交通日益发达,西方殖民势力触角逐渐向东扩张。他们先是自广州沿海北上宁波,企图摆脱清朝政府派出机构粤海关监督及其下属行商控制,以寻找新的贸易地点。在这一目的未能达到后,他们又以行商欠款不还为借口,由英商洪仁辉出面,北上大沽口,直接向清朝中央政府控告,企图挑起事端。经由乾隆帝各予惩创,这一事件始告结束,但是,粤海关监督、行商和西方商人的矛盾却日益尖锐,海疆安全面临挑战。尤其是乾隆五十七年英国使臣马嘎尔尼使华,更赤裸裸地提出了割让舟山附近岛屿、免除英商货税、自由传教等无理要求。所有这些,迫使乾隆帝不得不对海疆表示重视。天津是海疆重镇,同时又是京师门户,尤当加意保护。因而,继雍正中设立天津水师营之后,乾隆帝又多次亲临天津视察并一再举行阅兵典礼、加赏驻防满洲、绿营兵丁一月或两月钱粮,如乾隆三十二年巡幸天津,即连阅天津驻防兵和镇标兵。乾隆五十三年巡幸,又御阅武楼阅兵。发现问题,即予处理。如乾隆三十二年阅兵,看到兵丁"技艺均属平庸,且未能娴习国语"而下令将都统富当阿交军机大臣严议。这些,对于维护国家独立和统一,也都起到了一定的作用。

作为一位国君,和巡幸全国其他地区一样,乾隆帝巡幸天津期间,也还对全国军政日常事务及时进行处理。举其著者,如乾隆三十二年二月巡幸天津,正值云贵总督杨应琚征缅失败之后,因此,有关谕旨先后以廷寄方式寄往云贵前线。同时,还于回銮途中作出了以明瑞为帅再征缅甸的重要决定。乾隆三十八年再巡天津途中,适值二次金川之役,军营奏折连日不绝,乾隆帝又随折批答或专颁廷寄,分别处理。乾隆五十三年二月巡幸天津,又值福康安率师入台平定林爽文起事,于是,有关谕旨亦不绝于书。同时,为了加强对台湾的控制,乾隆帝还特别下令将康熙间规定的巡台御史之例停止执行,而改命闽浙总督、福州将军及福建巡抚、福建水陆两提督每年轮值一人巡视台湾。至于乾隆帝巡幸天津期间处理的其他全国性军政事务,更是不胜枚举。所有这些表明,乾隆帝巡幸天津,无论是对于京畿、天津一带当时形势的发展,还是对于全国政局,都发挥了重要的作用并产生了深远的影响。

当然,也须指出,由于乾隆三十年代以后,中央、地方吏治腐败进一步严重,乾隆帝历次巡幸天津,也存在着明显的奢靡腐败现象。早在乾隆三十五年乾隆帝二次巡幸天津时,当地官员即滥用民力,分别于白洋淀河神祠和左格庄为乾隆帝建造行宫。同时,两浙商人也不顾水长路遥,专程赴津祝贺,从而将巡幸奢靡推向了一个新的阶段。虽经乾隆帝降谕申斥,但是乾隆三十八年乾隆帝四次巡幸天津时,此风仍不稍减。不独各处行宫和乾隆帝所经道路装饰一新,以致乾隆帝本人也觉得"沿途修饰过费",而且各省官员还竞相进贡。先是长芦盐政进上银牌五千面,以供乾隆帝赏赐之用。尔后,各省督抚亦争先恐后进贡方物。更为出格的是,甘肃布政使王亶望也千里迢迢,派人进上价值连城的嵌珠玉如意。乾隆五十年代三次巡幸天津,其风更炽。如乾隆五十三年二月巡幸天津,乾隆帝事先颁谕沿途州县官员"毋得踵事增华,致滋繁费"。但因当地官员先已勒索商众,投入巨资,修整行宫,迫使乾隆帝不得不拨银十二万两,抵补亏空。乾隆五十九年三月巡幸天津,为了讨得乾隆帝的欢心,直隶总督梁肯堂还另备"龙舟及戏剧杂伎"。所有这些,对于当时的吏治腐败,无异于推波助澜,对于乾隆朝政局发展,也产生了极为不利的影响。

第三章 直达天听:奏折制度与君臣沟通

康熙朝进折人员考略

　　康熙朝是清代奏折发展的重要历史时期,然而,由于已刊奏折为数浩瀚,散见多书加之当时缴折制度执行不严格,最高统治者不时处理信息垃圾,以及以康雍之际统治集团内部斗争导致的文献销毁,致使奏折亡佚现象十分严重,不只其准确进折人员不得其详,同时其内容着重点和使用范围的发展走向亦颇为混沌模糊。为此,笔者依据已刊康熙朝满汉文奏折和有关史籍,对之进行初步探讨。

　　康熙朝进折人员,以其身份和所属机构大致可分为五类。其一是宗室姻亲、汉族异姓王公及内务府等皇室服务系统;其二是中央官员系统;其三是地方官员系统;其四是内外蒙古各部王公及青藏、准噶尔蒙古外藩系统;其五是难以归入上述各类的其他人员。

一

　　其一是宗室姻亲、汉族异姓王公及内务府等皇室服务系统。

　　在宗室姻亲中,首先需要提及的是康熙帝致太皇太后和皇太后奏折。康熙帝童年即位,成人之前,不但在生活上需要太皇太后、皇太后照顾,在政治上也需要得到她们的保护和指导。亲政之后的数十年中,又多次外出出征和巡幸。为了表示自己对太皇太后、皇太后的关怀孝养之情,每次外出期间,均多次具折向她们请安。如逢她们生辰令节,为表隆重,还特以满汉合璧具折。今刊《康熙朝满文朱批奏折全译》载录康熙帝致皇太后请安折 4 份（分见第 207、212、221、297 条）。又，《康熙朝汉文朱批奏折汇编》亦载康熙帝致皇太后祝寿折 1 份（见第 12 条）。① 另《清圣祖御制诗文集》一集、二集亦收录康熙帝致太皇太后奏书 20 份，致皇太后奏书 31 份。而将已刊康熙朝满汉文奏折与《康熙起居注》《清圣祖御制诗文集》《清圣祖实录》诸书互读，奏折又作奏书、奏疏、奏章之例往往而有。可见，康熙帝是康熙朝进折人员的首创人之一。

康熙中期以后，由于奏折超出宫廷戚属而推广到内外廷臣，为了将自己致太皇太后、皇太后奏折与宫廷戚属、内外廷臣向自己所进奏折相区别，在刊刻御制诗文集时，康熙帝始将自己致太皇太后、皇太后奏折改称奏书，另设体裁，从而使奏折这一特殊上行文书源头隐没不闻。

康熙帝之外，皇子、公主、宗室王公、额驸以及与皇室联姻的汉族异姓王公则构成了宗室进折的主体。有关资料显示，宗室姻亲奏折，不但出现时间甚早，而且数量颇多。据《康熙朝满文朱批奏折全译》第 7 条《遵康熙帝令焚毁各件奏书折》所载，早在康熙十六年三月，康熙帝即令将包括"公主等请安折"在内的不少文书焚毁，可见前此早已定有包括公主在内的宗室姻亲具折请安制度。又，《康熙起居注》康熙五十六年五月初八日载康熙帝传谕王、贝勒、贝子、公等："伊等向日二十日差人请安一次，今乃雨水之时，着一月差人请安一次。来时，不必会同，前后自来可也。其间若有奏请之事，不必限定日期。"可见，此一制度由来已久。至少自康熙初年，甚至有可能自顺治年间即已开始。由此推论，宗室戚属向康熙帝具折请安奏事和康熙帝向太皇太后、皇太后具折请安奏事一样，都是奏折的原始状态。正是因为奏折最初使用范围仅仅限于皇室戚属，故而其投递渠道不经通政司、内阁，而是径诣宫门交侍卫人等转递。同是因此，在广大内外臣工心目中，使用奏折是一种难得的殊荣和特权。也正是利用广大臣工的这种心理，康熙帝陆续将之推及内外廷臣并收到了题奏本章所

---

① 康熙帝进皇太后折件，满折第 207 条与汉折第 12 条内容相同。此外内容相重之折件尚有胤禛（3320 与 3322；3323 与 3324）、和素（2328，2329）、殷特布（2633，2634）、逊柱（3213，3214）、赵申乔（3231，汉 2673）、赵之垣（汉 3018，汉 3019）、蔡升元（汉 3086，汉 3087）等人奏折，共 8 人。本文于统计个人折件及奏折总数时于其重复部分皆未作统计。

未曾收到的效果。由于这些奏折相当部分皆被康熙帝作为信息垃圾予以销毁以及第一历史档案馆尚有相当部分奏折未刊,康熙早期宗室戚属奏折原件多已难见。但仅据今刊康熙朝满汉文奏折和有关史料统计,由宗室姻亲单独具折或领衔具奏者 26 人,随折列名者 36 人。其中,单独具折或领衔具折且有折件传世者计有皇子 9 人,他们是:胤礽(77 折)、胤禔(1 折)、胤祉(471 折)、胤祺(3 折)、胤祺(1 折)、①胤祐(1 折)、胤䄔(2 折)、②胤䄉(7 折)、③胤禵(354 折)。④ 皇孙 1 人:弘升(2 折)。宗室 8 人:简亲王雅尔江阿(39 折)、豫郡王华齐(2 折)、贝勒满都扈(4 折)、贝子苏努(32 折)、镇国公吞珠(1 折)、吴尔瞻(3 折)、公、都统普奇(2 折)、宗室巴赛(3 折)。外戚 3 人:额驸翁牛特王仓津(1 折)、额驸达尔玛达都(1 折)、额驸阿喇布坦(3 折)。其确知曾经进折而折件今佚者计有裕亲王保泰(见 2857 条,下略"见""条"二字)、宗室德昌(3262)、固伦荣宪公主(1033)、科尔沁和硕端静公主(3825)、敖汉多罗额驸(1083)等 5 人。此外,随折列名之宗室戚属则有皇子胤裪、胤祄 (均见 544)、胤祥(835)、胤禑、胤禄(均见 976)、⑤胤礼(845),皇孙弘哲、弘晋(均见 976)、弘智、弘曦、弘曙(均见 3319),宗室平郡王讷尔苏(3357)、顺承郡王王锡保(3448)、辅国公都统延信(3382)⑥、正蓝旗都统董额(190)、固山贝子鲁斌(2969)、辅国公阿布兰(3448)、公诺托和、公奎惠、公三官保(均见 3357)、宗室厄尔图(2969)、准达(3448)、广善、永谦、赫世亨(均见 3357)、海善(3282)、普照(3633)、楚宗(3454)、宗室副都统善寿(3555)、议政大

---

① 《康熙朝满文朱批奏折全译》收录胤祺奏折 2 份,以其中之第 3911 条为雍正中折件,故予排除。

② 《康熙朝满文朱批奏折全译》收录胤䄔奏折 2 份,以其中之第 3653 条为雍正间进折,故予排除;另,《关于江宁织造曹家档案史料》第 54 条为胤䄔领衔具奏折件,故为 2 份。

③ 《康熙朝满文朱批奏折全译》收录胤䄉奏折 6 份;另,《关于江宁织造曹家档案史料》第 134 条为胤䄉领衔具奏折件,故为 7 份。

④ 《康熙朝满文朱批奏折全译》收录胤禵奏折 136 份(内 2 份重复),《抚远大将军允禵奏稿》另见 219 折,故为 354 折。

⑤ 《康熙朝满文朱批奏折全译》收录胤禄奏折 1 份(第 3645 条),以其为雍正即位后折件,未计入。

⑥ 《康熙朝满文朱批奏折全译》收录延信奏折 1 份(第 3658 条),以其为雍正即位后折件,未计入。

臣、护军统领、宗室色痕图（3558）、辅国公星尼（2969）、和硕额驸阿保、和硕额驸土谢图亲王敦多布多尔济（均见 3512）、固山额驸色楞纳木扎尔、多罗额驸罗卜藏（均见 4147）、和硕格格子李舒敖（3053）等 36 人。

以上总计进折人员 63 人，今刊折件 1014 折。数量最多者是诸皇子奏折，计 917 折。其中又以皇三子胤祉、皇十四子胤禛数量最多，分别为 471 份和 354 份。而且就进折持续时间考察，至晚自康熙二十三年康熙帝初次南巡时即已开始，①而迄于康熙帝去世。宗室戚属进折持续时间长，数量比重大，这些情况说明，康熙时期，奏折尚具有鲜明的家族书信特色。

在康熙早期进折人员中，还有汉族异姓王公平西王吴三桂、平南王尚可喜、靖南王耿精忠、续顺公沈志祥、海澄公黄芳世、黄应缵进折情况值得探讨。在这些异姓王公中，除海澄公黄氏外，吴、尚、耿三王及续顺公均为清朝建立对全国的统治效尽犬马之劳。以此之故，清朝政府对之一再加官进爵并与其中三王结为姻亲。而在康熙早期奏折的始行阶段，又正是三王炙手可热之时，为示优宠，清朝最高统治者很可能赋予他们以具折请安奏事之权。据《清圣祖御制诗文集》一集卷六《谕管侍卫内大臣》载康熙十六年五月十六日谕："海澄公黄芳世举家殉节，被惨至极。芳世坐次曾入内大臣班中，以后凡有恩赏，皆与内大臣一体颁赐，坐次仍在旧列。伊或有奏事并请安人来，俱照外省汉藩等例，着内班侍卫代为陈奏。"由此可见，吴、耿、尚、沈等汉族异姓王公亦是较早地被赋予具折请安奏事的一批人员。只是因为后来三藩叛乱，这一特权才被取消，其存于宫中之奏折亦一并被销毁。康熙十六年五月，这一权利又给了了海澄公黄芳世。在今刊康熙朝奏折中，黄芳世奏折已经亡佚，但是，汉文奏折中却保存了海澄公黄应缵的两份请安折，从而使确知曾经进折的汉族异姓王公增加了两黄。

与宗室姻亲、汉族异姓王公最早被赋予具折奏事权利相一致，内务府及皇室服务系统亦是较早地被赋予具折请安奏事的一个群体。顺治帝去世后，辅政大臣废除十三衙门，复设内务府。由于内务府及其他皇室服务机构地处大内，其所理事务又是皇室家务，故而自内务

---

① 《清圣祖御制诗文集》一集，卷四〇《江宁驻跸皇太子启至请安兼报读完四书》。

府复设之初,其奏报事宜,除部分文书使用当时传统上行文书题本、奏本之外,紧急事务或琐碎不值得具本题奏事务则多以奏折形式由"内班侍卫"代为陈奏。已刊康熙朝奏折显示,至少自康熙十二年始,内务府官员即开始以奏折奏报事务。康熙间,内务府及其他皇室服务机构、人员不断扩充,除其下辖七司三院(广储司、会计司、掌仪司、都虞司、慎刑司、营造司、庆丰司、上驷院、武备院、奉宸苑)之外,尚有太医院、銮仪卫、武英殿修书处、内廷侍卫以及内务府派出机构江宁、苏、杭三织造和各关监督人等。以此之故,在已刊康熙朝奏折中,内务府系统进折数量甚多。据笔者检核,康熙二十年以前,他类人员进折寥寥,而内务府进折却占其绝大部分。康熙二十年以后,奏折推及内外臣工,中央、地方官员进折数量激增,但是内务府官员折件,仍然居高不下。由此可见,内务府奏折亦是康熙朝奏折的一种原始形态。将其与宗室姻亲奏折合而观之,可以看出,康熙间,尤其是康熙中期以前,奏折尚具有突出的皇室家务色彩。

已刊康熙朝内务府及皇室服务机构奏折,进折官员众多,既有历任内务府总管、各司郎中、员外郎等有品级的官员,也有太监、御医、侍卫和低级执事人等,同时还有内务府派出机构官员和供职内廷的西方来华传教士。其中单独进折或领衔进折并有折件留存者50人,他们是:历任内务府总管图巴(8折)、嘎噜(噶鲁)(1折)、[1]班第(2折)、哈雅尔图(1折)、海拉逊(9折)、[2]海璋(26折)、[3]马思喀(7折)、[4]马武(2折)、[5]费扬古(3折)、何硕色(1折)、凌普(15折)、[6]李英贵(2折)、衮

---

① 见故宫博物院明清档案部编:《关于江宁织造曹家档案史料》第1条,中华书局,1975年。

② 《康熙朝满文朱批奏折全译》收录海拉逊奏折8份,《关于江宁织造曹家档案史料》收录1份(第6条),故为9条。

③ 《康熙朝满文朱批奏折全译》收录海璋奏折23份,《关于江宁织造曹家档案史料》收录3份(第91、136、137条),共为26份。

④ 《康熙朝满文朱批奏折全译》收录马思喀奏折5份,《关于江宁织造曹家档案史料》收录2份(第12、13条),故为7份。

⑤ 《康熙朝满文朱批奏折全译》收录马武奏折1份,《关于江宁织造曹家档案史料》收录1份(第14条),故为2份。

⑥ 《康熙朝满文朱批奏折全译》收录凌普奏折14份,《关于江宁织造曹家档案史料》收录1份(第33条),故为15份。

泰（1 折）、董殿邦（18 折）、关保（22 折）、赫奕（59 折）、^①巴龙（1 折）。^② 其他官员则有历任武英殿总监造赫世亨（54 折）、李国屏（83 折）、和素（362 折）、掌仪司郎中三保（1 折）、内库郎中尚吉图（1 折）、会计司郎中乌勒喀纳（1 折）、苑丞、上驷院郎中尚之舜（勋）（4 折）、内务府郎中倭和（1 折）、^③王府长史多禅（1 折）、^④太医院判黄运（1 折）、副包衣大杨进朝（1 折）、乌林达那尔泰（1 折）、武英殿修书处何国宗（1 折）、翰林院庶吉士俞元祺（1 折）、庶吉士王兰生（1 折）、养心殿监督兆昌（1 折）、王道化（2 折）、太医院御医蒋燮（2 折）、执事人刘进启（1 折）、马维潘（5 折）。内务府派出官员则有江宁织造曹寅（121 折）、曹颙（17 折）、曹頫（42 折）、苏州织造李煦（429 折）、^⑤杭州织造孙文成（136 折）。供职内廷西方来华传教士则有白晋（博津）（1 折）、闵明我（2 折）、苏琳（4 折）、穆经远（1 折）。^⑥ 内廷侍卫则有头等侍卫阿齐图（1 折）、乾清门侍卫喇锡（6 折）、武备院头等侍卫乌克登（2 折）、三等侍卫赖保（1 折）。折件今存者 1466 件。

其确知曾经进折而折件今佚者计 26 人。他们是：武英殿监督布尔赛（1610）、李秉忠（汉 2224、2237）、^⑦武英殿修书处胡惠安（2469）、王元起、沈忠经、修书举人胡启衡（均见 2240）、监生潘秉钧（1926）、翰林钱名世（1767）、王灏（698）、吴廷桢（1998）、魏廷珍（汉 1471）、蒋廷锡（2306）、马愉（马羽）（1771）、修书人宫鸿历（1925）、王曾期（1961）、陈鹏年（2478）、奏事司库苏成额（3053）、銮仪使董大成（2676）、庆丰司总管吴党阿（起 2169）、上驷院卿德宁（1100）、御医祁嘉钊（1748）、总管内工匠处牛录章京七十（3159）、浒墅关监督喀尔吉善（汉 2905）、拜堂阿所子（汉 2996）、头等侍卫纳拉善（那尔善）

① 《康熙朝满文朱批奏折全译》收录赫奕奏折 45 份，《关于江宁织造曹家档案史料》收录 14 份（见 31、60、64、77、81、83、94、95、96、97、98、100、104、111 诸条），故为 59 份。
② 见《关于江宁织造曹家档案史料》第 63 条。
③ 见《关于江宁织造曹家档案史料》第 59 条。
④ 王府长史多禅奏折见《雍正朝满文朱批奏折全译》第 5286 条。
⑤ 《康熙朝汉文朱批奏折汇编》中，共收录李煦奏折 428 份；另，《关于江宁织造曹家档案史料》一书中第 103 条收录李煦、曹颙请安折 1 份，其他诸书未著录，共为 429 折。
⑥ 西方传教士穆经远折见《雍正朝满文朱批奏折全译》第 5311 条。
⑦ 《康熙朝满文朱批奏折全译》中收录李秉忠奏折 2 份，以其为雍正即位后所进折件，未计入。

(1054、1498)、散秩大臣鄂洛(起 2198)。与之同时,还另有无署名之内务府奏折 18 份、广储司银库 2 折以及《康熙朝满文朱批奏折全译》一书中佚名折而可确定为内务府官员所进折件者 8 份。① 这样,单是内务府官员,其单独进折或领衔具折者已达 75 人,今存折件 1494 份。

除此之外,随折列名之内务府人员尚有 125 人,他们是:历任内务府总管多弼(3722)、马尔罕(3521)、尚之杰(1327)、金贯(2289)、王府长史马尼图(310)、广储司郎中全保(3171)、李延禧(2089)、五十八(3053)、广储司员外朗舒希(2829)、内务府副总管、三旗管钱粮郎中八十(2289、2810)、会计司郎中玛桑阿(2449)、穆尔泰(2798)、申保(28)、会计司员外郎内管领双定(3083、3254)、掌仪司郎中白路(3188)、常保(2810)、掌仪司员外郎查尔布(3188)、掌仪司主事鄂缮、博和礼(均见 3500)、都虞司郎中纽伦(2810)、都虞司员外郎兆敏(卓敏)(2189、2882)、慎刑司郎中拉都礼(1327)、慎刑司员外郎鄂尔泰(3196)、钟保(3011)、营造司郎中萨尔纳(2810)、营造司员外郎萨尔布(2882)、内管领兼营造司主事五十一(2829)、庆丰司总管常英(起2196)、奉宸苑郎中李晓声(28)、鄂巴库(2089)、武英殿修书处总裁常树(1896)、张常住(2995)、伊都立(3600)、办理热河事务员外郎迈图(2289)。不详内务府何司之郎中计有佛保(3724)、马尔岱(5)、杜图(1714)、郭里(《曹家》1)、马尔噶(《曹家》81),员外郎计有阿尔泰(3083)、观音保、怀色、劳雅图、苏贺、拉布展(均见 2668)、鄂罗逊、任辉(佳辉)、满都布、吴艾(均见 28)、朱齐伯(3717)、盛安(2798)、李保柱(3148)、乌勒瑚(《曹家》59)、主事莫尔奇(3196)、奏事张文彬(3053)、太医院使孙之鼎(627)、吏目霍桂芳(1446)、王九思(736)、大夫张睿(1156)、段世臣(1663)、茹璜(1445)、季之贤(李之贤)(1031、1498)、刘声芳(627)、李德聪(800)、李颖滋、李应奇(均见 736)、张懋功(778)、许士弘(1026)、总管顾太监(3716)、总管副太监王文广、四执事太监张其林、总管副太监刘进忠(均见 3636)、副包衣达四格(2891)。内廷侍卫、内大臣则有侍卫巴海(2379)、佛伦(3465、3653)、

---

① 即《康熙朝满文朱批奏折全译》中第 1941、3255、3707、3708、4275、4276、4277、4278 等 8 条。

萨尔产(2379、3257)、色棱(2895)、克什图(科西图)(3575)、散秩大臣罗卜藏锡喇布(2883)、觉罗吉利(3257)、闲散大臣拉忻、钦拜(均见3368)。供奉内廷之西方传教士则有保忠义、巴多明、戴君选(均见800)、吉里安、杜德美、德里格、富生哲、费茵、孔鲁士、默大成、鲁伯佳、林吉格、罗怀忠、郎士宁、马国贤、威格尔、唐尚贤、杨秉义(均见4171、4172)。除此之外,其他随折列名而职务不详之内务府官员还有伯棱、巴兰泰、达格、丕颜图、吴拜、武格、寿成、席大达、谢尼、星爱、伊兰泰、尹达浑、钟森保、张博良、皂保、扎库达(均见1279)、爱保(1135)、费昌(3257)、赫色(1279)、王文鼎(4125)、田成禄(4152)、刘保柱(2680)、勒德浑(3714)、雷玉春(3188)、赛华(3188)。连同以上单独进折或领衔进折之内务府官员,总数已达201人,超过今知康熙朝进折人员的五分之一。可见,康熙时期,在所有进折机构和人员中,无论就进折数量,还是就进折人员而言,内务府及皇室服务机构都占据着突出的地位。

二

其二是中央官员系统。包括中枢决策咨询机构及京城保卫机构官员、中央政府高级官员、中央低职官员、八旗武职高级官员等四个方面。

其中,中枢决策咨询机构及京城保卫机构官员大致包括辅政大臣、议政大臣、领侍卫内大臣、九门提督、步兵统领等,另外,宗室姻亲中参与议政者亦可兼入此类。在已刊康熙朝奏折中,此类人员进折时间最早者是康熙六年七月辅政大臣遏必隆、鳌拜所进之《辅政大臣遏必隆等奏陈近贤远恶治国折》。[①] 据此推断,早在四辅臣执政时期,除宗室姻亲、内务府外,奏折即已推及参与中枢决策的在朝高层臣工。康熙帝亲政之后,又逐渐发展成为议政大臣等中枢决策官员回奏康熙帝咨询、布置军政事务的基本方式之一。其中值得注意者,一是就其构成成分而言,绝大多数都是满洲权贵。二是早在三藩叛乱期间,为了及时准确处理军务,康熙帝即命凡涉军务会议"俱用白本启奏,不拟票签"。[②] 通过省略、改变题奏本章运转程序而使其在

---

① 《雍正朝满文朱批奏折全译》第5108条。
② 《康熙起居注》,康熙十八年十一月二十二日。

实际意义上接近于奏折。而自康熙三十五年北征噶尔丹开始，又由抚远大将军费扬古、平北将军马思喀等专以奏折奏报军务。尔后，进入康熙五十年代，规划平定准噶尔台吉策妄阿拉布坦叛乱、出兵安藏等有关军务，又无不专用奏折，从而使其承担了奏报军务的职能。三是自康熙四十年代以后，在托和齐、隆科多相继担任步兵统领期间，多以奏折密奏京中贵族官员动静，从而使奏折的监察职能迅速上升。与此同时，凡涉战和及重要问题的中枢决策，康熙帝也多令他们集体讨论并以奏折形式上奏，以便裁决。

据统计，单独具折及名列首位而折件传世者计 25 人，他们是：遏必隆（1 折）、①领侍卫内大臣阿灵阿（16 折）、巴珲德（9 折）、②鄂伦岱（3 折）、海金（11 折）、佟国维（2 折）、崴三（2 折）、九门提督费扬武（1 折）、③振武将军傅尔丹（3 折）、吏部、兵部尚书、靖逆将军富宁安（51 折）、兵部尚书殷特布（16 折）、孙澄灏（2 折）、内大臣明珠（1 折）、户部尚书马齐（5 折）、④山东巡抚、川陕总督、礼部尚书佛伦（82 折）、刑部尚书托赖（陶赖）（4 折）、赖都（19 折）、内大臣、公坡尔盆（1 折）、内阁大学士伊桑阿（14 折）、步兵统领、理藩院尚书隆科多（186 折）、⑤议政大臣俄费（2 折）、都统崇固礼（1 折）、步兵统领托合齐（47 折）、理藩院左侍郎诺木齐岱（10 折）、理藩院右侍郎拉都浑（7 折）。另，参与议政而折件今佚者则有：左都御史揆叙（2582）、兵部左侍郎觉和托（2096）、镶白旗蒙古都统和里（2762）等 3 人。除此之外，《康熙朝满文朱批奏折全译》一书中尚有未署具折人名议政大臣所进奏折 4 件，除其中之 4122、4123 两条可确定为雍正朝奏折外，第 4113、4121 两条则可确定为康熙间奏折。这样，康熙间中枢决策机构所进奏折已达 498 件。

除上述单独进折之 28 人外，随折列名之中枢决策机构成员还有

---

① 遏必隆折见《雍正朝满文朱批奏折全译》第 5108 条。

② 《康熙朝满文朱批奏折全译》收录巴珲德奏折 8 条，另一条见《雍正朝满文朱批奏折全译》第 5294 条。

③ 《康熙朝满文朱批奏折全译》于九门提督作"费扬古"，据《清圣祖实录》卷七三，当是"费扬武"。

④ 《康熙朝汉文朱批奏折汇编》《康熙朝满文朱批奏折全译》共收录马齐奏折 4 份，《关于江宁织造曹家档案史料》第 126 条收录 1 份，共计 5 份。

⑤ 《康熙朝满文朱批奏折全译》收录隆科多奏折 187 折，其中第 4003 条为雍正中折件，故予排除。

23 人,他们是:辅臣鳌拜(雍 5108)、大学士阿兰泰、领侍卫内大臣富善、索额图(均见 190)、马尔赛(2582)、刑部尚书安布禄、工部尚书萨穆哈、兵部尚书索诺和、左都御史傅拉塔、镶蓝旗都统额赫讷、镶黄旗都统席图库、正黄旗都统信玉(心裕)(均见 190)、吏部尚书敦拜、户部尚书凯音布、礼部尚书席尔达(均见 823)、兵部左侍郎党阿赖(2746)、镶黄旗汉都统李胜宗(2762)、镶蓝旗满都统胡西巴、正白旗满都统伍格(均见 2582)、都统郎图、穆赛(均见 2582)、特克欣(823)、公策妄诺尔布(3382)。

康熙五十年代,由于康熙帝诸皇子、皇孙陆续成人,为了使自己的意旨通畅无阻地得以贯彻并锻炼皇子、皇孙的从政能力,又有相当一批皇子、宗室如皇三子胤祉、皇孙弘昇等参与议政甚至领衔具折。因此,实际议政人数当然超过上述统计数字。这些人员虽然数量不多,仅占今知具折人员的 5%左右,但是却在清朝统治集团中居于核心地位。凡遇清朝政权生存和发展的重要问题,多由他们讨论并以奏折形式提出初步方案,由康熙帝裁决之后交付执行。

在中央官员系统中,内阁、六部二院大小九卿正副职满、蒙、汉高级官员进折亦是其中一个重要的方面。中央官员奏事,向用题本、奏本,缘何又使用奏折?对当时形势进行分析,可以看出,康熙帝在中央官员中推行奏折之初衷是为了建立与廷臣的直接联系,进一步拓宽信息输入渠道,以限制逐渐膨胀的内阁权力。清除权臣鳌拜之后,康熙九年,康熙帝复设内阁,从而将中枢决策的最后决定权揽于己手。但是由于内阁综理庶事,在上行文书题奏本章运行中,又拥有首阅和票签权力,从而使其成为康熙帝与廷臣之间的一座无形的屏幕。兼之以索额图、明珠为首的议政大臣兼内阁大学士借机弄权,或拉帮结派、自立山头,排挤异己;或贪黩无厌,广聚财货,败坏官风。康熙帝虽然通过御门听政和中央官员保持着经常接触,但是因为御门听政时官员众多而题奏本章又皆须经过内阁,为惧打击报复,谁敢在大庭观众及题奏本章中揭发阁臣恶行?为此,早在康熙十九年五月十五日,康熙帝即以天旱求言于九卿。同日,"阁臣偕诸臣捧所书札子入,上御乾清门,逐一详览"。[1] 可见,此处起居注官员所记之"札子"实即奏折。至

---

[1] 《康熙起居注》,康熙十九年五月十五日。

康熙二十年十月初二日,《康熙起居注》中正式出现"大学士、学士等会同户部并仓场,为漕运冻阻具折请旨"的记载。自此以迄康熙之末,《康熙起居注》《清圣祖实录》中有关康熙帝命中央臣工以折奏事和廷臣具折请旨即不绝于书并且还逐年增加。正是通过这种方式,康熙帝绕过内阁而与六部二院大小九卿建立了直接的联系,同时也开创了中央官员遇事具折请旨这种中枢决策的新形式,从而不但在一定程度上限制了内阁的权力,突出了康熙帝在中枢决策中的地位和作用,同时也进一步提高了中枢决策的准确程度。

康熙三十年代中期以后,皇储关系趋于紧张并于十数年后公开爆发。面对这一新的形势,为了巩固最高权力,了解各方面动向,康熙帝对于使用奏折的态度愈加积极,有些事体还命改题本为奏折。如康熙三十八年闰七月,他命"嗣后大臣官员等,涉及公事降级者,满三年开复时,禁用题本,由该部具折,乘便具奏"。① 同年九月,康熙帝又谕斥旗下子弟"今皆令入部院衙门,大臣交相顾庇",因命大学士等查明,"写折子呈览"。② 康熙四十三年四月,又命理藩院于蒙古外藩病故者,"凡自公以上加恩者,照常具题奏来。自头等台吉以下加恩者,停止题本,着具折奏闻"。③ 康熙四十五年十一月,又命"嗣后自京城往各省人员,所用车马数目、前去缘由并勘合火牌内填注需用钱粮之处,开明折子,拾日一次启奏。再由各省来京人员所用之处,亦照此例缮写折子启奏"。④ 同年,又命"户、工二部日用钱粮","命半月折子奏明"。⑤ 康熙四十八年九月,又命工部、光禄寺十五日一次将支银情况具折奏闻。⑥ 康熙四十九年又命户、工两部"所用钱粮","十日一次奏闻。"⑦康熙五十年五月,又以天旱而命大学士、九卿各自亲书言应兴应革。⑧ 五十一年正月,以托和齐结党乱政,又谕领侍卫内大

---

① 《康熙朝满文朱批奏折全译》第 3551 条。

② 《清圣祖实录》,卷二〇一,康熙三十八年九月。

③ 中国第一历史档案馆编:《康熙朝满文朱批奏折全译》第 1871 条,档案出版社,1985 年。

④ 《康熙朝汉文朱批奏折汇编》第 205 条。

⑤ 《康熙朝汉文朱批奏折汇编》第 217 条。

⑥ 《清圣祖实录》卷二三九,康熙四十八年九月。

⑦ 《清圣祖实录》卷二四二,康熙四十九年四月。

⑧ 《清圣祖实录》卷二四六,康熙五十年五月。

臣、大学士、都统、尚书、副都统、侍郎、学士、副都御史等"凡事据实密陈，则大贪大奸之辈，不知谁人所奏，自知畏惧。或有宵小诳主窃卖恩威者，亦自此顾忌收敛矣"。① 与此同时，折奏人员范围扩大到了三品以上大员。② 五十七年十一月，再谕"嗣后九卿科道，凡有关地方事务及官员贤否，有闻即缮折具奏"。③ 由于这些机构和官员，皆在政令推行中居于关键环节，因而，康熙帝的这些决定，不但进一步加强了对中央官员的控制，同时也大大拓宽了信息来源并获取了不少极有价值的情报，从而对当时政治形势的发展产生了重要的影响。

由于中央官员不少奏折请旨获准后须以正式题本具奏，其原折不再保存和一些折件御批后又都发还具折人而后来却以官员亡故未曾缴回，一些奏折又因保密需要而被销毁等种种原因，中央官员折件亡佚情况相当严重。即使如此，此类折件今存者仍达 293 件。其中机构进折 65 件，分别为：大学士 1 折（3795）、礼部 1 折（4175）、兵部10 折（汉 205、1164，满 352、584、754、902、3618、3704、4176、4177）、刑部 1 折（4178）、工部 2 折（1756、1763）、理藩院 49 折（以多不录）、太仆寺 1 折（1640）；以个人名义或由个人领衔具奏而折件今存者 34人，奏折 228 件，他们是：大学士温达（1 折）、嵩柱（9 折）、萧永藻（2折）、李光地（54 折）、王掞（20 折）、张玉书（5 折）、内阁学士勒什布（1折）、内阁侍读学士、兵部左侍郎渣克旦（1 折）、内阁学士、礼部尚书蔡升元（5 折）、吏部尚书张鹏翮（1 折）、户部尚书穆和伦（18 折）、④赵申乔（13 折）、礼部尚书贝和诺（1 折）、赫硕（1 折）、荆山（4 折）、礼部右侍郎胡作梅（1 折）、兵部尚书孙柱（16 折）、刑部尚书张廷枢（1折）、行在刑部右侍郎博音岱（1 折）、刘相（14 折）、工部尚书孙渣齐（3折）、王顼龄（1 折）、王鸿绪（38 折）、⑤徐元正（1 折）、理藩院侍郎花都

---

① 《清圣祖实录》卷二四九，康熙五十一年正月。

② 《康熙朝汉文朱批奏折汇编》第 1147 条。

③ 《清圣祖实录》卷二八二，康熙五十七年十一月。

④ 穆和伦、陈诜、陈元龙、额伦特、赫寿、赖都、马齐、满丕、孙文成、孙柱、托赖、伊珊阿、殷泰、殷特布、赵申乔、张伯行、胤禩、胤祹等 18 人折件分以满汉文字具折，其进折数字是《康熙朝满文朱批奏折全译》《康熙朝汉文朱批奏折汇编》及《关于江宁织造曹家档案史料》三书相加所得，特此说明。

⑤ 《康熙朝汉文朱批奏折汇编》载王鸿绪折 37 件，《历史档案》1984 年第 1 期载其《王鸿绪为进呈明史列传全稿事奏折》1 份，故为 38 份。

（1折）、特古忒（5折）、伊道（2折）、大理寺卿常泰（1折）、太仆寺卿阿锡鼐（1折）、巴查尔（2折）、太仆寺少卿华善（1折）、鸿胪寺少卿单畴书（1折）、通政使伊特海（1折）、顺天府尹俞化鹏（1折）。

其确知曾进奏折而折件今佚者有大学士陈廷敬（汉71，满1849、1857）、内阁学士王之枢（1780）、内阁侍读觉罗塞黑（汉312）、翰林院侍读学士乔莱（起1440）、户部尚书耿额（《实录》卷248）、侍郎穆丹（起1997）、刑部侍郎常绶（《实录》卷198）、卞永誉（汉155）、钱法堂侍郎程文彝（汉141）等9人。

其随折列名之中央六部二院大小九卿正副职官员则有：大学士梁清标、王熙、学士拜礼、迈图、彭孙遹（均见汉1）、内阁侍读学士常寿（2762）、彭始抟（汉3007）、星峨泰（2762）、左通政、内阁学士格尔布（3098、3561）、吏部左侍郎傅继祖（823）、李旭生（2762）、色尔图（3139）、右侍郎傅绅（2096）、汤右曾（2762）、户部左侍郎李永绍（汉3007）、王景曾（3231）、王原祁（汉1691）、塔进泰（2096）、右侍郎噶敏图（2096）、赫成格（汉3007）、廖胜煃（汉1691）、吕履恒（汉2126）、赫申（《曹家》64）、礼部左侍郎二鬲（2907）、王思轼（2184）、右侍郎冯忠（2096）、景日珍（3589）、罗瞻（2954）、萨哈布（3174）、兵部尚书马尔罕（823）、兵部左侍郎李光复（2928）、右侍郎巴颜柱（2091）、田从典（2633）、刑部左侍郎萨尔台、艾芳增（均见2563）、右侍郎李涛（2663）、李华之（2923）、张廷玉（汉3007）、周道新（3656）、工部尚书陈敱永（《曹家》1）、左侍郎常泰、阮尔询、崔征璧（均见2480）、郝林（2762）、原理藩院尚书阿穆瑚郎（3247）、左侍郎满笃（823）、理藩院侍读学士额赫讷（3001）、左都御史希福纳（823）、安泰（汉3007）、左副都御史董弘毅（2762）、江球、金应璧（均见汉3007）、牛钮（3549）、大理寺卿李敏启（汉3007）、王懿（2762）、大理寺少卿古尔泰（3133）、鲁东原（2762）、巴什三（汉3007）、盛京户部侍郎董国礼、礼部侍郎哈山、刑部侍郎穆成额、工部侍郎希尔图、驻办大臣玛金泰（均见1561）等63人。连同上述单独进折之43人，中央高级官员进折者已达106人。

和内阁、六部二院大小九卿满、蒙、汉正副职官员进折情况相比较，今刊中央低职官员如各部郎中、员外郎、主事、御史、六科给事中、国子监学政等以个人名义进折者数量甚少，仅有26人，其中有折件传世者 12 人，折件 17 份。其中单独具折而折件今存者计有：理藩院郎中鄂赖（1 折）、工部郎中牛钮（2 折）、刑部员外郎佛保（1 折）、①员外郎博席希（1 折）、专使阿尔必特呼（1 折）、国子监学政伊尔登（1折）、②主事保柱（2 折）、钦差大臣雅木布（3 折）、御史雅思泰（1 折）、陈嘉猷（1 折）、陶彝（1 折）、两淮巡盐御史张应诏（2 折）等 12 人。其确知曾经进折而折件今佚者计有：礼部郎中索住（汉 313）、户部郎中赵德（汉 314）、兵部郎中查尔勤（汉 306）、户部江南司员外郎戴保（汉305）、宗人府右司理事官额克清格（汉 313）、给事中雅齐纳、莫罗（均见《实录》卷二三五）、御史董之燧（起 2248）、两淮巡盐御史李陈常（汉 1690）、内阁主事豪善（2564）、詹事、翰林王奕清（义卿）（2042）、翰林院检讨朱天保（《实录》卷二七七）、笔帖式黑色（310）、教养敖汉蒙古黄茂（《实录》卷二〇〇）等 14 人。而且，对其进折情况加以分析，其始行年代是康熙三十年代，且多是出使外藩或受命至各省办理具体事务时所进奏折，而且，其奏折还大多由当地督抚或内务府派出机构主持官员转递。可见，最初，康熙帝赋予他们的只是临时具折权利，事务办完，这一权利也随即取消。直到康熙五十七年十一月康熙帝颁谕扩大折奏范围，具折人员才扩大到科道官员，其他中央低职官员仍被排斥在外。虽然如此，值得注意的是，中央低职官员随折列名者却空前之多。此种情况始于康熙五十年代之初，而迄于康熙帝去世。通过这种方式，康熙帝有效地加强了对中央高级官员直至枢密大臣以至诸皇子的监督，同时也为雍正帝即位之初进一步扩大折奏人员范围奠定了重要的基础。据笔者统计，随折列名之中央低职官员多达 219 人，他们是：

吏部：考功清吏司郎中布展（2085）、员外郎德禄、陆师（均见汉2913）、主事噶尔山（2528）。

---

① 在《康熙朝满文朱批奏折全译》中三见"佛保"之名，一为内务府员外郎、一为刑部员外郎、一为礼部主事，故皆存之。又，在康熙朝进折人员中，人名相同者尚有佛伦、赫世亨、衮泰、博拉塔、关保、倭和、马喻、鄂缮、费扬古、色棱、赫色、觉和托、武格、花都、常泰、巴查尔、常寿、迈图、牛钮、保住、戴保、额赫纳、班第、五十八、图巴等 25 人，以其职务不同，且考虑到满洲官员中时有同名现象，故皆分别录入。

② 《康熙朝满文朱批奏折全译》中，国子监学政伊尔登曾进 2 折，以其中 4139 为雍正中进折，故予排除。

户部:郎中李卫(汉 2913)、四川清吏司郎中蒋晟、萨木岱、员外郎达立善、吴礼、主事吴世义、于振宗、署广西清吏司事务德明、郎中陆云从、员外郎汪锡龄、主事罗复晋(均见汉 1691)、云南清吏司员外郎富森、欢齐(均见 2805)、主事吴尔登(汉 2913)。

礼部:仪制清吏司郎中钱兆康(3549)、郎中梁文燕(汉 2913)、主事常璐(常鲁、常禄)(3549、3589、3625)、祠祭清吏司员外郎丁福(3592)、精缮清吏司主事佛保(3546)、礼部员外郎陈福寿、苗寿(均见 3601)、佟泰(3592)、主事沈曾谋(3589)、格勒敏、张登杰(均见 3622)。

兵部:武选清吏司郎中毕锡图(3299)、鄂尔本(额勒本)(2528)、法尔萨(3133)、明富(2922)、刘章(2111)、车驾司郎中齐格(2085)、沃贺(2601、2633)、文选清吏司掌印郎中代保(2396)、职方清吏司郎中雅尔布(汉 2337)、行在兵部郎中鄂勒哲依图(3562)、兵部郎中范大士、槐堂阿(均见汉 2337)、刘冲、于佑清(有庆)(均见 2633)、尼堂阿(2396)、纳齐喀(2966)、图理琛(3281)、员外郎阿金泰(2928)、多赞(2922)、噶尔色(2618)、胡般、韩伟汉(均见 2633)、觉和托(2396)、苏呼德(2111)、龙灿(汉 2337)、行在兵部员外郎甘文玉(3439)、兵部主事郭昌(3522)、李齐旋(2633)、明德(3248)、希图山(3499)、余庆祖(庆祚)(2633)、长寿、鄂索里(均见 2085)。

刑部:郎中和顺(3581)、郎中陈廷夔(汉 2913)、督扑司郎中瓜喇(3196)、山东司郎中张谦(2923)、行在刑部郎中额赫讷(2625)、达林(3405)、行在刑部员外郎勒德依(3010)、傅兰保、乌勒登、觉罗沙珠兰(均见 3200)、宪德(3405)、尚崇坦(3241)、山东司员外郎张保(3299)、刑部主事普连(3010)、沙纳哈(3080)、行在刑部主事常存(3522)、苏民(3248)、尚图(2625)。

工部:郎中舒林(2400)、张学祥(3047)、工部督水司郎中阿尔布(3047)、怀沁(2480)、工部员外郎花慎(3144)、姚龄、片图(均见 3047)、塔色(3269)、工部主事昂吉图(3047)、费养古(《实录》卷一九八)。

理藩院:郎中官保柱(2790)、奔玺(3036)、巴图尔(3074)、常泰(2360)、达尔玛(2795)、法三(3048)、关保(2724)、华色(2416)、奈曼岱(3553)、赵华、乌尔胡岱(均见 2724)、塔林(3098)、员外郎布兰泰(3474)、常在(2631)、绰勒多(2960)、顿住(2400)、额叶图(2705)、格

勒尔图（2521）、亨德（3001）、海寿（3368）、喀尔卡（2361）、马尔干（2848）、马展（2835）、莽古里（3139）、散达里（3591）、托希（西）（2598、2635）、展柱（2630、3036）、巴扎尔（2416）、钟佛保（2677）、钟海（2961）、主事班第（28）、图真、石忠（均见 2521）、巴尔赛（2848）、伊林（3151）、常保（3494）、多尔济、阿林（均见 3619）、笔帖式纳延泰（3644）。

都察院：御史任奕弥（2685）、巴克三（山）、木哈连、黎景地、温达力、吴宁奇、托尔比、许述永、徐卫谋、张世奇（均见 2762）、邵璠（3571）、王允晋、吴镐（均见汉 2337）、柴谦、程鑢、范允镐、秦天赐（均见汉 2571）、巴锡九、江芑、迈柱、诺米、秦国龙、施云翔、舒库、杨保（均见汉 3007）、邹图云、范长发、高怡、高玢、任坪、李允符、孙绍曾、赵成穟（均见《文献》）。

六科：吏科掌印给事中常岱（2762）、户科掌印给事中鄂托拜、乔云名（均见汉 3007）、郑昆仕（2762）、礼科掌印给事中缪沇、杭泰（汉 3007）、桑吉纳（2762）、兵科掌印给事中陈世倕（汉 3007）、陆兵（2762）、刑科掌印给事中陈沂震、拖尔海、石图（均见汉 3007）、钱义开（2762）、刑科给事中赵殿最、工科掌印给事中康五端、永福（均见汉 3007）、觉罗乌西吐、郭会祖、詹思禄（均见 2762）。

宗人府：左司郎中雅斯海（2604）、右司郎中温察（3117）。

大理寺：郎中官图保、主事三定（均见 3133）。

詹事府：少詹事梅志恒（2762）、汪潆（汉 3007）、洗马杨万成（3053）。

通政司：左参议常德、张国栋（均见汉 3007）、右参议潘金（2762）。

供职机构不详者，郎中：德成额（1541）、福山、索托（均见 2532）、傅柱（2786）、郎古里（3139）。员外郎：苏金泰（2112）、塞加利、尧德间（均见 2532）、佛腾（2786）、杨希鲁（2923）、富宁（3262）、色楞（3539）、孙弘、卢祠舒（均见 3589）、吴硕（汉 1691）。主事巴特玛、常林（均见 2112）、马玉（2532）、刘格（2633）、苏海（2784）、桑格（2883）、存柱、傅拉塔（均见 2923）、博尔和、察喇（均见 2965）、绰克托（3551）、穆尔图（3601）、中书阿弼达（雍 5286）。

在中央官员进折中，八旗武职高级官员亦是其中一个方面。和其他方面中央官员相比,除上述宗室、中枢决策系统中的八旗官员外,其他八旗高级官员开始进折时间颇晚。但是,值得注意的是,康熙五十年代康熙帝出兵平定准噶尔台吉策妄阿拉布坦叛乱和规划出兵安藏期间,康熙帝却和出征在外的八旗高级官员保持着频繁而又经常的联系。这一方面说明,康熙帝推行奏折于内外廷臣之初,具有鲜明的实用主义倾向,同时也说明,经过一个时期的摸索,康熙帝最后认定,八旗高级武职是自己维持统治的一个重要基础和支柱,值得将有关军务奏报专用奏折径抵御前。正是循照这一思路,雍正间,于有关军务奏折之外,又设立了专门处理西北军务的中枢机构——军机处。据统计,终康熙间,除上述宗室及枢密大臣在八旗任职者之外,八旗高级官员单独进折者计 21 人,其中 14 人有折传世,折件 39件,他们是:都统阿喇纳(7 折)、[①]法喇(法腊)(5 折)、觉罗诺木齐(1折)、山旦(2 折)、石文英(1 折)、镶蓝旗汉军都统阿鲁(1 折)、汉军旗副都统李柱(1 折)、副都统阿南达(2 折)、法瑙(1 折)、勒钦图(1 折)、岳勒岱(1 折)、祖秉衡(1 折)、前锋统领穆克登(2 折)、副将军祁立德(13 折)。[②] 其曾单独进折而折件今佚者计有:都统吴达缠(1066)、镶红旗满副都统永泰(《实录》卷二八八)、副都统宁古礼(汉 2587)、王臣(起 2174)、鄂缮(《实录》卷二四八)、护军统领温普(汉 2589)、画图响导、护军参领觉罗英珠(2088)。

随折列名之八旗高级官员计 74 人,他们是:都统阿尔希(2672)、冯国祥、马云晓、王古利、伊尔白(均见 2762)、图斯海(2890)、穆森(3512)、副都统爱图、保色、常奈、耿会忠、金鸿震、蒙固、努尔布、乌木普、瓦哈力、觉罗图拉、许廷臣、亚图、志勇、赵明、朱廷柱、朱卫新、张格(均见 2762)、刁保(多宝)(2762、2813)、阿里米特(2890)、巴勒(1561)、博尔吞(3234)、陈泰、鄂三(均见 2996)、长龄(3512)、觉罗都

---

① 《康熙朝满文朱批奏折全译》收录都统"阿喇纳"9 折,其中 3654、3655 两条为雍正即位后所进折件,故予排除。

② 《康熙朝满文朱批奏折全译》收录副将军"祁立德"1 份奏折,《雍正朝满文朱批奏折全译》第 5208—5219 条收录征西将军"祁立德"12 份奏折,按其内容,亦属康熙朝,两者相加,为 13 份奏折。又,《康熙朝满文朱批奏折全译》尚收录都统希尔根、巴里米特、副都统玛拉、巴尔呼达、图克善、博第、达尔玛、钦拜、岳勒岱、囊章京阿林保、主事杜楞等 11 人折件,审其内容皆为雍正朝折件,故未列入。

叶里、觉罗伊顿（均见 2998）、茂奇塔特、乌勒（均见 2290）、玛喀礼
（2996）、拉色（3195）、吴光（3510）、乌里布（3521）、阿林保、觉罗伊里
布、徐国贵（均见 3357）、苏尔岱（2608）、寿志、沈雄照、善索、觉罗舒
格、苏叶里、杨都、苏赫（均见 2672）、舒尔法（色勒法）（2672、3234）、
松噶礼（2590）、汤色（2969）、胖海、秦布（均见 3548）、护军统领五十
八、委护军统领噶勒弼（均见 3357）、英贺孜（2783）、左翼翼长艾哈纳
（3189）、右翼翼长伊锡泰（2653）、衮泰（3445）。不详职务者：邓奇章、
罗布藏达尔扎、达西达尔扎（均见 3270）、庄图、巴济（巴吉）（均见
3575、3582）、佟莫克、图巴（均见 3582）、王仪、登德里（均见 3610）、觉
罗延寿、根敦、达米纳、嫩特（均见 3633）。

三

其三是地方官员系统。其中包括各省督抚及个别布、按两司以
下官员、各地八旗驻防将军、各省提督、总兵等几个方面。

地方官员，虽于各自所辖地区、部门具有颇大权势，但是一则其
任免权力在于中央，二则各种题奏事务亦须经中央机构批准而后始
可推行。为了巩固自己地位，必须结好于中央权要。以此之故，政治
上依附权势，党同伐异，经济上致送贿赂势所不免。为此，继将奏折
推行于中央高级官吏之后不久，康熙帝又将之推及地方官员，从而使
奏折使用范围进一步发生了重要的变化。其中督抚一类奏折，就今
见资料而言，始行于康熙二十五年。是年三月，他命"各省晴雨，不必
缮写黄册，特本具奏，可乘奏事之便，写细字折子，附于疏内以闻"。[①]
但是为时不久，据康熙二十九年山东巡抚佛伦奏折，奏报内容即增加
了在籍中央官员及其子弟居乡为恶等不宜公开的新内容。尔后，两
江总督傅喇塔、闽浙总督郭世隆等人奏折亦莫不如此。可见，康熙帝
指令各省督抚折奏晴雨只是旗号和其中一项内容，其真实用意，是通
过此举建立自己与地方官员的直接联系，了解题奏本章所不能了解
的内容。而被赋予具折权利的地方官员，也莫不以此为荣，不但具折
请安成风，同时还根据康熙帝要求，具奏官员操守及相互关系等深层
次的信息，并且仿效中央官员，遇事请旨，待到康熙帝首肯之后再以

---

① 《清圣祖实录》卷一二五，康熙二十五年三月。

正式题本具奏。

通过此举，康熙帝不但进一步加强了对地方官员的控制，同时也将遇事具折请旨这种决策的新形式推广到全国各地。因此，康熙四十年代以后，对于各省督抚进折，康熙帝的态度愈趋积极。不但于新任督抚申请折奏权者概予批准，而且还时常就一些具体事务指令他们进折。其中具折较少或长时间内未曾进折者，还特予提示甚至批评。对于进折督抚，还一再提供各种方便，甚至还赏赐礼物。如康熙四十年十月，康熙帝命总督郭琇、张鹏翮、桑额、华显、巡抚彭鹏、李光地、徐潮折荐所属贤员。① 四十一年三月，再命各省督抚折奏雨泽多寡。② 四十四年五月，命豫抚赵弘燮密访邻省二麦收成，具折奏闻。③ 四十八年九月，准两江总督噶礼之请，赏给驿马两匹，专递奏折。④ 同年十月，命"湖广、江西督抚查明两江商人买米者姓名、米数，月终具折奏闻"。⑤ 五十年七月，康熙帝恐于奏折赍送途中有人拆看更改，因命"嗣后督抚奏折，俱令各钤关防，以除更改之弊"。⑥ 五十五年六月，又命"河南、山东巡抚，查明由水路北来卖于商贾麦谷数目，每月缮折奏闻"。⑦ 同年十二月，又以清贫督抚提督总兵官雇人赍折，力不能堪，且事亦至迟误，因命"嗣后凡有奏折，或差伊属下千总等官，或遣可用兵丁一人，各遣家人一名，相随驰驿前来。一次但用马二匹，则驿递可免骚扰，亦不至误事"。⑧ 这样，在康熙帝的推动下，康熙四、五十年代，督抚以及地方文武官员进折人数、折件空前增多，与中央高级官员双峰对峙，成为康熙后期进折官员的两个主要方面。根据任职久暂不同，一般都在数十折至一百余折不等，其中个别人如先任豫抚后又长期担任直隶巡抚、总督的赵弘燮还位居内外廷臣之冠，仅其今存折件即达 794 折，如果考虑到其已佚奏折，则其折件总数必在八百份以上。

---

① 《清圣祖实录》卷二〇六，康熙四十年十月。
② 《清圣祖御制诗文集》三集，卷二。
③ 《康熙朝汉文朱批奏折汇编》第 100 条。
④ 《康熙朝满文朱批奏折全译》第 1500 条。
⑤ 《清圣祖御制诗文集》三集，卷一五。
⑥ 《清圣祖实录》卷二四七，康熙五十年七月。
⑦ 《清圣祖实录》卷二六九，康熙五十五年六月。
⑧ 《康熙起居注》，康熙五十五年十二月二十二日。

另,据统计,终康熙间,仕至总督进折者 33 人,其中有折件传世者 25 人,今存折件 2312 件。他们是:河南、直隶巡抚、直隶总督赵弘燮(794 折)、理藩院侍郎、都统、工部右侍郎、广东巡抚、署湖广总督满丕(49 折)、湖广提督、湖广总督额伦特(18 折)、两江总督傅喇塔(31 折)、范承勋(31 折)、湖广提督、署两江总督高其位(25 折)、两江总督阿山(40 折)、邵穆布(37 折)、长鼐(31 折)、山西巡抚、户部侍郎、两江总督噶礼(301 折)、陕西巡抚、湖广总督、川陕总督鄂海(122 折)、甘肃巡抚、川陕总督齐世武(44 折)、西宁总兵、甘肃提督、川陕总督殷泰(4 折)、四川巡抚、总督、川陕总督年羹尧(72 折)、陕西巡抚、川陕总督华显(39 折)、广西巡抚、署云贵总督高其倬(8 折)、闽浙总督郭世隆(9 折)、福建提督、闽浙总督梁鼐(43 折)、福建巡抚、闽浙总督觉罗满保(196 折)、①福建巡抚、闽浙总督、署甘肃提督、兵部尚书范时崇(95 折)、广东提督、两广总督赵弘灿(67 折)、福建提督、广东巡抚、两广总督杨琳(97 折)、理藩院侍郎、尚书、两江总督赫寿(92 折)、江西巡抚、署两江总督、漕运总督郎廷极(64 折)、漕运总督施世纶(3 折)。其确知曾经进折而折件已佚者计有:湖广总督石文晟(《实录》卷二二五)、郭琇(《实录》卷二〇六,汉 1227)、云贵总督郭瑮(起 1968)、山东巡抚、云贵总督蒋陈锡(《实录》卷二四三)、河道总督王新命(《实录》卷一九五)、靳辅(《实录》卷二一七)、赵世显(《实录》卷二七二)、桑额(《实录》卷二〇六)。

各省巡抚进折者 44 人,其中有折件传世者 35 人,今见折件 882 件。他们是:署直隶巡抚赵之垣(4 折)　河南巡抚张圣佐(10 折)、杨宗义(13 折)、鹿佑(35 折)、李锡(24 折)、山东巡抚王国昌(8 折)、山西巡抚苏克济(179 折)、德音(31 折)、陕西巡抚噶什图(9 折)、甘肃巡抚绰奇(40 折)、舒图(5 折)、岳拜(19 折)、湖广巡抚刘殿衡(26 折)、张连登(5 折)、湖南巡抚李发甲(9 折)、江宁巡抚、吏部尚书宋荦(44 折)、云南、江苏巡抚吴存礼(52 折)、江西巡抚佟国勷(32 折)、白潢(29 折)、安徽巡抚刘光美(21 折)、李成龙(7 折)、浙江巡抚朱轼

---

① 《康熙朝满文朱批奏折全译》收录"满保"折 197 件,以其第 3657 折为雍正即位后所进,故予排除。又,《康熙朝满文朱批奏折全译》收录两江总督查弼纳 5 折,以其皆为雍正帝即位后进折,故不计入。

(10 折)、徐元梦(38 折)、偏沅、浙江巡抚王度昭(43 折)、浙江、福建巡抚黄秉忠(17 折)、福建巡抚吕犹龙(5 折)、福建、江苏巡抚、仓场侍郎张伯行(36 折)、云南巡抚佟毓秀(2 折)、甘国璧(16 折)、贵州巡抚刘荫枢(19 折)、黄国材(6 折)、贵州、湖广巡抚陈诜(29 折)、广东巡抚杨宗仁(1 折)、法海(27 折)、广西巡抚、礼部尚书陈元龙(31 折)。

其确曾进折而折件今佚者 9 人。他们是：直隶巡抚于成龙(起1647)、河南巡抚徐潮(《实录》卷二○○)、署甘肃巡抚卢询(《实录》卷二九八)、四川巡抚能泰(1408,《实录》卷二五二)、湖南巡抚潘宗洛(《实录》卷二五○)、江西巡抚张志栋(619)、安徽巡抚高承爵(421)、福建巡抚陈瑸(3243)、广西巡抚彭鹏(《实录》卷二○六)。

上述督抚之外，布按以下地方官员单独进折者只有 5 人，奏折 5份。他们是：甘肃布政使陆有仁(1 折)、浙江按察使张曾谊(1 折)、湖南布政使王道熙(1 折)、江苏按察使康基田(1 折)、候补知县朱尔介(1 折)。[①] 由此可见，终康熙一朝，地方文职官员进折，仍然颇为严格地局限于督抚范围之内。

继开创地方文职官员具折请安奏事之后，康熙三十年代中期以后，康熙帝又创行地方武职官员如各地驻防将军、各省提督、总兵具折请安奏事。地方武职官员，手握兵柄，平时绥靖地方，战时受命出征。因而，康熙帝对他们甚表倚重，这当是康熙帝与他们建立奏折、朱批来往关系的基本原因，亦是使之成为康熙时期具折群体中的一个重要方面。其中驻防将军具折奏事最早者是奉天将军安珠瑚，时在康熙十八年。尔后十数年间，并无此类奏折。直至康熙三、四十年代，此类奏折始再度出现并且逐年增多，至康熙之末，各地驻防将军普遍进折，蔚为风气。其中如西安将军博霁折件还多达 142 折。

据统计，康熙间，各地驻防将军进折者 22 人，其中有折件传世者16 人，今刊折件 365 件，他们是：奉天将军安珠瑚(2 折)、唐保住(50折)、[②]吉林将军孟俄洛(24 折)、黑龙江将军托留(1 折)、西安将军、川陕总督博霁(142 折)、西安将军席柱(18 折)、荆州将军拜音布(1

①　《康熙朝满文朱批奏折全译》一书中尚收录陕西布政使斡希布、路康、直隶按察使全保、陕西按察使何明等请安折(见该书 4288—4292 条)，笔者疑非康熙朝奏折，未计入。

②　《康熙朝满文朱批奏折全译》收录奉天将军唐保住 5 份奏折，《雍正朝满文朱批奏折全译》第 5157—5201 条亦收录其康熙间奏折 45 份，总计为 50 份。

折)、京口将军何天培(17 折)、镇海将军马三奇(11 折)、江宁将军鄂克逊(10 折)、雍吉纳(1 折)、靖海将军施琅(1 折)、福州将军祖良弼(17 折)、黄秉钺(7 折)、登州总兵、山东、广东巡抚、福州将军李树德(41 折)、广州将军管源忠(22 折)。其确曾进折而折件已佚者计有：吉林将军杨福(920)、黑龙江将军萨布素(169)、西安将军宗扎布(3463)、荆州将军达尔占(汉 1149)、杭州将军诺尔布(诺罗布)(1576、2314)、将军孙思克(208)等 6 人。

各省提督进折者 23 人,其中有折件传世者 22 人,今刊折件243 件。他们是：原古北口提督马进良(5 折)、延绥总兵、陕甘提督江琦(17 折)、陕甘提督李林盛(2 折)、固原提督马见伯(4 折)、陕西提督、镇绥将军潘育龙(46 折)、江南、陕甘提督、銮仪使师懿德(47 折)、天津总兵、江南提督杜呈泗(9 折)、署江南、江西提督吴郡(7 折)、江南提督赵珀(6 折)、苏松水师提督魏经国(1 折)、浙江提督王世臣(16 折)、福建提督穆廷轼(13 折)、广东提督、福建水师提督施世骠(3 折)、福建水师提督、威略将军吴英(3 折)、湖广提督俞益谟(4 折)、四川提督岳升龙(23 折)、贵州、广东提督王文雄(20折)、广东提督姚堂(1 折)、广西提督左世永(3 折)、张朝午(5 折)、贵州提督张文焕(2 折)、署湖广提督、镇筸总兵、云南提督张谷贞(6 折)。确曾进折而折件已佚者 1 人,为福建陆路提督蓝理(《实录》卷二四七)。

各镇总兵以下进折者 27 人,其中有折件传世者 24 人,已刊奏折127 份。他们是：古北口总兵保住(6 折)、南阳、古北口总兵杨铸(10折)、宣化总兵司九经(1 折)、太原总兵金国正(19 折)、大同总兵马焕(1 折)、张自兴(5 折)、陕西、宁夏总兵范时捷(5 折)、延绥总兵李耀(18 折)、肃州总兵刘汉业(1 折)、杨长泰(1 折)、陕甘总兵路振声(28折)、西宁总兵马际伯(1 折)、王以谦(6 折)、凉州总兵述明(1 折)、陕西兴安总兵赵良佐(1 折)、松潘总兵路振扬(4 折)、永州总兵陈尚武(4 折)、武霱总兵杨鲲(1 折)、海坛总兵程汉鹏(1 折)、南澳总兵周士元(1 折)、潮州总兵王应龙(2 折)、谢瑛(1 折)、贵州大定总兵张弘印(2 折)、云南开化总兵阎光炜(7 折)。确曾进折而折件已佚者 3 人,他们是：河南、河北总兵冯君诜(起 2430)、四川总兵康泰(《御制文》四集卷三)、参将兰珠(汉 636)。

四

其四是蒙藏外藩系统。在清朝兴起和发展的过程中,清朝政府与最早来归的漠南蒙古各部建立了休戚与共的密切关系。康熙二十年代,漠北喀尔喀蒙古来归,此后数十年中,康熙帝又先后进行了平定噶尔丹叛乱、平定策妄阿拉布坦叛乱、出兵安藏等重要军事活动,蒙藏事务空前增多,其中之相当部分,如归附蒙古各部请安奏事,准噶尔部台吉、西藏第巴往来文书皆以奏折形式上达。

由于康熙时期不断清理信息垃圾,其中相当部分请安奏折已被销毁。今知进折人员仅有十数人,折件十余份。其中单独进折者在喀尔喀蒙古有哲布尊丹巴呼图克图(2 折)、在西藏有达赖汗(1 折)、第巴布特达阿布(3 折)、丹增旺布(1 折),在准噶尔蒙古有台吉噶尔丹(2 折)、噶尔丹多尔济(1 折),未详身份者则有察罕台吉(1 折)、王车凌旺布(1 折)等 8 人,奏折 12 份。确知曾进奏折而折件已佚者则有青海蒙古亲王罗卜藏丹津、郡王察罕丹津(均见《允禵奏稿》16—261)、翼长踹拉克诺木齐(《允禵奏稿》15—259)、丹津多尔济(3582)等 4 人。随折列名之蒙藏外藩则有喀尔喀蒙古台吉阿尔坦桑、吹济喇锡、拉里达、衮吉扎布、多尔济呼(均见 4147)、西藏丹达里噶隆、达喇嘛阿旺丹增、一等台吉塔旺扎木苏、贡格吹桑噶隆、德木齐吉木巴扎木苏噶隆等(均见 2883)10 人。

由于康熙帝贵为至尊,在使用奏折与中央、地方高级官员保持直接联系的同时,还和社会各界有着广泛的联系。其中部分联系方式也使用了奏折。这部分人员中,有致仕在籍的文武高级官员,有僧道喇嘛,还有一些进折人员,限于资料,身份不明,故一并归于其他人员一类。据统计,此类人员,总计 30 人,其中有折件传世者 16 人,今刊折件 34 份,他们是:原礼部侍郎高士奇(3 折)、原吏部侍郎仇兆鳌(5 折)、前陕甘总兵麦良玺(11 折)。僧道喇嘛则有扬州天宁寺僧广明(1 折)、僧实诚(1 折)、普济寺住持僧心明(1 折)、喇嘛金巴扎木苏(1 折)。似是内务府官员侍卫而证据欠充分者计有:阿尔善(1 折)、佐领伯奇(1 折)、常观保(2 折)、哈郎阿(1 折)。身份不明或其他人员则有响导车克楚(1 折)、赖温(1 折)、孟克(1 折)、散秩大臣诺尔布妻(1 折)、范弘偲(2 折)。此外,尚有汉折佚名者二折(2378、3119)、满折佚名者 53 折(1260、1941、4235—4343、4245—4284、4286、4287)。其确知曾进折而折件已佚之上述各类人员计有:原甘肃提督吴洪(1100)、广西副将王启云之子王士怀(《实录》卷二六七)、原礼部郎中张汝绪(起 2178)、吏部尚书张鹏翮之父(《实录》卷二五四)、高旻寺住持僧纪荫(汉 91)、法雨寺僧信通(心统)(2515)、会稽传灯寺僧苑良(元梁)(3376、汉 1071)、道士李庆安(3352)、西宁喇嘛商南多尔济(457)、教廷特使加乐(汉 2918)、广州西洋总会长利国安(汉 2874)等11 人。其随折列名者则有僧空怀、僧空明、僧广盛(均见 3276)等3 人。

由上所述,可以看出,终康熙时期,单独或领衔具折人员 416 人,其中有折件传世者 309 人,随折列名人员 553 人,总计进折人员 969人,今刊奏折 7392 份。考虑到第一历史档案馆尚有 2300 余份未刊满汉文奏折以及康熙起居注未刊部分和其他资料中当有未见进折人员,考虑到康熙朝奏折亡佚现象颇为严重,笔者估计,终康熙时期,单独或领衔具折官员至少应在 500 人以上,连同随折列名人员,则定在千人以上,其折件总数,当至少较今刊折件翻上一番,甚至不下两万余件。

五

通过对康熙时期各类进折人员、进折数量等问题的考察,关于康熙时期奏折的发展演变,笔者的初步认识如下:

其一,经过笔者整理和统计,康熙时期,单独进折或领衔具折人员 416 人,随同列名者 553 人。今刊康熙朝奏折 7392 件,就其时间分布而言,康熙三十五年以前,数量较少,康熙三十五年以后尤其是康熙四、五十年代,则数量激增。就其使用范围而言,宗室姻亲、异姓王公、内务府之外,康熙二十年代以后还遍及中央各级官员和地方文职督抚、武职将军、提督、总兵以上官员和蒙藏外藩,如果考虑到已佚进折人员和大量已佚奏折,康熙朝具折人员及随同列名人员必在千人以上,折件也将较今刊奏折超出一倍左右,甚至更多。这些情况表明,康熙一朝,尤其是康熙三十年代以后,是奏折这一新的上行文书迅速发展的重要时期。

其二,康熙时期,奏折不但在数量上发展迅速,同时,在使用范围和奏报内容上也经历了深刻而重要的变化。以平定三藩叛乱为界限，奏折发展大致可分为前后两个时期。前此，奏折在使用范围上一般局限于皇室戚属、内务府和异姓王公，内容仅限于请安、谢恩、庆贺及奏报皇室家务，和国家政事并无密切关系。三藩叛乱后期，为了限制内阁权势，康熙帝开始将奏折引入国家政治生活，首命中央官员具折奏事或具折请旨，继而又将之推及地方督抚、将军，从而冲破内阁这层帷幕，建立了皇帝与内外廷臣的直接联系。康熙三十年以后，具奏范围又推及内而八旗武职及中央低职官员，外而各省提督、总兵。与此同时，除原来请安、谢恩、庆贺、紧急重要事务遇事请旨、琐碎事务不值入题本者具折奏闻等固定内容外，奏报内容开始改以军务和监察为重点。使用范围和奏报内容的变化，不但使得奏折在上行文书中的地位更加重要，较之通行题奏文书更具机密色彩，同时也对康熙朝以及此后的政局发展产生了重要而深远的影响。

其三，康熙时期，奏折不但在使用范围、奏报内容上为雍正以后奏折的使用奠定了重要的基础，同时，在其他不少方面也起了重要的开创作用。其主要者：一，专辟投递途径和负责官员；二，分以满、蒙、汉三种文字或满汉合璧具折；三，虽然执行不严格，但却初步规定了缴批制度；①四，为使用方便而出现了奏折副本；五，在长期发展中，大致形成了折奏固定内容，如紧急事务，须请旨事务、请安、谢恩、庆贺事务，地方晴雨旱涝不值题奏事务和军务监察等机密事务。所有这些，也都对雍正以后奏折的发展及各种规章制度的健全起了重要的作用。

其四，康熙时期，奏折虽然获得了较为迅速的发展，但是由于时处早期发展阶段，仍然存在着不少漏洞和问题。一，从最高统治者以至具折人，保存档案文献意识薄弱，其中不少奏折被作为信息垃圾而予销毁，还有一些极有价值的档案文献亦因忌讳而不予保存，从而使其亡佚现象极为严重。二，自始至终，奏折仍然保留颇为严重的宗族通讯和家务色彩，这些虽为研究其原始状态提供了方便，但也反映了最高统治者直至康熙之末尚未跳出最初认识的窠臼。三，有关奏折的各种规章制度并不健全，如终康熙间，奏折投递渠道并未统一，有

---

① 见《康熙朝汉文朱批奏折汇编》第 1061 条。

的是宫门，有的是内阁，有的甚至是面呈。又，缴批制度虽有，但是执行并不严格，同时也没有建立奏折录副制度。四，康熙帝使用奏折联系官员极不平衡，奏折在官员中分布畸多畸少。今刊奏折中单独进折者 400 余人，而其中进折 20 份以上者只有 69 人，折件 6204 份，几占今刊全部折件 80% 以上。其中进折 50 份以上者仅 28 人，折件 4841 份，竟占今存折件总数的三分之二左右。由此可见，康熙帝以奏折联系官员人员虽多，但是多数并不经常、深入。这些弊病和漏洞，到了雍正时期，才发生了根本的转变。

说明：

本文所录进折人员于《康熙朝汉文朱批奏折汇编》《康熙朝满文朱批奏折全译》《抚远大将军允禵奏稿》《关于江宁织造曹家档案史料》等书中有完整折件者则随进折人著录奏折件数；仅知曾进折而其内容不详者则随文著录出处。其中仅标序号者单指《康熙朝满文朱批奏折全译》一书目录序号；序号前署"雍"字者单指《雍正朝满文朱批奏折全译》一书目录序号；序号前署"汉"字者单指《康熙朝汉文朱批奏折汇编》一书目录序号；序号前署《曹家》者则单指《关于江宁织造曹家档案史料》一书目录序号；序号前署"起"字者单指《康熙起居注》之页码；《抚远大将军允禵奏稿》则略为《允禵奏稿》；《文献丛编》第四辑《康熙建储案》则略为《文献》；《清圣祖实录》则略称《实录》；《清圣祖御制诗文集》则略称《御制文》；《关于江宁织造曹家档案史料》则略称《曹家》。

另，关于折件统计，仅包括《康熙朝汉文朱批奏折汇编》《康熙朝满文朱批奏折全译》《雍正朝满文朱批奏折全译》《抚远大将军允禵奏稿》《文献丛编》《关于江宁织造曹家档案史料》六书，于《清圣祖实录》《康熙起居注》《清圣祖御制诗文集》等则仅录其进折人名，而未计其进折件数。

康熙朝诸皇子奏折考辨

一

在康熙朝已刊奏折中,诸皇子奏折数量最多,共917份。认真对之进行清理和探讨,不但可以进一步丰富康熙朝史事内容,同时,还可对至今研究尚为薄弱的奏折起源、早期形态、诸皇子奏折总量、存佚原因及其整理成就提出进一步接近实际的认识。以此之故,著为此文,以与整理该部分的文献的一史馆专家商榷,并求其是。

今刊康熙朝诸皇子奏折,分载于《抚远大将军允禵奏稿》《康熙朝满文朱批奏折全译》《关于江宁织造曹家档案史料》三书。其起讫年代,大致始于康熙帝年长的数位皇子开始成人的康熙三十年代,而止于康熙帝去世。具折皇子,几乎包括了康熙时期成人的皇十七子胤礼以上的多数皇子,其中单独具折奏事或虽诸皇子共上奏折而列名第一者仅有皇太子胤礽、皇长子胤禔、皇三子胤祉、皇四子胤禛、皇五子胤祺、皇七子胤祐、皇八子胤禩、皇十二子胤祹、皇十四子胤禵等九位皇子。其中,胤礽、胤祉、胤禵折件最多,分别为77份、471份和354份。其他六位皇子折件数量极少,其中胤禔1份,胤禛3份,胤祺1份,胤祐1份,胤禩2份,胤祹7份。以其进折背景而言,大致可分三种情况。一是康熙帝出征及外出巡幸,在京诸皇子向其奏报京城、宫中及交办事项执行情况。二是诸皇子奉旨外出,向康熙帝奏报交办事项办理情况及就一些问题奏闻请旨。三是康熙帝父子均在京城,诸皇子具折奏报交办事项。其中,第一种情况最多,约近总数三分之二;第二种情况次之,约占三分之一;第三种情况甚少,只有寥寥数折。

二

对今刊康熙朝诸皇子奏折进行考察,一个突出的问题是内容错乱。前此,笔者已于《允禵奏折考辨》《已刊康熙朝满汉文奏折正误》等文中予以清理,于此,再举其前未述及者。

其中拟题不当及翻译有误者,如第 1353 条康熙四十七年九月初五日《胤祉等奏报遵旨前往四阿哥处折》,依其内容,明是康熙四十七年九月初四日康熙帝于塞外布尔哈苏台囚禁皇太子胤礽后,急令胤祉、胤祐、胤裪自京赶赴行在,而令胤禛、胤裪留京据守事。而译者不察,不但将标题误拟,而且内容翻译亦极为不通。又如第 999 条《胤祉等奏报遵旨出迎折》述及裕亲王福全子保寿尸体自塞外还京事,竟用"迎娶"字样,显系不通。

与此同时,由于翻译、打印、校勘均颇草率,明显错误及违背常识之处所在多有。如第 660、971 两条分别将胤禟、胤裪误作胤祧、胤鳌,第 1347 条及其附件于胤祉、胤禛分别误作允祉、允禛。又,第 1428 条皇子署名于皇十二子胤祹之后出现胤礽,检核《实录》及相连各折,始知其中"胤礽"乃"胤祯"之误。另,第 3817 条折尾皇子署名,两见胤裪,检核《实录》,始知其中位前之胤裪当是胤禛。再,第 1003 条康熙四十五年九月二十七日《胤祉等奏请万安折》折尾署名于皇十四子胤祯和皇十五子胤禑之间出现胤祜之名。按,胤祜是康熙帝第二十二子,康熙五十年出生。显然,此处之胤祜,当系衍文。

此外,诸皇子奏折不少条目所署进折年月日有误,其原因,当系译编者误加,并非折件原误。如第 845 条康熙四十五年二月二十二日《胤祉等奏请万安折》,依其进折时日,适值康熙帝巡幸畿甸子牙河、静海一带,并未远行塞外,显系折中所署年月日有误。经和 737 条康熙四十四年五月三十日《胤祉等奏请万安折》互读,其中朱批为前折所称引,以此可知,第 845 条当为康熙四十四年六月初所进奏折。又如第 880 条康熙四十五年六月十二日《胤祉等奏请万安折》,其中朱批却被第 747 条康熙四十四年六月十五日《胤祉等奏报直隶蝗虫折》所称引，而两折分列两年，显系错误。结合相连各折，第880条当为康熙四十四年六月十二日所进奏折。又，第991条康熙四十五年九月初七日《胤祉等请安请旨折》如和《实录》四十四年九月丙子（十五日）条互读，可知该折进折日期应为康熙四十四年九月初七日。又，第1188条康熙四十六年八月二十一日《胤祉等查报宫中官兵戴雨缨子凉帽情形折》如和第985条康熙四十五年八月十二日《胤祉等奏请万安折》中之朱批互读，可知其进折日期应为康熙四十五年八月二十一日。又如第544条康熙四十二年八月二十八日《胤祉等奏问十八阿哥病势折》，依其内容并与第1342、1348诸条互读，明明是康熙四十七年八月二十八日所进奏折，而译编者却将之整整提前五年。又，第1422条康熙四十八年五月初九日《胤祉等请安并奏闻万安折》如和第1903条康熙五十一年五月十二日《胤祉等奏报祈雨等情折》互读，第1422条奏折朱批为第1903条胤祉奏折所称引。而按《实录》康熙四十八年四月丁卯条载，是年北巡，胤祉在随驾皇子之列。以此可知，第1422条当非康熙四十八年所进奏折。又据第1422条朱批，有"本月初十日，朕幸温泉地方"。而《实录》五十一年五月壬辰（初十日）条亦载"上幸温泉"。以此可知，第1422条进折日期应为康熙五十一年五月初九日。又，第1374条《胤祉等奏贺皇帝出边猎获虎豹等兽折》所署进折日期为康熙四十七年十一月十六日，而据《实录》，是年冬间，康熙帝并未出行猎。经与第1665条、1670条康熙四十九年十二月初一日、十三日所进两折互读，则可确定，第1374条进折日期应为康熙四十九年十二月十六日。又，第2527条康熙五十三年十一月三十日《胤祉奏修〈志樂〉情形折》如和第2342条康熙五十二年十二月十七日《胤祉奏已将〈志樂〉二卷合编折》互读，则前折进折日期应为康熙五十二年十一月三十日。

另，还有一些折件，限于资料，虽尚不能遽定其进折年份，但却可以断定其所署年份有误。如第1425条康熙四十八年五月二十一日《胤祉等奏报散秩大臣硕岱病势折》，按之《实录》和本书第1428条记载，是年四月二十五日，胤祉随驾北巡，六月初四日返京，何以能于同年五月二十一日奏报京中情况？编年错误之外，该书不少诸皇子奏折所署进折日期亦有明显失误。如第1003条康熙四十五年九月二十七日《胤祉等奏请万安折》。按，是年康熙帝北巡，其还京日期是九月己卯(二十四日)。诸皇子不当于其进京之后又向塞外进折请安，显然该折所署日期有误。而据其朱批"初十日围猎一天，鸟甚丰足"之语推断，该折原署日期当是九月初七日，译编者在整理时，因为已将第 991 条上年九月初七日请安折误置于此，鸠居鹊巢，从而使本年九月初七日请安折无所归属，不得已，只好将之改署九月二十七日。却未料到，其时康熙帝已经进京，以致出现了新的矛盾，更加不能自圆其说。又如第 1227、1230、1233、1234、1236、1237 等六条，其所署进折日期皆在康熙四十六年十月十五日至十一月初四日之间。按，是年康熙帝北巡塞外，其还京日期为十月戊戌(二十日)。而上述六条中之 1233、1234、1236、1237 等四条所署进折日期均在十月二十日以后，奏折朱批透露情景，仍是塞外风光，此其不合史实者一。又，此次北巡，康熙帝临幸四公主和硕恪静公主府邸是在当年七月乙亥(二十五日)，而述及此事之第 1233 条《胤祉等奏报接阅御批恭闻万安折》所署进折日期却是当年十月二十一日，几乎相差三月，此其不合史实者二。再，是年北巡，康熙帝曾于八月辛巳(初二日)、九月癸酉(二十四日)两次驻跸二公主固伦荣宪公主府邸，而朱批中述及此事之第 1231、1234、1236 及与上述数折事体相连之第 1237 条所署进折日期却分别是当年十月十八日、十月二十四日、十月二十七日和十一月初四日，此其不合史实者三。另，第 1227、1234 两条奏折均言"十八日到喀齐里毕喇"，而其所署进折日期分别是当年十月十五日和十月二十四日。而据《实录》同年九月丁卯(十八日)条载"上驻跸喀奇尔毕喇地方"。此其不合史实者四。据此，可以断定，第 1233 条进折日期应为康熙四十六年八月二十一日。第 1227、1231 两条进折日期应分别为同年九月十五日和九月十八日。第 1234、1236、1237 等三条进折日期应分别为同年九月二十四日、九月二十七日和十月初四日。凡此失误，如果仅仅诿之以校勘不精，是很难使人相信的。

三

内容错乱之外，由于编译者在整理满文折件时打乱原来排列次序，使其内在联系无迹可寻，从而出现了数量颇多的无年月奏折。据笔者清理，《康熙朝满文朱批奏折全译》书后附载诸皇子无年月奏折共计 55 份。其中胤礽 1 份，胤祉 48 份，胤禛、胤祺、胤裸各一份，胤祯3份。关于胤祺、胤祯各折,笔者前已为文考辨。于此,再考其未考者,以求正于研究同仁。

第3800条《皇太子胤礽奏报尚书图纳脖子生疮折》当为康熙三十六年三月下旬所进奏折。今刊皇太子胤礽奏折77份,除此一份外,其余皆为康熙三十五、六两年亲征期间所进奏折。其所以得以保存,当是缘于修纂《平定朔漠方略》时征集资料。其他奏折以由其私人收藏,故而随着其政治上垮台而均告亡佚。故而此条无年月奏折可以锁定于康熙帝三次亲征期间。以其所述史实与康熙三十六年春间康熙帝西征事迹相合,而刑部尚书图纳又于是年五月卒于任上,且折中述及最后日期是三月二十三日,故可将其进折日期定于康熙三十六年三月下旬。

在康熙朝诸皇子无年月奏折中,胤祉奏折独多,计48份。经过笔者清理,其中36折可以大致确定其进折时日。于此,以其进折先后为序,分别予以考述。第3817条《胤祉等请安并遵旨行走折》中云:"我等于二十三日抵达德州。"将此与《实录》康熙三十二年十月丙子(初六日)条互读,可知此折乃胤祉与胤祺、胤祺受康熙帝之命,致祭阙里圣庙落成途经德州时所进奏折,时在康熙三十二年十月下旬。第3801、3802、3803、3805、3808、3811、3813、3814、3815、3841、3842等11条,皆是康熙三十六年二月至五月康熙帝第三次亲征期间所进奏折,据该书第274、275、276、290等条皇太子奏折记载,康熙帝此次西行,除胤褆外,原拟胤祉一并从征。但康熙帝出行之日,胤祉突然患病。康熙帝因命其于病愈后赶赴行在并命皇太子为其安排随行人员、马匹事宜。但二月十七日康熙帝抵达大同后,接到为胤祉治病的大夫奏疏,"言三阿哥本月内不能启行"。康熙帝因决定:"若至三月初十日仍不能成行,则令停止。"而至三月初四日,据皇太子胤礽折奏:"今阿哥病已大愈,惟面颜甚瘦,体仍虚弱。据大夫奏言,现若走路,尚是可畏。""凡皇上所颁谕旨,悉送三阿哥阅览,故知皇上已赴宁夏,阿哥亦急于前往。"康熙帝因命其停止前来。以此数条皇太子奏折与上述诸条胤祉奏折互读,事迹无不吻合。以其内容判断,第3815条进折时间最早,应为康熙三十六年二月。第3801、3803、3805、3808等四条应为同年三月所进奏折。第3814条为同年闰三月所进。第3802、3813、3841、3842、3811等五条皆系同年四月所进折件。第3840条《胤祉等遵旨密办皇上所委大事折》如和第534、535两条康熙四十二年七月胤祉等所上关于审讯索额图家人口供折互读,则可确定,第3840条进折日期亦是同年七月十八日,同时也可了解此次行动的缘由和全过程。同样,使用互读方法,可以确定,第3804、3806两条是康熙四十四年奏折,第3820、3821、3836、3839等四条是康熙四十五年奏折,第3807、3809、3825等三条是四十六年奏折,第3810、3818两条是康熙四十九年奏折。其中,将第3806条《胤祉等奏为恭闻驻跸热河游览山水胜地折》与第853条互读,第853条奏折朱批为第3806条奏折所称引,故知两折时间紧密相连。但第853条所署进折时间是康熙四十五年三月初六日,其时康熙帝居于畅春园,正以"去冬无雪,及今春深,尚未得雨,地气旱燥不和"而忧心忡忡,①与该折朱批"今驻跸凉爽胜地,食美味佳肴,心旷神怡,何其惬意"心境不相符合,显然此折所署进折日期有误。再查两折折尾署名,为三、四、五、七、八、九、十、十二、十四等九位皇子(第3806条折尾署名无皇十四子),与康熙四十四年、四十五年康熙帝北巡塞外期间留京皇子相符合。而折中语气,皆是初至塞北情形。其中提及日期,分别是初五、初七、初八、初十等日。以此之故,可将其进折日期锁定于康熙四十四年或四十五年六月。而检核两年六月中旬以前诸皇子进折情况,康熙四十五年凡三次,即第874、879、881等三条,与之相反,康熙四十四年仅一次,即第880条康熙四十四年六月十二日《胤祉等奏报得雨情形并田禾长势折》,将第853、3806条插入于此正相合适。因此笔者推断,第853条奏折进折日期应为康熙四十四年六月初八日。第3806条进折日期应在同年六月十一、二日之间。另,将第3804条《胤祉等奏报京城周围田禾收割情形折》与第779条康熙四十四年八月初八日《胤祉等请安并报粮价折》互读,前折朱批为后折所称引。以此可知,第3804条进折日期为同年八月初三、四日。再,将第3820、3821两条《胤祉等奏请万安折》与第895、905两条奏折互读,其中第3820条奏折朱批为第895条奏折所称引。以此可知,第3820条为康熙四十五年六月十四、五日之请安折,而第3821条则是稍后于此数日间之请安折。只是其中日期及朱批"近来

---

① 《康熙起居注》,康熙四十五年三月初六日。

竟是风雪"恐系翻译有误,如非如此,何以康熙帝于风雪交加之时有赐扇于诸皇子之举?又,将第 3836 条《胤祉等奏报京城酷热折》与第 891 条康熙四十五年六月十七日《胤祉等奏请万安折》互读,前折朱批为后折所称引,以此可知,第 3836 条当是同年六月十四日所进奏折。将第 3839 条《胤祉等奏报到达日期并进猎物折》与第 1008、1041 两条奏折互读,可知第 1041 条进折时间是在康熙四十五年十月底,第 3839 条则是同年十一月初五、六日所进折件。再,将第 3825 条《胤祉等奏报科尔沁公主遣员请安进物折》与第 1074 条互读,第 3825 条朱批为第 1074 条奏折所称引,据此可知,第 3825 条奏折即是康熙四十六年二月二十九日胤祉奏闻正白旗蓝翎乌林德依进马折子。将第 3809 条《胤祉等奏报患疾官员病愈谢恩折》与第 1134 条奏折互读,两折时日事类相连。可知,第 3809 条进折日期应为康熙四十六年六月二十五、六日。将第 3807 条《胤祉等奏报急待瞻仰天颜折》与第 1223 条互读,后折朱批为前折所称引,而其中朱批"十二日将到热河",亦可从《实录》康熙四十六年十月庚寅(十二日)条得到他证。以此可知,第 3807 条进折时间为康熙四十六年十月十五、六日。再,将第 3831 条《胤祉等奏请万安折》与第 1583、1584、1587、1588、1590、1597 诸条互读,可知该条进折时间应是康熙四十九年六月初。将第 3818 条《胤祉等奏报喀尔喀车臣汗等进贡马匹折》与第 1613 条互读,后折朱批为前折所称引。以此可知,第 3818 条进折日期当在康熙四十九年六月二十五日以后数日。又,第 3810 条《胤祉等奏请裁定吊丧大臣侍卫折》中有"科尔沁王达达布于二月二十六日卒"之语,而据《实录》康熙四十九年闰七月丙午(十三日)条载:"科尔沁多罗郡王代布故,遣官致祭。"[1]两者互读,可知达达布、代布应为一人,其进折时间当在康熙四十九年六、七月间。

上述各折之外,另有第 3826、3819、3822、3823 等四条可以确定为康熙五十年奏折,第 3867、3868、3869、3870、3871、3873 等六条可以确定为康熙五十一年奏折。其中,将第 3826 条《胤祉等奏报各寺庙喇嘛诵甘珠尔经折》与第 1715、1718 两条奏折互读,可知该折进折日期是在康熙五十年五月十三日至十六日之间。将第 3819 条《胤祉

---

① 《清圣祖实录》卷二四三。

等奏请诸阿哥接班前赴行在所折》与第 1744 条互读,后折朱批为前折所称引,以此可知,其为康熙五十年六月初所进奏折。第 3822 条《胤祉奏报返京并沿途秋收情形折》、第 3823 条《胤祉奏贺围猎得获甚多折》亦为康熙五十年八、九月间所进折件。根据《实录》记载,是年康熙帝北巡塞外,胤祉虽未随驾前往,但据第 1744、3819 两条记载,由于实施轮班制度,当年六月中旬以后,胤祉曾北上热河,并且还于七月末随扈行围。① 在此之后,还应返回京城,顶替其他皇子值班。这样,上述两折进折时间也就应然而解,前折是在康熙五十年八月二十八日,后折则是同年九月初四、五日之间。另外,第 3867、3868、3869、3870、3871、3873 等六条无年月奏折,其中前五条如以第 3871、3867、3868、3869、3870 为序,则各折折末与次折折首所引朱批相同,故可定为皆是一年内所进奏折,而且时当八、九月间康熙帝进围哨鹿时节。而将其中之第 3868 条《胤祉等奏贺圣主哨鹿得获甚多折》与《实录》康熙五十一年八月戊寅(二十七日)条互读,则可确定,此数折皆系康熙五十一年八、九月间康熙帝行围塞外期间胤祉等所进奏折。其中第 3868 条折末朱批云:"此处自二十五日起大雨,二十六日夜始降雪,发报时尚未晴。近来渴望降雨,因得雨沾足,不胜快慰。"而《实录》康熙五十一年八月戊寅(二十七日)载康熙帝谕领侍卫内大臣之语亦称:"连日雨雪交下,诸臣必以不得行猎之故未惬于心。不知此番雨雪,于秋麦大有裨益。直隶各处,亦皆如此,则更佳矣。"②两相对照,可知奏折中朱批和《实录》所记实为同时一事,故可确定其为康熙五十一年奏折。其进折时间分别为同年八月十三日、十九日、二十五日、九月初一日及九月初七日。又,是年康熙帝北巡塞外,九月三十日返京,随行皇子中原有皇十七子胤礼。据 2044、2045 两条,中间胤礼曾经返京,至九月十七日又遵谕前赴热河行在往接其母妃,以此之故,第 3873 条《胤祉等奏请前往石槽迎驾折》折末皇子署名并无胤礼,其进折日期可确定为康熙五十一年九月二十三、四日,事在康熙帝返京之前六七天。

　　至此,在康熙朝诸皇子 55 份无年月奏折中,笔者已对其中 42 份

---

① 《清圣祖实录》卷二四七。
② 《清圣祖实录》卷二五一。

进行了考辨。其未考者，笔者将继续探索，以期推动该问题研究的进一步深入。

四

内容错乱、无年月奏折颇多之外，康熙朝诸皇子奏折阙漏情况亦十分严重。其中，以诸皇子奉旨外出进折而言，今刊诸皇子奏折仅仅涉及胤祉、胤禛二人，而且皆是康熙三十年代以后之事。但是，康熙朝有关资料显示，早在康熙二十八年冬，康熙帝即命皇太子致祭孝庄文皇后暂安奉殿。康熙三十年代以后，诸皇子受命外出事例更多。如康熙三十二年三月，以胤禔往祭华山。三十五年十二月，以胤禛谒拜孝庄文皇后暂安奉殿。三十九年四月，以胤禔率八旗兵丁协助民夫开浚永定河。四十一年十月，以胤祥往祭泰山。四十二年十月，命胤祉往阅黄河砥柱。四十八年十月，以胤禑往翁牛特送温恪公主殡。六十年正月，以御极周甲，命胤禛、胤祹往祭盛京三陵。这些活动，皆非三五日可竣之事。受命皇子出行后，自当有奏折抵达御前，请安并奏报沿途见闻及事件办理情况。于此，今刊诸皇子奏折概为阙漏。再以康熙帝父子均在京城诸皇子进折而言，今刊奏折仅存胤祉、胤禩、胤祹奏折数份，数量显然过少。

除此之外，阙漏最甚者是康熙帝离京外出期间留京诸皇子所进奏折。其一是将康熙三十年以后康熙帝离京外出次数与诸皇子进折情况相对照，其巡幸中诸皇子有折者不及 1/3。据笔者统计，自康熙三十年以至康熙帝去世，康熙帝亲征 3 次，谒陵并间巡近边 20 次，巡幸畿甸 29 次，北巡塞外 31 次，南巡 5 次，出关东巡 1 次，西巡西安 1 次，巡幸五台山 3 次，驻跸汤泉 10 次，总计 103 次，离京时间为 5675 日。而今刊诸皇子奏折，仅涉其中 32 次，即亲征 3 次，巡幸西安 1 次，巡幸江南 1 次，北巡塞外 15 次，巡幸畿甸 7 次，谒陵并间巡近边 5 次。与之相反，在此期间的另外 71 次巡幸，积累时日达 2827 日之久，诸皇子则全然没有奏折。可见，阙漏情况已是十分严重。其二，就今刊诸皇子奏折看来，康熙帝不少巡幸，虽有诸皇子进折，但是横向比较，其数量明显偏少。举例而言，如康熙四十五年康熙帝北巡塞外，前后凡 122 日，在京诸皇子进折 70 份；康熙四十九年北巡，前后凡 157 日，今存诸皇子奏折 40 份。而康熙四十二年北巡塞外 111

日,今存诸皇子奏折仅 3 份。尔后,康熙五十五、五十六、五十七、六十、六十一年等五年北巡塞外,分别为 162 日、180 日、194 日、190 日和 164 日,而今刊在京诸皇子奏折,仅各存 2 份。这就说明,康熙帝不少次巡幸,在京诸皇子虽曾进折,但是因数量过少,其阙漏情况亦相当明显。其三,是今刊诸皇子奏折在诸皇子间分布极不均衡,与康熙帝外出巡幸期间留居宫禁情况不符。就今刊诸皇子奏折观之,具折数量最多者是胤礽、胤祉和胤禛。其中,除胤禛是奉命出征时日甚长奏折颇多之外,其他二人皆是以康熙帝离京外出、自己以皇太子或以年长皇子留京为进折背景。但是,检阅《实录》有关记载,胤礽、胤祉之外,胤禔、胤禛、胤祺、胤祐、胤祥皆有这种经历。其中胤禔 10 次,积累时日 369 日;胤禛 12 次,积累时日 1024 日;胤祺 6 次,积累时日 634 日;胤祐 2 次,积累时日 193 日;胤祥 1 次,积累时日 180 日。① 而今刊诸皇子奏折,仅有胤禔 1 折,胤禛 3 折,胤祺、胤祐各 1 折,胤祥无折。其四,不只今存折件颇少的皇子折件阙漏严重,即使是今存折件较多的皇太子和胤祉,其折件阙漏情况亦十分明显。如皇太子向康熙帝进折,至少始于康熙二十三年南巡。② 自康熙三十年至康熙三十九年,康熙帝外出巡幸凡 32 次,其间以皇太子留居京城者即达 28 次,积累时日 1082 日。而其今刊奏折 77 份,皆是康熙三十五、六年三次亲征期间所进奏折。显然,其奏折阙漏甚多。再以胤祉而言,留京居守凡 25 次,积累时日达 1645 日,因而,其今存奏折数量最多并与其留居宫禁情况大致相符。但是康熙四十年、四十一年康熙帝巡幸畿甸及北巡塞外,胤祉虽以年龄最长皇子留居宫禁,其折件却是空白。又,康熙四十二年北巡塞外,胤祉留京,百余日中,今刊奏折仅有 3 份,显有阙漏。

除此之外,还需指出,康熙三十年后一些事件和节庆日期,如康熙三十七年、四十八年两次普封诸皇子,康熙五十一年冬普赐诸皇子白金,康熙五十二年康熙帝六旬万寿庆典和康熙六十年御极周甲庆典,涉及皇子众多并例应分别或者集体具折谢恩和庆贺,而今刊诸皇

---

① 上述诸皇子于康熙帝外出巡幸期间留京居守次数、时日,仅是据《实录》所载统计。从康熙四十年代末始,留京皇子有轮班赴塞外之例。因而,上述统计数字,仅反映其大致情况,并非十分准确。

② 《清圣祖御制诗文集》一集,卷四〇《江宁驻跸皇太子启至请安兼报读完四书》。

子奏折却概无踪影。所有这些说明,诸皇子奏折阙漏明显,其数量也是非常可观的。

　　根据以上康熙帝离京期间诸皇子留居宫禁情况,笔者认为,在诸皇子奏折中,皇太子、胤禛、胤祺奏折阙漏最为严重,其原折均应在三四百份之间,其中皇太子奏折还很可能较此更多。与此同时,胤礼以上其他皇子,虽然奏折相对较少,也都各有十数份至数十份奏折不等。合诸皇子奏折而计,其总量当在两千份至三千份之间。今刊诸皇子奏折,仅及原折 1/3 左右,最多也不及半数。究其致阙原因,一是缘于康雍之际皇室内部斗争,二是一史馆于其中一些奏折未行译刊。

　　有关资料显示,早在康熙四五十年代,一些皇子奏折便开始亡佚。首先是康熙帝两废皇太子,皇太子、皇长子退出政治舞台,他们的奏折由此而自行湮没。稍后于此,又有皇八子奏折被自行销毁。初废太子后,他因钻营储位而引起康熙帝反感。康熙五十三年十一月,他又以向康熙帝进"将毙之鹰"而遭康熙帝严厉斥责,其乳父母雅齐布夫妇亦被正法。为恐康熙帝进一步追究,胤禩"寄信回家,将一应笔札烧毁。此御批奏折藏在佛柜内,一并焚之矣"。① 雍正帝继位后,为了打击政敌和建立政治统治,又有其他皇子奏折遭到厄运。其中,胤禵奏折首当其冲。收缴其奏折之后,即严加审查。以此之故,西征期间的胤禵奏折,销毁部分不下 2/3。幸赖其中相当部分,皆另有副本致送理藩院,才使其保存至今。然而,胤禩、胤禟却无此"运气"。不但人被圈禁,而且其奏折也没有传于后世,推究其原因,他们很可能是在遭到严厉打击之时,政治上极度绝望,仿效胤禩先例,将奏折和朱批悉加销毁。至于胤祉奏折,由于雍正帝对他下手处理较晚,雍正八年始将其削爵,禁景山永安亭。可能是在此时,其奏折被没入宫中。其时,雍正帝统治已经巩固,而身体却迅速恶化。对这部分奏折再动手术既无必要,亦无精力。因而,除了抄家时奏折有所损失和部分奏折一史馆未译外,其他多予保全。胤祺以下诸皇子,亦当是慑于政治高压而将部分奏折和朱批自行销毁。其余请安折及内容无碍奏折,则主动缴入宫中。还有皇四子胤禛奏折,原来甚多,何以今存寥寥? 笔者推测,雍正帝继位之初,在收缴臣工及个别皇子奏折

---

　　① 《清世宗实录》卷四〇。

朱批并对其严行审查分别存毁的同时,也对自己奏折进行了一次全面的审查。由于其时他已由一个普通皇子上升为万乘之尊,回过头来再看自己以前奏折及其朱批,不但折中言辞卑顺,不少地方还近乎阿谀奉承。而康熙帝朱批,则不但嘉许之处甚少,而且还时有批评之词,其中一些批评可能还涉及思想品质和个人性格作风如喜怒不定等。凡此,如果传之后世,皆有损于个人形象。以此之故,将之付之一炬。其今存三折,因是与其他皇子联名所上,大约是由其他皇子保存而于后来缴进,从而成了探讨胤禛奏折的雪泥鸿爪。

除了康雍之际政局变幻使得诸皇子奏折大量亡佚之外,还须指出,一史馆尚有部分诸皇子奏折未行译刊,也使康熙朝诸皇子奏折颇多阙漏。据《康熙朝满文朱批奏折全译·译编前言》称,尚有部分请安折未经译入。而就今刊诸皇子奏折自证,其中脱漏不少请安折。据此,笔者认为,在一史馆未行译刊请安折中,其中相当部分即是诸皇子请安折。又据杨珍先生所著《康熙皇帝一家》一书征引康熙朝诸皇子奏折与今刊诸皇子奏折互校,杨书征引而不见于今刊诸皇子奏折者尚有胤祉自进及与诸皇子共进奏折 15 份,其进折日期分别是康熙四十四年六月初六日、六月二十一日、六月二十四日,四十四年八月,四十六年六月十九日,四十八年六月初三日、六月十三日、九月十七日,四十九年五月二十八日、六月初四日,四十九年六月,五十年六月初四日,五十三年十二月初三日,五十五年十二月初十日,无年月奏折 1 件。胤禛奏折 1 件,进折时间是康熙五十九年三月二十八日。[①] 由此可见,今刊康熙朝诸皇子奏折不但阙漏情况严重,其致阙原因,也是多方面的。

末了,还有一个与诸皇子奏折阙漏相关的请安折问题值得探讨。据统计,在已刊康熙朝诸皇子奏折中,专为请安而进奏折即有 193 份(胤祉 171 份、胤禛 1 份、胤禵 21 份),请安并有奏事者 78 份(胤礽 50 份、胤祉 28 份)。单是这一数字,在已刊诸皇子奏折中已近 1/3,如果再加上未译诸皇子请安折,则其比重必将更大。对于这部分奏折,译编者以其"千篇一律"而多数弃之不译。其实,如果联系其他有关

---

① 杨珍:《康熙皇帝一家》,学苑出版社,2003 年,分见第 343、264、248、61、265、232、227、226、77、78、268、170、24、239 页。

史料综合考察,请安折正是奏折初始阶段的主要内容。如《康熙朝满文朱批奏折全译》第 7 条载,康熙十六年三月,康熙帝曾谕令将包括"世祖皇帝启奏太皇太后之奏本"和"公主等请安折"在内的不少顺康之际的文书焚毁。又,《清圣祖御制诗文集》一集、二集亦收录康熙帝致太皇太后奏书 20 份,致皇太后奏书 31 份。而将已刊康熙朝满汉文奏折与《康熙起居注》《清圣祖御制诗文集》《清圣祖实录》诸书互读,奏折又作奏书、奏疏、奏章之例往往而有。以此可知,上引"世祖皇帝启奏太皇太后奏本"和康熙帝致太皇太后、皇太后奏书皆是奏折。此外,在康熙朝奏折中,记载外嫁公主具折请安事例屡见不鲜,同时,据《康熙起居注》记载,近支王公还有二十日一次请安的制度。① 凡此,皆可证明,奏折最初适用范围,只限于皇室戚属;其主要内容,只是请安、谢恩、庆贺之类;其目的,是在以此加强皇室内部对于最高统治者的感情联系。康熙间诸皇子奏折中的请安折部分,正是对其原始通行范围和内容的继承和坚持。康熙初年以后,奏折使用范围不断扩大,其内容和作用也逐渐发生重要变化。为适应这一变化,康熙帝将其中致太皇太后、皇太后部分奏折另设体裁,于御制诗文集中将其归入奏书一类。对于其他请安折,则以其不具历史资料价值而将其留中者不断予以清理和销毁。其余幸存部分,又因译编者不予重视而多被摒弃,从而为研究奏折起源及其原始形态制造了重重困难。

五

通过对康熙朝诸皇子奏折及相关问题的考辨,对于清初奏折的起源及其在康熙朝的发展情况、诸皇子奏折在康熙朝奏折中的地位以及一史馆专家的整理情况,笔者的初步认识如下:

首先,关于清初奏折的起源及其在康熙朝的发展情况,笔者认为,奏折最早出现于顺治时期,是仿效奏本而为皇室戚属所专设的一种上行文书。其主要内容,最初仅是请安、谢恩和庆贺。其传递途径也不经通政使司、内阁,而是径诣内廷宫门,通过皇帝近身侍卫、太监传递。康熙时期,奏折内容、使用范围及其作用开始发生重要变化。其中,自康熙初年始,由于恢复内务府及辅臣执政,奏折首先扩及内

---

① 《康熙起居注》,康熙五十六年五月初八日。

务府官员及辅政大臣。① 尔后不久,又推及异姓王公。由此,其使用
文字也由满文而及于汉文。三藩叛乱平定之后,出于限制逐渐膨胀
的阁臣权势和从感情上联络臣工、打破常规、提高办事效率、及时掌
握全国各地动态并迅速作出反应等多重考虑,中央内阁、六部二院、
外地督抚将军也都被赋予具折言事的权利。康熙二十年代后期尤其
是康熙五十年代以迄康熙帝去世,奏折发展方向进一步发生重要变
化,不但在使用范围上推及中央三品以上、地方总兵以上各级官员,
而且就其内容和作用而言,也取得了实质性突破。其中最值得重视
的是奏折承担了全部军务信息传递和拥有部分监察职能,机密程度
空前提高,从而使其在上行文书和国家政治生活中的地位空前上升,
对于康熙后期政局,对于雍正以后奏折发展方向和清朝政局发展,都
产生了重要而深远的影响。

　　其次,关于诸皇子奏折在康熙朝奏折中的地位,笔者认为,虽然
康熙时期奏折使用范围及其内容发生了重要变化,但是整个康熙时
期,对于其原来使用范围以及奏报内容,康熙帝却仍予坚持。尤其是
康熙三十年代以后,由于康熙帝外出巡幸频繁、时间甚长以及诸皇子
陆续成人,诸皇子奏折开始上升为皇室戚属奏折的主体部分。连同
这一时期皇室戚属奏折,在康熙朝奏折总量中,此类奏折当占 1/3 以
上。同时,就其内容分析,作为对前此奏折内容的继承,请安折仍占
相当分量。这就说明,至康熙之末,其最初通行范围及其原始形态仍
予保留。当然,随着形势发展,根据康熙帝需要,诸皇子奏折中有关
国事的部分也有相当分量。其中最为突出者是皇太子奏折和胤禛奏
折。这些,也反映了在奏折发生重大变化的历史时期中,即使是在传
统具折人员范围内,奏折内容也正在经历着一个深刻而重要的变化。

　　再次,通过对今刊康熙朝奏折及诸皇子奏折进行研读,笔者认
为,一史馆专家在对其中满文折件以及诸皇子奏折整理中存在着一
些问题。其一是在整理时未将原来排列次序记录在案便打乱其原来
次序,统一编年,致使原来各折内部联系无迹可寻,从而出现了数量
颇多的无年月奏折和无奏折可依附的朱批。其二是以相当一批请安
折“千篇一律”,弃之不译,从而使内容阙漏甚多,不利于研究的深入。

---

　　① 《雍正朝满文朱批奏折全译》第 5108 条。

其三,是有违档案整理规范,于相当一批奏折进折时间误署,以致前后相连各折自相矛盾或与其他可信历史资料抵牾冲突。不能不说,这些问题在一定程度上影响了该书的学术质量。笔者认为,应该重新强调档案整理中的学术规范,以保证档案整理事业的健康发展。

允禵奏折考辨

　　允禵是康熙帝第十四子,原名胤祯,与雍正帝胤禛同母。康熙五十七年十月,他被任命为大将军王,率兵安藏和规划平定准噶尔台吉策妄阿拉布坦叛乱。数年之中,功勋卓著,朝野瞩目。但是由于他卷入了康熙季年的诸子争储斗争,雍正帝继位后,即将其从前线召回,严加禁锢。同时,还严谕收缴他和康熙帝之间来往奏折及朱批。尔后,在纂修《圣祖实录》时,虽然收录了他的个别奏折,但亦大加删节,致使他在康熙末年的政治活动几乎成为空白。1991年、1996年先后刊行的《抚远大将军允禵奏稿》(以下简称《允禵奏稿》)和《康熙朝满文朱批奏折全译》则向世人展示了数百份允禵奏折和针对这些奏折的康熙帝朱批,使得尘封二百余年的有关允禵的数十万字的历史资料重睹天日。然而,对于这批文献的来历、完缺、价值及存在的问题,迄未有文论及。为了便于学界使用,笔者不揣谫陋,对之进行初步清理并试加考辨,以就正于学界同仁。

一

　　就目前所见资料而言,允禵奏折及其朱批分见于《允禵奏稿》《康熙朝满文朱批奏折全译》《清圣祖实录》和《清史资料》第三辑收录之《抚远大将军奏议》四书。就四书各载允禵奏折数量而言,《允禵奏稿》收录允禵奏折255份,《康熙朝满文朱批奏折全译》收录允禵奏折

137份(内有4折自相重复,实为135份),《清圣祖实录》收录经过删节的允禵奏折21份,《清史资料》第三辑《抚远大将军奏议》收录允禵奏折27份。合以上四书,汰去重复,共计357份。其中仅见于《允禵奏稿》者219份,仅见于《康熙朝满文朱批奏折全译》者99份,两书互相重复者36份。仅见于《清圣祖实录》者3份。《清史资料》第三辑《抚远大将军奏议》中之27份则完全同于《允禵奏稿》而无别出奏折。就年月分布情况而言,允禵奏折全部集中于康熙五十七年十月至六十一年十月之间。其具体分布情况是,康熙五十七年进折6次,奏折7份;康熙五十八年进折23次,奏折125份;康熙五十九年进折27次,奏折111份;康熙六十年进折28次,奏折102份;康熙六十一年进折8次,奏折9份;不署年月奏折3份。总计四年中,进折92次,奏折357份。这一数量,在康熙朝满文奏折中,仅次于康熙帝的皇三子允祉(471折)、武英殿总监造和素(363折)而位居第三。在康熙朝汉文奏折中,仅次于直隶总督赵弘燮(794折)和苏州织造李煦(429折)。但如考虑到上述四人进折时间皆在十余年以上以至二十余年,而自康熙五十七年十月至六十一年十月,允祉仅进1折(另有失载年月折49件),和素并未进折,赵弘燮仅进4折。李煦进折较多,也只有73折。则单就此四年而计,允禵实为臣工进折数量最多的一个人。又据笔者统计,康熙五十七年至六十一年康熙帝去世,康熙帝共收到满文奏折604件(以《康熙朝满文朱批奏折全译》中的奏折加上《允禵奏稿》中之独有部分),允禵奏折即占其半数以上。即使再加上这一时期收到的汉文奏折305份,在四年奏折总量中,允禵奏折也占三分之一以上。① 且不说允禵奏折所涉及的康熙帝出兵安藏、经营西疆以及建储问题在国家政治生活中的地位如何,单就允禵奏折数量在当时所有奏折中的比重,也可看出允禵在康熙末年的政治分量了。兹将允禵奏折分布情况制表附于文后,以便学者进行研究。

二

　　如上所述,允禵奏折集中见于《允禵奏稿》和《康熙朝满文朱批

---

① 因为上述两书均有不著年月奏折,且有失载佚折,故而上述统计只是估计数字。

奏折全译》二书,那么,这两部分奏折的来历及其完缺情况便引起了我们的注意和重视。为了弄清这些问题,首先需要了解其间之异同。除了上述两部分奏折互相重复及各有特出部分之外,其明显不同之处有四。一是就具折人名称而言,《允禵奏稿》皆作允禵,而《康熙朝满文朱批奏折全译》皆作胤禛;二是前书皆无朱批而后书允禵奏折多有朱批;三是前书不载允禵请安折而后书允禵奏折则载录允禵及其三侄请安折 10 份;四是两者虽有重复,但《允禵奏稿》折数却明显多于《康熙朝满文朱批奏折全译》中之允禵奏折。据此,笔者认为,这两部分奏折满文原稿皆曾经过不同机构和人员的再处理。

其中《允禵奏稿》所依据之满文原稿经过再处理而部分改变了其原来面貌,并非原始档案;而《康熙朝满文朱批奏折全译》中的允禵奏折所依据的满文原稿虽是原始档案,但在经过再处理后则被删去了三分之二以上的折件。据《允禵奏稿》前言所述,这部分奏折满文原件原存北洋政府蒙藏院,而蒙藏院之前身即清朝时期之理藩院。允禵奏折何以存于理藩院,据《清宣宗实录》载:"理藩院衙门,向有西北两路将军、都统大臣及驻藏大臣等将奏事折底另用副封关会者。"①此例虽不详起于何时,但由此可以推断,应从康熙后期允禵率师西征时即已开始。正是因其是奏折副本,所以《允禵奏稿》各篇均无朱批。尔后,允禵的这些满文奏折副本便被理藩院归入档册加以保存。雍正七年十月,吏部文选司失火,"延烧房屋十数间,所有档案被毁"。为了吸取教训,大学士、步兵统领、九卿议奏:"各部院一切档案,应另立一册,将全案备录,印信钤盖,挨次编号。其存贮之所,亦酌派笔帖式值宿巡查。"②这时,理藩院又据所贮之允禵满文奏折副本抄录了理藩院录副本。由于雍正帝继位后已将康熙帝之十四子改名为允禵,誊录人员在抄录其满文折件时,自然将其名称作了必要的更动,这当是这部分奏折具折人署名皆是允禵的由来。清末民初,政局动荡,允禵满文奏折理藩院副本原件及理藩院录副本也历尽沧桑,仅存其理藩院录副本转入民国蒙藏院。在此期间,先由该院总裁贡桑诺

---

① 《清宣宗实录》卷三五,道光二年五月。
② 《清世宗实录》卷八七,雍正七年十月。

尔布组织人员将其译成汉文。而后，又有该院工作人员吴燕绍雇人抄录其汉文译稿。其后不久，允禵奏折理藩院录副本及贡桑诺尔布组织翻译之汉文本皆流入燕京大学图书馆。其间，又有王钟翰先生就其汉文译稿抄录 27 篇，于 1982 年以《抚远大将军奏议》为名刊印于《清史资料》第三辑。而吴燕绍之汉文译稿抄录本则亦于 20 世纪 80 年代由其子吴丰培再行整理，于 1991 年由全国图书馆文献缩印复制中心出版。因为吴丰培在整理时曾进行了文前编目、摘录事由、具折年月提前、疏通文字、统一人名官名诸项工作，故而与王钟翰先生抄录本均有差异。至于这两个版本所依据的满文理藩院录副本及贡桑诺尔布翻译汉文译稿，则于 1949 年后转至北京大学图书馆，收藏至今。这些，当是《允禵奏稿》的来历及其大致流传情况。①

就《康熙朝满文朱批奏折全译》中的允禵奏折而言，其所依据之满文奏折虽系原档，但是却经过雍正帝删毁而非完璧。康熙末年，允禵西征期间，所进康熙帝奏折正本及其朱批分存两处。即部分存于康熙帝身边，部分奏折经朱批之后发回，由允禵保存。康熙六十一年十一月，雍正帝刚刚即位，随即通谕内外文武大臣将前此领奉康熙帝朱批"悉封固缴进，无得留匿焚弃"。② 在此同时，还即命允禵回京并命代其领兵的宗室延信迎其来路而往，"将大将军王之所有奏书、所奉朱批谕旨均收缴，封闭具奏送来。倘将军亲自携来，尔速陈其由，于伊家私书到达前密奏。倘尔稍有怠懈庸懦，使其观家书而未全解送，朕则怨尔"。③ 经过这次行动，两处奏折集中到了一起，被雍正帝作了一次总清理。除其中一些奏折涉及清朝政府经营西疆必须存留，以及一些中性奏折无须销毁外，其他凡涉忌讳、违碍，如康熙帝过分关爱呵护、期盼勉励允禵之朱批，以及允禵奏折中转述青藏各界人士和从军将士称颂允禵之语，全被撤出销毁。虽然这一活动并不见于当时和后人记载，但是将《允禵奏稿》和《康熙朝满文朱批奏折全译》中的允禵奏折相核对，证据显然。其一，《允禵奏稿》收录奏折

---

① 参见吴丰培：《〈抚远大将军允禵奏稿〉序》。
② 《清世宗实录》卷一，康熙六十一年十一月。
③ 《康熙朝满文朱批奏折全译》第 3658 条。

255 份,《康熙朝满文朱批奏折全译》收录允禵奏折 137 份,汰去其中自相重复,为 135 份。① 除去两书重复之 36 折,在雍正帝清理康熙帝、允禵及其三侄之间来往奏折朱批时,至少有 219 折遭到撤毁之厄运。其二,据统计,康熙六十年、六十一年之《允禵奏稿》,收录允禵奏折 106 份,而同一时期《康熙朝满文朱批奏折全译》中,仅收录允禵奏折 8 份,删除部分高达 90% 以上。其三是删除允禵及其三侄向康熙帝所进之请安折。康熙以后,在外大臣官员凡有具折权利者及皇子远离御前,例须具折请安,而康熙帝也于请安折上或于另纸书写朱批发回具折者本人,互致问候。允禵于康熙五十七年十二月十二日出京,此后即于当月二十四日、次年正月十九日、正月二十七日连续进折请安。就《康熙朝满文朱批奏折全译》一书所载允禵请安折情况分析,大致每月均进折请安,有时一月中还进折请安两三次之多。以此推论,允禵在外将近四年的时间里,进折请安当在六七十次以上。

又,根据今存允禵请安折内容,大致可分两类,一类是允禵与前线高级将领凡有具折权利者共同署名请安,此类事属因公,须具副本于理藩院。以此之故,《允禵奏稿》中载录了康熙五十八年正月二十七日允禵以下十八人集体请安折。② 另一类是允禵与其三侄弘曙、弘智、弘曦一起署名请安。此类奏折因是家庭私事而无须具副,径抵御前。以此之故,此类奏折不见于《允禵奏稿》而仅见于《康熙朝满文朱批奏折全译》。对于这两类请安折,从朱批中可见,康熙帝采取的态度并不相同。对于集体请安折,或者不予朱批,或者批些官话及无关痛痒之语。对于允禵及其三侄请安折,一则皆予朱批,二则畅所欲言,不加掩饰通报各种情况。如其于康熙五十九年六月七日允禵及其三侄请安折上朱批:"朕体安,气色甚好。热河地方六月初八日戌时发生小地震,京城地方稍强,往查各地震情,保安、沙城地方震动较大,震中尚未得知,小报乱载谎称者甚多,恐尔等自远方听闻讹传忧虑,故缮明寄信。倘有乱言者,称皇父已将此等情由写明,寄信前来,

① 《康熙朝满文朱批奏折全译》第 3320 折与 3322 折内容重复,第 3323 折与第 3324 折自相重复。究其原因,其中重复部分似是允禵自留奏折之底稿,奏折批复后又抄朱批于其上。

② 《抚远大将军允禵奏稿》卷一。

并着阅之。今田禾畅茂。"①又如其于允禵及其三徒同年六月二十九日请安折上朱批:"前降旨既然已送,无庸复书,惟尔等去处遥远,朕时刻惦念,放心不下,较在宫言谈之人,加倍强也。黾勉。"②还如其于允禵及其三徒同年十一月初四日请安折上朱批:"朕体安,气色益加好了。盛京乌拉捕猎归来,依去年编驮遣送。分散贮藏,缓慢食之。"③可见,此类请安折虽然千篇一律,但其朱批却都是私房话。

令人骇怪的是,康熙五十七年至五十九年此类请安折今存9份,而康熙六十年、六十一年却仅存1份。④ 据史载,康熙六十年二月十八日,在康熙帝寿诞即将来临之际,大学士王掞及陶彝等十二御史先后具折要求康熙帝"独断宸衷,早定储位"。康熙帝乃手书谕旨,痛加驳斥,并于当年三月下令将十二御史及王掞之子王奕清以额外章京发往允禵军前。⑤ 这些事情,因与允禵有关,康熙帝一定在朱批中通报此事并谈及这一决定的用意。联系到这一时期允禵请安折几乎全部荡然无存,岂不正好说明,这一时期的允禵请安折因其朱批有关于建储的敏感内容而被雍正帝删毁净尽吗?

除此之外,康熙六十年康熙帝之生辰、元旦,依例应进贺折,细阅两书,也毫无踪影。综上所述,允禵在外计三年零八个月中,所进各种奏折至少当在400份以上,而今《康熙朝满文朱批奏折全译》中仅保存135份。也就是说,至少被雍正帝删除了2/3以上。所幸的是,由于即位之初缺乏统治经验,雍正帝在对允禵奏折进行清理时,忽视了理藩院还存有允禵奏折副本,才使其得以保全,不但在相当程度上恢复了允禵奏折原貌,而且还为人们提供了雍正帝删毁允禵奏折的有力证据。就此而言,依据理藩院允禵奏折录副本而译成的《允禵奏稿》可以说功不可没了。

除了雍正帝须对允禵奏折的残缺负主要责任外,还应指出,《允禵奏稿》的编者以及《康熙朝满文朱批奏折全译》一书的翻译编印主持者又都使允禵奏折残上加残。据王钟翰先生抄录之《抚远大将军

---

① 《康熙朝满文朱批奏折全译》第 3516 条。
② 《康熙朝满文朱批奏折全译》第 3520 条。
③ 《康熙朝满文朱批奏折全译》第 3538 条。
④ 《康熙朝满文朱批奏折全译》第 3571 条。
⑤ 《清圣祖实录》卷二一九,康熙六十年二月、三月。

奏议》前言,贡桑诺尔布主持翻译之《抚远大将军奏疏》汉文译稿收录允禵奏折凡 274 件,而吴丰培所辑之《允禵奏稿》仅收允禵奏折 255 篇。其原因,或是其父吴燕绍雇人抄录贡桑诺尔布汉文译稿时没有全抄,或者吴丰培编辑《允禵奏稿》时因原稿部分散失而未行辑入。不管是属于哪种情况,都说明其并非足本。又据《康熙朝满文朱批奏折全译》译编说明中称,还有部分请安折因其内容皆是"套话",而朱批又"千篇一律","不具有什么史料价值"而未曾译入。显然,这种说法很难使人苟同。须知,在研治清史时,包括允禵请安折在内的片纸只字,均可宝贵,并非"不具有什么史料价值",而是价值极高。笔者很关心这些未译请安折内是否还有允禵请安折,亟盼有关方面采取补救措施,组织力量,将包括允禵奏折在内的所有康熙朝满文奏折翻译刊印,以为史学研究提供完整而准确的历史资料。

三

《允禵奏稿》和《康熙朝满文朱批奏折全译》中的允禵奏折不只皆有篇目脱漏,而且在翻译抄录编辑中也都存在不少问题。就《允禵奏稿》而言,主要是译者缺乏历史知识和抄录人不负责任而导致的各种错误。举例而言,如该书卷三康熙五十八年七月二十六日所上之《奏报贝子丹钟与亲王察罕丹津不睦事》误将"郡王"译为"亲王"。该书卷十四康熙六十年二月二十三日所上之《准噶尔败逃情形并议撤兵事宜折》误将"荆州"译为"景州"。而且,就其译稿内容看,译者满文程度亦甚低劣,关键词翻译与原义完全相反。如康熙五十九年四月二十二日,允禵按照军事部署率师自西宁南下,前赴青藏交界之穆鲁乌苏。本来是一路进军形势,而《允禵奏稿》有关各折在叙及此事时,却连用"撤回"字样。如该书卷七康熙五十九年五月二十一日所上之《据将军延信禀报准噶尔情况转奏折》称:"臣于本年五月十九日撤回楚尔德玛口地方。平逆将军延信等禀报,五月十六日撤回德拉布尔时。"又如该书卷八康熙五十九年六月初二所上之《赐药谢恩折》称:"五月二十一日撤回布拉哈齐地方时,蒙皇父赏药三瓶。"则不但将"进军"误译为"撤回",而且还将"赏药三箱"误译为"赏药三瓶"。以抄录编辑而言,则出现了一书中两份奏折部分段落互相窜乱的现象。如该书卷三康熙五十八年七月二十六日所上之《公策妄诺尔布禀报藏情折》于"并无闻知之事等语,马志道与刘臣报称"以下竟窜入同日所上之《呼毕勒罕差往里塘人员回报各情折》内五百字,更可谓以其昏昏,使人昭昭。所幸《康熙朝满文朱批奏折全译》第 3445、3447 两折与此重复。经过比勘,始行发现《允禵奏稿》致误情况及其原因,否则,真将使读者不知所云了。上述例证之外,《允禵奏稿》其他错误还所在多有,为惜篇幅,不再赘举。

《康熙朝满文朱批奏折全译》一书中的允禵奏折虽在翻译整体水平上高于《允禵奏稿》,但是错误之处亦复不少。其一是人名翻译不统一甚至错误。其中之满人名字,虽系音译,但如涉及一人,则应使用已经约定俗成之固定汉字而不能任意使用汉字。而该书于此却不甚留意,于延信或作阎欣,①于卢斌又作鲁彬、鲁斌等,②多次自乱其例。其中之汉人人名,因有固定汉字,尤当参阅《清圣祖实录》《康熙朝汉文朱批奏折汇编》等书以求统一,而该书亦未做到,而将王以谦译为王义前、王宜前,③王景灏译作王景豪,④范时捷译作范士杰,⑤司九经译作斯九经等。⑥ 其二是一些关键词翻译错误。即如其中之第 3319 条,就其具折内容看来,明明是胤祯(即允禵)所上奏折,而其标题却译为胤祉。又如该书之第 3456 条,拉藏汗和苏尔杂之妻的关系,本来是翁媳关系,拉藏汗乃是其公公,而该书却译为"岳父"。还如该书之第 3541 条载:"臣于十一月十二日奏报,十一月十六日抵达。"亦极为不通,允禵自西宁军前所发奏折,焉能四日之内便经康熙帝朱批之后返抵西宁。其中拜发奏折日期,应为"十月十二日",方与前此各折相合。三是《允禵奏稿》与《康熙朝满文朱批奏折全译》对于相重折件内容翻译歧异,因为《康熙朝满文朱批奏折全译》出版在后,应作考释,而该书于此竟置之不议。如该书第 3545 条记允禵进折日期为康熙五十九年十二月十二日,折中载驻防得卜特尔之平王讷尔苏返抵西宁日期为是年十二月初九;而《允禵奏稿》则记该折进折日期为该年十一月二十日,

---

① 《康熙朝满文朱批奏折全译》第 3355、3487 条。
② 《康熙朝满文朱批奏折全译》第 3401、3467、3498 条。
③ 《康熙朝满文朱批奏折全译》第 3355、3422、3455、3505、3529、3578 诸条。
④ 《康熙朝满文朱批奏折全译》第 3397 条。
⑤ 《康熙朝满文朱批奏折全译》第 3432 条。
⑥ 《康熙朝满文朱批奏折全译》第 3445 条。

讷尔苏还至西宁日期为十一月初九日，[①]从而使人无所适从。所有这些，都在一定程度上影响了各书质量。对于初学者，甚至还可能起到误导作用而使其得出错误结论。

四

在《康熙朝满文朱批奏折全译》中，还有三份允禵奏折未署年月和十数份朱批不详应依附允禵哪一份奏折的问题值得探讨。就不署年月而言，计有第4114、4115、4117等三折，其中之第4114折，观其内容，乃康熙五十九年五月自西宁进军穆鲁乌苏途中所进。其折中叙及日期，至五月初九日。据《允禵奏稿》《康熙朝满文朱批奏折全译》所载允禵奏折，是年四月二十二日允禵自西宁起行之日曾拜发奏折八份，而后至五月二十一日，始又拜发奏折六份。故知此折为于五月二十一日与其他六折一起拜发之折。第4115折与《允禵奏稿》卷一《遵旨详查阵亡官兵赏恤片》内容相同而后者载其进折日期为康熙五十八年二月二十日，可使其进折时间问题应然而解。第4117折《抚远大将军胤祯奏报侍卫射断兔之双耳折》内容为允禵奏报他率领侍卫射猎中的祥瑞情形。据《康熙朝满文朱批奏折全译》第3429折，康熙五十八年七月初九日，允禵具折奏请欲于八月间农田收割后，"往查我军所驻博罗冲克克、青海等处，行猎十余日"。同书第3456条同年八月二十二日允禵奏折又奏报了这次行猎始末时间，即于"八月初四日，自西宁启程"，八月二十日，返抵西宁。又，第3461条同日所上奏折奏报具体围猎情形："青海周围兔甚丰，全围场一日共得近一千五百只，我等各自均获有百余只。"则可断定，此折亦为康熙五十八年八月二十二日所进。

关于无年月朱批，由于康熙帝致允禵不少朱批皆书于另纸，致使折批分离，兼之以后来不少允禵奏折又遭撤毁，故而搜罗证据考订其写作时间及所依奏折更为困难，仅能就其可考者考之，其他则以其内容作大致推测。据笔者检阅，《康熙朝满文朱批奏折全译》中针对允禵奏折而又失载年月之朱批大致有19条，它们是3690、3691、3701、3844、3845、3846、3848、3849、3850、3851、3852、3853、3854、3855、3856、3857、3858、3859、4116诸条。其中五条即第3845、3846、3858、

---

① 《抚远大将军允禵奏稿》卷一一《讷钦王纳尔苏等已撤兵至西宁折》。

3859、3701 等在允禵各篇奏折中均有称引,可以确定各自针对奏折及其大致写作时间。如第 3845 条朱批与 3541 条奏折所引朱批内容完全相同,可以确定其为对康熙五十九年十月十二日奏折之朱批。[①]第 3846 条朱批又与第 3430 条奏折所引朱批内容相同。虽然该奏折并未说明此朱批针对前此何日奏折,但是前此五十八年四月十六日折(见 3381 折)、同年五月十二日折(见 3399 折)允禵均提及康熙帝为其子女嫁娶事,故可就此判定,该朱批写于康熙五十八年五、六月间,极有可能是对允禵同年五月十二日所进奏折之朱批。又,第 3859 条朱批与第 3476 条允禵奏折所引朱批内容相同。可见,该条朱批是对康熙五十八年十一月初六日所进奏折之朱批。第 3701 所载康熙帝旨文同于第 3481 条奏折称引,允禵具折时间是康熙五十八年十二月二十八日,事在收到康熙帝送鱼七驮四日之后,扣去路上奔走时间,康熙帝降旨送鱼日期当在同年十月十三日或十一月十三日。再,第 3858 条朱批也同于第 3511 折引朱批。又据第 3518 条奏折,康熙五十九年三月,康熙帝降旨拣派御马二百余匹解送大将军王。为此,允禵曾具折谢赏。此一朱批当即同年三月为此而作。上述五条朱批之外,另有第 3691、3853、4116 三条朱批也可考出其大致写作时间。其中 3691 条朱批称:"闻王患病,深为轸恻,着即遣满喇嘛同伊等乘驿速往。王一向喜食罗贝、挂面,照前包装干净,一同带去。"据允禵奏折,允禵患病,是在康熙五十九年八月驻守穆鲁乌苏期间。当年四月二十二日,允禵率师自西宁南下。六月二十日,到达青藏交界之穆鲁乌苏。七月二十五日,亲送平逆将军延信及小呼毕尔罕率师入藏,自己则按照原定部署驻守穆鲁乌苏,催运粮草及保持驿路通畅。但因水土不服,"官兵病者甚多",且因其"于木鲁乌苏应办之事,均已办理完竣",遂于八月初十日启程,自穆鲁乌苏返回并于九月二十六日抵达西宁。期间,"官兵仍有病者,臣(允禵自称)及诸子亦稍有不适"。同年九月二十八日,允禵曾将上述情形具折奏报,[②]以此可知,此一朱批即为此而作,事在康熙五十九年十月。第 3853 条朱

---

① 《康熙朝满文朱批奏折全译》第 3541 条奏折载"臣于十一月十二日奏报,十一月十六日抵达"句中,"十一月十二日"当误,应为"十月十二日"。

② 《康熙朝满文朱批奏折全译》第 3534 条。

批内容,是康熙帝以天气渐热而赐寄允禵扇子及鱼等,而第3418条奏折内容,是允禵收到这些赐物之后具折谢恩,其具折谢恩日期是五十八年六月十三日,事在收到赐物两天之后,以此可知,康熙帝朱批写作时间,当在康熙五十八年四、五月之交。又,如将第4116条朱批与第3505条奏折互读,则可断定,康熙帝向出征将士赐保心石、神符等,是在康熙五十九年二、三月间。其余十数份朱批,虽不见于允禵奏折称引,但是一则与上述奏折称引之朱批集中存放,二则就其内容分析,大多与允禵西征相关联。将其判断为针对允禵奏折之朱批,应该说是大致不误的。

另外,在对允禵奏折进行考辨的过程中,通过对允禵各篇奏折内容寻绎,笔者还发现康熙五十七年十二月二十四日,五十八年正月十九日、六月十三日、七月二十六日,五十九年七月二十六日、八月初二日,六十年闰六月二十八日、八月初一日均曾进折请安。①共计8次,其折件,《允禵奏稿》及《康熙朝满文朱批奏折全译》皆未刊载。分析其原因,有的当是已被雍正帝删毁,有的则被《康熙朝满文朱批奏折全译》的译者认为"不具备什么史料价值"而未行翻译。虽然如此,经过笔者探索,却可使允禵奏折确实可知数量由357份增至365份,请安折数量也相应地由21折增加为29折。② 这些,对于研究允禵奏折数量及探讨雍正帝删毁允禵奏折情况,还是有些用途的。

允禵奏折分布表

序号	进折年月日	《允禵奏稿》折数	《奏折全译》折数	两书重复数	重复折序号	《圣祖实录》折数	实进折数
1	康熙五十七年十月二十八日	1					1

---

① 见《康熙朝满文朱批奏折全译》第3319、3329、3454、3532、3571等折及《抚远大将军允禵奏稿》卷一《请安折》。

② 允禵历次请安折具见《抚远大将军允禵奏稿》卷一《请安折》及《康熙朝满文朱批奏折全译》第3357、3368、3382、3401、3425、3454、3467、3482、3490、3491、3507、3512、3516、3517、3520、3524、3535、3537、3538、3571,共计21折。就其内容而言,允禵与前线将领共进者11折,允禵与其三佺自上请安折10件,大致各具其半。

（续）

序号	进折年月日	《允禵奏稿》折数	《奏折全译》折数	两书重复数	重复折序号	《圣祖实录》折数	实进折数
2	康熙五十七年十二月					1	1
3	康熙五十七年十二月五日	1					1
4	康熙五十七年十二月八日	1					1
5	康熙五十七年十二月十七日	1					1
6	康熙五十七年十二月二十四日	1	2	1	3304		2
7	康熙五十八年一月八日	1	2	1	3315		2
8	康熙五十八年一月十九日		6(内4折自相重复)				4
9	康熙五十八年一月二十七日	1					1
10	康熙五十八年二月十日	1	3				4
11	康熙五十八年二月二十日	4	5	4	3348、3350、3351、4115		5
	康熙五十八年三月					2	
12	康熙五十八年三月一日		1				1
13	康熙五十八年三月五日	1	3	1	3355		3
14	康熙五十八年三月十三日	4	3				7

（续）

序号	进折年月日	《允禵奏稿》折数	《奏折全译》折数	两书重复数	重复折序号	《圣祖实录》折数	实进折数
15	康熙五十八年三月二十三日	3	5	3	3365、3367、3369		5
	康熙五十八年四月					2	
16	康熙五十八年四月十六日	5	5				10
17	康熙五十八年五月十二日	6	7	3	3398、3400、3402		10
	康熙五十八年六月					1	
18	康熙五十八年六月十三日	6	3				9
19	康熙五十八年七月					2	2
20	康熙五十八年七月二日	6	4	2	3426、3427		8
21	康熙五十八年七月九日	3	8	2	3433、3434		9
22	康熙五十八年七月二十六日	5	7	4	3444、3445、3446、3447		8
23	康熙五十八年八月二十二日	5	10	3	3453、3459、3460		12
24	康熙五十八年八月二十九日	2	2	1	3463		3
25	康熙五十八年九月十六日	3	4	1	3469		6

（续）

序号	进折年月日	《允禵奏稿》折数	《奏折全译》折数	两书重复数	重复折序号	《圣祖实录》折数	实进折数
26	康熙五十八年十一月六日	9	2				11
27	康熙五十八年十一月二十七日	1					1
28	康熙五十八年十二月十一日		2				2
29	康熙五十八年十二月二十八日	1	1				2
	康熙五十九年一月					1	
30	康熙五十九年一月五日		3				3
	康熙五十九年二月					1	
31	康熙五十九年二月四日		1				1
32	康熙五十九年二月九日	6	4				10
33	康熙五十九年二月十二日	3	1				4
34	康熙五十九年三月二十一日	8	4	2	3496、3497		10
35	康熙五十九年三月二十八日	1					1
36	康熙五十九年四月二十二日	5	3				8
37	康熙五十九年五月二十一日	4	2				6
38	康熙五十九年六月二日	4	2	1	3513		5
39	康熙五十九年六月七日	1	2				3

（续）

序号	进折年月日	《允禔奏稿》折数	《奏折全译》折数	两书重复数	重复折序号	《圣祖实录》折数	实进折数
40	康熙五十九年六月九日	1					1
41	康熙五十九年六月十日	1					1
42	康熙五十九年六月二十二日	3	3				6
43	康熙五十九年六月二十九日	3	1				4
44	康熙五十九年七月四日	2					2
45	康熙五十九年七月十日	7	2	1	3523		8
46	康熙五十九年七月二十二日	3					3
47	康熙五十九年七月二十六日	2					2
48	康熙五十九年八月二日	4					4
49	康熙五十九年八月十一日	1					1
50	康熙五十九年八月二十九日	3	1				4
51	康熙五十九年九月二十一日	1					1
52	康熙五十九年九月二十八日	2	5	1	3534		6
	康熙五十九年十月					2	
53	康熙五十九年十月十二日	4	1				5
54	康熙五十九年十一月四日	3	1				4

（续）

序号	进折年月日	《允禵奏稿》折数	《奏折全译》折数	两书重复数	重复折序号	《圣祖实录》折数	实进折数
55	康熙五十九年十一月二十日	4	1	1	3545		4
56	康熙五十九年十二月十二日	1	4	1	3544		4
	康熙六十年一月					1	
57	康熙六十年一月二日	1					1
58	康熙六十年一月十日	1					1
59	康熙六十年一月十七日	2					2
60	康熙六十年一月二十二日	6					6
61	康熙五十九年一月二十四日	3					3
62	康熙五十九年一月二十七日	2					2
	康熙六十年二月					1	
63	康熙六十年二月十八日	2					2
64	康熙六十年二月二十三日	20					20
65	康熙六十年二月二十九日	1					1
	康熙六十年三月					1	
66	康熙六十年三月十二日	2					2
67	康熙六十年三月二十七日	6					6
68	康熙六十年四月一日	4					4

（续）

序号	进折年月日	《允禵奏稿》折数	《奏折全译》折数	两书重复数	重复折序号	《圣祖实录》折数	实进折数
69	康熙六十年四月十五日	5					5
70	康熙六十年四月二十日	2					2
	康熙六十年五月					4	
71	康熙六十年五月四日	3					3
72	康熙六十年五月十三日	3					3
73	康熙六十年五月二十六日	1					1
	康熙六十年六月					1	
74	康熙六十年六月七日	4					4
75	康熙六十年六月二十七日	3					3
	康熙六十年闰六月					1	
76	康熙六十年闰六月九日	3					3
77	康熙六十年闰六月二十八日	9					9
78	康熙六十年八月一日	2					2
79	康熙六十年八月十六日	2					2
80	康熙六十年八月三十日	1	3				4
81	康熙六十年九月十五日	1	1				2
82	康熙六十年九月二十八日	2					2

（续）

序号	进折年月日	《允禵奏稿》折数	《奏折全译》折数	两书重复数	重复折序号	《圣祖实录》折数	实进折数
83	康熙六十年十月八日	2	3	2	3577、3578		3
84	康熙六十年十月二十二日	4					4
85	康熙六一年二月	1					1
86	康熙六十一年五月六日	2	1	1	3608		2
87	康熙六十一年六月九日	1					1
88	康熙六十一年七月三日	1					1
89	康熙六十一年七月九日	1					1
90	康熙六十一年九月十九日	1					1
91	康熙六十一年十月十一日	1					1
92	康熙六十一年十月二十七日	1					1
	失载年月		3				3
	总计	255	135	36	36	21	357

说明：

（1）表中将《抚远大将军允禵奏稿》《康熙朝满文朱批奏折全译》分别略称为《允禵奏稿》和《奏折全译》。

（2）《清圣祖实录》中如有特出之折，则于其前加署序号并于当日实进折数中加其折数。如无特出部分，则不加序号，于当日实进折数亦不加其折数。同时，因其所载各折日期并非进折日期，故仅笼统称月或加至该月首次进折日下。

（3）表中重复折序号仅指《康熙朝满文朱批奏折全译》中之序号，读者可据具折之日期自行寻找《允禵奏稿》内之重复折。

（4）清代官员进折，为省驿马，有积攒数折始行拜发之例，故表中所列序号，仅只表示允禵进折的大致次数。

已刊康熙朝满汉文奏折正误

　　康熙朝满汉文奏折是研究康熙时期清朝历史的珍贵史料。自从雍正帝将其收缴并集中存放之后，二百多年间，长期深藏宫禁，迄未进行统一整理。有鉴于其在清史研究中的特殊价值，中国第一历史档案馆组织有关专家学者，对之加以系统整理，并对其满文奏折进行翻译注释，由档案出版社和中国社会科学出版社先后于1985、1996年分别以《康熙朝汉文朱批奏折汇编》《康熙朝满文朱批奏折全译》为名刊布行世。无疑，这是对清史研究的两个重要贡献。但是，由于原折数量浩瀚、排放凌乱而且糟旧残缺，整理至为不易，加上成书仓促等种种原因，两书中也存在一些错误，一定程度上失却了原始资料的真实性。对之略为归纳，其主要问题分别是翻译错误，拟题不确及目录排列错误，编年错误，对于内容重复条目、衍文、脱文未作处理及注释错误，非康熙朝奏折朱批而误行收入，本属康熙朝奏折而行脱漏或误入《雍正朝满文朱批奏折全译》等，这些问题，与该书的巨大学术价值相比较，自然是微不足道。但是，如行修正，将会进一步方便学者使用。故而不揣冒昧，试为论列，以与翻译、整理、编辑上述两书的专家学者商榷并求其是。

　　其一是翻译错误。如《康熙朝满文朱批奏折全译》第24条康熙二十八年二月二十四日《大学士伊桑阿奏报康亲王病故折》，经和《清

圣祖实录》对读,可知其时病故者乃安亲王岳乐而非康亲王杰书,[①]
译者显然未能区别满文"安""康"之间不同而将安亲王误译为康亲
王。又,该书之4119、4120两条所提及之"康王",实亦是"安王"之误
译,其中提及之康王孙女,应译为"外孙女"。再,该书第920条康熙
四十五年七月十二日《胤祉等奏报京城一带田禾情形折》提及之吉林
乌拉将军永福,实应为扬福。另,该书第3139、3409条,连续出现"和
亲王"字样,考康熙时期及清初以来分封诸王,并无和亲王之称,此处
之"和亲王"究竟指谁,细读其中之3409条,提及和亲王之子弘时,与
雍亲王胤禛第三子同名,始知此处之"和亲王"实为雍亲王之误译。
还如该书第586、593两条中康熙帝对西安将军博霁奏折之朱批,第
1164、1168两条关于李国屏奏折之朱批,皆分别提及博霁、赫世亨、
和素三人之祖母。细绎各折上下文意及前后有关各折,皆是指各人
妻子而言,而译者竟将之译为"祖母",实与原意大相径庭。还如拉藏
汗与其次子苏尔咱之妻关系,明明是翁媳关系,而该书第3456条竟
将拉藏汗译为苏尔咱之妻的"岳父",显系"公公"一词之误译。

除此之外,该书于专用名词翻译亦时见错误。如第474条误将
荆州译为锦州,[②]第2962、4109两条误将真定译为正定。[③] 第3440
条又将康熙帝主持纂修之《分类字锦》误译作《分类资津》。与此同
时,还应着重指出的是,该书于人名翻译错失尤多。其中之汉人姓
名,译者本应寻检与之关系密切的《康熙朝汉文朱批奏折汇编》等书,
以免误译及一人而二、三其名之误。然而,就其翻译情况看来,译者
并未参阅有关资料,而是径以满文对音,随意取用汉字,兼之以付排
之后未作认真校勘,又使错上加错,使人无法容忍。举其尤者,如白
潢误作白晃(第1915条),范承烈误作范成烈(第161条),范时捷误
作范时届(第4227条),方苞误作方宝(第1831条),允䄉误作康廷
(第3118条)、康延(第3184条),诚意伯刘伯温误作程义伯刘博文
(第1541条),卢天章误作鲁田丈(第2210、2251、2303诸条),李延禧
误作李延席(第2669条),路振声误作路振生(第3222、4227条)、卢

① 《清圣祖实录》卷一四〇,康熙二十八年三月。
② 《清圣祖实录》卷二〇三,康熙三十九年十一月。
③ 正定,属直隶省,旧称真定。雍正间,为避雍正帝御名,始改称正定。

振生(第 3270、3285、3374、3393 诸条),路振扬误作陆振扬(第 2943条),李基和误作李起贺(第 3882 条),孟光祖误作孟广祖(第 2962条),马见伯误作马建伯(第 3316、3432、3477 诸条)、马坚伯(第 2476条),马焕误作马环(第 3624 条),潘邦教误作潘邦交(第 2382 条),潘至善误作潘智善(第 2597 条),仇机误作丘吉(第 4034 条),仇兆鳌误作仇兆傲(第 869 条),乔莱误作乔来(第 121、127 条),石文晟误作史文晟(第 155 条),师帝宾误作师达彬(第 3281 条),施世骠误作石十彪(第 404 条)、施世标(第 3027 条),孙承运误作舜成颜(第 2472条)、孙成运(第 4193 条),王灏误作王昊(第 2102 条)、王浩(第 692条),王以谦误作王义谦(第 1269 条)、王一谦(第 1560、1693 条)、王依谦(第 2606 条)、王宜前(第 3432 条)、王义前(3455、3661 条)、王义乾(第 3536 条),杨铸误作杨珠(第 2532 条),杨长泰误作杨昌泰(第 3285、3364、3393、3466、3570、3575、3609、3654 诸条),俞益谟误作于一谟(第 547 条),赵吉士误作赵吉师(第 133 条),赵弘灿误作赵宏灿(第 2097 条),赵弘燮误作赵宏燮(第 540、4227、4228、4229 诸条),赵弘煜误作赵鸿裕(第 1775 条),赵珀误作赵颇(第 3547、3561条),赵凤诏误作赵奉钊(第 3847 条),张谷贞误作张国桢(第 1770、1815 条)、张谷振(第 1833 条),张应诏误作张英兆(第 3580、3584条)、张英诏(第 3995 条),张弘印误作张弘寅(第 3654 条)、张洪印(第 3099、3222、3393 诸条)、张洪银(第 3270、3285 条)等,不一而足。

至于满蒙人名,虽无固定汉字限制,亦应采取约定俗成的汉字以力求统一,以免一人而二、三其名。而该书译者于此亦极为随意。举其著者,如阿南达又作阿纳达(第 238、240、242 诸条)、安南达(第257 条),阿齐图又作阿奇图(第 2497 条),查里浑又作禅里浑(第3001 条),富宁安又作富尼阿(第 2600 条),傅尔丹又作富尔丹(第1733 条),郭洪又作郭浑(第 217、218 条),和素又作赫苏(第 1156条),赫奕又作和奕(第 2333 条),海金又作海靳(第 3330、3331 条),华齐又作花奇(第 2969 条),海章又作海璋(第 3742 条),克什图又作科西图(第 2617 条)、克西图(第 2945 条),凌普又作灵扑(第 1279条),穆克登又作穆克德恩(第 3582、3609 条),普奇又作普齐(第 534条),祁立德又作齐里德(第 2598、2787、2799 诸条)、祈立德(第 2988条),双全又作双泉(第 3137、3143、3302 诸条),苏麻拉又作苏玛拉

（第1791条），苏成额又作苏车额（第3053条），邵穆布又作索木布（第1864条），托和齐又作托霍奇（第2317条）、托和奇（第2333条），魏珠又作魏柱（第2946、3302、3376、3521诸条）、卫珠（第2919条），延信又作阎欣（第3343条），殷扎纳又作尹扎纳（第167条），赵昌又作兆昌（第2136条），扎西又作扎席（第1678条）等。所有这些，也都在一定程度上影响了该书的学术质量。

其二是拟题不确及目录排列错误。关于拟题不确，满汉奏折均存在这一问题。其中汉折主要是因校勘不精而致错误。如其中第639条目录将两广总督赵弘灿误作赵弘燮。第1353条目录将甘肃提督江琦误作甘肃总督江琦。第1461条目录为《直隶巡抚赵弘黎奏陈黎平等府改镇添兵折》，则不但将赵弘燮误作赵弘黎，而且核其原折内容，竟与标题毫不相干，而是赵弘燮奏修三河、遵化两处城垣事。第1978条目录《江宁织造曹颙奏报江南米价民情折》，具折时间为康熙五十五年正月初四日。其时曹颙早已死去一年，何以又死而复生。检核该折内容，始知目录将具折人曹頫误作曹颙。第2002条目录于李煦职衔署为"江宁织造"，则显系苏州织造之误。第2317条目录又将松潘总兵路振扬误作路振声。第2655条目录则将湖广提督高其位误作湖广总督。第2868、2869两条目录则又将直隶总督赵弘燮误作直隶巡抚。第3022条目录载具折人为何国忠。检核原折内容，却是何国宗。

至于满折，除校勘不精外，致误原因还有译者未及领会原折内容而妄拟标题。如第530条目录拟为《理藩院右侍郎伊道密奏阿拉布坦谋叛折》。而细阅该折内容及其附件，乃是伊道奏报阿拉布坦密奏其侄毛海率众欲行叛逃策妄阿拉布坦事。又如第3319条，目录、标题于具折人皆署胤祉，而原折折尾署名则是胤祯及其三侄弘曙、弘智、弘曦，故而可知目录、标题中的胤祉当是胤祯之误。还如第3148条，目录、标题之具折人皆是署内务府总管允祹，而折尾署名则是胤祹。胤祹改允祹是雍正帝即位之后之事，康熙间为何称为允祹，显然，目录、标题中之允祹均为译者误译。另如第4164条《哲布尊丹巴呼图克图奏进致策妄喇布坦文书稿》，审其内容并与该书第3588条互读，可知此乃议政大臣为康熙帝代拟以哲布尊丹巴呼图克图名义发出之文稿。编译人员不察其中内情，而将在这一文件形成过程中的被动者哲布尊丹巴呼图克图作为了主动撰稿人。

关于排列错误，则是指其中一些折件违背了本书以时为序按年编排的既定原则。如汉折第 1024 条《江宁巡抚张伯行奏请赴京祝贺万寿折》，折尾所署进折日期，明明是康熙五十一年十一月二十五日，而编者却将之列于康熙五十一年正月，同时还将其进折日期也一并改为康熙五十一年正月二十五日。又如汉折第 1738 条《江宁巡抚吴存礼奏贺万寿折》，目录、标题及折尾所署具折日期均为康熙五十六年二月二十五日，而编者不知何故，竟将之归入康熙五十四年二月条下。除此之外，对于各人同日所进奏折，编者也未行排完一人，再排他人。并于一人折内，略以请安、谢恩、庆贺、奏事为序，而是随意排列，无例可循。因为此种事例太多，不能悉举。凡此，皆觉颇为粗率。

其三是编年错误。此类情况集中见于满文折件。其原因似乎是原折排放错乱，且有相当部分未署年份而仅有月日，译者不察，遂以前折年份误署于紧接其次未署年份折件之月日之前，以致与史实背离。如其中之第 160 条《皇太子胤礽请安折并报噶尔丹之子来京日期折》、第 162 条之附一永乐皇帝《御制铭一件》和第 164 条《康熙帝朱谕》，按其内容皆系康熙三十六年三、四月间文书及抄录铭文，而编者竟将之编入康熙三十五年三、四月条下，整整提前了一年。又如第 1373 条《陕西巡抚鄂海奏谢赏赐野鸡鹿尾折》，进折日期署为康熙四十七年十二月初七日。折中叙及不久前康熙帝曾颁赐鹿尾、野鸡命其与总督博霁分尝。而史实是，是年四月，川陕总督博霁已经病卒于任所，同年五月运回京城安葬（见本书第 1299 条），显然此条编年有误。又如第 1793 条《两江总督噶礼奏报叩祝万寿无疆折》，所署进折日期为康熙五十年九月十七日。而核其折中内容，则是噶礼任山西巡抚间事，不但拟题不当，而且具折年份亦错。还如第 2883 条《两江总督赫寿等奏请万安折》，目录、标题所署进折日期均为康熙五十五年九月二十四日，而核其会同请安官员，皆与西藏事务有关。显然，此折进折时间当在康熙四十八年至四十九年之间。不但该折排列位置应当前移，而且署衔亦应由两江总督改为理藩院侍郎。还如第 2425 条《咨行索额图与俄会议和好之道谕旨咨文》，所署日期为康熙五十三年六月初五日。其时，索额图早已死去十年有余，何以又能参加与俄会谈。按之《清圣祖实录》，此文写作日期应为康熙二十七年六月，方与史实相合。① 除此之外，《康熙朝满文朱批奏折全译》还时见将一年之内奏折朱批分入两三年者。如其第359、360、364、867诸条谕旨及朱批，细审其中所述，皆是康熙三十五年五月康熙帝率师北征噶尔丹期间向皇太子胤礽、皇长子胤禔通报战况及布置相关事宜之书信及谕旨，而译编者不察其中原委，竟将其中之第359、360、364诸条归入康熙三十六年，又将第867条归入康熙四十五年。又如关于胤禔福晋患病奏折，计有第767、778、941三条，具折时间分别是康熙四十四年八月初一日、同年八月初四日和四十五年七月二十八日。如依满折排列，其中一些内容殊难解释，何以胤禔福晋连续两年"有喜"，而且还如此巧合，皆在七月初七日。显然，三条奏折只是康熙四十四年七、八月之交数日中之事。译者不察，而误将第941条《胤祉等奏报大阿哥福晋病势折》归入康熙四十五年。还如关于苏玛拉患病及去世事，满文奏折分见于第790、791、993、1042、1791等五条。其所涉年份，分别为康熙四十四年、四十五年和五十年。其中难以解释者，康熙四十四年九月初七日，苏玛拉已经病危，何以至一年之后的康熙四十五年九月七日始才病逝。更不可解的是，在其于康熙四十五年九月初七日病逝之后五年，竟又死而复生，再度病危。显然，满文奏折译编者误将康熙四十四年八、九月间十数日内发生之事分编为三年，遂使整个事态进展如同乱麻一团。幸赖其中各折多数月日清晰，认真寻绎，始才理出头绪。另如八贝勒胤禩患病一事，满文奏折计有第800、997、1001、2878、2906、3833等六条，分编于康熙四十四年、四十五年和五十五年三年之中，其中之第3833条还失载年月。其实，如和《清圣祖实录》卷二六九、二七〇两卷史事互读，上述六条奏折都是康熙五十五年九、十月间关于胤禩患病之奏折。以上所举，只是关于其中年份错误的举例。其他各折有关年份错误、月日错误，依照相连各折自证，尚所在多有。为惜篇幅，不另赘举。

其四是对内容重复折件、上谕及衍文、脱文未作处理和注释错误。关于内容重复折件、上谕，计有十条。其中满折自相重复者六

---

① 《清圣祖实录》卷一三五，康熙二十七年五月。

条,即 2328 条与 2329 条,2633 条与 2634 条,3213 条与 3214 条,3229 条与 3230 条,3320 条与 3322 条,3323 条与 3324 条;汉折自相重复者两条,即 3018 条与 3019 条,3086 条与 3087 条;满汉折互相重复者两条,即满折第 207 条同于汉折第 12 条,满折第 3231 条同于汉折第 2673 条。分析其原因,有的可能是进折时预留底稿,待奏折正本及朱批发回后又由具奏人抄录朱批于底稿之上。后来又于雍正帝收缴康熙朝朱批奏折时一并缴进。译者不察朱批笔迹不同而一并译入。如满折之第 2328 与 2329 条,3320 条与 3322 条,3323 条与 3324 条,当即属于此种情况。有的似是具折人考虑到该折可能发交部议而特具之奏折副本。如满折之第 2633 条与 2634 条,3213 条与 3214 条,汉折之第 3018 条与 3019 条,第 3086 条与 3087 条。有的是因朱谕须存档备案而以墨笔抄录其内容以便落实康熙帝朱谕,事情办完后将墨谕亦一并缴回。如满折之第 3229 条与 3230 条。有的原是满汉合璧而后来则因整理颇为随意而致分离。如满折第 207 条与汉折第 12 条,满折第 3231 条与汉折第 2673 条。对于这些内容相重折件和上谕,译编者本应出注说明。但是,译编者似乎并未发现这一现象,不但未作说明,同时在拟定标题时,还皆拟字样不同之标题,给读者造成其内容并不相同之印象。

关于衍文,则见于满折第 1250 条。该条目录、标题均为《江南总督邵穆布等奏报得雪日期折》,所署具折日期是康熙四十六年十二月二十六日。其折首书云:"江南总督、奴才齐世武、邵穆布谨奏为恭报得雪日期事。"考邵穆布任两江总督,始于康熙四十五年十一月,四十八年七月卒于任所。齐世武于康熙四十年十月始任甘肃巡抚,至四十七年四月迁川陕总督,其间并无间隔他调,二人风马牛不相及,何以能会同具折奏报江南得雪。显然,折中之"齐世武"应系衍文。

关于脱文,则见于汉折第 515 条《直隶巡抚赵弘燮奏报永定河完工缘由及地方雨水情形折》。折云:"奏为奏闻事,窃查永定一河,乃千载不治之河,蒙我尚未能开,身子狠弱,见在医治,俟伏秋二汛过后,臣身稍健即亲往勘明具疏题报外。"审其文气,显然于"蒙我"字下,"尚未"字前有脱落文字。其原因,当系原件脱落,而编者不察,径加编入。

关于注释错误则见于满折第 4072 条《步兵统领托和齐参奏裕亲

王狂妄并张廷枢徇情折》。该折虽失载年月，但就其内容推断，是在康熙四十九年正月。其时，裕亲王福全早已死去数年，当时在位之裕亲王乃是福全之子保泰。而该折注文于裕亲王仍注为福全，显系错误。

其五是非康熙朝奏折、上谕而误加收入。其中证据确凿者计有满文朱批奏折中的第 3681、3911、4003、4122、4123、4133、4192、4202、4285 等九条。其中第 3681 条《敕谕达赖喇嘛封其父索诺木达尔扎为公事》当为雍正七年六月所降之敕谕。① 第 3911 条《和硕恒温亲王胤祺等奏报甄别柏唐阿职名折》不只于目录称恒温亲王胤祺谥号，而且折内亦如此，同折列名者还有康熙间久为侍卫雍正初升为都统的喇锡。可见，此折不但是雍正间折件，而且还是雍正十年胤祺死后奏折之录副件。至于书胤祺而不书允祺，则恐系译者误译。第 4003 条《步兵统领隆科多奏报京城得闻平定青海大捷咸俱欢喜折》、第 4122 条《议政大臣奏进咨行总督年羹尧之文稿》亦皆为雍正元年、二年之文书。第 4123 条《议政王大臣等奏进咨行图理琛之文稿》提及图理琛时任侍郎。考图理琛于雍正四年八月由陕西巡抚内召，次年五月授兵部侍郎，寻迁吏部侍郎，"偕喀尔喀郡王额驸策凌等往定喀尔喀与鄂罗斯界，仍调兵部"。② 则此一文书形成时间，当在雍正五、六年间。第 4133 条《副都统图克善奏陈当差披甲不足并请教习之人当班折》，其中提及养育兵，为雍正初新创之制，故而可知其为雍正间奏折。第 4192 条《理藩院大臣等奏请将准噶尔人驿送京城折》、第 4285 条《(佚名)奏为择选向导折》分别提及岳钟琪为大将军及镇守西疆事。按岳钟琪授为宁远大将军事在雍正七年，十年被召还京。故而可知，以上两折形成时间，当在雍正七年至十年之间。第 4202 条《理藩院奏报赏赐颇罗鼐银两折》，就其内容观之，事在雍正五年查朗阿率兵入藏平定阿尔布巴叛乱之后。与《清世宗实录》有关内容相核对，此文件当形成于雍正六年七月。③ 上述九条之外，尚有第 4127、4128、4129、4130、4131、4132、4134、4135、4136、4137、4138、

---

① 《清世宗实录》卷八二，雍正七年六月。
② 《清史稿》卷二八三《图理琛传》。
③ 《清世宗实录》卷七一，雍正六年七月。

4139、4140 等十三条奏折亦可大致判定为雍正朝奏折。其根据,一是就具折人员而言,分别为都统希尔根、巴里米特、副都统玛拉、巴尔呼达、博第、达尔玛、钦拜、岳勒岱、纛章京阿林保、刑部主事杜楞、国子监学政伊尔登等十一人。除其中之伊尔登曾于前此康熙五十四年十月初十日进折之外(见满折第 2698 条),其他人,在康熙朝进折人员中,都是首次见到的新面孔。而这些人的其他折件,在《雍正朝满文朱批奏折全译》中却屡屡出现。二是就折中内容分析,或提及京察(第 4128 条),或提及"圣主临御以来"之举措(第 4130 条)。证之史事,皆与康熙二十四年停行京察以前各事不甚相合。就此判断,这些奏折当皆为雍正帝即位之后下令扩大折奏人员范围时所进之奏折,是研究雍正时期历史的可贵资料,而编者却以之纳入康熙朝,似有甄别不精之嫌。

其六是遗漏康熙朝奏折不收及将康熙朝奏折误入《雍正朝满文朱批奏折全译》。关于遗漏未收之康熙朝奏折,据《康熙朝汉文朱批奏折汇编》之《编辑说明》和《康熙朝满文朱批奏折全译》书后跋文称,康熙朝汉文奏折今存者计有 4000 余件(一说近 4000 件),康熙朝满文奏折今存者计 5800 余件。而两书刊出者,汉文奏折计 3119 件,满文奏折计 4297 件。即是说,汉文奏折未刊者约 800 余件,满文奏折未刊者约 1500 余件。两项相加,共计 2300 余件,几近今存康熙朝全部奏折的 1/4。其未刊原因,据称一是"糟旧霉烂,大片脱落";二是相当一部分是请安折,"不具备什么史料价值"。其中折件霉烂脱落,无法识别而未行刊印,固可理解,但以请安折"不具备什么史料价值"而不行收录,笔者则不敢苟同。笔者认为,在研治清史特别是研究奏折这一特殊文书形成过程中,包括请安折在内的康熙朝所有奏折的片纸只字皆可宝贵。其中不论是探讨一朝奏折的起源与其内容着重点的发展演变,还是探讨各个具折人的具体活动及其与最高统治者或政局发展之间的关系,都离不开对当时各类奏折的统计、比较和分析。而今所刊康熙朝奏折,仅至其中 3/4,怎能使人得出正确结论。即以康熙朝具折人数、奏折总量而言,据笔者统计,《康熙朝汉文朱批奏折汇编》一书具折人为 134 人,《康熙朝满文朱批奏折全译》一书具折人为 190 人(另有 10 人为雍正时期进折,未计入)。除去其中重复者 16 人,两书载录具折人共计 308 人。奏折总数 7100 件左右(另有

300余条上谕及其他文书未计入）。除此之外，笔者于两书各折及《清圣祖实录》《康熙起居注》已刊部分、《关于江宁织造曹家档案史料》等书再加钩沉，又得100余人及已佚折件1000余件。考虑到满汉奏折之外尚有蒙文奏折，考虑到康熙时期康熙帝曾为处理信息垃圾和出于保密需要及触犯忌讳而有销毁部分奏折之举，考虑到雍正帝收缴康熙朝奏折尚有遗漏，考虑到雍正帝于收缴康熙朝奏折同时亦因忌讳其中部分内容而曾销毁一些奏折，考虑到二百余年来康熙朝奏折的自然流失，考虑到《康熙起居注》未刊部分及其他资料中当有未见进折人员及已佚奏折，笔者估计，康熙朝具折人员当在500上下，折件当在万件以上（此一估计数字不包括收入上述两书单成条目之朱批及其他文书）。这一推测，如有第一历史档案馆未刊奏折辅助，当会进一步准确。可见，未刊满汉文奏折具有重要的价值。

另外，笔者还发现，有的康熙朝奏折，早已刊布，而此次整理时，却未行收录。如《文献丛编》第四辑《康熙建储案》中载六份奏折，其原件尚存，至为显然。而此次编就之《康熙朝汉文朱批奏折汇编》，仅仅收录王掞、陈嘉猷奏折各一，而于王掞其他三份奏折及陶彝等折则弃而不收。又，《康熙朝满文朱批奏折全译》亦于《关于江宁织造曹家档案史料》一书载录之胤裪、赫奕、李煦多篇奏折未收。这些，显然是工作疏漏所致。至于将康熙朝奏折误入《雍正朝满文朱批奏折全译》，亦不鲜见。其中个别折件如第5108条虽由编者注明为康熙早期文献，但亦因译者将具折人之一鳌拜误译为"鄂贝"而使读者不明其价值。实际上，这份奏折是辅政大臣遏必隆、鳌拜共上之奏折。就其内容分析，其进折时间，是在康熙六年七月初七日康熙帝亲政至同月十三日苏克萨哈疏辞辅政请守陵寝之前。这是目前所发现的康熙朝时间最早的一份奏折，较之《康熙朝满文朱批奏折全译》一书编者认为最早的《内库郎中尚吉图等奏报太监等指称上谕领取物品折》还要早六年半。据此，可以断定，包括奏事折在内，清代奏折出现皆在康熙六年之前。

除此之外，误入《雍正朝满文朱批奏折全译》的康熙朝奏折还不下五六十份。其中较为明显的一是该书第5157—5201条等四十五份盛京将军唐保住奏折。考唐保住任盛京将军，始于康熙五十一年十月，止于雍正二年十二月。前后十二年，十年是在康熙朝。而在其任期内,恰好发生了轰动一时的得麟案件。其大致始末是,康熙五十年代初,康熙帝以皇太子近侍得麟"为人狂妄",下令将其"锁禁在家"。嗣因其父阿哈占就职盛京,奏请将其带往。"既而得麟之叔佛保,奏得麟怙恶不悛,请交奉天将军正法",康熙帝遂命阿哈占将其处死。而阿哈占却"诡称得麟自缢身死,潜纵逃匿"并空棺殡葬以欺骗康熙帝。事为康熙帝侦知后,严令京师、盛京有关官员全力缉拿并于康熙五十二年九月将其拿获处死。① 因为得麟曾是皇太子胤礽近侍,而在得麟脱逃过程中,胤礽又有纵其脱逃之嫌疑,故而这一事件使得康熙帝与胤礽父子关系进一步恶化,推动了康熙帝再废皇太子。而唐保住接任盛京将军伊始,即受命调查处理这一案件。其奏折之相当部分,都是奏报缉拿得麟进展情况。至于唐保住其他奏折,根据内容自证,也大多皆系康熙朝所上奏折。二是该书第 5208—5219 等十二条征西将军祁立德奏折,以其内容,亦皆应归入康熙朝。上述二人奏折之外,可以确定为康熙朝文献者尚有第 5286、5294、5311、5354、5430、5431、5432 等七条。其中第 5286 条《王府长史多禅等奏请往赏噶尔丹训旨折》,所载史事与《清圣祖实录》康熙三十五年五月条相合,故可确定为康熙三十五年五月之奏折。② 第 5294 条《巴浑德奏报委缺开列散秩大臣名单折》,以其提及正白旗和硕额驸孙承运(该折译为孙成云),而孙承运卒于康熙朝,则其为康熙朝奏折无疑。第 5311 条《穆敬远奏进西洋米等事折》,依其内容,当为康熙六十一年之奏折。第 5354 条《(佚名)奏报按级办理格格之丧事及祭祀所用物品折》中有顾姓太监,而《康熙朝满文朱批奏折全译》第 5 条康熙十二年十一月二十九日《内库郎中尚吉图等奏报太监等指称上谕领取物品折》亦提及顾太监指称上谕领取物品。又,《清圣祖实录》康熙二十一年二月亦提及康熙帝遣乾清宫首领太监顾文兴等为太皇太后祝厘事。③ 另,《掌故丛编》第一辑《圣祖谕旨》载录康熙帝寄顾太监手书谕旨三十六条,时间为康熙二十二年至三十六年,而称其名为顾问

---

① 《清圣祖实录》卷二五六,康熙五十二年九月。

② 《清圣祖实录》卷一七三,康熙三十五年五月。

③ 《清圣祖实录》卷一〇一,康熙二十一年二月。

行。由此可知,顾文兴、顾问行实为一人,是康熙前期宫中一头面人物。^①此条当为关于处理康熙十年、十二年、十七年、二十一年、二十二年、二十五年或三十六年殇逝之康熙帝的皇长女、皇二女、皇四女、皇七女、皇八女、皇十一女、皇十二女丧仪之一折。第 5430 条《送往内阁之杂件》、第 5431 条《留内事单》、第 5432 条《部院科道官员所奏红本》等三条,核其内容,皆与《康熙朝满文朱批奏折全译》所载之康熙十六年三月初十日的《遵康熙帝令焚毁各件奏书折》、康熙十六年三月十四日的《康熙帝谕将奏疏誊抄于秘本档事》内容相连,皆为奏报处理宫内文书保存销毁事宜,故可确定为康熙十六年三月之档册。所有这些,皆因编者未加深考,而将之误行编入了《雍正朝满文朱批奏折全译》一书。

上述各条之外,还须指出,作为两部有影响的大型史料汇编,在奉献给学界之际,还应同时附有满汉具折人名索引,不但编者可以借此减少错误,同时亦可使读者受益无穷。而该书编者并未顾及,使人颇为遗憾。因此,笔者深盼两书编译专家学者将馆内收藏而未行编辑出版之康熙朝满汉文奏折再行搜辑、翻译,同时将已收、未收具折人统一编列人名索引并两书奏折刊行部分正误表,以《康熙朝满汉文奏折补遗》为名刊刻行世,以为清史研究提供更为丰富、完整、准确的原始资料,推动清史研究的进一步深入。

---

① 《康熙朝满文朱批奏折全译》,太监顾文兴多处皆译为"郭太监"(第 168、169 等条)、"谷太监"(第 176、183、211 等条),均误。

康熙朝奏折和来华西方传教士

　　康熙时期，由于对外政策开放，西方传教士来华也进入了高潮，前后不下三百余人，对于当时中国社会和中西文化交流产生了一定的影响。因而，有关这一课题研究，一直长兴不衰。但是，由于前此各种研究，极少使用康熙朝满汉文奏折，致使其中一些问题的探讨难以深入或不得其真。经由笔者翻检，这一时期，涉及西方传教士的满汉文奏折约有一百六七十份。其中一些内容，还为其他史料所不载；有些史实，即使其他资料有所记载，亦因与奏折所载详略、角度不同而可以彼此印证，互相补充和纠正。因著此文，以求正于研究方家。

　　首先，康熙朝满汉文奏折揭载了不少有关西方传教士的新资料，其中一些为他书所未及，有的还可纠正前人研究之误失。即以其中载录之西方传教士汉文名字而言，已有不少人名并不见于其他资料。据统计，康熙朝满汉文奏折及内容形式均与之相同的陈垣先生辑录的《康熙与罗马使节关系文书影印本》三书载录来华西方传教士共108人。以来华先后为序，他们是：汤若望(天启二年)、利类思(崇祯十年)、安文思(崇祯十三年)、汪儒望(顺治八年)、南怀仁(顺治十六年)、闵明我(闵明鄂)(康熙八年)、徐日升(十一年)、罗历山(十七年)、苏霖(苏琳)、孟由义(二十三年)、安多(二十四年)、白晋(伯金、博津)、洪若翰、刘应(刘英)、张诚、陆若瑟(卢若瑟)、卫方济(二十六年）、郭天庞（二十七年）、何大经、李国正（李国震）（三十年）、纪理安（吉利安）、鲍仲义（保仲义、宝仲义）、（三十三年）、艾逊爵（艾若瑟）、林安（林安多）（三十四年）、曾类思、高尚德（三十五年）、庞嘉宾（彭佳宾）、毕登庸、龙安国、瞿良士（三十六年）、马若瑟、巴多明、雷孝思、李若瑟、李约瑟、利国安（三十七年）、薄贤士、殷弘绪、傅圣泽（富生哲）、罗德先（罗得贤）（三十八年）、樊继训（范吉勋）、郭中传、穆经远（慕敬远）、聂若望（三十九年）、杜德梅（杜德美）、戈维理、沙守信、汤尚贤、陆伯嘉（鲁伯佳）（四十年）、冯秉正、庞可修（庞可秀）、索诺（索玛诺）（四十二年）、费隐（费茵）、张安多、多罗（多乐）（四十四年）、石可圣（石可胜）、德玛诺、林济格（林吉格）、公类思（孔禄食、孔鲁士、宫鲁士）、利奥定、麦思理、魏弥喜（魏弥格、威格尔）（四十六年）、郭多禄、阳秉义（杨秉义）、麦大成（莫大成、默大成）、穆泰、穆德我、单爻占（山遥瞻）、杨广文、马国贤、德理格（德里格、德立格）（四十九年）、穆德奥（五十一年）、郎士宁（郎世宁、郎宁世）、罗怀忠（五十四年）、严嘉乐（颜家楼）、戴进贤（五十五年）、安泰、倪天爵（倪天桥）、陈忠信、徐茂升（徐茂盛）（五十八年）、何济格、费理伯（费理薄）、贾蒙铎、席若汉（席若翰）、夏历三、嘉乐（加乐）、陆嘉爵、罗本多（五十九年）、法良、利博明（利白明）、徐安善（六十年）、宋君荣、杨保（六十一年）、艾国祥、艾约瑟、毕天祥（毕天香）、白若翰、聂云龙、安怀仁（安怀信）、方西满、毕安、沙国安、严当（颜珰、严党、闫当）、高庭永（高庭用）、景明亮、依格安当、王国真、陆吉柱（未详康熙何年）、刘蕴德、樊守义、陈修（以上三人皆中国教徒）。其中，除多数人载录于法国学者荣振华所著《在华耶稣会士列传及书目补编》和方豪所著《中国天主教史人物传》等书外，尚有艾国祥、白若翰、陈忠信、法良、郭多禄、景明亮、贾蒙铎、利奥定、穆德奥、麦思理、穆泰、穆德我、王国真、陆吉柱、徐安善、席若汉、夏历三、杨保、依格安当、高庭永、方西满、艾约瑟、杨广文等二十三人未予收录。[①] 其原因，笔者估计，一是如同《在华耶稣会士列传及书目补编》中《译者的话》所称，因为资料缺乏，没有找到其汉文名

---

① 以上二十三人分见《康熙朝汉文朱批奏折汇编》第 254、279、473、475、710、711、736、2779、2890、2938、2943、2992 条；《康熙朝满文朱批奏折全译》第 872、882、2032、2089、2090 条；陈垣辑录：《康熙与罗马使节关系文书影印本》之四。

称；二是上述各书于康熙时期来华西方传教士收录不全。不管是属于哪一种情况，康熙朝满汉文奏折都为这一课题研究提供了新的资料并可推动有关研究的进一步深入。

除此之外，利用康熙朝满汉文奏折还可纠正前人研究之误失。如 20 世纪 30 年代初，陈垣先生将故宫所藏有关西方传教士部分档案资料辑为《康熙与罗马使节关系文书影印本》一书，同时，还对各件文书颁布时间及其中所载史实进行了一些考辨。由于康熙朝满汉文奏折翻译、刊印行世，现在看来，其中不少成就固然经得起时间考验，显示了一代学术大师过人的学识，但是也有一些内容有欠准确甚至失误。如《文书》首篇《康熙为白晋事谕多罗》的书写时间，陈垣先生定于康熙四十五年春初。而据《康熙朝满文朱批奏折全译》第 949 条及其附件，则书写时间似较陈垣先生所定时间稍晚为妥，大致应在该年春末夏初。又如多罗何时离开北京，陈垣先生定于康熙四十五年六月。① 而据《康熙朝满文朱批奏折全译》第 915、916、3880 条综合考察，至是年七月十七日多罗尚滞留北京。而且康熙帝朱批尚称："今临近刮北风，恐伊犯病，仍准其预定日期起程可也。"②可以推定，多罗离京时间是在该年七月下旬。又如《文书》之八《康熙谕广东巡抚调查费理薄是否教王差使》，陈垣先生定为作于康熙五十六年。而后，方豪《中国天主教史人物传》中《马国贤传》亦随此说。③ 而据《康熙朝汉文朱批奏折汇编》第 2885、2886 两条，费理伯、何济格于康熙五十九年七月二十二日始行抵华，即由广东巡抚差人伴送，于九月十六日抵达北京。故知该谕颁布时间应在该年九月十六日至赍折兵丁返回广州的十一月初七日之间。扣除赍折兵丁路上奔走时间，此谕颁布时间当在康熙五十九年九、十月之交。还如《文书》之九《康熙谕新来西洋人探问艾若瑟去信消息》，康熙帝命令"武英殿等处监修书官伊都立、王道化、赵昌等字寄与自西洋来的众人"文书"兼上西洋字刊刻，用广东巡抚院印书，不封缄，凡来的众西洋人，多发与带去"。④陈垣先生以"此件与前件（指《文书》之八）同装一匣，且纸式字体及传

---

① 《康熙与罗马使节关系文书影印本》"叙录"。

② 《康熙朝满文朱批奏折全译》第 3880 条。

③ 方豪：《中国天主教史人物传·马国贤传》，中华书局，1988 年。

④ 《康熙与罗马使节关系文书影印本》之九。

旨之人大概相同,前件既在五十六年,此件亦当相去不远",因定颁谕时间为康熙五十六年。而据《康熙朝汉文朱批奏折汇编》第 2640、2669 两条,两广总督杨琳分别奏称:"五十五年十月内,奴才接武英殿监修书官伊都立等奉旨发来红字票,着用巡抚关防,发与各洋舡上舡头体面人带与西洋教化王去。""据红毛舡上人向广州住堂之西洋人李若瑟说,五十五年带去与西洋教化王红字票,已于五十六年十月内到大西洋。教化王见了红票,已差人前往都令府去传艾若瑟。闻得俟艾若瑟一到罗玛府教化王处,就要差西洋大人同艾若瑟来中国复命请圣安"等语,可知该谕颁布时间应在康熙五十五年九、十月间。凡此种种,都是有赖于康熙朝满汉文奏折,才得以发现并获解决的。

其次,康熙朝奏折还对西方传教士尤其是服务于宫廷的西方传教士的具体活动多所反映。前此,有关这方面的史实记载多是西方传教士书简等一面之词,而康熙朝奏折中的有关史料则可证明,传教士所记一些史料固然不谬,但是亦时有夸饰不实之处。从康熙朝奏折中可见,康熙中期以后,服务于宫廷的西方传教士主要活动大致是译书、治历、绘制全国地图和为人治病。其中之译书,一是自康熙五十五年五月至次年二月,由白晋翻译、注释《易经》《河图洛书》。由于该书内容艰深,义奥难读,而作为一个西方传教士,白晋又力图将其与天主相联系,因而搞得不伦不类,以致多次受到康熙帝的批评,最后不得不从江西请来通晓《易经》的西方传教士傅圣泽,才使其事得以继续。[①] 康熙五十二年六月,康熙帝又组织西方传教士集体翻译《数表问答》,因为参与其事的纪里安、阳秉义、傅圣泽、杜德梅等皆于数学造诣颇深,故而很快杀青。[②] 关于治历,由于康熙帝早年勤奋学习,兼之以重视实地观测,而来华传教士观测依据理论和仪器当时尚不精密,故而康熙帝有时还能发现西方传教士推算错误并对其进行指导。如康熙五十五年五月,西方传教士闵明我、纪里安等推算错误,经康熙帝指出后,闵明我等承认前此"苟且粗算便奏","不胜惶愧"。[③] 关于治病,从奏折中可见,西方传教士中之大夫既服务于宫

---

① 参见《康熙朝满文朱批奏折全译》第 1716、1719、1724、1725、1731、1734、1738、1741、1752、1755、1759、1760、1766、1768、1858、1861、1866、1868 等条。

② 《康熙朝满文朱批奏折全译》第 2173、2178、2180、2192 条。

③ 《康熙朝满文朱批奏折全译》第 1728、4170 条。

廷,亦有时受命外出,为一些督抚大员诊治疾病。如康熙四十二年十一月,康熙帝遣西洋大夫至西安为川陕总督华显治病。① 四十九年五月,又有西方传教士罗德先、保永义(鲍仲义)为休致都统达尔善之子治疗漏疮等。② 关于绘制全国地图,由于是康熙后期的一项大工程,相当一批西方传教士参与其事,康熙帝也十分关心,对其工作多次给予具体指示。如康熙五十二年五月,他即颁旨:"往河南画舆图去的官拜唐阿、西洋人不必回来,就从彼处往浙江舟山等处、福建、台湾等处画去。但走海时着伊等谨慎,看好天色时节,不必急了,须要仔细。再下旨与他们,伊等若画完一省,将舆图就交与该抚,着家人好生送来。"③同年十二月,又朱谕江西巡抚佟国襄将"画图人员行事如何,据实奏来"。④ 在他的关心下,康熙五十二年到五十四年,浙江、江西、广东、广西、云南、贵州、四川等省地图先后绘制完毕。同时,依据奏折,还可知道,西方传教士麦大成、汤尚贤参加了江西、两广等省地图的绘制;费隐、雷孝思、单爻占参加了四川、云贵、湖广地图的绘制。⑤ 所有这些,有的可与西方传教士记载互相印证补充,有的还可纠正其夸饰及误谬。

再次,康熙朝奏折还相当详细地记载了康熙帝对吸收西方科学技术的积极态度及对在华西方传教士的礼敬与关心。康熙三十年代,西方传教士曾用西药为康熙帝治愈疟疾。故而,他对西药疗效笃信甚诚。但因当时国内不能制作,因而在康熙朝奏折中时见康熙帝向来华西方传教士求取药物,地方官员及外地传教士进呈药物并用以救治臣工的记载。如康熙四十五年五月,教皇使者多罗在华期间,康熙帝即指令武英殿总监造赫世亨向其求取所携利雅噶和绰科拉两种药物。⑥ 康熙四十八年正月,又传旨于广东督抚,向当地西方传教士求取格尔墨斯西药。⑦ 同年三月,又有居于江西饶州的西方传教

---

① 《康熙朝满文朱批奏折全译》第 561 条。
② 《康熙朝满文朱批奏折全译》第 1589 条。
③ 《康熙朝汉文朱批奏折汇编》第 1476 条。
④ 《康熙朝汉文朱批奏折汇编》第 1491 条。
⑤ 《康熙朝汉文朱批奏折汇编》第 1610 条。
⑥ 《康熙朝满文朱批奏折全译》第 869 条。
⑦ 《康熙朝汉文朱批奏折汇编》第 443 条。

士殷弘绪进上哈尔各斯默一瓶,居于江西建昌的西方传教士毕安进上西药德利亚尔噶一盒等。① 康熙四十九年五月,广储司员外郎华色以病痈"讨用德利亚噶,贴服巴西里冈"。② 康熙五十一年七月,康熙帝亲信、江宁织造曹寅以患疟疾而向康熙帝求取"圣药",康熙帝又特命驿递驰送金鸡拿。③ 与此同时,对于西洋医师尤其是外科大夫,康熙帝亦积极招徕。如康熙四十二年六月,西方传教士外科大夫樊继训在京病故后,他即传谕在京西方传教士:"用外科甚属紧要,无论其修道人或澳门地方人,若能得外科者,则当速找预备,勿致稍息,关系紧要。"④尔后十数年间,又多次谕令广东督抚将招徕西方传教士中通医术者作为重要任务。关于西方科技书籍,也是康熙帝求取的一个重点。康熙五十五年十一月,西方传教士戴进贤进京并携来《黄历算书》《几何原本》及有关地图、天数之书数种,康熙帝随即指示皇三子胤祉向其了解其中是否有"简便计算数表、开方方法"。⑤ 同年八月,粤抚法海又献上新购之西洋算法书二册。⑥ 对于这些书籍,康熙帝皆潜心研究并力求有所突破。功夫不负有心人,不久之后,他即发现了"一个计算新阿勒热巴喇的法子,较旧阿勒热巴喇又好"。⑦

由于和在京西方传教士长期朝夕共处,彼此间感情增进,因而对其身体、生活和工作情况,康熙帝也十分关心。康熙四十年代后,康熙前期来华传教士大多老迈多病,康熙帝时加存问并关心其治疗情况。如康熙四十六年初,在京西方传教士张诚、鲍仲义同时患病,康熙帝即以御医李颖滋、张福贵为他们诊治。后来、鲍仲义痊愈,张诚却不治身亡。⑧ 四十八年,又有在京西方传教士徐日升、安多先后病故。在其病重期间,康熙帝皆派御医救治并令武英殿监修处官员前往慰问,病故后,又各赐银二百两、缎十匹,茶酒赐奠。康熙帝的关心和礼敬,使得其他在京西方传教士深受感动。他们表示:"此恩不仅

---

① 《康熙朝汉文朱批奏折汇编》第 457、475 条。
② 《康熙朝满文朱批奏折全译》第 1585 条。
③ 《康熙朝汉文朱批奏折汇编》第 1179 条。
④ 《康熙朝满文朱批奏折全译》第 523 条。
⑤ 《康熙朝满文朱批奏折全译》第 2918 条。
⑥ 《康熙朝满文朱批奏折全译》第 3084 条。
⑦ 《康熙朝满文朱批奏折全译》第 3872 条。
⑧ 《康熙朝满文朱批奏折全译》第 1066 条。

已故安多不能承当,且我等现在众人亦感激不尽,即拼命效力,竭尽驽骀,亦不足仰报于万一耳。"①外出巡幸期间,康熙帝也通过奏折及其朱批与在京西方传教士保持经常联系。而且,有时西方传教士奏折偶尔稀少或某人未在奏折中列名,康熙帝还于奏折朱批中询问原因。如康熙四十七年七月,他即于武英殿总监造赫世亨奏折内朱批:"自巡行数日来,一次未见西洋人消息及其请安奏折,怎么样了,询问奏来。"②五十一年八月,又以西方传教士苏琳等具折请安而闵明我并未列名而于朱批中问道:"闵明鄂之名为何没有,闵明鄂岂不善乎?"③直到他得知闵明我因病未到请安处,故未列名,方才放下心来。《康熙朝满文朱批奏折全译》中保存的六份西方传教士向康熙帝请安的奏折虽然失载年月,而就其内容分析,其时间跨度大致始自康熙四十七、八年,止于五十年代中期,即可窥见双方联系之经常。④与此同时,对于一些地方官员对外地西方传教士的限制,对于外地西方传教士与当地绅民的词讼交涉,对于在华各国传教士之间的矛盾,康熙帝获知后,也都谕令妥善解决。如康熙四十三、四年,在京西方传教士闵明我反映,江西巡抚李基和饬令所属禁止澳门、江西西方传教士与在京西方传教士彼此通讯联系。康熙帝即于奏折朱批中谕令武英殿总监造赫世亨致信李基和"打听禁止西洋人互通信札之缘由"。⑤康熙五十四年三月,居于直隶真定的西方传教士高尚德与当地武举郑逢时为收取田租事而赴官诉讼,康熙帝获知此事,即于直隶总督赵弘燮奏折中朱批:"近日闻得京中西洋人说,真定府堂内有票西洋人偶有比〔彼〕此争地以致生祸授〔受〕打等语,未知虚实。但西洋人到中国将三百年,未见不好处。若事无大关,从宽亦可。尔细察缘由情形写折奏闻",⑥从而使事态得以平息。还如康熙四十五年春,康熙帝以白晋、沙国安二人出使罗马教皇。途间,白晋"未有谦让,与之争先"。康熙帝获知后,撤回此二人,改派龙国安、薄贤士出

① 《康熙朝满文朱批奏折全译》第 1449 条。

② 《康熙朝满文朱批奏折全译》第 1320、1323 条。

③ 《康熙朝满文朱批奏折全译》第 2007 条。

④ 《康熙朝满文朱批奏折全译》第 4169—4174 条。

⑤ 《康熙朝满文朱批奏折全译》第 3882、3886 条。

⑥ 《康熙朝汉文朱批奏折汇编》第 1754、1760 条。

使教皇,命赫世亨传谕批评白晋,从而使其承认错误,表示:"嗣后毫不违背,与沙国安和睦相处,凡事谦让。"同时,他还致信在京西方传教士张诚:"望尔将我此烦悔之情,乘便奏闻大主(指康熙帝)。"①

最后,康熙朝奏折还颇为详细地显示了礼仪之争后康熙帝对西方传教士政策转变的具体过程。康熙四十四年,教皇特使多罗来华,不许中国教徒称天主为上帝,禁止中国教徒祭孔拜祖。态度专横,从而触发了双方的礼仪之争。从奏折中可见,在双方争论中,对于原则问题,康熙帝毫不让步。他说:"中国之行礼于牌,并非向牌祈求福禄,盖以尽敬而已。此乃中国之要典,关系甚巨。"②针对其不许称天主为上帝的禁令,他反驳道:"各国起名,皆尊本国语法,岂以名词之故,便言大道理不同乎?"③在此同时,为了回击多罗一伙的蛮横态度,他即表现出改变对待西方传教士的政策意向。表示:"嗣后不但教化王所遣之人,即使来中国修道之人,俱止于边境。地方官员查问明白,方准入境耳。先来中国之旧西洋人等除其修道、计算天文、律吕等事项外,多年并未生事,安静度日,朕亦优恤,所有自西洋地方来中国之教徒,未曾查一次。由于尔等如此生事作乱,嗣后不可不查,此皆由尔所致者。"④当年十一月,康熙帝通令在华传教士均须向朝廷领票,并声明愿意遵守利玛窦规矩,违者驱逐出境。对于多罗本人,则以其不顾康熙帝多次警告,到南京后即悍然颁布教廷禁令,而下令将其驱逐出境,圈禁澳门。⑤与此同时,又传谕广东督抚:"见有新到西洋人若无学问只传教者,暂留广东,不必往别省去。许他去的时节,另有旨意。若西洋人内有技艺巧思或系内外科大夫者,急速着督抚差家人送来。"⑥与此同时,由于教廷政策突然转变,对于多罗是否教皇使节,所传禁令是否教皇真实旨意,返欧之后能否如实转达中国方面的观点立场,康熙帝也概表怀疑。因此,多罗在京期间,他即表示:"尔自称教化王所遣之臣,又无教化王表文。或系教化王所遣,

---

① 《康熙朝满文朱批奏折全译》第 949 条。

② 《康熙朝满文朱批奏折全译》第 872 条。

③ 《康熙朝满文朱批奏折全译》第 882 条。

④ 《康熙朝满文朱批奏折全译》第 914 条。

⑤ 《康熙朝汉文朱批奏折汇编》第 254 条。

⑥ 《康熙朝汉文朱批奏折汇编》第 234 条。

抑或冒充，相隔数万里，虚实亦难断。""朕所颁谕旨及尔所奏所行诸事，尔虽隐匿不告教化王，然朕务使此处西洋人赍书札西洋各国，详加晓谕。"①这样，多次遣人出使及致书教皇，申述中国方面立场，争取双方理解以缓和关系，限制西方传教士在中国传教，继续招徕挟有专技的西方传教士来华效力便构成了康熙后期康熙帝对待西方传教士政策的主要内容。

关于遣使致书教皇，从康熙朝奏折中所见，共有七次之多。其中前三次是遣使，后四次是致书。第一次遣使是多罗进京之后不久的康熙四十五年年初。由于多罗当时尚未传达教皇禁令，只是表示代表教皇向康熙帝请安，故而康熙帝以白晋、沙国安为使，赍带赏物，出使教皇。及至多罗透露其真正使命，双方发生礼仪之争后，康熙帝即命"将（白金）白晋、沙国安等带回，其赏物暂存，俟教化王之真实使者询明再赏之，亦不为迟"。② 同年九月，康熙帝又以在京西方传教士龙安国、薄贤士二人为使携其亲笔书信出使教皇。但龙、薄二人自康熙四十六年初出海之后久无音讯。于是，康熙四十七年，康熙帝又第三次派遣在京西方传教士艾逊爵（艾若瑟）、陆若瑟出使教廷。此次使节派出之后，长时期内，又是音讯杳然。这使康熙帝十分焦急。从康熙四十八年五月起，至五十二年六月，他多次通过武英殿总监造李国屏、和素、在京西方传教士和广东督抚打探西洋船只到达中国的消息，前后不下二十余次。关心程度，超过这一时期他所处理的大多数问题。③ 其间，康熙四十九年九月，通过广东巡抚打探，康熙帝获知，龙安国、薄贤士皆已于康熙四十六年十二月二十九日淹毙海中。④ 这样，康熙帝又焦急地盼望着艾若瑟、陆若瑟二人消息。康熙五十一年七月，从在京西方传教士那里，他得知，"艾约瑟（应为艾若瑟）仍在教化王处，教化王在等多罗之讯"。⑤ 这时，康熙帝又考虑和教皇进

① 《康熙朝满文朱批奏折全译》第 914 条。

② 《康熙朝满文朱批奏折全译》第 990 条。

③ 参见《康熙朝满文朱批奏折全译》第 1424、1433、1455、1457、1507、1766、1773、1779、1783、1860、1956、1977、1979、2032、2052、2173、2192、2201 条；《康熙朝汉文朱批奏折汇编》第 2640 条。

④ 《康熙朝汉文朱批奏折汇编》第 736 条。

⑤ 《康熙朝满文朱批奏折全译》第 1977 条。

一步联系。同年十一月,他发出信函,由广东巡抚满丕交广州驻堂西方传教士穆德奥、艾约瑟,由他们交于返回欧洲之船长加罗谢,带回西洋。① 孰知该信发出之后,又是石沉大海。情急之中,为了再度与教皇联系,康熙五十三年秋,康熙帝想起了即将离华回国的俄罗斯商人,想乘他们回国之便,从陆路带书信与罗马教皇。该信函由德理格起草,经康熙帝修改,由德理格、马国贤共同署名,而后交俄国商队带回,时间大概是在康熙五十三年秋末冬初。② 与此大致同时,康熙帝又命德理格另书致教皇书信一封,于中介绍康熙帝对于礼仪之争的观点和立场,同时还请教皇再"选极有学问天文、律吕、算法、画工、内科、外科几人来中国"。③ 书信缮就,康熙帝即发广东交英船寄出。④ 然而,不久之后,根据在京耶稣会士揭发,德理格在其所致教皇的信函中,对康熙帝一贯坚持的"利玛窦规矩"避而不提,而且还另有私函寄往罗马,"其内容均与公函不同","倒将相反的信写于教化王"。⑤ 康熙帝大怒,因对德理格严行斥责,于康熙五十五年十月另书一封致教皇信函寄交广东督抚,为防因海难事故而使该信不能抵达,他特命广东督抚将之刊刻刷印,"用上广东巡抚院印书,不封缄。凡来的众西洋人,多发与带去"。⑥ 从此以后,他又在期待与焦急交织的情绪中等待回音。康熙五十七年六月,据两广总督杨琳奏报,从来华贸易的西洋人那里,他获知:艾若瑟、陆若瑟二人于"四十八年十二月内已到大西洋。陆若瑟于五十年七月身故。艾若瑟今在大西洋大理亚国。发去红票,伊等行至小西洋,已见发到彼处。西洋人阅看欢喜,随后遇有便舡,即带往大西洋去"。⑦ 同年七月,从同一渠道,他又获知:"五十五年带去与西洋教化王红字票,已于五十六年十月内到大西洋。教化王见了红票,已差人前往都令去传艾若瑟。闻得俟艾若

---

① 《康熙朝满文朱批奏折全译》第 2090 条。
② 参见《康熙与罗马使节关系文书影印本》之九;《中国天主教史人物传·德理格传》;《康熙朝满文朱批奏折全译》第 2418、2437 条。
③ 《康熙与罗马使节关系文书影印本》之六。
④ 《中国天主教史人物传·德理格传》。
⑤ 《康熙与罗马使节关系文书影印本》之七。
⑥ 《康熙与罗马使节关系文书影印本》之九。
⑦ 《康熙朝汉文朱批奏折汇编》第 2640 条。

瑟一到罗马府教化王处,就要差西洋大人同艾若瑟来中国复命请圣
安。"①康熙五十八年六月,他又获知,据广州住堂西洋人戈维理传
闻:"艾若瑟哥哥口信,艾若瑟于前年冬月在罗玛府,回至玻尔都加尔
国上船来中国复命,今年可到。"②同年八月,据新到西方传教士徐茂
升消息,艾若瑟"已经起身来中国复命,若八月内不到,必为风色所
阻"。③ 康熙五十九年六月,他最后获知:"艾若瑟原患咽食病,于五
十九年二月初七日在小西洋大狼山地方病故。"④在这十数年的时间
里,因为没有得到教皇方面对于礼仪之争的正式回答,康熙帝对西方
传教士在华传教,虽持限制态度,但是并不为已甚。如康熙四十六年
三月,他下令将不守利玛窦规矩的穆德我、安怀仁、李若瑟、瞿良士、
索诺等五名西方传教士逐至广东,"俱着在广东天主教堂居住修道,
俟龙安国、薄贤士来一同来,给票不给票之处,那时定夺,伊等的道不
必传。"⑤即使是对在礼仪之争中追随多罗与康熙帝辩论的死硬分子
依格安当、毕天祥、高庭永、也只是送广东禁锢,"着他各自居住,将门
户封锁,派人严紧看守,不许人往来,俟龙安国回来时再作定夺"。⑥
康熙四十九年九月,他已获知龙安国、薄贤士于途中淹毙,但为等待
艾若瑟、陆若瑟二人消息,仍然不作最后处理,而是决定:"西洋人艾
若瑟、卢若瑟者亦同龙安国一事去的,等他二人到时再请旨。"⑦康熙
五十五年,康熙帝发现"有教化王带来的禁约告示一件到山东",因而
怀疑有无票西方传教士潜入内地,⑧因又于同年九月传旨广东督抚
"西洋人无照者不许出境",⑨但也并未就此作出什么过火举动。可
以看出,为了争取教廷的理解和双方关系的缓和,康熙帝曾多方努力
并为此费尽了心思,表现了极度的耐心和宽容。

---

① 《康熙朝汉文朱批奏折汇编》第 2669 条。
② 《康熙朝汉文朱批奏折汇编》第 2779 条。
③ 《康熙朝汉文朱批奏折汇编》第 2816 条。
④ 《康熙朝汉文朱批奏折汇编》第 2873 条。
⑤ 《康熙朝汉文朱批奏折汇编》第 736 条。
⑥ 《康熙朝汉文朱批奏折汇编》第 736 条。
⑦ 《康熙朝汉文朱批奏折汇编》第 736 条。
⑧ 参见《康熙与罗马使节关系文书影印本》之八;《康熙朝汉文朱批奏折汇编》第
2908 条。
⑨ 《康熙朝汉文朱批奏折汇编》第 2231 条。

与之相反,对于挟有专技的西方传教士来华献技,康熙帝依然十分热情,并不因礼仪之争而稍所降低。这样,康熙四十六年以后十数年的时间里,来华献技的西方传教士仍是络绎不绝,盛况如前。康熙四十六年八月,据广东督抚奏报:"今查有新到西洋人十一名,内唯庞嘉宾据称精于天文,石可圣据称巧于丝律,林济格据称善于做时辰钟表,均属颇有技艺巧思。其余卫方济、曾类思、德玛诺、孔路师、白若翰、麦思理、利奥定、魏格尔等八名俱系传教之人,并非内外科大夫,遵即暂留广东,不许往别省去,见在候旨遵行。今将庞嘉宾、石可圣、林济格三人,臣等专差家人星夜护送进京。"①次年正月,又从其余八人中选送会制药之魏格尔、会天文之德玛诺、孔路师三人进京。② 康熙四十九年闰七月,又有山遥瞻、马国贤、德理格、杨广文、麦大成等西方传教士先后到广,经过短期汉语培训,先后送进京师。③ 康熙五十四年八月,康熙帝获知善绘画之西方传教士郎士宁、外科大夫罗怀忠抵达广州,即谕广东督抚"西洋人着速催进京来"。④ 康熙五十五年八月,广东督抚又送新到会天文、弹琴之严嘉乐,会天文之戴进贤、倪天爵进京。⑤ 对此,康熙帝依然只嫌其少,不嫌其多,于康熙五十七年七月再次朱谕广东督抚:"西洋来人内,若有各样学问或行医者,必着速送至京中。"⑥这样,康熙五十八年六月、八月,广东督抚又陆续将法兰西外科行医之安泰、会烧珐琅之陈忠信、通晓天文历法之徐茂升等送入京师。⑦ 康熙五十九年八月,又有贾蒙铎、夏历三、席若翰三人来华。其中贾、夏二人"系传教修道之士,席若翰会雕刻木石人物花卉,兼会做玉器",因即派人护送席若翰入京。⑧ 正是这些新来人士,构成了康熙后期以至雍正时期在华西方传教士的主体部分,对于当时中国自然科学研究事业的开展,对于中西文化交流都起到了重要的作用。

---

① 《康熙朝汉文朱批奏折汇编》第 254 条。
② 《康熙朝汉文朱批奏折汇编》第 284 条。
③ 《康熙朝汉文朱批奏折汇编》第 711 条。
④ 《康熙朝汉文朱批奏折汇编》第 1867 条。
⑤ 《康熙朝汉文朱批奏折汇编》第 2199、2224 条。
⑥ 《康熙朝汉文朱批奏折汇编》第 2669 条。
⑦ 《康熙朝汉文朱批奏折汇编》第 2779 条。
⑧ 《康熙朝汉文朱批奏折汇编》第 2890 条。

康熙五十九年,教皇特使嘉乐使华,使得康熙帝对待来华西方传教士的政策急转直下。本来,在多罗使华后,由于礼仪之争,康熙帝只是禁止不遵守利玛窦规矩的西方传教士传教。为此,他下令将不遵守利玛窦规矩的在华西方传教士逐至广州,并限制新来西方传教士随便进入内地,而对于遵守利玛窦规矩的在华西方传教士则不但给票允其继续留华,同时也未禁止其继续传教。此次嘉乐使华,据其自称,一是要求由他管理"在中国传教之众西洋人",二是坚持前此教皇禁约,"着中国入教之人俱依前岁教王发来条约内禁止之事"。至此,康熙帝感到,十数年来自己多方努力没有收到任何效果,因而决定"以后不必西洋人在中国行教,禁止可也,免得多事"。① 由前此的部分禁教转为全面禁教,从此,西方传教士在华传教由合法转为非法。即使如此,对于来华献技的西方传教士,康熙帝一如既往,仍持欢迎态度。这样,不只随同嘉乐来华"会技艺之九人"中的八个西方传教士留在了中国,而且此后两年中,又有"能刻铜板"之法良、"能造炮位"之利白明,通晓天文之杨保、宋君荣先后来华。② 所有这些,不但使中西文化交流得以继续,对于此后一百余年清朝政府的对外政策也产生了重要的影响。

总上所述,可以看出,康熙朝奏折中关于康熙帝与西方传教士的部分是研究该课题的重要史料。如果继续发掘并与其他有关史料互读,必将推动该课题研究的进一步深入。

---

① 《康熙与罗马使节关系文书影印本》之一三。
② 《康熙朝汉文朱批奏折汇编》第 2943、2992 条。

乾隆朝奏折制度探析

    奏折是清朝时期出现的一种新的上行文书,始于康熙,成型于雍正。乾隆时期,奏折制度又有了进一步的发展,对于各种信息迅速准确大量的输入,对于中枢决策的及时做出,乃至对于皇权的极度加强,都起到了重要的作用。

一

    乾隆帝即位之初,即全面肯定康雍以来奏折在国家公务处理中的地位,并积极采取措施增加有权具折言事官员的范围,扩大奏事内容。康雍两帝施行奏折制度的一个重要目的,是借此对各级官吏进行密查。这种方式,虽然加强了对各级官员的控制,但也招致了相当一批官员的不满与反对。他们认为,通过密折了解官员,实际上是因袭古代告密之举。将会导致"首告者不知主名,被告者无由申诉,上下相忌,君臣相疑"的后果。因而,雍正帝去世之后,利用乾隆帝即位之初对雍正帝政策多所更张之机,他们以"先除开言路之弊"为由,上疏乾隆帝,提出,"请自今除军机外,皆用露章,不许密奏"。[①] 但是,鉴于奏折在国务处理中的重要作用,乾隆帝不但未予废止,而且还将其全盘加以继承。雍正十三年八月,雍正帝刚刚去世,乾隆帝即连颁

---

①   (清)谢济世:《谢梅庄先生遗集》卷一。

谕旨,承认雍正时期折奏人员的折奏权利,要求他们继续具折言事。如雍正帝去世次日,乾隆帝颁谕,严禁外省文武大臣以旧君去世而中途将折本赶回或者折本到京而撤折不进。① 同时,又谕部院八旗:"启奏一切事件,俱着送总理事务王大臣阅看过,再交奏事处官员转奏。若有密封陈奏事件,仍令本人自行交奏。"②至于外省督抚提镇、学政、巡察藩臬二司及出差官员等原来具有具折言事权利的官员,"俱着照前折奏"。③ 此外,为了学习统治经验,他还颁令直省督抚提镇学政司道等官:"所有折奏,蒙有皇考朱批者,俱着恭缴",如果违犯,"照隐匿制诏例从重治罪"。④

尔后不久,乾隆帝又采取措施,不断扩大具折言事官员的范围,扩大奏折奏事的内容。雍正时期,拥有具折言事的官员范围大致是:"京官自翰林、科道、郎中以上,外官自知府、道员、学政以上,武官自副将以上,旗员自参领以上。"⑤除此之外,经由雍正帝特许,一些职衔颇低的官员以及中央出差御史、给事中等也可具折言事。可以看出,折奏人员范围已经颇为宽广。乾隆帝即位后,不但继续准予上述官员具折奏事,而且,还恢复了雍正中一些官员被取消了的具折言事的权利。尔后,具折言事的官员范围不断扩大。如乾隆三十六年二月,准城守尉折奏。⑥ 乾隆三十九年十二月,谕令各省盐政、关差具折奏事,"如遇新异案件及有关紧要者,即应就所闻见据实奏闻","无得视非职所当言,概行缄默"。⑦ 乾隆四十一年三月,又谕令新疆各处办事大臣均有奏事之责。⑧ 同年六月,又准道员委署两司者具折言事。⑨ 五十二年六月,通谕各省总兵紧要事件专折具奏。⑩

与此同时,乾隆帝还不断下令扩大奏折言事内容,并将其中一些

---

① 《清高宗实录》卷一,雍正十三年八月。
② 《清高宗实录》卷一,雍正十三年八月。
③ 《清高宗实录》卷一,雍正十三年八月。
④ 《清高宗实录》卷一,雍正十三年八月。
⑤ 《清世宗实录》卷六四,雍正五年十二月。
⑥ 《清高宗实录》卷八七九,乾隆三十六年二月。
⑦ 《清高宗实录》卷九二七,乾隆三十九年十二月。
⑧ 《清高宗实录》卷一〇〇四,乾隆四十一年三月。
⑨ 《清高宗实录》卷一〇一一,乾隆四十一年六月。
⑩ 《清高宗实录》卷一二八三,乾隆五十二年六月。

内容制度化。雍正时期,除军机事务商酌政策、方针大计及一些紧急事务外,奏折内容大致局限于循例奏报保举、参劾官员、奏报收成分数、雨旸、灾害、官吏贤否等地方情形。乾隆中,除于上述内容继续坚持外,还不断增加新内容。如乾隆三年七月,乾隆帝谕令通政司按季将驳回本章情况汇折奏闻。① 乾隆五年十一月,又下令各地督抚岁奏民数谷数。② 七年十一月,下令兵部将每月内阁交寄书字若干件。某日某件、封发某处,或照常飞递,或昼夜兼行,"逐月缮折进呈"。③ 二十四年二月,下令各省督抚于属员贤否三年汇奏一次,"以重官方"。④ 二十六年正月,定京官于京察前一年十月将属员贤否具折密奏。⑤ 二十八年七月,命各省督抚年终折奏各省发遣新疆人犯有无脱逃及是否拿获情形。⑥ 同月,又命各省督抚岁奏各处城垣是否完固。⑦ 三十一年七月,再谕各省督抚按月奏报粮价。⑧ 四十六年十一月,专折奏报内容又增加了黑龙江逃犯就获。⑨ 五十二年五月,又谕直隶总督调查太监家属为非情形,十年一奏。⑩ 同年十二月,又谕各省布政使于年终将银号有无侵挪情弊,具奏一次。⑪ 同时,折奏内容还扩大到了"诸如甄别教职、千总,查办鸟枪、估修船只及官员并无换帖宴会、制造万民衣伞"等。⑫ 五十四年六月,谕福建等省督抚于岁终具折奏闻洋盗事。⑬ 五十七年十一月,通谕各省督抚凡有杀死一家二命之案,专折具奏。⑭ 五十九年正月,谕各省将汇奏遣犯脱逃由

---

① 《清高宗实录》卷七三,乾隆三年七月。
② 《清高宗实录》卷一三〇,乾隆五年十一月。
③ 《清高宗实录》卷一七八,乾隆七年十一月。
④ 《清高宗实录》卷五八〇,乾隆二十四年二月。
⑤ 《清高宗实录》卷六二九,乾隆二十六年正月。
⑥ 《清高宗实录》卷六九〇,乾隆二十八年七月。
⑦ 《清高宗实录》卷六九一,乾隆二十八年七月。
⑧ 《清高宗实录》卷七六四,乾隆三十一年七月。
⑨ 《清高宗实录》卷一一四六,乾隆四十六年十一月。
⑩ 《清高宗实录》卷一二八〇,乾隆五十二年五月。
⑪ 《清高宗实录》卷一二九四,乾隆五十二年十二月。
⑫ 《清高宗实录》卷一二九五,乾隆五十二年十二月。
⑬ 《清高宗实录》卷一三三三,乾隆五十四年六月。
⑭ 《清高宗实录》卷一四一七,乾隆五十七年十一月。

年终提前至十月。① 同年十月，又下令将专折具奏的杀人数目由二人改为三人。②

仅由上述粗略记载，即可看出，较之雍正时期，乾隆时期的具折言事的人员范围及奏事内容都有了进一步的增加。

随着折奏官员的增多和折奏内容的不断增加，处理奏折成了乾隆帝处理政务的一个主要方面。为了及时了解中央各机关及各地情形，数十年中，他不止一次地要求臣下进折奏事，并对臣下进折过少的现象加以批评。如乾隆七年六月，乾隆帝以浙抚常安将及两月没有折奏，命军机处寄信讯问。③ 乾隆八年四月，乾隆帝以"三日内竟无一奏折，实数年以来之所未有"，因而专颁谕旨，对各地官员"多有于奉旨以后，陈奏一次，虚应故事，后遂置之不办"和"今竟有莅任三年，未奏一事者"加以批评。④ 十五年三月，他谕令："近日部院折奏事件甚少，可传询部院各衙门八旗大臣等，如有应奏事件，即办理具奏。"⑤同年五月，他又以"近日各衙门折奏事件甚少"，而谕令奏折随到随递，赍折人等不得观望迟延。⑥ 二十四年六月，他又以陕西布政使方世儁、山东按察使沈廷芳履任一载，奏事仅一次；陕西按察使杨缵曾受事二年，奏事亦止二次，而将之交部察议。⑦ 与此同时，对于一些官员虽具折请安但并不陈奏地方情形者也加以批评。如乾隆二十六年六月，他批评各省藩臬"于地方政务，陈奏寥寥"。⑧ 乾隆三十六年八月，他又批评广东巡抚孙尔桂一年仅进两折，"并无专行陈奏事件"。⑨ 这样，由于乾隆帝十分重视，不少督抚大员皆以折奏地方事务为主要政事。如湘抚方世儁"除办理折奏事件外，概置不问"。⑩

---

① 《清高宗实录》卷一四四四，乾隆五十九年正月。
② 《清高宗实录》卷一四六二，乾隆五十九年十月。
③ 《清高宗实录》卷一六九，乾隆七年六月。
④ 《清高宗实录》卷一八〇，乾隆八年四月。
⑤ 《清高宗实录》卷三六一，乾隆十五年五月。
⑥ 《清高宗实录》卷三六五，乾隆十五年五月。
⑦ 《清高宗实录》卷五八八，乾隆二十四年六月。
⑧ 《清高宗实录》卷六三九，乾隆二十六年六月。
⑨ 《清高宗实录》卷八九〇，乾隆三十六年八月。
⑩ 《清高宗实录》卷八七〇，乾隆三十五年十月。

乾隆帝还一如父祖,"凡有奏折,朕皆详细阅览,不遗一字"。① 每次外出巡幸,乾隆帝也必颁谕旨谕令奏折递送办法。如北巡热河,进哨前,各省奏折由赍折人亲至行在递送。进哨后,则由在京总理大臣收取,加封交内阁,随本呈递行在。待乾隆帝批示后,随本发回,仍于总理处交付赍折人祗领。有时,因为军务紧急,乾隆帝还特谕改动递报路线,安设临时台站,以使奏折能迅速到达自己手中。如乾隆十九年夏秋御驾东巡和二十二年春南巡,乾隆帝即命分辟递报路线,以使军营奏折直抵行在。乾隆三十九年九月,乾隆帝又下令自明年为始,改变北上秋狝时进折办法,绕过内阁等机构,进哨后,"兵部即派妥干司员一人,住于哨门外,其各省赍折人均至彼处,将奏折交该司员接收,按日由台递送,朕仍得每日披览,于事既无濡滞,至发回后,亦由该司员付各赍折人领回,亦不致过于久候,实为两便"。② 乾隆六十年九月,乾隆帝宣布建储密旨并决定次年归政,他还规定,归政后,"部院衙门并各省具题章疏及引见文武官员寻常事件,俱由嗣皇帝批阅,奏知朕办理",③但是批阅奏折的权力,却仍然置于己手。由此也可看出,奏折在国家事务的处理中居于何等重要的地位。

二

乾隆时期,由于奏折在国家事务处理中的作用愈益重要,乾隆帝还先后采取各种措施,提高奏折在各种上行文书中的地位并妥善处理题本与奏折之间的关系。

其一是废止奏本,以在信息输入中为奏折让路。乾隆十三年十一月,乾隆帝颁布谕旨,废止奏本。谕旨称:"向来各处本章,有题本、奏本之别。地方公事,则用题本;一己之事,则用奏本。题本用印,奏本不用印。其式沿自前明。盖因其时纲纪废弛,内阁、通政司借公私之名,以便上下其手。究之同一入告,何必分别名色,着将向用奏本之处概用题本,以示行简之意,将此载入会典。"④

① 《清高宗实录》卷一四三,乾隆六年五月。
② 《清高宗实录》卷九六六,乾隆三十九年九月。
③ 《清高宗实录》卷一四八六,乾隆六十年九月。
④ 《清高宗实录》卷三二九,乾隆十三年十一月。

其二是精简题本数量以为奏折让路。乾隆十五年九月,乾隆帝以山东、山西两省进呈乡试题名录,山西所进之本,"词甚简明";而山东所进之本,则"连篇累牍,不胜繁冗"。因命内阁会同通政使司将各省督抚所进本章,"通行查核,分别定式通行"。根据这一指示,内阁、通政使司将从前红本通查,"除一切钱粮命盗案件及因事敷陈等本情节各殊者应听各省据事办理外",其通行典礼及循例题报等本章"如乡试题名录、乡试入闱、耕耤日期、学政报满、各省考试教职、节妇请旌、照旧缉拿、过失杀人等案","于红本内择其词意简明者各一件,拟作定式","通行各省遵照办理"。① 乾隆二十五年五月,乾隆帝又下令裁减题本种类。其中,八旗放官、改授庶吉士、盛京庄头粮石数目、口内庄头粮石数目等部本四件,玉粒告成、乡饮酒礼、恭缴邮符、各省耕耤日期、各省将军副都统提镇奉到敕谕恩诏、各省副都统提镇加级纪录谢恩、各省三年有无成效事件、各省并无匪类在营假冒食粮、督抚代藩臬谢恩、在籍翰林等官病故等题本均因"无关紧要"而被裁。② 乾隆二十八年十月,乾隆帝又下令将各省经通政使司恭进皇太后、皇后之乡试录以及礼部恭进皇太后、皇后之会试录、登科录一并裁革。③

其三是采取措施解决题奏重复问题。自从乾隆十三年废止奏本之后,上行文书仅有题本和奏折两种,两者之间关系也形成了大致固定的模式,即地方事务,一般均先由督抚等地方大员折奏请旨,待得到乾隆帝批准后,再以题本形式正式上达。或者为一事而先拜发奏折,而后通过驿递送出题本。为了使各地官员正确使用题本、奏本,乾隆帝先后对以折代题或重题轻奏的现象进行批评。如乾隆十五年五月,山东巡抚准泰折参滋阳县知县方琢,乾隆帝虽于折上批令"该部察议",但仍申饬准泰:"此等事件,向例俱系具本题参,即或先行折奏,亦应声明另疏具题,并非应密之件,乃仅以折奏了事,既与体制未协,而于办理地方事务,亦失慎重之意。"④数日之后,又就此通谕各

---

① 《清高宗实录》卷三七二,乾隆十五年九月。

② 《清高宗实录》卷六一三,乾隆二十五年五月。

③ 《清高宗实录》卷六九七,乾隆二十八年十月。

④ 《清高宗实录》卷三六四,乾隆十五年五月。

省督抚:"凡遇此等参奏,概用题本。"①乾隆十八年六月,山东巡抚开泰折请移设驿站,乾隆帝表示同意,但是又于朱批内提示他:"此事例应具题,饬部议复。勿以奉到朱批,即谓已经允准,辄抄录咨部,遂不复具题也。"②乾隆三十八年六月,浙江巡抚三宝分别以奏折、题本报告拿获匪棍骆正修,而在操作次序上,却是于"拜具题本数日后,方行具折",乾隆帝发觉后,对其即加指责:"缓急倒置,殊属不合。"③乾隆四十九年三月,乾隆帝又以四川巡抚李世杰于川匪周仕贵等结众抢劫一案"仅具疏题报,并未具折陈奏"而传旨申饬。④ 这样,在乾隆帝的导引下,督抚大吏相率重奏轻题,或者拜发奏折之后又另疏题报,至乾隆五十年代后,出现了严重的题奏重复现象。为此,乾隆五十八年九月,乾隆帝颁谕:"各省督抚往往因无事可奏,将地方例应具题之件复行折奏,以见其留心办事,而总不计及�劳驿马。朕日理万机,于臣工章奏,披览从不惮烦。但此等重复之案,徒烦案牍,实属无谓。嗣后应用折奏者,不必复行具题;其应具题者,即不得再用折奏,以归简要。"⑤为了使各地督抚知所遵守,乾隆六十年六月,乾隆帝驻跸热河期间,又由留京王大臣等议奏条款,经乾隆帝批准,交各地督抚执行。该条款称:"各省督抚办理地方事务,凡事关奉旨或命盗邪教重案及更定旧章、关系民瘼一切紧要事宜,自应随时具奏。若寻常照例事件,俱有例案册档可查,毋庸专奏滋扰。乃各省办理,未能画一。有循例具题而仍复具折陈奏者,有各省俱系题达而一二省独用折奏者,亦有命盗案件已结,其案内续参人员即可一律题参仍复有具折劾奏者。又如丞倅牧令题升调补,如有实系要缺,原准专折奏请,其余寻常之缺,自应循例具题。即间有人地相需历俸未满者,不妨于疏内声明,而督抚等因有专保之例,率行纷纷折恳,亦应饬止。再地方照例办理事件,各省有只奏不题者,亦应于年底汇奏咨部,用备查核,均无庸专折具奏。"⑥由上可见,留京王大臣议准改奏为题各款,皆系无

① 《清高宗实录》卷三六四,乾隆十五年五月。
② 《清高宗实录》卷四四一,乾隆十八年六月。
③ 《清高宗实录》卷九三七,乾隆三十八年六月。
④ 《清高宗实录》卷一二〇一,乾隆四十九年三月。
⑤ 《清高宗实录》卷一四三七,乾隆五十八年九月。
⑥ 《清高宗实录》卷一四八一,乾隆六十年六月。

关紧要内容事件,但是,为了防止各地官员"以向来具奏之件,大半改为具题",因此而忽视奏折作用,乾隆帝又专颁谕旨:"国家创立奏折,原为关系民瘼并一切紧要事宜而设,至于王大臣现改题咨各款,皆系无关紧要之件","其实系重要急务,原仍许其随时专折具奏"。① 可以看出,经由这次改动,和题本相比,奏折在处理国家事务中的地位进一步突出和提高了。

三

乾隆时期,由于奏折在国务处理中的地位愈益突出和重要,有关奏折的各种规定更加细密和完善。

其一是继续严格坚持康雍以来的奏折保密的各种规定,具折人和因工作关系接触奏折的官员不得泄露奏折内容。重要奏折只能自己书写,不得委之于幕僚。臣僚之间不得互相探听朱批内容,奏折朱批不得引入题本。违犯者,即予申斥或者处罚。如乾隆七年十二月,乾隆帝以鄂容安、仲永檀二人"将密奏密参之事,无不预先商酌"而斥其结党并各予处罚。② 乾隆八年七月,乾隆帝专颁谕旨,强调奏折保密:"嗣后凡密奏事件,未经发出之前,即上司属员,概不得互相计议参酌,如有漏泄通同,一经发觉,按其情事轻重,分别治罪。"③同年十月,他以广西巡抚杨锡绂奉到朱批后,"每多扬言于人",而再颁谕旨:"嗣后各省督抚除以奏代题事件奉旨之后始许通行,其余奏报大概情形事件并密请训示以及褒嘉申饬之奏折,一概不许轻泄一字,如有抄录咨行,仍然宣泄,经朕访闻,必交部严加议处。"④尔后,此类谕旨即不绝于书。如乾隆十四年四月,新任湖北巡抚彭树葵以"将前抚陈宏谋所奉朱批移咨刑部",违犯了不得将奏折朱批抄录咨行的禁令。为此,乾隆帝一方面下令该部将其咨文"改正批发",同时,再颁谕旨重申旧有规定:"外省督抚所奏密谕事件,俱不必叙入题本内。即有必须奏复之处,亦应另折声明。"⑤并对彭树葵进行申饬。乾隆十八年

---

① 《清高宗实录》卷一四八一,乾隆六十年六月。
② 《清高宗实录》卷一八一,乾隆七年十二月。
③ 《清高宗实录》卷一九七,乾隆八年七月。
④ 《清高宗实录》卷二〇二,乾隆八年十月。
⑤ 《清高宗实录》卷三三八,乾隆十四年四月。

十二月,又通谕各省督抚提镇:"凡传谕各省督抚查办事件,俱关紧要,屡经传谕,令其不得叙入题本。即具折复奏,若应交部议者,亦不得叙入。"①对于违犯禁令刊刻朱批奏折的官员则严加处罚。如乾隆四十四年二月,福建巡抚黄检刊刻其祖已故大学士黄廷桂奏疏,并将雍乾两帝朱批刻入,乾隆帝闻知,立即下令撤其巡抚之职,交部严议,已刻书籍收缴,板片销毁。②对于自己,乾隆帝也严格要求,凡属机密奏折如督抚奏属员贤否折,"从未发出"。③如果将奏折发交部议,则将其抄引朱批部分删去。为了防止奏折录副时泄密,乾隆五十八年十二月,他还特谕各省督抚于密奏属员贤否折外另缮清单,"朕披阅后,将原单留存,以备稽考"。④乾隆六十年十一月,他又传谕各省督抚于陈奏属员贤否考语时,"不可商之僚属,委之幕友"。⑤

其二是进一步划一奏折包装和书写格式。按照规定,奏折递送,或用凭匣,或用夹板加封。奏折字画亦必须清晰可观。奏折封面,还必须加填拜发日期。如果违犯规定,字画粗劣,字迹细微,丢字漏字,轻则申斥,重则处分。乾隆二十六年二月,乾隆帝规定,奏折夹板外用纸封固,以免递送中发生擦损。⑥乾隆三十六年十二月,总兵官德滋以奏折字画过于细微,"一任该衙门字识率意书写,一望模糊,几不可辨"而被传旨申饬。⑦乾隆三十七年二月,乾隆帝又以李侍尧奏折封外数目与封内不符,封面年月下未填日期而对之加以申饬。⑧乾隆四十一年十二月,又对富察善奏报民数谷数折字迹过小加以指斥。⑨由于官员更新换代,有的官员不谙奏折格式,乾隆帝还专予指导。如乾隆四十三年十二月,乾隆帝命军机处将周元理奏折抄寄郑大进,"令其嗣后遵照办理"。⑩乾隆四十四年八月,乾隆帝又以各部

---

① 《清高宗实录》卷四五二,乾隆十八年十二月。

② 《清高宗实录》卷一〇七七,乾隆四十四年二月。

③ 《清高宗实录》卷一〇三〇,乾隆四十二年四月。

④ 《清高宗实录》卷一四四二,乾隆五十八年十二月。

⑤ 《清高宗实录》卷一四九一,乾隆六十年十一月。

⑥ 《清高宗实录》卷六三〇,乾隆二十六年二月。

⑦ 《清高宗实录》卷八九九,乾隆三十六年十二月。

⑧ 《清高宗实录》卷九〇三,乾隆三十七年二月。

⑨ 《清高宗实录》卷一〇二二,乾隆四十一年十二月。

⑩ 《清高宗实录》卷一〇七二,乾隆四十三年十二月。

院奏折与外省督抚奏折于看语书写格式尚未统一，因命传谕各省督抚："嗣后奏折，凡看语，俱空一格缮写，以清眉目。"①乾隆五十八年二月，根据乾隆帝指示，具折官员又皆须于折上书写自己职任。② 乾隆五十九年十月，乾隆帝又谕各省督抚根据重要程度："嗣后陈奏事件，务须酌量先后次第，并将第一、第二、三折缮写黄签粘贴封函之上，以便次第披览。"③同年十二月，又以闽省督抚将"奏折事由，全行开注折封之外"，"设遇地方机密事件，不必拆封，业已宣露，殊非慎重封疆之意"，"实属非是，着传旨申斥"。同时，还规定："嗣后奏折，只须于封面黄签开写第一、第二折字样，不必择叙事由，以昭慎密。"④

其三是规定满员具折言事，必须使用清书或清汉合璧，不得仅用汉书。康雍时期，是奏折试行和推广的时期。最高统治者注意的是奏折的内容，对于使用文字并未做出硬性规定。乾隆时期，随着满汉民族融合的进一步深化，汉字、汉语已经成了满族的通用文字和语言。与此相一致，愈来愈多的满洲贵族官吏不谙清文、清语。为了保持民族的独立性，乾隆帝在极力提倡满族注重清语、骑射的同时，也十分强调满洲官员具折言事使用清书。最初，是坚持满员使用清折言事，尤其是满员执行军务时必须使用清折，或者至少应该清汉合璧。如乾隆六年十二月，他即谕令宁古塔将军鄂弥达具折言事时使用清书或者清汉合璧，不得用汉折。⑤ 此次谕后，乾隆八年五月，鄂弥达仍以汉折参劾属员，乾隆帝即加呵斥。⑥ 乾隆十一年二月，乾隆帝又谕令驻扎西宁副部统莽古赉、驻藏副都统傅清等："嗣后奏事，俱着缮写清字奏折。"⑦对于担任各省督抚提镇的满洲官员，因为"办理地方民情及绿营事务"而皆使用汉字具折，乾隆帝虽然表示理解，但也提倡他们使用清折。尔后，对于不遵守规定以汉字具折的满洲官员则即行指斥。如乾隆十九年四月，副都统卓鼎请于乍浦满洲兵丁

---

① 《清高宗实录》卷一〇八九，乾隆四十四年八月。
② 《清高宗实录》卷一四二三，乾隆五十八年二月。
③ 《清高宗实录》卷一四六二，乾隆五十九年十月。
④ 《清高宗实录》卷一四六六，乾隆五十九年十二月。
⑤ 《清高宗实录》卷一五七，乾隆六年十二月。
⑥ 《清高宗实录》卷一九三，乾隆八年五月。
⑦ 《清高宗实录》卷二五八，乾隆十一年二月。

应补水手缺额内扣留三十六缺挑选绿旗兵丁。因为使用汉字具折,乾隆帝即命对其严加申斥。① 此后,用兵准噶尔,乾隆帝即决定,西北军务奏报,"如系粮饷等事,仍用汉字外,所有关系军机事件,俱用清字具奏"。② 同年十月,他又谕令:"嗣后各省提督总兵官内,如系旗员补授者,除本章着照例仍用汉字外,奏折俱缮写清字具奏。"③后来,考虑到不少满洲官员清文实际水平较差,单用清文具折,词不达意,"错谬太多","不胜改正",将会妨碍公务处理,乾隆帝始网开一面,特准一些人在执行军务或特急公务时以清汉合璧或汉字折具奏。如乾隆二十五年九月,乾隆帝派常亮前赴江苏清查钱粮亏空,谕令他于奏报时,"如满文有不能详悉之处,不妨即用汉字奏闻"。④ 乾隆二十八年九月,他又谕有关官员:"如所奏之事太繁,清字不能尽意,必须汉字者,亦应兼缮清文。"⑤乾隆三十二年六月,明瑞率兵征缅。为了无妨军务,乾隆帝谕令:"从前办理准夷、回部时,将军大臣等俱用清字折奏",此次进剿,"若具奏地方事件,不得已而必须用汉字者,着用汉字折具奏;若进兵事务,则不宜用汉字,仍用清字折具奏为是"。⑥ 乾隆三十五年七月,金川役起,乾隆帝又谕令川督阿尔泰:"若用清字奏折,恐彼此不能公同商酌,而该督衙门所有笔帖式于清文亦未必尽皆精熟,转恐不能尽达其情,嗣后着概用汉字会折具奏。"⑦但是对于并非紧要事件,乾隆帝并不让步,仍然坚持满员使用清文或清汉合璧具折,对仅以汉字具折的官员进行申饬。如乾隆二十八年九月,舍图肯、倭升额、永宁等陈奏事件,只缮汉折,乾隆即加申饬:"竟染汉人习气,有失满洲旧风。"⑧乾隆六十年四月,黄岩镇总兵用清文折奏出洋会哨事,乾隆帝又谕令:"向来满洲人员擢任提镇,凡遇陈奏地方雨泽寻常事件,自应用清字具奏。若如海洋盗匪及会哨等事,关系紧要。伊等清文多属平常,如用清字缮写,转致声叙牵

---

① 《清高宗实录》卷四六〇,乾隆十九年四月。
② 《清高宗实录》卷四六五,乾隆十九年五月。
③ 《清高宗实录》卷四七四,乾隆十九年十月。
④ 《清高宗实录》卷六二一,乾隆二十五年九月。
⑤ 《清高宗实录》卷六九五,乾隆二十八年九月。
⑥ 《清高宗实录》卷七八八,乾隆三十二年七月。
⑦ 《清高宗实录》卷八六四,乾隆三十五年七月。
⑧ 《清高宗实录》卷六九五,乾隆二十八年九月。

混不清。嗣后各省满洲提镇,除地方雨水收成照例事件仍用清字外,其余有关海疆及出洋会哨等事,俱准其用汉字缮写,庶声叙较可明晰,不致牵混。"①

其四是关于奏折递送,乾隆帝也根据实际情况分别作出了一些规定。军务奏折以及事务紧急者,准予使用驿递;寻常事务,则只准具折人差员赍送。如果事情紧要而不使用驿递或奏报内容不紧要而使用驿递,都会受到申斥,情节严重者甚至还要给予处分。举例而言,乾隆十二年四月,山西安邑、万泉两县发生民变,巡抚爱必达以家人赍折入京奏报,乾隆帝即加批评:"即因此事驰驿奏闻,亦何不可?"②乾隆五十九年八月,陕西巡抚秦承恩奏报邪教情形,"差人赍送,以致二十余日方始奏到",乾隆帝即予指责:"于此等要务而不由驿具奏,国家安设驿马何用?""秦承恩何不晓事体缓急若此,着交部严加议处。"③和指斥官员事务紧急却不使用驿递相比,指斥官员事务不紧要而擅动驿送的事例更多。乾隆二十四年十二月,江苏巡抚陈宏谋以奏报事情不重要而擅动六百里驿递遭到申斥,同时还谕令他:"嗣后办理案件,当权其缓急,不得轻率辄用急递,以重邮政。"④乾隆二十九年五月,陕甘总督杨应琚由驿递送奏折。乾隆帝阅过,以为"俱系照常办理公务,并不关系军机",因而传谕:"嗣后凡遇此等奏折,止须委妥协弁役或家人等赍奏,不得仍前动用驿马,以重台站。"⑤乾隆三十二年十一月,总兵吴士胜以擅动驿马递送谢恩折而交部察议。⑥同年十二月,肃州总兵俞金鳌以派赴伊犁具折奏报起程日期擅动驿递而遭申斥,就此通行传谕:"嗣后非遇紧要公务,概不准由驿驰奏。倘有不谙轻重,复蹈此辙者,定行照例议处。"⑦尽管如此,仍有一些官吏不识轻重,擅动驿递。如乾隆三十三年八月,有一个湖广永州镇总兵顾鋐,连续两次使用六百里、八百里驿递奏报"缉

---

① 《清高宗实录》卷一四七七,乾隆六十年四月。
② 《清高宗实录》卷二八九,乾隆十二年四月。
③ 《清高宗实录》卷一四九五,乾隆五十九年八月。
④ 《清高宗实录》卷六〇二,乾隆二十四年十二月。
⑤ 《清高宗实录》卷七一〇,乾隆二十九年五月。
⑥ 《清高宗实录》卷七九九,乾隆三十二年十一月。
⑦ 《清高宗实录》卷八〇一,乾隆三十二年十二月。

获传播谣言及割辫匪犯之事"。乾隆帝正拟将他交部严加议处,这个不识相的家伙又以八百里飞递进上其父顾国泰诗集。乾隆帝大怒,即刻下令将其革职锁拿来京,交军机处严加审讯。① 此后,此类申斥处分一直不绝于书。如乾隆三十五年四月,云贵总督彰宝以奏报寻常公务擅动四百里驿递遭到申斥。② 同年六月,福建巡抚温福以四百里驿递奏折奏报访获洋盗、续获台湾伙匪及地方情形,乾隆帝又对其加以申斥并传谕各督抚:"嗣后除紧要公务不容缓待者仍准由驿驰送外,其寻常奏事之折,俱着按例专人赍进。"③乾隆四十年二月,喀什噶尔办事大臣以使用驿递谢恩而遭申斥。④ 乾隆四十一年四月,云南巡抚图思德又以使用四百里驿递奏报巡阅营伍等事而遭申斥。⑤ 因为此类情形过多,乾隆五十五年八月,乾隆帝专颁谕旨,禁止各地督抚以寻常事务擅动驿递。谕旨称:"向来各省督抚陈奏各折,如遇紧要事件急于上达,或地方公务关系重大,即须请旨办理,或有特旨令其由驿速奏者,始准其由驿驰递。近日该督抚等奏事,往往擅用五六百里驰递。及披阅奏函,不过寻常照例之件。事非紧要,只益惊异,甚属不晓事体。至由三百里及马上飞递者,该督抚尤为视为泛常,率行驰奏,殊非慎重驿站之道。嗣后各省督抚等如非紧要事务,俱不准滥用驿递。倘不知轻重缓急,仍沿故习,必治以应得之罪,不能稍为宽宥也。"⑥总之,乾隆间,乾隆帝对使用驿站递送奏折的控制几乎达到了十分苛刻甚至不近情理的地步。在他的干预下,各地督抚提镇以下官员只好自出盘费雇佣家人或者专差递送奏折。其中腹里省份往返一趟少则十数日,多则一个月。至于云贵、浙闽、川陕、新疆等边陲地方,至少需时数月。单是递送奏折开销,也是一个不小的数目。养廉银丰厚者犹可支持,养廉银较少者则几乎无法应付这笔开支。如乾隆三十四年十二月,台湾镇总兵章绅分遣三人于本月十四、十五、十六等日连进三折,每人给路费银八十两。乾隆帝知后,

---

① 《清高宗实录》卷八一七,乾隆三十三年八月。
② 《清高宗实录》卷八五七,乾隆三十五年四月。
③ 《清高宗实录》卷八六二,乾隆三十五年六月。
④ 《清高宗实录》卷九七七,乾隆四十年二月。
⑤ 《清高宗实录》卷一〇〇七,乾隆四十一年四月。
⑥ 《清高宗实录》卷一三六一,乾隆五十五年八月。

也认为："如此糜贵,于事何益?"①乾隆三十三年时,还发生了总兵明达拒不支付赍折路费,致使守备甘廷亮自缢身死的严重事件。② 因为赍送奏折路费开销过大,为一般官员力所不支,早在乾隆四年七月,署广东提督副都统保祝即奏"遣员赍折,往返即须三月,事关紧要,仰恩将报匣由驿驰送,以速机宜。"乾隆帝随即谕:"寻常事件,仍遵旧例;紧要事件,原应由驿递送。"③乾隆三十一年十月,山东布政使颜希深又要求:"嗣后各省督抚藩臬陈奏事件,俱由驿驰送。"对此,乾隆帝不但以"各省应折奏之文武大员甚多,将何以分孰应由驿、孰不应由驿"无法区别为由不予接受,反而指责其动机不纯,在财务上"过为计较"。④ 这样,一些廉俸较薄的中级官员或者很少使用奏折奏事,或者为省费而于数篇奏折上填注不同拜发日期,雇人赍送至京,分日投递。对此,乾隆帝发现后,又皆加指斥。如乾隆五十年十月,乾隆帝以台湾镇总兵柴大纪将一次写好奏折,日期故为分别,并令差弁分日呈进而指斥其"糊涂取巧"。⑤ 乾隆五十七年正月,他又对这种现象加以批评:"向来各省督抚提镇,遇有陈奏事件,往往令赍折差弁分日呈进,希图惜费见长,最为陋习",嗣后"不得仍蹈前辙"。⑥ 乾隆六十年七月,他又再次就此予以指斥:"外省习气于陈奏事件,往往用一差弁,赍带数折,分日呈递,以此见勤。所谓弄巧成拙,最为陋习"。⑦ 可见,至乾隆末,这一问题也未能彻底解决。乾隆帝对奏折递送方法采取的限制性措施,虽然在一定程度上限制了不重要信息的输入,但是也在一定程度上影响了奏折内容的准确性及其输入的及时性。

四

乾隆时期,由于奏折在处理国务中发挥着极其重要的作用,奏折

---

① 《清高宗实录》卷八四九,乾隆三十四年十二月。
② 《清高宗实录》卷八二四,乾隆三十三年十二月。
③ 《清高宗实录》卷九七,乾隆四年七月。
④ 《清高宗实录》卷七七一,乾隆三十一年十月。
⑤ 《清高宗实录》卷一二四〇,乾隆五十年十月。
⑥ 《清高宗实录》卷一三九五,乾隆五十七年正月。
⑦ 《清高宗实录》卷一四八三,乾隆六十年七月。

递送机构也成了一个关键部门。为了保证奏折输送畅通无阻，乾隆帝还采取措施，整顿奏折递送机构。

其一是统一奏折输送渠道。雍正时期，虽然成立了专门收发奏折的机构——奏事处，但是也不乏由内阁递送奏折之例。乾隆间，所有奏折收发则统一汇总到了奏事处。乾隆十一年十一月，军机处收到南河总督周学健缴还军机处寄信匣时发现其中有奏折一件，当即进呈乾隆帝。为了防止类似事件再度发生，乾隆帝命军机处传谕周学健及各省督抚："封奏事件，自应赍至奏事处。"①奏事处则分为内奏事处和外奏事处。外奏事处人员由内务府拣选人员充任，内奏事处由奏事太监充任。为了防止内外奏事处太监、官员互相勾结以及内外奏事人员与进折官员勾结，还专门派御前侍卫一员往复稽察。

其二是采取措施保证奏折输送渠道畅通无阻。如乾隆十六年十二月，奏事处总管王常贵"将应奏事件驳回未奏"，乾隆帝即下令将其交总管内务府大臣治罪。② 乾隆三十四年十一月，乾隆帝下令改变御门听政之日"奏事处人员遇各衙门及科道封口奏章概不转递"旧例，规定："嗣后御门日期，凡有封奏事件，俱着一体接收呈览。"③乾隆五十六年八月，乾隆帝又发现奏事太监并未将兵部奏折单行呈览，而是夹入吏兵两部月折一并递呈，当即下令将奏事太监"各责三十板示惩"。④

其三是严防奏事官员与朝臣内外勾结弄权而不断对奏事处加以整顿。乾隆二十四年十一月，奏事处人员将云贵总督爱必达与山东巡抚阿尔泰两人报匣甲乙误发，阿尔泰并不具折声明，仅将误发报匣咨送军机处。乾隆帝以其与奏事处有交结嫌疑，将阿尔泰交部严加议处，奏事总管王常贵等亦交内务府治罪。⑤ 乾隆三十年二月，乾隆帝南巡。福建巡抚苏昌折奏闽省盐政，乾隆帝命交行在户部议奏。后来发现，奏事处竟将奏折及口传谕旨直付苏昌本人，有揽权之嫌。

① 《清高宗实录》卷二七八，乾隆十一年十一月。
② 《国朝宫史》卷一，训谕四。
③ 《清高宗实录》卷八四六，乾隆三十四年十一月。
④ 《清高宗实录》卷一三八五，乾隆五十六年八月。
⑤ 《国朝宫史》卷一，训谕四。

乾隆帝下令："所有接交此折之奏事官员着交内务府大臣察议。"①乾隆三十九年七月,发生了军机大臣于敏中私托奏事太监高云从探听朱批记名道府官员使用情况以及高云从交结外官的案件。乾隆帝闻之大怒,当即下令将高云从斩首示众,于敏中以下与高云从有嘱托来往关系者各予严惩。同时,还颁布谕旨称："在京部院各衙门陈奏事件及外省督抚等赍奏差弁赴宫门具折,设有奏事处官员接递,转交奏事太监进呈,所以严内外之防,使宦寺人等概不得与外人交接,法至善也。乃近来奏事官员日久懈弛,至有山东随至天津之参将王普与高云从认识,听其嘱托。高云从不过写字处下贱太监,何得与外省参将相识,则是太监等与外廷官员在宫门觌面交谈之处大致可知。"②为此,他下令将负责稽查的御前侍卫春宁革职治罪,同时,又采取措施限制奏事处太监与外官接触。决定:"嗣后除军机处应奏事件仍照旧交奏事太监呈进外,其余各部院衙门奏折,俱悉从奏事官员接收转交。即内务府衙门一切事件,虽系家务,亦着由奏事官员转交,概不得由奏事太监等接奏。大臣官员等并不得与太监交谈,如敢再有违犯,必将伊等从重治罪。"③数年后,乾隆帝又采取措施更动奏事处人员成分。前此,"奏事处皆挑取内务府官员行走",乾隆四十五年九月,他下令"着于各部院司官一并挑取",并规定,奏事处六缺,"着分给部院司官二缺,内务府官员四缺","八年期满更换","若有行走平常者,该堂官等查出,不必俟至八年,即着更换"。④

① 《清高宗实录》卷七二九,乾隆三十年二月。
② 《清高宗实录》卷九六三,乾隆三十九年七月。
③ 《清高宗实录》卷九六三,乾隆三十九年七月。
④ 《清高宗实录》卷一一一五,乾隆四十五年九月。

第四章　继嗣垂统：清朝前期的
　　储位继承

康雍之际继嗣制度的演变[*]

一

康熙十四年十二月，年仅二十二岁的康熙皇帝在对三藩用兵，军务异常繁忙之际，一反清初各帝生前不立皇太子的旧例，明文册立年方周岁的皇子允礽为皇太子。如果对清初建国史略加回顾，则可看出，康熙此时明立皇太子，是从入关前便已开始的从八旗贵族分权向中央集权过渡的历史过程的必然结果。

八旗制度，是后金和清初满洲政权的主要支柱。从努尔哈赤建立八旗之日始，八旗各设旗主、各置官署、各有人民、各有军队、各有田土。在中央八旗旗主拥有极大的权势，以八和硕贝勒共治国政为主要表现形式的满洲贵族合议制——议政王大臣会议是当时满洲政权的最高权力机关。因此，在解决继嗣问题时，便是皇帝在位时不预立皇太子，而是在皇帝去世后由八旗旗主公推新君。这种政治体制必然会引起贵族集团内部争夺最高权力的斗争。努尔哈赤死后，出现了诸王争国、皇太极夺位自立的情况。随着满洲社会发展，从皇太极时期开始，中央集权逐步加强，但由于八旗旗主仍有很大的势力，因而在皇太极死后，仍然出现了黄、白两个政治集团在争夺最高权力

　＊　本文系与李宪庆合撰。

斗争中的尖锐对立和摄政王专权的局面。顺治皇帝亲政后将正白旗收归皇上旗分，出现了"天子自将上三旗"的局面，从而使皇帝和旗主力量的对比发生了根本的改变。这种居重驭轻局面的出现使得最高君主有可能根据自己的意志选择自己的后继者。如果说，顺治皇帝以早年去世未及建立储君的话，那么作为他的后继者康熙皇帝在中央集权进一步加强的情况下，便有可能改变旧章，开始明立皇太子了。因而康熙建储是从入关前便已开始的由八旗贵族分权向中央集权过渡的历史过程的必然结果。

虽然至康熙时期，清朝的中央集权大体巩固下来，但是，八和硕贝勒共治国政的习惯势力和心理观念仍然存在。而且，清朝政权是以少数民族统治人口众多的汉族，"首崇满洲"是它维持统治的一项重要国策。在这一政策指导上，作为统治民族代表的少数满洲王公、旗主在政治上仍然拥有很大的权势。它虽然对加强控制人口众多的汉族人民是必要的，但也隐然构成了对中央集权以至皇权的一个潜在的威胁。为了进一步巩固自皇太极以来所逐渐加强的中央集权，防止在未来的最高权力更迭之际再出现新的反复，也需要吸收汉族各朝维持统治的经验，明立皇太子。

就康熙本人而言，不仅有历朝宗室干政、亲王擅权的教训可汲取，而且他自己也有过一段艰难的经历。顺治皇帝死后，由于上三旗的形成和中央集权的加强，改变了原来国家事务由宗室诸王协理的局面，而是由皇帝亲掌的上三旗大臣控制政局，但是上三旗势力的增长，在皇权更迭之际也构成了对皇权的威胁。康熙虽然是在顺治遗诏中被立为皇太子并继承皇位的，但他之得立与其说出自顺治之意，不如说是出自上三旗大臣的意志。因为没有明确的建储制度，原来为皇帝所控制的上三旗却以拥立之功，反过来控制了皇帝，出现了太阿倒持的局面。因此，在康熙初年，康熙皇帝完全成了上三旗大臣手中的傀儡。他们动辄称旨，明目张胆地改变顺治政策中不少积极的内容，任用私人，甚至自相火并。其中鳌拜更为专横跋扈，在康熙亲政后还穿黄袍，屠戮大臣，国家大事在自己家中处理，全然不把已经成年的康熙皇帝放在眼里。康熙初年的政局混乱和上三旗大臣的飞扬跋扈，使得刚刚加强起来的中央集权受到了严重的影响，并给年轻的康熙皇帝以极深的印象。他感到前朝旗主各自为政固然是皇权削弱的原因，但是在最高权力更迭之际的授受制度不健全，又何尝不是在为旗主专权、大臣擅政创造机会。为了使今后最高权力更迭之际皇权的连续性和稳固性得到保证，"必建立元储，懋隆国本，以绵宗社无疆之休"。① 鉴于这种情况，康熙清除鳌拜集团之后，在嫡长子允礽刚满周岁，对三藩用兵，军务繁忙的紧要时刻，颁布了皇太子的任命册文，其目的很明确，是为了让他的后继者牢牢地掌握皇权，以"垂万年之统"，"系四海之心"。②

二

为了把皇太子培养成异日的孝子圣君，康熙倾注了极大的心血。太子幼小时，便亲自为其"讲授四书五经"。③ 而后，又多选名师，以为辅导，一时理学名臣如张英、李光地、熊赐履、汤斌等皆先后聚集于太子门下。为了提高太子在臣民中的威信，又在礼仪上使之与己几乎相等，国家大典，诸王百官先向皇帝朝贺，然后去东宫礼拜。而对那些坚持满洲陋俗，不尊重皇太子的大臣，如明珠、科尔坤、佛伦等，不管他们有多高的职位，也坚决撤换。④ 这样随着太子年龄的增长，才能和威信也日益提高。"通满、汉文字，娴骑射，从上行幸，赓咏斐然"。⑤ 康熙三十五年，康熙亲征噶尔丹。为了训练太子的从政能力，次年，行军宁夏两次出征，皆命太子留都居守，"各部院奏章，听太子处理；事重要，诸大臣议定，启太子"。⑥ 南下巡河，又命之"随驾"。⑦ 而皇太子也果然不负父望，克尽厥职，以致"举朝皆称皇太子之善"。⑧

康熙明立皇太子，以致太子成人后内则助上从政，外则巡幸扈从，不能说不是进一步加强皇权、限制权臣擅政的有力措施。平定三藩后，康熙于内政外交事事顺手，边防征伐，战绩大著，内政治理，臻于郅治，出现了入关后所从未有过的全盛局面，显然和明立皇太子后

---

① 《清圣祖实录》卷五八。
② 《清圣祖实录》卷五八。
③ （清）王士禛：《居易录》卷三。
④ 《清史稿》卷二六九。
⑤ 《清史稿》卷二二〇。
⑥ 《清史稿》卷二二〇。
⑦ 《清圣祖实录》卷二〇九。
⑧ 《清圣祖实录》卷二三五。

统治集团核心的稳定有直接关系。康熙三次出征，每次均数月之久，设如京师事务不托付得人，焉能如此放心地让"各部院衙门本章，停其驰奏"？正是由于父子骨肉，配合默契，才使康熙将日常事务托付太子，自己在外异常放心地讨叛平逆，从而取得各项成就。因此，康熙明立皇太子对于康熙中期皇权的加强，起过一定的作用。但是，随着太子年龄的增长和开始从政，康熙父子间的矛盾也发生了，甚至还发展至康熙皇帝公开宣布废掉皇太子。

康熙和太子之间的矛盾，大体上是从允礽成人后从政时便已开始的。因此，两者之间的矛盾性质，从一开始便超出家庭矛盾之外，而具有浓厚的政治斗争色彩。康熙二十九年七月，康熙亲征噶尔丹，归途中生病，命太子及皇三子允祉来见。"太子侍疾无忧色"，[①]而太子周围的一些宵小之徒又对此颇感快意，以至引起了康熙的愤怒，"遣太子先还"。[②]尔后康熙病愈后，对太子党人给予了严厉的惩罚。[③]在这之后，康熙父子间的矛盾便时有表现。如康熙三十三年，礼部拟定祭奉先殿仪注，将太子拜褥置槛内，康熙则命置于槛外，并把"请旨记档"的礼部尚书萨穆哈革职。康熙三十六年，又以"太子昵比匪人，素行遂变"而"录太子左右用事者置于法"。[④]

康熙、允礽父子间的矛盾在康熙三十七年三月大封诸皇子后进一步激化了。是年，在康熙父子失和的情况下，康熙皇帝封皇长子允禔为直郡王，皇三子允祉为诚郡王，皇四子胤禛、皇五子允祺、皇七子允祐、皇八子允禩俱为贝勒，并使他们先后参与了国家政务的管理。就康熙大封诸皇子的本意而言，未必想以此作为易储的准备，但是，诸皇子之受封以及陆续从政，却无疑使他们拥有了竞争储权的政治资本，从而形成了康熙季年争储的几支主要势力，这必然使原已因父子之争而失宠的允礽感到极大的威胁，这样，康熙和太子之间的矛盾便更加尖锐起来。四十二年五月，康熙因太子亲信领侍卫内大臣索额图"议论国事，结党妄行"，"助允礽潜谋大事"，[⑤]而将他囚禁至死。

---

① 《清史稿》卷二二〇。
② 《清史稿》卷二二〇。
③ 〔法〕白晋：《康熙大帝传》。
④ 《清史稿》卷二二〇。
⑤ 《清史稿》卷二六九。

索额图是辅政大臣索尼的儿子，又是康熙孝诚仁皇后的叔父，早年曾参与康熙皇帝清除鳌拜集团的准备工作，是康熙皇帝的心腹，康熙正是出于对他的信任而使他侍奉皇太子的。但是索额图之忠于皇太子在康熙父子矛盾激化之时却成了他的罪状，被康熙斥为"本朝第一罪人"。由此可见康熙与太子间的矛盾之深。在这同时，又将党附索额图实即太子党人的麻尔图、额库里、温代、邵甘、佟宣等人加以拘禁，甚至党与太子之"诸臣同祖子孙在部院者皆夺官"。①

康熙对太子的裁抑和对太子党的打击，不但没有使太子争夺最高权力的企图有所收敛，反而加剧了他们的活动。允礽说："古今天下，岂有四十年太子乎？"允礽跟随康熙巡幸塞外时，又"中怀厄测"，"每夜逼近布城，裂缝窃视"。他们的活动使得康熙本人"未卜今日被鸩，明日遇害，昼夜戒慎不宁"。② 为了保持自己的权力，康熙仍非常坚决地表示"大权所在，何得分假于人"。于康熙四十七年九月，下诏废去皇太子允礽，幽禁于咸安宫。

综观康熙立废皇太子的全过程，其父子之间的矛盾斗争并非如康熙所谓是由于允礽的"行事乖谬，不仁不孝"。而是立太子之后储权的不适当的增长反过来威胁了皇权，如果对前述康熙明立皇太子后的一些规定进行分析，则可看出，将储君地位和权力无限制地加以扩大以至使之构成皇权对立面的，正是康熙本人。

首先，是关于太子的各种礼仪制度。太子既立，便有了特殊地位。对前朝宗室干政、大臣擅权感受颇深的康熙皇帝却不适当地提高了太子的礼仪制度，达到了与己相等的地步。"服用仪仗等物，太为过制，与朕所用相同"。国有大典，诸王百官先向皇帝朝贺，然后去东宫礼拜。斥责太子礼仪制度过制固然是康熙加之于索额图之词，索额图制定的这套制度如果没有康熙的同意决然是不能实行的。这显然是册立皇太子时康熙尚在年轻，考虑不周详所造成的。也正是由此，在臣民心理观念上投下了皇帝与皇储并重的影子。储君在人们印象中的提高，必定要反过来影响皇权。

其次，在政治权力的分配上，在太子长成后，康熙皇帝为了训练

---

① 《清史稿》卷二六九。
② 《清史稿》卷二二〇。

他的从政能力,几次亲征,均以太子留守,处理政务,甚至规定"各部院衙门本章,停其驰奏,凡事俱着皇太子听理"。康熙这种一切放手的方法,在一定程度上提高了太子的从政经验。但是,太子的从政,在他周围集结了一批官僚,形成了太子党人,这必然在一定程度上侵犯皇帝的权力。随着允礽之长成以及权力的不断扩大,要求和欲望也就愈益增长,他说"古今天下,岂有四十年太子乎",明显地透露出攫取最高权力的强烈欲望,这样以培养太子从政经验为目的的一些活动便也走向了反面。

再次,在经济权益的分配上,因为允礽的特殊地位,自幼养就奢侈挥霍的习惯,康熙非但不对之进行裁抑,反而加之纵容。以允礽乳母之夫凌普为内务府总管,"便其征索",使其"恣取国帑","广蓄奇巧珍贵之物",以致太子费用远过于康熙本人。这就在助长太子权力欲的同时也助长了他对财产的无厌要求,甚至凌辱大臣,蔑视皇帝,邀截蒙古贡使,"攘进御之马",①发展到公开地同康熙本人争夺财富的地步。

如前所述,康熙明立皇太子是效法汉族历代王朝的做法,用以加强皇权的一个措施,但是实行起来,何以效果却截然不同呢?

皇、储矛盾,并不是某一个朝代所特有的现象,而是封建社会中封建统治者之间不断进行的权力和财产再分配斗争的必然产物。在汉族封建王朝的历史上,子弑父、弟篡兄的事例不胜枚举,历代统治者也曾为处理好这一关系而绞尽脑汁。经由长期的摸索,总结出了嫡长子继位的传统制度,并注意不让皇太子参与朝政,以避免皇太子和皇帝发生矛盾和冲突。同时,对其他诸皇子也多分封在外,远离朝廷,以消除诸皇子与皇太子的冲突。从而大体上把皇、储矛盾控制在一定的范围之内。而康熙皇帝在建储时,既没有像历代汉族统治者那样注意摆正皇帝和储君的关系,又在建储之同时因袭清初各朝旧习,先后分封皇子为王,并使他们参与国家事务的管理。可见,这只是一种建储制度上的简单的凑合。随着太子年龄的增长和开始从政,以及诸王的陆续受封,皇帝与储君、储君与诸王之间的矛盾便势不可免地爆发出来。

但是,如果我们看到康熙册立太子在清初继嗣制度的演变上是

---

① 《清史稿》卷二二○。

一个创例,那么,便可知道,这种制度上的不完备当然不能像康熙所称的,应归罪于太子党的一二大臣,也不能因为康熙是最高统治者,一切有关太子的礼仪、权力规定都须经他同意而归之康熙。而应看作是由于满洲政权方在年轻,在处理皇、储关系这个新问题上尚处在不成熟阶段。它需要在反复的政治斗争中取得经验,才能寻找出一套既防止宗室大臣擅政,又不致引起皇帝与储君矛盾,以确保皇权至高无上的好方法。

三

从康熙四十七年九月以后第一次废太子的一些情况来看,康熙本人还没有看到他和允礽之间的矛盾是由于制度不健全所导致的皇权与储权矛盾的必然结果。在他看来,只要在他众多的皇子中选择一个仁而且孝的作为太子,上述问题便可以解决。因此,在太子第一次被废之后,康熙便召诸大臣,"命于诸皇子中举孰可继立为太子者"。[①] 其后在诸子争夺储位、矛盾无法解决而复立皇太子允礽时,亦并未对太子仪仗有所裁定。这样,以第一次废太子为标志,康熙晚年政局出现了混乱的局面。

康熙皇帝三十五子,成人者二十四人。至康熙四十七年废太子时,率皆长大成人。早在康熙、允礽父子关系尚为融洽时,诸皇子为个人利益,便各蓄异志,纠结私党,造谣中伤,飞短流长,使得允礽处于众矢之的的位置上,康熙和允礽矛盾的激化和发展,与他们的暗中活动不无关系。康熙废太子,给他们的争夺储位斗争以新的希望和推动力,如皇长子允禔,在太子未废时便用蒙古喇嘛巴格汉隆诅咒太子早死,太子被废后,又主动向康熙提出"如诛允礽,不必出皇父手"。他的这种露骨行为被康熙所看穿,并被斥为"乱臣贼子"而"严加看守",从而退出历史舞台。

在康熙初废皇太子而命诸大臣推举新太子人选的时候,形势一度对皇八子允禩非常有利。在他周围,集结了一批以王公大臣,如皇九子、皇十四子、领侍卫大臣阿灵阿、散秩大臣鄂伦岱、贝勒苏努、大学士马齐等人,形成所谓皇八子党。他们乘康熙征询意见之机,"私

---

① 《清史稿》卷二二〇。

相计议,与诸大臣暗通消息,书'八阿哥'三字于纸,交内侍转奏"。[1]
但随即被康熙所看穿,何以诸大臣"所举皆同"?康熙与旧太子之矛
盾既已因父子争权、太子党羽太盛而引起,现在这么多人拥戴允禩,
无异是向康熙显示了一下皇八子党的阵容。他感到"此人之险,实百
倍于二阿哥",[2]如果让这种人作太子,岂不是又一个强大的对手!
兼之以顺承郡王布穆巴等人推荐张明德为允禩相面事被揭发后,康
熙皇帝发现了和中央离心力较大的下五旗王公也参加到这场斗争之
中,于康熙诸子间,"肆行其谗谮交构,机谋百出,凡事端之生,皆由五
旗而起"。[3] 这就更加使他感到全部问题之严重。他当机立断,将允
禩革爵并下令追查推举允禩的倡导者。为了防止这种混乱局面的进
一步发展,从而使下五旗王公坐收渔翁之利,在已因废太子达到压抑
储君权力的初步目的之后,四十八年三月,康熙经过反复权衡,宣布
重立允礽为皇太子。在这同时,为了平息诸子之间的斗争,分别将皇
三子、皇四子、皇五子晋封亲王,皇七子、皇十一子晋封郡王,皇九子、
皇十二子、皇十四子为贝子。

　　允礽自复位以后,皇权与储权的斗争又重新开始。原先的太子
党又重新麇集在允礽的周围,侵吞康熙的权力。康熙对此深有察觉,
五十年十月,严惩太子党人步兵统领托合齐等,并再次对允礽进行指
责,"诸事皆因允礽。允礽不仁不孝,徒以言语货财嘱此辈贪得谄媚
之人,潜通消息,尤无耻之甚"。[4] 为了巩固自己的帝位,于五十一年
十月,复废太子,禁锢咸安宫。

　　允礽两次被废以及其后诸子争夺储权的斗争,给了康熙皇帝本
人以极深的教训。如果说,在初次废太子时,他尚把此事简单化为允
礽个人的"不仁不孝",而诸子争当皇储和下五旗插手斗争的事实,则
使康熙改变了看法。皇储之间的矛盾决不是由于太子个人品质不好
而造成的。其根本原因就在于三十多年前他所规定的建储制度的不
完善,不但不能保证皇权的进一步加强,反而与此相抵触。因此,五

---

① (清)蒋良骐:《东华录》卷二〇。
② 《圣祖实录》卷二六一。
③ 《圣祖实录》卷二三七。
④ 《清史稿》卷二二〇。

十一年再废太子之后,已经年愈花甲的老皇帝,当然比他初立太子时更加关心他身后继嗣的人选,但在实际行动上,却对立储一事表现了消极的态度。和四十年前年仅二十出头未经历练的康熙不同的是,他所考虑的不是要不要立皇太子,更重要的是考虑采取什么样的方式立下合适的太子,通过什么方法处理好皇权和储权的关系,即他所说的"太子为国本,朕岂不知?立非其人,关系匪轻"。① 在康熙第二次废太子之后,尚未选择新的皇太子之前,他"谕大学士、九卿等裁定太子仪仗",②显然就是准备即使再立皇太子,也要对其权力、仪仗进行限制。后来康熙本人又越来越倾向于不公开立皇太子。他说:"宋仁宗三十年未立太子,我太祖太宗亦未豫立。"③此后,诸臣疏请立太子者,则往往获罪。他还说:"朕万年后,必择一坚固可托之人与尔等作主,必令尔等倾心悦服,断不致赔累尔诸臣也。"④由此可以看出,立谁作皇储,康熙胸中已有成算,但公布时机,则需在己死后。换言之,康熙末年,有鉴于皇帝与皇储的矛盾,康熙便已有秘密建储的打算了,雍正继位后,便把它定为一项建储制度。

四

清世宗是在康熙末年诸王争夺最高权力的斗争中登上皇位的。他之所以得继皇位,在于他和允礽、允禩等人露骨地争夺储权相反,尽量使自己置身于这场斗争之外。当局者迷,旁观者清。他清楚地看到,康熙季年康熙与允礽、允禩的斗争,实质上是皇权和储权的斗争。谁在康熙面前争当皇太子,谁就是在和康熙争权夺利,也就必然会遭到康熙的无情打击,并成为诸王集中攻击的目标,而把自己的政治资本丢个精光,因此,他在表面上,绝未表示过有"希望大位之心",甚至还为废太子说上几句好话,以博取"性量过人,深知大义"之名。这无疑就使自己避开了和康熙的正面冲突,以及和诸兄弟的火并。实际上,他对储权的垂涎决不亚于其他诸王。于其自称"懒于交接,有欲来往门下者,严加拒绝"的背后,则不露声色地积极培植扩大党

---

① 《清史稿》卷二二○。
② 《清史稿》卷二二○。
③ 《清史稿》卷二二○。
④ 《清世宗实录》卷一。

羽,这就为他继位准备了必要的组织条件。胤禛正是在这一特殊的环境里取得康熙的信任并发展自己势力的。因此,在康熙季年诸子争夺储权而致允礽被废、允禩削爵两败俱伤的情况下,胤禛的地位却有了提高,继三十七年受封为贝勒之后,四十八年三月晋封为和硕雍亲王,从而使他在臣僚中树立起了威信,为他日后继位奠定了很好的基础。

关于雍正继位真相,当时便有许多传闻,史学界也有不少文章。不外乎一为其即位系夺位,一如官书所称是康熙临死之前"仓卒之间,一言而定大计"。我们认为虽两说各执一词,但皆有一定程度上的历史真实性。胤禛如不于康熙末年诸皇子争斗中使用各种手段以至阴谋手段是绝难继位的,当时各皇子之间皆是如此,概莫能外,不能以雍正是胜利者而厚非他。另外,在康熙拥有一切大权的情况下,胤禛不经过康熙的认可也是难以继位的。如果把康熙末年的不立皇太子言行和临终时"一言而定大计"前后两者相比较,则可看出,两者在实质上是一致的。因此,我们与其相信街谈巷议所传失败诸王的愤懑之言,不如直据官修史书,从两朝建储制度的连续性上来考虑问题。由此,我们比较倾向于雍正继位有着其封建法制意义上的合理性。因为本文以探讨继嗣制度演变为目的,对此问题仅简作上述。

作为康熙晚年亲信的皇子,胤禛应该是比较了解康熙关于立储的思想活动的。直至康熙五十六年十一月,康熙大病七十余日,连路都不能走的情况下,尚且认为"立储大事,岂不在念。但天下大权,当统于一"。[①] 而且诸臣建言立储者又往往得罪,这不是秘密建储之先声吗? 而且,胤禛是康熙末年诸王争夺储位斗争的参加者。他深知明立皇太子其中弊端颇多,除造成皇帝与储君的矛盾外,还容易使太子地位优越,骄横不法;诸王植党营私,互相攻讦;权臣聚帮结派,对君上怀有二心。这些都会使最高统治集团内部分裂,甚至骨肉相残。如果恢复满洲旧俗,不立皇太子,宗室干政、大臣擅权又无法解决,更不可取。因此,在他继位之初,于雍正元年八月,作出了秘密建储的规定。亲书太子之名"藏于匣内,置之乾清宫正中世祖章皇帝御书

---

① 《清史稿》卷八。

'正大光明'匾额之后,乃宫中最高之处,以备不虞"。[①] 又别书密旨
一道,藏诸内府,为异日勘对之资。从此以后,形成了清代的储位密
建制度,并作为家法,大体为此后各朝所沿用。雍正十三年八月己
丑,清世宗死于圆明园,在"王大臣请奉大行皇帝还宫"的同时,"庄亲
王允禄等启雍正元年立皇太子密封","另有总管捧出黄封一函,视
之,则御笔亲书传位今上之密旨也"。于是乾隆宣诏即皇帝位,其合
法性不容怀疑。这样既避免了在雍正生前发生皇储矛盾和诸皇子之
间的斗争,又避免了宗室王公、辅政大臣的擅权僭越,最高权力过渡
完成是如此顺利,为历代所不及。

五

康雍之际,是继清初之后皇权进一步强化和发展的重要历史时
期。随着满洲贵族在全国统治的巩固和以上三旗的出现为主要标志
的中央集权的初步形成,在和汉族封建政治结构、经济结构长期接触
的过程中,抛弃入关前所旧有的古老习俗,而吸收汉族统治者传统的
政治制度包括建储制度,便被提上了议事日程。正是在这样的情况
下,康熙在清除鳌拜集团后,毅然明立皇太子。太子的设置曾经有效
地防止了宗室干政、大巨专权局面的再度出现,对于康熙中期皇权的
加强起过一定的作用。

然而,作为一个新兴的满族政权的代表者,年仅二十二岁的康熙
皇帝,在学习汉族政治制度之初,仅师其皮毛,而未究其意旨,表现在
建储制度上便是把太子权限过分地提高,而没有放置于适当的地位。
这就在皇权之外又出现了自己的对立面——储权。兼之清朝以八旗
立国,历史上形成的八旗共治的离心倾向在皇、储矛盾斗争中找到了
自己的藏身之处,并对这一斗争起了推波助澜的作用。使康熙和允
礽、允禵等的斗争,在一定程度上具有了入关前已开始的皇权和旗权
斗争的性质,并成为它在新形势下的继续和发展。

康熙末年,皇权与储权经过反复的斗争较量,使康熙逐步认识
到,要达到进一步加强皇权的目的。必须对已有的建储制度进行改
造。而这一改造是从康熙第二次废太子时便已开始了的。裁定太子

---

① （清）王先谦:《东华录·雍正三》。

仪仗,时以后事为念,但又坚持不立皇太子便可说明这一点。清朝统治者是在长期的斗争中经过反复探索逐步地认识到这一点的。至雍正继位,则将其加以总结,概括成为完整详密的秘密建储制度,它的实质在于"一人治天下"。它不但有效地防止宗室干政、大臣擅政,而且也防止了明立皇太子所引起的父子矛盾、诸王争储、骨肉相残局面的出现,并使此后各朝最高权力的过渡能够顺利进行,从而把专制主义的中央集权加强到了中国封建社会空前未有的地步,对乾隆时期形成的全盛局面起了一定的推动作用。

论乾隆秘密建储

　　秘密建储是清朝独具特色的一项重要政治制度，肇始于康熙末年而确立于乾隆朝，并为此后各朝皇帝所遵行，对于实现最高权力的顺利过渡，对于加强皇权和巩固清朝统治，都发挥了重要的作用。关于康雍之际秘密建储制度的形成，不少学者已多有研究，而对乾隆以后的历朝建储，研究却相对薄弱。于此，本文拟对乾隆建储略作探讨。

一

　　康熙帝在位末年，围绕继承最高权力的皇储之争一度空前激烈，这些斗争严重地影响了统治的巩固和皇权的加强。有鉴于此，康熙五十一年十月再次废掉皇太子后，康熙皇帝迄未再立皇太子。雍正帝即位后，对建储制度进行了重要的改革，把原来公开册立皇太子的建储制度改为秘密建储。雍正帝的这一决定，是他汲取了继位初年残酷宫廷斗争的教训而采取的一项重大变革。这一变革对于调整储君和其他皇子之间的关系以及加强皇权、安定形势、巩固统治都有着重要的意义。雍正帝去世后，最高权力的过渡相当顺利，最高统治核心也长期处于稳定的局面，对于社会的安定和经济的发展，对于清朝统治全盛局面的形成都发挥了重要的作用。

　　秘密建储制度的创立对于雍乾之际政治和经济的发展固然起了

积极的作用,但是,由于受传统建储观念的影响,加之乾隆帝即位之初年仅二十五岁,缺乏政治经验,因而,即位之初,他对秘密建储制度的认识较之其父雍正皇帝却大为倒退。

两千多年以来,中国历代君主大多是以在位期间公开预立储君为建储基本方式;在建储时,又以"立嗣以嫡不以长,立嫡以长不以贤"为基本原则。而且,经过春秋以后历代儒家大师的阐释、发挥和美化,这一思想几乎被社会普遍接受,形成了一种极其顽固的习惯观念。自然,这种根深蒂固的传统建储观念不能不给乾隆帝以极其深刻的影响。其次,就秘密建储制度的本质而言,是以牺牲和侵犯储权来无限制地加强皇权。在"备位藩封"十几年的时间里,乾隆帝曾深受其苦。即位之后,他的地位虽然发生了变化,但是当时处境却历历在目,难以忘怀,因而,相当长的一个时期,对于秘密建储的做法,他极为反感。兼之乾隆帝即位之时,虽然已有三子,但却皆在童年,并不存在皇储之争的客观条件。因而乾隆元年七月初二日,乾隆帝虽然恪遵"三年无改于父之道"的古训,当着诸王大臣之面将亲书所立储君之名缄密封固并照例藏于乾清宫之"正大光明"匾额之后,但是在其言行中,却流露出他对秘密建储制度有着极深的成见。在他看来,秘密建储制度只是一种"酌权剂经之道,非谓后世子孙皆当奉此以为法则也。将来皇子年齿渐长,识见扩充,万无骄贵引诱之习,朕仍当布告天下,明正储贰之位"。① 他还不无含蓄地说:"若夫以建储为嫌忌而不肯举行者,此庸主卑陋之见,朕所深鄙者也。"② 表现了他对雍正帝秘密建储制度的不满。再次,对于储君人选的标准,乾隆帝也泥于以往立嫡立长的旧说,对于清初以来各帝和他自己"皆未有以元后正嫡绍承大统"的历史,他深为遗憾。为此,他暗下决心,"必欲以嫡子承统,行先人所未行之事,邀先人所不能获之福"。③ 因而,乾隆元年七月首次秘密建储时,他即将嫡妃富察氏所生的皇二子永琏内定为储君。乾隆三年十月,永琏病殁之后,他又想将富察氏皇后所生之皇七子永琮内定为储君,仅因不久之后永琮也接着殇逝,乾隆帝

① 《清高宗实录》卷二二,乾隆元年七月上。
② 《清高宗实录》卷二二,乾隆元年七月上。
③ 《清高宗实录》卷三〇五,乾隆十二年十二月上。

的这一愿望才没有实现。但是由此也可以看出,传统建储观念对他的影响是何等之深。再者,秘密建储,"密"是一个基本条件,对此,乾隆帝也并未重视。乾隆十二年底,乾隆帝心目中的继嗣永琮殇逝之后,为了挑选新的继承人,他曾先后降旨军机大臣讷亲、傅恒等,"大阿哥断不可立","至三阿哥,朕先以为尚有可望,亦曾降旨于讷亲等"。① 正是因为保密不够,导致了乾隆帝和皇长子永璜、皇三子永璋父子之间的隔膜和矛盾。所有这些情况表明,乾隆帝即位之后十几年中,对于秘密建储制度的意义的认识尚极为肤浅。

继乾隆十二年底皇七子永琮殇逝后,乾隆十三年春,孝贤皇后富察氏又病死于东巡途中,乾隆帝建储立嫡的愿望完全落空了。这使得乾隆帝本人极为悲痛。然而,年龄较大的皇长子于永璜和皇三子永璋对此却如置身事外,漠然处之,"全无哀慕之忱","于人子之道,毫不能尽"。② 而且,在乾隆皇帝看来,皇长子永璜甚至还有"母后崩逝,弟兄之中,惟我居长",不无幸灾乐祸、觊觎储位的念头。③ 这使乾隆帝极为不满,当即对他严加训斥,指斥其"于孝道礼仪,未克尽处甚多"。④ 几个月后,又再次降旨,对他们在孝贤皇后死后觊觎储位的非分之想提出严厉警告:"此二人断不可承继大统","若不自量,各怀异意,日后必至弟兄相杀而后止。与其令伊等弟兄相杀,不如朕为父者杀之。伊等若敢于朕前微露端倪,朕必照今日之旨,显揭其不孝之罪,即行正法。"⑤

经过这一事件的教训,乾隆帝对秘密建储制度的看法开始发生转变,一是放弃了建储立嫡的传统原则。乾隆十三年六月,在解释以前立皇后所生之皇二子永琏为嗣以及欲立皇七子永琮为继嗣的动机时,他说:"从前皇太子、七阿哥,朕亦非以系皇后所生,另加优视,因较众阿哥实在聪明出众,亦尔众人所共见共闻者。"⑥ 二是重申雍正帝关于秘密建储的有关规定,严禁满汉大臣对此进行干预。他警告

---

① 《清高宗实录》卷三一七,乾隆十三年六月下。
② 《清高宗实录》卷三一七,乾隆十三年六月下。
③ 《清高宗实录》卷三一七,乾隆十三年六月下。
④ 《清高宗实录》卷三一一,乾隆十三年三月下。
⑤ 《清高宗实录》卷三一七,乾隆十三年六月下。
⑥ 《清高宗实录》卷三一七,乾隆十三年六月下。

道："如有具奏当于阿哥之内选择一人立皇太子者，彼即离间父子、惑乱国家之人，朕必将伊立行正法，决不宽贷。"①如果说在这时乾隆帝还只是对具体问题就事论事的话，那么几年之后，他的认识便进一步提高并开始对两千多年以来传统的建储制度进行了初步的否定和批判。乾隆十八年时，他说："古称建储为国本大计，朕酌古准今，深知于理势有所难行"，"建储一事，亦如封建井田，固不可行于近世也"。② 与此同时，有鉴于诸子陆续长成，为了防止前朝争储、夺嫡的斗争再度重演，乾隆帝还分别采取了一系列重要措施。其主要者：一是加强对诸皇子的教育。据当时入值军机处的著名文人赵翼记载，每日五更，皇子们便按照规定进入书房读书，作诗文，"每天皆有程课"。做完诗文后，"则又有满洲师傅教国书，习国语及骑射等事，薄暮始休"。③ 对于诗文不佳、学业不好、骑射不优或不经奏闻而擅自行动的皇子，则予以斥责和惩罚。对于"平日怠惰，不能尽心课读"的师傅，则予以罚俸或革职。④ 二是对皇子们的地位和权势严加限制，不给其以竞争储位的政治资本。据《清高宗实录》记载，至乾隆三十年十一月以前，除了皇四子永珹、皇六子永瑢因分别出继履亲王允祹、慎郡王允禧而得赐爵位之外，其他所有皇子一概没有爵位。对于已有爵位的那两个皇子也严格限制其器用服饰，规定"一应服用，仍应照皇子之例。"⑤对皇子限制之严、待遇之低超过了历史上的任何君主。三是在没有物色到合适的储君人选以前暂不秘密建储。乾隆十三年以后，对于储君人选的标准，乾隆帝的要求一度至为苛严，因而此后二十多年的时间里，几个年长的皇子都因些微过失而失去了被立为储君的资格。首先是皇长子、皇三子因为临丧不敬而遭到了乾隆帝的严厉申斥。受此打击，皇长子忧惧成疾，一病不起，于乾隆十五年三月死去。而皇三子也从此一蹶不振，被乾隆帝排除在建储考虑范围之外。乾隆二十年以后，陆续成人的皇四子永珹和皇六子

---

① 《清高宗实录》卷三一七，乾隆十三年六月下。

② 《清高宗实录》卷四三五，乾隆十八年十一月下。

③ （清）赵翼：《檐曝杂记》卷一《皇子读书》。

④ 《清高宗实录》卷四八一，乾隆二十年正月下。

⑤ 《清高宗实录》卷九二一，乾隆三十七年十一月下。

永瑢也先后失去了乾隆帝的宠爱。① 为此,乾隆二十四年,乾隆帝将皇六子永瑢出继慎郡王允禧,二十八年,命皇四子永珹出继履亲王允裪。对于皇五子永琪,乾隆帝的印象一度颇好并有意将其定为储君,②不幸的是,乾隆三十一年三月永琪因病去世。这样,乾隆三十一年以后,乾隆帝不得不把建储人选扩大到乾隆十一年以后出生的几个儿子身上。

当时,乾隆帝共有七子,除了皇四子、皇六子已经出继之外,可以作为建储对象的有皇八子永璇(乾隆十一年生)、皇十一子永瑆(乾隆十七年生)、皇十二子永璂(乾隆十七年生)、皇十五子永琰(乾隆二十五年生)和皇十七子永璘(乾隆三十一年生)等五人。乾隆三十一年七月,皇后乌拉纳喇氏病故。乾隆帝以其南巡途中忤旨剪发,因命丧仪视皇贵妃。这一事件当然会对她所生的皇十二子永璂发生不利影响,兼之永璂本人在众兄弟之中亦并未引起乾隆帝的特别注意,因而,他首先被乾隆帝筛选下去。其次是皇十一子永瑆,文理虽然颇优,但对乾隆帝极为注重的国语骑射却向不措意。乾隆三十一年五月,乾隆帝发现永瑆仿效汉人陋习自取别号,当即对其严加申斥,③在乾隆帝看来,他的这些问题都属于重大缺陷,当然不能作为建储对象。再次是皇八子永璇,虽然在当时几个皇子中年龄较长,但“为人轻躁,作事颠倒”,④“沉湎酒色,又有脚病,素无人望”。⑤ 乾隆三十五年五月,永璇又因私自外出而受到乾隆帝的公开斥责。⑥ 乾隆帝所定建储标准本来甚高,永璇举止行为如此,当然不堪膺此重任。这样,经过二十多年的考察筛选,至乾隆三十五年乾隆帝六十寿辰时,所有年龄较长的皇子几乎被乾隆帝淘汰净尽。对于此事,乾隆帝虽然不无求全责备之病,但却有效地防止了前朝争储夺嫡斗争的重演,对于加强乾隆帝的专制统治,对于社会的安定都起到了重要的作用。

---

① 《清高宗实录》卷四八一,乾隆二十年正月下。

② 《清高宗实录》卷一〇六六,乾隆四十三年九月上。

③ 《清高宗实录》卷七六〇,乾隆三十一年五月上。

④ 吴晗辑:《朝鲜李朝实录中的中国史料》下编,卷一一,正宗十六年三月,中华书局,1980年。

⑤ 《朝鲜李朝实录中的中国史料》下编,卷一一,正宗十八年三月。

⑥ 《清高宗实录》卷八五八,乾隆三十五年五月上。

二

乾隆三十八年时,乾隆帝已经六十三岁。对他而言,建储一事已迫不容缓。经过反复的选择,当年冬天,乾隆帝以皇十五子永琰为内定储君,再次秘密建储。由于乾隆帝主持国家政务已近四十年,政治经验相当丰富,因而,这次建储,乾隆帝做得十分秘密。建储之前,并未就建储时机和储君人选与任何人商量,书写建储密旨并将之藏于乾清宫"正大光明"匾额之后的活动,也一反雍正帝和自己首次建储时的旧方式,根本没有召集诸王文武大臣公开宣示,只是在一切办妥之后,才将此事"谕知军机大臣"。同时还另书同样密旨一道藏于小匣内随身携带,以备异日勘对之用。因为全部过程都做得极为秘密,不但当时所有档案文献未曾留下乾隆帝再次建储的确切日期,而且,在乾隆帝建储之后很长一段时间里,除个别军机大臣之外,全国臣民几乎都不知道乾隆帝已经建有储君,以致乾隆四十三年秋乾隆帝第三次东巡盛京时,一个锦县生员金从善还为此而专门上书乾隆帝,要求建储。后来,人们虽然从乾隆帝批驳金从善的谕旨中得知乾隆帝数年前已经建储,对于谁是储君也多有猜测,但是在将近二十年的时间里,人们猜来猜去,始终不得要领。乾隆四十年代和五十年代初,不少人因为皇六子永瑢总办乾隆帝七旬万寿庆典颇为卖力,皇长孙绵德恩眷颇隆,因而推测"顷年储贰之匾额藏名,或以为皇六子永瑢,或以为皇长孙"。①"皇六子最为宠爱,皇帝方属意云。"②乾隆四十一年,绵德私下交通礼部郎中秦雄褒案发并因此而被革去王爵,谪居泰陵,而乾隆帝并无撤换建储秘旨之事,于是人们把注意力都集中到皇六子永瑢身上。"今长孙既出,而更无改藏之事,始知属之永瑢无疑云。"③乾隆五十五年五月,质亲王永瑢病故,人们又改变目标,将宝押在皇十一子成亲王永瑆和皇十五子嘉亲王永琰两人身上。乾隆五十七年,他们认为:"第十一子成亲王永瑆,为人恺悌,最著仁孝,故甚见钟爱。第十五子嘉亲王永琰,聪明力学,颇有人望,皇帝属意在此

① 《朝鲜李朝实录中的中国史料》下编,卷一一,正宗十一年二月。
② 《朝鲜李朝实录中的中国史料》下编,卷一〇,正宗五年二月。
③ 《朝鲜李朝实录中的中国史料》下编,卷一一,正宗十一年二月。

两人中,而第十一子尤系人望。"①乾隆五十八年十二月,绵恩晋封定亲王,于是,当时舆论于嘉亲王永琰之外,又加上了皇次孙绵恩。"皇子现存着四人,八王、十一王、十七王俱无令名,惟十五王饬躬读书,刚明有戒,长在禁中,声誉颇多。皇孙中皇长子永璜之子定郡王绵恩,才勇过人,自八岁已能骑射命中,派管旗营,最承恩宠。今年正月,谕旨褒奖,晋封亲王。彼中物议,皆以为来头属意者,当不出此二人中云。"②由此可见,至乾隆五十九年,尽管因为使用排除法,人们的推测逐渐接近实际,但是由于乾隆帝对于此事"至严至密",③因而,对于储君究竟是谁,人们一直未能准确地推断出来。直到乾隆六十年新正,乾隆帝于家宴时对子孙普加赍,"而独不及于永琰",并且还意味深长地对他说:"尔则何用银为?"④这时,人们才从乾隆帝的这些言行中最后准确地判断出皇十五子嘉亲王永琰方是乾隆帝的内定储君。然而这时距乾隆帝公开下诏宣布皇太子之名只有半年左右的时间,对政局已不会发生什么不良影响了。可见,乾隆帝再次秘密建储在"密"字上收到了明显的效果。

乾隆帝再次秘密建储使得虚悬三十五年之久的"国本"问题得到了解决,尽管如此,乾隆帝并不认为从此可以高枕无忧了。在他看来,至少还有两件要事需做。

首先是需对所建储君继续加以考察。因为再次建储时乾隆帝的选择面仅仅是皇十五子永琰和皇十七子永璘二人,而皇十五子永琰当时年仅十四岁,无法预料其日后之发展,而且此事为乾隆帝独自所定,因而对所定人选,乾隆帝本人亦无十分把握,这样,对储君进行长期考察便十分必要。为此,乾隆三十八年冬至节南郊大祀时,乾隆帝特命诸皇子陪祀并以所定储君之名默祷上苍:"所定之子若贤,能承大清基业,则祈昊苍眷祐,俾得有成;若其人弗克负荷,则速夺其算。毋误国家重大之任,予亦可以另行选择。"⑤乾隆四十八年秋,乾隆帝第四次东巡时,他又以同样内容默祷太祖、太宗之神灵。与此同时,

---

① 《朝鲜李朝实录中的中国史料》下编,卷一一,正宗十六年三月。
② 《朝鲜李朝实录中的中国史料》下编,卷一一,正宗十八年三月。
③ 《朝鲜李朝实录中的中国史料》下编,卷一一,正宗十八年三月。
④ 《朝鲜李朝实录中的中国史料》下编,卷一一,正宗十九年正月。
⑤ 《清高宗实录》卷一〇六六,乾隆四十三年九月上。

乾隆帝利用二十多年的时间对所定储君的品质和才能进行了长期的默察,直到乾隆六十年乾隆帝在位周甲之际,才公布了储君名单,不久即举行了传位大典。可见,为了选择储君,乾隆帝耗费了多大的心血!

其次,储君既设,如何处理自己和其他皇子之间的关系也愈显重要。处理得好,可以进一步巩固统治并顺利地实现最高权力的过渡;反之,各种不虞事件随时都可能发生。为此乾隆帝恩威兼施,两手并用。一是根据乾隆后期诸子多已成年,追求地位和权力的欲望比较强烈,适当地满足他们的合理要求。如在纂修《四库全书》期间,乾隆帝即分别将皇六子永瑢、皇八子永璇和皇十一子永瑆任命为四库全书馆正总裁,其中皇六子永瑢还曾管理过内务府事务。这样,既使他们的才能得到培养和锻炼,又利于加强乾隆帝对各个机构的控制。不久,在授予皇子爵位方面,乾隆帝也迈出了重要的步伐。前此,诸皇子得有封爵者,不是因为出继康熙诸子,就是临终之前加封,或者竟是死后追封。乾隆四十四年,乾隆帝首封皇八子永璇为仪郡王。乾隆五十四年十一月,为了庆贺自己八十寿辰,乾隆帝又对诸皇子普予封爵,晋封皇六子永瑢为质亲王,皇十一子永瑆为成亲王,皇十五子永琰为嘉亲王,皇十七子永璘为贝勒。乾隆五十八年底,又将皇长子永璜之第二子绵恩也晋封为亲王。二是注意加强与皇子们的接触以联络父子之间的感情。凡逢外出巡幸,大多皆令皇子随驾扈从;在京之时,也常于百忙之中抽暇临幸各皇子府邸。父子间时有会聚,情感益增,则避免或减少了相互间的猜嫌和疑忌。在施威方面,乾隆帝严厉禁止诸皇子与外廷官员接触来往,一旦发觉,立予严惩,不稍宽贷。如皇长孙绵德原来恩眷甚隆,但是乾隆四十一年时,乾隆帝得知他与礼部郎中秦雄褒私相往来,互馈礼物,当即大怒,下令革退绵德王爵,谪守泰陵,秦雄褒也为此而远戍伊犁。[①] 同年七月,一个山西候选吏目严譜向军机大臣舒赫德投递包封,请立正宫。案发后,搜检其寓所时发现违禁字迹,并有"呈启四阿哥一纸"。对此,乾隆帝认为:"严譜乃微贱莠民,何由知宫闱之事? ……且欲向四阿哥投递,其居心尤不可问。""离间父子,实为乱民之尤,必当审讯明确,典刑肆

---

① 《清高宗实录》卷一〇〇〇,乾隆四十一年正月上。

市,以示与众弃之之义。"①结果,严譜被凌迟处死。乾隆四十五年时,大概是风闻六阿哥永瑢和皇次孙绵恩建储有望,山西巡抚喀宁阿利令智昏,竟向六阿哥及绵恩"呈递请安片子,并送鱼数尾"。② 永瑢、绵恩惧怕招惹是非,立即将此事禀告乾隆帝。结果,喀宁阿巴结未成,反受严训。由于乾隆帝恩威兼施,双管齐下,因而在乾隆后期,诸皇子虽因年龄增长而对未来的皇位"觊觎者众",③但却始终没有发生如康雍之际皇室内部骨肉相残的情况,乾隆帝的最高统治地位也一直处于极为巩固的状态之中。

三

在乾隆后期的秘密建储活动中,特别值得称道的是乾隆帝对长期以来的传统建储理论的批判。两千多年以来,中国历代君主皆于生前公开建储并以"立嫡立长"为建储基本原则,从而形成了一种极其顽固的习惯观念。雍正帝实行秘密建储,无疑是对两千多年以来中国历代王朝传统建储制度的一个重大突破,然而可惜的是,雍正帝只是从实际斗争的需要出发,因势立法,并未对此举之意义作出进一步的阐释,更未对传统建储理论加以批判。兼之以清朝统治者是以少数民族入主中原,而在建储这一重大问题上却又如此标新立异,因而至乾隆四十年代,在众多臣民,尤其是一些泥古不化的封建儒生心目中,并不认为秘密建储是一种正常的、合理的行为,是一种历史的进步,反而认为这是清朝统治者"以不正之运自待"。④ 乾隆四十三年九月,乾隆帝东巡时,锦县生员金从善从御道旁向乾隆帝投递呈词,要求建储立后,即是这种情绪的一种表现。为了对这股顽固势力进行打击,乾隆帝下令将金从善斩首示众。然而,乾隆帝也清楚地意识到,广大臣民思想上的传统偏见仅靠杀人并不能解决问题。为了破除传统偏见,乾隆帝通过对历史经验教训的总结,对传统的建储制度进行了深入的批判,并对秘密建储制度的意义进行了反复的阐释,

---

① 《清高宗实录》卷一○一三,乾隆四十一年七月下。
② 《清高宗实录》卷一○一九,乾隆四十五年十一月下。
③ (清)昭梿:《啸亭杂录》卷五《庆僖王》。
④ 《清高宗实录》卷一○六六,乾隆四十三年九月上。

从而对中国封建社会建储理论的发展作出了重要的贡献。

为了破除陈腐的传统建储观念，乾隆帝首先对两千多年以来公开预立储君的方式进行了否定和批判。针对一班泥古不化的封建儒生认为公开建储见于儒家经典的理论，乾隆帝以子之矛攻子之盾，他说："人君当以尧舜为法，唐虞之世，无所谓太子者，即夏后氏不传贤而传子，亦云启贤能敬承继禹之道，未闻立启为太子。"①"夫尧授舜，舜授禹，唐虞固公天下，即禹之传启，亦非于在位时有建立太子之事。"同时，他还以大量事例对历史上公开建储制度的弊端进行了揭露，他说："太子之名，盖自周始，《礼记》因有《文王世子》之篇，其后遂相沿袭。"②而自此以后，很少不因此而发生祸乱，"秦汉预立太子，其后争夺废立，祸乱相寻，不可枚举"。③ 所以如此，在于"有太子然后有门户"。④ "盖一立太子，众见神器有属，幻起百端，弟兄既多所猜嫌，宵小且从而揣测，其懦者献媚逢迎以陷于非，其强者设机媒蘖以诬其过，往往酿成祸变，遂至父子之间慈孝两亏，家国大计转滋罅隙"，⑤而臣工亦必由此身罹刑宪，平心而论，其事果有益乎？无益乎"。⑥ 对于"立嗣以嫡不以长，立嫡以长不以贤"的传统建储原则，他也不遗余力地加以批判。他说："纣以嫡立而丧商，若立微子之庶，商未必亡也。"⑦"至于立嫡立长之说，尤非确论。汉之文帝最贤，并非嫡子；使汉高令其嗣位，何至有吕氏之祸？又如唐太宗为群雄所附，明永乐亦勇略著闻，使唐高不立建成而立太宗，明太祖不立建文而立永乐，则元武门之变，金川门之难，皆无自而起，何至骨肉伤残，忠良惨戮。此立嫡立长之贻害，不大彰明较著乎。"⑧"明洪武时，懿文太子既殁，刘三吾建议，谓立皇孙世嫡，礼宜承统，洪武泥于法古，遂立建文为皇太孙。其后酿成永乐靖难之变，祸乱相寻，臣民荼毒，

---

① 《清高宗实录》卷一〇六七，乾隆四十三年九月下。
② 《清高宗实录》卷一〇六七，乾隆四十三年九月下。
③ 《清高宗实录》卷一一八九，乾隆四十八年九月下。
④ 《清高宗实录》卷一〇六六，乾隆四十三年九月上。
⑤ 《清高宗实录》卷一〇六七，乾隆四十三年九月下。
⑥ 《清高宗实录》卷一二二〇，乾隆四十九年十二月上。
⑦ 《清高宗实录》卷一〇六七，乾隆四十三年九月下。
⑧ 《清高宗实录》卷一〇六七，乾隆四十三年九月下。

皆刘三吾一言丧邦之所至也。"①对于历史上多次发生的"因爱其母而欲立其子"的现象,乾隆帝更为鄙薄。他说,明神宗时,"内宠固结,觊觎非分,以致盈廷聚讼,骨肉生嫌,前事具在,可为殷鉴"。② 他表示:"本朝家法,则无是也。"③"惟期慎简元良,从不稍存私爱。"④根据这些史实,他断言:"建储册立,非国家之福,召乱起衅,多由于此。"⑤对于历来的建储理论,他也从历史进化的观点出发,予以彻底否定,"总之,建储一事,即如井田、封建之必不可行"。⑥ 为了使广大臣民,尤其是诸皇子汲取这些历史经验教训,乾隆四十八年十月,他特命诸皇子、军机大臣及尚书房总师傅等"将历代册立太子事迹有关鉴戒者""勒成一书,以昭殷鉴"。⑦ 根据他的这一指示,皇子等将周平王、王子带、汉惠帝、汉景帝太子荣、汉武帝戾太子据以下以至隋文帝废太子勇、唐高祖隐太子建成、唐太宗太子承乾、明惠帝、明仁宗、明光宗等"因建立储贰致酿争端者"三十三事编成《古今储贰金鉴》一书,并由乾隆帝御制序文后收入《四库全书》,对于破除社会上传统的建储偏见,加强对皇子的教育都起到了重要的作用。

在对历史上公开建储弊端进行批判的同时,乾隆帝还对一些人要求建储的动机进行了尖锐的揭露和批判。鉴于这些人人数虽然极少,影响却十分恶劣,因而,乾隆帝对他们进行揭露和批判都更加严厉,不留余地。如乾隆四十三年在对金从善要求建储的呈词进行批驳时,他即指出:"朕每论自昔为建储之请者,大率自为身谋,即年已老耄,亦为其子孙计,明执古礼以博正人之名,隐挟私见以图一己之利,若而人者,实无足取。"⑧"盖从来建请立储者,动辄征引古说,自以为得忠臣事君之道,不知其心隐以为所言若得采纳,即属首功,可博他日之富贵。名议国是,而实为身谋。即或其年已老,亦为其子孙

---

① 《清高宗实录》卷一一九六,乾隆四十九年正月上。
② 《清高宗实录》卷一四八六,乾隆六十年九月上。
③ 《清高宗实录》卷一〇六七,乾隆四十三年九月下。
④ 《清高宗实录》卷一四八六,乾隆六十年九月上。
⑤ 《清高宗实录》卷一一八九,乾隆四十八年九月下。
⑥ 《清高宗实录》卷一一八九,乾隆四十八年九月下。
⑦ 《清高宗实录》卷一一九一,乾隆四十八年九月下。
⑧ 《清高宗实录》卷一〇六六,乾隆四十三年九月上。

计,大端不出乎此。朕今为之抉其隐微,作伪者尚何所托辞乎。"①因而,对于建言立储者,他一直深恶痛绝。直到乾隆六十年九月归政前夕,他还说:"若未经颁旨以前,臣工中或有建议立储者,其人必非真怀忠爱。不过托为谠论,阳附正人君子之列,实则冀徼后福,阴为夤缘干进之阶,非为名,即为利,而名利两收,终归为利者多。"②因而他表示:"似此莠言乱政之人,自当立予重辟。"③这样,由于他的反复揭露和批判,自从乾隆四十三年金从善案件发生以后,二十多年的时间里,无人再敢就此建言,乾隆帝的秘密建储政策得以顺利推行。

在充分批判公开建储弊端的同时,乾隆帝还从秘密建储制度推行之后的社会效果阐述了秘密建储的意义。早在批驳金从善要求公开建储的言论时,乾隆帝即以康熙帝临终之际"一言而定大计",以致雍正帝即位时"内外帖然",以及自己靠建储密旨即位后"人情亦甚辑宁",而指出:"此即不建储之益,固天下臣民所共见共闻者也。"④归政前夕,他又满怀自信地宣称:"千万世后,必有以(秘密建储)为非者,且令其平心观我祖宗及朕所行与国家之得实益,政治之享太平与否可耳。"⑤对于秘密建储的动机,他也反复阐释:"盖不肯显露端倪,使群情有所窥伺,此正朕善于维持爱护之深心也。"⑥"朕虽不明立储嗣,而于宗祐大计,实早为筹定,特不效前代之务虚文而贻后患耳"。⑦ "总之,不可不立储,而尤不可显立储,最为良法美意。"⑧为了防止后世子孙废弃这一基本制度,乾隆后期,他多次宣称,秘密建储制度是本朝重要"家法",并要求"世世子孙,所当遵守而弗变"。⑨ 他说:"若朕之子孙,皆以朕此心为心,实大清国亿万斯年之福也。"⑩他还断言,如果后世子孙放弃这一政策,恢复古制,必"酿成大祸"。如

---

① 《清高宗实录》卷一○六七,乾隆四十三年九月下。
② 《清高宗实录》卷一四八六,乾隆六十年九月上。
③ 《清高宗实录》卷一四八六,乾隆六十年九月上。
④ 《清高宗实录》卷一○六六,乾隆四十三年九月上。
⑤ 《清高宗实录》卷一四八六,乾隆六十年九月上。
⑥ 《清高宗实录》卷一○六六,乾隆四十三年九月上。
⑦ 《清高宗实录》卷一四八六,乾隆六十年九月上。
⑧ 《清高宗实录》卷一○六七,乾隆四十三年九月下。
⑨ 《清高宗实录》卷一○六七,乾隆四十三年九月下。
⑩ 《清高宗实录》卷一一八九,乾隆四十八年九月下。

乾隆四十三年时,他即预言:"倘亿万年后,或有拘泥古说,复立太子之人,必不能安然无恙,及祸患既生,而始叹不悟朕言,悔当晚矣。"①后来,他又就此一再发出警告:"其有欲遵古礼为建立之事者,朕亦不禁,俟至父子、兄弟之间猜疑渐生,酿成大祸时,当思朕言耳。"②"即亿万年后,朕之子孙有泥古制而慕虚名复为建立之事者,亦所不禁,但人心不古如江河日下之势,父子之间必有为小人构成衅隙,复启事端,彼时始信朕言之不爽,然悔已晚矣。"③由于乾隆帝的反复申述,秘密建储制度终于普遍地为统治集团中的各阶层人士所理解和接受,从而成为乾隆以后清朝历代统治者建储时必须遵行的"家法"。此后一百多年的时间里,最高统治集团内部虽然斗争连绵不绝,但在最高权力过渡时却没有发生较大的问题,对于统治集团核心的长期稳定和整个社会的安定起到了重要的作用。

四

乾隆帝坚持秘密建储以及为此而对传统建储理论进行批判,和他在位期间采取的其他许多措施一样,其目的都是为了加强自己的专制统治。因而,秘密建储的效果,并不像他本人宣扬的那样完美无缺,而是也存在着一些严重的弊端和问题。

由于秘密立储是封建专制主义极端加强的一个产物,掌握挑选储君大权的只有皇帝一人,并且还通过这一制度突破了拣选储君的传统限制,因而,在拣选储君时,往往只是从巩固自己的统治出发,将皇子对自己的忠诚视为"德",将平庸看作"仁孝",而视才干为不安本分,重"德"轻才。被其选中者,往往只是二三流的平庸之辈,从而使得这一制度初创时的于传子之中寓传贤之意的初衷无法实现。不仅如此,这种建储方式对于皇子们的教育也极为不利。秘密建储制度形成之后,皇子们为了取得储君的资格,必须首先取得在位皇帝的承认和好感。因而,乾隆以后,皇子们为国事而向皇帝进谏之举不再发生,入关前后皇族子弟奋发有为、建勋立业的情景也不再复现,几乎

---

① 《清高宗实录》卷一○六七,乾隆四十三年九月下。
② 《清高宗实录》卷一一八九,乾隆四十八年九月下。
③ 《清高宗实录》卷一二二○,乾隆四十九年十二月上。

所有皇族子弟都变成了愚忠愚孝之徒而在政治上毫无作为。因而,这一制度的推行尽管对于乾隆以后最高统治集团的稳定和社会的安定起了一定的积极作用,但是不可否认,乾隆以后历代皇帝则是一代不如一代。其间原因固然极为复杂,并不是秘密建储一项所能完全解释清楚的,但也绝非与秘密建储毫无关系。

由于秘密建储对于清代政局有着如此明显的消极作用,因而,不能对这一制度盲目推崇,评价过高。当然,在当时的历史条件下,和传统的建储方式相比较,秘密建储制度毕竟较为进步,有利于社会的安定和社会经济的发展。为了推行这一制度,乾隆帝既不惑于世俗偏见,敢于对传统的建储理论进行批判,又能根据实践需要,将雍正帝的旧有规定加以发展,在理论上也对之作了比较充分的论证。就此而言,乾隆帝的这种进取精神和实事求是的态度,还是值得肯定的。

第五章 文治得失：清朝的 文教政策

经筵日讲与康熙政治

在康熙帝的全部政治活动中,经筵日讲是一个重要的方面。对于这一活动,康熙帝热情主动,持之以恒,和中国封建社会的历代君主相比,坚持时间之长、用力之深都属首屈一指。通过这一活动,康熙帝比较系统地学习了儒家学说的基本理论和丰富的历史知识,并将之自觉地用之于国家事务的治理,对于清朝统治的巩固和康乾盛世的到来都发挥了重要的作用。

一

作为中国封建社会君主自我教育的两种基本方式,经筵与日讲的主要内容是被尊为经典的几部儒家书籍和有关历代王朝兴废陵替的一些历史著作。其中之儒家经典如《四书》《五经》,基本上都是成书于封建社会前期。由于这些书籍的作者或传授者都是儒家阵营中一些最杰出的思想家,因而其中所阐发的治世思想,对于封建君主施政和封建社会的巩固和发展,有着普遍的指导意义。正是因此,封建统治者经过长期的选择之后,将其确定为社会的正统思想。宋朝以后,又将之作为帝王自我教育的主要教材。至于有关历代王朝兴废的历史著作,则更为封建君主临政治国所必须。因而,凡是具有政治责任心的君主,无不对之加以重视并将之作为自我教育的重要内容。在中国封建社会中,一些封建君主即曾通过努力学习儒家经典和历史著作并将之用于实际政治而取得了成功,可见,学习儒家经典和历史著作对于帝王自我教育和世道治乱都有着重要的意义。

早在康熙之前,作为一个新兴的封建政权,清朝统治者即注意学习儒家经典和各种历史著作。入关以前,清太宗皇太极曾先后设立了文馆、内三院,致力于儒家经典和历史著作的翻译、学习和应用;入关以后,多尔衮和顺治帝福临也相继对之表示重视。从顺治十四年始,顺治帝福临还仿效历代帝王先例,专开经筵。尽管这些活动在当时仅仅处于开始阶段,但是这一活动的开展对于争取汉族知识分子的合作、加速统一进程无疑发挥了积极的作用,对于康熙时期经筵日讲的全面开展也产生了重要的影响。

顺治帝去世后,中央政权中保守势力的抬头延缓了自皇太极以来清朝统治者学习儒家经典的进程。康熙帝即位时,清朝政权已基本上确立了其对全国的统治,兼之以当时康熙帝本人年龄尚幼,正宜结合其早期教育及时举行经筵日讲,使其比较系统地学习各种治国经验,以便其日后挑起管理国家事务的重任。有鉴及此,康熙帝即位半年之后,工科给事中王曰高首先疏请举行经筵大典"以光圣德,以端化源"。① 而后,康熙二年四月和康熙四年三月,又相继有福建道御史王瞡、太常寺少卿钱綖等提出了大致相同的要求。但是,由于顺治皇帝去世时上三旗四辅政大臣掌权,基于固有的民族偏见,特别是为了保持自己的既得权益,以四辅政大臣为代表的满族勋旧将重用汉官、仿效明制视为对"祖制"的背叛,在此思想指导下,对于这些要求,他们全然不予理睬。这样,由顺治时期开始的经筵日讲无形中被搁置起来。康熙六年七月,康熙帝开始亲政,这时,举行经筵日讲以学习传统治国思想与方法的问题就愈显现实和迫切,不少臣下又为此纷纷上言,要求亟开经筵日讲。如其亲政数日之后,吏科给事中蔺挺达即疏请康熙帝"敕下礼部,详议讲读之规","慎选老成清正之臣以充讲读之任,使之朝夕侍从,尽心启沃",于听政之暇,取《四书》《五经》及史书《通鉴》等"讲贯紬绎,寒暑无间"。② 次年三月,福建道御

---

① 《清圣祖实录》卷四,顺治十八年闰七月庚辰。
② 《清圣祖实录》卷二三,康熙六年七月甲寅。

史李棠奏请"亟开经筵,以光典礼"。① 五月,贵州道御史田六善亦疏请康熙帝于听政之暇,"日取汉、唐、宋、元四代史册亲阅数条,凡一切用人行政、黜陟赏罚、理乱兴衰之故反复讨论,庶圣德日新,大智日广"。② 康熙八年四月,兵科给事中刘如汉也疏请"先行日讲,次举经筵,选择儒臣,分班进讲"。③ 可以说,举行经筵日讲已经成了臣下的普遍要求。然而,这时康熙帝虽在名义上已经亲政,而实际大权却仍操于以鳌拜为代表的原辅政大臣之手。为了达到长期专权的目的,他们把以开发康熙帝智力、培养其治国能力为目的的经筵日讲视为对自己权力的威胁,对之仍然采取了不予理睬的顽固态度。对于在议开经筵日讲活动中态度积极、影响较大者,还枪打出头鸟,予以惩处。如康熙六年六月康熙帝亲政前夕,内弘文院侍读熊赐履上疏康熙帝,要求他宜趁"春秋方富"之时,"慎选耆儒硕德,置之左右","妙选天下英俊,陪侍法从","证诸六经之文,通诸历代之史,以为敷政出治之本"。④ 康熙七年九月,他又再次上疏,指出"讲学勤政,二者不可偏废,而在今日尤为最切要者也",⑤并要求康熙帝将之提到君德成就、天下治乱的高度加以重视。因为他对经筵日讲态度积极而且将其意义也阐释得极为深刻,鳌拜等人极为愠怒。他们利用手中的权力,摘取其奏疏中涉及辅政大臣的只言片语,指为语含讥讽,企图借此加罪。这样,尽管其时康熙帝已经步入青年时期,但是由于鳌拜等人的无理阻挠,经筵日讲却仍像康熙亲政以前那样迄未举行。因为治国方向不明确,至康熙八年时,虽然除台湾之外,整个中国大陆皆已统一在清朝政权控制之下,但因在中央是鳌拜专权,地方上又是三藩割据,兼之以各级官吏竞相贪污,人民生活极为痛苦,民族矛盾和阶级矛盾都十分尖锐,整个国家仍然处于一片混乱之中。

康熙八年五月,康熙帝经过周密布置,一举剪除了专权擅政达八年之久的鳌拜集团,全部控制了中央政权。为了真正挑起管理国家事务的重任,学习儒家经典和历史知识以取得治国经验刻不容缓。

---

① 《清圣祖实录》卷二五,康熙七年三月乙巳。
② 《清圣祖实录》卷二六,康熙七年五月乙卯。
③ 《清圣祖实录》卷二八,康熙八年四月辛巳。
④ 《清圣祖实录》卷二二,康熙六年六月甲戌。
⑤ 《清圣祖实录》卷二七,康熙七年九月癸丑。

这样,在他亲掌政权之后不久,在集中力量清除鳌拜弊政的同时,即注意到了经筵日讲的问题。康熙九年十月,他下令礼部为经筵日讲作准备工作。几天之后,礼部遵旨议复,经筵日讲均照顺治十四年例,自明年开始举行。与此同时,根据他的指示,选拔讲官、撰拟讲章等项工作也在紧张地准备之中。康熙十年二月,经康熙帝批准,首先任命了一批通熟儒家经典和各种历史知识的满汉官员担任经筵讲官,在他们之下,又从翰林院选出十人充当日讲官员。当年二月,首开经筵;四月,初行日讲。这样,在清除鳌拜集团之后不到两年,康熙帝即开始了自己的经筵日讲活动。

二

康熙帝五岁读书,有着强烈的求知欲望。即位之初,又亲身经历了内而辅政大臣专权、外而兵戈不休、社会混乱的政治局面。这样,儒家经典和一些历史著作中所陈述的尧舜盛世成了这个青年君主所憧憬的目标。为了从儒家经典和历史著作中汲取营养,学习传统的治国理论和治国方法,实现"天下乂安"的宏伟抱负,对于经筵日讲,从一开始,康熙帝即极为重视。

首先是热情主动,持之以恒。长期以来,对经筵日讲,历代君主多持敷衍态度。对于其中之经筵,因系礼仪活动,不得不参加;对于日讲,则因由君主视政事之忙闲自行决定而百般推托,偶有个别君主一生中进行几次日讲,便被史臣诩为盛事,前无古人。而康熙帝却一反历代君主之所为,就经筵而言,自康熙十年二月至其去世,半个世纪的时间里,除因巡幸、出征偶未举行外,从未停止。就日讲而言,虽然这一活动开始不久便已在数量上超过了历代君主,但是康熙帝却仍然只嫌其少,不嫌其多。为了争取更多的学习时间,他一再要求打破惯例,增加日讲次数。康熙十一年闰七月,伏期刚过,因为秋季经筵尚未届期,日讲活动无法开展。为此,康熙帝指令讲官:"方今秋爽,正宜讲书,尔等即于本月二十五日进讲。"①康熙十二年二月,他又要求讲官改变间日进讲旧例,每日进讲。他说:"人主临御天下,建极绥猷,未有不以讲学明理为先务……向来隔日进讲,朕心犹为未

① 《康熙起居注》,康熙十一年闰七月十六日。

足。嗣后尔等须日侍讲读，阐发书旨，为学之功，庶可无间。"①当年五月和康熙十四年十一月，他又先后指示打破寒暑停讲惯例，"学问之道，必无间断，方有裨益，以后虽寒暑不必辍讲。"②"天气犹未甚寒，仍令进讲。"③康熙十四年底，又再次指示讲官不必于次年春季经筵后始行日讲，"着于正月二十日后，即行进讲"。④ 随着日讲活动的渐次开展，康熙帝的热情愈益高涨，先是在巡幸南苑期间以讲官侍从，日讲于南苑东宫前殿，后来，又发展到万寿节祭祖之前的斋戒日期和因病不能御门听政的空闲时间也不辍讲。与此同时，为了争取日讲能收到较好的效果，对于日讲时间的安排，康熙帝也颇费心思。三藩叛乱期间，因为军务紧急，康熙帝一般是起床之后不及用膳即御门听政，而后再行日讲。以致日讲之时时近正午，饥肠辘辘，影响学习。后来三藩平定，台湾统一，紧急政务减少，为了提高日讲效果，从康熙二十二年八月始，康熙帝特将日讲安排在御门听政之前。一般情况下，每日上午均为日讲和御门听政时间，偶因当日没有启奏本章而不行御门听政，康熙帝也不辍讲。个别时候，因为政务较少，日讲、御门听政之后，时间尚早，还一日两讲。他自己说："读书以有恒为主，积累滋灌，则义蕴日新。每见人期效于旦夕，常致精神误用，究归无益也。"⑤正是这种热情主动的学习态度和持之以恒的学习精神，在十五年的时间里，康熙帝创造了日讲近九百次的纪录，从而使之成为康熙前期康熙帝学习儒家经典和历史知识的主要方式。

除此之外，为了搞好日讲，对于讲官，康熙帝也极为尊重。日讲之初，由于康熙帝知识未开，讲官进讲一度是康熙帝学习儒家经典和历史知识的关键环节。为此，日讲之前，日讲官须预选内容，撰写讲章，缮成正副两本，将正本呈给康熙帝。日讲时，为了照顾康熙帝的实际水平，又须对内容详加注释并阐释其中义理，还须设法启沃其联系实际政治，从始至终，负担相当沉重。对此，康熙帝予以全力合作。日讲时，常常要求讲官不必忌讳，大胆讲解，偶有失误，也予以谅解。

---

① 《康熙起居注》，康熙十二年二月七日。
② 《康熙起居注》，康熙十二年五月三日。
③ 《康熙起居注》，康熙十四年十一月一日。
④ 《康熙起居注》，康熙十四年十一月十三日。
⑤ 《清圣祖御制诗文集》一集，卷二六《杂著·讲筵绪论》。

对于讲官本人，也体恤备至，日讲之后，每赐御制书画卷轴以示慰劳；寒暑令节，也常常赠给貂裘、表里纱缎、果品之属以联络感情；遇有优缺，从速升转，如有疾病，还遣医诊治并赐药物；去世之后，又遣使吊唁致赙，赠予美谥，录用子孙。康熙帝的这些举动，使得日讲官员普遍地感激涕零，实心献替，从而使经筵与日讲都收到了较好的效果。

其次是认真踏实，重视质量。日讲之初，康熙帝的态度即极为认真。每次日讲之后，他都坚持课下复习。他说："人君讲究学问，若不实心体认，徒应故事，讲官进讲后，即置之度外，是务虚名也，于身心何益？朕于尔等进讲之后，仍再三阅绎。即心有所得，犹必考正于人，务期道理明彻乃止。"①"自幼读书，凡一字未明，必加寻绎，期无自误。"②这些，足可看出其早年日讲课后用力之勤。后来，随着康熙帝文化知识的提高，他又给自己提出了更高的要求。康熙十四年四月，他向讲官提出："日讲原期有益身心，加进学问。今止讲官进讲，朕不覆讲，则但循旧例，渐至日久将成故事，不惟于学问之道无益，亦非所以为法于后世也。自后进讲时，讲官讲毕，朕仍覆讲，如此互相讲论，方可有裨实学。"③从此之后，约有两年时间，每次讲官讲毕，例由康熙帝加以覆讲。覆讲虽能督促康熙帝日讲时专心听讲并考察其记忆和理解程度，但就学习方式来说，尚属被动。因而，从康熙十六年四月开始，每次日讲，均由康熙帝先讲，或讲全文，或讲其中一节，然后再由讲官进讲。这样，为了准备亲讲，每次日讲之前，康熙帝必须预习日讲内容。正是通过这种方式，康熙帝逐渐培养起自学能力。在此同时，对于讲官日讲中的过分颂扬之词如什么"媲美三王，跻隆二帝"，"道备君师，功兼覆载"等④，或者谕令删除，或者谕令改撰"劝戒箴规"之词，并且还一再通令讲官，以后所撰讲章中不得再行出现过为溢美之词，"但取切要，有裨实学"。⑤

再次是目的明确，联系实际。康熙帝举行经筵日讲，目的在于汲取治国经验，因而，在日讲活动中，极为注意其思想内容。日讲之初，

---

① 《康熙起居注》，康熙十二年三月四日。

② 《清圣祖御制诗文集》一集，卷二六《杂著·讲筵绪论》。

③ 《康熙起居注》，康熙十四年四月二十三日。

④ 《康熙起居注》，康熙十四年二月十七日；康熙二十二年二月二十一日。

⑤ 《康熙起居注》，康熙十五年二月七日。

他虽然一度允许讲官注重词句训诂,但同时又要求他们止以明白书理为限,不得漫无边际,多为援引,以使自己如入迷宫,不知所归。他说:"书中义理原自完备,惟在注解明白,加以反复玩味,自然旨趣无穷。若多为援引,反至书理不能豁然矣。""读古人书,当审其大义之所在,所谓一以贯之也。"①康熙十六年以后,他更进一步向讲官提出要求——在日讲中以阐释其中义理为主。他对讲官说:"卿等每日起早进讲,皆天德王道修齐治平之理。朕孜孜问学,无非欲讲明义理,以资治道。朕虽不明,虚心倾听,寻绎玩味,甚有启沃之益。虽为学不在多言,务期躬行实践,非徒为口耳之资,然学问无穷,义理必须阐发;卿等以后进讲,凡有所见,直陈勿隐,以副朕孜孜向学之意。"②与此同时,他也十分注重将其思想内容和实际政治相联系。他说:"朕每披览载籍,非徒寻章摘句、采取枝叶而已,以探索源流、考镜得失,期于措诸行事,有裨实用。其为治道之助,良非小补。"③在这一思想的指导下,在整个日讲活动中,他常常将日讲内容和实际政治结合起来进行学习;在施政时,也有意识地联系以往日讲内容。其中,单以日讲内容结合实际政治而言,例子便不胜枚举。如康熙十六年五月一次日讲后,他即联系讲章内容发表议论:"孟子所谓一暴十寒,于进君子退小人、亲贤远佞之道,最为透彻,人君诚不可不知。"④康熙十七年九月,在讲官讲授《尚书》时,他又说:"朕观高宗命傅说,谆谆以纳诲辅德为言,可见自古君臣为一德一心至诚孚感。为上者实心听纳以收明目达聪之益,为臣者实心献替以尽责难陈善之忠,然后主德进于光大,化理跻于隆平。后世君臣之间,徒尚虚文,中鲜实意,治不逮古,职此故耳。"⑤康熙十九年四月,又在讲授《尚书·吕刑》时即席发表看法:"律与例不容偏废,律有正条,自应从律;若无正律,非比例何以定罪。总之,用律用例俱在得人。"⑥总之,在整个日讲活动中,凡与当时政治有关者,康熙帝几乎都曾论及。

---

① 《清圣祖御制诗文集》一集,卷二六《杂著·讲筵绪论》。
② 《康熙起居注》,康熙十六年五月二十九日。
③ 《康熙起居注》,康熙二十四年二月二十一日。
④ 《康熙起居注》,康熙十六年五月十八日。
⑤ 《康熙起居注》,康熙十七年九月五日。
⑥ 《康熙起居注》,康熙十九年四月九日。

另外,为了使日讲内容和实际政治联系更密切,康熙帝还主动要求增加新的讲授内容。如康熙十五年十月,他向讲官提出:"每观《通鉴》,事关前代得失,甚有裨于治道,应与《四书》参讲。作何拣择,撰拟讲章进讲,尔等议奏。"①考虑到《通鉴》一书部头巨大,讲官提出,朱熹所作《通鉴纲目》一书,内容本乎《通鉴》,且又"提纲分目,尤得要领","拟从《纲目》中,择切要事实进讲。讲章体裁,首列纲,次列目,每条之后,总括大义,撰为讲说。先儒论断可采者,亦酌量附入。"②从此,学习和实际政治密切相关的历史知识也成了康熙帝日讲的重要内容。不久,因为《通鉴纲目》一书过于简单,不能满足康熙帝的要求,根据他的指示,从康熙十九年四月起,讲官又将《周易》和《通鉴》参讲。一直到康熙二十三年,从未中止。与此相一致,结合各种历史经验教训如外戚专权、母后临朝、权臣专制、宦寺乱政、藩镇割据、异族入侵、人民起义等日讲内容,康熙帝发表了更多的议论,所有这些,都对康熙帝的思想及其施政产生了深刻的影响。

康熙帝虽然重视日讲并一度将日讲作为自己求学的主要方式,但是为了取得治理国家所必须的知识,却并不完全依赖日讲。康熙十六年,他专选张英、高士奇等入值南书房,辅导自己学习《春秋》《礼记》《通鉴》等书,使之成为日讲之外的另一个重要学习方式。与此同时,他还将自学作为日讲的重要补充。他在座右铭中自箴:"无一日不写字,无一日不看书,义理自然贯通。若划地自限,岂登高行远之意哉。"③利用自学,至康熙二十四年时,他已系统地精读了"关于治道尤为切要"的《通鉴》《通鉴纲目》《纲目大全》三书,"不但错误者悉加改正,即阙失者亦皆增补"。④ 随着自学能力的日益提高,日讲逐渐成了影响他进行自学的一种形式。这样,康熙二十五年闰四月,他以每日日讲时讲官均诣讲筵行礼进讲,仪节烦琐,为时良久,有妨其披览载籍,而下令停止日讲。⑤ 至此,除经筵因系典礼仍然按期举行外,坚持了十五年之久的日讲活动停止下来。从此,康熙帝开始了以

---

① 《康熙起居注》,康熙十五年十月二十四日。

② 《康熙起居注》,康熙十五年十月二十六日。

③ 《清圣祖御制诗文集》一集,卷二八《杂著·书座右四则》。

④ 《康熙起居注》,康熙二十四年六月二十日。

⑤ 《康熙起居注》,康熙二十五年闰四月六日。

自学为主的新阶段。

三

作为康熙帝长期坚持的一个重要的制度,经筵日讲对其本人思想及其政治都产生了重大的影响。概而言之,一是对其本人行为起了一定的制约作用,二是为其巩固统治提供了丰富的经验,三是为其制定各种政策提供了依据。这一切,均对清朝统治的巩固和康乾盛世的到来发挥了重要的作用。

在中国封建社会里,封建君主拥有至高无上的权力。由于权力的腐蚀,绝大多数君主几乎都将儒家经典中关于君主自我克制的论述撇在一旁,在生活上穷奢极欲,纵情声色;在政治上不是专横武断,倒行逆施,就是贪于晏安,怠于政事,听凭宦侍、女宠胡作非为,从而导致了一次又一次的社会动乱,严重地阻碍了社会的进步和发展。所有这些,都给康熙帝以极其深刻的教育,他感到,天下治乱,君主本人的思想和行为起着关键的作用。"一念不敬,或贻四海之忧;一日不敬,或以致千百年之患。"①为了防止历史上多次发生的社会动乱再度重演,保持长治久安,对于儒家经典中的"修身、齐家、治国、平天下"的论述,他倍觉亲切。他曾多次指出:"必己德既明,而后可以推以及人。"②因此,无论是处理国家政务还是对待个人生活,他都能对自己严格要求。在理政活动中,几十年的时间里,他一直是朝乾夕惕,兢兢业业,未明求衣,逐日听政,如逢水旱、地震、星变,还皆加修省。对于个人生活,他也极力克制自己的享乐欲望,厉行节俭。宫中用度一缩再缩,至康熙三十年以后,整个皇室用度"尚不及当时(指明末)妃嫔一宫所用之数","至宫中服用,则三十六年之间,尚不及当时一年所用之数"。③ 与此同时,他还企图从制度上约束自己。从康熙十年九月始,他专设起居注,以日讲官兼摄,逐日记载自己的各种活动,并且一直坚持到康熙末年。此外,他还常常自敲警钟:"人主势位崇高,何求不得,但须有一段敬畏之意,自然不致差错。便有差错,也

---

① 《康熙起居注》,康熙十二年十月九日。
② 《清圣祖御制诗文集》一集,卷二六《杂著·讲筵绪论》。
③ 《清圣祖御制诗文集》一集,卷二六《杂著·讲筵绪论》。

会省改。若任意率行,略不加谨,鲜有不失之纵佚者。"①正是因为康熙帝系统地接受过儒家经典的教育,才能从巩固统治的大局出发,自觉地对自己的行为加以限制。就此而言,不能不承认经筵日讲发挥过重要的作用。

其次,经筵日讲对于康熙帝巩固统治也提供了丰富的经验。清除鳌拜集团之初,尽管康熙帝已将中央政权置于己手,但是由于承四辅政大臣专权之后,内而朝政混乱,外而民生凋敝,兼之以三藩各拥重兵,对中央政权呈半独立状态,整个形势依然颇为严峻。这时,对于这个出身少数民族的青年君主来说,为了对付随时可能出现的各种事端,通过经筵日讲以取得统治经验是当务之急。对此,当时讲官熊赐履即看得极为清楚。他向康熙帝说:"人主深居高拱,幾务殷繁,若非平时一一讲究明白,到临时方去料理,臣恐虽尧舜之圣,亦难免丛脞之虞矣。"②康熙帝对此极表赞成,他说:"天下之大,待理于一人,断宜读书明理,使万机洞察于中,可以当前立决。"③正是在这些思想的指导下,康熙帝才异常积极地投身于经筵日讲活动之中,也正是由于长期坚持日讲,使得康熙帝取得了丰富的治国经验。不然便无法解释这个出身少数民族的青年君主竟能完成平三藩、定台湾、取蒙古、败罗刹的大业,将天下治理得繁荣昌盛、井井有条。就此而言,在将康熙帝造就成为一个杰出的封建地主阶级政治家方面,经筵日讲也起了重要的作用。

此外值得重视的是,由于长期坚持经筵日讲,康熙帝对儒学的思想体系和精神实质的理解程度远较其他各代君主更为全面和深刻,因而在施政时,比较注意抓住其基本点及其积极方面作为自己制定政策的依据,而对其消极、过时的部分则加以扬弃,从而也对康熙政治产生了积极的影响。作为封建社会上升阶段形成的一种思想,儒家思想的基本特征是在思想上倾向中庸,在政治上主张阶级调和,在治世手段上强调礼治。这些,虽不像法家思想那样激进,对于封建政权的建立,也不像法家那样作用直接,但是对于封建制度的巩固和发

---

① 《清圣祖御制诗文集》一集,卷二六《杂著·讲筵绪论》
② 《康熙起居注》,康熙十二年七月八日。
③ 《清圣祖御制诗文集》二集,卷三九《杂著·阅史绪论》。

展,却起到了包括法家在内的其他各家都无法起到的作用。而且,由于儒家学说形成于封建社会早期,虽于封建制度极力论证其合理性,但是作为封建地主阶级在野派的一种思想,其中也不乏对封建君主制度的揭露和指责之辞。同时,也还提出了一些积极的治世方案。其主要者如"尚德不尚威"的思想;"民为贵,社稷次之,君为轻"的民本思想;"轻徭薄赋""使民以时"的"仁政"思想等。应该说,这些都是儒家学说中的积极方面。西汉以后,封建统治阶级虽然适时地将儒家思想确立为正统思想,但是由于地主阶级的日趋反动和最高统治者的腐朽不学,除大乱之后的个别君主曾将这些方案作为临时措施予以实行之外,多数君主不过只是摘其枝叶而忽略其基本内容,更不用说注意到它的积极方面了。和历史上的多数君主相反,康熙帝在施政中基本上是以儒家学说的基本内容为指导,即此而言,他已较以往的君主高出一筹;而且,他还颇为注意利用儒家思想中的积极方面指导施政。终其在位期间,对于人民生计,他一直极表关心。六十年间,蠲赈不绝,数字过亿;对于吏治,则注意整顿,一再严禁各种额外剥削如火耗、摊派、杂税等;对于刑狱,则慎之又慎。与此同时,对于儒家学说中一些已明显过时的内容如井田、封建、车战等,他也并不因是圣人之教而泥古不化、刻舟求剑、强力推行。在他的影响下,继他之后,雍乾两帝又相继将此奉为国策,一直坚持了一个多世纪,从而对经济发展和社会进步以有力的推动,直接促进了康乾盛世的到来。因此,可以说,对于康熙帝各项积极政策的制定,经筵日讲也发挥过重要的作用。

我们在看到经筵日讲对于康熙帝的思想和政治都产生了积极影响的同时,也应看到,由于儒家学说从根本上是为巩固封建统治服务的,而且,清朝时期又时处封建社会后期,儒家学说的反动作用日趋明显突出,因而,康熙帝举办的经筵日讲也给他的思想及其政治带来了许多消极的因素。其主要者,一是程朱理学的复兴和思想界的反动。明末清初,作为儒家学说的变种,程朱理学早已日暮途穷,在学者中和社会上市场都越来越小,而为巩固统治起见,康熙帝却选定朱注各经作为教材,逐日讲解,津津乐道。他说朱熹"文章言谈之中,全是天地之正气,宇宙之大道。朕读其书,察其理,非此不能知天人相与之奥,非此不能措万邦于衽席,非此不能仁心仁政施于天下,非此不能外内一家"。① 甚至动用行政力量予以提倡。这样,全国知识界从风而靡,程朱理学死灰复燃,重新泛滥,从而使明末清初以来思想界颇为活跃的局面再次沉寂下来,出现了长时期的反动。对此,康熙帝的经筵日讲不能不负极大的责任。其次,在施政中,儒家思想的消极部分也发生了较大的影响。即以吏治而论,康熙帝虽颇注意,但多数情况下仅以表彰清官为主,而对证据确凿的贪官却网开一面,往往从"君德莫大于有容,治道莫尚于能宽"这一传统儒家思想出发而"每事务从矜恕"。② 这种态度,无异是对贪官的包庇和纵容,从而导致了康熙后期政务的废弛。所有这些,都和经筵日讲有着密切的关系,也在很大程度上影响了他的治绩和成就。

康熙帝日讲一览表

公元纪年	康熙纪年	康熙年龄	日讲内容	日讲地点	日讲次数	讲官	备考
1671	十	18			1		此次日讲内容、地点、讲官不明
1672	十一	19	《论语》	弘德殿	31	熊赐履、傅达礼、史大成、孙在丰、杜臻	《论语》讲授182次
1673	十二	20	《论语》《大学》《中庸》	弘德殿	160	熊赐履、傅达礼、喇沙里、孙在丰、史鹤龄、张英、李仙根	本年十一月二十日《论语》完,十一月二十一日始讲《大学》《中庸》

---

① 《御制朱子全书》序言。
② 《清圣祖御制诗文集》一集,卷二六《杂著·讲筵绪论》。

（续）

公元纪年	康熙纪年	康熙年龄	日讲内容	日讲地点	日讲次数	讲官	备考
1674	十三	21	《大学》《中庸》《孟子》	弘德殿	31	熊赐履、喇沙里、孙在丰、张英	本年十一月十二日《大学》《中庸》完，十一月十四日始讲《孟子》
1675	十四	22	《孟子》（间《通鉴纲目》）	弘德殿	48	傅达礼、喇沙里、孙在丰、张英	《孟子》（间讲《通鉴纲目》），凡154次
1676	十五	23	《孟子》（间《通鉴纲目》）	弘德殿	20	叶方蔼、喇沙里、孙在丰、张英、徐元文	
1677	十六	24	《孟子》（间《通鉴纲目》）	弘德殿	82	叶方蔼、喇沙里、陈廷敬、张英	
1678	十七	25	《书经》	弘德殿	49	叶方蔼、喇沙里、陈廷敬、牛钮、张玉书	《书经》日讲119次
1679	十八	26	《书经》	弘德殿	32	叶方蔼、喇沙里、张玉书	
1680	十九	27	《书经》《易经》《通鉴》	弘德殿懋勤殿	140	叶方蔼、库勒纳、常书、牛钮、张玉书	本年四月十日《书经》完，十一日始讲《易经》《通鉴》，十九年四月初三日移懋勤殿

（续）

公元纪年	康熙纪年	康熙年龄	日讲内容	日讲地点	日讲次数	讲官	备考
1681	二十	28	《易经》《通鉴》	乾清宫	51	叶方蔼、库勒纳、孙在丰、王鸿绪、张玉书	本年正月十九日移至乾清宫
1682	二十一	29	《易经》《通鉴》	乾清宫	42	陈廷敬、库勒纳、牛钮、孙在丰	《易经》（间讲《通鉴》），凡347次
1683	二十二	30	《易经》《通鉴》	乾清宫	81	陈廷敬、张玉书、牛钮、孙在丰、汤斌	
1684	二十三	31	《易经》《通鉴》《诗经》	乾清宫	84	归允肃、常书、牛钮、孙在丰、汤斌	本年九月二十六日《易经》《通鉴》完，十二月二十日始讲《诗经》
1685	二十四	32	《诗经》	乾清宫	42	归允肃、常书、孙在丰	《诗经》日讲凡57次
1686	二十五	33	《诗经》	乾清宫	2	归允肃、常书、孙在丰	本年闰四月初六日谕停日讲
总计					896		

清朝前期八旗教育述评

　　清兵入关以后，为了建立和巩固统治，清朝政府即着手建立并积极发展八旗教育事业。历经顺康、雍、乾、嘉、道六朝，二百年之中，其间虽然曾有波折，但是，总的看来，却是不断发展，从而将八旗由一个单纯的政治军事集团改造成为一个文化内涵深厚的政治实体。对于八旗文化的普及及提高，对于满汉民族融合，乃至于对于清朝统治的巩固和发展，都起了重要的作用。

一

　　早在入关之前，八旗教育即已开始萌芽。努尔哈赤统一建州本部之后不久，他即选派流落当地的汉族文人龚正陆充任自己的家庭教师。而后，在统一东北满族各部的过程中，他又指令巴克什额尔德尼等以蒙古文字母创制满文并致力于满文的推广与普及。建元天命之后，选派"教书匠"教育自己子弟扩大到了满、蒙、汉三种文字。皇太极即位后，不但对努尔哈赤晚年屠杀汉族知识分子的政策加以扭转，同时，还对发展八旗教育事业表示了积极的态度。天聪五年，他下令诸贝勒大臣子弟"十五岁以下，八岁以上者，俱令读书"。[1] 天聪六年，他又令达海对满文加以圈点，使之臻于完善并大量翻译汉文书

---

① 《清太宗实录》卷一〇。

籍。同时,他还首开科举考试,分从满、蒙、汉三个民族知识分子中选拔人才。此外,他还致力于当地汉族人民教育事业的恢复工作。至入关之前,辽东已有学校十五所。所有这些表明,早在关外发展时期,八旗教育已经具备了自己的雏形。

顺治元年,清朝摄政王多尔衮挥师入关,进行了统一全国的政治军事活动。作为一个以少数民族为主体建立的王朝,为了统治人口逾亿的汉族人民,首要问题之一是扫除语言文字障碍。这样,沟通满汉便成了当时八旗教育的首要任务。为了培养足够需要的满汉翻译人才,八旗教育迎来了自己历史上的第一个飞跃发展时期。

清朝入关伊始,即利用明朝旧有中央教育机构国子监作为进行八旗教育的场所。顺治元年十一月,清朝政府即下令满洲文官三品以上各荫一子入国子监读满汉书,并于国子监设满洲司业一员、助教二员教习。① 顺治二年五月,清朝政府又下令建立八旗官学,作为八旗教育的专门机构,"凡满洲子弟就学者,分为四处"。② 八旗满蒙、汉军每佐领选取一人入学读书,并从每旗选取十人学习汉书。每处教习十人,"以京省生员充补,十日一次赴监领课。遇春秋演射,五日一次"。③ 同年九月,又规定每佐领入学人员增加为二人,各旗习学汉书的八旗生徒也扩大到二十名。④ 同时,为了沟通满汉,清朝政府还另辟渠道,从历科汉人进士中选留庶吉士习学满书。顺治三年首科会试,即选拔十人为习学满书庶吉士,从而使得沟通满汉工作得以双向进行。顺治四年、六年两科会试,选拔汉人习学满书的名额又分别增加到二十人。与此同时,官员子弟荫监范围也扩大到文武三品以上。总之,多尔衮摄政期间,在推行八旗教育方面,无论是利用明朝旧有机构还是建立新的八旗教育机构,清朝政府都十分积极,取得了开创性的成果。

顺治帝亲政之后,进一步加大了八旗教育政策的实施力度。在利用明朝旧有机构方面,一是扩大国子监生中的八旗名额。顺治八年,准文官在京四品以上,在外三品以上,武官在外二品以上各送一

---

① 《清世祖实录》卷一一。
② 《清朝文献通考》卷六五《学校考三》。
③ 《清朝文献通考》卷六五《学校考三》。
④ 《清世祖实录》卷二〇。

子入监读书,同时,还规定了各种名目的贡监生员八旗名额。顺治十一年,又增送觉罗荫生入国子监,"期满授官"。① 二是将八旗教育正式纳入科举考试的轨道。顺治八年六月,清朝政府规定考试满洲、蒙古翻译秀才之制。② 同时,还规定八旗子弟可像汉人一样考取生员、举人、进士并规定录取名额:"凡遇应考年分,内院同礼部考取满洲生员一百二十名,蒙古生员六十名,顺天府考取汉军生员一百二十名。""乡试,取中满洲五十名,蒙古二十名,汉军二十五名。""会试,取中满洲二十五名,蒙古十名,汉军二十五名。"考试时,满汉分榜,即满洲、蒙古一榜,汉军、汉人一榜。"满洲、蒙古识汉字者翻译汉字文一篇;不识汉字者,作清字文一篇。汉军文章篇数,如汉人例。"③正式考试之时,又往往逾额多收。如顺治九年三月会试,即取中麻勒吉等满蒙进士五十人。顺治十二年三月会试,又取中图尔宸等满蒙进士五十人。两次会试之后,均选其中部分人员留翰林院读书,习学汉书。与此同时,也还继续坚持选拔汉人庶吉士习学满书并不断扩大其名额。如顺治九年、十二年两次会试,习学满书者仍如多尔衮时期为二十人。顺治十五、十六年两科会试,则分别增加到三十二名和四十一名。在建设八旗专门教育机构方面,顺治帝也迈出了新的步伐。其一是规定官学生查验、授官制度。有鉴于统一全国的军事行动仍在进行,顺治十一年,清朝政府决定,"八旗每佐领下,仍止留官学生各一人",但却规定了"由礼部会同国子监""三年一次查验"的制度,以加速在学八旗官学生的周转。④ 顺治十三年,又对八旗官学生使用问题再次规定,"止许选用部院各衙门官,不准外用"。⑤ 其二是设立宗学。顺治十年三月,清朝政府决定每旗各设宗学,"凡未封宗室之子年十岁以上者俱入宗学","每旗设满洲官教习满书,其汉书听从其便"。⑥ 其中亲王、世子、郡王还专门配备在部他赤哈哈番、笔帖式哈番、满汉进士、举人等担任教习。这样,在清朝政府的推动下,十数年

---

① 光绪《大清会典事例》卷三九三《礼部·学校》。
② 《清朝文献通考》卷六四《学校考二》。
③ 《清世祖实录》卷五七。
④ 光绪《大清会典事例》卷一一三五《八旗都统·教养》。
⑤ 光绪《大清会典事例》卷一一三五《八旗都统·教养》。
⑥ 《清世祖实录》卷七〇。

中,八旗教育事业得到了迅速的发展。

然而,就在清朝的八旗教育取得一定发展之时,清朝政府的八旗教育政策却开始出现倒退。首先是禁止宗室子弟学习汉书。顺治十一年六月,顺治帝颁谕称:"前设宗学,令宗室子弟读书其内,因派员教习满书。其愿习汉书者,各听其便。今思既习满书,即可将翻译各样汉书玩观,着永停其习汉字诸书,专习满书。"①其次是限制八旗子弟入学额数。同年,清朝政府又下令改变多尔衮摄政时期每佐领二人入官学读书的规定,改为每佐领一人。② 顺治十三年八月,清朝政府普遍削减满蒙、汉军录取生员、举人、进士名额。其中满洲生员减四十名,举人减十名,进士减五名;蒙古生员减二十名,举人、进士各减五名;汉军生员减二十名,举人减五名。③ 十四年正月,又下令停止八旗乡会试及满蒙考试翻译秀才之制。与此同时,八旗每佐领入学人员,也进一步压缩为满洲、汉军每佐领一人,蒙古两佐领一人。④另外,还下令停止内外文武四品以上官员送子弟入监,大量裁减各衙门由官学生、监生出身之他赤哈哈番、笔帖式哈番以及笔帖式。清朝政府的这些措施,一方面是因为当时财政困难,不得不裁减人员,压缩开支,更重要的则是因为当时八旗子弟数量有限,大批八旗子弟从事文墨,升授官职,不但削弱武装镇压力量,同时也影响前线将士作战情绪。这样,在清朝政府的干预下,曾经迅速发展的八旗教育事业暂时进入了低潮。尽管如此,由于开展八旗教育是清朝政府建立统治、沟通满汉所必需,这次八旗教育大发展的主要成就如使用国子监及新建八旗官学、宗学以造就八旗人才等仍然得以保存。正是以此为基础,康熙时期,八旗教育进入了它的第二个发展时期。

二

康熙时期,清朝政府逐渐改变了顺治后期限制八旗教育发展的政策。其主要表现是:在使用传统教育机构国子监和恢复科举选拔八旗人才的同时,八旗专门教育机构数量迅速增加,地位也日形重

① 《清世祖实录》卷八四。
② 光绪《大清会典事例》卷三九四《礼部·学校》。
③ 《清世祖实录》卷一〇三。
④ 《清世祖实录》卷一〇六。

要，八旗教育在身分和地区上更加普及。同时，八旗教育的目的也由顺治时期的培养翻译人才改为培养中央部院各级行政官员。与之相一致，八旗教育也逐渐形成了自己的特色。

康熙初年，四辅政大臣执政。总体看来，相比顺治帝的汉化政策，有所倒退，但是，在八旗教育政策上，却对顺治后期的错误政策加以适当扭转。其一是恢复顺治初年八旗官学生额数，进一步重视官学生学习汉语。顺治十八年，清朝政府规定，"满洲、汉军，每佐领各增官学生一名，共送子弟二人，一习清书，一习汉书"。[1] 其二是恢复充任翻译人员的八旗知识分子的政治待遇。顺治初年，为了沟通满汉，相当一批兼通满汉的八旗官学生进入仕途，成为朝廷命官。顺治十四年正月，清朝政府下令取消给予八旗文墨翻译人员的各种优待，规定："各部院取用人员，不必分别满汉文学，初用授以笔帖式哈番，停其俸禄，照披甲例给以钱粮。再满三年，果能称职，升补他赤哈哈番。任满五年，给七品俸。"[2]十五年七月又定："以后止设无品笔帖式，视其效力年深劳著者，升授职官。见在他赤哈哈番、笔帖式哈番仍留顶戴，以原品办笔帖式事。"[3]由于当时由官学生而进入仕途者，大多是八旗贵族官员子弟，因而这些规定，当时便受到抵制。康熙初年，四辅政大臣又干脆将之废除。康熙五年五月，规定准予笔帖式升授部院衙门主事。[4] 六年二月，又定："内院满洲、汉军笔帖式等，一半为他赤哈哈番，一半为笔帖式哈番。"[5]其三是重开八旗乡会试。康熙二年九月，清朝政府重开八旗翻译乡试，取中满洲举人二十二人，蒙古举人十七人，汉军举人一百一十八人，咨送吏部授职。[6] 六年九月，又决定一并恢复八旗会试并将八旗乡会试纳入全国科举考试轨道。八年七月，又规定了乡会试满蒙、汉军录取名额，即顺天乡试，满洲蒙古取中十名，汉军十名。会试满洲蒙古取中四名，汉军四

① 光绪《大清会典事例》卷三九四《礼部·学校》。
② 《清世祖实录》卷一〇六。
③ 《清世祖实录》卷一一九。
④ 《清圣祖实录》卷一九。
⑤ 《清圣祖实录》卷二一。
⑥ 《清圣祖实录》卷一〇。

名。① 虽然其数额较之顺治时期大大缩小，但是作为一种制度却得以恢复。正是由于清朝政府注重八旗教育并在沟通满汉方面采取了一系列积极措施，入关之初一度使清朝政府甚感急迫的满汉翻译问题大致得以解决。康熙十年正月，清朝政府下令："嗣后内而部院，外而各省将军衙门通事悉罢之。"②

康熙帝亲政之后，由于政局动荡以及随后发生的三藩叛乱，十几年中，八旗教育基本上没有发展。如康熙九年，清朝政府重定八旗生员额数，满蒙各四十名，汉军四十名，较之顺治旧额大大减少。十一年，又对八旗官学生额数也加以裁减，满洲、汉军每佐领各一人，蒙古二佐领一人。康熙十二年，又裁减宗学，令宗室子弟各就本府读书。三藩叛乱发生后，康熙十五年，清朝政府又下令停止八旗子弟参加生员、举人、进士等各种层次的科举考试。但是，平定三藩叛乱及统一台湾之后，清朝政府却开始以增设八旗专门教育机构为主，大力发展八旗教育，从而使八旗教育又进入了一个新的发展时期。

首先是增设新的八旗专门教育机构。由于康熙十二年裁撤宗学，八旗专门教育机构仅有八旗官学四所。为了发展八旗教育，康熙二十四年以后，清朝政府即不断增设八旗学校。其一是建立景山官学。康熙二十四年四月，康熙帝以"内府佐领人员善射及读书善文者甚少"，因命"专设学舍"。根据这一指示，内务府设立景山官学，专教内府子弟。③ 该学设清书三房，汉书三房，收录学生三百六十名。④ 康熙三十四年又定，"内府三旗，每满洲佐领下各选取学生八人，旗鼓佐领下四人，内管领下六人，共定为三百八十六人。"⑤并命于新科进士内"简选老成者充教习"。⑥ 其二是建立八旗义学。康熙三十年，清朝政府决定："八旗幼童年十岁以上者，由各佐领于本佐领下拣选优长者一人作为教习。其满洲、汉军旗分幼童教习清书、清语，蒙古旗分幼童兼教习蒙古书与蒙古语，皆教习马步箭，仍令各该佐领及骁

①　《清圣祖实录》卷三〇。
②　《清圣祖实录》卷三五。
③　《清圣祖实录》卷一二〇。
④　光绪《大清会典事例》卷三九三《礼部·学校》。
⑤　光绪《大清会典事例》卷三九三《礼部·学校》。
⑥　光绪《大清会典事例》卷三九三《礼部·学校》。

骑校等不时稽查约束,名为义学。"①由于条件限制,这个决定并未彻底贯彻执行,但是却使聚处京师的八旗教育由上层官员子弟而至于一般旗民。其三是设立盛京左右翼官学。早在康熙十二年,清朝政府即注意到盛京八旗教育问题并为其规定了科举考试录取生员名额。康熙三十年,清朝政府又决定设立盛京官学,决定:"盛京左右两翼,各设官学二所,各旗选取俊秀幼童十名,每翼四十名。满学内各二十名,教读满书;汉学内各二十名,教读满汉书,并习马步箭。"②其四是设立黑龙江两翼官学。康熙三十四年,清朝政府决定,"于墨尔根地方两翼各设官学一所,设教官各一员,将新满洲西伯、索伦、达呼尔及上纳貂皮达呼尔等每佐领取俊秀幼童各一名,教习书义"。③以上两种官学的设立,又使八旗教育自京师普及于东北满族发祥之处。在此同时,对于八旗官学,清朝政府也注意加以整顿和提高。康熙十六年,清朝政府规定,"八旗官学生,先尽生员俊秀充补。如本佐领下不得其人,方准选补闲散人"。④康熙三十年,又重申这一规定并"停八旗幼童选入官学之制"。⑤这些表明,八旗专门教育机构有了长足的发展。

其次,康熙时期,对于传统教育机构国子监以及传统的科举考试方式,也仍然加以使用。早在康熙元年,四辅政大臣即首先冲破顺治禁令,"命包衣佐领下官员子弟入监读书"。⑥康熙帝亲政后,再次规定八旗岁贡生入监额数,"满洲蒙古、汉军各出贡二人",并长期执行。康熙五十二年,荫监范围又扩大到了宗室子弟,"凡未入八分以下及宗室内为一二品大臣者,俱准给荫生一人入监读书"。⑦以科举考试而言,康熙二十六年,清朝政府恢复旧制,准予八旗满洲蒙古、汉军"同汉人一例考试"。⑧康熙三十三年,京师地区八旗生员额数也增

---

① 光绪《大清会典事例》卷一一三五《八旗都统·教养》。
② 光绪《大清会典事例》卷三九四《礼部·学校》。
③ 《清朝文献通考》卷六四《学校考二》。
④ 光绪《大清会典事例》卷一一三五《八旗都统·教养》。
⑤ 《清朝文献通考》卷六五《学校考三》。
⑥ 《清朝文献通考》卷六九《学校考七》。
⑦ 《清朝文献通考》卷六九《学校考七》。
⑧ 光绪《大清会典事例》卷一一三六《八旗都统·教养》。

加为满洲六十人,蒙古六十人,汉军三十人。对于翰林院庶吉士分习满汉书,虽然此时满汉语言障碍不复存在,但是为了培养高层次的翻译人才,清朝政府仍予坚持。同时,其重点也由满人习学汉书转为汉人庶吉士习学满书。康熙初年,这一数字大致维持在十至十五人之间。康熙三十年代,则增加为三十余人。四十年代以后,又增加到四五十人。这样,在清朝政府的支持下,满汉两个民族融合步伐进一步加快,满汉公卿士人、文人墨客互相酬唱几乎司空见惯,对于民族矛盾的消释和清朝统治的巩固都起了重要的作用。

再次,在康熙时期的八旗教育中,还值得注意的是清朝政府进一步重视本民族官员队伍的培养。早在四辅臣执政时期,清朝政府即着手改变顺治后期限制、压抑八旗文职官员的错误政策并注意为其开放仕途。康熙帝亲政后,八旗文职官员仕途进一步开放,康熙十年四月,清朝政府规定八旗监生使用办法:"八旗满洲监生识满汉字者考试翻译;止识满字者,考试缮写。优者授为正八品,以部院笔帖式用。其汉军监生,识满汉字者,照满洲监生例考试取用;止识汉字者,照汉监生考取例。考取,以州同等官用。"①三藩叛乱期间,清朝政府又根据形势发展需要,以笔帖式作为依靠对象,在各主要战区及战略要冲设置情报系统,"命诸路设笔帖式,驰递军情"。② 有鉴于战区辽阔,现有笔帖式不敷派拨,康熙十五年,清朝政府又下令将现有"满洲、蒙古、汉军旗下生员""以无品笔帖式注册录用"。③ 三藩叛乱平定之后,安塘笔帖式大量裁撤。这时,清朝政府又将笔帖式作为八旗子弟进身之阶,大量安置于部院各衙门,使之成为国家机器运转的重要依靠力量。如康熙二十二年,清朝政府制定觉罗荫生咨部考试例。同年,又定八旗官学生考补笔帖式例。④ 为了提高部院官员的文化素质并加速官员周转,为八旗子弟中受过教育者开放仕途,康熙二十六年恢复八旗科举考试前,康熙帝即开始对现任官员进行考试。康熙二十四年三月,他谕大学士等:"内阁、翰林院须用通晓汉文、善翻译者,其自卿员以下,部院无品级笔帖式以上,及满洲、蒙古、汉军废

---

① 《清圣祖实录》卷三五。
② 《清圣祖实录》卷四六。
③ 《清朝文献通考》卷四八《选举二》。
④ 《清朝文献通考》卷六五《学校考三》。

官与随旗行走暨闲散人晓习汉文,能译满文者,统加考试,计其文理优长者用之。"① 一个月后,他又下令对"汉军内见任及候补旗缺官员,着考试翻译。有愿作汉文者,准其作汉文;有愿翻译者,准其翻译"。② 一年后,又再次对"各部院汉军官员及内外候缺汉军官员监生"加以考试。③ 通过实施这些措施,受过教育的八旗官员布列满朝,清朝统治也进一步巩固下来。

随着八旗教育的发展,康熙时期,八旗教育逐渐具备了自己的特点。其一是满汉并学。八旗是以统治民族满族为主体而建立的一个政治实体。为了维持统治,必须固守本民族语言文字。因而各种类型的八旗教育都坚持学习清文、清语。同时,作为清朝统治的依靠力量,为了对广大汉人进行有效统治,培养各级八旗官员通晓汉语、汉文也实属必要。因而,除层次较低的八旗义学和远在东北的八旗学校之外,各种八旗学校都是满汉并学。其二是重视骑射。清朝以八旗武力为凭藉,建立起其对全国的统治。为了维持统治,也必须使其保持尚武精神。因而,自入关之初建立八旗教育机构之日起,清朝政府即将骑射作为八旗教育的一项主要内容。康熙二十八年,又进一步明确规定:"考试满洲生员、举人、进士,并试骑射。"次年又规定:"凡八旗子弟读汉书者,由童生考取生员者,仍令射马步箭,能者方准入场。"④ 其三是注重实用。如康熙九年,清朝政府以"天文关系重大,必选择得人,令其专心学习,方能通晓精微",决定"于官学生内每旗选取十名,交钦天监分科学习"。⑤ 正是这些特点,对于八旗教育和清朝政局的发展都产生了深远的影响。

三

雍正时期,由于长期安定的政治局面,八旗人口迅速繁衍以及满汉民族的长期融合,八旗教育继续发展。其主要表现是,不但旧有八旗专门教育机构不断恢复和扩建,而且新建八旗专门教育机构也如

---

① 《清圣祖实录》卷一二〇。
② 《清圣祖实录》卷一二一。
③ 《清圣祖实录》卷一二五。
④ 《清朝文献通考》卷六四《学校考二》。
⑤ 《清朝文献通考》卷六五《学校考三》。

雨后春笋。八旗教育无论在阶层、民族还是地区上都空前普及,与之同时,一些原有的八旗教育特点也愈加鲜明,传统教育机构和科举考试也继续受到重视,八旗仕途也进一步开放。所有这些,对于八旗整体文化水平的提高,对于清朝统治的进一步巩固都起了重要的作用。

首先是扩建和增建八旗专门学校进入了高潮。雍正时期,为了发展八旗教育,恢复和扩建原有八旗专门学校是一个重要方面。其一是恢复宗学。雍正二年,清朝政府决定:"左右两翼官房,每翼各立一满学、一汉学。王、贝勒、贝子、公、将军及闲散宗室子弟年十八岁以下,有愿在家读书者听。其在官学子弟,或清书,或汉书,随其志愿,分别教授。十九岁以上,已曾读书者,亦听其入学,兼习骑射。"①其二是扩建八旗官学。顺康时期,八旗官学一直是两旗合立一学。雍正六年十一月,清朝政府决定:"每旗各立一学。"②同时,在校生徒额数也大大放宽。"每旗额设学生一百名,内分满洲六十名,蒙古二十名,汉军二十名。其满洲六十名内,又分习清字、汉字者各三十名。凡官学生缺出,于本旗内通行拣选,不必拘定按佐领拣选送人。"③同时,还决定增派汉字教习,"每旗定为五人",④并给官学生肄业钱粮。与此同时,清朝政府还继续大量增设八旗专门学校。其一是设立八旗教场学校。雍正元年九月,清朝政府规定,八旗教场各设学舍五间,"训诲教场内居住兵丁子弟,操演骑射并习清书、清语"。⑤其二是另设八旗蒙古官学。同年十二月,清朝政府决定:"吏部、理藩院考取能蒙古文、蒙古语者,每旗设助教一员,于每佐领下选择一人肄业,准其考试笔帖式补用。"⑥其三是设立绥远城学。同年,清朝政府决定,归化城土默特两旗,"每旗设立学堂一处,教导兵丁子弟满洲、蒙古翻译"。⑦其四是设立礼部义学。雍正二年,清朝政府又决定:"八旗于左右两翼公所,各立学堂二所,设汉书教习各二员,清汉书教习

---

① 《清朝文献通考》卷六三《学校考一》。
② 《清世宗实录》卷七五。
③ 光绪《大清会典事例》卷一一三五《八旗都统·教养》。
④ 光绪《大清会典事例》卷一一三五《八旗都统·教养》。
⑤ 《清世宗实录》卷一一。
⑥ 《清世宗实录》卷一三。
⑦ 光绪《大清会典事例》卷三九四《礼部·学校》。

各二员。八旗人内有家贫不能延师者,随所愿读书,入各学堂一体肄业。"①雍正六年,又决定增设四所,每旗一所,"凡八旗子弟年二十以下,十岁以上情愿读书者,俱令入学,不必拘定额数"。② 其五是设立咸安宫官学。雍正六年十一月,雍正帝谕令设立该学,"将包衣佐领、内管领之子弟并景山官学生内,拣选颖秀者,或五六十名,或一百余名,入学肄业"。③ 其中设汉书十二房,清书三房,"其拣选学生,于八旗及内府三旗满洲贡监生员、官学生及闲散人内,择其俊秀者充补,每旗不得过十人"。④ 其六是设立觉罗学。雍正七年闰七月,清朝政府决定,"八旗各择官房一所,立为衙署。设清汉各一学。八旗觉罗内,自八岁以上、十八岁以下子弟,俱令入学","读书学射,满汉兼习"。⑤ 同时,还规定了觉罗学生徒额数,"左翼共一百五十五名,右翼共一百八十五名"。⑥ 其七是设立八旗甲喇学。同年,清朝政府决定,八旗满洲、蒙古,"满洲每参领下,蒙古合两参领下",各立学舍一所,"每旗除大臣官员子弟入官学、义学读汉书及各在家学习人员外,各佐领下十二岁以上幼丁,均准入学学习清书、清语,兼令学习蒙古书与蒙古语"。⑦ 其八是设立汉军清文义学。同年九月,清朝政府又决定八旗汉军各设清文义学一所,"每佐领下简选一二人专习清文"。⑧ 其九是于同年设立奉天汉军清文义学一所。雍正十年十月,又批准将其一分为四。⑨ 其十是设立圆明园学。雍正十年十月,清朝政府决定于圆明园护军营地设学五所,"令伊等子弟,学习汉书"。⑩ 至此,雍正中所设八旗专门学校已经超过前此两朝建学之总和。因为新建学校数量众多,前后不下一百所,清朝政府还多方发掘生源。雍正元年,清朝政府命"八旗满洲、蒙古生员有在护军执事人

① 光绪《大清会典事例》卷三九四《礼部·学校》。
② 光绪《大清会典事例》卷三九四《礼部·学校》。
③ 《清世宗实录》卷七五。
④ 光绪《大清会典事例》卷三九三《礼部·学校》。
⑤ 《清世宗实录》卷八四。
⑥ 光绪《大清会典事例》卷三九三《礼部·学校》。
⑦ 光绪《大清会典事例》卷一一三五《八旗都统·教养》。
⑧ 光绪《大清会典事例》卷三九三《礼部·学校》。
⑨ 《清世宗实录》卷一二四。
⑩ 《清世宗实录》卷一一七。

披甲上行走者,俱着退回读书"。① 雍正五年,又定旗员带十八岁以上子弟随任之禁。规定:"旗员十八岁以上子弟留京习学弓马,如可以习文者,入官学读书。"②雍正七年,又命"八旗满洲、蒙古、汉军内有未及年岁尚未上朝之世职人员,俱令入各该旗义学肄业"。正是这样,使得原来较之汉族远为落后的满蒙等少数民族在文化教育上迅速发展。雍正中,"八旗童生入学额数"已是"倍于外府州县",从而在普及教育方面达到了与汉人相伯仲的地步。③

雍正时期,随着八旗教育的迅速发展,原已形成的一些八旗教育的特点也愈加鲜明。其一是满汉并重,不分畛域。除了层次较低或东北边远地区之外,几乎所有八旗专门学校都满汉并重,有的甚至还是汉重于满。如咸安宫官学,即设汉书十二房,清书三房。又如八旗觉罗学,也是"满汉兼习"。还如圆明园学,更是为驻军子弟专习汉语而设,从而进一步促进了满汉之间的民族融合。其二是注重普及。前此,康熙中即已试图普及八旗教育,但是因为条件限制,各佐领自办学校半途而废。雍正中,在积极办学过程中,清朝政府比较切实地将满蒙学校办在参领一级,从而收到了真正的效果,使得八旗教育进一步普及。其三是注重实用。雍正十一年五月,雍正帝以"部院衙门销算钱粮事件,俱出书办之手。章京、笔帖式通晓算法者少,即奸吏作弊,亦不能清查",因而谕令部院衙门笔帖式于办事之暇,学习算法。④ 同时,还于八旗官学增设算学教习十六员,"每旗官学择资质明敏者三十余人,令精于数学者教习算法。定以未时起,申时止"。⑤所有这些,对于当时八旗教育事业的发展,也起了重要的推动作用。

其次,雍正时期,传统教育机构和科举考试依然受到重视。其中,贡监制度继续坚持。如雍正帝即位之初,即命"每旗满洲、蒙古共选拔二名,每旗汉军选拔一名",送监肄业。⑥ 雍正五年,"命八旗官

---

① 《清朝文献通考》卷六四《学校考二》。
② 《清朝文献通考》卷六四《学校考二》。
③ 光绪《大清会典事例》卷三七〇《礼部·学校》。
④ 《清世宗实录》卷一三一。
⑤ 《清朝文献通考》卷六四《学校考二》。
⑥ 《清朝文献通考》卷六六《学校考四》。

员子弟十八岁以上者入监读书"。① 因为国子监原定八旗贡生数额甚少,雍正九年,雍正帝从臣下之请,一次即选拔九十四人入监肄业。② 对于科举考试,清朝政府也十分热心。不但三年一行的全国乡会试八旗举人、进士的录取名额皆较康熙时期超出一倍左右,而且,雍正元年正月,清朝政府还下令恢复了中断已久的八旗翻译乡会试,决定:"嗣后将满洲、蒙古能翻译者,三年之内,考取秀才二次,举人一次,进士一次。"③雍正三年三月,翻译乡会试又扩大到了八旗汉军。④ 而后,清朝政府又不断采取措施,增加应考人数和翻译语言种类。雍正七年决定:"凡由举人考试补用笔帖式者,俱准其与举人一体会试。其由贡监考试补用笔帖式者,亦准其考试翻译举人时,一同考试。至于由贡监生员考取小京官笔帖式之员,若愿就乡试,亦准其与举人等一同考试。"⑤雍正九年,雍正帝又以"蒙古旗下能蒙古话及能以蒙古语翻译者甚少,如是相沿日久,蒙古文字并蒙古语必渐至废弃",因而谕令开蒙古乡会试,"考取蒙古翻译生员、举人、进士,在理藩院补用"。⑥ 所有这些,使得传统教育机构和科举考试在发展八旗教育、造就八旗人才方面较之于康熙时期发挥了更加重要的作用。

再次,为了推动八旗教育的发展,雍正时期,清朝政府还进一步开放八旗低级文职官员仕途并注意提高他们的政治、物质待遇。康熙六十一年十二月,雍正帝首先谕令内务府总管,从内廷各执事人员大臣官员子弟中拣选通晓满汉文者"酌量录用"。⑦ 雍正元年正月,又决定将八旗满洲、蒙古、汉军内前锋、护军、领催披甲闲散人中"长于翻译、书写清字情愿考试者,通行查出,令其考试,予以升用"。⑧ 同年九月,又下令"内外荫生、监生等到部考试翻译书法","再分派各部行走"。⑨ 十二月,再次谕令八旗于"护军、领催、马甲、闲散人内,

---

① 《清朝文献通考》卷六六《学校考四》。
② 《清朝文献通考》卷六六《学校考四》。
③ 《清世宗实录》卷六。
④ 《清世宗实录》卷三十。
⑤ 光绪《大清会典事例》卷三六三《礼部·贡举》。
⑥ 光绪《大清会典事例》卷三六三《礼部·贡举》。
⑦ 《清世宗实录》卷二。
⑧ 《清世宗实录》卷四。
⑨ 《清世宗实录》卷一一。

拣选笔帖式,缮写档案文移之事"。① 二年二月,拣选笔帖式的范围扩大到了宗室子弟。② 四年五月,又命将上三旗记名功臣子孙中二十岁以上曾习清汉书者,"各予二两钱粮米石,令在部院为贴写笔帖式"。③ 六年,又决定"八旗蒙古官学生监内有能翻译满洲、蒙古字话者,以各部院蒙古笔帖式用"。④ 七年十月,又从吏部之请,从八旗监生、生员、官学生中拣选通晓满汉文理人员,"每参领下酌派二员,蒙古、汉军每参领下酌派一员,授为贴写笔帖式,办理一切档案事件。五年期满,该旗咨送吏部,考试翻译。取中后,以部院衙门笔帖式补用"。⑤ 在扩大笔帖式队伍的同时,清朝政府还注意提高他们的物质、政治待遇并为其步入仕途提供方便。雍正元年四月,命各部院衙门堂官"于笔帖式内,每十员内保举一二等各一人"。⑥ 十月,又谕令各部院衙门无品笔帖式三年一考试,"其文理优长者,给予品级"。⑦ 同时,还以部院衙门笔帖式俸银过低,提出对其中工作出色者开放仕途的构想。循此思路,雍正元年十二月,清朝政府决定于笔帖式等官内拣选京畿四路扑盗同知。⑧ 四年六月,又下令从笔帖式内拣选国子监清汉文助教。⑨ 七年闰七月,又决定以有品笔帖式中熟悉翻译者升授六部堂主事及起居注主事员缺。⑩ 同年八月,又决定以笔帖式与中书、小京官一起补授各省理事同知、通判员缺。⑪ 与此同时,还改变旧例,规定"八旗文生员改补笔帖式者""照监生考补笔帖式例授为八品","其由翻译生员考补者,亦照此例"。⑫ 与此同时,还允许笔帖式参加翻译乡会试。除此之外,雍正六年九月,雍正帝还批准理

---

① 《清世宗实录》卷一四。
② 《清世宗实录》卷一六。
③ 《清世宗实录》卷四十四。
④ 《清朝文献通考》卷六六《学校考四》。
⑤ 《清世宗实录》卷八七。
⑥ 《清世宗实录》卷六。
⑦ 《清世宗实录》卷一二。
⑧ 《清世宗实录》卷一四。
⑨ 《清世宗实录》卷四五。
⑩ 《清世宗实录》卷八四。
⑪ 《清世宗实录》卷八五。
⑫ 《清世宗实录》卷八五。

藩院奏请,对八旗蒙古官学生、监生进行考试,选取能翻译满洲、蒙古文字话者为笔帖式。而后,再通过考试,以其补用理藩院及内阁中书及吏部等衙门应升之缺。① 这样,在不长时间,由八旗各种专门学校出身的官员即成为部院、八旗各衙门的主体和骨干,对于当时部院官员的更新换代和清朝统治的进一步巩固都起到了重要的作用。

四

乾隆时期,以乾隆十七年为限,八旗教育分为前后两个阶段。前一阶段,八旗教育在康雍两朝的基础上继续发展;后一阶段,则因最高统治者将其纳入清语骑射轨道而呈现了萎缩和冷落的局面。

乾隆十七年前,八旗教育发展大致情况有三:一是继续使用顺、康、雍三朝建立的八旗教育机构并不断加以调整和整顿;二是又新建了一些八旗专门教育机构,从而使得八旗教育更加普及;三是在康、雍两朝的基础上,利用八旗文化优势,进一步开放八旗仕途。乾隆帝即位之初,对于顺、康、雍时期建立的各种八旗教育机构继续予以重视,并根据需要随时对之进行整顿。对于八旗官学,乾隆元年,规定"八旗世爵,年二十以下者,分拨各旗官学,一同教习"。三年,又定八旗官学生考取监生之例。规定:"学生归汉文班者,不必专读《四书》,亦使讲求经史,为有用之学。每三年一次,监臣录其可以应考者,奏请钦点大臣考验,取其明通者,授为监生,由官学而升太学。"对于咸安宫官学,乾隆元年决定将其教习由举贡内考取改为新科进士。对于八旗义学,乾隆八年规定,担任教习之举贡生员必须"年逾三旬,行无匪僻者具结送部,验明考试"。对于礼部义学,则于乾隆四年决定"每学于每月各给银三两,为茶水煤炭之资,以示鼓励"。五年,又决定"八旗义学功课,除委礼部司官每日稽考外,仍令诸生每季到部,考课翻译经义,背书写字,皆登记册籍,岁终分优劣以定去留"。对于宗学,则于乾隆十一年规定学生额数,"左翼以七十人为准,右翼以六十人为准"。与此同时,乾隆二年,清朝政府还决定另建盛京宗室觉罗学,规定"凡二十岁以下、十岁以上,情愿入学读书者,准其入学,分清

---

① 《清世宗实录》卷七三。

汉书肄业,兼习骑射,不限额数"。① 与此同时,对于科举考试,乾隆前期也照例举行。大致每科乡试中额,满蒙皆在三十名左右,汉军皆在十二人左右。会试中额,满蒙皆在十人左右,汉军也在四人左右。② 其中,选拔汉人庶吉士习学满书,乾隆十年前,也一直循照雍正旧例,固定在五人至十人左右。对于其学习情况,乾隆帝也时加过问。如乾隆十年五月,他以"每科学习清书之庶吉士于散馆接职后,遂不留心清文,以至日久荒弃",因而谕令"仍应随时温习,不使遗忘弃置。数年之后,朕当考试,以分勤惰"。③ 对于翻译乡会试,还一度扩大其应考人员范围。如乾隆三年,清朝政府决定准予八旗武职参加翻译乡试。④ 所有这些表明,乾隆初年,八旗教育事业仍在顺、康、雍三朝的基础上继续向前发展。

在采取措施推动八旗教育继续发展的同时,乾隆时期,清朝政府还对受过教育的八旗子弟入仕问题表示出异乎寻常的热心。其中,通过科举中式之八旗子弟仕途畅达自不必说,即使是从各种教育机构肄业的八旗士子,也都各有其出仕之途。如于国子监八旗拔贡生员,乾隆元年,"申定八旗拔贡生考选助教例",规定"凡肄业期满,遇官学助教员缺,准与各部院咨送人员一同考选"。乾隆三年,又拣选八旗直隶各省拔贡分别用以知县佐贰教职官员。⑤ 八旗官学,顺康时期地位较高,肄业学生,皆"备部院衙门补用"。⑥ 后来各种八旗专门学校纷纷建立,地位有所降低,但是乾隆中仍然使其出仕有途。乾隆元年规定"官学生考用笔帖式,俱定为九品,按俸升转"。⑦ 乾隆三年,又定八旗官学生肄业期满者得补官学助教例。乾隆四年,又定八旗官学生考补选库使之制。⑧ 其中学习汉文者,还可考取监生,"使与拔贡人等明经治事,期满择尤异者,一同保举,考选录用"。八旗义

---

① 光绪《大清会典事例》卷三九三《礼部·学校》。
② 光绪《大清会典事例》卷三四八至卷三五〇《礼部·贡举》。
③ 《清高宗实录》卷二四〇。
④ 光绪《大清会典事例》卷三六三《礼部·贡举》。
⑤ 《清朝文献通考》卷六七。
⑥ 光绪《大清会典事例》卷三九三《礼部·贡举》。
⑦ 《清高宗实录》卷三〇。
⑧ 《清朝文献通考》卷六七。

学和其他层次较低的八旗专门学校,雍正中初建时虽然允诺"如子弟文理精通,情愿考试翻译者,准于吏部考取笔帖式",①但是因为中额有限,不少人仍回旗下当差。为了补其不及,乾隆二年二月,清朝政府规定准予前锋、护军、另户领催等考试翻译及清书,"优者酌量录用"。② 对于层次较高的专门学校肄业的八旗士子,则更是几乎人人有份。如于八旗宗室,除"袭封世职","拣选侍卫及护军参领等缺"外,乾隆二十一年决定"在学宗室年满,考列一、二等者,例以府属笔帖式补用。需次无期,别无效力之路,请于此内择其人去得者,照部院贴写笔帖式之例,授为宗人府贴写笔帖式。二三年后,如果行走勤慎办事好者,引见以笔帖式坐补"。八旗觉罗学,雍正中已规定"学成,与旗人同应岁科及乡、会试并考用中书、笔帖式等官"③。乾隆十六年又定"觉罗官学生,亦准考选库使,照例补用"④。盛京宗室觉罗学,乾隆二年定,如果清汉书骑射优长,"有情愿来京与选侍卫、笔帖式者,与宗学肄业宗室一例录用。其觉罗子弟肄业五年,交于将军、府尹考试,分别等第奏闻,以盛京三陵及五部将军等衙门省城口外等处笔帖式录用"。⑤ 咸安宫官学,乾隆二年规定"考列一、二等,奉旨以七品、八品笔帖式补用"。乾隆四十一年又定"咸安宫八旗官学生,准由本学一体咨送吏部考试库使"。景山官学,则于乾隆四年规定:"三年一次,奏委员考试。一等以笔帖式用,二等以库使、库守用,三等仍留官学读书,四等革退"。⑥ 与此同时,清朝政府还注意提高他们的物质待遇,为他们进一步升迁作出各种规定。如乾隆二年九月,定直省总督以下各衙门笔帖式养廉。⑦ 乾隆五年六月,定外省笔帖式六年俸满即行保举例。⑧ 同年八月,又重申雍正旧例"各省理事同知、通判员缺,系内阁并部院堂官于所属小京官笔帖式内,将通晓汉

① 光绪《大清会典事例》卷三九三《礼部·贡举》。
② 《清高宗实录》卷五九。
③ 光绪《大清会典事例》卷四。
④ 《清朝文献通考》卷七七。
⑤ 《清高宗实录》卷四。
⑥ 光绪《大清会典事例》卷三九三《礼部·学校》。
⑦ 《清高宗实录》卷七七。
⑧ 《清高宗实录》卷一一九。

文并兼通翻译者"保送使用。① 乾隆二十九年三月,又命各部院衙门堂官留心察看属下笔帖式以备升用。② 乾隆三十一年,又准考列一等之笔帖式保送知县。③ 在此期间,清朝政府还首开将满洲进士派赴全国各地充任知县以上官员和以大量守备以上绿旗官员使用八旗人员的先例,也使从各种八旗学校出身的笔帖式的仕途大为畅通。同时,对于当时清朝政局的发展也产生了深远的影响。

乾隆十七年以后,清朝政府的八旗教育政策发生重大变化,八旗教育进入了清语骑射的轨道,致使自此之后的半个世纪中,八旗教育呈现了颇为萎缩的局面。

首先是强调清语骑射,限制八旗教育的发展。如上所述,入关以后,广大满族人民学习汉族文化蔚为潮流。对此,康雍两朝统治者多持积极态度,在制定执行八旗教育政策中,一般都是满汉兼重,有时还是汉重于满。对于骑射,也实事求是,不作过分强调。如雍正二年清朝政府决定:向例考试八旗生员,"有考箭之例,文理兼长为难,嗣后八旗生员考试,如无甚荒谬,但置之后等,不必苛求"。雍正七年又定"八旗年未至十五岁之童生,均停其骑射,止考试步射。如有熟悉骑射,情愿考试者听"。④ 这样,到了乾隆时期,八旗贵族官吏士人兵丁和普通旗民不谙清语的情况愈益普遍。如乾隆初年,乾隆帝即发现汉军官员清语仅止温习履历,"问及他语,俱不能奏对"。⑤ 乾隆十八年正月,乾隆帝引见盛京保送笔帖式,又发现他们"国语甚属生疏"。⑥ 乾隆二十五年,乾隆帝又发现,近身侍卫人员亦不能清语。⑦ 乾隆二十七年,他又发现,信郡王德昭诸子年逾四十俱不能清语。⑧ 对于这种民族融合中出现的自然现象,乾隆帝不是予以理解和支持,而是从狭隘的民族自私的心理出发,动用政权力量加以干涉,人为地

---

① 《清高宗实录》卷一二四。
② 《清高宗实录》卷七〇七。
③ 《清高宗实录》卷七七五。
④ 光绪《大清会典事例》卷一一三六。
⑤ 《清高宗实录》卷一六。
⑥ 《清高宗实录》卷四三一。
⑦ 《清高宗实录》卷六一三。
⑧ 《清高宗实录》卷六六三。

掀起了一场强调清语骑射的浪潮。乾隆四年四月,他下令扩大清语使用范围,"各部院文移清汉兼写,以免清文荒废"。① 同年,"命考试八旗童生马步箭"。② 六年四月,开始考试八旗记名人员翻译诗文。③ 七年八月谕:"凡遇行走齐集处,大臣侍卫官员以及兵丁俱着清语。"④ 十五年十月,又下令专门派人教习福州旗人清语。⑤ 十七年三月,又于京师各处立训守冠服骑射碑。二十二年十二月,开始考试宗室翻译骑射。⑥ 二十三年二月,又定满蒙三品以上官员子弟,凡应科举考试者,必国语骑射俱有可观,方准入场考试。⑦ 同年五月,定引见八旗汉军绿头牌专写清字。⑧ 二十六年十月,谕明年京察"办事妥协之员必兼清语熟悉者方许保列一等"。⑨ 二十九年二月,谕令宗室承袭不分嫡庶,以清书骑射优者承袭。⑩ 对于具折言事,更是强调满洲官员以清字具折。与此同时,清朝政府也着手扭转八旗教育的方向。其一是裁减原设各种八旗专门学校的汉书教习,添设清书及骑射教习。以宗学而言,原为宗室子弟"分习清汉书"而设,乾隆二十一年,乾隆帝下令"裁宗学汉教习九人,改为翻译教习。其教习骑射,每翼各止二人,应各增一人"。以咸安宫官学为例,乾隆二十六年下令"咸安宫汉教习十二缺内,裁汰三员,改为翻译教习之缺。嗣后翻译教习定为六员,汉教习定为九员"。⑪ 以八旗官学而言,雍正中规定,每旗汉教习五人。乾隆十七年,乾隆帝以八旗世爵子弟另立一学为由,下令裁撤增设之汉教习一人。三十一年,又下令"每校添设满洲教习一人,裁减汉教习一人"。对于雍正中设立的圆明园学,也于乾隆二十一年下令改变原来专习汉语的教学内容,规定"圆明园护军营

① 《清高宗实录》卷九九〇。
② 《清朝文献通考》卷六四。
③ 《清高宗实录》卷一四〇。
④ 《清高宗实录》卷一七三。
⑤ 《清高宗实录》卷三七五。
⑥ 《清高宗实录》卷五五二。
⑦ 《清高宗实录》卷五五七。
⑧ 《清高宗实录》卷五六二。
⑨ 《清高宗实录》卷六四九。
⑩ 《清高宗实录》卷七〇五。
⑪ 光绪《大清会典事例》卷三九三《礼部·学校》。

学舍肄业子弟,令专习清书"。对于乾隆初年"专为通习汉文"而设立的盛京宗室觉罗学,则于乾隆四十三年下令"惟该处举贡生员等尽可自为师承,嗣后盛京额设宗室觉罗学汉教习之例,即行停止"。① 对于东三省之新满洲乌拉齐等,也于乾隆二十年二月下令永远停止其考试汉文。② 其二是规定新设八旗教育机构专习清语骑射。乾隆十七年,乾隆帝谕令专为年未及岁之世爵一百七十人于八旗两翼各设官学二所,名曰世职官学。规定"凡八旗世爵内十岁以上者,均送官学教习清语骑射"。乾隆四十年,乾隆帝又下令设立健锐营学。规定"设教习八员,专管教训健锐营八旗幼丁清语。三年期满,咨送吏部,以笔帖式用。再由护军校、蓝翎长、前锋内,每旗各选一人,在学会同教训骑射等技艺"。③

其次,是设置障碍,阻止八旗教育的进一步普及。乾隆时期,八旗人口迅速增长,入伍披甲及求学出仕成了一般旗民竞相追逐的目标。作为最高统治者,乾隆帝首先考虑的是官员子弟。表现在教育政策上则是限制或者剥夺一般旗民及其中身份较低者接受教育以及出仕。雍正十三年,乾隆帝颁令禁止旗下家奴本人及其子孙参加考试。乾隆三年,禁考范围又扩大到了八旗另记档案人员的子孙。而后不久,原为"八旗人内有家贫不能延师者"而设的礼部义学也成了乾隆帝的眼中钉。乾隆二十三年,他颁布谕旨,称其"不过仅有设学之名,无教育人才之实","适足为贻误旗人之地",下令将其裁撤。④

再次,是削减科举中试的八旗名额并停止翻译乡会试。乾隆十年以后,八旗科举取中额数愈来愈少。尤其是其中之会试中额,更呈直线下降之势。自乾隆七年至乾隆十七年四科会试,满洲、蒙古各中额七人,汉军二人或一人不等。乾隆二十八年以讫六十年,十四科会试,一直是满蒙取中三人,汉军取中一人。⑤ 而且,乾隆十七年,乾隆帝还下令取消宗室乡会试。⑥ 对于翰林院庶吉士习学清书,乾隆初

---

① 光绪《大清会典事例》卷三九四《礼部·学校》。
② 《清高宗实录》卷四八二。
③ 光绪《清会典事例》卷一一三五至卷一一三六《八旗·教养》。
④ 光绪《清会典事例》卷三九四《礼部·贡举》。
⑤ 光绪《大清会典事例》卷三五〇《礼部·贡举》。
⑥ 光绪《大清会典事例》卷三二九《礼部·贡举》。

年,即下令停止满洲庶吉士习学清书,而后,习学清书的汉人庶吉士也一再减少。乾隆六十年癸丑科庶吉士散馆,习学清书的汉人庶吉士仅有一人。与此同时,对于八旗翻译乡会试,乾隆帝的态度也愈来愈冷落。至乾隆四年,翻译乡试已行六科,取中举人百余人,乾隆帝令"其优者以六部主事即用,次者在主事上学习行走"。① 但自乾隆七年始,乾隆帝即以考试人数过少,决定将之纳入正常会试,"于会试天下贡士时,于闱中另编字号,一同考试"。② 而自乾隆十年后,历科翻译会试录取人员减少,大致是满洲十六人,蒙古二人。同时,对于翻译生童、举人名额也作出限制。如乾隆十三年五月定,满洲翻译生员六十人,蒙古九人;乡试取中满洲三十三人,蒙古六人;"如无佳文,宁缺无滥"。③ 鉴于翻译会试与全国文会试合并分场使得汉族文人的治学方式影响了满洲举人,使得他们"每以寻章摘句为是,转失翻译本意,殊属无益";④兼之以此时大规模的平定准噶尔叛乱的战争即将拉开帷幕,乾隆帝亟需动员所有满洲将士投入战争,继续通过翻译乡会试选拔官吏无疑对此会产生负面影响。乾隆十九年三月,清朝政府决定"嗣后除翻译生员仍照旧考试,留为考取中书、笔帖式之地","其乡会二试及翻译进士升转翰詹官员之处即行停止"。⑤ 这一政策的推行对于满汉翻译工作产生了严重的影响。二十多年后,乾隆帝发现"近日满洲学习清文善翻译者益少",已和自己反复强调的清语骑射大相径庭。因而谕令恢复八旗翻译乡会试并决定于乾隆四十三年举行乡试,四十四年举行会试。⑥ 但是由于长期以来清朝政府推行的重武轻文的政策,乾隆四十四年会试届期时,应考者仅有四十七人,不足六十人之数。因为急需人才,乾隆帝仍然谕令举行考试。而后,多次乡会试考试人次都不足数。为此,乾隆四十六年,乾隆帝下令停止本次乡试。⑦ 乾隆四十九年八月,清朝政府下令满蒙

① 《清高宗实录》卷九七。
② 《清高宗实录》卷一七〇。
③ 《清高宗实录》卷三三〇。
④ 光绪《大清会典事例》卷三六三。
⑤ 《清高宗实录》卷四五八。
⑥ 《清高宗实录》卷一〇二二。
⑦ 光绪《大清会典事例》卷三三〇《礼部·贡举》。

翻译生童考试由三年两次改为三年一次。① 乾隆五十二年五月,乾隆帝又以"旗人进身之路甚广,并不专藉翻译,且其中亦未见出真才",下令将八旗翻译乡会试由三年一次改为五年一次。② 而后,除于乾隆五十六年举行过一次翻译乡试外,五十三年、五十八年两次会试,均因应考人次仅有三十七八名而没有举行。因为政策摇摆不定,总的看来,终乾隆间,通过翻译乡会试选拔人才并没有收到理想的效果。

乾隆后期,八旗教育政策的变化产生了严重的后果。

其一是严重影响了八旗教育的普及。康雍时期,根据八旗人口不断增长的现实,清朝政府不断增设八旗教育机构,从而使得八旗教育不断普及。乾隆时期,八旗人口进一步增长,清朝政府不但不进一步增设八旗教育机构,反而将其中具有普及性质的礼部义学加以裁撤。在此同时,还对各类应考人员实行身份限制,这就不能不使八旗教育普及面有所缩小,从而使得原来与汉人教育齐头并进的八旗教育顿时萎缩下来。

其二是由于教育内容过于狭隘,致使教育质量急剧下降。乾隆时期,由于长期满汉融合,广大旗民久已不谙清书清语,八旗教育内容一般皆以汉文为主,而乾隆帝却逆潮流而动,强调清语,并为此而不惜下令一些八旗学校禁学汉语,其结果必然是:一方面,由于满汉融合的大气候,几所八旗教育机构实在不过是杯水车薪,习学清语的生徒时间不长便将之遗忘;另一方面,八旗教育中禁学或少学汉文也使广大生徒的汉文化水平降低并直接影响其日后从事的满汉翻译工作。如乾隆四十年五月,乾隆帝引见盛京兵部送到指缺补放户部笔帖式果尔敏,"除履历外,询以清语,全然不能"。③ 乾隆四十八年九月,乾隆帝引见盛京五部司员笔帖式等,发现他们"清语俱甚平常"。④ 盛京是清朝发祥之处,专司清文的笔帖式水平如此,笔帖式的整体水平如何,可以概见。这样,对于翻译工作,中央机关以下各

---

① 《清高宗实录》卷一二一三。

② 《清高宗实录》卷一二八一。

③ 《清高宗实录》卷九八三。

④ 《清高宗实录》卷一一八三。

机构笔帖式大多皆"雇人代写"。① 满汉文字翻译情况如此,蒙古文翻译情况也甚为不妙。乾隆四十四年八月,据乾隆帝称:"近来凡有谕旨兼写蒙古文者,必经朕亲加改正,方可颁发。而以理藩院所拟原稿示蒙古王公等,多不能解"。② 与此同时,清朝政府强调清语骑射,也没有收到预期效果。按照规定,八旗子弟参加科举考试者,必须考试骑射,但在乾隆四十年二月会试时,与试一百二十五名满洲举人中,自称近视眼请求免试骑射者竟有七十二人。③ 乾隆帝所强调的清语骑射的八旗教育方针基本失败了。

其三是导致吏治腐败。乾隆时期,乾隆帝突破康雍两朝满洲低级官员仅于部院京畿任职旧例,将大批受过教育的八旗子弟派赴全国,担任中级以下官员,其本意是开放八旗仕途,解决八旗生计,并加强自己的专制统治。但是,为时不久,这些官吏便迅速腐化,贪污大案一桩接着一桩,而且,几乎所有贪污大案都涉及满洲官员。其中,乾隆四十六年发生的甘肃捐监冒赈案,乾隆帝还发现"多有以笔帖式委署通判、知县等官,遂于任内收捐折色,冒赈浮开,扶同捏结,种种舞弊"。④ 从而使得这一政策也走向了反面,不但没有巩固统治,反而动摇了自己的统治,对于清朝政局的发展,也产生了极为不利的影响。

五

嘉道时期,有鉴于乾隆时期八旗教育中推行的极端政策产生了不少负面效应,清朝政府分别采取一些措施进行纠偏。但是因其思想保守,并没有跳出清语骑射的陈俗旧套,兼之以受到满汉民族融合和统治机器腐朽大气候的限制和影响,这些措施收效甚微,八旗教育不但没有起色,反而进一步趋于衰落。

综观嘉道两朝关于八旗教育政策的纠偏措施,大致包括以下几点。

---

① 《清高宗实录》卷一二八〇。
② 《清高宗实录》卷一〇八八。
③ 《清高宗实录》卷九七七。
④ 《清高宗实录》卷一一四一。

其一是重新增设各类八旗专门学校中的汉书教习,恢复清初以来满汉并重的教育特色。嘉庆四年,嘉庆帝亲政不久,即重新规定左右两翼宗学仍各设汉教习四员并各添学生三十名。同年,又将盛京宗学、觉罗官学原先裁撤之四名汉书教习予以恢复。嘉庆二十五年,又令盛京宗学于原设满汉教习各二人外,再添设满汉教习各一人。①与此同时,为了无妨八旗文化教育,清朝政府虽然仍如以前强调骑射,但是有关规定却颇为切实。如关于八旗官学生即规定:"每逢国子监季考,年十四岁以上者习步射,十八岁以上者习骑射。"②

其二是继续增设八旗专门学校并对驻防教育予以适度关心。关于增设八旗学校,嘉庆间总共三所。嘉庆二十一年,首设外火器营学,"分训两翼子弟"。③嘉庆二十三年六月,嘉庆帝又以"内务府官役子弟生齿日繁,添设官学,亦足以资教育",因命于"景陵、裕陵两处内务府官学之内,各设官学一所",④名曰东陵官学。至道光时期,又续建五所。道光四年六月,清朝政府以吉林双城堡地方移居京旗闲散渐多,因从吉林将军富俊之请,于当地建义学三所。⑤道光八年八月,又以热河都统衙门"常有各扎萨克蒙古字来文及各旗蒙古控案",而"该衙门仅有喀喇沁、土默特数旗粗知翻译之章京等轮流值班,所译清词,难免舛误",因从热河都统松筠之请,准于当地添设蒙古官学,招收闲散旗丁二十名,培养满蒙翻译人才。⑥道光十四年,清朝政府又以"黑龙江呼兰河地方,向未设有官学教授子弟,以至拣选笔帖式时,或难其人",决定于当地建立官学。⑦关于驻防教育,前此,一直是八旗教育中的一个死角,不但所设学额甚少,而且驻防子弟考取生员的岁科两试,皆令赴京考试。嘉庆时期,这一限制也开始松动。嘉庆四年七月,清朝政府决定"驻防省分,查照人数多寡,酌定学额。凡遇岁科两试,旗人情愿赴考者,准其就近考试。取进后,再听

---

① 光绪《大清会典事例》卷三九三至卷三九四《礼部、学校、宗学、盛京官学》。
② 光绪《大清会典事例》卷一一三七《八旗都统、教养、考试》。
③ 光绪《大清会典事例》卷三九三《礼部、学校、八旗官学》。
④ 《清仁宗实录》卷三四三。
⑤ 《清宣宗实录》卷六九。
⑥ 《清宣宗实录》卷一四一。
⑦ 光绪《大清会典事例》卷三九四《礼部、学校》。

其赴京乡试"。① 其取中额数,亦"照在京八旗之例,于童生五六名内取进一名"。② 嘉庆十八年六月,政策又进一步放宽,"嗣后各省驻防子弟入学者,即令其于该省一体应文试乡试"。③ 道光九年十一月,道光帝还颁谕加给福州驻防八旗书院膏火薪水银五百两。④

其三是次第恢复乾隆间取消的各种类型的八旗科举考试,适度扩大录取名额。嘉庆四年二月,嘉庆帝首先下令恢复停止已久的宗室乡会试。⑤ 五年十月,连同宗室翻译乡会试也一并恢复。⑥ 同时还将翻译乡会试重新改为三年一次,翻译生员仍复三年两考。⑦ 对于全国文会试中的八旗中额及每科会试后留馆习学清书的庶吉士,和清初顺康雍三朝相比,乾隆间呈直线下降之势。尤其是乾隆二十八年至六十年三十多年中,十四科会试,一直是满蒙取中三人,汉军取中一人,留馆庶吉士习学清书者也为数寥寥。嘉庆间,则将之大大放宽。历科会试中额皆是满洲七到八名、蒙古二名,汉军三到四名。⑧ 道光中,名额又有扩大。其中,宗室乡会试录取名额是乡试五至九名,会试二至四名。全国文会试历科八旗取中名额大致是满洲七至九名,蒙古三至五名,汉军四至六名。翻译会试历科中额四人,满三蒙一。而且,还屡从各地驻防将军、都统之请,对于广州、福州、杭州、南京、京口赴京会试的八旗举人,予以资助。另外,对于八旗低级文职官员——笔帖式,清朝政府亦时予关注。如道光三年十二月,定内务府笔帖式考选库使,五年一次。⑨ 道光四年四月,又定翻译进士出身之小京官、笔帖式推升汉字堂主事例。⑩ 五年五月,定满洲、蒙古各类贡监考职例。⑪ 九年七月,又谕咨取各部院现任笔帖式年富力

① 《清仁宗实录》卷四十九。
② 光绪《大清会典事例》卷一一三七《八旗都统、教养、考试》。
③ 《清仁宗实录》卷二七〇。
④ 《清宣宗实录》卷一七九。
⑤ 《清仁宗实录》卷三九。
⑥ 《清仁宗实录》卷七五。
⑦ 光绪《大清会典事例》卷三六五《礼部、贡举、翻译童试》。
⑧ 光绪《大清会典事例》卷三五〇《礼部、贡举、会试中额》。
⑨ 《清宣宗实录》卷六二。
⑩ 《清宣宗实录》卷六七。
⑪ 《清宣宗实录》卷八二。

强、通满汉文义者考选新疆粮员。① 凡此种种,都在一定程度上推动或刺激了八旗教育的发展。

嘉道时期,八旗教育虽因统治者政策纠偏而续有发展,但是由于最高统治者受清语骑射传统思维方式影响至深和统治机器腐朽大气候的影响,八旗教育中仍然存在着不少严重问题。首先是清朝政府的一些政策继续限制着八旗教育的发展。嘉道时期,清朝入关已近两个世纪,满汉两个民族已经大致融为一体。但是,最高统治者仍然仅将八旗视为维持政权的镇压力量,强调清语骑射,有意保持满汉民族距离,对于八旗教育中的驻防教育、边疆戍守八旗子弟教育和八旗基层民众教育一概采取消极限制政策。即以驻防八旗而言,本是八旗教育中的一个薄弱环节。嘉庆时期,虽然先后准予驻防八旗子弟就近考试生员、举人,但是考虑到驻防八旗子弟将因此而"竟尚虚名,必致骑射生疏,操演怠忽,将来更有何人充驻防之用",清朝政府又通令"嗣后各省驻防官弁子弟,不得因有就近考试之例,遂荒骑射本业"。② 不久,又规定,"所有驻防新进生员","交该佐领约束。于清语骑射,加意训习。其月课文艺,则交府学阅看"。③ 对于普及八旗教育,他们也态度消极。如嘉庆二十五年十一月,松筠请设八旗满洲、蒙古义学,而道光帝却以各旗皆有甲喇学,添设义学,必致"摊扣地租钱粮,于政务实未得体"为由予以拒绝。④ 对于边疆地区设学,嘉道两帝尤其反对。嘉庆八年二月,给事中永祚、伊犁将军松筠先后奏请于伊犁地方设学。嘉庆帝即予批驳:"该处毗连外域,自当以娴习武备为重。若令其诵读汉文,势必荒疏艺勇,风气日趋于弱,于边防大有关碍。"⑤道光时期,东北以及各地驻防官员要求设立旗学的建议也都被否决。如道光二年五月,西安驻防官员要求设立书院。六月,吉林将军富俊又请遣废员马瑞辰执教白山书院,道光帝皆予驳斥。他说:"满洲风俗以清语骑射为重,其有志读书勤学上进者,原可

---

① 《清宣宗实录》卷一五八。
② 《清仁宗实录》卷六二。
③ 《清仁宗实录》卷七一。
④ 《清宣宗实录》卷八。
⑤ 《清仁宗实录》卷一〇八。

自为师资,岂尽在官为训课,始能获益?"①对于吉林将军富俊要求马瑞辰执教白山书院,他也指斥:"所奏实属谬悠之见","东三省为我朝根本之地,原以清语骑射为重。朕屡次申谕,总期崇实黜华,弓马娴熟,俾知共守淳风。富俊系满洲大员,且在东三省年份最久,于该处旗民本计,自应遵照旧轨,实力讲求,乃议课生徒,学习文艺,必致清语骑射日渐生疏,弓马渐形软弱,所奏断不可行。"②道光十八年四月,乌鲁木齐建立书院,当地官员呈请表彰捐建出力人员,又遭道光帝严辞斥责,不但以其并未专折奏请而不予批准,而且还将有关人员交部议处。③ 而且,由于嘉庆年间清朝政府规定"所有驻防新进生员","交该佐领约束",八旗生员一直地位低下。道光二十三年五月,荆州驻防八旗发生了佐领责打"赴学报名补考误班"的生员事件,引起当地八旗举贡生员公愤,"聚至七十余人,联名在学政衙门呈控"。兵部在处理此案时,议将闹事生员斥革,佐领降二级留任。道光帝知后,却以"驻防生员,该佐领已有管教之责","事属因公"而推翻原议,闹事生员即行斥革,该佐领仍留原任。④ 这样,由于清朝政府继续将清语骑射作为八旗教育中的重头戏,数十年中,八旗教育基本处于停滞不前的状态,从而影响了八旗教育的普及和发展。

其次是八旗教育中腐败现象严重,各种层次的科举考试尤其是满汉翻译人才的选拔黑幕重重。其一是教学废弛,各种规章制度流于形式。嘉庆十六年六月,据御史景德揭露,当时八旗教育情况是:"唯因循日久,积渐废弛,学生仅图沾润膏火,教习唯冀如期报满,以为进身之阶,竟至官学之设,成为具文。"⑤嘉庆末年,情况更为恶化,"各学官学生并不常川入学肄业。该教习等亦只于查学之期始行到学,虚开功课。至报满时如无成效,辄以通融塞责,陋习相沿,殊失设学本意"⑥ 道光中,情况依然如故,并无好转。道光六年十月,据御史续龄揭露:"近年生徒入学,不过轮期画到。查学之日,教习择其在

---

① 《清宣宗实录》卷三五。
② 《清宣宗实录》卷三七。
③ 《清宣宗实录》卷三○八。
④ 《清宣宗实录》卷三九二。
⑤ 《清仁宗实录》卷二四五。
⑥ 《清仁宗实录》卷三六四。

家课读者,背诵数章塞责。该教习亦只于画到查学时始行到校。间有在学住宿者,并不教读。其宗室、觉罗及咸安宫、景山各官学,亦复如此。"为此,道光帝颁谕称:"嗣后各官学教习及肄业生徒务须常川入学,尽心训课,并责成查学大臣及国子监堂官不时稽查。如有旷误,指名参处,毋得有名无实,日久仍成具文",①但也收效甚微。其二,由于统治机器腐朽,腐败风气弥漫,从低层次的八旗童试到高层次的八旗翻译乡会试,考试中怀挟传递、顶替代请甚至交通考官、希图幸中者往往而有。嘉庆十五年四月,针对八旗童试中怀挟诗文、请人替代的现象,清朝政府即规定:"嗣后八旗童试,着顺天府照考试翻译生员之例,奏请钦派王大臣逐名搜检,并着步兵统领衙门于围墙外加意巡逻,严拿传递,以清弊源。"②同时,还重申了应考文童所在旗分"参佐领、领催等亲行识认送考"的旧有规定。嘉庆二十三年七月,针对翻译考试中"士子于派出考官私行嘱托"而规定考试之日,应考士子"如仍有在午门前与考官交接者,即着稽查御史指名参奏,并着步兵统领衙门派员查察,以杜弊源"。③ 嘉庆二十四年闰四月,针对翻译乡会试中"应考之人,往往请人替代","近科翻译取中之人,竟有不能清语者",而规定嗣后翻译乡会试一律复试,"以杜幸进而核真材。若查出情弊,立置重典"。④ 此项规定一经出台,立即发生反响。当年九月,满洲、蒙古翻译乡试届期。应考人数,"满洲九十七名,蒙古七名,较上届应考人数减之倍蓰","显系畏惧复试森严,不敢应试"。⑤ 可见,前此选拔翻译人才的各种层次中的考试弊端该是何等的严重。道光时期,此风愈演愈烈。道光元年十月,据揭露,"近日翻译考试,多有枪冒顶替等弊"。⑥ 而后,此风不止屡禁,屡禁不止。如道光十二年五月,清朝政府考试教习士子,因为发现枪冒弊端,不得不再行复试。而据有关官员回奏,此次复试,"除未投印结七名、临点不到一名外,其笔迹不符者,咸安宫官学二名,景山官学三名,宗室官

---

① 《清宣宗实录》卷一〇七。

② 《清仁宗实录》卷二二八。

③ 《清仁宗实录》卷三四四。

④ 《清仁宗实录》卷三五七。

⑤ 《清仁宗实录》卷三六二。

⑥ 《清宣宗实录》卷二四。

学二名,觉罗官学三名,八旗官学四名。又默写原卷字句不符者,咸安宫官学一名"。① 为此,道光帝谕令:"嗣后凡有大小考试,主考、监视、提调等官俱宜认真办理,整肃场规,严定去取。"② 根据这一指示,此后不久,清朝政府先后制定了考试满汉教习、各省拔贡及翻译文童、翻译录科、实缺笔帖式等稽查办法。道光十五年十月,又制定八旗翻译考试稽查办法。但是,稽查办法愈多,漏洞愈大。道光十八年五月,据御史巫宜楔揭露:"近日考试,每有雇请枪替、换卷传递、代书代作等弊。"③ 可见,终道光间,这一问题也未能解决。

再次,是满汉翻译人才的翻译水平和出身于此的满洲官员素质也都进一步下降。由于各种八旗专门教育机构日趋腐败,致使出身于此从事翻译的笔帖式大多不谙清文。遇有翻译文件,不是请署内书吏代为翻译,就是携出署外,"请人替代"。按照规定:"各衙门实缺笔帖式人员,三年考试一次,原以验其翻译之优劣,俾知有所劝惩。"然而,嘉庆二十三年七月,考试各衙门额设笔帖式一千五百余员,"咨送赴考者仅止三百八十余员,其余率注患病出差,显系藉词规避"。为此,嘉庆帝规定"嗣后笔帖式三年考试,如该衙门需员办公,不能同时送考,务遵照定例,只准酌留十之一二,其余概不准托故不到,并于考试时严加查察,如查有枪代等弊,即行参奏。其各衙门章奏稿件,均责令自行书写,勿许请人替代。倘有差使怠惰、不谙清文者,该堂官随时参革,毋稍瞻徇"。④ 此次规定之后,情况并无好转。嘉庆二十四年五月,嘉庆帝又发现"侍卫处清文,俱令书吏代写。"当即下令"将该处书吏逐出",并通谕在京各部院衙门、东三省及各省驻防满营照此办理,"务令旗人学习清文,凡有清字,俱令自书,断不可令书吏代写。"同时,又下令驱逐专用清字各衙门书吏,"如有不能在署翻写之笔帖式将文稿私携出署及书吏擅送私寓者,立即革职。"除此之外,针对上述各种弊端及笔帖式"奔走趋承"之风,还严化笔帖式选拔及劝惩制度:"着于学习期满时当堂面试清文一篇,其通晓翻译者,方准保留,不能者概不能留。其实缺笔帖式届三年考试之期,俱当遵例赴

---

① 《清宣宗实录》卷二一二。
② 《清宣宗实录》卷二一二。
③ 《清宣宗实录》卷三一〇。
④ 《清仁宗实录》卷三三六。

考,不准临期告病及藉词留署。其实系患病出差者,病痊期满,仍行补考,以杜规避。"并命各部堂官"留心查察,务令该笔帖式等常川进署,专心翻译,遇考核时,即以进署之勤惰,翻译之能否,定其殿最,庶人人知劝,不甘习于怠惰"。① 可见,当时从事清汉翻译的满洲文职官员整体水平和素质已经下降到了什么地步。

和嘉庆时期相比,道光时期,情况继续下滑。其中一个突出的表现是,由于长期满汉融合,满洲官员以至下层民众不通清文、清语已成普遍现象。因而,对于各种层次的翻译考试愈不热心。如乾隆间,翻译乡试考试满、蒙语者尚分别为五六百人及五六十人,但是道光八年九月翻译乡试时,则已锐减至一百三十余人及二十余人。对取中之八名满洲翻译举人加以复试,又有"文理欠通、错误太甚者四名"被罚令停科。② 为此,道光帝特地告诫八旗人等"清语骑射,为旗人根本。近日八旗生齿日繁,而勤学应举者转见其少,岂国家设立科目本意","嗣后务当父教其子,兄诫其弟,勤加策励,共效观摩,期于精研本业,以备旁求,无负朕谆谆告诫本意"。③ 尽管如此,道光二十年翻译乡试届期,又发生了应考蒙古士子不足七八人而被迫取消考试的事件。④ 与此同时,满蒙官员因为不谙清文、蒙文而致影响公务的事件也经常发生。如道光八年十二月,发现由蒙古文举人遴选之国子监助教明魁不谙蒙古翻译。⑤ 道光十年二月,发现察哈尔镶白旗总管常德"不识满洲、蒙古文字,于公事未能明晰,不胜总管之任"。⑥ 道光十二年九月,又发现镶蓝旗蒙古副都统吉伦泰于"满汉文字,均属生疏"。⑦ 针对这些现象,最初,道光帝企图通过考试督促在京满蒙官员学习清文。道光十五年六月,他下令对"满洲、蒙古文职二品以下及五、六品京堂各官"进行考试。考试结果,"其中翻译通顺及能翻而有错误者不过十之三四,竟不能落笔者过半焉"。道光帝乃加训

① 《清仁宗实录》卷三五八。
② 《清宣宗实录》卷一四五。
③ 《清宣宗实录》卷一四五。
④ 光绪《大清会典事例》卷三六四《礼部、贡举、翻译乡会试》。
⑤ 《清宣宗实录》卷一四八。
⑥ 《清宣宗实录》卷一六五。
⑦ 《清宣宗实录》卷二一九。

斥："清语乃满洲根本,并非分外之事,无论何项出身,俱应熟悉,况办理部旗诸务皆有清文事件,若不通晓,何异于汉官,岂止为人所笑,不有忝于乃祖乃父耶。嗣后我宗室觉罗暨八旗臣仆,务勤修本业,勉绍家声,断不可不晓清语,不识清字。"① 同时,还严化了八旗士子以上各种层次考试中的骑射考试。② 此番告诫之后,道光帝本期满蒙官员清文水平普遍提高,故而,道光十九年六月,又对文职二品以下,五、六品京堂以上满蒙官员进行考试。但是结果又使他十分失望,"侍郎以下京堂各官,其中翻译通顺者,甚属寥寥"。③ 除了对在京满蒙官员普行考试外,针对内地驻防八旗清文水平普遍下降的现实,道光二十三年闰七月,道光帝下令,自下科为始,各省驻防文乡试"俱着改应翻译考试"。④ 根据这一指示,军机大臣拟定了驻防八旗考试翻译章程二十条。规定:各省驻防贡监应与驻防生员一律改应翻译乡试,各在本省举行。各省蒙古翻译考试,亦照满汉翻译乡试之例办理。翻译乡试中额,每十名取中一名,过半者增中一名,至多不得过三名;翻译童试,仍由该将军等先试骑射,然后考试,每五六名取中一名,至多不得过五名。⑤ 为了刺激驻防生员参加驻防翻译乡试的积极性,道光二十四年翻译会试,尽管"驻防试卷多不合适",主考官"不敢率行取中",道光帝仍然仔细搜寻,"酌取一卷,令与京旗试卷一体取中"。⑥ 道光二十七年四月翻译会试,他又下令将录取名额改为京旗二人,驻防九人。⑦ 同时,还想方设法为翻译进士疏通仕途。道光二十七年五月,他下令翻译进士可与全国文会试进士一体升转翰詹。对于翻译举人,也格外开恩,"由翻译进士、举人出身之应升各官考补,先用进士,次用举人",⑧而且还将之立即付诸执行。数日后,引见新科翻译进士七十一人,四人任为庶吉士,七人用为六部主事。⑨

---

① 《清宣宗实录》卷二六七。
② 《清宣宗实录》卷二八五。
③ 《清宣宗实录》卷三二三。
④ 《清宣宗实录》卷三九五。
⑤ 《清宣宗实录》卷三九六。
⑥ 《清宣宗实录》卷四〇四。
⑦ 《清宣宗实录》卷四四一。
⑧ 《清宣宗实录》卷四四三。
⑨ 《清宣宗实录》卷四四三。

而后，又于道光二十七年八月、二十八年九月两次对各衙门翻译进士、举人进行考试，以其补用翰詹官员。道光二十九年十二月，又准予驻防举人已捐笔帖式者参加文会试。①

虽然道光帝为使八旗子弟掌握清语、娴熟骑射而绞尽脑汁，但其效果并不理想。一是驻防旗人于翻译乡试反应冷淡。道光二十四年秋，首届驻防翻译乡试届期。就在道光帝忙于任命考官、出题之时，广州、陕甘两处驻防官员却以"应翻译乡试者人数无多"和"岁晚路遥，应试各生恐难克期而至"为由要求展期举行。② 二是其他原已存在的弊端也屡禁不止。如道光二十五年五月，发现刑部山西司译汉笔帖式委署主事寿山"不谙清文，以至积压文书不办"。③ 同年七月，清朝政府考试国子监蒙古司业，"应试二十二员内，能翻译者仅有十二人"。④ 二十六年五月，又发现正黄旗蒙古生员成枚于乡试前校阅骑射时，"雇请镶蓝旗护军详德顶替马箭"。⑤ 所有这些表明，由于违背满汉民族融合的历史潮流和清朝统治的衰落，随着中国古代社会向近代的转变，八旗教育逐渐接近了它的尽头。

---

① 《清宣宗实录》卷四七五。
② 《清宣宗实录》卷四〇五、卷四一〇。
③ 《清宣宗实录》卷四一七。
④ 《清宣宗实录》卷四一九。
⑤ 《清宣宗实录》卷四二九。

乾隆朝文字狱述评

　　乾隆帝在位期间,封建专制统治发展到了登峰造极的地步,其中一个重要表现是文字狱案件的大量出现。据统计,终乾隆一朝,各种类型的文字狱案件约在 110 起以上,几乎占了清朝时期全部文字狱案件的 70% 左右,因文字而罹祸的人士,也遍及全国各个阶级和阶层。乾隆帝的这一暴政,不仅使中国古代文化遭受了一场空前的浩劫,而且也对当时和此后中国社会的发展带来极为恶劣的影响。

一

　　雍正帝在位期间,为了巩固自己的统治地位,先后在统治集团内部制造了多起政治斗争,与此同时,在社会上,又大兴文字狱,以对各级官吏和社会上的异己势力进行打击。雍正帝的这些举措,使得全国上下人人自危,"士子以诗文为戒",①"乡、会两试考官,每因避忌字样,必择取经书中吉祥之语为题"。② 国家政治生活处于极不正常的局面之中。有鉴于前朝文字狱在统治集团中造成的恐怖气氛及对整个社会带来的动荡和不安,乾隆帝即位之初,为了确立自己在全国的统治地位,一度采取了比较宽容的政策。先后下令将各起文字狱

---

①　《清高宗实录》卷五,雍正十三年十月下。
②　《清高宗实录》卷六,雍正十三年十一月上。

案件的涉及人员及其家属释放回籍，对前朝文字狱造成的遗留问题也多所匡正。为了解除广大官吏、士子的畏疑情绪，他连颁谕旨，反复劝导："嗣后一切章疏以及考试诗文，务期各展心思，独抒机轴，从前避忌之习，一概扫除"。① "若以避忌为恭敬，是大谬古人献替之意，亦且不知朕兼听并观之虚怀。"②为了制止民间的"挟嫌陷罪"和各级官吏的"见事生风，株连波累"，他还采纳山东道监察御史曹一士的建议，敕下直省大吏对以往文字狱案件通行复查，并且规定"妄举悖逆者，即坐以所告之罪"，承审官吏"有率行比附成狱者，以故入人罪律论"。③ 对于当时社会上出现的一些不符合统治者胃口的著作，也没有采取十分过激的做法。如乾隆元年三月，御史谢济世进上自著《学庸注疏》一书。该书认为，明初帝王所以把朱熹的《四书集注》捧上了天，是因为朱熹与明朝皇帝同姓的缘故，表面上看起来是在表彰古圣先贤，实则是在吹捧自己。对于这种包含反对程朱理学内容的著作，乾隆帝虽然认为"谬妄无稽，甚为学术人心之害"，但在具体处理时，也仅是"发还其书"。④ 后来，随着乾隆帝统治地位的逐渐巩固，对于社会上一些有碍封建统治的著作的处理才开始升级。乾隆六年八月，湖北通山县全崇相刊刻了其父全渊所著的《四书宗注录》一书，中有"推崇逆犯吕留良之处"。乾隆帝得知后，令即"追出书版销毁"。⑤ 同年九月，又因湖南督粮道谢济世所刊自注经书"肆诋程朱，甚属狂妄"，"殊非一道同风之义"，下令湖广总督孙嘉淦将其有关著作"即行销毁，毋得存留"。⑥ 即使如此，对于这些书籍的作者，乾隆帝并没有作进一步的处理。而且，在其中的谢济世因受上司诬陷而遭到迫害时，他还委派官吏，查明情况，严肃处理。因而，一直到乾隆十六年夏天以前，文字狱案件次数极少，康雍两朝对文字狱涉及人员残酷打击迫害的现象基本上没有再次发生。

---

① 《清高宗实录》卷五，雍正十三年十月下。

② 《清高宗实录》卷五，雍正十三年十月下。

③ 《清高宗实录》卷一三，乾隆元年二月下。

④ 《清高宗实录》卷一一，乾隆元年正月下。

⑤ 《清高宗实录》卷一四九，乾隆六年八月下。

⑥ 《清高宗实录》卷一五一，乾隆六年九月下。

二

　　乾隆十六年夏天以前,大规模的文字狱案件虽然没有发生,然而,由于乾隆帝专制统治的不断加强和统治集团内部斗争的日趋尖锐,却使中国上空笼罩着一团浓重的政治乌云。其主要者,有乾隆四年发生的允禄、弘晢案,有乾隆五年以后开展的打击鄂、张朋党的斗争和乾隆十三年孝贤皇后去世后对临丧不敬以及违制薙发的满汉臣工普行打击的政治事件等。而且就其发展趋势来看,打击范围一次比一次扩大。允禄、弘晢案件发生时,打击范围仅限于怀有异图的宗室,而在打击鄂、张朋党的斗争中,打击对象则扩大到了以鄂、张为首的具有离心倾向的相当一批高级官员。乾隆十三年孝贤皇后去世后的那场政治风波,上自临丧不敬的皇长子和皇三子,下至在丧期中违制薙发的满汉臣工,几乎都毫无例外地受到了乾隆帝的严厉打击。频繁发生的统治集团内部的政治斗争和其打击范围的日益扩大化预示着新的更大规模的政治风暴正在临近,这样,以乾隆十六年发生的伪孙嘉淦奏稿案为导火线,文字狱的高潮阶段开始到来了。

　　乾隆十五年夏天以后,一份托名工部尚书孙嘉淦所作的奏疏稿在社会上得到了广泛的流传。该奏稿罗列“五不可解,十大过”,对乾隆帝本人和他执行的政策进行了激烈的抨击。一年以后,乾隆帝才得知这份伪奏稿在社会上广泛传播的消息,当即下令各地官员“密加缉访”,“勿令党羽得有漏网”。① 伪奏疏稿的内容已使乾隆帝气急败坏,而其传播范围之广尤其使他感到吃惊。因而,这一事件的发生使得他风声鹤唳,草木皆兵,极觉孤立,对当时形势作出了完全错误的估计。他感到,不但在各级官吏中有着一支和自己相对立的势力,而且,因为固有的满汉民族矛盾,这一势力还有着极为深刻的历史的和社会的基础。为了进一步巩固清朝政权和加强自己的专制统治,他除动用全国力量追查伪奏稿作者并寻找时机对各级官员中的异己势力严厉打击之外,还大幅度地扭转文化政策,几十年的时间里,先后制造了上百起文字狱,对广大知识分子进行了残酷的迫害和镇压。

---

　　① 《清高宗实录》卷三九六,乾隆十六年八月上。

这样，文化界在经过乾隆初年的短暂的平静时期之后，又进入了一个新的动荡而又混乱的时期。

乾隆帝对形势的估计既已错误，实践中自然就会出偏差。文字狱案发动之初，虽然来势甚为凶猛，数量也相当众多，但就涉及人员而言，不是满口胡言的疯人，就是不安本分、热衷躁进的下层士人，真正意图反清和反对乾隆帝专制统治的几乎没有。如王肇基、丁文彬、刘裕后、杨淮震等案便都是疯人惹祸，而刘震宇、李冠春等案又全是士人不安本分而自投网罗。为此兴师动众，很难说对加强自己专制统治和巩固清朝政权有什么意义。尽管如此，为了造成声势，乾隆帝还是都给予了极其严厉的制裁。与此同时，乾隆二十年和二十二年，他还亲自出马，先后制造了胡中藻《坚磨生诗抄》案和彭家屏私藏禁书案两起文字狱大案，以对全国各地官员进行指导。在他的带动下，各地官员望风希旨，将他在制造胡、彭两案时所使用的强拉硬扯、穿凿附会、深文周纳等各种方法照抄不误。一时之间，各种不同类型的文字狱案件大量出现，全国各地的文字狱进入了高潮。据统计，从乾隆二十年春胡中藻案开始至乾隆三十八年纂修《四库全书》之前，文字狱案件不下五十余起。文字狱所强加的罪名也甚为繁多，有什么妄议朝政，谤讪君上；隐寓讥讽，私怀怨望；妄为著述，不避圣讳；收藏禁书，隐匿不首；纂拟禁史，怀恋胜国等。因文字而罹祸的人员，除中下层封建儒生之外，尚有宗室贵族、政府官员和不少平民百姓。对其涉及人员的处理，不是凌迟处死，籍没家产，就是革职拿问，遣戍边远。兼之以在文字狱的高潮期间，又有经办官吏的断章取义以扩大案情和民间的告密诬陷以泄私忿，都大大加重了对人民和社会的危害程度，以致求学的士子、坊肆的书贾、种田的农夫甚至供职的官吏无不人人自危，整个社会处于一片恐怖气氛之中。

胡中藻案发生之后，江苏地方官首先闻风而动。当年秋冬之际，即连续制造了程鍫《秋水诗抄》案和朱思藻吊时案，其中比较典型的是朱思藻吊时案。朱思藻，常熟民人，"读书未成，粗知文义"。乾隆二十年，江苏遭灾，地方官办赈不力，灾区人民生活极为困苦。朱思藻遂择取《四书》中斥责暴君污吏之语连缀成文，"以泄其怨望之私忿"。对此，乾隆帝极为愠怒，以其"怨望谤讪，狂悖不法"，"侮圣非

法,实乃莠民"而将其发配黑龙江。① 继此两案之后,乾隆二十一年
四月,山东又发生了疯人刘德照书写悖逆字帖一案。因为其中有"兴
明兴汉及削发拧绳之语",乾隆帝十分痛恨,甚至对其是否疯人也表
示怀疑。他说:"当此光天化日之下,如此肆行狂吠,岂疯颠人语
耶。"②因此,刘德照被处死,并不知情而又屏居异县的兄弟也被发往
黑龙江给披甲人为奴。

乾隆二十二年,受彭家屏私藏禁书案的影响,以收藏禁书而入罪
的文字狱案件也开始出现。此时,起而响应的除江苏之外,还有浙
江、湖南两省的地方官。其中,湖南巡抚富勒浑因为不谙汉语文义,
竟将当地生员陈安兆所著之《大学疑断》也当作了禁书,当即受到了
乾隆帝的严厉呵斥。③ 倒是江苏、浙江两省官员善于窥测方向,一则
以周瑞南藏匿"妄谈运数"之"妖书"而成狱,一则以生员陈邦彦藏匿、
披阅载有"明季伪号"的《纲鉴辑略》一书而上报,因而得到了乾隆帝
的赞许。周、陈二人被严惩治罪,所有书籍传本及书版均令查出销
毁。乾隆二十四年以后,各种类型的文字狱案件数量更多,处理也更
为严厉。单是乾隆二十六年,即达九起之多。其中,江西李雍和潜递
呈词案、甘肃王寂元投词案和浙江林志功捏造诸葛碑文案虽皆是疯
人所为,但因李雍和呈词中有"怨天、怨孔子、指斥乘舆之语",④王寂
元投词中有"大逆之语",⑤因而皆被凌迟处死,两人亲属也受到株
连,或处斩立决,或处斩监候。林志功虽无"悖逆之句",也因"妄称诸
葛,自比关王"而发遣边远。⑥ 三案之外,对于其他各案,乾隆帝的处
理也极为严厉。如陈九如一案,仅因其家内对联上有"朱朝吏部尚
书""影内封为大夫"等字迹便被捉拿治罪。⑦ 江苏沛县监生阎大镛
所著《俣俣集》中,因有"讽刺官吏、愤激不平甚至不避庙讳之语",也
被谕令照吕留良之例办理。⑧ 乾隆二十七年以后,随着政治形势的

① 《清高宗实录》卷五〇五,乾隆二十一年正月下。
② 《清高宗实录》卷五一一,乾隆二十一年四月下。
③ 《清代文字狱档》第二辑,《陈安兆著书案》。
④ 《清代文字狱档》第八辑,《李雍和潜递呈词案》。
⑤ 《清代文字狱档》第八辑,《王寂元投词案》。
⑥ 《清代文字狱档》第八辑,《林志功捏造诸葛碑文案》。
⑦ 《清高宗实录》卷六三九,乾隆二十六年六月下。
⑧ 《清高宗实录》卷六三九,乾隆二十六年六月下。

变化,文字狱案件数量上虽有起伏,但却一直连绵不绝。一般每年少则二三起,有些年份还多达五六起。其主要者,乾隆二十八年有林时元投掷词帖案和刘三元缮写逆词案,二十九年有邓文亮捏造梦呓案和赖宏典书写逆词案,三十二年有蔡显《闲闲录》案和齐周华文字狱案,三十四年有李超海《立品集》案、安敬能试卷诗案,三十六年有吴士洪呈控收漕弊端案,三十七年有查世桂私纂《全史辑略》案等。其中较为典型的是蔡显《闲闲录》案和齐周华文字狱案。

蔡显《闲闲录》案发生在乾隆三十二年五月。蔡显,字景真,号闲渔,江苏华亭人,雍正举人。雍、乾间,在籍教书为业,先后刊行己著《宵行杂识》《红蕉诗话》《闲闲录》等书。因为他在这些著作中对当地官员、乡绅的不法行为有所揭露,当地官绅遂摘取其所著书籍中的一些诗句指为怨望讪谤散发匿名揭帖对其进行陷害。蔡显被迫携其所作各书向当地官员自首。蔡显本意,原是希望官府代为剖白,而当地官员竟以此入罪,拟以凌迟处死。乾隆帝在重新审理此案时,又发现了许多未曾发现的"悖逆"罪证。如《闲闲录》一书对前朝文字狱情况有所记载,称戴名世以《南山集》弃市,钱名世以年羹尧案而得罪以及一些"大逆不道"的诗句,如"风雨从所好,南北杏难分","莫教行化无肠国,风雨龙王欲怒嗔"和抄写前人所作之《紫牡丹》诗句"夺朱非正色,异种尽称王"等。乾隆帝指斥蔡显"有心隐约其词,甘与恶逆之人为伍,实为该犯罪案所系"。[①] 将蔡显处斩立决,所刊书籍书版通行销毁,所有为蔡书作序和校刻的二十四名学者也分别遣戍边远,两江总督高晋因为委任幕僚办理此案以致未曾发现这些重要罪证,也受到了他的严厉斥责。

齐周华文字狱案发生在乾隆三十二年十月。齐周华,原是浙江天台县的一个秀才,敢于对时事和一些学术问题发表个人见解。雍正中,在处理曾静、吕留良文字狱案时,雍正帝曾经装模作样地征求天下生监意见。齐周华因赴刑部具呈己见,要求释放吕留良子孙,而被押解回浙,严加锁锢。乾隆帝即位,大赦天下,齐周华得被省释,仍以著述为业。在此期间,他先后著成《名山藏初集》等十余种书籍并将之刊刻行世。乾隆三十二年十月,齐周华以其所著书籍求序于浙

---

① 《清高宗实录》卷七六八,乾隆三十二年六月上。

江巡抚熊学鹏，引发此案。朝廷对其所著书籍进行审查，发现其中有《狱中祭吕留良》一文，"将逆贼吕留良极力推崇，比之夷齐、孟子"，"庙讳御名，公然不避"，①为此，乾隆帝下令将其凌迟处死，所刻书籍通通收缴，与板片一起销毁。此外，还严令追查为齐周华著作作序的一些学者。受此牵连，李绂、谢济世、沈德潜等或者本人及其家属受到提讯，或者著作受到审查。其中如谢济世的一些著作还因此而被禁毁，曾经担任过礼部侍郎的齐召南因与齐周华一族，且又为其《天台山游记》一文作过跋文，也被递解回籍，查抄家产，忧惧而死。

通观乾隆前期的各起文字狱，虽然数量众多，惩办严酷，但是核其实际案情，真正意图反清的几乎没有。至多也不过是对清朝政府的一些具体政策和个别地方官员有所不满，而乾隆帝对此却不分青红皂白，概予严惩，因而造成整个社会动荡不安。为了维护正常的封建统治秩序，一些官员如御史汤先甲等先后上疏，对当时"内外问刑衙门遇有造作妖言、收藏野史之类多丽逆案"的做法提出了批评，要求对于此类案件"宜坐以所犯罪名，不必视为大案，极意搜罗"。② 然而，此时乾隆帝大兴文字狱正兴致勃勃，哪里听得进这些逆耳之言。他强词夺理地辩解道："即如收藏野史案内法在必治者，如《东明历》等书，不但邪言左道煽惑愚民，且有肆行诋毁本朝之语。此而不谓之逆，则必如何而后谓之逆者。凡在食毛践土之人，自当见而发指，而犹存迁就宽贷之意，必其人非本朝之臣子而后可。"他表示："干犯法纪之人，莫如悖逆、贪污二者，于法断无可纵……若煦煦以姑息为仁，将官方国纪、风俗人心何所底止。"③这样一来，正直官员谁也不敢开口说话，倒是阿谀奉承者极力逢迎主子推波助澜，致使乾隆帝掀起的这股文字狱歪风愈演愈烈。

三

乾隆后期，随着乾隆帝专制统治强化到了顶点和查缴禁书活动在全国的普遍开展，各种类型的文字狱又进入了一个新的高潮。据

---

① 《清代文字狱档》第二辑，《齐召南跋齐周华〈天台山游记〉案》。
② 《清高宗实录》卷五七六，乾隆二十三年十二月上。
③ 《清高宗实录》卷五七六，乾隆二十二年十二月上。

统计,从乾隆三十八年开馆纂修《四库全书》至其归政前,各种类型的文字狱又有五十余起。因文字之祸而受到株连的各阶层人士,不但在范围上遍及全国,而且在数量上也大大超过乾隆前期,对于乾隆后期清朝社会和文化事业的发展都产生了极其严重的恶果。

在乾隆后期多起文字狱案件中,禁毁明清之际渗透着强烈的民族情绪的历史著作和打击社会上的反清思想仍是一个重点。乾隆三十九年八月,乾隆帝通令全国,以"明季末造野史"和"国初伪妄诗文"为重点,查缴禁书。与此同时,他还不时选择其中民族情绪较为强烈的著作先后制造了多起文字狱。如乾隆三十九年十一月,距刚刚颁布查缴禁书谕旨不到三个月,他即一手制造了屈大均诗文案。他一方面严令广东官员传谕屈氏子孙呈缴明末清初抗清志士屈大均的《广东新语》和所刊诗文,一方面又令两江总督高晋至南京城外雨花台一带确访屈大均衣冠冢,企图毁坟灭迹。不过时因查缴禁书活动刚刚开始,才未将屈氏子孙治罪,又兼年代久远,屈大均衣冠冢旧迹不存,刨坟灭迹一事才未如愿以偿。屈案之后,明末清初抗清志士金堡所著之《遍行堂集》,明人陈建所著之《皇明通纪》,署名清笑生所著之《喜逢春传奇》,沈德潜所辑之《国朝诗别裁集》,明人袁继咸所作之《六柳堂集》,雍乾之交陶煊、张灿所辑之《国朝诗的》亦先后被禁,所有书籍通行查缴,连同板片一起解京销毁。受此牵连,原书作者、辑者和主持刊刻上述各书人的后裔也分别被追究或者受到刑罚处分。

随着查缴禁书活动的深入开展,乾隆四十四年以后,类似案件更是层出不穷。与此同时,乾隆帝对各案涉及人员的处理也更加升级。乾隆四十四年正月,江苏兴化县查出明末清初李驎所著的《虬峰集》一书,书中有诗云:"白头孙子旧遗民,报国文章积等身。瞻拜墓前颜不愧,布袍宽袖浩然巾。"乾隆帝认为此诗"系怀胜国。望明复兴,显属悖逆"。[①] 因为李驎无后,乾隆帝无法施其淫威,销书毁板之外,只好掘墓剉尸枭首以泄其忿。同年三月,福建又查出兴国州候选训导冯王孙所著《五经简咏》,书中有"复明削清"之语。对此,乾隆帝指令该地官员"照大逆凌迟缘坐例,迅速问拟具奏,以正人心而申法纪,并将所有刷印各本尽行查缴,毋使片纸存留,并查此外不法诗文,一并

---

① 《清代文字狱档》第四辑,《李驎〈虬峰集〉案》。

解京销毁"。① 同年十一月,江西德兴查出已故生员祝廷诤所作之
《续三字经》一书,"胆敢品评列代帝王,任意褒贬",而且,该书在叙述
元朝史实时还有"发披左,衣冠更,难华夏,遍地僧"等影射攻击清朝
薙发的文字。祝廷诤虽死,"仍照大逆凌迟律开棺戮尸,以张国法而
快人心"。② 家产抄没,孙辈现存者通通斩立决。乾隆四十五年四、
五月间,又相继发生了魏塾妄批江统《徙戎论》案和戴移孝《碧落后人
诗集》案两起文字狱大案。魏塾本是山东寿光县的一个普通民人,因
为不满本县官吏借差科派,欲赴上官衙门控告。该县知县闻知,先发
制人,派人搜检其家,发现他收藏禁书并在江统《徙戎论》一文中写有
批注,即刻以此入罪。因为戎狄触犯忌讳,乾隆帝处理此案时,魏塾
立斩,嫡属一律斩监候。安徽和州戴移孝文字狱案,是因戴移孝与其
子戴昆合著之《碧落后人诗》《约亭遗诗》中有"长明宁易得""短发直
长恨""且去从人卜太平"等"悖逆"文字而引起。据此,乾隆帝下令将
戴移孝父子戮尸枭首,收藏该书之戴世道立斩。与此同时,他还严令
各地督抚将上述两书流传之本及所有板片概行查缴,全部销毁。"倘
有片纸只字存留,将来别经发觉,唯该督抚等是问"。③ 乾隆四十七
年二月,浙江仁和又发生了监生卓天柱收藏先人卓长龄《忆鸣诗集》
案。卓长龄生当清初,对清军南下时的种种暴行极为愤恨,因而所作
诗篇大多都渗透着强烈的民族感情。如其一诗云:"可知草莽偷垂
泪,尽是诗书未死心。楚衽乃知原尚左,剃头轻卸一层毡",即对清军
暴行进行了揭露。对此,乾隆帝极为痛恨,除将卓长龄等五人开棺戮
尸外,收藏该书的卓天柱亦处斩立决。这一时期,影响颇大的要案还
有一起徐述夔诗狱案。徐述夔是江苏东台县的一个举人,生前著有
诗文多种。徐死之后,由其子徐怀祖将其遗作请人校订之后刊印行
世。乾隆四十三年夏,徐述夔之孙徐食田因田土纠纷同本县监生蔡
嘉树结仇,为此,蔡赴官府首告徐食田私藏禁书。江苏布政使陶易受
理此案时,以蔡之行止甚属卑污,不准所控,拟坐蔡以反诬之罪。但
在乾隆帝得知此事后,案情却戏剧性地发生了变化。经过对该书的

---

① 《清高宗实录》卷一○七九,乾隆四十四年三月下。
② 《清代文字狱档》第四辑,《祝廷诤〈续三字经〉案》。
③ 《清高宗实录》卷一一○七,乾隆四十五年五月下。

审查,乾隆帝从中发现了许多反对清朝统治的罪证。如徐述夔在《咏正德杯》一诗中称:"大明天子重相见,且把壶儿搁半边。"又,其《一柱楼》诗称:"明朝期振翮,一举去清都。"在他看来,"大明天子"不用说是指明朝皇帝,"壶儿"者,"胡儿"之谐音也。"明朝期振翮,一举去清都"也被他牵强附会地解释为"借朝夕之朝作朝代之朝,且不言到清都而言去清都,显有去本朝兴明朝之意"。① 这样一加解释,徐述夔"系怀胜国,暗怀诋讥,谬妄悖逆,实为罪大恶极"。② 除此之外,乾隆帝还发现,校订徐诗的两个学者,一名徐首发,一名沈成濯,均非命名正理,"必因为逆犯校书后,始行更改此名","诋毁本朝薙发之制,其为逆党显然","此等鬼蜮伎俩,岂能逃朕之洞鉴"。③ 为此,他严令两江总督萨载将隐匿禁书之徐食田及所有干连人犯拿解至京,所有该书流传抄录之本,概行搜缴净尽,"务使犬吠狼嗥,根株尽绝"。经过严刑审讯,最后定案:徐述夔、徐怀祖父子被开棺戮尸,曾为徐述夔作跋的致仕礼部尚书沈德潜虽已死去,也被扑倒墓碑,追夺官职、谥号。其他干连人犯如藏匿该书之徐食田,为该书作跋之毛澄,校订该书之徐首发、沈成濯,处理该案不力的江苏布政使陶易、东台知县涂跃龙和陶易幕友陆炎等通通处以斩监侯,秋后处决,这一大案始告结束。

在针对明清之际的历史著作和社会上的反清思想而屡兴大狱的同时,乾隆帝还从加强专制统治的政治需要出发,对触犯皇帝尊严和侵犯皇权,违制上书言事的士民官吏也大开杀戒。

首先是对触犯庙讳、御名者予以严厉制裁。乾隆初年,对于庙讳、御名的避讳问题并不讲究。臣下申请改动人名、地名以行避讳者,不是责怪其多事,"尊君亲上,原不在此",就是批评其孤陋寡闻,"不曾熟读《礼记》"后来,因行文不慎触犯庙讳、御名而遭到制裁者虽然时有发生,但在当时不过是所定罪状之一,纯因犯讳而予治罪者尚无先例。乾隆后期,由于专制统治的极端加强,在著作、诗文中冒犯庙讳、御名成了入罪成狱的一条主要罪状,许多文人就因这样的无心

① 《清高宗实录》卷一〇六九,乾隆四十三年十月下。
② 《清高宗实录》卷一〇六六,乾隆四十三年九月上。
③ 《清高宗实录》卷一〇六七,乾隆四十三年九月下。

之过而丢掉了脑袋。如乾隆四十三年十一月,河南祥符县民刘峨刷卖《圣讳实录》。刘峨之本意,在于提请人们注意避讳,而乾隆帝发现此案后,却认为该书"竟敢将庙讳及朕御名各依本字全体写刊,不法已极,实与王锡侯《字贯》无异,自当根究刊著之人,按律治罪"。①刷卖者刘峨等被治罪之外,所有流传之书及板片也概行查缴,解京销毁。乾隆四十四年十一月,湖北黄梅监生石卓槐以所刊《芥圃诗》不避庙讳、御名,书遭禁毁,人被凌迟处死。四十六年闰五月,游僧昙亮以所携经卷中直书御名而被斩决。十一月,湖北黄梅民人吴碧峰因在刊刻明人瞿罕所著的《孝经对问》《体孝录》二书时,"庙讳、御名,均未敬避"而被监毙狱中。

庙讳、御名如此,推而广之,对于敢于使用习惯上为皇帝所专用的一些词眼的文人,乾隆帝也极不客气。如乾隆四十年四月,江西疯人王作梁因在投递书信上写有"坤治"年号而被凌迟处死。四十三年十月,江苏赣榆县廪生韦玉振为父刊刻行述,使用了"于佃户之贫者,赦不加息"字样,而被捕拿治罪。同年十二月,革职知县龙凤祥因在镌刻图章中有狂诞、怨望之语而被发配伊犁。四十六年三月,寓居河南的湖北孝感生员程明諲在为他人书写寿联中写有"绍芳声于湖北,创大业于河南"的文字,被乾隆帝拟以斩立决。此外,由于此时乾隆帝年已过老迈,因而对于"老""死"一类字眼也极为忌讳,逢到臣下和士人在著作、文章中使用这些字眼,总是推敲再三并怀疑其意存诅咒而严加惩处。如乾隆四十四年四月,直隶民人智天豹使其徒弟向乾隆帝献上本朝万年书。智天豹原意,是想以此向乾隆帝邀宠,不料乾隆帝看过后,却以该书仅编至乾隆五十七年,其意是在诅咒自己早死,下令将智天豹斩决。同年五月,安徽天长县贡生程树榴于所刻诗文序言中有指斥上天之语,文云:"有造物者之心,愈老而愈辣;斯所操之术,乃愈出而愈巧。"②对于这些牢骚话,乾隆帝看来看去,越看越像说自己。他说:"天有何老少,必因近日王锡侯、徐述夔二案,借造物以为比拟。忍心害理,莫此为甚。"③因此,他下令将程树榴立即斩首,程树榴之

① 《清高宗实录》卷一○七一,乾隆四十三年十一月下。
② 《清高宗实录》卷一○八三,乾隆四十四年五月下。
③ 《清高宗实录》卷一○八七,乾隆四十四年五月下。

子和处理该案不力的天长知县高见龙也被处以斩监候的严厉处分。

在因臣民文字触犯忌讳而掀起的各起文字狱中，以王锡侯的《字贯》案和尹嘉铨为父请谥并从祀孔庙案最为有名。

《字贯》案发生在乾隆四十二年十月，是由江西新昌举人王锡侯因看到《康熙字典》存在着一些问题，对之删改编成《字贯》一书而引起的。《康熙字典》是康熙帝钦定之书，敢于对该书进行批评，自然是"罪不容诛"。江西巡抚海成侦知此事，立即奏请乾隆帝，将王锡侯革去举人，进行审讯。但乾隆帝在审理该案时，又发现《字贯》一书的凡例中"将圣祖、世宗庙讳及朕御名字样开列，深堪发指"，①便认为这是更重要的罪证，下令将其拿解至京，照大逆律处决。与此同时，还通令江西及相邻各省查禁王锡侯的所有著作和板片。江西巡抚海成虽然首举此案，但却因没有发现这一重大问题而被乾隆帝斥为"天良昧尽"，革职下狱。受此案牵连，已故尚书史贻直和钱陈群的子孙遭到提讯，两江总督高晋和江西布、按两司官员也分别受到降级、革职的处分。

尹嘉铨为父请谥并从祀孔庙案发生在乾隆四十六年。是年三月，乾隆帝西巡五台山返京途中，休致大理寺卿尹嘉铨使其子赶赴保定行在上书乾隆帝，为其父尹会一请谥并要求将其父与本朝名臣汤斌、范文程、李光地、顾八代、张伯行等一起从祀孔子庙。在中国封建社会里，赐谥与否、赐予何谥以及决定让谁从祀文庙，都是最高统治者皇帝的权力。尹嘉铨竟然直接向他乞求，显然是干犯皇帝权力的越轨行为。因此，乾隆帝愤怒指责尹嘉铨"如此丧心病狂，毫无忌惮，其视朕为何如主也"，"此而不严行治罪，何以张国宪而惩将来"。②因此，他立即命令将尹革去顶带，拿交刑部治罪，查封其博野原籍和在京家产，对其所著书籍进行审查。结果，又发现其著作中"狂妄悖谬之处不可枚举"。其主要者，如自雍正以来，雍、乾两帝相继严厉指斥朋党，压抑臣权，提高君权，"乃尹嘉铨竟有朋党之说起而父师之教衰，君亦安能独尊于上哉之语"；又，其书中"有为帝者师之句"，"俨然以师傅自居"；再，其所著《名臣言行录》一书，"将本朝大臣如高士奇、高其位、蒋廷锡、鄂尔泰、张廷玉、史贻直等悉行胪列"，并于所著各书

---

① 《清高宗实录》卷一〇四三，乾隆四十二年十月下。
② 《清高宗实录》卷一一二七，乾隆四十六年三月下。

中称大学士、协办大学士为"相国";另,乾隆帝御制《古稀说》,自称"古稀天子",而尹嘉铨竟也自称"古稀老人"。所有这些,在一味提高皇权的乾隆帝看来,都是有意地在和他唱对台戏。因此,他认为:"光天化日之下,此种败类自断不可复留。"①将尹嘉铨处以绞刑,所有著作、板片通行查禁,解京销毁。

其次,对于指斥时政和违制上书言事者,乾隆帝也都给予了严厉的惩罚。乾隆后期,朝政腐败,贪官横行,人民负担空前加重,社会矛盾日益尖锐。一些士人或公开建言,或私下著书,对朝廷和地方弊政进行揭露。其主要者,如乾隆四十四年七月,安徽生员王大蕃远赴安徽学政戴第元江西南昌原籍投送书信并附有奏疏一纸,内列"漕粮、考试、收税诸弊"及"贪官害民"之事。② 四十五年七月,又有广西平南县学生员吴英向布政使朱椿投递策书,"请蠲免钱粮,添设义仓及革除盐商、盗案连坐,禁止种烟,裁减寺僧五条"。③ 同年八月,湖北乡试时,宜昌生员艾家鉴于试卷之上书写条陈,指斥书吏舞弊殃民。对此,乾隆帝不但不予考虑,反而视为"不安本分"而予以严惩。如对王大蕃奏疏,虽然其中并无"悖逆"之语,但仍以其不安本分而将之发遣伊犁。对于吴英、艾家鉴两案,更因其语涉狂诞、叠犯御名而分别处死。尽管如此,由于政治黑暗,士人私下著书指斥时政者仍然时有发生。其中颇为典型的,是乾隆五十三年七月发生的贺世盛《笃国策》案。贺是湖南耒阳的一个老秀才,久困场屋,为了抒发胸中的抑郁不平之气,著成《笃国策》一书,于中指斥朝廷开捐"终为财动,有妨正途",并对州县钱粮征收中的"淋尖、踢斛,高价折收"和官场上的贿买官职的黑暗现象进行了揭露。此时,由于年迈和怠于政事,乾隆帝已有数年未搞文字狱,但在发现此案后,杀机又起。为此,他颁布谕旨,大讲自己在位五十三年蠲漕免粮的德政,同时,又极力为自己开捐辩解。对于贺世盛本人,他认为,"此等狂悖之人,若竟从宽典,俾安坐囹圄,势必更肆狂吠,又如曾静之罪大恶极,寸磔不足蔽辜"。④因而,在销毁其著作的同时,下令将其立斩。

---

① 《清代文字狱档》第六辑,《尹嘉铨为父请谥并从祀文庙案》。

② 《清代文字狱档》第七辑,《王大蕃撰寄奏疏书信案》。

③ 《清代文字狱档》第五辑,《吴英拦舆献策案》。

④ 《清高宗实录》卷一三〇九,乾隆五十三年七月下。

乾隆五十年以后，各地人民起义风起云涌，兼之以乾隆帝本人老境来临，精力不济，怠于政事，因而，文字狱的数量显著减少。与此同时，对于各起文字狱案件的处理也明显放宽。如乾隆五十年七月，步兵统领衙门在审理刘遇奇《慎余堂集》《清风亭集》案件时，因为其中有"对明月而为良友，吸清风而为醉侯"以及未避庙讳、御名等情节，欲将该书禁毁并将其子孙治以悖逆之罪，乾隆帝即指出："清风明月，乃词人引用成语。此而目为悖逆，则欲将清、明二字目为悖逆，避而不用，有是理乎。"至于未避庙讳、御名，且不说作者生当顺治时期，无法预为避讳，"即现在乡曲愚民，其不知庙讳、御名者甚多，岂能家喻户晓。即偶有未经避写，亦无足深责"。① 为此，他下令将所有人众概行省释，不再追究。又如乾隆五十五年十一月，江苏沭阳县民张怀路诬告监生仲见龙之祖仲绳所著《奈何吟》一书"词多狂悖"，江苏官员因将仲见龙捕拿治罪。而乾隆帝在细阅该书后，发现所谓谬妄之处，是指明季而言，"不值代胜国追究，将其裔孙治罪"，② 因而指斥当地官员处理此案失于允当。乾隆帝之本意，似在以此平息人民的不满情绪，然而，由于连绵不断的文字狱和长期以来的专制统治，早已使他的统治基础受到了严重的损害。因而，他所采取的这些措施，为时已晚，根本无济于事，并无补于清朝统治之走向衰落。

四

制造文字狱是乾隆帝一生政治活动中的一个重要内容，也是其文化政策中的一个重要方面，因而，它对乾隆时期的政局和文化事业的发展产生了极为深刻的影响。

首先是社会动荡，政治黑暗，直接促成了乾隆帝专制统治的衰落。清朝初期，满、汉民族矛盾颇为尖锐，皇权尚有继续加强的必要，因而，康、雍两帝于正常封建法律之外，有节制地使用文字狱这个武器，在社会上对反清民族思想进行镇压，在统治机构内部对异己势力加以清洗，手段虽显残酷，但却是当时形势所必需，而且也在客观上收到了巩固清朝统治、加强皇权的效果。至乾隆时期，清朝入关已经

---

① 《清高宗实录》卷一二三五，乾隆五十年七月下。
② 《清高宗实录》卷一三七四，乾隆五十六年三月上。

百年以上,民族矛盾早已降为次要矛盾,而且,由于各种政治机构的不断完备,皇权也已发展到了登峰造极的地步。在这样的情况下,乾隆帝却片面地夸大敌情,并为此而毫无节制地滥兴文字狱,这就不可避免地大大扩大了打击面,使得许多并不反对清朝统治甚至拥护清朝统治的士民官吏受到了极其残酷的打击和迫害。从而人为地扩大和激化了社会矛盾,并在很大程度上削弱和破坏了自己的统治基础。而且,在文字狱的高潮期间,所有统治机器都通通为了清查案情、追究同党,查缴销毁书籍板片而全速运转,也在很大程度上影响了国家日常事务的处理。不仅为吏治败坏提供了适宜的客观环境,同时,也因株连过甚而使政治黑暗,社会动荡不安。因而,乾隆帝制造文字狱,虽然是踵康、雍两帝之故技以求达到加强专制统治的目的,而且,在一个时期之内,也确实收到了一些效果,但就乾隆一朝的总趋势而言,长期推行这种政策,不但严重地削弱了清朝政权的政治统治,同时,也直接导致了乾隆帝专制统治的衰落。

其次是摧残文化,禁锢思想。乾隆帝制造文字狱,不但使中国古代典籍尤其是明清之际的典籍遭到了一场浩劫,而且,由于这一时期文字狱数量多、持续时间长和处理极为严厉,也对生活在这一时期中的两三代人的思想和精神文化生活产生了极大的影响。广大士人为求避祸,除了盲目颂扬天子圣明之外,就是钻在少得可怜的几部经史书籍中讨生活,搞考证,文化生活极为贫乏,思想也十分闭塞,大大落后于当时的世界潮流。两三代人的思想长期遭到禁锢对社会的进步和文化科技事业的发展产生了巨大的副作用,从而导致了近代中国被动挨打局面的形成。对此,乾隆帝负有不可推卸的责任。因而乾隆帝大兴文字狱在政治上纯属败政,一无可取,而且对文化发展和社会进步也危害极大。它完全是乾隆帝专制统治的产物,集中表现了乾隆帝施政的落后和反动方面,对于19世纪以后中国社会的发展也产生了极为恶劣的影响。

乾隆帝与乾嘉学派

乾隆帝在位期间,其在文化事业中的一个重要活动是对以整理、考据古典文献为主要研究内容的学者给予了积极的鼓励和支持。正是在他的扶持下,乾隆时期,整理、考据古典文献的学术活动进入了高潮,并且在这一学术活动中形成了著名的乾嘉学派。一时之间,学术界人才辈出,硕果累累,一片繁荣景象,对于中国古代文化事业的发展做出了重要的贡献。

一

乾隆帝所以对整理、考据古典文献的学者表示重视,肇源于他对程朱理学和理学名臣的厌弃。

清朝初年,在建立和巩固政权的过程中,程朱理学和理学名臣都立下了汗马功劳。儒家经典的政治涵义是经他们的阐释才被最高统治者所理解和接受,清朝政府的各种政治与社会政策经过他们的宣传才和汉族人民尊崇的圣人孔孟挂上了钩,因而,入关之初,清朝政府即将程朱理学确定为官方哲学。与此同时,对于理学名臣,也不次擢用,优宠备至。当时,虽有一些学者从事古典文献的考据和整理,但是就其构成人员而言,大多都是民族意识较为浓厚的汉族知识分子,整理文献之目的,又大多是以此作为思想上的一种寄托和拒绝与清朝政府进行合作的一种斗争方式。后来,虽然由于清朝统治的进一步巩固和在清朝统治下成长起来的知识分子陆续加入学术队伍，这一学派中的反清政治色彩日益淡漠，但是，因为他们的学术活动对最高统治者加强政治的促进不大，除了有时最高统治者为了表示"稽古右文"而对其中的个别人表示礼遇之外，其他绝大多数人都是布衣终生。在这样的环境下出生的乾隆帝，从其幼年开始，即接受了比较系统的理学教育。因而，在相当长的时间里，他对理学笃信甚诚，习诵不辍。他说："朕自幼读书，研究义理。至今《朱子全书》，未尝释手。"①"有宋周、程、张、朱子，于天人性命、大本大原之所在与夫用功节目之详，得孔孟之心传，而于理欲、公私、义利之界，辩之至明。循之则为君子，悖之则为小人。为国家者，由之则治，失之则乱，实有裨于化民成俗，修己治人之要，所谓入圣之阶梯，求道之途辙也。"②同时，对于先朝理学名臣如鄂尔泰、张廷玉等，也放手使用，信任有加，尊宠备至。然而，随着乾隆帝专制统治的不断加强，理学名臣和程朱理学经过它百年的全盛时期之后，开始遭到乾隆帝的冷遇。

首先，理学名臣成了乾隆帝加强皇权的绊脚石。乾隆初年，最高统治集团主要是由标榜理学的雍正旧臣所组成，其中又以鄂尔泰、张廷玉两人地位最高，职权最重。然而，使乾隆帝深为失望的是，鄂、张权欲熏心，利用雍乾之交最高权力过渡之际极力扩张自己的政治、经济实力，甚至彼此之间为了争夺权益而各结私党、明争暗斗、互相攻讦，严重地影响了政局的安定和乾隆帝专制统治的加强。对于朋党之争，乾隆帝极为反感，对于他们彼此攻讦而揭发出来的一些丑闻，则尤为厌恶。他们的所作所为，使得乾隆帝感到，自己昔日所十分敬重的这些师傅之辈原来不过是一批口是心非的假道学、伪君子。因而，在此后累次训诫臣下"研精理学"的同时，还着重指出："讲学之人，有诚有伪，诚者不可多得，而伪者讬于道德性命之说，欺世盗名，渐启标榜门户之害。"③这样，包括鄂、张在内的不少廷臣因为涉嫌党争和标榜理学，先后遭到了乾隆帝的斥逐和疏远。

其次，程朱理学的某些内容与乾隆帝加强君主专制统治相背离。

---

① 《清高宗实录》卷一四六，乾隆六年七月上。

② 《清高宗实录》卷一二八，乾隆五年十月上。

③ 《清高宗实录》卷一二八，乾隆五年十月上。

乾隆帝整治朋党之初,尚将程朱理学与理学名臣分而视之。在他看来,虽然理学名臣"有诚有伪",但是程朱理学却完全正确。"经术之精微,必得宋儒参考而阐发之,然后圣人之微言大义,如揭日月而行也"。① 然而,随着乾隆帝对宋儒诸书了解的日益全面,他发现,程朱理学对儒家经典的一些解释和一些程朱理学著作中所阐发的思想,并不利于清朝统治的巩固和自己专制统治的加强。即如《春秋》一书,本是一部重要的儒家经典。因其文简义奥,南宋时期,胡安国为之作传。明朝以后,科举考试奉为程式,迨至清朝,相沿未改。但胡氏生当宋、金对峙之际,传释《春秋》,多以"复仇"立说,不但曲解经文原意,而且也不利于清朝统治者的统治。幸而一帮封建儒生只是为科举考试诵习此书,如果真照胡传原意去做,岂不是坏了大事! 又如朱熹之《名臣言行录》一书,在乾隆帝看来,也有标榜臣权、易启门户争执、侵犯君权之嫌。为此,继惩治鄂、张朋党之后,乾隆帝对程朱理学的态度也随之发生了变化。如乾隆十九年四月,他在殿试试题中即提出了道学流行后"大道愈晦"的看法。② 乾隆二十三年,在为《春秋直解》一书所作的序言中,他又对胡安国《春秋传》一书进行了公开的批评,发出了"曲说之离经,甚于曲学之泥经"的感慨。③ 后来,又在科举考试中干脆废弃胡传。"嗣后《春秋》题,俱以《左传》本事为文,参用《公羊》《穀梁》"。④ 对于朱熹《名臣言行录》一书,虽然以其为朱子所作,乾隆帝不能显加指斥,但当发现致仕大理寺卿尹嘉铨步其后尘著《本朝名臣言行录》一书时,乾隆帝即刻大发雷霆,掀起大狱,以发泄他对朱熹的不满情绪。与此同时,和前朝相比,乾隆帝对各起批评理学著作的文字狱案件的处理却明显放宽。乾隆二十年以后,文字狱进入了高潮时期,但是对于批评程朱的著作,乾隆帝却网开一面,很少予以处理,有时还对借此兴狱的官员严厉呵斥。所有这些,表明了乾隆帝对于程朱理学的热情显著下降。由于失去了最高统治者的支持,程朱理学的黄金时期一去不返,不可避免陷入衰落阶段。

---

① 《清高宗实录》卷一二八,乾隆五年十月上。
② 《清高宗实录》卷四六一,乾隆十九年四月下。
③ 《清高宗实录》卷五六八,乾隆二十三年八月上。
④ 《清高宗实录》卷一四一九,乾隆五十七年十二月下。

二

在程朱理学和理学名臣遭到其冷遇的同时,对于当时以整理和考据古典文献为业的一些学者,乾隆帝却表现了异乎寻常的热情。其中,首先引起乾隆帝关注的是乾嘉学派的著名先驱顾栋高。顾栋高,字复初,江苏无锡人。康熙六十年进士,授内阁中书。雍正初以建言放归,从此绝意仕途,研治经史。他以和理学家完全不同的方法研究《春秋》,将二百四十二年的春秋时事分门别类、排列成表,著为《春秋大事表》一书(表五十卷、舆图一卷、附录一卷),不但大大推动了《春秋》一书研究的深入,而且对于宋儒所胡乱发挥的《春秋》义例也是一个有力的批判。为了表彰他在经学研究中的突出贡献,乾隆帝特授其为国子监司业职衔,"以为绩学之劝"。① 尔后,钱大昕、江永、戴震、杨昌霖等许多著名学者也先后引起了乾隆帝的注意,或者指定官员搜求其生平著作,或者由布衣特授官职。

乾隆帝所以对这些学者如此重视,既有政治上的原因,又有学术上的原因。就政治原因而言,一是经过一个多世纪的发展,整个学术界皆已对清朝统治表示拥护,使用这些人不但不会影响自己的统治,反而可以扩大自己的统治基础。二则这些学者大多出身社会下层,和高级官吏瓜葛不多,使用他们既可削弱朋党势力,又能逐步改组官吏成分,增强各级官吏对自己的向心力。此外,这些人一心向学,功名利禄思想比较淡漠,对于整顿官方、澄清吏治似乎也不无好处。就学术原因而言,清朝时期,是中国封建社会的后期。经过两千多年的发展,汇江河而成大海,古典文献的积累已浩如烟海。由于长期流传,其中讹脱衍误、亡佚残损现象极其严重,文化事业的发展亟需对之进行一番系统的清理和总结。乾隆时期,国家富庶,社会安定,这一时机逐渐成熟。但是无论总体规划,或是具体整理,人才都是关键。乾隆帝环顾知识界,只有那些以整理、考据古典文献为业的学者方能膺此重任。正是基于上述诸多原因,乾隆帝才对这些学者表示了特别的关注。也正是在乾隆帝的特别关注下,这些学者才在政治上由地主阶级的在野派转化成为当权派,在学术上由原来各自为战

---

① 《清高宗实录》卷三九六,乾隆十六年八月上。

的散兵游勇发展成为一个极有影响的学术派别——乾嘉学派。

为了促成这些学者政治地位的转化和学术研究活动的开展，乾隆帝主要使用了科举考试这个杠杆。在此之前，各种层次的科举考试理学气味极浓，对于以整理和考据古典文献为业的学者来说，登仕至为不易。为了扭转这种局面，乾隆十年以后，乾隆帝首先在殿试时务策时加上了经史方面的内容，尔后，随着时间的推移，这一部分试题的比重愈来愈大。如乾隆十年殿试题云：“五、六、七、九、十一、十三之经，其名何昉？其分何代？其藏何人？其出何地？其献何人？传之者有几家？用以取士者有几代？得缕晰而历数欤。”①又如乾隆三十一年殿试试题云：《易》传三义，《书》分六体，《诗》有三作，《春秋》有五始，《戴记》多后儒之所增，《周礼》以《冬官》为散见，其说可胪举欤？”②乾隆五十四年殿试试题亦云：“《诗》三百十一篇名见《礼》及《左传》者凡几，十五国风或谓斟酌序次，或谓以两相比，语出何氏？”③都是就经部文献所出之题。至于以史籍出题者更是不胜枚举，略举数例，以见其大致情况。如乾隆二十八年殿试试题云：“史有二体，纪传法《尚书》，编年法《春秋》………有志三长之学者，凤习发明书法，考异集览百家之言，能研核折衷而切指其利病否？”④三十一年试题云：“史以垂彰瘅而体例不必尽同。《循吏》《儒林》始于《史记》，《文苑》《独行》始于《后汉书》，《忠义》始于《晋书》，《道学》始于《宋史》，其分门各当否？《梁书》有《止足传》，《隋书》有《诚节传》，《唐书》有《卓行传》，同异果何如也？”⑤五十二年殿试试题云：“史非徒纪事，所以监先式后，等百世以为因革损益者也，则表、志尚矣。顾曰书、曰志、曰考，或有或无，或取他家以益之，或越数代以补之，或统及古今，或并详五朝，征其体例，能较然欤？”⑥五十五年试题又问及《通鉴》一书，“同撰者何人？分代者何属？采取者正史外何书？略而为

---

① 《清高宗实录》卷二三九，乾隆十年四月下。
② 《清高宗实录》卷七五九，乾隆三十一年四月下。
③ 《清高宗实录》卷一三二七，乾隆五十四年四月下。
④ 《清高宗实录》卷六八五，乾隆三十八年四月下。
⑤ 《清高宗实录》卷七五九，乾隆三十一年四月下。
⑥ 《清高宗实录》卷一二七九，乾隆五十二年四月下。

目录,析而为甲子纪年,订而为《考异》,别而为《稽古录》,体例可陈欤?"①《四库全书》纂修期间,殿试题中又增加了讨论《四库》收书范围或历代官私目录收集图书的问题。如四十三年殿试试题即云:"前言往行,悉载于书,自周有柱下史,汉、魏有石渠、东观,以至甲乙丙丁之部,《七略》《七录》之遗,代有藏书,孰轶孰传,孰优孰劣,可约略指数欤?"②这些题目,对于研经治史的学者来说,并不算难;然而对于不读经史而又高谈理、气、性、命的理学家和只会使用"且夫""尝谓"之类的词眼写作八股的文人来说,则很难入彀。还值得注意的是,在历次殿试中,乾隆帝很少就理学出题。偶尔出上一道半道,也不限定答案,而是鼓励士子自由思考,特别是启发人们从反面思考。如乾隆十九年殿试试题即云:"自宋诸儒出,于是有道学之称。然其时尊德性、道问学,已讥其分途,而标榜名目,随声附合者,遂借以为立名之地,而大道愈晦。今欲使先圣先贤之微言大义,昭如日星,学者宜何所致力欤?"③看,提倡乾嘉学派治学方法的答案简直将呼之欲出了。

就是通过这样的方法,乾隆帝大大限制了理学信徒的入仕途径,而将一大批经史研究有成的学者吸收到各级政权中来。其主要者有庄存与(乾隆十年),卢文弨(十七年),王鸣盛、钱大昕、纪昀、朱筠、王昶(十九年),毕沅(二十五年),赵翼(二十六年),陆费墀(三十一年),任大椿(三十四年),邵晋涵、孔广森、程晋芳、孔继涵(三十六年),王念孙、戴震(四十年),章学诚(四十三年),武亿(四十五年),孙星衍(五十二年),洪亮吉、阮元、凌廷堪(五十五年),潘世恩(五十八年)等数十人,几乎包括了乾嘉学派的全部骨干。据统计,从乾隆十年始至乾隆六十年止,二十三次会试中,所取进士四千余人,至于中举者则更当十数倍于此,都由乾隆帝一一安排官职,其中一些人如纪昀、王昶、毕沅、阮元等还仕官显达,内列卿贰,外任督抚,成为乾嘉学派的领袖。乾隆帝的这些活动,不但使官吏队伍进行了一番更新,而且还造就了一代学人、学风。在科举考试的带动下,不少学者竞相将自己研习经史所得汇为文集刊刻行世,由书肆大量发行,以供士子准备科

① 《清高宗实录》卷一三五三,乾隆五十五年四月下。
② 《清高宗实录》卷一○五五,乾隆四十三年四月下。
③ 《清高宗实录》卷四六一,乾隆十九年四月下。

举考试时观摩之用。与此相反,宋儒"濂、洛、关、闽之书"因与科举考试无关,士子则纷纷将之"束之高阁,无读之者",从而导致书商竟不敢刻印发卖了。①

科举考试之外,乾隆帝组织的频繁的修书活动也对乾嘉学派学术研究活动的开展起了很大的促进作用。乾隆帝在位期间,官修图书数量众多,涉及范围也极其宽广。每次修书,都要动员中央政府中相当一批科举出身的官员参与其役。尤其是在《四库全书》纂修期间,中央政府中的文职官员更是几乎全体出动,兼之以该书内容浩瀚,经史子集四部俱全,研究程序完备,遍及目录、版本、校勘、辨伪、辑佚、考据等整理古典文献技能的所有方面,因而,这一活动的进行,不但对入选馆臣来说是一次极好的训练,而且在整个学术界也产生了极其广泛的影响。不少学者即在与修《四库》的基础上,退而著述,以成名家;也有相当一批学者虽未与修《四库》,但是受其影响,也在古典文献的研究和整理方面取得了突出的成就。这样,清初以来整理、考据古典文献的涓涓细流终于发展成为一个影响极大的学术流派。

在乾隆帝的扶持下,经过三四十年的发展,至乾隆后期,学术界中整理、考据古典文献的活动进入了高潮。上自名公巨儒,下逮博士学究,无不涉考据之藩篱。整个学术界人才辈出,硕果累累,一片繁荣景象。就经学研究而言,许多学者先后冲破程朱理学的束缚,将平生研究所得撰成各经新注、新疏,从而在很大程度上打破了几百年来程朱理学对经学研究的垄断;与此同时,不少学者为了探求儒家经典原义,或上探汉晋经师旧说,或精研文字、音韵、训诂。这些活动,不仅使亡佚已久的汉代以来的解经文献得到了一番普遍的发掘和整理,而且也在很大程度上推动了小学的研究。就史学研究而言,成绩也甚为辉煌。除少数学者对一些旧史进行改修之外,绝大多数学者都集中精力,缩短战线,致力于历代正史表志阙略部分的补修和对古代史实的考据。其中,在补志活动中,有的学者以一人之力而兼补数种表志,有的是数位学者在不同地点共补一表一志而在质量上各具千秋。经由这些学者的努力,使得各代正史所阙表志大抵都有了一

① 《啸亭杂录》卷一〇。

种或数种补修之作。至于考史，更是乾嘉学派学者学术活动的热门，几乎所有的学者都程度不同地参加过这一活动。其中有的学者专攻一史。有的学者兼及数史甚至通考全史，由于战线缩短，精力集中，大多都具有较高的学术质量。其中最负盛名的是王鸣盛的《十七史商榷》、钱大昕的《廿二史考异》和赵翼的《廿二史札记》。三书之外，专考一代史实之书更是不胜枚举，散见于笔记、文集中的碎金式的考史之作也俯拾即是。与此同时，由于整理古典文献活动的空前普及和发展，许多学者还专门致力于目录、版本、校勘、辨伪、辑佚等方面的研究并各有质量甚高的专书问世，因而，各种整理古典文献的技能也都有很大提高，并各自发展成为专学而独立于学术之林。所有这些，都是乾嘉学派对中国古代文化发展作出的重要贡献。乾隆帝扶持乾嘉学派以繁荣发展文化事业的活动获得了巨大的成功。

三

乾隆帝虽然通过对乾嘉学派的扶持而对当时学术研究的繁荣和中国古代文化的发展作出了重要的贡献，但是，也需指出，由于乾隆帝扶持乾嘉学派的目的是为了加强自己的专制统治，对其研究方向乃至研究内容又作出了种种限制性规定，因而乾嘉学派的学术研究活动只是一种畸形的、变态的学术研究活动。

首先是研究领域局限于古典文献的考据和整理，范围极其狭隘。在乾隆帝的束缚下，不但包括自然科学在内的许多学科研究人员极少，即在乾隆帝所热心的经史研究这一狭小的天地之中，也有许多禁忌。就经学研究而言，学者批判宋儒则可，但却不能显斥程朱，尤其不可触及孔孟；在史学研究中，研究古代史则可，研究明史尤其是研究明清之际的历史和当代史则严行禁止。即使是在古代史范围内，凡和清朝统治有关的一些课题如华夷之辨、正闰之争，乃至建储、党争、井田、封建等也均干忌讳，稍不注意，即罹杀身之祸。这样，乾嘉学派的学术研究活动无异是戴着脚镣跳舞，从而大大影响了乾嘉学派的学术成就。即以其成就较为突出的经史方面而言，除其中的少数著作确有识见而为学术发展所必不可少外，相当一批著作都是步前人之后尘，有功力而无识见，可有可无。

其次是研究内容严重脱离社会实际。乾隆帝扶持乾嘉学派之目的,只是企图将此作为粉饰自己专制统治的点缀品,因而,乾嘉学派研究的问题,大多都严重脱离当时社会实际。其中陈述之思想相当陈腐,研究方法也极为烦琐。不但和民生利弊毫无关系,而且和广大人民的文化生活也几乎完全绝缘,对于社会进步基本上没有发挥什么积极作用。尽管如此,这种活动仍然是一种学术活动,而且,历史地看来,扶持乾嘉学派也比扶持程朱理学要好,并且取得了相当辉煌的成就。因此,在乾隆帝一生的各种文化活动中,扶持乾嘉学派以发展学术文化事业基本上还是一项应予肯定的活动。

第六章　经营边陲:边疆治理与民族关系

关于拉藏汗的满文史料及其价值

　　拉藏汗是蒙古和硕特部的重要首领,继其曾祖顾实汗、祖父达延汗、父亲达赖汗之后,统治西藏十数年之久。在他统治西藏时期,先后发生了他与第巴桑结嘉措的争权斗争和立废达赖喇嘛以及准噶尔台吉策妄阿拉布坦入侵西藏的重要事件,从而使西藏地方政权的政治立场和发展方向都发生了重要的变化。然而,对于这样一个在西藏历史上起过重要作用的历史人物的早期活动以及他与第巴桑结嘉措权力之争等重要历史事件,《清圣祖实录》的有关记载却十分简略。1996 年翻译出版的《康熙朝满文朱批奏折全译》则提供了不少有关拉藏汗活动的新资料,从而为我们深入研究这一历史人物提供了方便。

　　首先,《康熙朝满文朱批奏折全译》有关材料证明,早在康熙三十六年时,拉藏即与清朝中央政府建立了联系,其早期一度居于青海,康熙四十年底始移居西藏。康熙三十六年,康熙帝西征噶尔丹时,曾召青海蒙古各部台吉入觐行在。后来,这一活动被推迟到当年秋后,入觐地点也相应改为京师。在招徕入觐对象中,拉藏亦是其中之一。对于康熙帝的招徕活动,拉藏的态度亦比较积极,他表示:"我等本欲遵文殊师利皇帝谕旨前往朝觐,虽我为首台吉说留我等,但我等遣使恭请文殊师利皇帝安。"①当年秋冬,青海扎西巴图鲁以下各部入觐

---

　　① 《康熙朝满文朱批奏折全译》第 347 条。

京师,拉藏亦曾遣使进贡并蒙受赏赐。① 这些材料不但说明当时拉藏已和清朝中央政府建立了朝贡关系,也说明了他一度居于青海。又,据《康熙朝满文朱批奏折全译》载,康熙五十二年十二月,拉藏汗遣使禀报清朝驻西宁员外郎喀尔卡"欲将其次子台吉苏尔扎遣往青海",同时,还将此决定一并告知青海亲王扎西巴图鲁。② 五十三年五月,苏尔扎到达拉藏汗"原游牧居住之博罗崇科克地方居住"。③当时,拉藏汗与青海亲王扎西巴图鲁之间正为真假达赖喇嘛之争而矛盾十分尖锐,如果博罗崇科克一带地方不是拉藏汗父子世居之地,扎西巴图鲁岂容其于青海驻足? 由拉藏汗、苏尔扎皆曾居住青海可以证明,青海有其世居领地。只是因其祖孙父子主要统治区域是西藏,在当时清朝官员和青海其他顾实汗子孙心目中,始将其排除于青海之外,而称顾实汗居于青海的其他几个儿子为"青海八台吉"。

关于拉藏西徙西藏,有关拉藏的其他各种史料概未述及,而《康熙朝满文朱批奏折全译》中的一些文献,则显示了拉藏率众移居西藏的时间、原因及其过程。康熙帝平定噶尔丹叛乱后,经营目标转向西藏,为了了解第巴桑结嘉措专权及其与噶尔丹来往内幕,数次谕令班禅入觐,但是由于第巴桑结嘉措以各种借口推托阻挠,数年之间,终未成行。作为清朝政府驻西宁办事人员,喇嘛商南多尔济、副都统阿南达、主事保住等无法交差,处境颇为困难。这时,为了达到将拉藏逐出青海的目的,青海亲王扎西巴图鲁向喇嘛商南多尔济建议,"遣拉藏、色布特扎尔前往西地劝告达赖喇嘛、第巴去请班禅"。④ 考虑到拉藏"向为多心疑忌不定,此去则恐坏事",商南多尔济认为"尔等派拉藏等前往西地劝告达赖喇嘛、第巴,若能请班禅来则宜遣之,若不能请来则不如作罢。与其派拉藏等前往西地,不如派往叩觐圣明,蒙皇上垂爱,咸得荣耀耳"。⑤ 其实,商南多尔济的真实想法是,由于第巴顽固阻挠,即使拉藏等前去劝说也未必能实现班禅入觐,而通过奏请遣派青海台吉入觐,却可在一定程度上减轻康熙帝对自己的不

---

① 《康熙朝满文朱批奏折全译》第 4181 条。
② 《康熙朝满文朱批奏折全译》第 2416 条。
③ 《康熙朝满文朱批奏折全译》第 2416 条。
④ 《康熙朝满文朱批奏折全译》第 457 条。
⑤ 《康熙朝满文朱批奏折全译》第 457 条。

满。按照他的这一设想,康熙三十九年夏,扎西巴图鲁随即胁迫拉藏、察罕丹津、色布特扎尔遣人禀报商南多尔济,要求入觐,商南多尔济即将此事折奏康熙帝。康熙三十九年十月,康熙帝批准。因为安排拉藏等入觐之事全系喇嘛商南多尔济与扎西巴图鲁私下暗相操作,故而在付诸实施时遭到了拉藏的抵制。对此,商南多尔济不是采取说服诱导,而是临以兵威,当年十月初九,"商南多尔济擅自领兵前往塔尔寺立大营,布下藤牌、鸟枪,派人传拉藏、戴青和硕齐前来,时青海人等为之惊动"。① 由于拉藏拒绝前来,商南多尔济又派人逼言"第巴乃我等之敌,尔与第巴一心,我亦知之"。② 在商南多尔济的逼迫之下,康熙三十九年十一月二十八日,拉藏率领所属部众老弱,离开世代居住的博罗崇科克,移处青藏交界的穆鲁斯乌苏一带。获悉拉藏西徙消息,驻守西宁头等侍卫副都统阿南达派遣笔帖式常在往追并讯问其起程缘由。十二月十九日,常在于"硕罗岭这边之登努尔特依地方追至拉藏"。③ 拉藏回答:"我别无缘由,为喇嘛商南多尔济所迫,无奈启程前来。"④同时还要求将其蒙文奏疏及所进鸟枪一杆送交阿南达转呈康熙帝。他在奏疏中表示,他自己并非不愿入觐而出逃,只是难以忍受商南多尔济之凌辱逼迫"与多尔济喇嘛无话可言,故不便去。欲驻原处,又与多尔济喇嘛不合。是以惧多尔济喇嘛而移营"。⑤ 当年年底,清朝中央政府获悉这些情况,知道"拉藏并非有意起程返还","乃听从喇嘛商南多尔济之言而去,往彼难至,来此不成,亦未可料",⑥因命内阁撰拟谕书,劝其返回,"仍准于青海一带原居之地居住",并将谕书驿送西安将军博霁遣官转送。⑦ 由于档册散失,在康熙朝满文朱批奏折中,我们并没有发现这份谕书及拉藏接受谕书后的态度,但从《康熙朝满文朱批奏折全译》第 445 条可见,至康熙四十年十月,拉藏及其属众仍在青藏交界的穆鲁斯河一带,可见

---

① 《康熙朝满文朱批奏折全译》第 457 条。
② 《康熙朝满文朱批奏折全译》第 457 条。
③ 《康熙朝满文朱批奏折全译》第 457 条。
④ 《康熙朝满文朱批奏折全译》第 457 条。
⑤ 《康熙朝满文朱批奏折全译》第 457 条。
⑥ 《康熙朝满文朱批奏折全译》第 457 条。
⑦ 《康熙朝满文朱批奏折全译》第 457 条。

拉藏率众出走之初,在接到康熙帝谕旨劝其返回青海原居地后,虽未即刻返回原居地,但是却一度停止西行而在青藏边境驻牧。而且,通过分析这条史料可见,就在此后不久,由于青海亲王扎西巴图鲁的逼迫,拉藏最终离开青海继续南下,进入了西藏。根据这条史料记载,康熙四十年十月初,青海亲王扎西巴图鲁遣人向西安将军博霁报告,拉藏掳掠其所属"居于穆鲁斯河之拉特乌番人百户,又将达赖戴青我所属居于吉鲁克塔拉之番人尼雅木苏、囊钦等人,多被掳掠"。① 与此同时,青海亲王扎西巴图鲁还禀报博霁,他已派使往报拉藏,"拉藏若将所掳我人等从速归还,拉藏或去达赖喇嘛处,或来我处则已。拉藏若不作速归还所掠我方人等,不去达赖喇嘛处,亦不来我部,则我等将出兵往拿拉藏"。② 结合这一时期扎西巴图鲁的其他行为,"派兵逼死达赖戴青之子额尔克巴尔都尔,将其奴仆占为己有。[又](前)诬陷达颜台吉,又霸占其奴为己有",③康熙帝阅过博霁等人奏折,认为拉藏掳掠扎西巴图鲁属人一事虚实难保,并未改变劝谕拉藏返回青海原居地的态度。④ 但是,由于鞭长莫及,这一指示无法落实。在扎西巴图鲁的武力威逼下,拉藏只能率众南下,进入西藏,从而导致了后来一连串事件的发生。

其次,康熙四十四年,第巴桑结嘉措与拉藏汗兵戎相见,《清圣祖实录》仅于一年之后略记其事,而《康熙朝满文朱批奏折全译》却记载了这一事件的详细过程。康熙四十四年夏,清朝内阁侍读学士建良出使西藏,亲自目睹了这一历史事件并以奏折向康熙帝详细奏报,而清朝中央政府也对此进行了认真的讨论并作出相应的对策,其中不少内容可补他书所不及。

据建良奏报,这次事件的大致始末是,拉藏汗继位之初,曾经得到第巴桑结嘉措和达赖喇嘛的支持,双方关系一度也颇为融洽。即达赖六世仓央嘉错所称:"所以令拉藏汗继达赖汗位,是念及于土伯特有益,故令即位。"⑤而且,为了笼络拉藏汗,第巴桑结嘉措还特别

---

① 《康熙朝满文朱批奏折全译》第 445 条。
② 《康熙朝满文朱批奏折全译》第 445 条。
③ 《康熙朝满文朱批奏折全译》第 3795 条。
④ 《康熙朝满文朱批奏折全译》第 445 条。
⑤ 《康熙朝满文朱批奏折全译》第 823 条。

给其上"成吉思汗之名"。① 但是为时不久,双方之间即生嫌隙。其直接原因,"据言达赖喇嘛与第巴之女犯奸,跟随达赖喇嘛之男童拉旺亦犯奸"。② 故第巴与其亲信钟锦丹津鄂木布等五人策划杀死拉旺,却误杀跟随拉旺之男童,拉旺仅止受伤。案情查实后,达赖喇嘛命拉藏汗杀死钟锦丹津鄂木布等五人,"因此五人俱与第巴亲昵,故第巴恳求免其身命,拉藏不肯,从此结仇"。③ 为此,第巴首先设计企图鸩杀拉藏汗,"幸为额木齐当木鼐治愈"。④ 从此二人势同水火。康熙四十四年正月十五日,第巴指称达赖喇嘛之言,驱逐拉藏汗离开拉萨,"与尔兄弟合住或去何地居住,悉听尔便"。⑤ 拉藏汗遂被迫移住哈喇乌苏地方。但第巴仍不罢休,又行驱逐。拉藏汗被迫率领属众进军拉萨。经过三次交战,击败第巴军队。第巴"星夜逃出,乘船由噶尔招木伦河至日喀贡噶尔城以居"。⑥ 七月中旬,被第巴拥立的达赖六世仓央嘉错,为了保护第巴性命,出面劝和,对交战双方宣称:"勿害众生灵,我将第巴移出招地。暂驻日喀贡噶尔,将尔等之情由启奏天朝君主,若蒙颁旨,则照办之。"⑦拉藏汗识破了达赖喇嘛的缓兵之计,表面上同意,自布达拉宫出来后即"星夜往擒第巴并其妻子"。⑧ "拉藏汗擒获第巴及其妻子后,交付台吉达里扎布和绍齐及根顿二人押回时,达里扎布和绍齐、根顿于途中斩杀第巴"。⑨ "第巴之子阿旺林臣逃,樽塔尔我俱执阿旺林臣及其妻押往拉藏处时,达赖喇嘛亲率数百人追我去,将阿旺林臣及其妻皆抢取"。⑩ 同时,还招集各寺庙喇嘛,"为第巴诵经","将所有之物散给诸喇嘛"。⑪ 为了争取清朝中央政府的支持,在会见清朝使臣建良时,他极力为第巴申

---

① 《康熙朝满文朱批奏折全译》第 823 条。
② 《康熙朝满文朱批奏折全译》第 823 条。
③ 《康熙朝满文朱批奏折全译》第 823 条。
④ 《康熙朝满文朱批奏折全译》第 823 条。
⑤ 《康熙朝满文朱批奏折全译》第 823 条。
⑥ 《康熙朝满文朱批奏折全译》第 823 条。
⑦ 《康熙朝满文朱批奏折全译》第 823 条。
⑧ 《康熙朝满文朱批奏折全译》第 823 条。
⑨ 《康熙朝满文朱批奏折全译》第 823 条。
⑩ 《康熙朝满文朱批奏折全译》第 823 条。
⑪ 《康熙朝满文朱批奏折全译》第 823 条。

辩,"第巴未用药鸩拉藏,而拉藏以为第巴鸩之,于是反目相战,以害众人",并请使臣向康熙帝转达他的立场。① 同时,他还先后致信素与拉藏汗不睦的青海扎西巴图鲁及其他台吉,讦告拉藏汗"不听我言,反以种种恶言诬我,致使我等恶贯满盈","拉藏尽掠达赖喇嘛商上牲畜,要紧者除破坏尔父祖辈所行善事外,拉藏无论在何地,除伤害我等外,别无益处"。② 并煽动他们出兵:"尔等本意若实,则今正值效力之时。""尔等若有助我之意,则今应帮助。"③

针对达赖喇嘛的这些行动,拉藏汗也采取相应对策。一是于诛杀第巴桑结嘉措后,收达赖喇嘛"部下人等同住一地",实际上将其置于囚禁状态。④ 二是向清朝使臣建良介绍事件原因、经过并派遣专使进京上疏,指控达赖喇嘛不守佛门清规,"授戒后如凡人妄行,与众意不合,此皆第巴教唆",并进而要求予以处置。⑤ 清朝使臣建良在将上述这些情况向康熙帝详细奏报的同时,还将藏境民众、班禅、准噶尔策妄阿拉布坦各方对这一事件的反应及相互关系也一一奏报。其中藏族民众"以达赖喇嘛嗜酒好色,妄行无忌","皆怨言,为拉藏、第巴案,我土伯特人众被杀者被杀,破败者破败,达赖喇嘛则肆意妄行,各寺庙喇嘛等劝谏启发,但又不听,或是我等应该破败,以致如此耳"。对于拉藏汗,他们也"皆甚畏惧"。⑥ 班禅则保持中立并试图进行调和,"以善意说之"。⑦ 至于准噶尔策妄阿拉布坦,则因前此第巴支持噶尔丹而对第巴成见甚深,同时与拉藏汗也没有什么来往,而采取了隔岸观火的态度。此次事变发生期间,策妄部下察罕丹津正在西藏,了解到了这些情况后,仅止"遣人问班禅、拉藏、达赖喇嘛等好"。⑧ 倒是拉藏汗,以内与第巴、达赖喇嘛正面为敌,外与青海各部又有宿怨,为了打开困境,策妄来使返回,即遣其部下寨桑特古思随同来使出使准噶尔,进行联络。

---

① 《康熙朝满文朱批奏折全译》第823条。
② 《康熙朝满文朱批奏折全译》第823条。
③ 《康熙朝满文朱批奏折全译》第823条。
④ 《康熙朝满文朱批奏折全译》第823条。
⑤ 《康熙朝满文朱批奏折全译》第823条。
⑥ 《康熙朝满文朱批奏折全译》第823条。
⑦ 《康熙朝满文朱批奏折全译》第823条。
⑧ 《康熙朝满文朱批奏折全译》第823条。

　　览过建良奏折和有关方面奏报,康熙帝认为:"拉藏、策妄(阿)喇布坦寻衅,不无恐惧,余意虽不可逆料,但未必有恶意。"①同时,还将此事交议政王大臣讨论。议政大臣等以为:"查达赖喇嘛其人行恶辱法,退所受戒律而娶妻。且拉藏杀第巴后,抢掠第巴之子阿旺林臣等,伊率兵抢取阿旺林臣等养之。由此观之,达赖喇嘛其人无二,第巴之子是实。夫达赖喇嘛之名,对于众蒙古关系甚巨,断不可留于彼处。若仍留彼处,则日后必乱黄教,滋生事端,以劳土伯特人,贻害拉藏本身。"②因而建议承认这一事件并派使者前赴青海、西藏,向青海王公台吉宣示朝廷立场,"劝其心归一致"。③ 康熙帝随即批准,同时,命拉藏汗将六世达赖喇嘛仓央嘉错解送至京。

　　再次,《康熙朝满文朱批奏折全译》还保存了拉藏汗执掌藏政期间与中央政府来往的不少文件,显示了双方的密切关系。长期以来,在清朝政府处理蒙古事务和经营西疆的活动中,第巴桑结嘉措一直或明或暗而又极其顽固地支持清朝政府的敌手噶尔丹,只是碍于其以达赖喇嘛和黄教相号召,兼之以西藏地处偏僻,有鞭长莫及之势,清朝政府投鼠忌器,才未曾诉诸武力。此次拉藏诛除第巴,无异是替清朝政府拔去了一颗眼中钉。因而,对于拉藏汗政权,清朝政府予以全力支持。而拉藏汗亦因与青海诸部宿怨甚深,兼之以西藏内部第巴残余势力蠢蠢欲动,在内在外均觉孤立,亟需得到中央政府支持而进一步向清朝政府靠拢。这样,在拉藏汗执掌藏政十数年的时间中,双方关系十分密切。就拉藏汗及其拥立的达赖喇嘛而言,为了争取清朝中央政府支持,贡使不绝,尤其是康熙四十九年以后,则几乎是连年入贡。④ 就清朝政府而言,则是极意抬高拉藏汗在西藏及附近蒙古各部中的地位,巩固拉藏政权。

　　拉藏汗诛除第巴之后不久,康熙帝即以护军统领席柱、学士舒兰为使,往封其为翊法恭顺汗。与此同时,针对拉藏汗拥立其非婚生子

---

①　《康熙朝满文朱批奏折全译》第 823 条。

②　《康熙朝满文朱批奏折全译》第 823 条。

③　《康熙朝满文朱批奏折全译》第 823 条。

④　《清圣祖实录》卷二四五、二五五、二五八、二五九;《康熙朝满文朱批奏折全译》第
1867、1991、1996、2004、2443、2848 条。

波克塔为达赖喇嘛后青海台吉起而"争论讦奏"的形势,①康熙帝又命内阁学士拉都浑"率青海众台吉之使人赴西藏看验",②同时还让班禅出面证明其真。综观这一过程,显然是康熙帝于中做了手脚。为了平息青海诸台吉的愤怒心情,康熙帝虽然装模作样地同意臣下奏请"达赖喇嘛,例有封号,今波克塔呼必尔汗年幼,请再阅数年,始议给封",同时,还以"青海众台吉与拉藏不睦,西藏事务不便令拉藏独理"而遣侍郎赫寿"前往西藏,协同拉藏办理事务",③但是为免夜长梦多,此后不过一年,康熙帝即迫不及待地正式册封波克塔呼必尔罕为六世达赖喇嘛。④ 而清朝使臣赫寿驻藏期间,也极意结好拉藏汗,拉藏汗妻去世,则分别慰问及随俗"熬茶诵经"。⑤ 对于西藏来贡使节,清朝中央政府也另眼相待,赏赐来使,加拨驿车,各种加恩活动不绝于书。同时,接待规格、赏赐数量皆在青海诸台吉之上。对于拉藏汗提出的一些额外要求,也尽量予以满足。实在不能满足者,也不显加指斥,而是善言解释,或者正面诱导。如康熙五十一年二月,拉藏汗上疏康熙帝,以上年"恩赏达赖喇嘛使臣之盘缠等物,不及前世达赖喇嘛之使臣丰厚",恐"怀有恶意之人,以此为把柄,妄言现世达赖喇嘛之法教不及前世达赖","若蒙将大皇帝无穷之恩施与我等少许,则甚有裨益"。⑥ 清朝政府即予解释。康熙五十三年七月,拉藏汗题请打箭炉地方划归西藏。因其原属内地,康熙帝虽不予批准,但是在操作方式上,并未严辞指斥,而是表示:"倘(拉藏汗)必要此地,着伊亲来,与我诸王大臣等会议。如此议行,则伊断不来矣。"⑦与此同时,对于拉藏汗的一些出格行动,康熙帝虽然不予赞同,但是也设身处地予以理解,不加干涉。如康熙四十年代以后,清朝中央政府与准噶尔策妄阿拉布坦地方政权之间关系渐趋恶化。而康熙五十三年时,拉藏汗却与策妄阿拉布坦行联姻之举,同意其子噶尔丹丹衷前赴

---

① 《清圣祖实录》卷二三六,康熙四十八年正月。
② 《清圣祖实录》卷二三六,康熙四十八年正月。
③ 《清圣祖实录》卷二三六,康熙四十八年正月。
④ 《清圣祖实录》卷二四一,康熙四十九年三月。
⑤ 《康熙朝满文朱批奏折全译》第 1544、1545 条。
⑥ 《康熙朝满文朱批奏折全译》第 1867 条。
⑦ 《清圣祖实录》卷二五九,康熙五十三年七月。

准噶尔与策妄阿拉布坦之女成亲,考虑到拉藏汗与青海诸台吉关系十分紧张,拉藏汗此举并非与清朝政府为敌而仅是寻求外部支持,康熙帝表示谅解,并且还以策妄阿拉布坦居心叵测而替拉藏汗和西藏安全担心。①

尤其值得提出的是,在拉藏汗与青海各部的矛盾冲突中,清朝政府还坚定地站在拉藏汗一边而压制青海诸部。对于青海各部台吉中反对拉藏汗态度激烈者,还不惜以武力相威胁。如上所述,拉藏汗出走西藏,主要原因之一即是不见容于青海诸台吉。因而,拉藏至藏之后,双方互掠人畜之类的摩擦仍不时发生。为此,青海扎西巴图鲁等"屡欲讨伐拉藏",而康熙帝皆"降旨阻止"。他说:"[第巴在世之时]于青海周围兴风作浪,[扎西巴图鲁等岂不知耶。]杀第巴者为拉藏耳。由此可见,拉藏之功大也。"②拉藏汗拥立新达赖喇嘛波克塔呼毕尔罕(即伊喜嘉措)之后,双方矛盾进一步激化。康熙五十三年九月,青海亲王扎西巴图鲁等上疏朝廷,声称已于理塘寻得达赖喇嘛之灵童噶桑嘉错。"拟将其公同迎至青海",并要求清朝政府予以承认。为此,康熙帝决定,派遣侍卫阿齐图等前赴青海,"将此现出之呼毕勒罕带至京城",亲自验看。如果青海台吉"不遣派此呼毕勒罕,即告此非达赖喇嘛之呼毕勒罕","断言后,将敕谕弃置,返回可也"。③ 与此同时,还另派笔帖式钟福保等出使西藏,将此事通知拉藏汗和班禅,使他们有所准备,预谋对策。康熙五十四年八月,青海贝勒察罕丹津等(时扎西巴图鲁已死)以此呼毕勒罕未曾出痘为理由,拒绝送京,而要求准其居于西宁宗喀巴寺。与此同时,察罕丹津等还派"卫征台吉等率百余人,拟专门降服巴尔喀木地方之唐古特人,将现所给达赖喇嘛之贡收缴"。④ 清朝中央政府获悉此事后,议政大臣曾议"此系伊等内部为征贡之事争斗,既与我等无关",因拟仅将此事通知驻打箭炉喇嘛,"妥善防守地方",及时通报消息。而康熙帝阅过后推翻原议,降旨称:"此议不足,交议政大臣复议。以争伊之纳贡番子为辞,侵扰我处番子之处,不可料定。将此严加咨文该地方提督总兵,倘有

----

① 《清圣祖实录》卷二五九,康熙五十三年七月。
② 《康熙朝满文朱批奏折全译》第 3688 条。
③ 《康熙朝满文朱批奏折全译》第 2497 条。
④ 《康熙朝满文朱批奏折全译》第 2693 条。

应行动之处,立即行动可也,不可不痛击。"①同年十二月,据侍卫阿齐图奏称:"贝勒察罕丹津等,因去年胡必尔汗事,贝勒阿拉布坦鄂木布、盆苏克汪扎尔、色卜腾扎尔、台吉达颜、苏尔杂等遵旨不予同心,今欲与罗卜藏丹津等盟誓,先攻取五家,将胡必尔汗送往西地。"清朝政府即决定调动西安、西宁驻守满汉军队,"若察罕丹津果肆猖狂,即领兵征剿"。② 五十五年正月,又以蒙古众扎萨克之王、贝勒、贝子、公、台吉名义致书察罕丹津等,胁迫其"即将呼毕勒罕送往塔尔寺,将巴尔喀木地方之正赋,恢复如初","倘不令呼毕勒罕起程,仍令停止巴尔喀木地方正赋","务必征剿,彼时尔将悔之矣"。③ 直至策妄阿拉布坦入侵西藏,消息传来,清朝政府始行怀疑其与拉藏汗欲图入侵青海,方才对其加以警告。由此亦可以看出,在拉藏汗执掌藏政十数年的时间里,在青海台吉与拉藏汗的冲突斗争中,清朝政府一直坚定地站在拉藏汗一边。

总之,《康熙朝满文朱批奏折全译》保存的有关拉藏汗的一些奏折是研究当时清朝政府经营西疆的重要史料。如果继续研究并和其他有关史料互读,定会续有发现,推动这一问题研究的进一步深入。

---

① 《康熙朝满文朱批奏折全译》第 2694 条。
② 《清圣祖实录》卷二六六,康熙五十四年十二月。
③ 《康熙朝满文朱批奏折全译》第 2736 条。

康熙后期经营西疆失载年月满文档案考辨

　　1996 年,中国社会科学出版社印行的《康熙朝满文朱批奏折全译》向世人披露了康熙时期康熙帝经营西疆的大量史料。然而,由于种种原因,其中相当一些敕谕、奏折及朱批均排列错乱而且不署年月,致使货弃于地,影响相关问题研究深入。有鉴于这些史料关乎清朝政局发展,同时,也直接关乎清代统一的多民族国家形成和巩固,价值非同一般,特作《康熙后期经营西疆失载年月满文档案考辨》一文。

　　《康熙朝满文朱批奏折全译》第 3673 条《谕策妄喇布坦防范哈萨克等来侵等事》为康熙五十一年岁末所书敕谕底稿。将此条敕谕与该书第 2112 条康熙五十二年五月十四日《领侍卫内大臣阿灵阿等奏请回文策妄喇布坦片》互读,可知康熙五十年代初年双方来往情况大致是:约在康熙四十九年、五十年之交,清朝政府曾以皮禅为使出使准噶尔,随被策妄阿拉布坦囚于布哈地方。不久,清朝政府又遣侍卫祁立德出使准噶尔。策妄阿拉布坦随遣楚鲁木巴尔为使与祁立德同赴北京。而清朝政府则以其"与祁立德具奏之事无异,故未准入,遣回"。① 同时,清朝方面还断绝了与准噶尔之间的通使互市。为此,策妄阿拉布坦又以纳玛西希为使,前赴喀尔喀哲布尊丹巴呼图克图

---

　　① 《康熙朝满文朱批奏折全译》第 2112 条。

处。康熙帝获悉后，命其入京，"照副使例赏赐遣回"。① 这样，康熙
五十一年冬，策妄阿拉布坦又以策木波尔为使，出使清朝。康熙帝亲
予接见，颁赐敕谕，同时，又再遣散秩大臣罗布藏锡喇布、侍卫祁立德
为使前赴准噶尔。② 据该敕谕透露，康熙帝接见策木波尔是在围场，
而且要求出使准噶尔之罗布藏锡喇布等"备厚衣乘驿由此前去"。计
其时间，当在康熙五十一年十二月康熙帝谒拜孝庄文皇后暂安奉殿
途中于热河木兰围场行围期间。在敕谕中，康熙帝指出，双边关系恶
化在于策妄阿拉布坦妄自尊大，以蒙古各部总代表自居，意图扩张及
囚禁清朝使臣皮禅，同时，还表示准噶尔地方政权对于防范哈萨克、
布鲁特等部骚扰边境有其积极作用，故而无意恶化双边关系。从《康
熙朝满文朱批奏折全译》第 2112 条可见，此次出使并不成功。一是
策妄阿拉布坦仍以蒙古各部总代表自居，并未改变其原来立场。二
是于其所上康熙帝奏本中指斥清朝使臣罗布藏锡喇布"于中间违背
大汗仁旨、口降之旨，散布不安生之言"。③ 虽然如此，康熙五十二年
五月，准噶尔方面仍遣旦巴为使，出使清朝。清朝方面以策妄阿拉布
坦奏本语气不逊，而其使臣旦巴"口禀与奏本无异"，不准入京，仅由
部颁咨文而后遣返。从此，双边关系进一步恶化并于两年之后导致
了策妄阿拉布坦出兵侵犯哈密，双方进入战争状态。康熙四十年代
以后，由于双方关系渐趋冷淡并不断恶化，《清圣祖实录》有关准噶尔
史事及双边关系记载几成空白，而《康熙朝满文朱批奏折全译》第
2112、3673 条，却可补《实录》记载之不及，不但记载了这一时期双方
使节频繁来往交涉的具体情况，而且还透露了双方关系恶化的原因
及其过程。可以说，这是有关清朝中央政权与准噶尔地方政权两者
关系的极其珍贵的史料。

第 3674 条《谕策妄喇布坦当面会盟事》当为康熙五十五年夏间
康熙帝致策妄阿拉布坦一份敕谕之底稿。康熙五十四年三月，策妄
阿拉布坦出兵侵犯清朝汛地哈密。为此，清朝政府在调动军队抵抗
同时，还于当年五月分别派遣侍卫克什图自哈密，员外郎保住、原任

---

① 《康熙朝满文朱批奏折全译》第 2112 条。

② 策木波尔，《康熙朝满文朱批奏折全译》第 3673 条作"垂木坡尔"，当是一人。

③ 《康熙朝满文朱批奏折全译》第 2112 条。

主事孟克从堆河，两路使臣携带内容相同敕谕，出使准噶尔。同时，还另使哲布尊丹巴呼图克图派遣喇嘛楚阳托音出使准噶尔。康熙帝敕谕主要内容是：一，指斥其兵犯哈密，挑起战争；二，严令其送还拉藏汗之子噶尔丹丹衷，"尔只领准噶尔之众，居于僻处额尔齐斯地方"，不许向外扩张；三，令其"亲身前来，我等会面盟定"，双方进行面对面谈判。① 克什图、保住等至准噶尔后，策妄阿拉布坦以"使臣非系使臣，旨意非系谕旨，是部文等语死赖"。② 在遣返使臣时，又特地派遣其使者潘提忠内和楚阳托音一齐赴哲布尊丹巴呼图克图处。康熙五十五年三月，克什图、保住、楚阳托音与潘提忠内一起到京。为了打开谈判之门，康熙帝再派克什图、保住、喇嘛楚阳托音等携带敕谕自阿尔泰路前赴准噶尔。敕谕重申双方会盟，同时还"晓以利弊开导之，并宽生路，历数其非训谕之"。③ 此次出使，除楚阳托音受到礼遇外，清朝使臣克什图（科西图）、保住（保柱）均被"詈骂遣回"，④"拒纳来使，将其无礼逐回，并抢去衣物，俾我使臣徒步赤身而归"。⑤ 谈判大门又被关闭。应当是在此次遣使遭拒，清朝政府无法派出正式使节的情况下，康熙帝再"遣赏书回子往策妄喇布坦处"递送敕书。因为策妄阿拉布坦于前致敕书皆称部文而不以敕书视之，故而康熙帝于此道敕谕中称"此次行文内，既不称敕书，亦不叫部文。惟书致于策妄喇布坦"。⑥ 同时，以其态度蛮横，"来文称继续前进"，故而敕谕亦愤怒声称"我们惟请尔来，尔若不来，我军现正挺进，将赴尔处当面会盟议结"，⑦直现临以兵威之意。考虑到克什图、保住等出使往返所需时间，康熙帝此道敕谕书写时间，当在康熙五十五年夏左右。从此以后，因为双方关系恶化，而且处于战争状态，除了哲布尊丹巴尚与策妄阿拉布坦保持联系之外，大约两年的时间，清朝政府与准噶尔地方政权使节往来全然断绝。

---

① 《康熙朝满文朱批奏折全译》第 2600 条。
② 《康熙朝满文朱批奏折全译》第 2672 条。
③ 《康熙朝满文朱批奏折全译》第 2672 条。
④ 《康熙朝满文朱批奏折全译》第 3668 条。
⑤ 《康熙朝满文朱批奏折全译》第 3669 条。
⑥ 《康熙朝满文朱批奏折全译》第 3674 条。
⑦ 《康熙朝满文朱批奏折全译》第 3674 条。

第 4165 条《哲布尊丹巴呼图克图奏进致策妄喇布坦之文稿》实为康熙帝自拟或指令臣下代拟，而以哲布尊丹巴呼图克图名义遣喇嘛楚阳托音携至策妄阿拉布坦处之文书底稿，其写作时间，当在康熙五十六年秋间。所以如此界定，一是文中哲布尊丹巴自言，"我老叟除为法度生灵外，年已八十有三，又图何名何利"。① 哲布尊丹巴呼图克图生于天聪九年（1635），至康熙五十六年（1717）恰好八十三岁。二是康熙五十六年七月初，康熙帝已获悉策妄阿拉布坦派兵入藏，因谕理藩院尚书赫寿致书拉藏汗，警告其不得伙同准噶尔军队入犯青海，②而文中亦提及"又闻尔已由阿里克路发兵"，"此次派兵，想必尔或征伐拉藏，或助拉藏往犯青海耳"。③ 故可断定此文稿拟于当年七月二十日至八月二十五日得知策妄阿拉布坦军队确实犯藏信息之间。前此，自从克什图、保住再次出使准噶尔被逐之后，清朝政府与准噶尔地方政权之间往来完全断绝。此时，又得准噶尔军队入藏及侵犯青海消息，为了侦探对方信息以便准确决策，康熙帝乃以哲布尊丹巴呼图克图名义拟成文稿，以哲布尊丹巴属下喇嘛楚阳托音为使，再赴准噶尔。文中一方面掩饰清朝四万大军屯集边境，粮运为难而宣称："今以万万牲畜运送粮米，往返无误，积存米畜。于阿尔泰、巴里坤等地屯田无数，粮食食之不尽。"④并劝其"于尔子弟中派一可信贤能之人入奏谢罪"，"留于大皇帝外疆，以为抵制逆教哈萨克、布鲁特、白帽、俄罗斯之屏藩，安居乐业，尊崇宗喀巴教，两世无悔，生而荣耀，死而无辜，且祖父之名，属地、奴仆皆可保全矣"。⑤由于双方处于战争状态，此次出使，并未收到什么效果。于是，康熙五十七年，楚阳托音再次出使准噶尔并于同年六月返回。据其回奏："策妄阿拉布坦自言，大国皇帝宽洪如海，恕我之非……甚属欢慰"。⑥ 不久，策妄阿拉布坦亦遣使沙津至阿尔泰军营，双方正式接

---

① 《康熙朝满文朱批奏折全译》第 4165 条。
② 《康熙起居注》，康熙五十六年七月二十日。
③ 《康熙朝满文朱批奏折全译》第 4165 条。
④ 《康熙朝满文朱批奏折全译》第 4165 条。
⑤ 《康熙朝满文朱批奏折全译》第 4165 条。
⑥ 《清圣祖实录》卷二七九，康熙五十七年六月。

触重新开始。① 虽然如此,对于此次出使成就不可高估。一是策妄阿拉布坦当时正在将战争扩大到青藏地区,无意言和,其向楚阳托音表示认罪只是虚与应付之词;二是清朝政府以策妄阿拉布坦侵犯青藏,正拟调动军队,大张挞伐。因而,双方这些外交活动,不过仅是互相侦测对方的情报活动而已。

　　第 3678 条《谕拉藏汗派兵援剿策妄喇布坦事》为康熙帝敕谕拉藏汗之底稿,书写时间在康熙五十六年九月中下旬。康熙五十六年七月,通过戍守巴里坤靖逆将军富宁安奏报,康熙帝已获悉策妄阿拉布坦派兵入藏事。但是由于前此拉藏汗与策妄阿拉布坦有联姻之举,同时又与青海罗卜藏丹津、察罕丹津为里塘新出胡必尔罕事嫌隙甚深,兼之以道里遥远,故而对策妄阿拉布坦此次军事行动意向不清。或怀疑其帮助拉藏汗征讨布鲁克巴,或怀疑其与拉藏汗一起侵犯青海,而对其出兵侵藏的真实目的,只是作为一种可能予以推测。为此,康熙五十六年七月,他还命理藩院尚书赫寿致书拉藏汗,警告他不得伙同策妄阿拉布坦北犯青海。康熙五十六年七月初四,大策凌敦多布统率之准噶尔军队与拉藏汗军队在那克产一带正式交火。当年七月十三日,拉藏汗特遣斋桑托齐星夜北上,携带告急书信,通知青海和硕特部左翼盟长多罗贝勒达颜、色布腾扎勒等及清朝驻西宁侍读学士禅里浑、郎中常寿等。禅里浑、常寿等不敢怠慢,即于八月十四日以奏折通过驿站飞报中央并于八月二十五日到达康熙帝手中。按理来说,至此,策妄阿拉布坦军队南下意图已不问自明,而康熙帝却仍未改变策妄军队入藏是勾结拉藏北犯青海的旧思路,仅止谕令青海各部与西疆清军各作准备,而无任何救援拉藏汗之举。② 就在这段时间,西藏形势进一步吃紧。于是,拉藏汗再次遣使北上告急。试观敕谕中引述拉藏汗之语,"土伯特之兵虽众,因自幼未经征战,故不堪(好)[战],而我蒙古兵马不多",③可知其已处于劣势。又其述及双方最后交战日期为同年八月初九日,而且文中还有"我及土

――――――――――――

① 《康熙朝满文朱批奏折全译》第 3218 条。
② 《康熙朝满文朱批奏折全译》第 3088 条。
③ 《康熙朝满文朱批奏折全译》第 3678 条。

伯特之兵力有万余,策妄喇布坦之军拒战二十余日"①等语,可知其遣使求援即在八月初十日左右。以其遣使西宁如同上次需时二十八日,而由西宁折奏急递至京需时九至十一日计,清朝中央政府作出决策反应应在拉藏汗奏疏发出四十日后。而就该条敕谕所载可见,康熙帝是"趓拟敕书,特遣领催宣谕",②对此奏疏反应甚为迅速,毫无耽搁。以此可知,此敕谕书写时间,当在是年九月二十日前后。再就敕谕内容而言,也修改了前此游移不定的立场,一是支持其坚决抵抗并告诫其"切勿懈怠,落入策妄阿拉布坦之圈套,守护班禅额尔德尼"。二是告知其"目下我将军大臣等、尔之兄弟、左右翼台吉等共商议备兵事宜",以坚定其抵抗信心。③ 关于拉藏汗乞援奏疏,《清圣祖实录》仅于康熙五十七年二月条下载录其一,而《康熙朝满文朱批奏折全译》第 3088 条、第 3678 条又载录两条。而且,其时间、内容均不重复。以此可知,准噶尔军队入犯西藏后,拉藏汗曾先后三次乞师救援,从而进一步丰富了拉藏汗与青海各部、准噶尔政权及清朝中央政府相互关系的研究内容。

　　第 3668 条《敕谕策妄喇布坦交还拉藏汗妻子及被掠人财事》为康熙五十七年五、六月之交康熙帝敕谕策妄阿拉布坦之底稿。文中称:"去年七月,策凌敦多布等领兵前往西招,青海台吉闻之甚为愤慨。"又称:"本年五月,我大军一万,青海兵二万,整饬兵力,起程前往拯救西招,今日想必已到。"又称:"尔阅此谕,尽快决断,遣贤能之人于八月内驰速回奏。"④皆足证明这一推断无误。又,该敕谕还透露,此时策妄阿拉布坦有遣使清朝之举。文中称:"据哲布尊丹巴呼图克图差往尔处之使者喇嘛楚阳托音来报,尔已遣使具疏谢罪。"又称:"是以未准尔使入觐,将朕之敕谕交付来人带回。"⑤考《康熙朝满文朱批奏折全译》第 3218 条康熙五十七年七月十八日《议政大臣海金等奏为进剿策妄喇布坦筹备军器折》所引振武将军傅尔丹奏折称:"由行在理藩院咨行颁策妄喇布坦谕旨,六月二十二日到奴才军营

---

① 《康熙朝满文朱批奏折全译》第 3678 条。
② 《康熙朝满文朱批奏折全译》第 3678 条。
③ 《康熙朝满文朱批奏折全译》第 3678 条。
④ 《康熙朝满文朱批奏折全译》第 3668 条。
⑤ 《康熙朝满文朱批奏折全译》第 3668 条。

后，奴才等钦奉谕旨，着员外郎保住等将谕旨交付策妄喇布坦使臣沙津而遣返。"①可知此次交付来使谕旨即第 3668 条谕旨，其来使名叫沙津，交付地点是在阿尔泰军营。傅尔丹奏折又称："（策妄阿拉布坦）遣往哲布尊丹巴呼图克图之使者塔布齐，携至哲布尊丹巴呼图克图前。"②据此可知，康熙五十七年哲布尊丹巴呼图克图派出楚阳托音归来时，一并携来策妄阿拉布坦遣往清朝使臣沙津和遣往哲布尊丹巴处使者塔布齐。这些，皆足可补充《清圣祖实录》记载之阙漏。就敕谕内容而言，一是指斥其出兵犯藏，"杀害拉藏，以灭一家"，毁灭寺庙，肆行抢掠；二是告以已派兵自青海南下，救援西藏，以震慑其心；三是要求其"诚心谢过赎罪"，"将拉藏之妻三子、被掠之寨桑、奴仆、达赖喇嘛、班禅之使者及所掠各寺庙供佛物品，以及达赖喇嘛、班禅商上诸物，委派尔可信之善人，速由巴里坤路送来，务必完整无缺"。③ 这些内容，此后康熙帝致策妄阿拉布坦多次敕谕中均反复申述，但是追本溯源，均皆始之于此，从而使之成为清军入藏之前三年中双方矛盾的焦点和症结。

第 3670 条《敕谕策妄喇布坦派人奏明杀害拉藏汗之缘由事》亦为康熙五十七年五六月间致策妄阿拉布坦敕谕之底稿。文中称："为此大事，朕本应派专使往送敕书。但恐如若遣使，尔又以部臣推托，借口不信任而予阻拦，以致将误大事。是以派策凌敦多布等遣往青海诸台吉处三人中之罗卜藏、巴巴二人，携敕谕前往尔处，遣希拉布等前往策凌敦多布等处矣。"④考《清圣祖实录》卷二七九康熙五十七年五月丁巳条载，总督额伦特奏，"四月五日，拿获策凌敦多卜之使人罗卜藏等八人……将使人罗卜藏等交主事奈曼代，沿途防护，解往京城"。⑤ 以其解京需时四十日计，其至京时间，当在是年五月中旬以后。再加上讯问口供并据之进行讨论、进行决策所需时日，此敕谕撰写时间与前述第 3668 条敕谕大致同时或者稍晚。两道敕谕书写时间虽然大致同时或相距不远，但却根据赉回谕旨路线及其使节来历

① 《康熙朝满文朱批奏折全译》第 3218 条。
② 《康熙朝满文朱批奏折全译》第 3218 条。
③ 《康熙朝满文朱批奏折全译》第 3668 条。
④ 《康熙朝满文朱批奏折全译》第 3670 条。
⑤ 《清圣祖实录》卷二七九，康熙五十七年五月。

不同而有所差异。自阿尔泰军营交策妄阿拉布坦使臣沙津赍回之第3668条谕旨,因自北路递书,故而于敕谕中提及已于五月间派色楞等将兵救援西藏事。在康熙帝看来,敕谕抵达之日,色楞等早已成功,既无泄密之虞,又可收震慑其心之效。而罗卜藏、巴巴二人,原系策凌敦多卜遣往青海使者,遣归之日,自然选择巴里坤一路,为恐泄漏军事机密,故于色楞率军南下入藏一事,绝口不提,而另提拥立新达赖喇嘛等当时准噶尔、青海各部的热点问题。不过,由此也可看出,康熙帝此时已对被大策凌敦多布囚禁的达赖六世伊喜嘉错和西宁灵童噶桑嘉错的看法发生变化。前此,康熙帝一直是极力支持拉藏汗拥立的伊喜嘉错,极力压制青海各部寻认的达赖灵童噶桑嘉错。而第3670条谕旨中,康熙帝则称,前此册封伊喜嘉错为达赖六世为"无可奈何"之举,并说自己"未曾断言该呼毕勒罕(指噶桑嘉错)是假,不能坐达赖喇嘛之床"。① 正是从此之后,康熙帝对西宁呼毕尔罕噶桑嘉错态度进一步倾斜,并于康熙五十九年二月将其册封为达赖喇嘛,送藏坐床。就此而言,此条敕谕价值极高。而且,由此敕谕还可看出,早在康熙五十七年,清朝政府已和占据西藏的大策凌敦多布发生接触,在派遣罗卜藏、巴巴二人致书策妄阿拉布坦的同时,还遣希拉布等致书大策凌敦多布。就希拉布身份而言,当是大策凌敦多布遣往青海各部使者中之一人,但此次致书,却较之康熙五十八年三月以主事胡必图出使大策凌敦多布整整早了一年。这些,亦为《清圣祖实录》所不载,足可补其阙漏。

　　第4121条《议政大臣等奏进致总督额伦特等文稿》为康熙五十七年九月中旬至十月上旬间所书。康熙五十七年五月,康熙帝以总督额伦特、侍卫色楞等率兵六千自青海南下。七月间,渡过喀喇乌苏河后即遭大策凌敦多布率兵截击,苦战月余,兵员大量伤耗,兼之以给养缺乏,不得不于同年九月再渡喀喇乌苏河,北上就粮。大策凌敦多布紧追不舍,战争惨烈。九月二十八日,额伦特阵亡,色楞等被俘,残部亦大多被俘。据同年九月十九日康熙帝所颁上谕中已有"今我军抵哈喇乌苏,拒敌以驻"之语并规划来年出兵征讨,则其时康熙帝

---

① 《康熙朝满文朱批奏折全译》第3670条。

已获战况不利之情报。① 而此篇《议政大臣等奏进致总督额伦特等文稿》中又称:"今正值冬时,或固守,或粮秣难至,则巧妙调回以保全斯军驻守要隘。"②按是年有闰八月,立冬日为九月十五日,故知此文稿撰拟日期当在同年九月十九日颁发上谕前后数日。此后不过二十余日,康熙帝即获悉额伦特等全军覆没消息并"命皇十四子固山贝子允禵为抚远大将军"。③ 由于撰拟此稿时额伦特等败局已定,笔者怀疑此文稿尚未发出而康熙帝已获全军覆没之败报,故而与其他档案一起留存至今。

第 3671 条《敕谕厄鲁特台吉策妄喇布坦速派人奏明缘由事》为康熙五十八年正月二十五日所书敕谕底稿。康熙五十八年正月初,策妄阿拉布坦遣使阿旺达希等五人携带策妄阿拉布坦奏疏自南路至清朝巴里坤军营,靖逆将军富宁安以其"除文书外,无口奏语,故未将阿旺达希等遣派京城,留在军营",并于正月十一日具折向康熙帝报告此事。④ 正月二十五日,康熙帝览折后降旨:"其所遣五人内,命将二人由彼遣往大将军王前,自大将军王处同我等所差使臣,连同策妄所奏蒙古书,一并遣送策凌敦多布等处。其余三使臣,着执谕旨遣归。"⑤同时还撰就谕旨,其谕旨具见《康熙朝满文朱批奏折全译》第3332 条《议政大臣巴珲德等奏请阿旺达希入京城折》,与该书第 3671条敕谕内容大致相同。议政大臣等讨论后认为:"策妄喇布坦极奸诈之人,借故具奏此书,为探我信息、察看形势而遣派,这不可料定。本应不准伊等进入,应即遣返。惟去年向策妄喇布坦发谕旨,准伊以信任之妥人为使派遣。今倘不准策妄喇布坦该使进入,则又诬赖声称未准使臣进入、部院隐匿未通报等情。"⑥为此,康熙帝改变决定,准其进京,同时以敕谕策妄阿拉布坦谕旨已经撰就,如果"将使臣俱携至京城再遣,往返需时时日",因命"除将二人遣往大将军王前外,将

① 《康熙朝满文朱批奏折全译》第 3261 条。
② 《康熙朝满文朱批奏折全译》第 4121 条。
③ 《清圣祖实录》卷二八一,康熙五十七年十月。
④ 《康熙朝满文朱批奏折全译》第 3332 条、第 3336 条。
⑤ 《康熙朝满文朱批奏折全译》第 3332 条。
⑥ 《康熙朝满文朱批奏折全译》第 3332 条。

阿旺达希本人及跟役一人依议携至京城，其内一人命赍谕旨，即刻遣归"。① 约于此后半月，此敕谕通过驿递到达巴里坤军营并由来使阿旺达希之从人携归，阿旺达希本人则被清朝方面护送入京，直至同年五月始被遣归准噶尔。② 关于敕谕内容，一是如同前此致策妄阿拉布坦各道敕谕一样，指斥其"暗自派兵杀害拉藏，毁坏寺庙，驱散喇嘛，扰害土伯特人民及众生灵"；③二是掩饰额伦特、色楞进兵全军覆没为没有奏请批准便"擅领些许汉军，不顾地方遥远，气候恶劣，挺身而入，是以马匹羸瘦，兵略有损"；④三是告以已派"皇子大将军王领京城满洲蒙古大军前往西宁"，筹备安藏之役；四是告以欲与大策凌敦多布会盟以商讨拥立新达赖喇嘛；五是如前令其交出拉藏汗被掠妻孥，并交还被俘清军将领色楞等。这些内容，前此致策妄阿拉布坦各道敕谕有的已载，有的未载。但是由此可以看出当时双方共同关心的问题及主要争执点。

第 4113 条《议政大臣议奏招抚巴塘、里塘折》为康熙五十八年三月间所上奏折。据《清圣祖实录》卷二八三康熙五十八年三月辛巳条所载上谕，与此内容相符，故而可判定折奏日期当为当年三月初六日或三月初七日。又，据第 4113 条奏折载，四川总督年羹尧奏折中有将大策凌敦多布送还上年征藏被俘人员中"凡为官者即行查明正法；为兵丁者，各送回原籍"之语。⑤ 议政大臣以康熙帝此前谕旨有"此次进剿官兵，有功而无罪"而未予准行。这些，《实录》皆未录入。有此奏折，可补《实录》之阙略。

第 4199 条《理藩院奏进蒙古扎萨克王公贝勒致策妄喇布坦来降书》约作于康熙五十八年底至五十九年四月进军西藏之前。观其文中述及史实至清朝使臣胡必图出使大策凌敦多布，并于前此各敕谕中不确信息如大策凌敦多布已逼迫班禅圆寂作了纠正，故可知此文写于胡必图出使归来之后。考胡必图出使大策凌敦多布，事在康熙五十八年三月，其间曾应大策凌敦多布之邀前赴扎什伦布寺觐见班

---

① 《康熙朝满文朱批奏折全译》第 3332 条。
② 《康熙朝满文朱批奏折全译》第 3403 条。
③ 《康熙朝满文朱批奏折全译》第 3671 条。
④ 《康熙朝满文朱批奏折全译》第 3671 条。
⑤ 《康熙朝满文朱批奏折全译》第 4113 条。

禅,八月十七日返抵西宁。① 有关其觐见班禅情形传出,当在其后月
余,故可断其为康熙五十八年冬月间以后所书。另,该文并未提及拥
立新达赖喇嘛及大军入藏等事,故可判其写作下限在康熙五十九年
二月以前,其文中值得注意者,一是揭露策妄阿拉布坦"先前尔派视
如股肱之拉木扎木巴盆楚克、丹津等为使前来。自盆楚克、丹津返回
后,不知以何言调唆,使尔反目"。② 可知策妄阿拉布坦于遣使青海
的同时,还曾遣使喀尔喀蒙古各部,以行其挑拨离间之计。二是宣
称喀尔喀各部蒙古人畜繁衍,"已觉牧场狭窄",为了扩大生存空
间,不惜与其决一死战,从而使其在蒙古各部中亦处于极为孤立的
地位。

第 3687 条《敕谕班禅额尔德尼宽心弘扬佛教事》为康熙五十九
年八月康熙帝所降谕旨之底稿。康熙二十年代以后,由于达赖五世
圆寂,第巴桑结嘉措匿丧不报,其后拉藏汗与第巴桑结嘉措权力之争
而导致达赖六世两次废立,数十年中,西藏政局十分混乱。以此之
故,班禅地位日形重要并且成为藏局能否稳定的一个重要因素。为
此,康熙五十二年,康熙帝首封其为班禅额尔德尼。康熙五十六年,
大策凌敦多布入据西藏,为了建立统治,在囚禁拉藏汗所立达赖喇嘛
伊喜嘉错的同时,却对班禅表示尊重。康熙五十八年六月,康熙帝遣
主事胡必图入藏,与大策凌敦多布等商讨拥立新达赖喇嘛事,应大策
凌敦多布之邀,前赴扎什伦布寺谒见班禅。因为其时有准噶尔人在
场,班禅"未敢向胡必图合十致礼,亦未能请皇上安"。③ 尔后,为了
争取青海各部支持出兵安藏,康熙帝将青海各部寻认的达赖灵童噶
桑嘉错册封为新达赖喇嘛,派军队护送其入藏坐床。因为康熙帝册
封新达赖喇嘛之举事前没有征求班禅意见,为了取得他的支持以稳
定藏局,康熙五十九年八月十八日,在入藏大军取得节节胜利之际,
康熙帝命议政大臣撰写敕谕,以驿递送至大将军王允禵军前,命其
"派喇嘛一名,贤能章京一名",携带敕谕及绸缎十匹,"问候班禅安

---

① 《抚远大将军允禵奏稿》卷四《赴藏主事瑚毕图回述藏情折》。
② 《康熙朝满文朱批奏折全译》第 4199 条。
③ 《康熙朝满文朱批奏折全译》第 4199 条。

好"。^① 在敕谕中,康熙帝历数准噶尔军队入藏罪行,告以大军入藏及携带新达赖喇嘛入藏坐床消息,并对准噶尔军队入藏后班禅"忧愤交加,形容憔悴衰老"极表同情和致以慰问。^② 此道敕谕于当年九月十二日抵达允禵行营,于同年十一月十二日抵藏。^③ 班禅拜领敕谕后,随即遣使北京进贡请安,与此同时,对于以噶桑嘉错为首的西藏新政权,也取积极合作态度,藏地政局迅速安定下来。

第 3669 条《敕谕厄鲁特台吉策妄喇布坦速来会盟事》大致写于康熙五十九年十月。据文中透露,该道敕谕是由准噶尔来使哈西哈携还。^④ 考准噶尔使臣哈西哈出使清朝,事在康熙五十九年四月上旬。康熙帝初拟令其进京而后遣返。因为当时正值大军进藏前夕,议政大臣认为:"策妄喇布坦遣来之使人哈什哈并非重要之人,似是专借遣使窥视我兵情形,不可不防。若将此使人当即遣回,彼必知觉我们进兵消息。"因而建议:"此时应派章京一员前赴巴里坤,将策妄阿拉布坦使人哈什哈绊住,令其缓赴西宁。俟大将军王奏明行知令其前往之时,再行前送。未经行知之前,仍令淹留彼处。我们三路进兵事定回来时,如何遣回之处,俟奏闻奉旨后,编写文书给与策妄喇布坦,再将哈什哈遣回。"^⑤随经康熙帝批准。以此可知,哈西哈进入清朝汛界后,并未立即遣返,而是羁留了相当一段时间。又,该敕谕述及史实,仅至定西将军噶尔弼八月二十三日率军进入拉萨,诛杀策妄阿拉布坦遣往西藏之五名喇嘛和"第巴达克萨等来迎投顺",而未及同年九月初八日平逆将军延信送新封达赖喇嘛自达木启程进入拉萨。考康熙帝获得噶尔弼入招消息,是在康熙五十九年十月庚戌(十一日),^⑥得知平逆将军延信送新达赖喇嘛入招,是在同年十月乙卯(十六日)。因而,此道敕谕应撰于康熙五十九年十月十一日至十六日之间。十数日后,此道谕旨始经驿站交付哈西哈携归。计其

---

① 《康熙朝满文朱批奏折全译》第 3528 条。

② 《康熙朝满文朱批奏折全译》第 3687 条。

③ 《抚远大将军允禵奏稿》卷一三《遵旨遣使赍送圣旨由班禅拜领情形折》。

④ 《康熙朝满文朱批奏折全译》第 3669 条。

⑤ 《康熙朝满文朱批奏折全译》第 3501 条;《抚远大将军允禵奏稿》卷八《将策妄阿拉布坦使人哈什哈留住西宁,俟事定后再行遣回折》。

⑥ 《清圣祖实录》卷二八九,康熙五十九年十月。

前后滞留清朝汛界时间,当在半年以上。而就敕谕之内容而言,则是借大军平藏之余威,历数策妄阿拉布坦诸罪行并仿古人会盟城下之意,扬言来年正月分三路进军准噶尔,并命策妄阿拉布坦于次年正月前遣使回奏。是研究当时清朝与准噶尔关系的一篇重要文献。

第 4161 条《侍卫喇锡奏进致策妄喇布坦之文稿》写作时间亦为康熙五十九年十月,与第 3669 条敕谕大致同时。文中称:"台吉寄语此次使者哈西哈曰,侍卫喇锡尔念旧好,助我使者以善言具奏皇帝,倘蒙恩旨下颁,能使我厄鲁特安无兵刃,虽系大皇帝之仁,但传宣谕旨之鸿福绪余,亦为尔之福也。"①可证此文稿系于哈西哈遣返准噶尔时所一并携归者。考侍卫喇锡(《清圣祖实录》作拉锡)出使准噶尔,事在康熙三十七年三月。②出使期间,与策妄阿拉布坦脾性相投,私谊甚笃,③故而于康熙五十八年正月派遣阿旺达希携来奏疏中希望清朝方面能派遣"如侍卫喇锡之贤能人为使,则各事缘由即可详奏"。④事过年余,又通过来使哈西哈之口再次表达希望喇锡能出面相助。针对策妄阿拉布坦的这种心情,康熙帝在颁布敕谕历数其启衅侵藏罪行,严令其交还战俘,交出战犯并以会盟为名,临以兵威的同时,还命侍卫喇锡作书,对其启衅侵藏行为进行批评,同时劝告其"虔心悔过"。⑤由此可见,康熙帝在对付策妄阿拉布坦叛乱时,不但注重军事,同时也十分注重从多方面发动政治攻势、思想攻势,显示了他是一个成熟的政治家。

第 3672 条《敕谕策妄喇布坦择地面议并交还拉藏汗妻子事》为康熙五十九年十一月至十二月敕谕策妄阿拉布坦之底稿。据该敕谕透露,该敕谕是针对准噶尔使臣巴尔所携策妄阿拉布坦认罪奏疏而颁发。而巴尔自准噶尔出发时,哈西哈尚未返回准噶尔。考虑到使臣入境后策妄阿拉布坦认罪奏疏传递所需时日,而且敕谕中述及史实又至处死投降准噶尔之西藏第巴达克咱,可知此道敕谕撰写时间

① 《康熙朝满文朱批奏折全译》第 4161 条。

② 《清圣祖实录》卷一八七,康熙三十七年三月。

③ 《雍正朝满文朱批奏折全译》第 28 条。

④ 《康熙朝满文朱批奏折全译》第 3671 条。

⑤ 《康熙朝满文朱批奏折全译》第 4161 条。

当在康熙五十九年岁末之际。同时，通过此道敕谕可知，康熙五十九年岁末，策妄阿拉布坦曾具疏认罪并再次遣使清朝。凡此，皆可补《实录》记载之不及。又，据敕谕载，康熙帝再次严令策妄阿拉布坦交还拉藏汗妻子，此后所有致策妄阿拉布坦敕谕中亦篇篇提及。拉藏汗执掌藏政期间，对于康熙帝一直十分忠顺。康熙五十六年大策凌敦多布率兵侵藏，拉藏汗又三次乞师。如果于其初次遣使告急之际即积极组织救援，事态发展或许不至后来那样糟糕。而康熙帝却始而怀疑其联合准噶尔军队入侵青海，不久事态虽明，亦未及时救援，致使全藏沦于敌手，自已也遭受了重大损失。不但失去西南屏障，而且从情义上也对不起拉藏汗。大约是基于这种歉疚之情，此后数年以至其死，康熙帝总有一种拉藏情结，凡致策妄阿拉布坦敕谕，必定提及令其归还拉藏汗妻子。

第 3667 条《谕策妄喇布坦敕书》为康熙六十年二、三月间所书致策妄阿拉布坦敕谕之底稿。据文中透露，书此敕谕时，准噶尔使臣巴尔刚刚离境，而且敕谕中叙及最后日期，为康熙六十年二月二十日，故将此敕谕书写时间定于康熙六十年二、三月间。其时，藏地全定。故而康熙帝于敕谕中尽情历数准噶尔军队入藏罪行，严令策妄阿拉布坦拿交战犯大策凌敦多布等，交还拉藏汗家属及被俘清军将士，宣布派兵戍守西藏决定等。其致送敕谕之色布腾，于史无徵，似非两方正式使节，而只是准噶尔俘虏。

第 4164 条《哲布尊丹巴呼图克图奏进致策妄喇布坦文书稿》是康熙六十一年初议政大臣、军前召回大臣以哲布尊丹巴呼图克图名义所拟之征求意见稿。前此，自从准噶尔使臣巴尔离境返回后，准噶尔音讯杳然。而清朝方面两路军队戍边，兵丁、跟役不下六万余人，不独粮运为艰，而且兵兴六年，军费开支浩繁，难乎为继。为此，康熙帝不得不谋求和谈。康熙六十年九月，康熙帝以长期未得策妄阿拉布坦实情而谕令抚远大将军允禵差人"咨文策妄阿拉布坦"。[①] 因为其时双方正处于战争状态，此次遣使未能成行。康熙六十一年正月，康熙帝认为"我等若遣使往策妄喇布坦，伊以为如同我等求伊，或不能取伊而改变主意。故此，我等断不可遣使"。因而谕令"哲卜尊丹

---

① 《抚远大将军允禵奏稿》卷一八《厄鲁特侵犯吐鲁番击退准部内有内不和讯折》。

巴呼图克图系喇嘛者,先亦屡有往策妄喇布坦遣使之处。呼图克图遣人仍可,由此处议,缮拟咨行策妄喇布坦书咨行呼图克图。由呼图克图处拣选贤能喇嘛为使火速差遣。往人逾阿吉岭,从吐鲁番速往,无多久抵达,亦获取彼处讯息情形。倘呼图克图好言相劝策妄喇布坦,伊惧,若称解送拉藏妻孥、臣仆、我方被扑获之人,认错坚决归降,再不敢来侵边界",并将此谕交"诸议政大臣等会同军中召回之将军大臣等,详尽议奏"。① 而此《文书稿》中载:"昔日尔无端来犯哈密,无嫌隙为宗教起兵,吾虽遣使倾心相劝,尔却不纳吾言。兹尔(闻)四面受敌,焉保何疆何土。大皇帝之军已云集阿尔泰、巴里坤、吐鲁番。(虽)[兵来]六年[余],愈于各处耕田筑城屯粮。"②计自康熙五十四年三月策妄阿拉布坦出兵侵犯哈密,至六十一年初,恰已六年有余,可证此文稿系按康熙帝谕旨于康熙六十一年年初所作。又,该文书稿写有"其内若有不当之语,可斟酌删减,大体即照此文意拟送",可证是致送哲布尊丹巴并请其补充修改之未定稿。③ 该文稿又载:"对此信之言,策妄喇布坦若无顺从之意,甚有难色,则前去之喇嘛可谓之曰,我师傅密授于我,策妄喇布坦若欲取名号而有为难不便之处,可照其祖父之旧礼,请安入贡,奏请皇上恩鉴。吾亦将其不便之情奏示皇上。倘蒙皇上明鉴准行,岂不尔之造化耶。"④则更是如同向哲布尊丹巴呼图克图及其所遣出使策妄阿拉布坦处之喇嘛传授锦囊妙计。哲布尊丹巴呼图克图收到此稿后,按照康熙帝要求撰拟了正式致策妄阿拉布坦文稿,乃再遣喇嘛楚阳托音出使准噶尔。此时,由于兵兴六载,而且是以一隅抗四海,兼之以内部矛盾尖锐,同时在西北两侧又与哈萨克、俄罗斯为敌,策妄阿拉布坦早已有力不能支之感,因而对来使和谈作出积极反应。据《康熙朝满文朱批奏折全译》第3643条载,楚阳托音于当年"五月十八日抵至策妄喇布坦驻扎之特克斯河地方,八次会见策妄喇布坦,在彼处一百十日,九月初七日自伊犁河处启程",并携来策妄阿拉布坦致哲布尊丹巴呼图克图文书,

---

① 《康熙朝满文朱批奏折全译》第 3588 条。
② 《康熙朝满文朱批奏折全译》第 4164 条。
③ 《康熙朝满文朱批奏折全译》第 4164 条
④ 《康熙朝满文朱批奏折全译》第 4164 条。

于中承认"侵哈密,斩拉藏汗,此我过分之处,为此被大皇帝憎恶"。①
同时,还分别遣使布寨(博斋)、踹那木喀(又作吹扎木喀、垂扎木喀)
随同楚阳托音前赴哲布尊丹巴呼图克图处及北京。② 至此,经过十
数年的对立和战争,双方和谈大门重新开启。雍正帝即位初,即从西
疆撤回军队,双方和平局面维持了六七年之久。

另,联系上述各篇无年月文书,可知自康熙五十年至六十一年
十二年间,清朝中央政府和准噶尔地方政权使节往来之详细情况。
按照时间次序,清朝中央政府先后派遣过皮禅(五十年?)、祁立德
(五十一年)、罗布藏锡喇布、祁立德(五十一年)、克什图(五十四
年)、保住、孟克(五十四年)、楚阳托音(五十四年)、克什图、保住
(五十五年)、楚阳托音(五十五年)、楚阳托音(五十六年)、楚阳托
音(五十七年)、胡必图(五十八年)、音扎纳、齐约尔图、安玛利(李
庆安)(五十八年)、③楚阳托音(六十一年)等出使准噶尔,共计十
三次。准噶尔地方政权亦先后向清朝中央政府及哲布尊丹巴处遣
使十二次,按照时间次序为:楚鲁木巴尔(五十一年)、纳玛西希(五
十一年)、策木波尔(五十一年)、旦巴(五十二年)、潘提忠内(五十
五年)、沙津(五十七年)、塔布齐(五十七年)、阿旺达希(五十八
年)、哈西哈(五十九年)、巴尔(五十九年)、布斋(六十一年)、踹那
木喀(六十一年)。其中仅楚阳托音一人出使即达五次之多。可
见,在保持清朝中央政府与准噶尔地方政权相互沟通以致促成双
方和谈的过程中,哲布尊丹巴呼图克图及其使者喇嘛楚阳托音都
发挥了不可替代的重要作用。

上述各条之外,还有第3665、3682两条朱谕也可考见其写作时
间。其中第3665条《康熙帝朱谕一纸》经和康熙帝《御制诗文集》相
对照,可知其颁谕对象是主持北路军事的振武将军傅尔丹,颁谕日期

① 《康熙朝满文朱批奏折全译》第3643条。
② 《抚远大将军允禵奏稿》卷二一《策妄阿拉布坦差员踹那木喀等进京派员护送
折》。
③ 《康熙朝满文朱批奏折全译》第3403条,按此次遣使系靖逆将军富宁安自巴里坤
派出,且未执康熙帝敕谕,其中安玛利乃道士李庆安之化名,负有施展神法,改变策妄阿拉
布坦心肝,迷惑其灵魂(见《康熙朝满文朱批奏折全译》第3334条)的特殊使命,经康熙帝
特批前往。但出使结果不详,很可能被策妄阿拉布坦识破行藏,未获入境。

是康熙五十六年五月二十日。① 第 3682 条《谕尚书富宁安赴军中与将军商议相机而行事》内容亦载于《御制诗文集》,事在康熙五十四年七月初二日。② 至此,连同前此《允禵奏折考辨》一文,已对其中三十余篇无年月文书进行了考辨。笔者欢迎学界同仁一起参加此项工作,考其未考部分,并对拙作谬误进行指陈,以期推动康熙帝经营西疆问题研究的进一步深入。

---

① 《清圣祖御制诗文集》四集,卷一一《敕谕》。
② 《清圣祖御制诗文集》四集,卷六《敕谕》。

第七章　文献足徵:史料考订
与史事新证

康熙朝修太宗、世祖实录残卷抄本跋

一

1988年冬，笔者至江南访书，在无锡图书馆发现了《清太宗实录》抄本两册和《清世祖实录》抄本三册。两书皆线装、长27.5厘米、宽17.5厘米。封面深灰色，每册封面右上方各镌有"荣德生先生遗命捐赠"九字印文，右下方各镌"无锡图书馆藏"六字印文。内为黄纸，每半页十行，行十九字。其中之《清太宗实录》二册，册各一卷。第一册正文之前依次附有康熙皇帝御制序、监修总裁官图海等进实录表四页，修纂凡例六页，修纂官职衔、姓名七页。分卷情况与通行伪满影印本及中华书局影印本《清太宗实录》相同。第一卷（册）自天命十一年九月至十二月，凡二十一页；第二卷（册）自天聪元年正月至三月，凡二十五页。《清世祖实录》三册，亦册各一卷。第一册正文前首载康熙皇帝御制序及监修总裁官巴泰等进实录表六页，次修纂凡例六页及修纂官职衔、姓名七页。分卷情况亦和通行伪满影印本及中华书局影印本《清世祖实录》相同。第一卷载崇德八年八月间事，凡十七页；第二卷自崇德八年九月至十二月，凡二十一页；第三卷自顺治元年正月至三月，凡二十二页。经过笔者将其和通行伪满影印本及中华书局影印本《清太宗实录》《清世祖实录》相应部分内容进行比较，认为其中的《清太宗实录》残卷抄本是康熙朝重修的《清太宗实录》传抄本,而其中的《清世祖实录》残卷抄本则是康熙朝编修的《清世祖实录》初纂本抄本。

二

将上述两书确定为康熙朝重修本或知初纂本,主要根据如下:

首先是两书中开载之清初帝后谥法皆为康熙中所加谥号。清朝皇帝为本朝前代皇帝上尊谥始于清太宗皇太极。崇德元年四月,皇太极首上其父努尔哈赤尊谥为承天广运圣德神功肇纪立极仁孝武皇帝,庙号太祖;上其母叶赫纳喇氏尊谥为孝慈昭宪纯德贞顺成天育圣武皇后。皇太极死后,顺治元年十月,其子清世祖福临循例上其尊谥为应天兴国弘德彰武宽温仁圣睿孝文皇帝,庙号太宗。这样,太祖、太宗各谥十四字,皇太极生母十二字。顺治十八年正月,清世祖福临死,其子玄烨即位,即为其上谥体天隆运英睿钦文大德弘功至仁纯孝章皇帝,庙号世祖。谥十六字。因为清世祖于努尔哈赤和皇太极来说,非孙即子,而谥字却较之他们多出两字。这样,康熙元年四月,对努尔哈赤、皇太极和皇太极生母普遍加谥。其中努尔哈赤于原谥仁孝字下加睿武弘文定业六字并将原来之武皇帝改谥为高皇帝,皇太极则于原谥睿孝字下加隆道显功四字,皇太极生母则改谥为孝慈昭宪敬顺庆显承天辅圣高皇后。这样,除皇太极生母以皇后故而谥十二字之外,努尔哈赤、皇太极和福临依次为二十字、十八字、十六字,按辈递减。康熙六十一年,清圣祖玄烨死,清世宗胤禛继位。为了表示他对其父的崇敬之情,雍正元年二月,特为其上二十字谥法,与开国皇帝努尔哈赤谥字相等,而在皇太极和福临之上,康熙初年以来清初各帝上谥比较合理的局面又被打乱。于是,当年八月,雍正皇帝对开国以来三帝普遍加谥。努尔哈赤于原谥睿武之下加端毅二字,皇太极于原谥睿孝字下加敬敏二字,福临则于原谥体天隆运字下加定统建极四字。至此,努尔哈赤谥法多达二十二字,其余三帝则一概二十字。与此同时,又于皇太极生母原谥敬顺字下加仁徽二字而为十四字。这样,既表示了自己对开国皇帝努尔哈赤的尊崇,又突出了自己的父亲康熙皇帝在清朝历史上的地位。十三年后,雍正皇帝胤禛弃世,继位皇帝乾隆依样画葫芦。雍正十三年十一月,首为其父上二十字尊谥,次年三月,又对清初以来四帝再次加谥。其中,努尔哈赤于原谥端毅字下加钦安二字、皇太极于原谥敬敏字下加昭定二字,福临于原谥钦文字下加显武二字,玄烨于原谥诚信字下加中和二字。对于皇太极生母,也于原谥仁徽字下加懿德二字。现在看来,这些文字把戏甚属庸俗无谓,但是将之用于判断古典文献成书年代,则甚为有用。通行本清初五朝实录于各帝皆使用了乾隆间所加之谥号,由此可以断定,上述各书皆抄定于乾隆时期。与之相反,上述两种实录抄本于清初帝后却皆使用了康熙元年所加之谥号,于努尔哈赤称之为太祖承天广运圣德神功肇纪立极仁孝睿武弘文定业高皇帝,于皇太极称之为太宗应天兴国弘德彰武宽温仁圣睿孝隆道显功文皇帝,于福临称之为世祖体天隆运英睿钦文大德弘功圣仁纯孝章皇帝,于皇太极生母则称之为孝慈昭宪敬顺庆显承天辅圣高皇后。而据史载,顺治时期曾有纂修《太宗实录》之举并有稿本残卷保存至今,《世祖实录》则自康熙朝始行纂修。由此可以判定,上述《清太宗实录》残卷,实即《清太宗实录》康熙重修本。上述《清世祖实录》残卷,即为《清世祖实录》康熙朝初纂本。

其次,清初帝后谥法之外,上述《清世祖实录》残卷所载之清世祖福临生母徽号也为确定该书创作的确切年代提供了根据。福临生母即是在清初历史上发挥过重要作用的孝庄文皇后,姓博尔济吉特氏,科尔沁贝勒寨桑女。天命末,嫁与皇太极为妃。崇德三年正月,生世祖福临。顺治元年,尊为皇太后。而后,每逢国家庆典,均为其上徽号。如顺治八年二月以福临亲政上其徽号为昭圣慈寿皇太后,同年八月,以大婚礼上其徽号为昭圣慈寿恭简皇太后,十一年六月、十三年十二月,又先后以册立皇后、皇贵妃而分别加安懿、章庆四字。康熙皇帝玄烨即位后,尊为太皇太后。康熙元年十月,加上徽号为昭圣慈寿恭简安懿章庆敦惠太皇太后。而后,四年九月、六年十一月、十五年正月、二十年十二月又分别以大婚礼成、玄烨亲政、册立皇太子和平定吴三桂叛乱而分别加上温庄、康和、仁宣、弘靖八字。康熙二十六年十二月去世后,上其尊谥为孝庄仁宣诚宪恭懿翼天启圣文皇后。雍正元年八月和乾隆元年三月,又先后为其加谥至德和纯徽四字。这样在她生前凡九加徽号,死后也三加谥法,每次称呼的变动都有严格的时间界限。上述《清世祖实录》残卷称其徽号而不称谥号,称为太皇太后而不称为皇太后,足证该书成书于康熙元年以后至二十七年以前。而于其徽号又称为昭圣慈寿恭简安懿章庆敦惠温庄康和太皇太后，和康熙六年十一月所加徽号相同，还可进一步证明该书著成于康熙六年十一月至十五年正月再加徽号之前。而据上述两书所载之康熙皇帝御制序文和巴泰、图海等进实录表，《世祖实录》成于康熙十一年五月，《太宗实录》成书于康熙二十一年七月，与此推断完全相符，足证上述两书皆成书于康熙时期。

再次，一个有力的证据是乾隆以后通行避讳之字，上述两书概行不避。康熙时期，对于避讳尚不讲究，临文时尚不避御名，更谈不上预为后来雍乾两帝避讳，因而上述两书中玄、胤、弘、历等字俯拾即是。乾隆以后，避讳日趋严厉，不但康、雍、乾三帝之名一概避讳，而且还扩大到了儒家先师孔丘。因而在雍乾校订的实录中，凡涉及康、雍、乾三帝之名，不是缺其末笔，就是易以它字。于此将两书抄本中有关讳字和中华书局影印本两朝实录相应部分对照列表，以见其修改之大致情况：

序号	讳主	讳字	两录残卷抄本原字	雍乾校订本改字	史料出处
1	弘历	弘	弘德彰武	弘德彰武	《太宗实录》卷一之首
2	弘历	弘	弘德彰武	弘德彰武	《太宗实录》卷一之首
3	弘历	弘	弘文定业	弘文定业	《太宗实录》卷一之首
4	弘历	历	万历	万历	《太宗实录》卷一之首
5	玄烨	玄	玄狐	元狐	《太宗实录》卷一天命十一年十二月壬戌
6	弘历	弘	大德弘功	弘字改弓旁加口	《世祖实录》卷一之首
7	弘历	弘	大德弘功	弘字改弓旁加口	《世祖实录》卷一之首
8	弘历	弘	弘德彰武	弘字改弓旁加口	《世祖实录》卷一之首
9	孔丘	丘	郎丘	郎球	《世祖实录》卷一崇德八年八月乙亥
10	弘历	弘	祖泽弘	弘字缺末笔	《世祖实录》卷一崇德八年八月癸未
11	弘历	弘	弘谟远略	弘字缺末笔	同上卷，八月辛亥

（续）

序号	讳主	讳字	两录残卷抄本原字	雍乾校订本改字	史料出处
12	弘历	弘	盛德弘功	盛德洪功	《世祖实录》卷二崇德八年八月丁亥
13	弘历	历	历法	历法	同上卷，八月辛卯
14	弘历	弘	大德弘功	弘字改弓旁加口	《世祖实录》卷二之首
15	弘历	弘	苏弘祖	弘字缺末笔	《世祖实录》卷二崇德八年十二月壬午
16	弘历	弘	大德弘功	弘字改弓旁加口	《世祖实录》卷三之首
17	胤禛	胤	佟国胤	佟国允	《世祖实录》卷三，顺治元年二月丁丑
18	胤禛	胤	王胤久	王允久	《世祖实录》卷三顺治元年二月丁卯
19	弘历	弘	胡弘先	弘字缺末笔	《世祖实录》卷三顺治元年二月丁卯
20	弘历	弘	弘文院	弘字缺末笔	《世祖实录》卷三顺治元年二月己巳
21	孔丘	丘	胡丘	胡球	《世祖实录》卷三顺治元年三月甲寅
22	弘历	弘	刘弘遇	弘字缺末笔	《世祖实录》卷三顺治元年三月甲寅
23	胤禛	胤	李胤昌	李允昌	《世祖实录》卷三顺治元年三月甲寅

由上表可见，《太宗实录》校订本已经开始为康熙皇帝避讳，而至《世祖实录》校订本中，凡康、雍、乾三帝之名乃至孔丘，无一不避，而且避讳方法也趋于多样化，与之相反，两录抄本残卷于此则概不避讳。由此可以看出，上述两书的著成时间当在雍乾之前的康熙时期。至于《太宗实录》校订本并不为乾隆皇帝避讳，看来是因为这项工作开始于雍正末年，至乾隆初年即已告成。雍正中，弘历尚为皇子，不

能为其避讳；乾隆初年，乾隆皇帝对避讳御名又不十分讲究，从而导致了两种实录校订本在避讳上的差异。

三

上述两书著成于康熙时期已无可非议，然而，这两种抄本又是抄于何时？由于两书残卷除去"荣德生先生遗命捐赠"及"无锡图书馆藏"两方印文之外并无其他藏家印章和名人题跋，为我们鉴定该书抄录的准确年代制造了一定困难，但是，如果对其外观装潢和书内文字书写情况加以分析，仍然可以确定出抄录该书的大致时代。

就外观装潢而言，上述两种封皮皆深灰色。而据笔者所知，清代内府所藏本朝实录封皮非红即黄，并未见以深灰色作封皮之事。乾隆以后，所修实录装潢愈趋华尽，有的还是蝴蝶装。其中之行款，还以收藏地点不同而各不相同，有每半页九行、行十八字之大红绫本，有每半页十行、行二十四字之小红绫本，还有每半页八行、行十九字之小黄绫本，均与上述两书不同。因此，可以确定，该书并非流落民间之内府藏本，而是据内府藏本录出之传抄本。

就文字书写而言，问题更多。首先是错别字、异体字充斥全书。其次是内容错乱和简体字太多。其中内容错乱集中在《太宗实录》卷一，多将天命十一年十月、十一月间事互相窜入。究其原因，可能是所据祖本装订错页，转抄者不察并据之抄录为不同行款所致，不过由此可以看出抄录之草率和抄录者历史知识之贫乏。至于简体字，两书之中几乎触目即是。其主要者如继、济、国、实、辞、议、铎、择、爱、尝、观、礼、尽、与、庄、体、顾、图、尔、刘等皆不书其繁体本字。这些似皆非清朝前期临文时所当有。大概抄录者也觉得这样无法取信于人，在全书抄录完毕后，又将其中部分简体字改为繁体字。因为改繁之字墨迹较淡，追改痕迹甚为明显。如继、体、顾、尽、刘、国等皆曾改简为繁，但是因为粗心，未曾改繁之字仍然比比皆是。由简体字太多现象可以判断，该抄本实际抄录年代甚晚。而由其改简为繁现象可以看出，抄录者意在以此提前该抄本的抄录年代以提高该抄本的价值。虽然如此，因为该抄本中之"国"字皆作"国"，而不作"國"，还是使其露出了马脚，以"国"代"國"是太平天国始用之字，因而该书绝不会抄于其前，而只能是在咸丰以后。而且，根据各方面情况综合分析,极有可能还是在 20 世纪初的光、宣之交。当时,无锡荣氏以经营近代工业起家。家资既饶,乃事典籍之蒐求。为了骗取钱财,一些帮闲文人或对后出古籍加以挖改,或觅罕见书籍重加抄录,登门求售。而荣氏则因识见有限,不辨真赝,一任其骗钱而去。上述两书极有可能是在这种情况下匆匆抄录而成。书入荣氏后,又未觅善本对之加以校勘,而是束之高阁。20 世纪 50 年代初,荣德生故去,其子毅仁遵其遗命将家藏图书数万册悉数捐赠无锡图书馆。正是这样,才使这两种康熙朝所修实录传抄本躲过了十年浩劫,在清史研究不断深入的今天重睹天日。

上述两书既是清末传抄本,它是根据什么本子抄录而成,其所依据之祖本又来自何方,对此笔者亦愿作一大致估计和推测。有清一代,虽然对本朝实录管理极严,但是乾隆时期长期开馆纂修国史却为康熙朝修清初各朝实录传抄于民间提供了方便条件。因为工作关系,不少史官得窥金匮石室之秘。兼之以乾隆十五年五朝实录定本告成后,朝廷对前代所修实录不再重视,管理放宽;而在史官看来,康熙本历朝实录较之雍乾定本更为真实,价值更高,因而,往往利用工作之便,或者节取其要,或竟录出全书。而且,有的本子还远走海外。即使在文网最密的乾隆三四十年代,这种现象也未曾制止。其在国内者如蒋良骐所抄之《东华录》,流传海外者如相当于清朝乾嘉之际的日本宽政、文化年间邨山纬伯经刊印的《清世祖章皇帝实录采要》六卷十册和《清朝实录摘要》八册等。在这一活动中,当有一个迄今尚不详其姓名的江南籍官员曾经入馆与修国史,和蒋良骐一样,也抄录了康熙朝修前三朝实录的全部或部分内容,放回原籍珍藏。正是这个本子,导致了无锡荣氏藏本的诞生。也正是这种偷食禁果的精神,为后世保存了康熙朝所修三朝实录的一种异本。

四

上述两书尽管抄录时代颇晚,但是因其所抄之书纂修于康熙时期,于今罕传,因而,对于清史研究来说,仍然有着较高的价值。

首先是保存了雍乾校订本两朝实录所删去了的不少史实,有助于我们进一步深入了解明清之际历史发展的全貌和真相。举例而言,如努尔哈赤、皇太极最高权力授受真相,历来是清初历史研究中的一个难解之谜。努尔哈赤晚年是否建储,建储对象是否皇太极,对此,雍乾校订本《太宗实录》以下各种官修史书向来不敢正面答复,不是含混其词地说努尔哈赤"未尝定建储继立之议",就是强拉硬扯,把努尔哈赤为皇太极所命之名与汉文皇太子一词音近当作其日后传位皇太极的主要根据。而康熙朝重修《太宗实录》卷首即称:"太祖初未尝有必成帝业之心,亦未尝有此子可继世为君之心。"意思相当明显,努尔哈赤晚年确曾建储,只是将皇太极排除在外而已。尽管该书也像雍乾定本一样大肆宣扬诸贝勒大臣如何拥戴,皇太极如何坚辞不允之后才行即位,但是有此一条史料,皇太极夺位自立的历史真相全行暴露。又如努尔哈赤攻下辽东后,推行了将汉民分给满官为奴的反动政策。一时之间,民族矛盾极为尖锐,直至皇太极即位后,方才改变了这种政策。对于努尔哈赤推行这一政策的后果,雍乾校订本《太宗实录》仅仅轻描淡写作"汉人每被侵扰,多致逃亡",[①]而康熙重修本则直揭其事,不加讳饰,"不能聊生,叛亡殆尽"。显然,这种叙述更加接近于历史事实。再如,皇太极即位之当月,蒙古科尔沁部土谢图汗曾遣使吊丧并附致丧书。对此,雍乾校订本仅略载其事并称其"致书劝上节哀",[②]而康熙重修本却全文照载吊丧书。从中可以看出,士谢图汗吊问对象是"八旗大小诸贝勒",并没有专提皇太极之名。由此可见,在皇太极即位之初,不但在后金国内地位不高,而且在邻近的蒙古部落中也是如此。除此之外,关于早期的八旗制度、明和后金之间的关系以及入关之前清朝政权对李自成起义军的态度等问题,也有不少记载和雍乾校订本不尽相同。所有这些,都为史学工作者揭示当时历史发展的真相提供了可贵的资料。

其次,由于雍乾校订本两朝实录经过多次修改,其中官衔称呼、习惯用语大多改用清朝中期的通行用词,有的还径直使用了汉语。而在康熙本两朝实录中,尚保留了较多的早期通用语词。这些,无疑有助于我们进一步了解清朝政权建立早期和入关统一之初的政治和社会风貌。即以官衔称呼而言,护军统领作摆牙喇纛章京,前锋统领作噶布什贤噶喇昂邦,护军参领作摆牙喇甲喇章京,前锋参领作噶布

---

① 《清太宗实录》卷一,天命十一年九月丁丑。

② 《清太宗实录》卷一,天命十一年八月己未。

什贤章京,护军校作壮大,骁骑校作分得拔什库,御前侍卫作御前下、御前虾,哨长作喀伦大,总尉作噶喇,长史作法衣丹大,巴克什作榜式等,都使我们感到当时是处在一个以满族为统治民族的国家之中。另外,康熙朝修两朝实录还经常以亲属称谓冠于名字之前,如称代善、阿敏、莽古尔泰为兄大贝勒,称拖博辉为叔拖博辉,称德格类、济尔哈朗、阿济格等为弟贝勒,称岳托、硕托、萨哈廉为兄子,称豪格为皇子,称顺治帝为幼弟等,凡此种种,也都表明清朝建立早期,政权核心尚有着浓厚的血缘色彩。

再次,将康熙朝修两朝实录残卷和雍乾校订本相对照,可以发现,有些史实虽两书皆有记载,但详略却各不相同。如雍乾校订本《太宗实录》载土谢图汗来迎下嫁公主却不载公主之名,只是赖有康熙本始知这位公立名叫吨哲。袁崇焕致金国汗书,雍乾本仅节录其文,凡有忌讳者一概删去,康熙本则比较详尽。黑龙江地方向后金国汗朝贡,皇太极罚阿济格鞍马、甲胄,雍乾本均不载其具体人数、马数;皇太极自沈阳外出及自外地还都,雍乾本均不载其启行时辰,也是赖有康熙本,我们才能知道这些事件的细节。当然,两本也有一些可以互相补充之处,如天聪初年征朝之役,在叙及带兵贝勒将领时,康熙本无杜度而雍乾本漏载多铎。此外,关于一些数字的记载如皇太极要求明朝政府议和礼物和顺治元年正月己酉条下所教官民人等丧葬规定,两书所载便不尽统一。凡此种种,有的可以互相补充纠正,有的即使暂时无法定其是非,也为人们继续深入研究提供了线索和方向。

最后,康熙朝修两朝实录残卷不独对研究清初历史有其较高的史料价值,而且,将之与雍乾校订本相对照,还可为研究康、雍、乾时期的历史提供新的资料。康、雍、乾三朝相继重修、再修和抄录前三朝实录的情况,康熙以后文化专制的发展乃至君主专制的极端加强,都离不开两种实录间的比读。总之,无论就研究清初历史而言,还是就研究康、雍、乾时期的历史而言,上述两书都有着一定的价值。

上述两书对于清史研究虽有一定的意义,但是,它们只不过是康熙朝重修的两朝实录中的一鳞半爪,而且,在其流传过程中又经过辗转抄录,其中必然会有讹误失真之处。这样,它的价值也就因此而受到了一定的影响。随着清初原始史料的不断发掘,笔者相信,雍乾定本之前修成的清初各朝实录陆续出版行世,定会对上述无锡荣氏藏本错误和不足部分予以纠正,为清史研究提供更多的新资料,从而进一步推动清史研究的深入开展。

曹寅扈从巡幸五台山考*

　　自曹世选至曹雪芹的六代人中,曹寅在其家族发展中承上启下,是一位核心人物,也是红学研究的一个焦点。究其因,盖有两端:其一,曹寅多才多艺,融合满汉文化于一身,他又兼包衣、官员和文人的身份为一体,这些都对曹雪芹的思想及其创作《红楼梦》有着直接的影响。其二,其传世文献《楝亭集》,给研究者提供了珍贵的资料。人们藉此寻找线索,推动曹学、红学研究不断取得突破。故曹寅的生平向为学界瞩目,发表论著之多及论述之广远超其他课题。① 作为业余爱好者,我们在叹服这些研究成果用力之深和见解之精的同时,也还感到,对曹寅生平的研究仍有待深入。精确化、细致化或可成为学界的一个努力方向。即以曹寅两次扈从康熙帝巡幸五台山而论,现有成果尚不完善或未论及。② 笔者于此不揣冒昧,试为论列,不妥之处,祈请

　　* 本文系与金卫国合撰。

　　① 众所周知,"新红学"肇端于胡适等人对曹寅的研究;对曹寅祖籍的研究和论争成为历久不衰的热点问题,形成以周汝昌先生和冯其庸先生为代表的几派;曹寅包衣、官员和文人的不同身份引起学者的注意,美国学者史景迁的《曹寅与康熙:一个皇室宠臣的生涯揭秘》堪称代表;对曹寅年谱的编纂,从周汝昌先生开始一直有学者在努力,方晓伟先生的《曹寅评传 年谱》为最新成果;对其传世之作《楝亭集》的研究,则当属胡绍棠先生的《楝亭集笺注》最为突出。

　　② 胡绍棠:《楝亭集笺注》,北京图书馆出版社,2007年;兰良永:《曹寅第六番"佩笔侍从"考——兼与刘上生"佩笔侍从"说商榷》,载《辽东学院学报(社会科学版)》2012年第2期;方晓伟:《曹寅评传 年谱》,广陵书社,2010年。

指正。

一　曹寅《楝亭诗文钞》中的扈从康熙帝 巡幸五台山的证据

笔者从研读学界熟知的曹寅自作《楝亭集》中发现,其《诗钞》卷七《中台》及《唐县开元寺》等诗皆留下了曹寅扈从康熙帝巡幸五台山的证据。其中,《中台》诗云:

> 五台势连峙,峪口森嶒岈。琳宫娑罗树,布地金莲花。清旸晃雪岭,宝网纷交挐。修罗敛指臂,神龙护袈裟。冰崖木皮厚,四月麦始芽。道力苟不坚,白骨撑叉。吾闻毗岚风,历劫过河沙。兹山具成坏,世说徒虚夸。别峰访德云,瓤然树齿牙。出语一无多,共瀹园中茶。松门多虎迹,稳驾青牛车。(自注:二十八年前见白云长老于此。)①

此诗位列《诗钞》卷七,当是曹寅晚年作品。其中,极应注意者,是诗末曹寅自注"二十八年前见白云长老于此"十二字。按,曹寅早年,作为康熙帝的近身侍卫,在康熙帝的各种活动尤其是外出巡行活动中,皆紧随康熙帝,如影随形。尔后,任职江南期间,亦不时于进京述职之时参与康熙帝的各种活动。此次曹寅前赴五台山,定然是随同康熙帝一起前往。考康熙帝巡幸五台山,共计五次。第一次是康熙二十二年二月。第二次是同年九月至十月初奉太皇太后巡幸五台山。第三次是康熙三十七年正月至二月。第四次是康熙四十一年正月至二月。第五次是康熙四十九年二月。而自康熙二十二年首次巡幸五台山至第五次巡幸五台山,连头带尾计算,共计二十八年。这样,寥寥十二字诗注就解决了两个大问题。一是该诗作于康熙四十九年二月康熙帝最后一次巡幸五台山,确定了该诗的写作年代。二是解读该诗,还可看出,曹寅至少于康熙二十二年二月、康熙四十九年二月两次扈从康熙帝巡幸五台山。而且,如果考虑到曹寅自康熙二十三年六月南下省视父疾之前一直在康熙帝身边,担任管理皇帝交通工具乘舆及仪仗队的銮仪卫仪正一职,更是康熙帝出巡时不可

---

① 《楝亭集笺注》,第291页。

须臾离开的人员。我们还可大致推测,圣祖于康熙二十二年九、十月间第二次巡幸五台山,曹寅亦当在扈从之列。此外,根据《通志堂集》前序,与其同为御前侍卫的挚友纳兰性德在康熙二十二年九月康熙帝奉太皇太后西巡五台山之时(该书序言称扈从两宫皇太后巡幸五台山,当是有误),即在扈从之列。那么,在康熙帝第二次巡幸五台山时,曹寅亦极有可能在随行之列。只是因为直接史料不足,我们只能作为一种推测。即使如此,也应该说,在曹寅一生活动中,扈从康熙帝巡幸五台山是一个重要的活动,值得研究者高度重视。

又,推敲康熙四十九年二月曹寅于扈从巡幸五台山途中所写《唐县开元寺》一诗自注,亦可证明曹寅曾两次扈从康熙帝巡幸五台山。该诗云:

> 开元寺古北平西,石子硗硗铙马蹄。绀殿尽颓花亦萎,更谁墙缺补春泥。(自注:昔与亡友郑令看牡丹此寺。)①

据光绪《唐县志》卷六《职官》及《清圣祖实录》,此处曹寅提及之"亡友郑令",实为当时唐县县令郑昱。郑昱,湖北黄冈人,进士出身,康熙二十二年任唐县县令。尔后,内转刑科给事中,外升广西按察使。康熙四十三年七月,升任四川布政使。十二月,调任安徽布政使,终于任上。②曹寅能与郑昱于唐县开元寺同赏牡丹,也可证明,康熙二十二年,他曾扈从康熙帝巡幸五台山。而且,我们结合《康熙起居注》和《清圣祖实录》记载,可以断定曹寅与郑昱共赏牡丹时间为康熙二十二年二月十七日(公历 1683 年 3 月 14 日),其《唐县开元寺》一诗写作时间为康熙四十九年二月初八日(公历 1710 年 3 月 7 日)。相关日期的确定,详见下文关于康熙君臣五台山之行的考证。

二 曹寅扈从巡幸五台山的具体行踪

搞清了曹寅曾经两次扈从巡幸五台山,那么,其具体行踪也引起

---

① 《楝亭集笺注》,第 290 页。

② (清)陈咏:《唐县志》卷六《职官》,光绪四年刊本,成文出版社,1969 年,第 529 页;《清圣祖实录》卷一五〇,康熙三十年二月丁丑;卷一八三,康熙三十六年五月壬寅;卷二一六,康熙四十三年七月辛亥;卷二一八,康熙四十三年十二月丁卯。

了我们的关注。由于在数次扈从巡幸五台山活动中,曹寅为后世留下的只有康熙四十九年所作《中台》等诗数首,致使我们无法直接了解其具体行踪。但是,当我们把目光越出《楝亭集》而投向《康熙起居注》《清圣祖实录》《圣祖仁皇帝御制文集》,惊喜地发现其中保存了有关这些活动的宝贵资料,使得我们可以透过这些资料来考察曹寅的活动行踪。

根据对这些材料的分析,可以确定有关康熙二十二年二月第一次巡幸,其大致行踪为:

> (康熙二十二年)二月十二日,康熙帝出京幸五台山。十三日,驻跸涞水县。十四日,驻跸易州。十六日,驻跸满城县大册河。十七日(公历 1683 年 3 月 14 日),驻跸唐县东。十九日,驻跸真定府龙泉关城内。二十日,驻跸五台山菩萨顶。二十一日,康熙帝登南台眺览。是日驻跸菩萨顶。二十二日,登东台、北台眺览。是日,驻跸菩萨顶。二十三日,登中台、西台眺览。二十四日,辰时,自菩萨顶回銮。驻跸龙泉关城内。三十日,驻跸任丘县赵北口北。三月初五日,入南苑南红门,驻跸晾鹰台南。初六日,上由正阳门进午门,诣太皇太后、皇太后宫问安毕,回宫。①

虽然因为有关史料不足,我们尚不能充分证明曹寅曾于康熙二十二年九、十月间扈从康熙帝第二次巡幸五台山,但因这一可能性极大,故而根据有关史料,于此亦将其二巡五台山的大致行踪简录于下,以供学界进一步研究:

> (康熙二十二年)九月十一日,康熙帝奉太皇太后诣五台山。十二日,驻跸董家林。十三日,过涿州。以长城岭一路山径险峻,特先往亲视所修道路。十五日,驻跸完县。十六日,驻跸曲阳县。十七日,驻跸阜平县。十八日,驻跸龙泉关。二十日,驾出菩萨顶。二十一日,驻跸菩萨顶。二十二日,康熙帝自菩萨顶出迎太皇太后圣驾。是日,驻跸龙泉关。二十四

---

① 《康熙起居注》,康熙二十二年二月十二日至三月初六日。因原文较长,本处仅节录与此次巡幸有关的内容,下同。

日,迎太皇太后至长城岭。以道路险峻,太皇太后仍返龙泉关,由康熙帝代往五台各寺行礼。是日,驻跸龙泉关。二十五日,上复还菩萨顶驻跸。二十六日,上承太皇太后慈旨,代礼诸寺。是日,上驻跸菩萨顶。二十七日,车驾返跸,驻跸龙泉关。二十八日,驻跸阜平县。十月初二日,太皇太后驾次曲阳县,上率内大臣诣行宫问安。初三日,上奉太皇太后驻跸满城县。初四日,驻跸易州。初五日,驻跸定兴县。初六日,驻跸涿州。初八日,驻跸良乡长辛店。初九日,上奉太皇太后还宫。①

是行,康熙帝作《秋日再过阜平》《再驻龙泉关》《冬日重登清凉山》《咏马》《初冬自五台回,次日雪》等五首诗。②

但是,使人不解的是,一向爱好写诗的曹寅为何于康熙二十二年首次扈从巡幸五台山,却没有写下诗篇。如果不注意《诗钞》卷七《中台》一诗自注,真将使人感到他从未到过五台山。笔者认为,所可解释者,一是其时曹寅正担任近身侍卫之职,到了一个陌生之地,康熙帝安全是头等重要的大事,无暇考虑诗篇创作。二是,虽然受正统儒家思想影响,康熙帝和曹寅对佛教浮图都有看法,不感兴趣。但是,作为一个全国最高统治者,康熙帝注意到了佛教于教化百姓、联络蒙藏各界的作用,故而适当予以重视,而曹寅当时正值青年时期,性情单纯,更无康熙帝综观全局的思想境界,看到一群形状古怪的秃头合掌行礼,自有一种不喜之情,哪里还想作诗。后来,康熙四十九年再度扈从巡幸五台山时,曹寅已入晚年,对浮图之说在认识上已有变化,从而留下了一篇《中台》之作。

有关康熙四十九年二、三月间曹寅随同康熙帝巡幸五台山的大致背景是:康熙四十八年十一月十一日,曹寅于扬州进折奏报,待料理文册完竣即行北上入觐。在年底之前,曹寅应该已经进京,故而有机会参加了此次巡幸五台山之行。根据《清圣祖实录》记载,这次巡幸的大致行程是:

---

① 《康熙起居注》,康熙二十二年九月十一日至十月初九日。
② 《圣祖仁皇帝御制文集》初集,卷三八,《景印文渊阁四库全书》第1298册,台湾商务印书馆,1986年,第306—307页。

（康熙四十九年）二月丁酉（初二日），康熙帝巡幸五台山。皇太子、皇三子、皇八子、皇十子、皇十三子、皇十四子随驾。己亥（初四日），驻跸涞水县石亭。庚子（初五日），驻跸易州。壬寅（初七日），驻跸满城。癸卯（初八日）（公历1710年3月7日），驻跸唐县高昌店。甲辰（初九日），驻跸曲阳。乙巳（初十日），驻跸阜平。丁未（十二日），驻跸龙泉关演武场。戊申（十三日），驻跸五台县射虎川。己酉（十四日），驻跸罗睺寺。辛亥（十六日），驻跸白云寺。壬子（十七日），回銮，驻跸射虎川。癸丑（十八日），入龙泉关，驻跸演武场。甲寅（十九日），驻跸阜平县。丙辰（二十一日），驻跸行唐县。戊午（二十三日），驻跸真定府。己未（二十四日），驻跸无极县。辛酉（二十六日），驻跸祁州。壬戌（二十七日），驻跸蠡县。癸亥（二十八日），泊新安县段村。乙丑（三十日），泊任丘县赵北口。

三月丙寅朔，泊霸州苑家口。丁卯（初二日），舍舟登陆。戊辰（初三日），驻跸固安县。己巳（初四日），驻跸南苑。庚午（初五日），回畅春园。甲戌（初九日），回宫。①

此行，康熙帝和曹寅皆有诗篇纪行。由于此前刚刚经过了皇太子废而又立，而皇太子复出之后，康熙帝和皇太子之间矛盾再度发生，和其他皇子关系也并不融洽。故而，此行虽是游览，但是，康熙帝却毫无乐趣，心事重重，且无可倾诉。其所可倾诉者，只有眼前的文殊菩萨和心目中的鬼神。御制诗《五台有怀》即透露了这一心情。诗云：

又到清凉境，巉岩卷复垂。劳心愧自省，瘦骨夕鸣悲。膏雨随春令，寒霜惜大时。文殊色相在，惟愿鬼神知。②

此时，曹寅正以江宁织造、两淮盐课监察御史的身份进京入觐随行，作为康熙帝近臣和包衣老奴，且不止一次身经皇太子、诸皇子向其索取银两、物品的黑幕，亦深悉皇储之间、诸皇子之间的微妙关系，

① 《清圣祖实录》卷二四一。笔者注：因为康熙四十九年起居注在中国第一历史档案馆、台北故宫博物院均无藏本，盖已亡佚，于此只能使用《清圣祖实录》的资料。

② 《圣祖仁皇帝御制文集》第三集，卷四九，《景印文渊阁四库全书》第1299册，第367页。

故而,谨小慎微,不敢多说一句话,不敢多走一步路。于是,除写了《唐县开元寺》《中台》两诗外,也只能"却道天凉好个秋"。他还在赴五台山途中写下了《涞水》一诗。诗云:

> 涞水碧于染,冰坻半载阳。世农余稻长,沟堰似江乡。小肆篘清醥(诗注:涞酒味胜易酒,京师所酤苦酽,皆仿酿),残山遝紫凉(诗注:紫凉,水阳山也)。向时逐飞放(诗注:旧置有飞放泊),零落少年场。①

据《清圣祖实录》记载,康熙帝此次巡幸,虽然连来带去一月有余,但是真正游览五台山时间不过三日。自二月十七日回銮,至三月初四日还至南苑,十数日内,一直在直隶各县游览。这样,在今存曹寅诗篇中,也收有随同康熙帝游览直隶西部各县的《栗花歌》《麦炒》等诗作三首。但就其内容观之,仍然是只谈风花雪月、鸟木虫鱼。

其《栗花歌》云:

> (自注:栗花,栗树所产菌,其大逾常,不时见。偃盖七重色紺赤,友人云即紫芝,因戏为此歌。)

> 栗树生深山,寿与松柏偕。垂根下泉触雷火,耄然腹破空洞藏风埃。朝吸云英暮石髓,得气屈强长不死。郁为千芝蟉结成楼台,其上轮囷郁弗紫霞起。我欲采山无斧斤,中道相逢负笭子。示我一本持之可以辟虎虺,笑我颠童齿豁无能谢尘事。上党五秅█已尽,西崖蒐竹不堪饵。天花银盘充庖厨,漫山鳖裙鸭脚庸材耳。子亦知,张子房,托迹从赤松,当前竟失东园公。荧光流辉烛天地,服食肯与山癯同。图经果载炼骨法,来日芒鞋竭蹶直入巉岏中。②

其《麦炒》诗云:

> 油瞿焙磨出僧家,细糁红盐滴乳花。幕外千峰矗寒月,也应一龠胜胡麻。(自注:此地皆食藤荭油。)③

---

① 《楝亭集笺注》,第290页。
② 《楝亭集笺注》,第292页。
③ 《楝亭集笺注》,第293页。

其《石花鱼》诗云：

> （自注：鲤啖石花而肥，故名。）
>
> 唐贡称辽鲂，俗谣著洛鲤。初尝石花鱼，入馔果腴美。墨鳞三十六，聚族穴悬水。啖花泳清晨，一网连数尾。贵重走京师，珍裹饷朝士。赝者虽丰庞，风味那足比。浊流经岢岚，龙门下千里。曝腮耻凡鳞，神物岂皆是。楚人不食鲋，瘦瘠亦堪鄙。膏肥多杀身，书勖纨绮子。①

以上所述，皆是直隶西部山区情形。可见，至二月二十三日驻跸真定府之前，曹寅一直随驾扈从。

顺便指出，有学者正确地提出，曹寅于康熙四十九年二月曾扈从康熙帝西巡五台山。但其仅据曹诗有《石花鱼》一篇，而石花鱼产于晋西保德，因判此次扈从巡幸下山之后，曹寅即辞别康熙帝，继续西行，至秦晋交界一带始又东行南下，返抵扬州任所。② 这种论断，于文献则证据不足，于情理又不合，笔者难以认同。

因为北上进京、随巡五台山已经三个多月，冬去春来，桃李花开，曹寅非常想念留在扬州的儿子，故而于返程途经阜平、行唐即战国时期古中山国一带地方时，又作《途次折杏花置舆中，怀广陵诸子》。诗云：

> 莫逐飘风委路尘，残香剩好堕车茵。二年春雨红桥岸，可少支床弄笛人。③

又，其《故友吴炯雪篷有句云："拍拍出巢鸟，青青横郭山"，居尝讽诵不忘。雪篷亡后，全稿散失殆尽。惧其湮没不传，晓发中山，为之卒成八句》诗云：

> 月落不相待，鸡鸣初启关。好诗哦梦里，真景在人间。拍拍出巢鸟，青青横郭山。与谁参活句，困顿亦衰颜。④

大约此后数日，曹寅即辞别康熙帝南下。十数日后，于山东韩庄

---

① 《楝亭集笺注》，第 293—294 页。

② 兰良永：《曹寅第六番"佩笔侍从"考——兼与刘上生"佩笔侍从"说商榷》。

③ 《楝亭集笺注》，第 294 页。

④ 《楝亭集笺注》，第 294 页。

舍骑登舟。曹寅亦有《舍骑至韩庄登舟》诗以纪其事。诗云：

> 峄岊春色半阴晴，蚕尾余波管送迎。马背逢人说寒食，船头插柳记清明。老娴鞭弭知歧路，行迈烟花次水程。笑理长篙向东海，余年真喜脚腰轻。[1]

按，是年三月丙寅朔，适当西历三月三十日。三月壬申（初七日）为清明节（公历四月五日）。尔后，一路顺风，到达宿迁，因为跳出了是非之地，曹寅心情尤为愉快。又作《顺风宿迁有述》，诗云：

> 一雨澄湖势浃溁，艓前碧浪鳞鳞长。石尤尤客太遄归，彻夜颠掀吹五两。老客不愁支枕卧，万事无如随分过。篷窗已白旗脚伸，孤樯未树春云破。起舵斯须三百里，长年兀坐篙师喜。满眼荒滩拾爨人，谁知昨日扬舲子。平生道路无车舟，雨虐风欺到白头。纷纷尽让千帆去，指点夳犹上驿楼。[2]

三月十一日，曹寅返回扬州，随即于三月十五日，进折报告返抵任所，敬传天谕，循例奏报雨水，进晴雨录。至此，康熙四十八年年底至次年初曹寅北上之行遂告结束。

三 余论

以上考证，我们使用的资料有：个人文集如曹寅的《楝亭集》、康熙帝的《圣祖仁皇帝御制文集》；官书如《康熙起居注》《清圣祖实录》；兼具官书性和社会性的地方志《唐县志》。通过对这些资料的综合研读，我们可以较为清晰地描绘出康熙君臣五台山之行的确切时间、地点和各自的心态。

考证要广泛占有资料，在此基础上，将历史人物放到广阔的时空背景下，力图还原历史场景，设身处地，揆情度理，才有望求得合理的解释。反之，如果拘泥于字面，不顾情理，就容易因时代差异等原因，而出现理解上的偏差。

比如有学者在解读《楝亭集》时，认为《涞水》《唐县开元寺》《中

---

[1] 《楝亭集笺注》，第 295 页。
[2] 《楝亭集笺注》，第 295 页。

台》三诗皆作于曹寅自京返回扬州任所途中。①

按照常理,自京南返,陆路应走固安、河间、献县一带南下,至山东运河渡口再舍骑登舟,断不会绕道西行至五台山,然后再东行。所以,合理的解释只能是,此次五台山之行是扈从康熙帝最后一次巡幸五台山。

另有学者将《涞水》《唐县开元寺》二诗断为康熙四十八年曹寅进京途经两地时所作,将《中台》一诗断为康熙四十八年曹寅进京途中绕经五台山时所作。② 这种解读亦属误读。

可见,在大的历史背景下,综合考察曹寅的活动,并揆情度理,才能做出正确的判断。

总之,通过研读,笔者感到,研究曹寅一生活动,尤其是研究其早年在京担任侍卫十数年间的活动,因为其与康熙帝关系如影随形,将记载康熙帝活动的《康熙起居注》《清圣祖御制诗文集》《清圣祖实录》与《楝亭集》有关部分互读,不仅能够较为精确、细致地考索出曹寅扈从巡幸五台山的具体行踪,减少乃至避免出现一些错误,而且还可激活一些原先无解的死材料,并能发现曹寅一些新的活动踪迹,进一步推动曹学研究的深入。

---

① 《曹寅评传 年谱》,第 492 页。
② 《楝亭集笺注》,第 291 页。

曹寅数首诗篇写作时间献疑

　　曹寅是清初著名诗人，生前即结集诗歌数部。虽然亡佚颇多，但传世至今之诗词仍有一千余首，为研究曹寅身世及其所处时代保存了丰富的史料。1978年上海古籍出版社影印了康熙刻本《楝亭诗文钞》。本世纪初，胡绍棠先生作《楝亭集笺注》，于2007年由北京图书馆出版社付梓。该书对曹寅诗词文的创作时间、地点、人事等多有考订，颇具学术价值，大大便利了人们对曹寅诗文的利用。2010年广陵书局出版的方晓伟先生著《曹寅评传 年谱》则将多年来学术界研究成果筛选提炼，归纳综合，汇为一编，使得读者一编在握，即可掌握近一个世纪特别是改革开放四十年来有关曹寅研究及其一生主要活动的情况，其功颇伟。

　　然而，对两部大著拜读之余，仍觉其中一些诗篇写作时间可考，而二著未考。一些诗篇虽然考订了写作时间，仍觉不够具体明确，或所定时间与诗中所述情景不合，值得商榷。故著此文，以与胡、方二君相析疑义，并求其是。

　　其一，曹寅《诗钞》卷一有《晓游潭柘寺》一诗。同样，康熙帝《御制文集》一集卷三五亦有御制诗《夏日潭柘寺》一首。其中曹诗云：

　　　　诸峰云未开，前途马已驾。逶巡饭行人，纵览忘深夏。幽光蒙青林，轻阴散丹榭。古迹不可追，依稀见残柘。坐闻流泉哀，百折空亭下。

按，潭柘寺，在北京西郊。据康熙帝御制诗，康熙帝曾多次游览潭柘寺。但是，这篇御制诗和曹寅诗均提及写作时间为夏日。据此，查阅《康熙起居注》和《清圣祖实录》，两书亦提及此事。

其中，《起居注》记载为："（康熙十八年五月）初九日壬寅，辰时，上出视西山一路禾稼，驻跸潭柘寺。初十日癸卯，酉时，上回宫。扈从官员自内大臣、侍卫以下，命勿践踏田禾，往返申饬，极其严切云。"①

《清圣祖实录》记载为："五月（初九日）壬寅，上出阜成门观禾，驻跸潭柘寺。"②

因为御制诗和曹寅诗均提及"夏日""纵览忘深夏"，而是年五月初九日值公历6月16日，已近夏至。当日晚，君臣均宿于此，故而次日晨起，曹寅始有"晓游潭柘寺"之举。因此，可以断定，曹寅此诗作于康熙十八年五月初十日。

方晓伟先生的《曹寅评传 年谱》对该诗的写作时间未考。胡绍棠先生的《栋亭集笺注》断定此诗作于康熙十八年夏，③已近本真，惜不够具体，且未提供证据。

其二，《栋亭诗别集》卷一载录曹寅《登喜峰城》，诗云：

> 三十年来战伐余，一城山色晚烟初。白盐赤米饱亦足，碧草黄花春晏如。石戍火寒投野鸽，陇头沙浅渡樵车。貂裘自顾增羞涩，明月天涯有敝庐。

检阅《康熙起居注》，康熙二十年三月二十日，康熙帝随同太皇太后至遵化温泉。在太皇太后坐汤治疗期间，四月初五日，康熙帝往狩北界。"是日，上驻跸三屯营西南。……初七日，上驻跸喜峰口外北台地方。"初九日，蒙古各部来朝。尔后十数日，巡行蒙古各地。二十四日，上进喜峰口，驻跸滦阳城南。二十五日，还至温泉。问太皇太后安。二十九日，随太皇太后还京。五月初三日，还宫。④尽管此后康熙帝曾多次驾幸塞北避暑，途经喜峰口。但是和本诗

---

① 《康熙起居注》，康熙十八年五月初九日至初十日。
② 《清圣祖实录》卷八一，康熙十八年五月壬寅。
③ 《栋亭集笺注》，第410页。
④ 《康熙起居注》，康熙二十年三月二十日至五月初三日；《清圣祖实录》卷九五。

中提到的"碧草黄花春晏如"春日情景皆不相合，因而，可以大致断定，《登喜峰城》一诗作于此时。胡绍棠先生的《楝亭集笺注》没能为此诗系年。① 方晓伟先生的《曹寅评传 年谱》则将此诗写作时间系于称"本年康熙二十二年前后"，②时间已误，且未提出令人信服的证据。

其三，曹寅《诗钞》卷一中有《葛渔城》《赵北口》两诗。其《葛渔城》诗云：

> 清秋野色旷，游子不能止。落日下高原，驱车见墟里。万柳一烟静，淼渺湖中水。湖水清且涟，造酒醇而旨。烹此罾底鱼，食彼场上米。孤云澹无营，飞鸟相与徙。骋目悦初心，畅悟达生理。

其《赵北口》诗云：

> 下马问舟子，手指篱边舟。惠肯涉卭否，不远到前洲。前洲多杨柳，后洲凫与鸥。卭能操长楫，击汰向中流。水光浮上天，群鱼入空游。惜无百尺丝，系此一寸钩。野女见人笑，秋草吹绿油。回身感旅宦，辕辙何时休。③

胡、方二书于《葛渔城》写作时间未考，而于《赵北口》一诗则定于康熙十六年四月康熙帝奉两宫太后巡幸近畿，驻跸赵北口期间所作。④ 实际上，如果考虑到《诗钞》所收各篇皆是按时序编排，那么，《葛渔城》一诗排在《赵北口》一诗之前即无法解释。据《康熙起居注》载，康熙帝巡幸葛渔城的大致过程是：

> （康熙二十年八月）二十五日，康熙帝率皇太子幸南苑，驻跸东宫。二十九日，出自南苑围猎。九月初二日，驻跸香河。初三日，驻跸武清杨村。初五日，驻跸东安县葛渔城南。初六日，驻跸永清县地方信安镇北。初九日，驻跸雄县南。十一日，驻跸任

---

① 《楝亭集笺注》，第410页。

② 《曹寅评传 年谱》，第311页。

③ 按，赵北口，康熙朝先后隶直隶雄县、任丘，现隶安次县，在白洋淀东岸，康熙帝曾多次前往行围。

④ 《曹寅评传 年谱》，第292页；《楝亭集笺注》，第16—17页。

丘县大务里北。十四日,驻跸霸州城东南。十五日,驻跸永清县南哥奕村东。十六日,驻跸南苑南红门内。十七日,还宫,问太皇太后、皇太后安。①

又据《圣祖仁皇帝实录》卷九七载,康熙二十年九月初五日甲寅,康熙帝驻跸东安县葛渔城(笔者按,东安县,后改安次县,今属廊坊市;葛渔城地址在今廊坊市与天津市交界处)。

既然《诗钞》卷一将《葛渔城》排在《赵北口》之前,而且两诗中间未曾插入其他诗篇,说明两诗写作时间紧密相连。又据《起居注》记载,康熙帝于是年九月初五日驻跸葛渔城之后,随于初九日至十一日先后驻跸雄县、任丘。而赵北口于康熙时恰是先后隶属两县。可见,此行虽未提及赵北口之名,但是,康熙帝却确确实实地驻在了赵北口行宫。还需指出,曹寅《葛渔城》诗有"清秋野色旷"句。《赵北口》诗有"野女见人笑,秋草吹绿油"句,说明诗作时间是秋日,与《曹寅评传年谱》所说的十六年四月也不相合。因此,尽管《起居注》《实录》明确记载康熙帝曾多次至赵北口,但是,恰恰曹寅这篇《赵北口》诗写作地点在《起居注》《实录》中却无明确记载。只有仔细梳理有关资料,才能发现此诗的准确写作时间。

其四,《楝亭诗别集》卷二收录《罗文峪》一诗,诗云:

> 软草晴云舞碧鸡,自磨银镞刃双齐。九门一出秋无碍,回首斜阳万马蹄。

按,康熙二十年十一月十四日,康熙帝曾以云南大捷,全省荡平,而率太子、王公、大臣侍卫等诣孝陵告祭,返程中,二十一日,驻跸罗文峪口内。但以其为冬日,与此诗所言秋日不合。而据康熙二十一年十月条下载:"十月十九日壬辰,上谒孝陵。二十日,驻跸蓟州。二十四日,上亲诣孝陵,读祝祭奠。二十六日,驻跸罗文峪口内。十一月初九日,还京。"②

故将此诗定于康熙二十一年十月,更为合理。胡绍棠先生的《楝

---

① 《康熙起居注》,康熙二十年八月二十五日至九月十七日。

② 《康熙起居注》,康熙二十一年十月十九日至十一月初九日。

亭集笺注》于此诗写作时间未考，①而方晓伟先生的《曹寅评传 年谱》
将此诗列于二十一年春出关谒陵途中，亦误。以其谒陵为春天，而非
诗中所言秋日。②

综上所述，由于长期在康熙帝身边担任侍卫，"呼吸会能通帝
座"，与皇帝关系如影随形，故将《康熙起居注》《清圣祖御制文集》《清
圣祖实录》与《楝亭诗文钞》互读，将会有更多新的发现，进一步深化
曹寅一生活动的研究。

---

① 《楝亭集笺注》，第16—17页。
② 《曹寅评传 年谱》，第307页。

乾隆朝人物传记资料补正

　　乾隆朝人物官私传记,浩如烟海,其官修者有依据传主题奏本章、封赠诰敕、谱牒家乘等原始档案纂修之国史馆传稿,依据不同时期成文之国史馆传稿抄录成书之《清国史》《钦定八旗通志》《国朝耆献类征初编》中所录《国史馆本传》《满汉名臣传》《清史列传》等。至于私修碑传、年谱、文集等,则为数更夥,为这一时期历史及人物研究提供了丰富的资料。但是或因纂修指导思想偏颇所导致的原始档案使用不当,或因囿于见闻以及成稿后抄录刻印草率,以讹传讹,以致各书失载传主生卒年月、重要史实系年错误及漏略歧异之处所在多有。为此,笔者于翻阅史籍及档案资料之时,随时校刊择录,按照王公贵族、大学士、协办大学士、军机大臣、部院大臣、督抚、将军都统、异己贪官依次分人列出,而成《乾隆朝人物传记资料补正》一文。其需说明者:一,凡是《清史稿校注》已经出注而其内容允当无误者,本文不再著录。二,各人生卒年月日,前人碑传文字中已经提及者,不再列入专条。三,传主后附生卒年月日,皆已换算为公历。四,为省篇幅,文中使用各书,仅于首见时著录版本。

一　王公1人

弘瞻(1733.7.22—1765.4.27)

　　(1)弘瞻自乾隆三年二月受封果亲王后,至乾隆二十八年之前,爵位一直是亲王。而《清高宗实录》（中华书局 1986 年影印本）于乾隆二十一年正月丙子、二十六年七月丁酉皆作"郡王"，当是抄写之误。

（2）据《清高宗实录》卷七二九第 30 页载，乾隆三十年二月甲辰，加封弘曕之爵位为郡王，而《啸亭杂录》卷六《果恭王之俭》（清宣统元年中国图书公司刻印本）记为亲王，误。又，乾隆帝此次南巡，四月二十一日丙寅始回北京，其时，弘曕已死一月有余，并无前往弘曕府邸视疾之事。《清史稿》卷二二〇、《啸亭杂录》所记均误。

二　大学士、协办大学士 15 人

刘于义（1675—1748）

（1）关于刘于义出任山西学政前所任官职，《清国史》（中华书局 1993 年版）卷一一五、《清碑传合集》（上海书店 1988 年影印本）卷二六陈兆崙《墓志铭》、《国朝耆献类征初编》（清光绪刊本）卷一七、《满汉名臣传》（汉）卷一九（黑龙江人民出版社 1991 年版）、《清史列传》卷一六（中华书局 1987 年版）、《清史稿》卷三〇七（中华书局 1977 年版）皆作"侍讲"，而《清世宗实录》卷一一一（中华书局 1985 年版）雍正四年九月己亥条则作"侍读"。当以《实录》所记为是，其他诸书均误。《清史稿校注》未出注。

（2）关于乾隆十年刘于义加衔，《清国史》卷一一五、《国朝耆献类征初编》卷一七、《满汉名臣传》（汉）卷一九、《清史列传》卷一六、《清史稿》卷三〇七皆作"太子太保"，而据《清高宗实录》卷二三七乾隆十年三月乙未条，则是"太子少保"。当以《实录》为是，其他诸书均误。《清史稿校注》未出注。

庆复（？—1749.10.31）

关于雍正间庆复出任议政大臣的时间，《清国史》卷一四六、《满汉名臣传》卷四二均作雍正九年。而据《清世宗实录》卷一二四，其任议政大臣事在雍正十年十月乙卯。《清国史》卷一四六、《满汉名臣传》卷四二所记均误。

张允随（1693—1751.4.9）

（1）据《国朝耆献类征初编》卷一八陈宏谋《神道碑》，张允随卒于乾隆十六年三月十四日(公历 1751 年 4 月 9 日),终年五十九岁,则其生年当为康熙三十二年(1693)。《清国史》卷一一七称"三十五年,授江南宁国府同知",当为五十三年。

(2)关于张允随升任云南布政使的时间,《清国史》卷一一七《张允随传》作"十一年,擢布政使"。而据《清世宗实录》卷六四,当为雍正五年十二月丙申。《清国史》本传所记误。

孙嘉淦(1683.3.14—1753.12.29)

(1)关于孙嘉淦庶吉士散馆后授职事,陈世倌《墓表》(《清碑传合集》卷二六)谓:"癸巳(1713),连举进士,改庶吉士,授编修。"而检核《清圣祖实录》(中华书局 1985 年影印本)卷二六三第 590 页康熙五十四年四月丁亥条,则谓授"检讨"。以此可知,陈世倌《墓表》所记误。

(2)关于孙嘉淦升授国子监司业的时间,《孙文定公全集》卷一二《行述》(嘉庆十年孙铸敦和堂刻本)、陈世倌《墓表》记为雍正二年。而据《雍正朝汉文朱批奏折汇编》(江苏古籍出版社 1991 年版)第 32 册第 777 条孙嘉淦《奏为振兴辟雍以育人才事折》可知,升职时间当在雍正元年四月。《行述》及陈世倌《墓表》所记有误。

(3)关于雍正中孙嘉淦视学江苏,《清碑传合集》卷二六载陈兆崙《神道碑》谓:"雍正二年,以司业视学江苏。"按,《清世宗实录》雍正元年十二月丙辰条载:"以国子监司业孙嘉淦为江西乡试副考官。"又,同书雍正三年四月庚午载:"以国子监司业孙嘉淦提督安徽学政。"可知,陈兆崙《神道碑》所记年份、省份均误。

(4)关于雍正中孙嘉淦任工部侍郎的时间,陈兆崙《神道碑》称:"(雍正)九年,由府尹迁工部侍郎。"据《清世宗实录》雍正七年十二月戊申条载:"以顺天府府尹孙嘉淦署工部左侍郎。"又,同书雍正八年六月己未条载:"实授孙嘉淦为工部左侍郎,仍管顺天府府尹、国子监祭酒事。"以此可知,陈兆崙《神道碑》所记误。

(5)关于乾隆帝对孙嘉淦所进《奏陈为政应预除三习一弊疏》的态度,孙嘉淦之子孙孝愉所作《行述》、《清史稿》卷三〇三皆作"上嘉纳,宣示",今据乾隆元年孙嘉淦所进《奏陈为政应预除三习一弊疏》朱批,则是"此折毋庸议"(一史馆奏折档号 03-0329-020,缩微号 022-0402)。可知《行述》《清史稿》所记不实。

(6)关于第一次伪孙嘉淦奏稿案,《清史稿》卷三〇三记为乾隆四年。而据《清高宗实录》卷七一第 138 页乾隆三年六月辛丑条载,其事在乾隆三年五、六月间,可知,《清史稿》所记误。《清史稿校注》未出注。

(7)关于孙嘉淦调任湖广总督的时间,陈世倌《墓表》称:"(乾隆)五年,调制湖广。"而据《清高宗实录》卷一四九第 1140 页,则在乾隆六年八月己酉(十七日),可知,陈世倌《墓表》所记误,而《实录》记载为是。

(8)关于孙嘉淦调任署理福建巡抚的时间,孙孝愉《行述》记为乾隆八年冬,《清史稿》本传记为乾隆八年正月,而《清高宗实录》卷一八四第 375 页,则记为乾隆八年二月甲午(初十日)。以此可知,《行述》及《清史稿》本传记载均误,而《清高宗实录》记载为是。《清史稿校注》虽出注,但未及孙孝愉《行述》之误。

(9)关于孙嘉淦处理湖南巡抚许容参劾谢济世一案时谢济世之任职,孙孝愉《行述》及陈世倌《墓表》皆称,孙嘉淦"以湖抚劾盐道案罢官"。据《清高宗实录》卷一七九第 307 页乾隆七年十一月甲戌条载,其时谢济世所任职务是湖南粮储道,可知,《行述》及陈世倌《墓表》所记误。

(10)关于乾隆中擢任孙嘉淦为工部尚书,署翰林院学院学士的时间,《清国史》卷一一〇、《清史列传》卷一五、《清史稿》卷三〇三皆作乾隆十五年八月,而《清高宗实录》卷三六九第 1075 页,则记为十五年七月庚申(二十日)。以此可知,《清国史》等记载有误,而《清高宗实录》记载为确。《清史稿校注》虽出注,但未及他书之误。

(11)关于孙嘉淦献议使黄河改归故道的时间,《清高宗实录》卷一一四六第 366 页乾隆四十六年十二月已卯条仅略记其事。检核《孙文定公全集》卷二《议开减河疏》、《遗疏》,则可将其献议时间确定为乾隆十八年九月黄河决于江苏铜山至十一月嘉淦生病期间。

(12)关于孙嘉淦卒日,《国朝耆献类征初编》卷一八卢文弨《孙文定公家传》(江苏广陵古籍刻印社 1990 年版)记为"乾隆十八年十二月十六日"(1754 年 1 月 8 日)。而《清碑传合集》卷二六卢文弨《孙文定公家传》则记为"乾隆十八年十二月六日"(1753 年 12 月 29日)。又,据《清高宗实录》卷四五二第 891 页,乾隆十八年十二月丁亥(初七日),孙嘉淦《遗疏》已经上闻。可知,江苏广陵古籍刻印社

1990 年印行之《国朝耆献类征初编》收录之卢文弨《孙文定公家传》于孙嘉淦卒日记载有误，而上海古籍书店 1988 年影印本《清碑传合集》所收之卢文弨《孙文定公家传》于孙嘉淦卒日记载为是。

阿克敦（1685.5.4—1756.2.22）

（1）关于阿克敦升任翰林院侍讲学士的时间，《阿克敦年谱》（《德荫堂集》附录，乾隆刻本）记为（康熙）五十二年十二月，特旨升翰林院侍讲学士，而《国朝耆献类征初编》（清光绪刊本，下同）卷一七《国史馆本传》及该书所附王昶《行状》作康熙五十三年十二月。当以《年谱》及《清碑传合集》卷二六引王昶《行状》所记为是，而《国朝耆献类征初编》卷一七《国史馆本传》及该书引王昶《行状》为误。由此判断，《清碑传合集》引王昶《行状》当是定本，而《国朝耆献类征初编》所引王昶《行状》仅是初稿。

（2）据《清高宗实录》卷一一七第 714 页乾隆五年五月丁卯条，阿克敦已授吏部左侍郎。同书卷一二一第 782 页乾隆五年闰六月甲子条，又载其由右侍郎转左侍郎。自相矛盾。又据《阿克敦年谱》，有"五月，调吏部右侍郎。闰六月，转吏部左侍郎"，可知《清高宗实录》卷一一七于抄录乾隆五年五月丁卯条时，误将"右"字抄成"左"字。

（3）据《国朝耆献类征初编》卷一七引《国史馆本传》载乾隆十一年"闰三月，擢右都御史"。核之《清高宗实录》卷二六三第 405 页乾隆十一年闰三月癸丑条及《阿克敦年谱》，当为"左都御史"。

福敏（1673—1756）

（1）关于福敏自湖广总督任应召回京的时间，《清国史》卷一○六《福敏传》作五年闰三月。而《国朝耆献类征初编》卷一四引《国史馆本传》、《满汉名臣传》卷三七、《清史列传》卷一三均作闰四月。检核陈垣《廿史朔闰表》，是年闰三月。又，《清世宗实录》卷五五亦作闰三月。可知，《国朝耆献类征初编》卷一四引《国史馆本传》、《清史列传》卷一三、《满汉名臣传》卷三七所记皆误。

（2）关于雍正九年九月福敏擢任左都御史仍兼户、兵部事。《国朝耆献类征初编》卷一四引《国史馆本传》仅作"九月"，而漏"九年"二字，误。

黄廷桂（1691—1759.2.8）

（1）关于黄廷桂旗籍，《清国史》卷一一六、《国朝耆献类征初编》卷一七《国史馆本传》均以黄廷桂为汉军镶红旗人，而《国朝耆献类征初编》卷一七、《清碑传合集》卷七〇所录袁枚《神道碑》则作"正黄旗人。"据《清代官员履历档案全编》（华东师大出版社1997年版）第1册第637页《黄廷桂履历片》所载，可知袁枚《神道碑》所记黄廷桂旗籍误。

（2）袁枚《神道碑》称，黄廷桂曾经参与平定西藏阿尔布巴叛乱。遍查《清世宗实录》《雍正朝汉文朱批奏折汇编》，黄廷桂并无率军前往西藏、平定阿尔布巴叛乱事。袁枚《神道碑》所记误。

（3）关于乾隆二十年五月，黄廷桂受命前往打箭炉外解散各土司冲突的同行人员，《国朝耆献类征初编》卷一七引《国史馆本传》、《满汉名臣传》卷三九、《清史列传》卷一六、《清史稿》卷三二三皆作岳钟琪。而《清高宗实录》卷四八九第148页乾隆二十年五月条、《宫中档乾隆朝奏折》（台北故宫博物院1982年版）第11辑第464页乾隆二十年五月二十二日《奏报办理土司争执情形折》、《八旗通志》（吉林文史出版社）卷二〇五则均作岳钟璜。又据《清高宗实录》卷四五八第957页，岳钟琪已于乾隆十九年三月病故。可知当以岳钟璜为是。

（4）关于黄廷桂卒日，各传失载。今据甘肃布政使蒋炳进《奏报总督黄廷桂病故并暂行护理督印办理地方事务情事》（一史馆乾隆朝奏折档号03-0099-019，缩微号007-0324），可定其病故之日为乾隆二十四年正月十一日（1759年2月8日）。

鄂弥达（1685—1761.8.9）

（1）据《清世宗实录》卷一〇四雍正九年三月乙丑条，鄂弥达疏请广东收缴鸟枪，而《清史稿》卷三二三却系于雍正八年，误。《清史稿校注》未出注。

（2）据《雍正朝汉文朱批奏折汇编》第21册第438条雍正九年十一月二十七日《奏报密讯借教借教惑众之玉龙太子情由折》，鄂弥达查拿梧州奸民陈美伦事亦在雍正九年，而《清史稿》本传置于雍正八年，误。《清史稿校注》未出注。

（3）据《清世宗实录》卷一二九雍正十一年三月丙申，改程乡县为嘉应州，而《清史稿》本传却作十年，误。《清史稿校注》未出注。

史贻直(1682.2.26—1763.6.23)

(1)关于《史文靖公贻直墓表》作者,《国朝耆献类征初编》卷一五署刘纶作。又,刘纶《绳庵外集》(乾隆甲午用拙堂刊本)卷八亦收此文。而《清碑传合集》卷二六《史文靖公贻直墓表》却署为汤右曾撰。又据《清国史》卷七〇《汤右曾列传》,汤右曾卒于康熙六十一年,焉能于死后四十一年为史贻直作《墓表》? 可知《碑传集》所署作者误。当以刘纶所撰为是。

(2)据《清高宗实录》卷二三六、二三七,以史贻直充会试正考官及加太子太保事在十年三月戊寅、乙未,而《国朝耆献类征初编》卷一五《国史馆本传》却作十一年,误。

梁诗正(1697.2.24—1763.12.18)

(1)关于梁诗正上《八旗屯种疏》的时间,《清碑传合集》卷二七杭世骏《墓志铭》系于乾隆五年。按《清高宗实录》卷一四三第1055页乾隆六年五月癸未条、《国朝耆献类征初编》卷二三引《国史馆本传》引王昶《行状》,皆在六年。杭说当误。

(2)关于乾隆十四年十一月梁诗正授吏部尚书事,见于《清高宗实录》卷三五二第859页乾隆十四年十一月丁未条及《清国史》卷一三七《梁诗正正传》。而《国朝耆献类征初编》卷二三《国史馆本传》、《满汉名臣传》(汉)卷二二却作"刑部尚书",两书均误。

(3)关于梁诗正任协办大学士兼翰林院掌院学士、充经筵讲官的时间,据《清高宗实录》卷六三六、六三八,均为二十六年五月丁未和六月庚辰。而《国朝耆献类征初编》卷二三引《国史馆本传》、《清国史》卷一三七、《满汉名臣传》(汉)卷二二却作二十五年,所记均误。

(4)据《清高宗实录》卷六八九第714页,梁诗正任东阁大学士事在二十八年六月壬寅,而《满汉名臣传》(汉)卷二二于此作二十年,误。

庄有恭(1713—1767.7.27)

《清国史》卷一四〇、《国朝耆献类征初编》卷二八、《满汉名臣传》(汉)卷二三、《清史列传》卷二一等咸称"五年,充日讲起居注官"。而据《清高宗实录》卷一四七第1116页,当为乾隆六年七月甲申。《清国史》卷一四〇、《国朝耆献类征初编》等书所记误。

杨应琚(1699—1767.9.15)

(1)关于杨应琚生年,各传不载。今据《清代官员履历档案全编》第 1 册第 362 页乾隆元年《杨应琚履历片》中称,"杨应琚,正白旗汉军人,年三十八岁",可确定其生年为康熙三十八年(1699)。至乾隆三十二年(1767)被赐自尽,终年六十九岁。

(2)关于杨应琚之子杨重英生年,各传失载。今据《清代官员履历档案全编》第 2 册第 86 页《杨重英履历片》,可知其生于雍正五年(1727)。至乾隆五十三年(1788)去世,得年六十二岁。

陈宏谋(1696.10.10—1771.7.14)

(1)关于陈宏谋庶吉士散馆的时间,陈钟珂《先文恭公年谱》(乾隆刻本)、《清碑传合集》卷二七彭启丰《墓志铭》咸谓雍正二年陈宏谋庶吉士散馆,授检讨。今据《雍正朝汉文朱批奏折汇编》第 37 册第 664 条《陈宏谋履历片》,则其散馆时间为雍正三年四月。陈钟珂《先文恭公年谱》、彭启丰《墓志铭》所记均误。

(2)关于乾隆六年七月陈宏谋所擢职务,《满汉名臣传》(汉)卷二七、《清史列传》卷一八、《清史稿》卷三〇七皆谓六年七月,迁"江宁布政使",核之《清高宗实录》卷一四七第 1112 页,乾隆六年七月己卯条,当为江西布政使。《清史稿校注》未出注。

(3)关于陈宏谋初次调任陕西巡抚的时间,《国朝耆献类征初编》卷二〇引《国史馆本传》、《满汉名臣传》(汉)卷二七、《清史列传》卷一八皆记为乾隆九年十月,《清史稿》卷三〇七亦系于乾隆九年。按之《清高宗实录》卷一九九第 614 页,当为乾隆八年十月己巳。《清史稿校注》虽出注,但未及他书之误。

(4)关于陈宏谋乾隆十一年九月所调任的职务,《清碑传合集》卷二七彭启丰《墓志铭》谓乾隆十一年,"调江苏"。核之《清高宗实录》卷二七五第 593 页乾隆十一年九月丁巳条及《国朝耆献类征初编》卷二〇引《国史馆本传》及彭启丰《墓志铭》,当为江西巡抚。《清碑传合集》所记误。

(5)关于陈宏谋护理陕甘总督的时间,陈钟珂《先文恭公年谱》记为乾隆十六年六月,核之《清高宗实录》卷三七七第 1166 页,当为乾隆十五年十一月甲寅。

(6)关于陈宏谋出任河南巡抚的时间,《清国史》卷一三一、《满汉名臣传》(汉)卷二七、《清史列传》卷一八《陈宏谋传》咸谓"十六年十月,调河南巡抚"。而彭启丰《墓志铭》谓:"其冬(十五年)入觐,会河决阳武,上命公权河南巡抚,往来河堤,塞决口。"经与《清高宗实录》卷三九七第 222 页乾隆十六年八月丙辰条、卷四〇一第 275 页乾隆十六年十月丙辰条对读,各传所记均误。当为十六年八月庚申暂署,十月丙辰正式调任。

(7)关于陈宏谋参奏杨灏的时间,据《清高宗实录》卷五二一第 571 页,事在乾隆二十一年八月丁亥,而《国朝耆献类征初编》卷二〇引《国史馆本传》、《清史列传》卷一八却作乾隆二十一年九月,《清史稿》卷三〇七却系于乾隆二十年。皆误。

(8)关于陈宏谋调任江苏巡抚、两广总督及降授江苏巡抚的时间,《国朝耆献类征初编》卷二〇引彭启丰《墓志铭》称:"二十二年,以总督衔还江苏巡抚任,加太子少傅。明年,以捕蝗案削总督衔。"而据《清高宗实录》,乾隆二十二年六月癸亥调任江苏巡抚。同年十二月癸亥补授两广总督。二十三年四月丙子,命仍回江苏,以总督管巡抚事,八月甲子,革职留任。二十四年七月辛亥,夺总督衔。于此,彭启丰所记均误。

(9)关于乾隆二十三年陈宏谋加衔,《清碑传合集》卷二七彭启丰《墓志铭》谓二十三年"加太子太傅",而《国朝耆献类征初编》卷二〇引彭启丰《墓志铭》却作"加太子少傅"。核之《清高宗实录》卷五六六第 183 页乾隆二十三年七月丙申条,当为太子少傅。《清碑传合集》所记有误。

杨廷璋(1689.5.30—1772.1)

(1)关于杨廷璋奏请划分台湾民番界限事,据《清高宗实录》卷六一九第 968 页,事在乾隆二十五年八月,而《清史稿》卷三二三却系于二十四年,误。《清史稿校注》未出注。

(2)关于杨廷璋奏修湖州水利事,据《清高宗实录》卷六七五第 552 页,事在乾隆二十七年十一月,而《清史稿》卷三二三《杨廷璋》却系于乾隆二十一年,误。《清史稿校注》未出注。

(3)关于杨廷璋出生年月,各传失载。今据乾隆二十九年正月初十日《奏谢授为大学士并请陛见折》(《宫中档乾隆朝奏折》第 20 辑,第 288 页),廷璋自称"奴才犬马生年,维已七十六岁"。又,据《乾隆朝上谕档》第 5 册第 310 页,乾隆三十三年四月初十日军机大臣奏称:"本年正月内,奉旨令臣等将尚书杨廷璋生日存记,届期提奏。今查本月十二日,系杨廷璋八十生辰。"可知廷璋出生年月日当为康熙二十八年四月十二日(公历 1689 年 5 月 30 日)。至乾隆三十六年十二月去世,得年八十三岁。

阿尔泰(1696—1773.2.15)

(1)关于阿尔泰生年,各传失载。今据《雍正朝汉文朱批奏折汇编》第 36 册第 188 条所载雍正八年三月十六日阿尔泰所进履历片,可证其生年为康熙三十五年(1696)。且可纠正《清国史》本传所载雍正元年九月授宗人府笔帖式之误。

(2)《满汉名臣传》续卷三作:"(乾隆)十七年,迁按察使。"据《清高宗实录》卷三九九第 250 页,事在乾隆十六年九月丙戌,《满汉名臣传》所记误。

(3)关于阿尔泰死日,各传失载。今据署川督富勒浑进《奏明奉旨将阿尔泰赐自尽事》(一史馆乾隆朝奏折档号 03-0131-048,缩微号 009-1387),其卒日为乾隆三十八年正月二十四日(公历 1773 年 2 月 15 日)。

三 军机大臣 12 人

陈大受(1702.8.15—1751.10.9)

(1)关于陈大受升授詹事府詹事兼翰林院侍读学士的时间,《清高宗实录》卷六三第 34 页,记为乾隆三年二月壬子,所升职务为侍读学士。而陈辉祖《可斋府君年谱》(北京图书馆出版社 1999 年版,《北京图书馆藏珍本年谱丛刊》第 97 本)则分别记为三月和侍讲学士。《年谱》所记当误。

(2)关于陈大受出任三礼馆副总裁官的时间,《清高宗实录》卷九九第 498 页记为四年八月甲午。而《清国史》卷一三一、《国朝耆献类征初编》卷二五《国史馆本传》、《满汉名臣传》(汉)卷二四、《清史列传》卷一五却作四年十月。陈辉祖《可斋府君年谱》又作四年四月,皆误。

（3）关于乾隆十四年陈大受晋阶，《国朝耆献类征初编》卷二五《国史馆本传》、《清史列传》卷一五、《清史稿》卷三一四咸谓十四年晋太子太傅，而《清高宗实录》卷三三四第 584 页乾隆十四年二月丙戌条、《清碑传合集》卷二六朱珪《陈公传》、胡天游《墓碑》则谓晋太子太保，当以《实录》所记为是。《清史稿校注》未出注。

高斌(1683. 5. 29—1755. 4. 19)

（1）《清史稿》卷三一〇载，雍正元年，高斌授内务府主事。而《国朝耆献类征初编》卷二〇《国史馆本传》则称雍正元年正月，由内务府主事迁员外郎，则其授内务府主事必当在此前。《清史稿》所记当误。《清史稿校注》未出注。

（2）关于乾隆元年开浚毛城铺引河，据《清高宗实录》卷三五第 659 页乾隆二年正月条及《清国史》卷一一八所记，当时进折提出反对意见者为主事孙濩孙，而无“孙先俊”其人。《国朝耆献类征初编》卷二〇《国史馆本传》、《满汉名臣传》卷四七皆讹作“孙先俊”，误。审其文气字形，“俊”当作“后”。

（3）《清国史》卷一一八、《满汉名臣传》卷四七、《国朝耆献类征初编》卷二〇《国史馆本传》、《清史稿》卷三一〇均于乾隆四年条下载：“七月，疏言，淮场所属黄、运、湖口堤工，额设堡夫，堆积土牛，原以备增卑培薄之用，但土牛虚松，雨淋每多塌卸，莫如改筑子堰为善。部议如所请。八月，请陛见。谕令霜降后起程，赐诗章。九月，命于进京时取道直隶，与总督孙嘉淦、总河顾琮会勘直隶河道。”而据《清高宗实录》，皆为乾隆五年事。《清国史》卷一一八、《满汉名臣传》卷四七、《国朝耆献类征初编》卷二〇《国史馆本传》、《清史稿》卷三一〇所记均误。《清史稿校注》虽出注，但未及他书之误。

（4）据《清高宗实录》卷三四六第 785 页，谕斥高斌前筑十字河竹络坝之临黄、临运二坝失误事在乾隆十四年八月乙酉，而《清国史》卷一一八、《国朝耆献类征初编》卷二〇引《国史馆本传》却系于十五年三月，误。

（5）关于高斌生卒年月，各传失载。今据乾隆十七年三月十一日高斌所进《奏报生日日期折》称：“奴才今年七十岁，五月初四日奴才生日。”（《宫中档乾隆朝奏折》第 2 辑，第 422、423 页）可知，高斌生于康熙二十二年五月初四日（公历 1683 年 5 月 29 日）。又据乾隆二十年三月初九日高斌所进《奏报因病难瘥并谢圣恩事》(一史馆乾隆朝奏折档号 03-0091-043,缩微号 006-1559)及同年三月十二日富勒赫进《奏报原任总河高斌病故折》(《宫中档乾隆朝奏折》第 10 辑,第 881 页)可知,高斌卒于乾隆二十年三月初九日(公历 1755 年 4 月 19 日)。《国朝耆献类征初编》卷二〇钱陈群《墓志铭》载,高斌生于康熙三十二年(1693 年)五月初四日,卒于乾隆二十年三月初九日(1755 年 4 月 19 日),寿六十有三。所记误,当为七十三岁。

汪由敦(1692—1758.3.1)

(1)关于乾隆六年汪由敦授礼部侍郎的时间,《国朝耆献类征初编》卷二二引《国史馆本传》谓:"五月,迁礼部右侍郎",《清国史》卷一三四、《满汉名臣传》(汉)卷二八与之相同。而钱维城《汪由敦传》则谓授礼部左侍郎。核之《清高宗实录》卷一四三第 1060 页,当在乾隆六年五月戊子,钱维城《汪由敦传》所记有误。

(2)关于汪由敦充经筵讲官事,《国朝耆献类征初编》卷二二引《国史馆本传》、《满汉名臣传》(汉)卷二八均作乾隆七年事,而钱维城《汪由敦传》、《清国史》卷一三四则系于乾隆八年。核之《清高宗实录》卷二〇七第 666 页,当为八年十二月丁卯事。《国朝耆献类征初编》《满汉名臣传》诸书所记误。

(3)关于汪由敦入军机处的时间,《清高宗实录》卷二七七第 616 页记为乾隆十年十月壬午,而《清史稿》卷一七六《军机大臣年表》则作乾隆十年十月戊午,当误。

(4)关于汪由敦晋太子太傅的时间,钱陈群《墓志铭》记为乾隆十八年,而《国朝耆献类征初编》卷二二引《国史馆本传》、钱维城《汪由敦传》均作十九年。《清高宗实录》卷四六〇第 972 页则系于乾隆十九年四月庚辰朔条。以此可知,《墓志铭》所记当误。

梦麟(1728—1758)

(1)关于梦麟先世世系,《清史稿》卷二二八《明安达礼》所叙世次作:明安达礼—都克—?—永安—?—宪德—梦麟。而王昶《春融堂集》卷五二《户部侍郎署翰林院掌院学士梦公神道碑》及《清国史》卷一一二《宪德传》则作明安达礼—花善—宪德—梦麟。考之史实,《清史稿》所叙误。《清史稿校注》未出注。

(2)关于乾隆十五年五月梦麟所授官职,《清高宗实录》卷三六四第 1018 页乾隆十五年五月乙卯条、王昶《春融堂集》卷五二《户部侍郎署翰林院掌院学士梦公神道碑》、清国史馆传稿第 5786 号、《清国史》卷一五五、《钦定八旗通志》卷一八七均作"侍讲",而《满汉名臣传》卷三七、《清史稿》卷三〇四本传皆误作"侍讲学士。"《清史稿校注》未出注。

蒋溥(1708—1761.5.13)

(1)关于蒋溥署礼部尚书、掌翰林院事的时间,《国朝耆献类征初编》卷二三引《国史馆本传》、《清国史》卷一三七、《满汉名臣传》(汉)卷二四、《清史列传》卷二〇、清国史馆传稿第 5741 号、《清史稿》卷二八九咸谓乾隆十八年"协办大学士,署礼部尚书,掌翰林院事"。而据《清高宗实录》,乾隆十八年,蒋溥无兼署礼部尚书事,其掌翰林院掌院学士是在十九年十月,《国朝耆献类征初编》卷二三引《国史馆本传》及各传所记皆误。《清史稿校注》未出注。

(2)关于蒋溥卒日,各传失载。今据其自进《奏报病情垂危事》(一史馆乾隆朝奏折档号 03-0104-096,缩微号 007-1565)时日,其卒日为乾隆二十六年四月初九日(公历 1761 年 5 月 13 日)。

兆惠(1708—1764.12.9)

(1)关于兆惠生年,各传失载。今据乾隆四十四年乾隆帝御制《怀旧诗二十三首》(《御制诗四集》卷五八,清光绪刊本):"长予才三年,何不同予老。"又,该诗注称:"兆惠长予仅三岁,正资倚任,遽以甲申冬病殁。"可知,兆惠当生于康熙四十七年(1708),至乾隆二十九年(1764)去世,得年五十七岁。

(2)关于兆惠出使西藏的次数,据《清高宗实录》载,乾隆十五年十一月、十八年二月,兆惠曾两次受命赴藏。而《清国史》卷一三五、《国朝耆献类征初编》卷二四、《钦定八旗通志》卷一五四、《清史列传》卷二〇、《清史稿》卷三一三等书仅载十八年一次,误。《清史稿校注》未出注。

(3)关于兆惠卒日,各传失载。今据《清高宗实录》卷七二三第 1054 页乾隆二十九年十一月乙丑条与《御制诗三集》卷四二《临协办大学士尚书武毅谋勇公兆惠第酹酒》互读,则可确定兆惠卒日为乾隆二十九年十一月十七日(公历 1764 年 12 月 9 日)。

阿里衮(? —1769. 11. 16)

关于阿里衮得授果毅公爵时间,《清国史》卷一三六、《国朝耆献类征初编》卷二七、《满汉名臣传》续卷八、《清史列传》卷二〇均记为乾隆二十二年二月。而据《清高宗实录》卷五七五第 309 页,其事当在乾隆二十三年十一月己亥。

尹继善(1695—1771. 6. 3)

(1)关于尹继善生年,乾隆二十九年三月初一日尹继善所进《奏为蒙准入觐谢恩折》(《宫中档乾隆朝奏折》第 20 辑,第 702 页)中称:"兹臣年届七旬,方虑虚度韶光,夙夜滋惧,乃以微末贱辰,时荷九重垂念。因臣奏请陛见,令于生日之前到京。似此旷典隆恩,实为天高地厚。"可知乾隆二十九年时,尹继善已年届七十。以此逆推,其生年当为康熙三十四年(1695)。乾隆三十六年卒时,得年七十七岁。《国朝耆献类征初编》卷二一《国史馆本传》称其于乾隆三十年时年届七十,当误。

(2)关于雍正五年九月尹继善往广东所审布政使人名,《国朝耆献类征初编》卷二一引《国史馆本传》作"宫达",而《清国史》卷一三一及《雍正朝汉文朱批奏折汇编》第 31 册第 362 条《奏报王士俊揭官达贪渎、阿克敦曲庇、方愿瑛劝释一案始末折》皆作"官达"。《国朝耆献类征初编》卷二一引《国史馆本传》所记当误。

(3)关于就河务治理事李卫传旨于尹继善的时间,《清史稿》卷三〇七于乾隆九年(1744)载:尹继善署两江总督协理河务期间,"(李)卫入觐,还,上命传旨开天然坝,且曰,卫奏河水小,坝宜开",尹继善复奏,略言卫所奏不合实情。按,李卫早在乾隆三年十月已卒于直隶总督任上,又何从于死后数年有督浙、入觐及奏报河务之事?又查,此条资料源于雍正七年五月二十九日,尹继善所进《奏谢朱批训诲并陈治河之道折》(《雍正朝汉文朱批奏折汇编》第 15 册第 331 条),尔后,袁枚《尹文端公神道碑》亦加节述。而《清史稿》作者却将本属雍正七年之事置于乾隆九年,误。《清史稿校注》未出注。

(4)关于乾隆十三年十月尹继善所署职务,《国朝耆献类征初编》卷二一引《国史馆本传》谓户部尚书,而袁枚《神道碑》则作吏部尚书。

核之《清高宗实录》卷三二六第 392 页乾隆十三年十月庚寅条，当以户部尚书为是。

(5)据《清高宗实录》卷八二一第 1147 页、《清国史》卷一三一，以尹继善充经筵讲官事在乾隆三十三年十月丙子，而《国朝耆献类征初编》卷二一引《国史馆本传》却作三十二年，误。

(6)关于尹继善去世时日，《国朝耆献类征初编》卷二一引《国史馆本传》谓卒于乾隆三十六年四月，而袁枚《神道碑》则谓卒于乾隆三十六年二月。今据《清高宗实录》卷八八三第 832 页乾隆三十六年四月壬辰(二十二日)条所降谕旨推算，尹继善卒月当为乾隆三十六年四月，袁枚《神道碑》所记当误。又，尹继善卒日，各传失载。而据《乾隆朝上谕档》(档案出版社 1991 年版)，乾隆三十六年四月二十日，尹继善尚以大学士、军机大臣身份向两江总督高晋寄出廷寄，同月二十二日，乾隆帝即颁布尹继善去世谕旨。以此判断，尹继善当卒于乾隆三十六年四月二十一日(公历 1771 年 6 月 3 日)。

裘曰修(1712.11.27—1773.6.20)

(1)关于裘曰修充湖北乡试正考官的时间，《满汉名臣传》(汉)卷三〇、《清史列传》卷二三皆作"十二月"，核之《清高宗实录》卷二九三第 838 页乾隆十二年六月丁丑条、《清国史》卷一五五，当为"十二年"。《满汉名臣传》(汉)、《清史列传》所记均误。

(2)关于裘曰修乾隆二十年降调职务，《清高宗实录》卷四九〇第 165 页载："六月甲寅，以原任户部侍郎裘曰修为右春坊右中允。"而据裘行简《行述》(收于《裘文达公全集》，乾隆刻本)，则作"左春坊左中允"，《行述》所记当误。

(3)关于裘曰修乾隆二十四年出任乡试正考官地点，《满汉名臣传》(汉)卷三〇、《清史列传》卷二三皆作"江西"，而据《清高宗实录》卷五九一第 571 页乾隆二十四年闰六月辛丑条，当为"江南"。《满汉名臣传》(汉)、《清史列传》所记均误。

(4)关于乾隆帝御制《中州治河碑文》成文的时间，据《清高宗实录》卷五六四第 151 页，事在乾隆二十三年六月庚申，而《满汉名臣传》(汉)卷三〇、《清史列传》卷二三、《清史稿》卷三二七等书皆作乾隆二十六年，误。《清史稿校注》未出注。

温福(? —1773.7.29)

(1)关于伍岱、色布腾巴勒珠尔因参劾温福获咎事,《清国史》卷一五六、《国朝耆献类征初编》卷二二《温福传》均作乾隆三十七年二月。而据《清高宗实录》卷九一三第 229 页,当在乾隆三十七年七月己酉。《清国史》卷一五六、《国朝耆献类征初编》卷二二所记均误。

(2)关于温福卒日,各传失载。今据乾隆三十八年六月十三日,署四川总督富勒浑进《奏为木果木军营失事温福阵亡事》(一史馆乾隆朝奏折档号 03-0465-020,缩微号 031-2340)可知,温福卒于乾隆三十八年六月初十日(公历 1773 年 7 月 29 日)。

刘统勋(1699—1773.12.29)

(1)关于以刘统勋管理武英殿事务的时间,《国朝耆献类征初编》卷二一引《国史馆本传》、《清国史》卷一三一、《清史列传》卷一八、《满汉名臣传》(汉)卷二九皆系于三年五月,而据《清高宗实录》卷九二第 417 页,当为乾隆四年五月戊午。

(2)据《清高宗实录》卷二九六第 878 页,乾隆十二年八月甲子,以刘统勋充顺天乡试副考官。而《国朝耆献类征初编》卷二一引《国史馆本传》却作"十二月,充顺天乡试正考官",可知该书刻印有误,漏"年八"二字,且以"副"为"正"。

(3)据《清高宗实录》卷五七五、五七六,以刘统勋往审原西安将军都赍贪黩事在二十三年十一月,结案于当年十二月,而《国朝耆献类征初编》卷二一引《国史馆本传》、《清史列传》、《清国史》、《满汉名臣传》(汉)却系于二十四年二月,误。

阿思哈(? —1776.11.19)

(1)关于乾隆十五年阿思哈所任职务,《清高宗实录》卷三七七第 1180 页乾隆十五年十一月乙丑条载:"调广西巡抚阿思哈为山西巡抚,仍兼提督事务。"而据《清高宗实录》此前各卷所载,自乾隆十四年四月始,阿思哈所任为"江西巡抚",此处称"广西巡抚"。系《清高宗实录》抄录之误。

(2)关于阿思哈原来旗籍,据《八旗满洲氏族通谱》(辽沈书社 1989 年影印本)卷三五第 440 页载:"(正红旗)古里,叶赫地方人,原任护军校……曾孙阿思哈,现任内阁侍读。"按,雍正间,阿思哈曾任内阁侍读,而《八旗满洲氏族通谱》亦成书于乾隆初年,故可确定,《八旗满洲氏族通谱》所载之阿思哈,即是本传传主。其原来旗籍,即是正红旗。又,《钦定八旗通志》卷三四〇《八旗大臣题名二·各省巡抚》亦载:阿思哈,满洲正红旗人。乾隆十四年十月,任江西巡抚。十五年十二月,调山西巡抚。十七年十月,革。二十二年六月,再任江西巡抚。二十五年十二月,革。二十八年六月,任广东巡抚。十一月,调河南巡抚。三十四年六月,升云贵总督。所述履历,亦与本传传主相合。由此可知,阿思哈原隶正红旗。

(3)关于阿思哈卒日,各传失载。兹据乾隆四十一年十月初十日,南河总督萨载进《奏报漕运总督阿思哈病故及臣暂接漕篆事》(一史馆乾隆朝奏折档号 03-0158-022,缩微号 011-1553)可知,阿思哈卒于乾隆四十一年十月初九日(公历 1776 年 11 月 19 日)。

四 部院大臣 9 人

尹会一(1691—1748.8、8)

(1)据《清代官员履历档案全编》第 1 册第 32 页《尹会一履历片》,尹会一于雍正五年二月始补授吏部考功司员外郎。而《清国史》卷一二六《尹会一传》却系于雍正三年。《清国史》所记误。

(2)据《国朝耆献类征初编》卷七七王步青《神道碑》,尹会一卒于乾隆十三年七月十五日(公历 1748 年 8 月 8 日),而《清国史》卷一二六、《清史列传》卷一八却称卒于乾隆十三年闰七月,误。

王安国(1694.6.24—1757.2.25)

(1)据《清高宗实录》,乾隆五年时,马尔泰为两广总督。而《清史稿》卷三〇四却以马尔泰为两江总督,误。《清史稿校注》未出注。

(2)汪由敦所作《墓志铭》称,明年(乾隆二十一年),兼管工部尚书。而据《清高宗实录》卷四九八第 271 页,其事当在乾隆二十年十月甲寅。汪由敦《墓志铭》所记误。

金德瑛(1701.10.3—1762.2.5)

(1)据《清碑传合集》卷三一陈兆崙《墓志铭》,乾隆二十年,金德瑛始任礼部侍郎。而据《清高宗实录》卷四五九第 961 页,事在乾隆十九年三月,陈兆崙《墓志铭》所记误。

(2)据蒋士铨《行状》(《忠雅堂文集》卷七,嘉庆二十一年刻本)、陈兆崙《墓志铭》,金德瑛丁卯岁自江西学政还朝,当指乾隆十二年(1747)于江西学政任满后途经山东还朝事,而《清史稿》卷三〇五《金德瑛传》却作乾隆十九年,误。

齐召南(1703.2.26—1768.7.7)

据齐召南自著《宝纶堂诗抄》(嘉庆刻本)卷五,齐召南坠马伤脑事在乾隆十四年四月二十九日。而《清碑传合集》卷三二载秦瀛《礼部侍郎天台齐公墓表》言"乾隆十四年正月",误。

彭维新(?—1769)

《清国史》卷一二八、《满汉名臣传》(汉)卷二六称:"散馆,授编修。"而《清圣祖实录》卷二三七第 370 页康熙四十八年四月壬子条却作授"检讨"。《清国史》《满汉名臣传》所记误。

董邦达(1692—1769.8.18)

关于董邦达生年,各传失载。今据《清代官员履历档案全编》第 2 册第 341 页《董邦达履历片》可知,其生年为康熙三十一年(1692)。至乾隆三十四年(1769)去世,得年七十八岁。

钱维城(1720—1772)

(1)《清国史》卷一五五、《满汉名臣传》(汉)卷二八皆称钱维城于乾隆十三年八月入直南书房。而据《清高宗实录》卷三四九第 813 页,事在乾隆十四年九月庚午,《清国史》《满汉名臣传》所记误。

(2)《清碑传合集》卷三〇王昶《神道碑》称钱维城壬午(乾隆二十七年,1762)充江西乡试主考官。核之《清高宗实录》卷五九〇第 562 页,当在乾隆二十四年(1759)闰六月。王昶《神道碑》所记有误。

吴绍诗(1699—1776.11.27)

关于总督永常参吴绍诗采买兵糈,浮销价值事,《清国史》卷一四四、《满汉名臣传》(汉)卷三一系于乾隆十八年二月。今据乾隆十九年二月十二日陕甘总督永常进《参奏西安督粮道吴绍诗居官贪劣请革职事》(一史馆乾隆朝奏折档号 03-0088-041,缩微号 006-0975),可定为乾隆十九年事。《清国史》《满汉名臣传》所记误。

陈德华(1696—1779)

(1)《国朝耆献类征初编》卷七六、《清史列传》卷一七皆谓陈德华于雍正九年始提督广东肇高学政,而据《清世宗实录》卷八九雍正七年十二月甲寅条,陈德华授肇高学政事在雍正七年,《国朝耆献类征初编》《清史列传》所记皆误。

(2)《国朝耆献类征初编》卷七六、《清史列传》卷一七皆谓陈德华于乾隆元年十月,迁詹事府詹事,充经筵讲官。十一月擢刑部侍郎。而据《清高宗实录》卷五五、五六、五八诸卷,事在乾隆二年十月、十一月、十二月,《国朝耆献类征初编》《清史列传》所记皆误。

(3)《国朝耆献类征初编》卷七六、《清史列传》卷一七皆谓陈德华于十四年正月,起为都察院左副都御史。而据《清高宗实录》卷三二〇第268页,事在乾隆十三年闰七月庚申,《国朝耆献类征初编》《清史列传》所记均误。

(4)《清史稿》卷三〇四谓陈德华卒年八十三岁。今排其年表,实为八十四岁。《清史稿》所记误。《清史稿校注》未出注。

五　督抚18人

马尔泰(?—1748)

《清史列传》卷一八称,乾隆七年四月,马尔泰擢任正黄旗汉军都统。而据《清高宗实录》卷一六四第65页乾隆七年四月壬辰条,其所擢任职务,乃镶黄旗汉军都统。《清史列传》卷一八所记误。

晏斯盛(1689—1752.5.7)

(1)关于晏斯盛生年,各传失载。今据乾隆十年十月二十一日晏斯盛《奏请回籍终养事》(一史馆乾隆朝奏折档号03-0081-029,缩微号005-2043)中称"臣年虽五十有七",可知其生于康熙二十八年(1689)。

(2)关于晏斯盛卒日,各传失载。今据乾隆十七年三月二十四日晏斯盛所进《奏报臣病垂危折》(台北故宫网上资料第008291号),可知其卒于乾隆十七年三月二十四日(1752年5月7日)。

永常(1702—1755.12.29)

(1)关于永常生年、卒日,各传失载。今据《清代官员履历档案全

编》第 1 册第 592 页《永常履历片》,可知,永常生于康熙四十一年
(1702)。又据乾隆二十年十二月十五日,陕甘总督黄廷桂进《奏报永
常途中病故情形折》(《宫中档乾隆朝奏折》第 13 辑,第 272 页)可知,
永常卒于乾隆二十年十一月二十七日(公历 1755 年 12 月 29 日)。

喀尔吉善(? —1757.8.16)

关于喀尔吉善卒日,各传失载。今据乾隆二十二年七月初二日
喀尔吉善所进《奏报患病难愈递遗折事》(一史馆乾隆朝奏折档号
03-0097-004,缩微号 007-0020),其卒日为乾隆二十二年七月初二日
(公历 1757 年 8 月 16 日)。

鹤年(1711—1758.1.12)

(1)关于鹤年生年,各传失载。今据《清代官员履历档案全编》第
1 册第 370 页所载乾隆四年《鹤年履历片》可知,其生年当为康熙五
十年(1711)。

(2)关于鹤年卒日,各传失载。今据《乾隆朝上谕档》(档案出版
社 1991 年版)第 3 册第 118 页及乾隆二十二年十二月初四日,山东
布政使阿尔泰所进《奏报鹤年病故情形折》(一史馆军机处录副奏折
档号 03-0092-068,缩微号 006—1850)可知,鹤年卒日为乾隆二十二
年十二月初三日(公历 1758 年 1 月 12 日)。

硕色(1687—1759)

《清国史》卷一一二、《国朝耆献类征初编》卷一七一、《满汉名臣
传》卷四六、《清史列传》卷一五载,乾隆二十一年,硕色调任湖广总
督。而据《清高宗实录》卷四九〇第 164 页,事在乾隆二十年六月癸
丑。《清国史》等书所记误。

开泰(? —1763)

《清史稿》卷三二六载,乾隆二十三年,莎罗奔攻吉地,开泰与提
督岳钟琪檄游击杨青等率兵分屯章谷、泰宁。其时,岳钟琪已卒,"岳
钟琪"当是"岳钟璜"之误。《清史稿》所记误。

图勒炳阿(1708—1765)

关于图勒炳阿生年,各传失载,今据《清代官员履历档案全编》第
2 册第 61 页《图勒炳阿履历片》,乾隆三年,图勒炳阿三十一岁,则其

出生年当为康熙四十七年(1708),至乾隆三十年(1765)去世,得年五十八岁。

卢焯(1693.11.10—1767.9.5)

《清国史》卷一一一、《国朝耆献类征初编》卷一六九、《清史稿》卷三三七均载,乾隆二十一年十一月,部文命陕西巡抚运粮金川。其时金川并无战事,而征讨准噶尔之役正在进行。据《清碑传合集》卷七一,吕星垣《卢公神道碑》所载,运粮军营当指新疆,《清国史》《国朝耆献类征初编》《清史稿》记为金川,当误。《清史稿校注》未出注。

雅尔图(?—1767)

据《清高宗实录》卷二六六第 499 页,乾隆十一年五月丙申朔,雅尔图始授吏部侍郎。而《清国史》卷一四四、《满汉名臣传》续卷四却系于乾隆十年五月。《清国史》《满汉名臣传》所记误。

苏昌(1693—1768.3.6)

关于苏昌生年,各传失载。今据乾隆十七年九月二十九日苏昌《奏报拟与高廉道富明安联姻折》(《宫中档乾隆朝奏折》第 4 辑,第 32 页),其生年为康熙三十二年(1693),卒年七十六岁。

杨锡绂(1701.10.31—1769.1.8)

据《清高宗实录》卷五六六第 183 页,乾隆二十三年七月丙申,杨锡绂加太子少师。而《清国史》卷一二七、《国朝耆献类征初编》卷一七三、《清史列传》卷一八竟置于乾隆二十六年,误。

定长(1705—1769.1.13)

关于定长生年,史载不详。今据《清代官员履历档案全编》第 2 册第 82 页《定长履历片》及定长所进《奏为患病请求委员暂署督篆事》(一史馆乾隆朝奏折档号 03-0126-053,缩微号 009-0520)可知,定长生于康熙四十四年(1705),至乾隆三十三年十二月初六日(1769 年 1 月 13 日)去世,得年六十四岁。

明德(1709—1770.9.6)

(1)关于明德生年,各传失载。今据《清代官员履历档案全编》第 2 册第 106 页《明德履历片》可知,明德生于康熙四十八年(1709)。至乾隆三十五年(1770)去世,得年六十二岁。

(2)据《清高宗实录》卷六九八第 817 页乾隆二十八年十一月辛酉条,明德调任省份为陕西,而非山西。《清国史》卷一五一所记误。

(3)关于明德卒日,各传失载。今据云南按察使诺穆亲进《奏报抚臣明德在署病故日期事》(一史馆乾隆朝奏折档号 04-01-12-0138-087,缩微号 04-01-12-024-0920)可知,明德卒于乾隆三十五年七月十七日(公历 1770 年 9 月 6 日)。

李宏(1707—1771)

关于李宏生年,各传失载。今据《戢思堂诗抄》(乾隆刻本)卷上,乾隆十二年(1747),李宏悼母诗中称:"溯自泣皇皇,奄余四十纪。"及卷下于《乙酉(1765)除日题画》诗后即作《六十自警》推算,其生年当为康熙四十六年(1707),至乾隆三十六年去世,得年六十五岁。

吴达善(? —1771.11.24)

(1)《清史稿》卷三〇九载,吴达善累擢镶红旗满洲副都统。而《清高宗实录》卷四七七第 1167 页乾隆十九年十一月癸卯条则记为"镶蓝旗满洲副都统",可知《清史稿》卷三〇九所记误。《清史稿校注》未出注。

(2)关于吴达善卒日,各传失载。今据吴达善所进《奏报病势垂危并将陕甘总督印信交布政使尹嘉铨护理折》(台北故宫博物院存第 015175 号),可知乾隆三十六年十月十八日乙酉(公历 1771 年 11 月 24 日)为其卒日。

富明安(1696—1772)

关于富明安生年,各传失载。今据《清代官员履历档案全编》第 16 册第 362 页《富明安履历折》,其生年当为康熙三十五年(1696),卒年七十七岁。

何煟(1705—1774.11.27)

(1)关于何煟生年,各传失载。今据乾隆三十九年二月十三日,何煟进《奏谢恩命兼兵部尚书衔事》(《宫中档乾隆朝奏折》第 34 辑,第 560 页)及《清高宗实录》卷九六九第 1227 页,乾隆三十九年十月丙午条上谕,可定其生年为康熙四十四年(1705),卒年七十岁。

(2)关于何煟卒日,各传失载。今据乾隆三十九年十月二十三日,暂署河南布政使荣柱进《奏报何煟病故事》(一史馆乾隆朝奏折档号 03-0140-044,缩微号 010-0815)可知,其卒日为乾隆三十九年十月二十三日(公历 1774 年 11 月 27 日)。

六　将军都统 4 人

阿敏道(?—1758)

关于阿敏道卒年,《清史稿》卷三一五系于乾隆二十二年。今据乾隆二十四年十一月辛亥乾隆帝《御制平定回部告成太学碑文》,可知阿敏道于乾隆二十三年六月遇害,《清史稿》所记误。《清史稿校注》未出注。

纳穆扎勒(?—1758. 11. 14)

关于纳穆扎勒战死时间,各传所记不详。今据《清高宗实录》卷五七五第 324 页乾隆二十三年十一月丁未条所载,可知其于当年十月十四日(1758 年 11 月 14 日)战死。

明瑞(?—1768. 3. 27)

关于明瑞死因,《清高宗实录》卷八〇五第 886 页乾隆三十三年二月丁亥条、《清国史》卷一四八、《国朝耆献类征初编》卷三五一、《满汉名臣传》续卷一七、《清史列传》卷二二皆谓其胸臂被枪,伤重阵亡。而其卒日,各传失载。今据《啸亭杂录》卷五《缅甸归诚本末》所载,可知明瑞于乾隆三十三年二月初十(公历 1768 年 3 月 27 日)自尽殉国。

富僧阿(?—1775. 4. 1)

关于富僧阿卒日,各传失载。今据陕西巡抚毕沅所进《奏报西安将军富僧阿病故事》(一史馆乾隆朝奏折档号 03-0406-016,缩微号 027-1589),可知其卒日为乾隆四十年三月初二日(公历 1775 年 4 月 1 日)。

七　异己贪官 11 人

周学健(1694?—1749. 1. 6)

(1)据《清高宗实录》卷六第 262 页,以周学健提督福建学政事在雍正十三年十一月己亥,而《清国史》卷一五三、《满汉名臣传》(汉)卷

一八、《清史列传》卷二三却作是年九月。《清国史》等书所记误。

(2)据《清高宗实录》卷二七四第 584 页,周学健改任南河总督事在乾隆十一年九月辛丑,而《清国史》卷一五三、《满汉名臣传》(汉)卷一八、《清史列传》卷二三则系于乾隆十二年九月,《清国史》等书所记误。

鄂昌(1700—1755)

关于鄂昌生年,各传失载。今据《清代官员履历档案全编》第 1 册第 373 页《鄂昌履历片》,可知鄂昌生于康熙三十九年(1700),卒年五十六岁。

胡中藻(1711—1755.5.21)

关于胡中藻生年,各传失载。今据《清代官员履历档案全编》第 1 册第 370 页《胡中藻履历片》,其生年为康熙五十年(1711)。

鄂乐舜(1704—1756)

关于鄂乐舜生年,各传失载。今据《清代官员履历档案全编》第 1 册第 640 页《鄂乐舜履历片》可知,鄂乐舜生于康熙四十三年(1704),卒年五十三岁。

彭家屏(1696—1757.8.27)

关于彭家屏生年,各传失载。今据《雍正朝汉文朱批奏折汇编》第 34 册第 588 条及《清代官员履历档案全编》第 14 册第 689 页《彭家屏履历折》,彭家屏生于康熙三十五年(1696),卒年六十二岁。

蒋洲(1713—1757)

关于蒋洲生年,各传失载。今据《清代官员履历档案全编》第 15 册第 469 页《蒋洲履历折》可知,其生年为康熙五十二年(1713),卒年四十五岁。

杨灏(1694—1757.10.29)

(1)关于杨灏生年,各传失载。今据《清代官员履历档案全编》第 1 册第 645 页《杨灏履历片》,可知其生于康熙三十三年(1694)。至乾隆二十二年九月以贪污伏诛,得年六十四岁。

(2)关于杨灏卒日,各传失载,今据《乾隆朝上谕档》第 4 册第 102 页《杨灏履历折》,可知其于乾隆二十二年九月十七日(1757 年

10 月 29 日)在湖南省城伏法。

恒文（1702—1757.11.8）

（1）关于恒文生年，各传失载。今据《清代官员履历档案全编》第1 册第 651 页《恒文履历片》，其生年为康熙四十一年（1702），卒年五十六岁。

（2）关于恒文卒日，各传失载。今据湖南巡抚硕色进《奏报恒文遵旨自缢身死事》（一史馆乾隆朝奏折档号 03-1293-024，缩微号 091-1111）可知，乾隆二十二年九月二十七日（公历 1757 年 11 月 8 日），在钦差都统三泰、侍卫扎拉丰阿监视下，恒文自缢于荆门州旅店。

李因培（1717—1767.11.22）

（1）据《清高宗实录》卷三八三第 33 页，李因培奏请酌减山东莱州文武生员事在乾隆十六年二月乙酉，而《清国史》卷一五四、《满汉名臣传》（汉）卷二五却置于乾隆十五年，皆误。

（2）《清国史》卷一五四、《满汉名臣传》（汉）卷二五作"二十年五月，提督山东学政"。而据《清高宗实录》卷四八九第 143 页乾隆二十年五月己亥条，当为江苏学政。《清国史》《汉名臣传》所记误。《清史稿校注》卷三四五虽出注，却未及《清国史》《满汉名臣传》二书之误。

（3）据《清国史》卷一五四、《满汉名臣传》（汉）卷二五称"二十一年九月，调江苏"，而据《清高宗实录》卷五二一第 573 页乾隆二十一年九月壬辰条，则是令江苏学政李因培仍留原任。《清史稿校注》卷三四五虽出注，却未及《清国史》《满汉名臣传》二书之误。

（4）乾隆帝第二次南巡是在乾隆二十二年，而《清国史》卷一五四却作乾隆二十三年，误。

（5）李因培调任仓场侍郎的时间，《清国史》卷一五四、《满汉名臣传》（汉）卷二五均作二十八年十二月，而据《清高宗实录》卷七二五第1079 页，当为乾隆二十九年十二月丁酉。《清国史》《满汉名臣传》所记均误。

良卿（1727—1770.3.4）

（1）关于良卿生年，各传失载。今据《清代官员履历档案全编》第2 册第 95 页《良卿履历片》可知，良卿生于雍正五年（1727），至乾隆三十五年(1770)伏诛,得年五十四岁。

(2)关于良卿卒日,各传失载。今据湖广总督吴达善等进《奏报遵旨将良卿监视正法事》(一史馆乾隆朝奏折档号 03-1302-037,缩微号 091-2646),其卒日当为乾隆三十五年二月初八日(公历 1770 年 3 月 4 日)。

钱度(1712—1772.8.23)

(1)关于钱度生年,各传失载。今据《奏呈审讯钱度婪赃一案各犯供单》(一史馆乾隆朝奏折档号 03-1299-003,缩微号 091-2155)可知,其生年当为康熙五十一年(1712),至乾隆三十七年七月处死,得年六十一岁。

(2)据《清高宗实录》卷八〇七第 902 页,钱度调任贵州巡抚事在乾隆三十三年三月乙巳,而《满汉名臣传续集》卷五六却作三十年,误。

《清史稿·宣宗本纪》正误

《清史稿·宣宗本纪》三卷,初稿原出清史馆总纂吴廷燮手,继由该馆协修瑞良、总纂兼代馆长柯劭忞删削定稿,以之付梓。所据史料,多依实录。但因取材不慎,删削失当,不仅重要史实多所遗漏,而且,漏错月份、干支,记载重复、史实颠倒之处亦所在多有。1961 年,台湾张其昀等曾据《清史稿》改编成《清史》,内中《宣宗本纪》,尽取《清史稿》旧文而无所更动。1976 年,中华书局又据关外二次本与各本互勘。将《清史稿》重刊行世,但也未及参核实录,从容校勘,致使该篇原误仍存。今以中华书局本《清史稿·宣宗本纪》为工作底本,对照中华书局 1986 年影印本《清宣宗实录》和《清史稿》关外一次本及台湾本《清史》互勘,成《〈清史稿·宣宗本纪〉正误》一文。

《宣宗本纪一》

宣宗……幼好学,从编修秦承业、检讨万承风先后受读……乾隆五十六年八月,高宗行围威逊格尔。(第 617 页)

按:关外一次本、台本"受"皆作"授",误。"威逊格尔",关外一次本、台本皆作"威格逊尔",亦误。

嘉庆二十五年秋七月,戊寅,仁宗不豫,己卯,大渐……仁宗崩,即日奉大行皇帝梓宫回京。(第 618 页)

按：己卯，台本《清史》漏"己"字。又，核之实录，宣宗奉仁宗梓宫自热河返京事在八月乙未（十二日），在仁宗死后之第十六天，即日返京之说误。

> 嘉庆二十五年八月己未……御史袁铣疏陈定规模，正好恶七事，上优诏嘉纳之。加方受畴太子太保。……庚戌，加黄钺……太子少保。（第618页）

按：核之实录，御史袁铣上疏事在丁酉，方受畴加衔事在癸卯，三书本纪均漏载。又，加黄钺等为太子少保事，台本作"太子太保"，误。

> 嘉庆二十五年九月庚申……斌静奏冲巴噶什爱曼布鲁特比苏兰奇纠萨木萨克之子张格尔作乱。……壬戌……（以）顾德庆为左都御史。……是月，赈河南睢州等七州县水灾。（第619页）

按：核之实录，关外一次本、台本于"冲巴噶什"字下漏"爱曼"二字，又将"兰"字讹为"尔"字，皆误，又于"顾德庆"皆作"顾德广"，误。又，"七州县"，台本漏"州"字，误。

> 嘉庆二十五年冬十月辛丑，上大行皇帝尊谥庙号。（第619页）

按：核之实录，上大行皇帝尊谥庙号事在甲辰而非辛丑，三书本纪误。

> 嘉庆二十五年十一月丙辰，上奉皇太后居寿康宫。……甲戌，诚安改镶黄旗汉军都统。（第620页）

按：核之实录，皇太后迁居寿康宫事在乙丑而非丙辰。又，诚安改任都统者为"镶红旗"而非"镶黄旗"。三书本纪皆误。

> 嘉庆二十五年十二月丙戌……调庆保为闽浙总督……癸巳……英和罢军机大臣，照旧供尚书等职。丙申……召张映汉来京，以陈若霖为湖广总督，帅承瀛为浙江巡抚。（第620页）

按：核之实录，庆保为闽浙总督事在丁亥，英和退出军机处事在乙未，召张映汉来京以下事在丙午，三书本纪皆漏载。

道光元年春正月丙辰······裁浙江盐政，以巡抚兼管。······丙子，朝鲜国王李玜奉表慰唁；廓尔喀王热尊达尔毕噶尔玛萨野奏仁宗升遐成服，贡金缎，赐敕嘉赉之。（第 621 页）

按：核之实录，裁浙江盐政事在丁巳，廓尔喀王进贡事在己卯，三书本纪漏载。又，朝鲜国王奉表慰唁事在丁丑而非丙子，三书本纪误。

道光元年二月壬午朔，日食。班禅额尔德尼进贡物，赐敕褒嘉赉之。（第 621 页）

按：核之实录，班禅进贡事在辛卯，三书本纪漏载。

道光元年三月丁卯，命成都将军呢玛善赴云南帮办军务。癸酉，葬仁宗睿皇帝于昌陵，加托津、曹振镛太子太傅。（第 621 页）

按：呢玛善，关外一次本、台本皆作"玛呢善"。核之实录，当如中华书局本《清史稿·宣宗本纪》作"呢玛善"。关外一次本、台本误。又，核之实录，托津、曹振镛加衔事在甲戌，三书本纪漏载。

道光元年夏四月庚寅，授呢玛善为钦差大臣，督办云南永北军务。授那清安左都御史。大学士、三等侯明亮致仕。命戴均元、穆克登额、阿克当阿相度万年吉地。······戊午，拨江苏海州等州县赈银四十五万六千两。命伯麟为大学士管兵部。······丙寅，封阮福皎为越南国王。以松筠为兵部尚书，庆惠为热河都统。（第 622 页）

按：呢玛善，关外一次本、台本皆作"玛呢善"，误。核之实录，明亮致仕事在甲午，戴均元等相度万年吉地事在丁酉，三书本纪均失载。又，戊午日为五月初九，故知戊午字上失载"五月"二字。另，核之实录，伯麟为大学士管兵部事在己未，松筠为兵部尚书事在己巳，三书本纪亦失载。

道光元年六月戊戌，召成龄来京，以李鸿宾为漕运总督，孙尔准为安徽巡抚。除河南新乡县地赋。以琦善为山东巡抚。（第 622 页）

按：除河南新乡县地赋事在庚子，琦善为山东巡抚事在甲辰，三书本纪均失载。

道光元年九月己巳，召长龄来京，以朱勋署陕甘总督。（第622页）

按：召长龄事在庚午而非己巳，三书本纪所载误。

道光二年春正月丁未朔，方受畴病免……庚午……（调）松筠为黑龙江将军。……辛未……以王鼎为左都御史。命长龄回陕甘总督。（第623页）

按：核之实录，方受畴病免事在癸丑，松筠当作"松筩"，三书本纪皆误。长龄回陕甘总督事在癸酉，三书本纪皆失载。

道光二年三月丙午，拨江苏上元等二十州县赈银五十四万两。……庚戌，上谒昭西陵、孝东陵、景陵、裕陵……（第624页）

按：三月丙午为初一，三书本纪于丙午下失载"朔"字。又，核之实录，昭西陵字下有"孝陵"二字，三书本纪皆失载。

道光二年夏四月辛未，上孝敬宪皇后、孝圣宪皇后……尊谥……壬午，青海番贼平。（第624页）

按：孝圣宪皇后，关外一次本、台本皆作"孝圣宪皇帝"，误。壬午为五月初九，故知壬午字上漏载"五月"二字。

道光二年六月己巳……（以）松筩为吉林将军。（第625页）

按：关外一次本、台本皆作"松筠"，误。

道光二年秋七月，以程祖洛为河南巡抚，王鼎署之。（第625页）

按：核之实录，程祖洛为河南巡抚事在甲申，三书本纪皆失载。

道光二年八月癸卯，召云贵总督史致光来京，以明山代之。河南新蔡县教匪朱麻子作乱，命程祖洛捕诛之……是月……（给）直隶霸州等十二州县……水灾口粮。（第625页）

按：朱麻子作乱事在癸卯（初二），召史致光来京事在丁未（初六）。三书本纪于此前后颠倒，且于召史致光来京事上漏载"丁未"二字。又,核之实录,十二州县当为二十二州县,三书本纪皆误。

      道光二年冬十月丙午谒陵,命庄亲王绵课等留京办事。授那彦成陕甘总督。(第626页)

按:核之实录,谒陵字上当有"以"字,授那彦成陕甘总督事在己酉,三书本纪皆失载。

      道光二年十一月戊子,起松筠为光禄寺少卿。(第627页)

按:核之实录,松筠任光禄寺少卿事在己丑而非戊子,三书本纪皆误。

      道光三年春正月壬申,御重华宫,宴群臣及内廷翰林。调孙尔准为福建巡抚,以陶澍为安徽巡抚。以廓尔喀额尔德尼王遣噶箕达纳彭咱邦礼等来贺登极进表贡,赐诏嘉勉,仍优赉之。(第628页)

按:核之实录,孙尔准、陶澍任职福建、安徽事在癸酉,廓尔喀王遣使来贺事在丁丑,三书本纪均漏载。

      道光三年三月丙子,上奉皇太后幸南苑。上行围。(第628页)

按:核之实录,行围日在戊寅、己卯,三书本纪皆漏载。

      道光三年五月辛未,赈直隶霸州等州县灾。是月,赈直隶霸州等三十六州县灾民。(第629页)

按:核之实录,上述两事实为一事。三书本纪于此记载重复。

      道光三年六月,命署工部侍郎张文浩会同蒋攸铦查勘南北运河并永定、大清、漳沱各河。戊午,以果勒丰阿为乌里雅苏台将军。永定河决。(第629页)

按:核之实录,命张文浩等查勘运河等事在壬寅。果勒丰阿任乌里雅苏台将军事在丁巳而非戊午。永定河决事在甲寅。三书本纪于此或漏或误。

      道光三年秋七月戊辰,以陆以庄为左都御史。己巳,以直隶霸州等十州县被淹较重,饬拨银米先行抚恤。饬琦善捕蝗。壬

午,以江苏水灾,免各关商米税银。免河南应摊川楚及卫案军需四百六十万两。(第629页)

按:核之实录,抚恤直隶被灾州县事在甲戌而非己巳。饬琦善捕蝗事在乙亥。以江苏水灾,免各关商米税银事在乙未。免河南军需四百六十万两事在丙申。三书本纪于此皆或漏或误。

　　道光三年冬十月,赈湖北江陵等三县卫水灾,并免新旧额赋,给修屋费。贷奉天锦州旗民、山东武城县水灾一月口粮……乙亥,以毓岱为广西巡抚。……癸丑,以缉盗功,加陕西陕安道严如煜按察使衔。(第630页)

按:核之实录,贷奉天锦州旗民事在庚戌(十五日),赈湖北江陵等三县灾民事在甲寅(十九日),贷山东武城县灾民事在乙卯(二十日),贷天津等处灾民事在己未(二十四日)。三书本纪于此前后颠倒而且漏载干支。又,以毓岱为广西巡抚事在丙子(十一月十二日)而非乙亥(十一月十一日),当为十一月事。以缉盗功加严如煜衔事在甲寅(十二月二十日),三书本纪于此通载于十月条下,误。

　　道光四年二月……调毓岱为江西巡抚,以康绍镛为广西巡抚。(第631页)

按:核之实录,调毓岱为江西巡抚事在三月甲子朔,故知其下皆为三月间事。三书本纪于此失载月分、干支,混入二月事内,误。

　　道光四年夏四月壬戌,贷湖北武昌府属道士洑营、荆州城守等营兵丁仓谷,江南徐州镇标中营等驻扎灾区两月钱粮。(第631页)

按:核之实录,贷荆州兵丁仓谷事在乙巳(十二日);贷徐州镇标中营钱粮事在乙卯(二十二日),贷武昌营兵仓谷事在丙辰(二十三日)而非壬戌。三书本纪于此不但颠倒,而且错漏干支。

　　道光四年秋七月丙子……(以)姚文田为左都御史。(第631页)

按:核之实录,姚文田为左都御史事在丁丑,三书本纪漏载。

　　道光四年八月壬戌,命江苏按察使林则徐浚浙江水道。

……庚辰，以苏明阿为贵州巡抚。……是月，蠲缓……甘肃宜禾县旱灾额赋。（第632页）

按：核之实录，命林则徐浚浙江水道当为"浚江浙水道"。又，苏明阿为贵州巡抚事在癸未而非庚辰。甘肃宜禾县，关外一次本、台本皆作"宣禾县"，误。

道光四年十一月己酉，以高堰十三堡决口，张文浩交部严议。辛亥，命文孚、汪廷珍往江南查看高堰决口。（第632页）

按：核之实录，己酉当作"辛亥"，辛亥当作"壬子"。三书本纪皆误。

道光四年十二月己卯，召明山来京，以长龄为云贵总督。高堰决口合龙。以庆保为乌里雅苏台将军，那清安为热河都统，明山为刑部尚书，穆彰阿署。（第633页）

按：核之实录，庆保为乌里雅苏台将军以下事在癸未，三书本纪漏载。署刑部尚书者乃托津而非穆彰阿，三书本纪误。

道光五年春正月，授戴三锡四川总督。（第633页）

按，核之实录，戴三锡任四川总督在甲午日，三书本纪漏载。

道光五年二月戊寅，上奉皇太后谒陵……上谒昭西陵、孝陵、孝东陵、景陵、裕陵……（第634页）

按：核之实录，上谒昭西各陵在辛巳，三书本纪漏载。

道光五年三月戊子朔，上还京师，以琦善为山东巡抚。甲辰，以程含章为浙江巡抚。……丙辰，免河南积年民欠并河工加价摊银。是月，贷……庄浪县丞所属灾隶子种口粮。（第634页）

按：核之实录，琦善任山东巡抚事亦在甲辰。三书本将之系于戊子朔日下，误。又，免河南积年民欠事在乙卯而非丙辰，三书本纪误。

道光五年五月丁酉……调张师诚为安徽巡抚，陶澍为江苏巡抚。（第634页）

按：核之实录，张师诚、陶澍任巡抚事在甲辰，三书本纪皆漏。

道光五年六月,命蒋攸铦为大学士,仍留直隶总督任。……丁卯,降魏元煜三品顶戴,仍留漕运总督任。(第635页)

按:核之实录,蒋攸铦为大学士事在戊午,三书本纪漏载。魏元煜降职事在癸酉而非丁卯,三书本纪误。

道光五年八月,以嵩孚为刑部尚书……己未……以武隆阿为江西巡抚。(第635页)

按:核之实录,嵩孚为刑部尚书事在丁巳,三书本纪漏载。武隆阿任江西巡抚,关外一次本、台本均作"山西巡抚",误。

道光五年九月乙酉,召那彦成,以鄂山署陕甘总督。……韩文绮为江苏巡抚……甲辰,以德英阿署伊犁将军……喀什噶尔帮办大臣巴彦巴图等率兵剿张格尔,妄杀布鲁特部人。(第635页)

按:关外一次本、台本鄂山字上无"以"字,不通。又,核之实录,韩文绮所任为江西巡抚而非江苏巡抚,三书本纪误。另,巴彦巴图剿张格尔事在壬子,三书本纪漏载。

道光五年十一月庚子,免托津管刑部,以蒋攸铦代之,并命为军机大臣。……丁未,雪。命庆祥以将军衔署喀什噶尔参赞大臣。(第636页)

按:托津,关外一次本、台本均作"托浑",误。又,核之实录,庆祥任喀什噶尔参赞大臣事在己酉,三书本纪皆漏。

道光六年秋七月己亥,以德英阿为伊犁参赞大臣……庚子,张格尔陷和田城,领队大臣奕湄、帮办大臣桂斌等死之。(第638页)

按:核之实录,德英阿为伊犁参赞大臣事在丁酉而非己亥,三书本纪误。又,张格尔陷和田城事当入八月己巳(二十日)条下,三书本纪列于七月庚子(二十日)下,误。

道光六年八月,回酋首巴布顶等陷英吉沙尔。(第638页)

按:核之实录。回酋陷英吉沙尔事在壬子,三书本纪漏。

道光六年十二月戊申朔，以杨健为湖北巡抚。……丙辰，四子部扎萨克亲王伊什楚克鲁布以僭妄削爵。（第639页）

按：核之实录，杨健为湖北巡抚事在癸丑而非戊申，三书本纪误。又，四子部，关外一次本、台本均作"回于"，误。

道光七年五月癸未，琦善、张井、潘锡恩严议。琦善免两江总督，以蒋攸铦代之。（640页）

按：核之实录，琦善免两江总督事在丙戌，三书本纪均漏载。

道光七年六月壬午，上诣黑龙潭祈雨。（第640页）

按：关外一次本、台本均作"白龙潭"，核之实录，误。

道光七年秋七月己未……以安福为察哈尔都统。……癸亥，那清安仍为左都御史。英和褫太子太保，降二品顶戴，为热河都统。乙丑，以武隆阿为喀什噶尔参赞大臣，以卢坤为山东巡抚。（第641页）

按：核之实录，安福为察哈尔都统事在庚申，三书本纪漏载。又，关外一次本、台本于癸亥条记为："那清安仍为左都御史，褫太子太保，降英和二品顶戴，为热河都统"，记载颠倒。另，核之实录，武隆阿为喀什噶尔参赞大臣事在甲子而非乙丑，卢坤为山东巡抚事在乙丑，三书本纪于此记载或误或漏。

道光七年九月癸亥……晋戴均元太子太师。（第642页）

按：核之实录，戴均元晋太子太师事在甲子，三书本纪漏载。

道光七年冬十月庚辰，免嘉庆二十五年至道光五年各省民欠正杂钱粮。……庚寅，巴绷阿免，以额勒津为科布多参赞大臣。丁酉，以纶布多尔济为库伦蒙古办事大臣。（第642页）

按：核之实录，嘉庆二十五年当为嘉庆二十三年；"各省民欠"，当作"甘肃省民欠"，三书本纪皆误。又，关外一次本、台本作"通省民欠"，亦误。另，巴绷阿免职事在辛卯而非庚寅，纶布多尔济任职库伦事在辛丑而非丁酉，三书本纪误。

道光七年十二月，以彦德为乌里雅苏台将军。（第642页）

按：核之实录，彦德任乌里雅苏台将军事在甲戌，三书本纪漏载。

> 道光八年春正月癸亥……调果齐斯欢为绥远城将军。（第643页）

按：核之实录，果齐斯欢为绥远城将军事在甲子，三书本纪漏载。又，果齐斯欢，关外一次本、台本皆漏"斯"字，误。

> 道光八年二月乙亥……都察院左都御史史致光卒。（第643页）

按：核之实录，史致光卒事在癸巳，三书本纪漏载。

> 道光八年夏四月，调果齐斯欢为黑龙江将军，以特依顺保为绥远城将军。（第643页）

按：核之实录，调果齐斯欢为黑龙江将军事在甲申，三书本纪漏载。又，果齐斯欢，关外一次本、台本皆漏"斯"字，误。

> 道光八年秋七月丙午，以昇寅为热河都统，以那清安署刑部尚书。（第644页）

按，核之实录，昇寅为热河都统以下事在丁未而非丙午，三书本纪误。

> 道光八年九月辛酉，上还圆明园。调特依顺保为黑龙江将军。（第644页）

按：核之实录，特依顺保为黑龙江将军事在乙丑，三书本纪漏载。

> 道光八年十二月辛巳，那彦成奏招降附霍罕之额提格纳部落。（第645页）

按：核之实录，那彦成奏招降霍罕部落事在癸巳而非辛巳，三书本纪误。

> 道光九年春正月丁未，希皮察克爱曼布鲁特阿仔和卓来降。（第645页）

按：希皮察克爱曼布鲁特，关外一次本、台本皆漏"希""爱曼"数字，核之实录，误。

　　道光九年二月庚午……霍罕西南达尔瓦斯部落遣使内附,谕嘉奖却之。(第 645 页)

　　按:核之实录,达尔瓦斯遣使内附事在戊寅,三书本纪漏载。

　　道光九年六月乙丑,以福绵为科布多参赞大臣。(第 646 页)

　　按:核之实录,福绵为科布多参赞大臣事在丙寅而非乙丑,三书本纪误。

　　道光九年七月己亥……以扎隆阿为喀什噶尔参赞大臣。(第 646 页)

　　按:核之实录,扎隆阿为喀什噶尔参赞大臣事在乙卯,三书本纪漏载。

　　道光九年九月己酉……上谒福陵,临奠弘毅公额亦都墓,加恩后裔博克顺等。癸丑,行大飨礼至盛京,诣太庙宝册前行礼。(第 647 页)

　　按:核之实录,上谒福陵,临奠弘毅公额亦都墓,加恩后裔博克顺等事在壬子,三书本纪漏载。又,上至盛京,诣太庙宝册前行礼事在甲寅,三书本纪亦失载。

　　道光九年十月,以潘世恩署礼部尚书。辛未……上奉皇太后幸澄海楼(第 647 页)

　　按:核之实录,潘世恩署礼部尚书事在甲子,上奉皇太后幸澄海楼事在甲戌,三书本纪皆漏载。

　　道光十年八月庚戌……调卢坤为江苏巡抚……(第 649 页)

　　按:核之实录,卢坤为江苏巡抚事在壬子。三书本纪漏载。

　　道光十年九月戊午,安集延回匪复入喀什噶尔……己未……以英惠署黑龙江将军。……丁丑……以卢荫溥为大学士……(第 649 页)

　　按:九月戊午,关外一次本、台本皆漏“九月”二字,误。又,核之实录,英惠署黑龙江将军事在乙丑,卢荫溥为大学士事在戊寅,三书本纪皆漏载。

道光十年十月,以卢荫溥为体仁阁大学士。(第 649 页)

按:核之实录,卢荫溥为体仁阁大学士事在丙戌,三书本纪漏载。

道光十年十一月,以杨怿曾为湖北巡抚。乙亥,申谕李鸿宾等查办广东会匪。……壬午,嵩孚降调,以卢坤为湖广总督……以阿勒精阿为江西巡抚。(第 650 页)

按:核之实录,杨怿曾为湖北巡抚事在丙寅,三书本纪漏载。又,申谕李鸿宾查办广东会匪事在丙子而非乙亥,三书本纪误。另,卢坤,关外一次本、台本皆作"富坤",误。再,阿勒精阿为江西巡抚事在癸未,三书本纪漏载。

《宣宗本纪二》

道光十一年春正月辛酉,扎隆阿免……丙子,以魏元烺为福建巡抚。朝鲜国王李玜请封其孙奂为世孙,贡方物。(第 651 页)

按:核之实录,扎隆阿免职事在壬戌而非辛酉,三书本纪误。又,朝鲜国王请封世孙事在辛巳,三书本纪漏载。

道光十一年二月辛卯……那彦成以驱逐安集延回民启衅,褫太子太保,并褫其子容照侍郎。(第 651 页)

按:核之实录,那彦成以启边衅而被夺衔事在壬辰,三书本纪漏载。

道光十一年三月癸丑朔……广东黎匪作乱,命李鸿宾剿之。(第 652 页)

按:核之实录,命李鸿宾剿黎匪事在己未,三书本纪漏载。

道光十一年六月丙申,申定官民买食鸦片烟罪例。(第 652 页)

按:关外一次本、台本均将六月丙申讹为"七月丙申",误。

道光十一年秋七月戊午……以安徽水灾,准邓廷桢买邻省米麦平粜,并备兵糈。癸酉,以诬陷回王伊萨克叛逆,扎隆阿论斩。辛未,移回疆参赞大臣及和田领队大臣驻叶尔羌,添设总兵

驻巴尔楚克。（第 652 页）

按：核之实录，准邓廷桢买邻省米麦平粜事在己未，三书本纪漏载。又，本月癸酉为二十三日，辛未为二十一日，不应于一月内将辛未置癸酉之后。核对实录，文中"辛未"二字为衍文。三书本纪皆误。

道光十一年冬十月，严烺病免，以林则徐为河东河道总督。己丑，改喀什噶尔帮办大臣为领队大臣。乙未，命截留江西漕米八万石赈南昌、九江饥民。（第 653 页）

按：核之实录，严烺病免事在乙酉，三书本纪漏。又，关外一次本、台本于己丑日上窜入"乙未，命截留江西漕米八万石，赈南昌、九江饥民"。按己丑为十一日，乙未为十七日，不但时序颠倒，而且与后重复。误。

道光十二年春正月丁卯，陈若霖免，以戴敦元署刑部尚书。二月辛卯，钟昌降调，授戴敦元刑部尚书。（第 654 页）

按：戴敦元，关外一次本、台本皆作"裁均元"，误。

道光十二年三月乙卯，上谒昭西陵、孝陵、孝东陵、景陵、裕陵。……庚午……以文孚署户部尚书。（第 655 页）

按：关外一次本、台本于昭西陵三字皆作"东陵"，误。又，核之实录，文孚署户部尚书事在辛未，三书本纪漏载。

道光十二年夏四月癸巳，祈雨。（第 655 页）

按：核之实录，是日并未祈雨，而仅命于二十二日（戊戌）设坛祈雨，三书本纪所记不确。

道光十二年秋七月戊申……和田回塔瓦克等纠众作乱，捕诛之。（第 656 页）

按：核之实录，和田回众作乱事在乙卯，三书本纪漏载。

道光十二年八月，陶澍奏英船再入内洋，或不遵约束，当严惩。（第 656 页）

按：核之实录，陶澍所奏事在己卯，三书本纪漏载。

道光十二年冬十月丙午,命朱士彦、敬征往江南查办事件。（第657页）

按:核之实录,命朱士彦、敬征查办事件事在丁未而非丙午,三书本纪误。

道光十二年十一月,是月,贷……甘肃宜禾县被灾口粮。（第657页）

按:宜禾,关外一次本、台本皆作"宣和",误。

道光十三年春正月丁酉……桃南厅决口合龙。（第658页）

按:核之实录,桃南厅决口合龙事在辛丑,三书本纪漏载。

道光十三年三月戊戌,以麟庆为江南河道总督,以鄂顺安为湖北巡抚。（第658页）

按:核之实录,麟庆为江南河道总督事在己亥而非戊戌,三书本纪误。

道光十三年夏四月丁未,雨。（第658页）

按:台本漏载"丁未,雨"三字,误。

道光十三年五月丁酉……命大学士长龄管户部,潘世恩管工部……（第659页）

按:核之实录,工部当是兵部之误,三书本纪误。

道光十三年七月甲申,御试翰林、詹事官,擢田嵩年三员为一等,余升黜有差。壬辰……调祁埙广东巡抚,以惠吉为广西巡抚。（第659页）

按:关外一次本、台本于七月字下有"庚午"二字,误。又,擢田嵩年三员为一等,核之实录,事在己丑,三书本纪漏。三员,据实录,当为五员。又调祁埙广东巡抚以下事在癸巳,三书本纪漏。

道光十三年八月,是月,赈贵州都江等二厅水灾。（第659页）

按:台本漏"是月"二字,误。

道光十三年十月戊午，调布彦泰为伊犁参赞大臣。常德为塔尔巴哈台参赞大臣。己未，以汤金钊为工部尚书，史致俨为左都御史。（第659页）

按：核之实录，布彦泰任职伊犁事在丙辰而非戊午，汤金钊任工部尚书事在辛酉而非己未，三书本纪误。

道光十四年春正月丁卯朔，辛未，文孚免正黄旗领侍卫内大臣，以载铨代之。丁丑，缅甸贡使聂纽耶公那牙卒于京师。（第660页）

按："丁卯朔"三字系衍文，三书本纪误。又核之实录，缅使卒于京师事在戊寅，而非丁丑，三书本纪误。

道光十四年二月己酉，定山东运河查泉章程。（第661页）

按：泉，台本作"船"。核之实录，误。

道光十四年六月癸丑，以鄂尔多斯达拉特旗私租蒙地民人拒捕伤台吉，命鄂顺安捕治之。（第662页）

按：核之实录，癸丑当作壬子，三书本纪误。

道光十四年秋七月庚午……免福建台匪滋扰之四县，暨淡水厅抄叛各产租谷。壬申，命特依顺保等妥议沿边会哨章程。程祖洛奏获洋盗刘四等诛之。甲戌，四川峨边厅支夷作乱，命瑚松额、杨芳等查办。赈江西水灾。……是月，赈江西南昌等十三县水灾。（第663页）

按：核之实录，免福建各县租谷、赈江西水灾皆在壬申，三书本纪记载此两事干支误。另，赈江西水灾亦与后重复，三书本纪误。

道光十四年八月癸丑，以武忠额为乌里雅苏台将军，伦布多尔济署。……庚申……卢坤奏英商律劳卑来粤，致书称大英国，请暂停贸易，谕止之。（第663页）

按：核之实录，有以武忠额署乌里雅苏台将军而无伦布多尔济署理事，三书本纪误。又，关外一次本、台本于英商律劳卑皆漏其"律"字，误。

道光十四年十二月癸巳,霍罕复侵色坍库勒,命兴德等谕之,命文孚为东阁大学士。(第 664 页)

按:核之实录,文孚为东阁大学士事在辛卯,事在癸巳前两日,三书本纪不但事序颠倒,而且漏载"辛卯"二字。

道光十五年二月丙申,以阮元为大学士管刑部……丁未……以朝鲜世孙李奂袭封朝鲜国王。(第 665 页)

按:核之实录,阮元为大学士管刑部以下事在己亥而非丙申,三书本纪误。又,朝鲜世孙袭封国王事在壬子,三书本纪漏载。

道光十五年三月,山西赵城县匪曹顺作乱,知事杨延亮死之,遂围霍州。命鄂顺安剿办。乙亥,上亲耕耤田。幸南苑行围。庚辰,上还京师。(第 665 页)

按:核之实录,曹顺作乱事在丁卯,三书本纪漏载。又,关外一次本、台本无"乙亥,上亲耕耤田。幸南苑行围。庚辰,上还京师"数句,却于此另增"丙子,上行围,至己卯皆如之。庚辰,上还圆明园",是为中华书局本、关外一次本《清史稿》之异文。核之实录,皆如所述。

道光十五年夏四月,四川峨边支夷平。(第 665 页)

按:核之实录,四川峨边支夷平事在癸卯,三书本纪漏载。

道光十五年五月丁丑……以栗毓美为河东河道总督。(第 665 页)

按:栗毓美为河东河道总督事在戊寅,三书本纪漏载。

道光十五年冬十月戊午,以毓书为科布多参赞大臣。……乙丑……以富呢扬阿为乌鲁木齐都统。……是月,给山西阳曲等五州县、湖南岳州卫、浙江海宁等十三州县被灾口粮。(第 666 页)

按:核之实录,毓书为科布多参赞大臣事在壬戌而非戊午,三书本纪误。又,富呢扬阿为乌鲁木齐都统事在己卯,三书本纪漏载。另,湖南岳州卫,关外一次本、台本皆于"卫"字下衍一"州"字,误。

道光十六年二月己未,以谒东陵,命肃亲王等留京办事。(第

667页）

按：关外一次本、台本于肃亲王三字漏一"亲"字，误。

道光十六年秋七月己丑，高喀霂褫职，遣戍热河。（第668页）

按：关外一次本、台本于"高喀"字下衍一"加"字，误。

道光十六年十一月壬午，以敬征为工部尚书，调武忠额为左都御史，以奕纪为理藩院尚书。（第669页）

按：核之实录，敬征为工部尚书以下事在庚子而非壬午，三书本纪误。

道光十七年二月乙卯，福建嘉义县教匪沈知等作乱，捕诛之。（第670页）

按：关外一次本、台本于"嘉义"皆作"台义"，误。

道光十七年五月戊寅……以周天爵署漕运总督。（第670页）

按：核之实录，周天爵署漕运总督事在己卯，三书本纪漏载。

道光十七年六月庚戌，以御史朱成烈奏广东海口每岁出银三千余万……命沿海各督抚及各监督严饬稽查。戊午，命左都御史奎照、户部侍郎文庆在军机大臣上学习行走。己未，命琦善署直隶总督。（第670页）

按：核之实录，朱成烈奏事在辛亥而非庚戌，任命奎照为军机大臣事在壬戌而非戊午，以琦善署直督事在己巳而非己未，三书本纪皆误。

道光十七年秋七月辛卯……丁巳，西宁办事大臣德楞额迁荆州将军，以苏勒芳阿代之。（第671页）

按：丁巳，为八月初六日。故知本纪于丁巳字上漏"八月"二字。

道光十七年九月甲辰，免直隶邢台、阜城二县被旱额赋十分之五。（第671页）

按：核之实录，此次蠲免涉及邢台、阜城等四十一州县，因此，三书本纪此条记载不实。

> 道光十八年二月壬戌，修喀喇沙尔城。（第 672 页）

按：核之实录，修喀喇沙尔城事在乙卯而非壬戌，三书本纪皆误。

> 道光十八年夏四月辛未，以奕山为伊犁将军，湍多布为伊犁参赞大臣。（第 672 页）

按：关外一次本、台本皆作"端多布"，误。

> 道光十八年六月己卯，命湍多布为塔尔巴哈台参赞大臣，关福为伊犁参赞大臣。（第 673 页）

按：核之实录，湍多布、关福任职事在甲申而非己卯，三书本纪误。

> 道光十八年八月……是月，给陕西安定、府谷二县灾民口粮。（第 673 页）

按：是月，关外一次本、台本均讹作"九月"，误。

> 道光十八年九月丙午，庄亲王奕赍等坐食鸦片革爵。……己酉……召林则徐来京，以伍长华署漕运总督。辛酉，调钱宝琛为江西巡抚，裕泰为湖南巡抚。吏部尚书朱士彦卒……（第 673 页）

按：奕赍，台本作"奕卖"，误。又，核之实录，召林则徐来京，以伍长华署漕督事亦在辛酉，三书本纪误。另，吏部尚书朱士彦卒以下事在乙丑，三书本纪漏载。

> 道光十八年十一月丁巳，上诣大高殿祈雪。以固庆为科布多参赞大臣。（第 674 页）

按：核之实录，固庆为科布多参赞大臣事在壬戌，三书本纪漏载。

> 道光十八年十二月戊辰朔，贵州仁怀县匪谢法真等作乱，令伊里布剿之。（第 674 页）

按：关外一次本、台本漏"戊辰"二字，误。

道光十九年二月壬午，御试翰林、詹事等官，擢李国杞四员为一等，余升黜有差。（第 675 页）

按：核之实录，擢李国杞等四员为一等事在乙酉，三书本纪漏载。

道光十九年三月辛丑……（以）廖鸿荃为左都御史。……乙巳……裕谦署江苏巡抚。（第 675 页）

按：左都御史，关外一次本、台本皆作"右都御史"，误。又，核之实录，署理江苏巡抚者是"牛鉴"而非裕谦，三书本纪误。

道光十九年夏四月辛未……丁酉，以直隶旱，免奉天、山东、河南来直米税。（第 675 页）

按：核之实录，丁酉为五月初三日，故知丁酉字上漏载"五月"二字。

道光十九年九月己酉，哈丰阿迁广州将军……（第 676 页）

按：核之实录，哈丰阿迁广州将军以下事在丁未而非己酉，三书本纪误。

道光十九年冬十月，山西巡抚申启贤卒，赐恤如尚书例。（第 676 页）

按：核之实录，申启贤卒事在甲戌，三书本纪均漏载。

道光十九年十一月庚子……以程懋采为安徽巡抚。（第 676 页）

按：核之实录，以程懋采为安徽巡抚事在甲辰，三书本纪漏载。

道光十九年十二月癸亥，署两江总督陈銮卒……癸酉……调伊里布为两江总督……癸未……调邓廷桢为闽浙总督，桂良为云贵总督。（第 676 页）

按：十二月癸亥为该月朔日，当于癸亥字下加"朔"字。又，核之实录，伊里布为两江总督事在己卯，邓廷桢为闽浙总督事在甲申，三书本纪皆漏载。

道光二十年二月癸亥……（以）哈丰阿为西宁办事大臣。

……丁丑,河东河道总督栗毓美卒,以文冲为河东河道总督。（第 677 页）

按:核之实录,哈丰阿当为法丰阿(非任广州将军之哈丰阿),其任西宁办事大臣事在甲子,三书本纪漏载。又,栗毓美卒事在甲申而非丁丑,三书本纪误。

道光二十年三月,命何汝霖在军机大臣上学习行走。召奕山来京,以布彦泰为伊犁将军。（第 677 页）

按:核之实录,何汝霖为军机大臣事在丙申,召奕山来京以下事在庚戌,三书本纪均漏载。

道光二十年六月甲申……调瑚松额为热河都统。（第 678 页）

按,调瑚松额为热河都统事在戊子,三书本纪漏载。

道光二十年秋七月癸巳……英师犯福建厦门炮台,参将陈胜元等击却之。……丁酉……以湍多布为伊犁参赞大臣,花山太为塔尔巴哈台参赞大臣。……丙午,花山太迁喀什噶尔办事领队大臣……庚戌,林则徐等奏续获贩烟人犯。（第 678 页）

按:核之实录,英师犯福建厦门事在甲午,湍多布为伊犁参赞大臣等事在癸卯,三书本纪漏载。又,花山太改任喀什噶尔等事在丁未而非丙午,林则徐奏拿获烟贩事在壬子而非庚戌,三书本纪误。

道光二十年八月甲子,以邵甲名署浙江巡抚。……庚辰,廉敬迁成都将军,以德愣额为乌里雅苏台将军。辛巳,裕谦奏英人呈递原书,不敢上闻,谕切责之。（第 679 页）

按:核之实录,邵甲名所署巡抚乃江苏而非浙江,三书本纪误。又,廉敬迁成都将军事在癸未而非庚辰,癸未为二十六日,辛巳为二十四日,三书本纪于此不但干支舛误,而且时序颠倒。

道光二十年十一月癸卯……英人陷定海。……癸丑,以周天爵擅用非刑,褫职,遣戍伊犁。以裕泰为湖广总督,以吴其浚为湖南巡抚。（第 680 页）

按：核之实录，"英人陷定海"系衍文（本纪二十年六月甲申条已载）。又，周天爵革职、遣戍事在甲寅而非癸丑，以吴其浚为湖南巡抚事在乙卯，三书本纪或误或漏。

道光二十年十二月，以孝全皇后祔奉先殿，上亲诣告祭。（第680页）

按：核之实录，以孝全皇后升祔奉先殿事在甲子，三书本纪漏载。

《宣宗本纪三》

道光二十一年春正月己丑，英人寇广东虎门，副将陈连陞及其子举鹏死之。辛卯……命奕山为靖逆将军，隆文、杨芳为参赞大臣，督办广东海防。命赛尚阿在军机大臣上行走。庚子……命哈哴阿赴山海关，督办海防。令耆英等勤哨探。己巳，命伊里布回两江总督任，以裕谦为钦差大臣，办浙江军务。（第681页）

按：核之实录，陈连陞当为"陈连升"，三书本纪误。又，奕山为靖逆将军事在甲午，赛尚阿为军机大臣事在乙未，命耆英等勤哨探事在甲辰，三书本纪漏载。另，哈哴阿，关外一次本、台本皆作"哈喀阿"，误。伊里布回两江总督任事在乙巳而非己巳，三书本纪误。

道光二十一年二月庚申，以伊里布迁延不进，下部严议。……戊辰，英人去定海。（第682页）

按：关外一次本、台本漏载"二月"二字而直书庚申，误。又核之实录，英人去定海事在己巳而非戊辰，三书本纪误。

道光二十一年闰三月丙寅……（调）祁嶲藻为户部尚书，以许乃普为兵部尚书。（第682页）

按：台本于户部尚书、兵部尚书之"部"字皆讹为"都"，误。

道光二十一年夏四月己丑……英人陷广东城外炮台。甲辰……赐龙启瑞等二百二人进士及第出身有差。（第683页）

按：核之实录，英人陷广东城外炮台事在辛卯，赐龙启瑞等进士及第事在己酉，三书本纪漏载。

道光二十一年五月癸酉，英船去广东虎门。……参赞大臣、户部尚书隆文卒于军。庚辰,调敬征为户部尚书……壬午……
(调)钱宝琛为湖南巡抚。(第683页)

按:核之实录,英船去广东虎门事在辛未而非癸酉,隆文卒于军
事在巳卯,调敬征为户部尚书以下事仍在己卯而非庚辰,三书本纪或
漏或误。又,钱宝琛所调乃湖北巡抚而非"湖南巡抚",三书本纪误。

道光二十一年六月庚寅,褫伊里布职,发军台效力赎罪。准
奕山等奏,分期撤兵。……辛卯,褫文冲职,仍留河东河道总督
任,牛鉴下部严议。(第683页)

按:核之实录,褫伊里布职事在辛卯而非庚寅,准奕山分期撤兵
事在癸巳,褫文冲职事在辛亥而非辛卯,三书本纪或漏或误。

道光二十一年七月戊辰,命前宁夏将军特依顺为参赞大臣。
赴广东。辛未,以河水泛滥,命牛鉴移民赈恤。(第684页)

按:特依顺,关外一次本、台本皆作"特顺保",误。又,核之实录,
以河水泛滥,命牛鉴移民赈恤事在壬申而非辛未,三书本纪误。

道光二十一年八月辛卯……褫文冲职,枷号河干。(第
684页)

按:核之实录,文冲褫职、枷号事在壬辰,三书本纪漏载。

道光二十一年九月乙卯……命怡良为钦差大臣,会同颜伯
焘、刘鸿翱督办浙江海防。……丁巳……胡超仍驻天津。命特
依顺为参赞大臣,赴浙江。(第684页)

按:核之实录,怡良为钦差大臣事在丙辰,胡超仍驻天津事在戊
午,特依顺为参赞大臣事在己未,三书本纪皆漏载。

道光二十一年十二月壬寅……以程矞采为江苏巡抚。(第
685页)

按:核之实录,程矞采为江苏巡抚事在乙巳,三书本纪漏载。

道光二十二年二月丙戌,命林则徐仍戍伊犁。丙申……王
鼎乞假。命齐慎仍为参赞大臣,办理浙江军务。(第686页)。

按:林则徐仍戍伊犁,台本漏"伊"字。又,核之实录,王鼎乞假事

在庚子,齐慎仍为参赞大臣事在壬寅,三书本纪失载。

道光二十二年三月丁巳……恩特亨额卒,以富呢扬阿为陕甘总督,壁昌为陕西巡抚。以庆昌为伊犁参赞大臣。(第686页)

按:核之实录,恩特亨额卒以下事在丙子,以庆昌为伊犁参赞大臣事在丁丑,三书本纪漏载。

道光二十二年六月戊寅朔,日食。蠲缓湖北被匪滋扰之崇阳等五县卫新旧额赋。辛卯,以文庆为库伦办事大臣。(第687页)

按:核之实录,蠲缓湖北五县新旧额赋事在戊子,三书本纪漏载。又,关外一次本、台本于辛卯字上有"己丑"二字,误。

道光二十二年八月戊子……命敬征、廖鸿荃赴江南查勘河工。(第687页)

按:核之实录,命敬征等查勘江南河工事在壬寅,三书本纪漏载。

道光二十二年九月戊午,朱树乞终养,允之。乙亥,壁昌迁福州将军,以李星沅为陕西巡抚。(第688页)

按:核之实录,朱树乞终养事在甲寅而非戊午。以李星沅为陕西巡抚事在乙亥,壁昌迁福州将军事则在甲戌,三书本纪皆误。

道光二十二年十一月丁未……以潘锡恩为江南河道总督。授慧成河东河道总督。(第688页)

按:核之实录,潘锡恩为江南河道总督事在庚戌,慧成为河东河道总督事在辛亥,三书本纪皆漏载。

道光二十三年春正月辛亥,命李僡、成刚赴南河,会同潘锡恩督工。壬子,英兵官朴鼎查回香港,留马利逊等候议约。(第689页)

按:核之实录,命李僡、成刚赴南河事在庚戌而非辛亥,英兵官朴鼎查回香港事在辛亥而非壬子,三书本纪误。

道光二十三年二月丁酉,乌里雅苏台将军奕湘改广州将军,以禄普代之。(第689页)

按:核之实录,奕湘改广州将军事在己亥而非丁酉,三书本纪误。

道光二十三年三月丁巳,御试翰林、詹事等官,擢万青黎五员为一等,余升黜有差。(第 690 页)

按:核之实录,御试翰、詹官员事在癸丑而非丁巳,擢万青黎等五员为一等事在丁巳,三书本纪误。

道光二十三年夏四月丁丑……庚子,命耆英与英人会议通商。(第 690 页)

按:核之实录,命耆英与英人会议通商事在丁巳而非庚子,丁巳为五月十五日,故知其上漏"五月"二字。

道光二十三年秋七月丙午,命鄂顺安赈沿河被水灾民。(第 691 页)

按:关外一次本、台本"赈"皆作"振",误。

道光二十三年八月乙巳,申谕程矞采抚恤安徽被水各州县灾民。(第 691 页)

按:关外一次本、台本于乙巳字上有"癸卯"二字,误。

道光二十三年十一月己卯,以王植为浙江巡抚。……是月,赈江苏沭阳县、大河卫灾民。(第 691 页)

按:核之实录,以王植为浙江巡抚事在辛巳而非己卯,三书本纪误。又,台本于沭阳作"沐阳",误。

道光二十四年春正月辛卯,贷陕西葭州等四州县、山西大同等三县水灾雹灾子种。(第 692 页)

按:贷陕西葭州等四州县灾民子种事在辛未而非辛卯,贷山西大同等三县灾民子种事在甲戌,三书本纪或漏或误。

道光二十四年二月甲寅,命穆彰阿留京办事。以程矞采奏米利坚使欲来天津朝觐,并议通商章程,命耆英赴广东,会同程矞采妥办米利坚等国通商事宜。(第 692 页)

按:关外一次本、台本于甲寅字上有"癸丑"二字,衍。又,核之实录,程矞采奏米利坚使欲赴津朝觐事在己未,三书本纪漏载。

> 道光二十四年三月壬申……仍令程矞采谕止米里坚使来京。(第693页)

按:关外一次本、台本漏米里坚使之"使"字,误。

> 道光二十四年秋七月辛巳,富呢扬阿及提督周悦胜下部严议。……辛卯,召奕兴来京,以铁麟署绥远城将军,阿彦泰署察哈尔都统。(第693页)

按;核之实录,富呢扬阿及周悦胜下部严议事在癸未而非辛巳,三书本纪误。又,核之实录,阿彦泰署察哈尔都统事在庚寅,当在辛卯条前。三书本纪不但漏载庚寅,而且事序颠倒,误。

> 道光二十四年九月,给河南淮宁等三县三月水灾口粮。(第693页)

按,关外一次本、台本无"三月"两字,核之实录,亦无"三月"二字,中华书局本《清史稿·宣宗本纪》于此条误。

> 道光二十四年冬十月……是月,赈直隶霸州、永清二州县旗民。(第694页)

按,永清,关外一次本、台本皆作"汝清",误。

> 道光二十四年十一月乙丑,允桂良来觐,以吴其浚兼署云贵总督。前刑部侍郎黄爵滋以员外郎等官用。(第694页)

按:核之实录,允桂良来觐事在壬申而非乙丑,黄爵滋以员外郎等官用事在己卯,三书本纪或误或漏。

> 道光二十四年十二月辛丑……命卓秉恬为大学士,以陈官俊为礼部尚书、协办大学士,杜受田为工部尚书,祝庆蕃为左都御史。(第694页)

按:核之实录,卓秉恬为大学士以下事在戊申,三书本纪漏载。

> 道光二十五年春正月戊子,召容照来京,以麟庆为库伦办事大臣……庚戌,以福济为总管内务府大臣。癸丑……调僧格林沁为镶黄旗领侍卫内大臣。……乙丑,颁发五口通商章程。(第

694 页）

按：核之实录，召容照来京事在丙戌而非戊子。又，庚戌为二月十九日，乙丑为三月初四日，故知庚戌、乙丑字上各脱"二月""三月"二字。另，调僧格林沁为镶黄旗领侍卫内大臣，"侍"字，关外一次本、台本皆作"待"，误。另，核之实录，颁发五口通商章程当为谕耆英酌情向比利时国颁发五口通商章程，三书本纪所记不确。

道光二十五年夏四月壬子，富呢扬阿卒，以惠吉为陕西巡抚，邓廷桢署之。（第 695 页）

按：核之实录，惠吉所任为陕甘总督而非"陕西巡抚"，且无邓廷桢署理之事，三书本纪误。

道光二十五年六月己未……命惠吉剿捕番贼。（第 695 页）

按：台本惠字上衍一"达"字，误。

道光二十五年秋七月丙戌，命达洪阿赴甘肃查办番贼。（第 696 页）

按：核之实录，命达洪阿赴甘肃查办番贼事在戊子而非丙戌，三书本纪误。

道光二十五年八月辛丑……敬征病免，调特登额为工部尚书，以保昌为礼部尚书。丙戌，召林则徐回京，以四五品京堂候补。禧恩病免，调奕湘为盛京将军。（第 696 页）

按：核之实录，敬征病免事在甲寅，三书本纪漏。又，丙戌为九月初二日，知丙戌字上脱"九月"二字。另，关外一次本、台本于调奕湘为盛京将军字下衍出"己丑"二字，误。

道光二十五年冬十月甲午，加上皇太后徽号曰恭慈康裕安成庄惠寿禧崇祺皇太后。（第 696 页）

按：核之实录，康裕二字当作"康豫"，三书本纪误。

道光二十五年十一月辛酉……桂良为热河都统。癸亥，御史陈庆镛降调。（第 696 页）

按：核之实录，桂良为热河都统事在壬戌，御史陈庆镛降调当为御史陈庆镛下部严议,且事在辛酉而非癸亥,三书本纪于此不但颠倒事序,而且脱漏干支,误。

> 道光二十六年春正月辛巳……以陆建瀛为云南巡抚。(第697页)

按:核之实录,陆建瀛为云南巡抚事在壬午,三书本纪漏载。

> 道光二十六年二月乙卯,以谒陵命定郡王载铨等留京办事。(第697页)

按:核之实录,以谒陵命定郡王等留京办事事在乙巳而非乙卯,三书本纪误。

> 道光二十六年夏四月庚戌,以瑞元为科布多参赞大臣。(第697页)

按:瑞元,关外一次本作"瑞充",台本作"瑞克",核之实录,两本皆误,当以瑞元为正。

> 道光二十六年闰五月乙酉朔,青海黑错四沟番作乱,命布彦泰剿之。(第698页)

按:核之实录,青海番众作乱事在戊子而非乙酉朔,三书本纪误。

> 道光二十六年八月乙亥……以张日聂为云南巡抚。(第698页)

按:张日聂,台本作"张曰最",误。

> 道光二十六年十一月乙未,上诣大高殿祈雪。(第699页)

按:核之实录,上诣大高殿祈雪事在己巳而非乙未,三书本纪误。

> 道光二十六年十二月戊辰,以王兆琛为山西巡抚。(第699页)

按:核之实录,王兆琛为晋抚事在丁卯而非戊辰,三书本纪误。

> 道光二十七年二月癸亥,以谒陵命载铨等留京办事。丙子,以福建海盗劫杀洋商,命刘韵珂等搜捕。……乙未,壁昌迁内大臣,调李星沅为两江总督,以林则徐为云贵总督,杨以增为陕西

巡抚。（第 700 页）

按：核之实录，以谒陵命载铨等留京办事事在乙丑而非癸亥，命刘韵珂搜捕海盗事在丁丑而非丙子，三书本纪误。又，乙未为三月二十日，故知乙未字上脱漏"三月"二字。

道光二十七年五月丙戌，御试翰林、詹事等官，擢王庆云四员为一等，余升黜有差。……辛卯，以广东民情与洋人易启衅端，命择绅士襄办交涉事宜。（第 700 页）

按：核之实录，御试翰、詹等官事在己卯，擢王庆云四员为一等各加升黜事在丙戌，命择绅士襄办与外交涉事件事在己亥而非辛卯，三书本纪或漏或误。

道光二十七年六月，理藩院奏俄罗斯达喇嘛请在塔尔巴哈台、伊犁、喀什噶尔通商，不许。（第 701 页）

按，核之实录，理藩院奏俄国请通商新疆事在戊午，三书本纪漏载。

道光二十七年秋七月乙未，命林则徐谳云南回民杜文秀控诉被诬从逆之狱。（第 701 页）

按：杜文秀，关外一次本、台本作"杜汶秀"，误。

道光二十七年八月癸亥，以布彦泰赴肃州调度，命杨以增署陕甘总督，恒春署陕西巡抚。甲子……以善焘为乌里雅苏台参赞大臣，以吉明署叶尔羌参赞大臣。戊辰……以河南灾广，再拨内帑银三十万两，并命户部拨银三十万两赈之。……是月……缓征山东乐安等六县被水额赋，并永利等四场灶课。（第 701 页）

按：核之实录，以布彦泰赴肃州调度镇压回乱事在甲子而非癸亥，以善焘为乌里雅苏台参赞大臣事在乙丑，拨银赈河南灾民事在甲戌，三书本纪或误或漏。又，永利，关外一次本、台本皆讹作"水利"，误。

道光二十七年九月戊寅，命文庆、张沣中赴河南查赈。（第 701 页）

按：核之实录，命文庆等赴河南查赈事在己卯而非戊寅，三书本纪误。

道光二十七年冬十月戊辰，奕山等剿安集延匪于叶尔羌之科科热依瓦特，大败之。……壬申，安集延匪遁走。喀什噶尔办事领队大臣开明阿等褫职逮问。（第702页）

按：科科热依瓦特，关外一次本、台本漏一"科"字，误。又核之实录，安集延匪遁走事在癸酉而非壬申，三书本纪误。

道光二十七年十二月戊午，湖南乾州厅苗匪作乱，命裕泰等剿捕之。（第702页）

按：核之实录，命裕泰等剿湖南乾州苗乱事在戊辰而非戊午，三书本纪误。

道光二十八年春正月丁丑，加潘世恩太傅，宝兴太保，保昌、阿勒清阿、李振祜、成刚太子太保。……戊戌……免喀什噶尔民、回各户正杂逋赋。（第702页）

按：核之实录，免喀什噶尔民回各户正杂逋赋事在庚子，三书本纪漏载。

道光二十八年二月甲子，以谒陵命睿亲王仁寿等留京办事。（第703页）

按：核之实录，以谒陵命仁寿等留京办事事在乙丑而非甲子，三书本纪误。

道光二十八年三月戊寅……以奕山为伊犁参赞大臣，吉明为叶尔羌参赞大臣。（第703页）

按：核之实录，奕山、吉明任职伊犁、叶尔羌事在己卯，三书本纪漏载。

道光二十八年夏四月辛未，广西灌阳、平乐、阳朔等县匪平。（第703页）

按：核之实录，广西灌阳等县匪平事在庚午而非辛未，三书本纪误。又，阳朔，关外一次本、台本皆作"朔县"，误。

　　　　道光二十八年六月癸丑,调耆英管兵部。甲寅,上诣黑龙潭
　　祈雨。(第 703 页)

　按:核之实录,上诣黑龙潭祈雨事在癸丑而非甲寅,"甲寅"二
字衍。

　　　　道光二十八年九月甲戌……召成玉来京,以盛塬署绥远城
　　将军。赈江宁等三府水灾。(第 704 页)

　按:核之实录,召成玉来京事在辛巳,赈江宁等三府水灾事在甲
申,三书本纪漏载。

　　　　道光二十八年十一月己卯,命耆英为大学士,管兵部。……
　　辛巳,命定郡王载铨、侍郎季芝昌查办直隶盐务……丁酉,以托
　　明阿为绥远城将军。(第 704 页)

　按:台本于管兵部字上衍一"阮"字,误。又,核之实录,命载铨、
季芝昌查办直隶盐务事在癸未而非辛巳;以托明阿为绥远城将军事
在甲午而非丁酉,三书本纪误。

　　　　道光二十八年十二月乙丑,以倭什讷为吉林将军,成刚为礼
　　部尚书,柏葰为左都御史。(第 705 页)

　按:关外一次本、台本于成刚字上有"陕西巡抚"四字。核之实
录,成刚任礼部尚书之前任都察院左都御史而非陕西巡抚。"陕西巡
抚"四字,当是衍文。

　　　　道光二十九年春正月辛卯,命耆英、季芝昌查阅浙江营伍及
　　仓库。(第 705 页)

　按:核之实录,命耆英、季芝昌查阅浙省营伍事在壬辰而非辛卯,
三书本纪误。

　　　　道光二十九年夏四月壬寅……以费开绶为江西巡抚。……
　　丁未……封徐广缙子爵、叶名琛男爵,均一等世袭。(第 705 页)

　按:核之实录,费开绶为江西巡抚事在癸卯,封徐广缙子爵、叶名
琛男爵事在癸丑,三书本纪皆漏载。

　　　　道光二十九年秋七月戊戌……以冯德馨为湖南巡抚。己

亥……辛亥,命湖南布政使万贡珍赈武陵等县被水灾民。(第706页)

按:核之实录,以冯德馨为湖南巡抚事在己亥,命万贡珍赈湖南灾民事在庚辰而非辛亥,三书本纪或漏或误。又,冯德馨,关外一次本、台本作"冯集馨",误。

道光二十九年九月癸丑,云南保山界外小宇江等处野夷作乱,程矞采剿平之。(第707页)

按:核之实录,云南野夷作乱事在甲寅而非癸丑,三书本纪误。

道光二十九年冬十月庚午,以故朝鲜国王李奂子昪袭爵,命瑞常、和色本往册封。(第707页)

按:昪,关外一次本、台本皆作"昇",核之实录,误。

道光三十年春正月戊戌,上大行皇太后尊谥曰孝和恭慈康豫安成熙圣睿皇后。(第708页)

按:核之实录,三书本纪于大行皇太后谥字安成字下漏"应天"二字,误。

道光三十年四月甲戌,上尊谥曰效天符运立中体正至文圣武智勇仁慈俭勤孝敏成皇帝,庙号宣宗。

按:关外一次本、台本于宣宗谥字漏一"至"字,误。

第八章　辨章学术:清儒治经个案新考及其他

孔安国献书考

一

孔安国献书是西汉时期《古文尚书》的发现与流传中的一件大事。然而,各书关于此事的记载,却不尽相同。

《汉书·楚元王传》附《刘歆传》载:

> 鲁恭王坏孔子宅,欲以为官,而得古文于坏壁之中,《逸礼》有三十九,《书》十六篇。天汉以后,孔安国献之,遭巫蛊仓卒之难,未及施行。

《汉书·艺文志》称:

> 《古文尚书》者,出孔子壁中。武帝末,鲁恭王坏孔子宅,欲以广其官,而得《古文尚书》及《礼记》《论语》《孝经》,凡数十篇,皆古字也。共王往入其宅,闻鼓琴瑟钟磬之音,于是惧,乃止不坏。孔安国者,孔子后也,悉得其书,以考二十九篇。得多十六篇。安国献之。遭巫蛊事,未列于学官。

而王充在《论衡·正说篇》则说:

> 孝景帝时,鲁恭王坏孔子教授堂以为殿,得百篇《尚书》于墙壁中。武帝使使者取视,莫能读之。遂秘于中,外不复见。

将上述记载加以比较,可以看出,《汉志》所称鲁恭王坏孔子宅的时间当依《论衡》作孝景帝时,清代考据大家阎若璩于此言之颇详,他说:

> 鲁恭王以孝景帝前三年(前 154)丁亥徙王鲁,徙二十七年薨,则薨当于武帝元朔元年癸丑(前 128),武帝方即位十三年,安得云武帝末乎。且恭王初好治宫室,季年好音,则其坏孔子宅以广其宫,正初王鲁之事,当作孝景帝时三字为是。①

但是,关于《古文尚书》的传出人物,阎氏却于刘歆、班固记载的孔安国之外另创新说,他说:

> 予尝疑安国献书,遭巫蛊之难,计其年必高,与马迁所云蚤卒者不合。信《史记》蚤卒,则《汉书》之献书,必非安国。信《汉书》献书,则《史记》之记安国,必非蚤卒。然马迁亲从安国游者也,记其生卒,必不误者也。窃意天汉后安国死已久,或其家子孙献之,非必其身。而苦无明证。越数载,读荀悦《汉纪·成帝纪》云:"鲁恭王坏孔子宅,得《古文尚书》,多十六篇,武帝时孔安国家献之,会巫蛊,未列于学官。"于安国下增一"家"字,足补《汉书》之漏。

清代以后治《尚书》之学者,言及献书之人物时,大抵皆从阎说。但是,如果仔细推究,阎氏此说,也有其不可克服的内在矛盾。

首先,如按阎氏说法,《汉书》于此脱一"家"字。但据《汉书·孔光传》所载,孔氏自安国以下世次分明,世为显宦。设如此书果为安国后世所献,《汉书》于此何惜一名之字而仅言其"家"?

其次,孔安国之得《古文尚书》是在景帝之末,何以当时不献此书,而必待四五十年已死之后始让其家人献之? 以当时社会风气而论,无书尚且作伪求售,何以安国有书而不献?

综上所述,可以看出,尽管《史记·孔子世家》所载孔安国"蚤卒"和《汉书·刘歆传》所称"天汉以后,孔安国献之"两者记载不合,但是据此而以此书为孔安国家所献,则依然难以自圆其说。"孔安国家"献书之说有问题。

---

① (清)阎若璩:《尚书古文疏证》。

<h1 style="text-align:center">二</h1>

如果对上述记载的一些史料行进分析,则可看出,上述刘、班二人记载之问题并不在于孔安国之下脱一"家"字,而应在于如同记载鲁恭王坏孔子壁误作为"武帝末"一样,二人在记载巫蛊一案的时间上也发生了错误。

所谓"巫蛊"之案,史家大抵皆以为是指武帝征和二年(前91)七月发生的引起戾太子叛乱的巫蛊之案。此案牵连所及,卫皇后自杀,太子及其三男一女被害,文武将吏军民百姓死者数万人,为武帝末年轰动朝野的一次重大事件。然而,如果详按武帝时事,则武帝一朝巫蛊之案并非仅此一起,而是于此前尚有三起之多。

《汉书·武帝纪》元光五年(前130)秋七月条下载:

> 乙巳,皇后陈氏废。捕为巫蛊者,皆枭首。

另据《汉书·陈皇后传》,此案发生后,汉武帝使酷吏张汤处理,汤深竟党与,"相连及诛者三百余人"。此为第一次巫蛊之案。

《汉书·公孙敖传》载,太始元年(前96)春正月,因杆将军公孙敖坐妻为巫蛊要斩,是为第二次巫蛊之案。

《汉书·公孙贺传》又载,征和二年春,丞相公孙贺以巫蛊而全家被杀。是年闰四月,卫皇后二女诸邑公主、扬石公主及大将军卫青之子长平侯伉皆坐巫蛊诛,是为第三次巫蛊之案,并由此而构成了是年七月戾太子巫蛊之案的导火线。

在上述四起巫蛊之案中,公孙敖、公孙贺及戾太子巫蛊之案皆在天汉以后,和司马迁所称孔安国"蚤卒"之说不合。而陈皇后巫蛊之案发生于武帝初年,《汉志》所称的"遭巫蛊事,未列于学官",会不会就是这一次巫蛊之案呢? 如果对此次巫蛊之案发生前后的一些史实进行排比,便可看出,陈皇后巫蛊之案和汉武帝尊儒在时间上相一致,和《古文尚书》的发现和流传在时间上相一致,和孔安国的活动年代相一致。

公元前141年,汉景帝死,年仅十六岁的汉武帝继位为帝。他继位之初,便大幅度地改变了汉朝建立以来已执行了半个多世纪的无为政策,而以儒家学说作为自己执政的指导思想,"诏天下举贤良、方正、直言极谏之士"。① 其后，一些尊崇儒术的贵戚大臣如窦婴、田蚡等相继登用，擢居显要。在他们推荐下，儒家大师申公被以隆重礼节迎至京师，授以太中大夫。建元五年（前136），置五经博士，儒家经典获准在国家学校中公开讲授。元光元年，又从董仲舒之请，初令郡国举孝廉及贤良文学，一时之间，儒家仕途大开，一些朝廷要宦如张汤辈甚至请"博士弟子治《尚书》《春秋》，补廷尉史"。由于为禄利驱使，习儒好书成为当时的社会风气。一些诸侯王也纷起效尤，如河间献王刘德，修学好古，以金帛招求四方善书，多达五百余篇，且"皆古文先秦旧书"。孔安国的《古文尚书》既然是发现于景帝末年，在尊经重儒的社会风气影响下，是极有可能于此时献书朝廷以干求禄位的。前引《论衡》于孝景帝时《古文尚书》发现后，并未另生枝节，便接叙武帝遣使"取视"，就可证明此事发生于武帝之初。其所以和《汉书》在记载献书一事情节上有所不同，不过是两书作者从不同的角度记载的结果。

不但从陈皇后巫蛊一案前后社会尊儒风气的发展上可以看出孔安国此时有献书之可能，而且，从《古文尚书》发现后的传授次第上，也可看出武帝初年《古文尚书》已经在社会上流传。

《史记·儒林列传》载：

> 伏生教济南张生及欧阳生，欧阳生教千乘兒宽。兒宽既通《尚书》，以文学应郡举，诣博士受业。受业孔安国……以试次第，补廷尉史。是时张汤方向学，以为奏谳掾，以古法议决疑大狱，而爱幸宽……及汤为御史大夫，以宽为掾，荐之天子。

伏生、欧阳生所传者皆《今文尚书》，其所教于兒宽者自必为《今文尚书》。兒宽"既通《尚书》"，不应再向孔安国重学今文，而后其又曾为汉武帝讲授《尚书》，可证其在"受业孔安国"时未尝改学《诗》《易》《春秋》《礼》之类。而前引各书，已证孔安国之《古文尚书》发现于景帝之末，内容又较今文多十六篇，则兒宽向孔安国所学者必为今文所无之十六篇《古文尚书》。又考汉武帝"诏举贤良、文学"，在元光元年（前134）五月。张汤升任廷尉，则在元朔三年（前126），而后又

---

① 《汉书·武帝本纪》。

于元狩三年(前120)任御史大夫,以此推之,兒宽受业于孔安国当在元光元年至元朔三年之间。可见,《古文尚书》在武帝前期已在社会上流传。

而且,如果将孔安国的活动记载加以排比,还可发现,孔安国的主要活动是在武帝前期,这和汉武帝的尊儒活动以及陈皇后巫蛊之案在时间上又是完全一致的。

《史记·孔子世家》载:

> 子高生子慎,年五十七,尝为魏相。子慎生鲋,年五十七,为陈王涉博士,死于陈下。鲋弟子襄,年五十七。尝为孝惠皇帝博士,迁为长沙太守。长九尺六寸。子襄生忠,年五十七。忠生武,武生延年及安国。安国为今皇帝博士,至临淮太守,蚤卒。安国生卬,卬生欢。

孔鲋死于陈下,是在秦末之事,且终年五十七,则其当生于魏安僖王十二年,即公元前265年。其弟子襄曾为汉惠帝博士,且享年和其兄相同,则兄弟相差至少在十五岁以上,其出生则当在秦王政元年前后(前246)。以子襄二十五岁而生忠,忠又二十五岁而生武,武二十五岁生延年,越五年而生安国,则安国当生于汉文帝十四、五年之间(前166—165),至武帝即位之初已经成年。又,《孔子世家》言安国"至临淮太守,蚤卒"。考临淮设郡,在武帝元狩六年(前117)(据《汉书·地理志》),而此年安国已年近五十,则其必为临淮设郡后之第一任太守,且到官不久,便死于任上。计其卒年,大体当未及五十或刚至五十,较其父、祖享年为小,故云"蚤卒"。如果上述关于安国生卒年代推算大体合适,则其主要活动年代当在武帝前期,而一些史料也恰恰证明了这一点。

《汉书·武帝本纪》建元元年载:"议立明堂,遣使者安车蒲轮,束帛加璧,征鲁申公。"《史记·儒林列传》亦载:"申公时已八十余,老……疾免以归,数年卒。弟子为博士者十余人,孔安国至临淮太守。"以此可证,孔安国在青年时期,曾向鲁申公学《诗》。

又据前引《史记·儒林列传》:"兒宽既通《尚书》,以文学应郡举,诣博士受业。受业孔安国。"兒宽应郡举事在元光元年五月,其时已"受业孔安国",则安国之为博士又当早于此年。而据《汉书·武帝本纪》，汉武帝置五经博士始于建元五年（前136），以此可证，孔安国实为汉武帝所置之第一代五经博士。如上所述，正是在这一时期，儒家学说及其势力得到了空前的发展。而有关孔安国的一些史料还证明，不止是在这一时期，而且就是在这一时期中的陈皇后巫蛊之案前后，孔氏一家以致孔安国本人还在为《古文尚书》的流传而努力。《资治通鉴·汉纪十》武帝元朔二年载：

> 张欧免（据《汉书·张欧传》，张欧当为张敺），上欲以蓼侯孔臧为御史大夫。臧辞曰，臣世以经学为业，乞为太常，典臣家业，与从弟侍中安国，纲纪古训，使永垂来嗣。上乃以臧为太常，其礼赐如三公。

据《汉书·百官公卿表》，蓼侯孔臧就任太常一职确在元朔二年（前127）。但同据上表，张敺免御史大夫事却在元光五年（前130），故而孔安国任侍中和武帝欲以孔臧为御史大夫以及此段对话亦应系在元光五年。元光五年，正是陈皇后巫蛊一案发生之年，而孔臧却在此时要求辞去即将任命的职位显要的御史大夫，主动要求担任太常一职，管理五经博士，并和其从弟侍中孔安国一起"纲纪古训，使永垂来嗣"，如果结合此前《古文尚书》已在社会上传播的事实，此处他们所要永垂于后代的，不正是《古文尚书》吗？可能这时一则由于发生了陈皇后巫蛊之案使武帝无暇及此，二则由于太常一职未有缺出，故而三年后，始有任孔臧为太常之命，但孔臧、孔安国为争取《古文尚书》立于学官之事，却因陈皇后巫蛊之案而搁浅了。

《通鉴》此条记载之来源，并不见于《史记》《汉书》之正文，而是见之于《史记》卷一八《高祖功臣侯者年表》蓼侯孔聚条下司马贞之《索隐》，而司马贞此条《索隐》又是采之于曹魏人所伪撰的《连丛子》。南宋朱熹曾以此而批评《通鉴》"考之不精"。但是，如果将《连丛子》有关记载和《史记索隐》《通鉴》的记载相比较，便可看出，在伪《古文》盛行、世人对之均确信不疑的唐宋，司马贞、司马光二人在著书时对于《连丛子》所载的孔安国"受诏缀集古义"等谬说一概不取，而独取其和《汉书·百官公卿表》记载大致相同的部分，这就说明，二人在使用《连丛子》的材料时，是经过了仔细的审核和选择的。正是赖有这些经过审核和选择的材料，才使我们搞清了史称孔安国之献书，"遭巫蛊,未列于学官",指的正是陈皇后巫蛊之案,献书者亦因巫蛊一案时间提前四十年而可确定为孔安国本人,并非其"家"。

三

由上所述,可知,孔安国献书之"遭巫蛊",乃是武帝初年的陈皇后巫蛊之案,那么,何以刘歆、班固于此却一系于"天汉以后",一则系于"武帝末"呢?

刘、班二人,刘歆在前。刘歆《移让太常博士书》虽载于《汉书·刘歆传》,但显系照原文录下,而《汉书·艺文志》则是抄录《刘歆传》而来。故而欲求《汉志》致误之原因,必先求刘歆致误之原因。刘歆《移让太常博士书》作于哀帝之初,其时距陈皇后巫蛊一案已百年以上,其书中称《古文尚书》"遭巫蛊,未列于学官"之说法,极有可能是得之于当时正任丞相的孔安国的从孙孔光之口。《汉书·儒林传》载刘歆为争取《左氏春秋》《毛诗》《逸礼》《古文尚书》立于学官而"数见丞相孔光"便可证明。孔光在向刘歆介绍《古文尚书》的来历时,必然提到巫蛊之案,而刘歆则由于时代久远,或许将巫蛊之案误认为武帝末年轰动朝野的引起戾太子叛乱的巫蛊之案了。故而在叙及此事时,于"孔安国献之"句上加"天汉以后"四字。至班固作《汉书》时,去武帝之世益远,由于受刘歆之影响,除于《刘歆传》照录其原文外,并于《汉志》中将《古文尚书》的发现也笼统地列为"武帝末"。东汉末年,荀悦为作《汉纪》而阅读《史记》《汉书》,始发现孔安国"蚤卒"与"天汉以后"孔安国本人献书之说不符,而以意度之,削足适履,将孔安国下加一"家"字,这便当是刘歆、班固、荀悦等致误之所自来。

由于《汉书》取材于不同方面的史料,故而关于孔安国和《古文尚书》的另一些材料,便与《刘歆传》《艺文志》两篇不大相同。《汉书·儒林传》载:

> 孔氏有《古文尚书》,孔安国以今文字读之,因以起其家逸书,得十余篇,盖《尚书》兹多于是矣。遭巫蛊,未立于学官。安国为谏大夫,授都尉朝,而司马迁亦从安国问故。迁书载《尧典》《禹贡》《洪范》《微子》《金縢》诸篇,多古文说。

此段记载,虽未如《刘歆传》及《艺文志》所称是孔安国所献,但从上下文语气中可见其意。然而，值得注意的是，此段虽提及巫蛊之事，但绝未在其上著有"天汉以后"或"武帝末"字样，如按上述孔安国活动年代，则此处之"巫蛊"必是指陈皇后巫蛊之案。但是，由于《刘歆传》《艺文志》于"巫蛊"事上有"天汉以后"等字样，使得后人仅以为作者为省文而略去"天汉以后"数字，而忽视了这一细微的不同背后竟包含着四十年的误差！

实际上，《汉书》中关于孔安国的错误记载并不止此，如《汉书·孔光传》载孔安国之世系时说：

> 鲋为陈涉博士，死陈下。鲋弟子襄为孝惠博士，长沙太傅。襄生忠，忠生武及安国，武生延年。延年生霸，字次儒。霸生光焉。

而《史记·孔子世家》则与之大不相同：

> 子慎生鲋，年五十七，为陈王涉博士，死于陈下。鲋弟子襄，年五十七。尝为孝惠皇帝博士，迁为长沙太守。长九尺六寸。子襄生忠，年五十七。忠生武，武生延年及安国。安国为今皇帝博士，至临淮太守，蚤卒。

两相对照，可以看出，《汉书》于此不足百字之记述中竟连出两处错误，一是将孔鲋的弟弟子襄当作了他的侄儿（此说亦见《汉书·古今人表》），一是把孔安国的父亲孔武误认为孔安国的哥哥！将《史记》《汉书》相对照，差别是如此之大，《汉书》各篇中记载的不同又怎能轻易地置而不论呢？

四

明白了孔安国献《古文尚书》是在武帝初年的陈皇后巫蛊之案以前以及刘歆、班固、荀悦等人记载错误的原因，我们便可对《古文尚书》的发现和早期的流传情况作一大致评述了。继汉初伏生《今文尚书》传播于世之后，曲阜孔氏又发现了以战国时文字书写的《古文尚书》，这是当时学术界的一大收获。它刚发现，便引起上至宫廷、下至各界的广泛注意。但是在其流传上却和《今文尚书》经历了不同的命运。《今文尚书》以伏生本人为故秦博士，通晓战国、秦、汉文字，故而在文、义传授上都未曾发生很大障碍，因此，在尊儒风气到来之际，首被重视,列于学官。尔后,又在其传授中加入了为汉代封建统治者服务的内容,逐渐在思想界占据了统治地位。《古文尚书》虽在发现之初,曾为社会各界所注意,但是由于其发现去战国之世已远,文字、义理上都需要经过一个时期的学习、消化过程,为西汉封建统治者服务也不能以时日计功,以此而为统治者所不取,故而未得立于学官,但也并未被统治阶级所摒弃,而是将其视为尊儒术、排黄老斗争中的一支友军,这就是《古文尚书》在发现之初虽未被立于学官但仍能私下传授的原因。但是,在今文经学派取得思想界的统治地位之后,今、古文之间的关系发生了变化,故而在刘歆提出列古文于学官之后,遭到了政府官僚以及博士的一致反对,甚至孔氏后人也不表示赞成。其原因很明显,《古文尚书》虽是地地道道的儒家经典,但是,作为一个政治上的既得利益集团,在切实的物质利益和经典不可得兼的时候,却是宁肯取其前者而舍却其后者的。

《诗经·閟宫》的写作年代及其史料价值

　　《閟宫》列于《诗经·鲁颂》之第四篇,凡八章、一百二十句、四百九十二字,为《诗经》之最长篇。诗中不但追述了周的始祖姜嫄、后稷到太王、文王、武王时期周王朝的起源与兴盛过程,而且,也叙述了诗作当时——即鲁僖公时代鲁国的祭祀盛况及其征讨不庭、恢复疆土的烈烈功业,为我们研究周代特别是鲁国历史提供了丰富的资料。但是,该诗究竟作于何时,却是一个一直没有解决的问题。而由于写作年代不准确,反过来又影响了我们对其史料价值的估定。本文试就这一问题谈一谈自己的浅见。

一

　　对《閟宫》一诗的一些内容进行分析,可以看出,《閟宫》一诗为鲁人所作,且作于僖公时期。

　　首先是诗中多次提到鲁国、鲁君。如三章之"王曰叔父,建尔元子,俾侯于鲁","乃命鲁公,俾侯于东","保彼东方,鲁邦是常";五章之"泰山巖巖,鲁邦所瞻","莫不率从,鲁侯之功";六章之"莫敢不诺,鲁侯是若";七章之"天锡公纯嘏,眉寿保鲁","鲁侯燕喜,令妻寿母";凡八处之多。《閟宫》既为《鲁颂》之一篇,诗中又多提鲁国、鲁君。以此可证,此诗当为鲁人所作无疑。

　　又,该诗将其所颂扬的鲁侯称为"周公之孙、庄公之子",这为我们研究诗作的具体时代提供了线索。按之《春秋》《左传》，鲁庄公有三子相继为君，这就是公子般、公子启（闵公）和公子申（僖公）。但公子般在位未足两月，便遇弑而死；鲁闵公虽在位两年，但死时尚不到十岁，和诗中所称"令妻寿母"尤不相合，因而诗中所称颂的鲁侯，只能是继闵公之后为君的鲁僖公。

鲁僖公继位后，内有其叔季友辅佐，平定内乱；在外交上，又一度执行和齐国结盟的政策，疆域和国家实力都有所恢复，出现了鲁国历史上的一个小康时期。《毛诗·小序》说《閟宫》一诗是"颂僖公能复周公之宇也"，这是符合诗作的时代的。周予同先生主编的《中国历史文选》上册又据诗中有"荆舒是惩"句，和《春秋》《左传》记载的僖公四年齐桓公率诸侯伐楚事相符，从而推断此诗作于僖公四年以后鲁国和齐桓公结盟时期，也为我们进一步研究诗作的准确年代提供了良好的基础。

二

《閟宫》一诗既是鲁僖公时臣下所制的夸美其能恢复周公时疆域的颂诗，那么，可以由此认为，诗中所称颂的鲁侯的这些功业应当在有关当时的其他历史记载中有所反映，特别应在鲁国的编年史《春秋》和大量记载鲁国史事的《左传》两书中的僖公部分有所反映。如果上述两书中出现了和《閟宫》一诗中相符的记载，则可判断诗作当在这些事件发生的时间之后。我们认为，以此判断诗作之年代当比单纯地先考证诗的作者，又从考证出的作者来判断诗作年代更为准确。而且，从《诗经》《春秋》《左传》三书对一事记载的不同进行比较，还可进一步判断此诗的史料价值。据此，试将《閟宫》中和《春秋》《左传》记载相符之事件引述如下：

诗之第四章称："戎狄是膺，荆舒是惩，则莫我敢承。"

诗之第五章称："至于海邦，淮夷来同。"

诗之第六章称："保有凫绎，遂荒徐宅，至于海邦，淮夷蛮貊。"

综述三章诗义，即在鲁僖公时期，鲁国打败过戎族、狄族，对楚、舒两国进行过惩罚，此时鲁国势力至于东海一带，徐国、淮夷皆在其影响之下。诗中所述的这些事实，在《春秋》《左传》中又是如何记载以及发生在何时呢？

　　据《春秋》《左传》记载，僖公即位前后，居住在今河北一带的狄族先后向邢、卫两国发动进攻。庄公三十二年，狄伐邢，邢国残破；闵公二年十月，又侵入卫国，卫懿公战死。这时，身为中原霸主的齐桓公出师相援。闵公元年，出师救邢。次年，又联宋援卫。僖公元年、二年，又和各诸侯国一起，分别迁邢于夷仪，迁卫于楚丘，并为之筑城，从而暂时制止了狄对两国的侵扰。据二书所载，在齐桓公存邢救卫之役中，先后出师相助者仅宋、曹两国。鲁国正在内乱，自顾不暇，并未出兵，似乎鲁国和狄族入侵并不相干。但同据上书，在打退狄族之后各诸侯国帮助卫国筑城楚丘的工役中，鲁国却是参加了的。《左传》僖公二年载："春，诸侯城楚丘而封卫焉。不书所会，后也。"这就是说，这句话是对当年《春秋》所载"城楚丘"三字的解释；其所以不在《春秋》中对"城楚丘"的诸侯加以记载，是因为在工程将毕的时候鲁国人才赶去参加，到晚了的缘故。这就说明，在狄族侵卫之役中，鲁国虽未曾出兵，但却是站在卫国一边，虽未能赶上为卫筑城的工役，但原意却是要参加的。

　　《左传》僖公十二年春又载："诸侯城卫楚丘之郛，惧狄难也。"这段记载同样是没有各诸侯国的名字，但如据此年前后的《春秋》记载进行分析，则鲁国仍然参加了这次筑城之役。据《春秋》记载，僖公十一年夏，鲁僖公和夫人声姜曾会齐桓公于阳谷，十三年春，僖公本人又参加了由齐桓公发起的咸之会，以商讨对付淮夷对杞的侵扰。鲁、齐是姻亲之国，在齐桓公称霸的过程中，鲁又一直是其最可靠的同盟者，这种情况在僖公十七年前并无变化。而据上述，此次筑城前后鲁国均参加了由齐发起的活动，则此次为防御狄族侵扰而帮助卫国筑城的诸侯，其中必然包括鲁国。

　　在这两次筑城之外，终僖公之世，狄还多次和其他中原国家晋（僖八年）、温（僖十年）、卫（僖十三年、十八年、二十一年、三十一年、三十二年）、郑（僖二十四年）、齐（僖十八年、二十年、三十年、三十三年）、周（僖二十四年）发生和战关系，但均未涉及鲁国。而涉及鲁国之两次筑城前在僖公二年，后在僖公十二年。据此，此诗之写作年代不早于僖公二年，亦有可能作于僖公十二年之后。

　　戎在春秋时期分为多支，有戎（隐二年）、北戎（隐九年传）、卢戎（桓十三年传）、大戎、小戎（庄二十八年传）、骊戎（二十八年传）、犬戎

（闵二年传）、陆浑之戎（僖二十二年传）、姜戎（僖三十三年传）、茅戎（成元年）等，除其中之戎曾和鲁发生过战争但却是庄公时期外，其他均未和鲁发生过关系。据《左传》记载，僖公时期，和鲁发生过关系的是居住在洛阳附近的扬拒、泉皋、伊雒之戎。僖公十一年夏，周王室内乱，周襄王之弟王子带勾结扬拒、泉皋、伊雒之戎，同伐京师，"入王城，焚东门"。由于秦晋两国出师勤王，戎始退去。次年，周襄王讨伐王子带，王子带奔齐。齐桓公为调和王室内部冲突并制止戎对周王室的侵扰，而使管仲到周王城和戎签订和约。但戎对周王室的威胁并未以此而解除，于是便有以齐桓公为首的"诸侯戍周"之事。

《左传》僖公十三年载："秋，为戎难故，诸侯戍周，齐仲孙湫致之"，十六年又载："秋……王以戎难告于齐，齐征诸侯而戍周。"

这里的问题同样是没有记载派兵戍周各国的名字，但如考虑到自僖公四年后，鲁僖公对于齐桓公所发起的衣裳之会、兵车之会是没有一次不去参加，而在这两次"诸侯戍周"的前后，鲁侯亦出席了由齐发起的咸之盟（十三年四月）、牡丘之盟（十五年三月）、淮之会（十六年十二月），则可看出，在诸侯两次戍周防戎的活动中，鲁国也是参加了的。其所以《春秋》对此未加记载，大约是鲁国出兵较少，未对鲁国政治产生重大影响的缘故。清人陈奂对此未曾深加分析，而在《诗毛氏传疏》中称："僖公唯从齐伐荆，若戎狄与舒，未尝有事"，看来是不甚确当的。而这两次诸侯戍周，前在十三年，后在十六年，可证该诗写作年代至少不早于僖公十三年，亦有可能是在僖公十六年秋之后。

鲁僖公时期，在北方对周王室和诸侯国威胁较大的是戎狄，在南方，则是楚国。僖公元年、二年、三年，楚连年伐郑，齐桓公为了巩固自己在中原地区的霸主地位，除支持自己在南方的与国徐于僖公三年灭掉楚盟国舒之外，并于是年秋会诸侯于阳谷，商讨伐楚之事。僖公四年春，齐桓公亲率中原八国之师伐楚，楚师严阵以待，两强势力不相上下，从而以楚承认齐在中原地区的霸主地位为条件，订立了召陵之盟。此役之兴，鲁僖公前后随军八月之久，诗称"荆舒是惩"当即由此而来。

召陵盟后，齐楚两强矛盾并未解决。楚虽暂时停止了向中原地区的发展，但却致力于对江、汉、淮水流域诸小国的并吞。先后灭弦（僖五年）、围许（六年）、灭黄（十二年），并于僖公十五年春攻打齐、鲁的盟国徐。中原霸主齐桓公对此当然不能袖手旁观。僖公十五年三月，齐纠集鲁、宋、陈、卫、郑、许、曹等八国诸侯盟于牡丘，而后，八国联军出师救徐。由于徐恃诸侯之救而不为备，与此同时，齐集团内部宋、曹两国又自相攻杀。于是，当年冬，楚军败徐于娄林。至次年夏，齐军始救徐还。十七年春，齐、徐联军又征伐三年前被楚灭而有之的英氏。在这两次战争活动中，鲁国只参加了前一次，即僖公十五年、十六年救徐之役，十七年英氏之役并未参加。但徐国在这两次战争中均和鲁国一样，是站在齐国一方的。诗称"保有凫绎，遂荒徐宅"，当即由此而来。以此推之，诗作之时代当不早于僖公十六年，亦有可能作于僖公十七年春齐、徐伐英氏之后。

在齐桓公北御戎狄，南抗强楚，霸业鼎盛之时，淮水一带的少数民族即所谓淮夷也开始了向北的发展，并首先向地处夷夏之交的杞、鄫等小国发动进攻。因此，齐桓公于僖公十三年四月和包括鲁侯在内的八国诸侯盟会于咸，共商救杞之计。次年春，又率诸侯城缘陵而迁杞于此。僖公十六年冬十二月，又以位于东部边陲的鄫遭受淮夷侵扰，而会九国诸侯于淮，并帮助鄫国筑城防守。因人民反对，不果城而还，援鄫一事便因此而不了了之。咸、淮两次盟会，皆有鲁侯参加，故而此诗之作，不早于僖公十三年夏四月咸之会，亦有可能作于十六年十二月淮之会以后。所以诗称："至于海邦，淮夷来同"，可能以杞、鄫均处夷夏之交而鄫又近海之故。由于两国处于夷夏之交，淮夷固然可以将其视为华夏，而在素称礼义之邦的鲁国人眼里，则是将其与淮夷一样等量齐观的。①

综上所述，至少至僖公十六年四月诸侯救徐之役后，《閟宫》诗中所称的鲁侯功业方才完全具备。因而，此诗写作年代的上限不会早于此年，而是在此年之后。

《閟宫》诗作的年代上限已如上述，那么，诗作的下限又如何确定呢？如果将该诗内容和僖公十八年以后之《春秋》《左传》相比较，则可看出，两者又是极不相符的。如：

僖公十七年十月，称霸中原近四十年的齐桓公死去，齐国为继嗣问题而发生群公子内乱。在内乱中，僖公十八年夏，鲁国曾出师救

---

① 《左传》僖公二十七年。

齐,于诗中无徵。

僖公二十二年春。鲁僖公伐邾,取须句而返其君,亦于诗中无徵。

僖公二十六年,齐孝公两次伐鲁。鲁转而求救于楚,在楚师帮助下夺取齐国边防重镇——谷,这在鲁国对外战争中是一大胜利,亦未见之于诗。

救齐、伐邾、取谷都是鲁国外交上的重要活动,此诗如为僖公十八年以后所写,何以在叙及"莫敢不诺,鲁侯是若"的诸侯时,仅言"至于海邦,淮夷蛮貊"?将在中原地区的这些成就写进诗中岂不更为体面光彩!而且,自齐桓公死后,鲁国在外交上逐渐由亲齐而背齐,由反楚而亲楚(僖二十八年前),设如此诗为僖公十八年以后所作,当有反齐亲楚之词,或至少亦应对此保持缄默,何以诗中仍称"荆舒是惩"?以此可证,此诗之下限当在僖公十八年之前。

如果对《春秋》《左传》的一些记载进行分析,便可大致断定,此诗当作于僖公十七年九月鲁侯被齐桓公囚禁近半年之后释放回国之时。

僖公十六年十二月,齐桓公会诸侯于淮后,曾一度和徐国一起征讨远在南方的英氏。这时,鲁国似乎获得了一点独立发展的机会,便乘机于十七年夏灭掉项国。鲁国的这一行动触怒了齐国,随即将正在出席淮之会的鲁僖公加以拘禁。为了营救鲁僖公,是年秋,僖公夫人声姜专程会齐桓公于卞,齐侯始于是年九月释放鲁僖公回国。僖公被拘禁是当时鲁国的奇耻大辱,故而《春秋》在记载这件事时,仅书"公至自会",以对臣民掩盖自己被拘禁的真相。

根据《春秋》笔法,凡书"至自"者,皆以其事告于太庙,祭告后,合群臣饮酒,谓之饮至。诗中所称"鲁侯燕喜,令妻寿母,宜大夫庶士,邦国是有",当即指告庙之后的饮至之事。又诗中称"夏而楅衡,秋而载尝"。尝祭是君主秋祭之名,僖公回国时又正是尝祭之时。以此判断,应该就是在此次僖公回国告庙和尝祭两次大的祭祀活动之时,僖公臣下作此诗而献上以为祭祀时的颂歌的。为了隐瞒前此不久发生的国君被囚禁的国耻以向祖宗神明有所交待,巩固自己在臣民中的威信,除于祭祀活动极其隆重之外,也极力铺陈自己在位期间的烈烈武功。这也就是此诗何以如此之长而又着重突出祭祀之盛及侈言自己武功之烈的原因。

　　了解了所作此诗的具体环境，诗中的一些内容便可以得到适当的解释了。如诗中于荆舒戎狄，皆敢大张挞伐，于淮夷、徐国又极言其服事之恭，作者之基本立场明明站在齐国一方，但是全诗并未一字及齐，似乎使人费解。如果了解到诗作之前，鲁、齐关系中的这一曲折，以及此时鲁之于齐称扬既有所不肯，辱骂又有所不敢的态度，这种不置一词的情况便也可以理解了。而在次年齐国内乱中，和宋襄公采取的支持齐孝公的立场相反，鲁国却出兵支持反对齐孝公的群公子一党，也就是很自然的了。

三

　　由上所述，可以看出，《春秋》《左传》和《诗经·閟宫》虽都对鲁僖公前期鲁国的一些主要军事和外交活动作了记载，但各书对同一史实的记载却是大有出入的。将《春秋》和《左传》相比较，《春秋》已在不少史实的记载上作了歪曲和隐晦，而《春秋》和《诗经》相比较，《诗经·閟宫》对上述两书记载的鲁国史事又不知夸张凡几，将小说大、讳败夸胜，夺他人之功以为己有之事无不有之，这就造成了该诗在记载鲁国史实时严重失实的情况。但是，由于此诗为时人所作，虽对鲁僖公的功业多有夸张谀美之处，但却不能无中生有，也就是说，作者的所见所闻、所思所想并没有跳出当时时事政治的圈子，而是以此作为自己的写作素材，故而诗中所述之内容又可以从有关当时的历史记载中找出其根据来。打个比方，如果把史实作为形体，那么，诗在这里，便是形体所留下的影子。由于光照角度的不同，影子和形体看上去固然大不相同，但是，如果掌握了形体和影子各部位间的大体比例，在由于载籍残缺而造成的历史事实无法弄清的情况下，却是可以反过来根据史实留下的影子——诗，以修复残缺了的史实的形体的。而这些，便是《閟宫》一诗对于我们研究周代社会以至鲁国历史的价值所在。

德川时期日本书院述论

在德川时期日本的各种教育机构中，书院的出现和发展是一个值得注意的现象。然而，由于其数量较少，关于其总体状况，研究者鲜所涉及。笔者不揣谫陋，对此略作粗浅探讨，以就正于日本教育史研究方家。

一

根据各种资料，德川时期，日本建立之有名书院如下：

1. 滋贺县藤树书院，始创于宽永九年（1632），正保三年（1646）再建，为著名学者中江藤树授业之私塾。[①]

2. 长崎县钱溪书院，又名立山书院，原为向井元升创建之圣堂。正保二年（1645），改为授业之私塾。[②]

3. 佐贺县鹤山书院，始创于元禄十二年（1699），系佐贺藩家老多久邑主创建之乡校。[③]

4. 大阪怀德书院，又名怀德堂，享保九年（1724）三宅石庵创建。不久，取得幕府承认，成为面向庶民教育之乡校。[④]

---

① 〔日〕滋贺县藤树神社创立协赞会编：《藤树先生全集》，藤树书院，1928 年。
② 〔日〕外山干夫：《长崎县教育史》，思文阁，1984 年。
③ 〔日〕文部省编：《日本教育史资料》第三册，1890—1892 年，第 517 页。
④ 〔日〕梅溪昇：《大阪教育史》，思文阁，1998 年。

5. 京都望南轩书院,始为当地学者若林强齐(1679—1732)藏修处,后改私塾。[①]

6. 冈山县微响书院,享保十七年(1732),万波甚纪所建之私塾。[②]

7. 大洲藩止善书院,延享四年(1747),大洲藩主加藤泰炫创建之藩校。[③]

8. 千叶县成德书院,宽政四年(1792),佐仓藩主掘田正顺创建之藩校。[④]

9. 东京麟溪书院,宽政年间(1789—1800)服部保命创建之私塾。[⑤]

10. 秋田县成章书院,宽政五年(1793),秋田藩主义和所建之乡校。

11. 秋田县尚德书院,宽政五年(1793),秋田藩主义和所建之乡校。

12. 秋田县时习书院,宽政五年(1793),秋田藩主义和所建之乡校。

13. 秋田县育英书院,宽政五年(1793),秋田藩主义和所建之乡校。

14. 秋田县弘道书院,宽政五年(1793),秋田藩主义和所建之乡校。

15. 秋田县崇德书院,宽政五年(1793),秋田藩主义和所建之乡校。

16. 秋田县博文书院,宽政五年(1793),秋田藩主义和所建之乡校。[⑥]

17. 静冈县北门书院,亨和三年(1803),挂川藩所建之乡校,又

---

① 〔日〕衣笠安喜:《京都府教育史》,思文阁,1983 年。
② 〔日〕文部省编:《日本教育史资料》第九册,第 81 页。
③ 〔日〕石川谦:《日本庶民教育史》,刀江书院,1929 年,第 352 页。
④ 〔日〕岸本芳雄:《日本教育史》,玉川大学通信教育部,1953 年。
⑤ 〔日〕文部省编:《日本教育史资料》第八册,第 50 页。
⑥ 以上见〔日〕户田金一:《秋田县教育史》,思文阁,1984 年。

名稽古所。①

18. 京都府鸠岭书院,文政元年(1818),京都所建之乡校。②。

19. 秋田县温古书院,文政七年(1824),秋田藩所建之乡校。③

20. 大阪府泊园书院,文政八年(1825),学者藤泽东畡所建之私塾。④。

21. 东京明霞书院,天保四年(1833),学者宫崎诚所建之私塾。⑤

22. 新泻县谦待书院,天保八年(1837),学者小泽孱守所建之私塾。⑥

23. 大分县大道书院,天保八年(1837),佐藤龙之进所建之私塾。⑦

24. 京都府顺正书院,天保十年(1839),学者新宫凉庭创建之医学专科学校。⑧

25. 静冈县德造书院,弘化元年(1844,一说享和二年,即 1802),挂川藩所建之藩校。⑨

26. 兵库县青溪书院,弘化四年(1847),池田草庵创建之私塾。

27. 兵库县虎溪书院,弘化间(1844—1847),习田笃创建之私塾。⑩

28. 大阪府岁寒书院,嘉永元年(1848),高木雄三郎创建之私塾。⑪。

29. 佐贺县鬓山书院,嘉永二年(1849),谷口中秋所建之私塾。

30. 福冈县龙山书院,安政三年(1856),横地春齐所建之私塾。⑫

---

① 〔日〕石川谦:《日本庶民教育史》,第 338 页。
② 〔日〕衣笠安喜:《京都府教育史》。
③ 〔日〕户田金一:《秋田县教育史》。
④ 〔日〕梅溪昇:《大阪教育史》。
⑤ 〔日〕文部省编:《日本教育史资料》第八册,第 158 页。
⑥ 〔日〕文部省编:《日本教育史资料》第八册,第 368 页。
⑦ 〔日〕文部省编:《日本教育史资料》第八册,第 368 页。
⑧ 〔日〕衣笠安喜:《京都府教育史》。
⑨ 〔日〕石川谦:《日本庶民教育史》,第 338、103 页。
⑩ 以上见〔日〕铃木正幸:《兵库县教育史》,思文阁,1994 年。
⑪ 〔日〕文部省编:《日本教育史资料》第八册,第 224 页。
⑫ 以上见《日本教育史资料》第九册,第 353、310 页。

31. 群马县造士书院,安政四年(1857),田中惺齐创建之藩校。①

32. 大阪府观山庭书院,万延元年(1860),小川勘左卫门创建之寺子屋。②

33. 长崎县樱溪书院,文久三年(1863),学者楠本硕水创建之私塾。

34. 长崎县静修书院,建置年代约在幕末,须藤庄九郎所建之私塾。③

35. 宫城县典学书院,建置年代约在幕末,太田盛创建之私塾。④

除此之外,日本各地还有一些无名书院,甚至在地区上还扩大到了北海道。⑤ 而且,这种建立书院的风气,还延续到了明治维新以后,但是或因其没有专名,或因其超出德川时期,本文不予录入。

二

德川时期,日本书院的出现和发展有着具体的历史原因。

首先是明朝中叶以后,中国书院的复兴和普及为日本书院的出现和发展提供了现实的借鉴。中国书院虽然出现于唐朝中期,并在出现之后不久即完成了从官方学术机构和个人藏修治学机构向民间教育机构的转变,南宋时期,还形成了书院发展的第一个高潮。但是,随之而来的蒙元帝国的统治却使书院数量锐减,在各类教育机构中的地位和影响也都明显下降。明朝初年,政府的兴学重点改为官学,对于私人创办书院,则采取限制乃至禁绝的态度,以致元朝时期残存的一些书院也悉归乌有。直到明朝中期以后,因为官学日渐腐败,废弃已久的书院才重新引起人们的注意。正德、嘉靖时期(1506—1566),更因王学的传播而得到迅速的发展,从而取代官学而成为民间教育的基本形式。据笔者统计,仅正德、嘉靖、隆庆三朝,中国新建书院即不下一千所,书院建设出现了南宋以来的第二个高潮。恰在此时,明初以来一直困扰中日交往的倭寇问题得以解决,中日民民

---

① 〔日〕石川谦:《日本庶民教育史》,第 329 页。

② 〔日〕文部省编:《日本教育史资料》第八册,第 229 页。

③ 〔日〕外山干夫:《长崎县教育史》。

④ 〔日〕文部省编:《日本教育史资料》第八册,第 634 页。

⑤ 〔日〕山崎长吉:《北海道教育史》,北海道新闻社,1977 年。

间的经济文化来往有所修复。通过各种渠道,中国典籍也大量输往日本。明清之际,中国政局动荡,又有一些明朝遗民赴日避难或者乞师。于是,有关中国已经普及书院教育的信息也随之而传入日本。所有这些,无疑为日本书院的出现和发展创造了一个良好的外部条件。

其次,德川时期,日本经过长期战乱而趋于统一,社会安定,经济发展,也为文教事业的发展创造了有利的内部环境。德川幕府建立不久,即建立昌平坂学问所,吸收并宣传中国儒家的纲常思想,以建立其对日本人民的思想统治。与此同时,奖励文教,也不遗余力。在日本政府的带动下,包括日本知识界在内,整个社会都以学习汉文化为荣并出现了创办学校的热潮,各种类别的教育机构如中央政府兴办的昌平坂学问所,各地诸侯大名兴办的藩校、乡校,个人创办的私塾、寺子屋等如同雨后春笋,不断出现。这样,已在中国获得普及的书院这种教育形式便被移植到了日本并且得到了发展。

日本书院虽然取法中国并同为教学机构,但是与中国明清时期书院相比,却有着自己的特点。其一是因为数量较少,在形式上未能独成类别,而是渗透融和于各类日本教育机构之中。明清时期中国的教学机构,除中央政府直属学校国子监及一些专科学校和各地初等教育机构——私塾之外,其他所有教学机构,几乎全以书院命名。而在日本,则以兴办单位及教育对象之不同而分为国学、藩学、乡校、私塾、寺子屋等五种类别。其中,国学即昌平坂学问所为幕府直接经办的教育机构,藩校是各地诸侯大名为教育自己子弟所设之学校,乡校是各地基层政府开设的庶民教育机构,私塾是塾师个人创办的学校,寺子屋则是各地民间创办的启蒙学校。值得注意的是,除了幕府直接经办的昌平坂学问所之外,其他各类教育机构都有以书院命名者。据统计,在德川时期建立的 35 所有名书院中,性质上属于藩校者 4 所,属于乡校者 12 所,属于私塾者 18 所,属于寺子屋者 1 所。一种名称融和渗透于不同性质的教育机构之中,不能不说是日本书院的一个显著特点。

其二是在教学内容与目的上,与中国书院相比,有所取舍。中国古代书院教学,大多重道轻艺,不只教学内容局限于五经四书等儒家经典而不及自然科学知识,而且教育目的也仅是通过科举考试培养官吏后备军。流弊所及,不但于国计民生无所裨益,反而增加了社会的寄生阶层。与之相比,日本书院虽然一般以学习汉学为主,但是从其出现之日起,即不划地自限,而是增加了一些有利日本文化发展或有益国计民生的新内容。如中江藤树创办藤树书院后,不但讲授五经四书等儒家经典,同时也讲授医学。还如18世纪上半叶创办的大阪怀德书院,在讲授五经四书等儒家经典的同时,也提倡生徒学习日本哲学、文学、史学著作如《翁问答》《孝子传》《集义和书》等以假名写成的“世间之美事物语”。进入19世纪后,一些书院的学习内容又扩大到了和学、算学、医学、兵学、笔道等实用之学。如嘉永二年(1849)成立的佐贺县鬶山书院,兼学笔道。安政三年(1856)成立的福冈龙山书院,兼学兵学。安政四年(1857)成立的群马造士书院,兼学医算习字。其中个别书院如天保十年(1839)创立的京都顺正书院,还开风气之先,于一般坚持学习汉学的同时,重点学习西洋医学。与此同时,在教学目的上,也不存在科举入仕的问题。从而使得生徒在院学习期间,专心实学,卒业后,分流社会。或继续从事学术,或从事医农工商,变知识为生产力,推动了社会的发展与进步。应该说,这也是日本书院优于中国书院的一个特点。

总之,日本书院分别渗透于各类教育机构之中和在相当长的时期中坚持传授汉学有利于不同层次教育机构中中日文化的交流,而日本书院在教学内容上的加减则不但使其在日本找到了生存了土壤,同时,也对日本社会的发展和进步做出了贡献。

三

德川时期,日本书院的大致数量及其特点已如上述,兹以几所典型书院为例,以见当时日本书院发展之具体情况。

藤树书院是现有记载中最早出现的一所日本书院。该书院创建人中江藤树(1608—1648),名原,字惟命,滋贺县小川村人。少年时期,通过阅读儒家典籍《大学》,激起了他学习汉文化的强烈欲望,潜心钻研各种儒家经典。27岁时,弃职归里,创办私塾——藤树书院,从事文化教育事业十数年之久。由于他学识渊博,道德高尚,并且在教学生涯中积累了丰富的教学经验,教法灵活,因而负笈求学之士络绎不绝,藤树书院也因之成了一方教育和学术研究中心,对于当时和此后日本文化教育事业的发展产生了十分重要的影响。

作为日本最早出现的一所书院,藤树书院在不少方面都具有开创性。

首先是以传播汉文化为主要内容。在中江藤树从事教学活动的十几年中,他的教育内容,大致可以归纳为两个方面。一是传授儒家经典及宋明时代儒学思想家朱熹、王守仁等人的思想和著作。二是传授中国医学。其中儒家经典一类著作集中了中国古代哲学、文学、历史各方面的知识,而明代以前的中国医学,又居于世界前列,都为当时日本民族所必需,并且已在日本上层社会传播。中江藤树创办私塾,传播中国历史文化和医学知识于日本民众,无疑是开风气之先。正是这点,为此后兴起的各种日本教育机构所仿效,对于日本民族文化的提高起到了重要的作用。

其次,是在教学方法上吸收中国书院的成功经验,制定学规。在中国古代书院教学中,以规条形式最为完善地规定书院教学内容、步骤、方法、目的的是宋代教育家朱熹制定的《白鹿洞书院揭示》。在这个规定中,朱熹以"父子有亲,君臣有义,夫妇有别,长幼有序,朋友有信"为"五教之目";以"博学之,审问之,慎思之,明辨之,笃行之"为"为学之序";以"言忠信,行笃敬,惩忿窒欲,迁善改过"为"修身之要";以"正其义不谋其利,明其道不计其功"为"处身之要";以"己所不欲,勿施于人;行有不得,返求诸己"为"接物之要"。正是因此,朱熹以后几百年中,中国几乎所有书院,都将此奉为圭臬。作为日本书院的首创者,中江藤树也在创办书院不久,在为书院制定的《藤树规》《学舍坐右戒》等书院规条中,几乎全盘照录《白鹿洞书院揭示》。①与此同时,在教学目的上,他也像朱熹一样强调生徒的道德修养而反对单纯记诵词章。在教学方法上,他也注意采取讨论启发方式,不搞满堂灌;注意因材施教,个别指导,有时还专为一个学生编写教材或讲义;注意举办文娱活动以活跃书院气氛,融洽师生关系。所有这些,使得藤树书院成为当时日本最为优秀的一所教育机构。

再次,在学术研究中,藤树书院也取得了突出的成就,对日本思想界和教育界都产生了重大的影响。德川幕府初期,中国儒家两大

---

① 〔日〕滋贺县藤树神社创立协赞会编:《藤树先生全集》卷三《文集三》。

派别程朱理学和陆王心学在日本皆已传播。为了建立思想统治,德川幕府还将程朱理学确定为官方哲学思想。最初,由于年龄和识见限制,中江藤树也信奉程朱理学,但是,作为一个严肃的求真求是的学者,中江藤树并没有对官方宣传的正统哲学思想表示盲目趋从或附合,而是通过对两派学术是非的认真审视,先后著成《安昌弑玄同论》《林氏剃发受位辩》等论文,对当时日本一些御用学者泥守程朱、滥行比附的不垠之论进行了抨击和批判。如果说,这时他对幕府官方所宣扬的程朱理学的批判还只是局限于个别问题的话,那么,在他正式从事教育工作之后,通过对儒家典籍的研读,在整个思想体系上,中江藤树完成了由程朱理学到陆王心学的转变,并先后就此著成系列学术著作。其主要者有《论语乡党启蒙翼传》《翁问答》《孝经启蒙》《中庸解》《中庸续解》《古本大学全解》《鉴草》《书简集》等,通过这些著作,中江藤树不但创立了日本学术界新的学术派别,同时,也开创了德川时期学术界自由研究的风气,对于当时日本思想界的活跃和学术研究的进步深入,起了重要的推动作用。

中江藤树生活的时代,日本书院尚处于萌芽时期,因而,虽然它在不少方面都有开创性,但在一些方面也带有原始性。其一是十几年的时间里,书院一直以中江藤树私宅为校舍,设备异常简陋。直到中江藤树去世前,方才建成了正式校舍。其二是书院没有充裕的经济收入。终中江藤树执教期间,一直靠卖酒、为人治病和微薄的束脩维持书院生计,不只经办者中江藤树一家生活清苦,同时,也限制了书院的发展。其三是由于书院规模小,生徒少,书院内部规章制度极不健全。同时,由于传授知识者只有中江藤树一人,所授知识亦不全面系统。尽管如此,因为创立书院是日本教育事业发展的需要,因而,在后来的发展中,它也必将克服这些不足而使自己得到更大的发展。

怀德书院是德川幕府中期建立的一所有名的书院。该书院由当时著名学者三宅石庵创建。三宅石庵(1665—1730)名正名,号实父,又号石庵、万年、泉石,京都人。从其青年时代起,即从事教育工作。元禄十三年(1700)来大阪以后,创建多松堂,继续从事教育工作。享保九年(1724),创建怀德堂,又名怀德书院,书院规模进一步扩大,教师和生徒数量也不断增加。而后,又经历代学主共同努力,使得怀德书院成为当时一所具有广泛影响的书院。

受当时各类学校群趋学习汉学的影响,怀德书院建立之初,曾将传播汉学作为主要授业内容并写入书院定约。与此同时,还先后聘请汉学素养颇深的一些学者分别讲授《四书》《易传》《近思录》《孟子》《左传》《尚书》《诗经》《春秋胡传》《伊洛渊源录》等儒家典籍。但是为时不久,该书院即根据现实情况,对此进行必要修改。宝历八年(1758),该书院制定《定约附记》,允许讲授诗文、医书。安永七年(1778),又进一步准予生徒于本业之暇学习“手迹算术诗文译文”,如果尚有余力,还可学习“和汉之军书并近代记录物”。① 这样,由于该书院坚持以学习外域文化与本土文化相结合,使得 18 世纪后半叶,该书院进入发展史上的黄金时期,不但培养出了一大批知名学者,在当时日本教育界也有着极高的声望和影响。

除了兼学和汉之外,还值得称道的是该书院在学术研究中所坚持的兼容并包的自由研究风气。早在该书院创立之初,首任学主三宅石庵即坚持“朱陆一致”的学术观点。他根据历史上朱熹、陆九渊曾互相推崇对方为“天下第一人”及“相交如兄弟”的史实,认为不同学术派别之间应该互相吸收融合,而不应互相排斥。他指出:“朱、陆子,皆吾道之宗子,斯文之大家也。”②为此,他身体力行,在他担任学主期间,除了普遍依据程朱理学观点讲授各种儒家典籍之外,还于每月同志会时,亲自主讲《象山集要》,公开宣传心学。与此同时,他又邀请日本阳明学派的学者三轮执齐前来大阪怀德书院讲学,他的这些举动,即使被一些人称为“鹘学问”,他也毫不动摇。三宅石庵去世之后,他的后继者继续坚持这一传统,又邀请日本古学派学者伊藤东涯来讲学。18 世纪末,西学输入,当时怀德书院学主中井履轩还将注意点集中到了西洋医学,于安永二年(1773)著成《越俎弄笔》一书,介绍西洋医学的人体解剖知识。正是这种兼容并包的学术风气使得该书院不断追随时代前进,愈办愈昌盛,对于学术研究的深入作出了重要的贡献。

在继承前此书院各种优秀传统的同时,怀德书院还在筹措充裕

---

① 转引自〔日〕梅溪昇:《大阪教育史》,第 143—144 页。

② 〔日〕三宅石庵:《藤树先生书简杂著端》,转引自〔日〕梅溪昇:《大阪学问史周边》。

资金以及建立书院各种完善的教学管理制度方面迈出了新的步伐。是否拥有充裕的基金,是书院能否存在和发展的命脉。前此一些书院如藤树书院每因资金拮据而使师生叹息。没有资金,不独师生生活均极清苦,同时也不能兴建院舍和购求图书。享保九年(1724),三宅石庵前授业处多松堂失火焚毁。这时,为了重建书院,前曾受教三宅石庵门下的大阪五位富商中村良齐、富永芳春、长崎克之、吉田可久、山中宗古等共同醵金,同时,又由友人多方奔走,争得了幕府支持,方才建成了规模宏大的怀德书院。而后,为了维持久远,享保十一年(1726),该书院又就筹资问题作出决定。除原来捐资建院之五人外,其他新同志每年一人纳银十两,并将征集之银运营生息。对于前来就学生徒的束脩、节礼,也都作出统一规定,或集中贮存生息,维持书院经常性开支;或分别补助教师生活。正是由于积极筹措,资金充裕,使得怀德书院前后存在了 144 年之久。同时,怀德书院还着手建立各种教学及管理制度并不断使之臻于完善。其中,最先建立的是教学制度。三宅石庵创建书院伊始,即建立日讲制度。聘请并河诚所、井上赤水、五井兰洲等担任助教,分别逐日讲授《四书》《书经》《诗经》《春秋胡传》《小学》《近思录》等,同时规定每月朔日、八日、十五日、二十五日为休息日。三宅石庵之后,历代学主又不断变动,使之更加细密完善,成为该书院传授知识的一种主要方式。如三代学主三宅春楼主持时期,规定每旬一、五日休息,二、七日讲授《易传》,四、九日讲授《大学》。四代学主中井竹山主持时期,又改为五、十日休息,其余时间分讲《左传》《尚书》《近思录》《伊洛渊源录》等,关于教学方法,大致是先习字、背诵、素读,而后则渐次进入讲义、质问、诗文阶段。经过长时期的摸索,幕末时期,这种教学方法发展成为怀德书院教学的基本程式。除此之外,怀德书院还于宝历八年(1758)、十四年(1764)、安永七年(1778)、天明六年(1786)分别制定《学寮揭示》《怀德书院揭示》等,加强对在院寄宿生的管理。如宝历八年《学寮揭示》规定,在院生徒,不论贫富贵贱。宝历十四年《怀德书院揭示》规定生徒二限五勿禁条,即食限、门限、争斗、酒醉、赌博、观剧、登楼等。所有这些,不但是对前此书院建设不足之处的补充和发展,同时,对于当时和以后各地书院的建设和管理也起了重要的示范作用。

　　和藤树书院、怀德书院相比，秋田县尚德书院则是一所官学色彩颇为浓厚的书院。德川时期，官办书院即各地藩主兴办的藩校、乡校之以书院命名者亦占颇大比重。如 17 世纪末，即由佐贺藩家老多久邑主创建鹤山书院。18 世纪，大洲、佐仓两藩又先后建立了大洲止善书院和千叶成德书院。在这一风气的带动下，18 世纪末，秋田久保田藩同时创建了七所乡校，皆以书院命名。它们是尚德书院、时习书院、育英书院、弘道书院、崇德书院、博文书院和成章书院，从而使得日本官办书院数量急剧增长，成为日本书院建设中的一支生力军。其中尚德书院初建于宽政五年(1793)，地处秋田县南境。由于是官建书院，书院所有事务皆由藩主直接控制。不只筹备、规划建院等前期工作，而且书院落成之后的各种活动如任命教职人员、招收生徒、课程安排、资金开支都由政府负责。因为是官办书院，资金相对充裕，因而，该书院自建成之后以迄明治维新时止，一直未像不少私建书院一样因资金匮乏而中途停办，而且还不断增加教学设备。即以藏书而言，文化四年(1807)，该书院藏书 42 部，326 册；至文化十二年(1815)，即增至 69 部，566 册，对于文化教育事业的普及作出了一定的贡献。

　　但是也须指出，因为是官办书院，其消极方面也很明显。一是学术气氛极不活跃。从师资到生徒，都被死死地捆在了官方规定的教科书上，不能自由思想，以致几十年中，该书院没有培养出一个知名学者。二是保守性强，不能追随时代前进。该书院创立后的几十年中，日本书院经历了由传授汉学、和学到传授洋学的转变。但是该书院自创立至废校，却一直致力于儒家经典和诗赋的学习。反映在藏书上，据其文化四年、文政十二年(1829)、天保九年(1838)和明治二年(1869)四部藏书目录，绝大多数都是五经四书等儒家经典及诸子百家诗文之类。此外，日本国人所著之《诗础国字解》《先哲丛谈》《日本王代一览》《徂徕集》不过寥寥数部，至于洋学书籍，则并无一部，从而也在一定程度上影响了日本教育文化事业的发展和进步。

　　与前此日本书院固守汉学、和学藩篱相反，德川幕府末期建立的京都顺正书院则是一所以传授西洋医学为主要内容的书院。18 世纪以后，西方科技文化渐次输入日本，一些日本学校也开始讲授西学。其中,新宫凉庭创建的京都顺正书院便是这一转轨时期颇具影响的书院。新宫凉庭(1787—1854),出身于医学世家。青年时期,感于西洋医学先进于和汉医学,遂赴长崎,学习荷兰医学。经过五年学习,文政二年(1819),回乡开业,成为京都一带名医,"每日宅诊数十百人,午后往诊五十家"。为了传播西方医学知识,天保十年(1839),新宫凉庭于京都东山南禅寺畔,创建顺正书院。① 由于受传统思想影响,顺正书院仍保留了旧有书院的一些风貌,如于书院正室悬挂孔子像并提倡生徒学习儒家经典,但是在教学内容上,却改以西洋医学为主,分设生象、生理、病理、外科、博物、化学、药物等八门课程。同时,还斥资兴建图书馆,收购图书。这一教育机构,在幕末时期,无疑是凤毛麟角,但是却代表了日本文化教育事业发展的新方向。新宫凉庭去世之后,他的后人又继续其业。明治维新以后,顺正书院发展成为京都疗病院,在西学传播方面发挥了重要的作用。

四

作为德川时期长期存在的一种教育形式,书院对于日本文化教育事业的发展起到了一定的推动作用。

首先是和其他教育机构一起为教育事业的普及做出了贡献。德川时期以前,日本教育事业虽有发展,但是教育对象却一直局限于社会上层,社会中下层人士基本上没有受教育的权利和机会。德川时期,社会长期安定,经济发展,因此,以私塾为主体,各种教育机构成批出现。在这一过程中,书院也应运而生,并和其他各种教育机构一起教授和汉之学,从而不但在更加广泛的范围内传播了先进的中国文化,同时,也使有关日本文化的教育进一步普及。

其次,书院对于德川时期日本学术研究事业繁荣局面的形成,也做出了重要的贡献。由于大多数日本书院坚持以输入外域文化与本土文化相结合,坚持教学与学术研究相结合,在这种开放式的办学和学术研究过程中涌现了一大批像中江藤树、熊泽蕃山、室鸠巢、三宅石庵等知名学者,积累了丰富的学术研究成果。18世纪以前,这些成果集中地表现为对中国儒家经典的阐释。就学术思潮而言,虽然

---

① 〔日〕衣笠安喜:《京都府教育史》。

较之中国晚了一个世纪左右，但是一则是独立研究所得，二则不少见解还是发前人所未发，因而，仍不失为学术研究中的重要成果。19世纪以后，一些日本书院又适应日本社会发展需要，率先摆脱封建文化羁绊，研究西学，从而为日本社会的近代化做出了贡献。较之中国，这一活动足足又早了三十年。

第九章　清朝的历史定位

关于清史体裁、篇目的意见

关于清史体裁,我基本同意一些学者的意见:"应该确定用传统纪传体而强调有所创新。这是因为,今天重修清史,其目的是为中国古代最后一个帝制王朝修一部与《二十四史》相衔接的《清史》,以为旧史的终结。因此,不宜推翻纪传体史书的基本框架而另起炉灶。"但是,有鉴纪传体体裁的固有弊病和缺陷,也应对其进行重大改造。其主要点为,在保留纪传体纪、志、表、传几个基本要素的同时,另增纪事本末,以为纪传体正史增加新的内容。

首先是继承旧史纪、志、表、传等基本内容并对之适加改造。

关于纪,我同意不少先生意见,须对其进行根本改造。不以帝王为中心而改以国家民族历史发展为主要内容,简要载录影响当时和此后历史发展进程的重大历史事件。至于其具体分篇,似应仍借鉴二十四史旧例,以各帝在位时间久暂及内容繁简,各自为篇。少则一篇,多则数篇。其篇目名称,除宣统帝以其年号命名外,其他皆以在位各帝谥法命名。此种做法,既可与旧史求得统一,亦可为包括研治清史人员在内的社会各界普遍接受。另,入关之前,清朝已有二帝,事在取代明朝统一全国之前。宣统逊位,保留帝号至 1924 年,已入民国。为使首尾始末完整,亦当列入,不必如戴逸先生意见另为清史前纪。但于宣统纪后增设宣统后纪,附于宣统本纪之后,以明始末。

关于志、表,是戴先生近来考虑重点之一。考虑已相当深入,我想,考虑到清代人口激增,连翻两番,其与清代人口政策关系密切,自不待言,可否将其人口政策、历朝各省人口数字、人口管理、人口流动情况从食货志及其他史籍中辑出,专列人口志。同时,于旧表之外另增八旗都统年表,以为读史之工具。

关于传,是全书内容最多、分量最大的部分。而由于时代进步、社会观念变化,《清史稿》中的一些旧有传目应作改动。尚有一些对国家统一、民族团结、社会进步、中外交流作出过贡献或对清史进程发挥过较大作用的人物传记须行补入。如清朝崛起辽东、入关统一、平定三藩、平定农民起事将帅中的二三流者以及政绩不著旅进旅退者,即应严定标准,大加删除,估计删除人物总量当在旧作三分之二以上,以免混淆历史发展脉络,并以所余篇幅增补新传及新的体裁,不然的话,只增不删,全书分量越来越大,既不便阅读,也不能显示新修清史的特色。删除之外,一些传目名称亦应改动。如《循吏传》似应改为《清官传》,其《儒林》《文苑》《艺术》《畴人》亦须分别改称《思想家》《史学家》《文学家》《科学家》《艺术家》《学者》等,《属国传》(卷五二六—五二九)应改为《邻国传》,其《土司》《藩部》(卷五一二—五二五)亦应根据行政管理特殊性相应改名。关于新增人物传记,一是要新增清代皇帝列传,因为新修清史已将本纪改造成为专记国家民族发展进程的大事记,而历代帝王又皆处于政治舞台中心,故而须适应这一变化而新增十二代帝王传记,其位置,须列于列传之首,集中排列,每篇少则万字、多则两三万字,记载其个人活动及对国家民族发展之影响,同时载录其在当时统治集团中的相对位置及个人性格、作风。其二是增设少数民族、宗教界人士传记,其少数民族人士如巴图尔珲、噶尔丹、固始、拉藏、策妄阿拉布坦、噶尔丹策零、罗卜藏丹津、阿玉奇、渥巴锡、达瓦齐、阿睦尔撒纳、大小和卓等,其宗教界人士如达赖、班禅、哲布尊丹巴呼图克图等,其篇目,或仿《史记》中《大宛》《匈奴》以族以地为名,或立类传。其三是于来华西方传教士于汤若望、南怀仁等已收于《清史稿》者之外,另立类传,以收其余。其四是于历次秘密宗教或农民及少数民族反清起事代表人物分别立传,对此,台湾"国防研究院"本《清史》已增朱一贵、林爽文,虽属创新而未行展开,且与满保等人同传,甚觉不伦,应将此类人物自《实录》、各种《纪略》及《康雍乾时期人民反抗斗争资料》中通通辑出,根据事迹丰简,分立正传、附传。其五是应增文字狱羁祸人员列传以反映清代历史的一个重要方面。其六是应将台湾"国防研究院"本《清史》中新增革命党人列传进行改造,大大压缩其有关部分并对所列人物及其论述进行详细审查,改写之后,纳入新修清史,以反映清末历史进程中的一个重要方面。至于明清之际人物如袁崇焕、熊廷弼、袁应泰,清末民国人物如康、梁、袁世凯、张勋等,则不必以卒于何时而划地自限,而应着眼于其在清史中的地位作用,从宽收录,既为清史保存历史资料,又可使其具有自己特色,况且前有《史记》《汉书》《后汉书》《三国志》人物重收先例,大可不必为此顾忌。除此之外,所有人物传记都要重新设计,改动部分要尽量多,尽量避免与前此二书雷同。这样,方可使本书有其独立存在价值。如《后妃传》,可否将孝庄、孝钦(慈禧)抽出设立专传,而以其他部分改设后妃表。《诸王传》,可否将多尔衮及其他开国诸王及有建树者抽出,设立专传,而将其他事迹不著者归入诸王表等,不必邯郸学步,给人以不曾用力之感。

其次,是将纪事本末纳入新修清史以对旧有正史作必要的创新。纪事本末为宋后新出之史书体裁,由于其以事为主而又不废时间、人物活动,出现之后,即被史家承认。发展至清初,竟然先《明史》而出并相继出现了系列产品。我们应该根据史学发展需要,从新修清史开始,将之纳入正史,以在体裁上进行必要的创新,同时,也垂范后世。其具体设目,不应过大,以致出现篇幅太长,与其他各篇比例失调及事件具体过程叙述不详诸弊;亦不应过小,以致使人看不出一个时期中的历史发展线索。而当以各代帝王在位期间主要事件分别拟题。一般说来,一代帝王或拟数题,或拟十数题,总数当在百题左右,从太祖起兵至宣统逊国,以纪有清一代兴起及灭亡始末。其字数,当以百万字为宜。

另外,有的专家还提出于新修清史中增设通史及载记部分,对此,笔者不甚赞成。就通史而言,一是20世纪新出之体,与中国传统史书体裁不甚协调;二是其体裁本身亦有缺陷,达不到大型正史需要保存时间、地点、人物活动等基本资料的目的。相比之下,纪事本末体则无此弊病。就载记而言,议者本想以此作为处理与中央政权并存的少数民族政权或其他与中央政权相对立的地方政权的方式,前此，《晋书》有此先例。近世，台湾"国防研究院"本《清史》亦仿其例以纪郑成功、洪秀全。以我之见，清代，噶尔丹、策妄等少数民族政权对政局的干扰从时间、地域、数量比例上都小于晋朝，而少数民族政权于中央政权的认同心理又远远大于两晋时期。因此，我不赞成另立载记一体，而建议于准噶尔地方政权如《史记》之《大宛》《匈奴》列传例，或以人物命名（如哈喇忽拉、巴图尔珲等），或以族地命名以系其事。其南明诸王、吴三桂、洪秀全亦应如此，其次序亦分别按时代排入。至于洪秀全太平天国政权事迹太多，则可考虑增设太平天国其他人物传以分其篇幅，以符合全国人民对维护国家统一、增进民族团结的合理愿望。

再次，除了对纪、志、表、传适加改造并将纪事本末作为新修清史主要体裁之一之外，正补旧史误漏、从宏观上改变对清史的旧有认识、改动文体等也都是此次清史纂修中的重要问题，有的还是新修清史的生命线。以《清史稿》和台湾"国防研究院"本《清史》误漏而言，数十年来，研究成就甚众，无疑皆应参阅并予吸收。除此之外，其他未经发现的潜在错误恐尚所在多有。亦应借此机会，兵分数路，或以时代，或以纪、志、表、传分类，召集有关专家，对之进行一次普遍认真的审查和清理，将其错误之处悉行摘出，以备修史之用。关于发掘新史实，则应于数十年来清史研究论著中撷其英华，即将确为两书遗漏或声述不清而又值得补入新修清史的学术发现汇集成编，以备修史之用。与此同时，还应深入原始档案，以期再有发现。应该看到，以上两者是新修清史的生命线，如果拿不出真正货色，甚至还出现新的错误，那么，这次修史活动就是一次失败的活动。台湾"国防研究院"本《清史》所以不为世人所重，似亦与此有密切关系，我们应该引为鉴戒。就宏观认识突破而言，亦应对清代历史地位及相关重大历史事件提出新的乃至进一步接近真理的认识，不但在具体人物、事件、典制叙述中应寓论于史，而且各篇前言序论以及结语、论赞亦承担这一任务。但是，笔者主张，在强调创新的同时还要慎而又慎，要实事求是，要尊重史学界的一般看法，不要哗众取宠，故为惊人之举，作翻案文章，以免画虎不成，收到相反的效果。关于文体，笔者认为，为了适应读者需要，新修清史应当摒弃旧史普遍使用的文言文，而采用精练规范的语体文，其所用语汇，应为包括海内外华人在内的所有人士共同认同。

　　总上所述，我认为，《清史稿》、台湾"国防研究院"本《清史》内在弊病阙失以及社会发展需要都为我们新修清史提供了广阔的空间。只要我们计划周密，态度认真，工作深入，"不畏前人畏后人，不重文章重良心"，经过艰苦奋斗，定可拿出一部较之前此二书内容丰富、体裁新颖、体例完善、质量有所超越的清史新著，以与前此二书鼎足而三，并存名山，上可告慰为国家民族和社会进步而奋斗的志士仁人及先民之灵，下可向中华民族的万代子孙有个交代，以供他们汲取历史经验教训，激励他们自立于世界民族之林。

关于清朝历史定位的思考

　　民国建元前后，出于推翻清朝统治的政治需要，革命党人和学术界进步人士皆对二百余年的清朝统治持否定态度。而今清朝灭亡已百年，以客观态度重新审视其在中国历史上的地位，便成为史学工作者义不容辞的重要任务。我认为，作为中国历史上最后一个封建王朝，在维护国家统一，增进民族团结，推动社会进步诸方面，较之于前此历代王朝，清朝均有超越。在中国历史上，占据着重要的地位。

　　国家统一是中华民族的核心利益所在。对此，早在入关之前，清朝统治者即有明确认识，并树立了统一全国的勃勃雄心。明朝灭亡后，在摄政王多尔衮统率下，清朝统治者立即挥师入关，着手实现统一大业。历经数十年经营，不但将明朝旧有疆域悉收版图，还将长期割据的少数民族政权逐一清除并成功地抗拒了沙俄入侵，将广袤的边疆地区置于中央政权直接控制之下，从而实现了中国历史上空前的大统一。这些成就，不但中国古代割据一隅的少数民族政权难于望其项背，也大大超越了所有统一过全国的汉族王朝。进入近代以后，面对西方列强入侵，为了维护国家统一，清朝政府又带领全国人民，进行了一次又一次的抗争。尽管由于社会制度落后，这些抗争屡屡失败，但却粉碎了西方帝国主义瓜分灭亡中国的野心和梦想，为数亿中国人民及其后代子孙保存了可供生息繁衍之地。就此而言，清朝政权功不可没。

前此,受儒家内华夏而外夷狄传统思想影响,中国历代汉族王朝皆将环据中原地区四周的少数民族视同犬羊禽兽,以致国内民族关系长期紧张并多次发生民族冲突和战争,给各族人民造成深重的灾难。作为一个以少数民族贵族为主体所建立的全国政权,早在入关之前,清朝政权即重用汉官并通过联姻方式与蒙古各部建立了牢固的关系。尤其是其中的满蒙联姻,清朝统治者更是热情空前。不但最高统治者带头,而且,为了增加联姻数量,还打破行辈,互为翁婿。统一全国之后,在采取措施,缓和满汉民族矛盾同时,进一步发展满蒙联姻,并将联姻推及准噶尔、回疆,吸收各族政要参与中央、地方政权管理,从而彻底改变了前此历代汉族王朝北方边患代代不绝,甚而因此亡国的局面,而将广袤的塞北变成无形的长城。这些措施,进一步增强了各族人民的凝聚力,加快了境内各民族融和的进程。正是因此,进入近代之后,面对西方列强入侵,境内各民族志士仁人和数代先民万众一心,同仇敌忾,前仆后继,进行了一个世纪之久的感天动地、可歌可泣的抗击外敌入侵的斗争,并在斗争中形成了自强不息的中华民族精神。就增进民族团结、促成中华民族最后形成而言,清朝政府这些成就亦可圈可点,功在千秋。

还需指出,在实现中国古代向近现代过渡、推动社会进步方面,清朝亦起到了独特的作用。入关以后,为了统治人口逾亿的中原人民,数代清朝皇帝饱怀忧患意识,异常勤政。经过长期摸索,对旧有统治机构、制度、政策进行改革。其于机构改革,如于内阁、议政王大臣会议之外另设军机处,并将之作为政权中枢,进一步提高了工作效率。其于传位制度,则摒弃实施两千余年的嫡长子继承制度,改行秘密建储,保持了政局长期安定。其于中枢决策,则皆经多重机构反复商议而后付之实施,从而避免盲目性、随意性,使之更加符合实际。其于文书运行,则于原来渠道之外,另创廷寄、奏折,以使信息输送更加准确、及时。对于民生,清朝历代统治者亦极为关注。雍正间推行地丁合一制度,最终取消了实施上千年的人头税,使得赋役负担更加合理。终清朝一代,长期不遗余力地推行劝垦政策,推广优良、高产品种,提倡改进耕作技术等项政策使得耕地面积增加、产量提高。对于兴修水利、治理黄河、修建江浙海塘工程,亦态度积极、认真负责。此外,康乾时期,清朝统治者还多次大规模蠲免钱粮,赈济灾民,施行救荒政策。所有这些，使得社会长期安定，经济发展，人口激增，由明朝末年的一亿左右增至四亿以上，国民经济总值一度雄居世界之首，具备了一个国际大国所必需的要素。同时，还重视教育，单就所建书院而言，即已超过唐、五代、宋、元、明所建书院数量一倍以上，教育事业空前普及。编修群籍，文化事业空前繁荣，社会文明程度较之前代大有提高，亦为后世保存了可贵的古代文化遗产。进入近代以后，在与西方列强的抗争过程中，又主动学习西方先进科学技术，兴办洋务，创办近代工业，并进行变法维新，着手政治改革。正是这些，推动了中国社会不断进步，并最终完成了古代社会向近现代社会的过渡。

当然，由于清朝是以少数民族入主中原，统治中国又达二百余年，其对中国社会发展的负面影响亦不可忽视。其主要者，一是因其原来社会发展阶段颇为原始落后，入关之初，在一定范围内，落后的农奴制生产方式长期存在。二是封建专制极度加强，监察机构职能薄弱。尤其是雍正间实行台省合一，取消监察机构批评最高统治者的权利。凡此，皆在一定程度上影响了社会进步。虽然如此，作为一个对中国社会发展作出如此突出贡献的王朝，在中国历史上，清朝仍占据着特殊的重要地位。

摆脱历史发展的怪圈

——关于清朝历史定位的补充思考

通观秦汉以迄清朝的中国古代史，总看到有两个怪圈——反复发生的北方少数民族入侵中原和农民起义导致的社会经济崩溃，社会发展长期停滞不前，历代王朝均未摆脱，而最后一个王朝——清朝却未予重蹈。前此，笔者曾著《关于清朝历史定位的思考》，论述清朝对中国古代社会发展的贡献，于此再以解读两个怪圈为题，以抒前文未尽之意。

秦汉以降，中国古代社会一直为民族矛盾、民族战争所困扰，并且成了改朝换代的一种主要方式。两千年来，与汉族相邻居住的中国北方，你未唱罢我登场，争先恐后地兴起过许多少数民族，其主要者，最初是匈奴、羌族，尔后是五胡十六国，再后又是突厥、契丹、女真、蒙古、满族，先后建立了自己的政权，铁骑南下，将中原汉族王朝轰到江南，偏安一隅。或者还消灭中原汉族王朝而混一天下。长城以北，山海关、嘉峪关外，地广人稀，生态环境远较中原地区恶劣，社会发展阶段也较内地落后，为何代代不绝地冒出了这么多民族，而且还敢长驱直入，与经济文化更为发达的中原汉族王朝争雄称长。笔者觉得，除了远迁中亚的个别民族外，其他多数民族的基因应该相同，其所以民族名称不同，只是因为生存地区过于广袤，各族群长期不相往来，从而在不同时期、不同地区、不同发展阶段有着不同的称呼。由于所处地区不是草原沙漠，就是山林，游牧、渔猎便成了他们的主要生产方式,出于生存本能,需要以朝贡或边境互市形式用自己生产之马匹、牛羊、骆驼、山参、夜明珠、海东青之类换取内地粮食、丝绸、布匹、茶叶、铁锅、器皿等生活必需产品。而中原汉族政权强大时,往往以军事方式开疆拓土,封狼居胥,勒石燕然,使得他们无法以互市或入贡换取赏赐形式,以其所有,易其所无。而在中原汉族王朝发生内乱或衰弱时,这些少数民族政权,则带领控弦之士数十万,进军中原富庶地区,尽情攫取所需物品。以此之故,两千年来,中原地区,就时间长度而言,汉族政权与少数民族政权几乎是各占其半。少数民族入居中原固然为中华民族的发展输入了新的血液,有利于汉族和周边少数民族融合,但是,不可否认,不过几百年便会发生一次大的民族战争和王朝更迭也给广大人民带来了深重的灾难。原来一望无际的农耕之地区脱纵横,茄鼓悲鸣,变成了狐兔追逐、名王宵猎的场所,人口锐减,赤地千里,经济崩溃,使得中国社会陷入了发展、倒退、停滞、恢复、再发展的怪圈,社会进步缓慢。

　　与此相反,清朝时期尤其是乾隆帝统一全国之后,这种情况发生了根本的转变。大一统的形势下,广袤的中国"三北"成了最为宁谧、统治最为巩固的地区。推导其原因,一是统一全国之后,在大力改善满汉关系的同时,对于西北、漠北、东北等地少数民族,大力提高其政治地位。对于其上层头人,分别封予亲王、郡王、贝勒、贝子各种头衔,吸收他们参与国家政务管理。并由皇室带头,推行双向和亲政策,其中,科尔沁蒙古在皇太极、顺治两朝,还几乎成了清朝皇室选聘皇后的"专业户"。彼此之间,互为翁婿甥舅,哪里还会发生战争。二是关心民生,兴修水利,劝垦田地,经常派遣农业生产能手指导他们改良耕作技术,推广优良品种,不遗余力。发生灾荒,又从速赈济银两、粮食、布匹、牛羊等生活必需品,不稍迟缓,有关活动几是史不绝书。三是将其作为自己子民,不稍歧视且全力保护。外敌入侵,则组织抵抗。内地动乱,又以其为依靠力量,调兵入关,平定叛乱。以此,东北地区的索伦、赫哲、鄂温克、鄂伦春、锡伯、漠北蒙古三部、漠西蒙古各部对中央政权的向心力空前增长。影响所及,18世纪下半叶,旅居国外一个多世纪的土尔扈特部也不远万里,历尽千难万险,回到祖国怀抱。这样情况下,少数民族头人和其部众,对中央政权感恩戴德尚恐不及,哪里会想到发动叛乱,取代清朝。而且,由于国内各民族长期在共同地域上共同生活，守望相助，形成了命运共同体，在西方列强入侵之际，便遭到了中华民族的共同抵抗。虽然入侵者船坚炮利，并且屡屡得手，但因四亿人民以血肉之躯拼死抗争，始终未让入侵者占到过多的便宜。与此相反，西方殖民者发现美洲新大陆之初，土著印第安人不下数百万。为了占领该地，入侵者对当地土著进行了野蛮的屠杀。仅因印第安人当时尚处于部落发展阶段，没有形成统一的民族，入侵者得以利用矛盾，各个击破，使得这个曾经创造灿烂文明的种群几遭灭绝。相较之下，我们既为中国古代反复发生的民族战争和对社会的破坏而感到痛惜，为印第安人的悲惨下场而唏嘘不已，同时，也更为赞赏清朝政府的民族政策。正是由于清朝政府的多方努力，才使中华民族最后形成，并发展壮大，具有了足够抵御外敌入侵的能力。就此而言，清朝政府功不可没。行文至此，笔者心潮澎湃，对于清代在维护民族独立和国家统一而率领数代先民英勇奋斗的英烈先贤，如傅清、拉布敦、班第、鄂容安、兆惠、明瑞、土尔扈特汗渥巴锡、林则徐、关天培、陈连升、定海三总兵、冯子材、刘永福、左宗棠、邓世昌、丘逢甲、聂士成等一大批民族英雄，充满了崇敬和怀念之深情。他们不但直接继承了屈原、苏武、文天祥、俞大猷、戚继光、郑成功等历代英烈的爱国主义精神，而且在境界上还有所超越。他们的英名和业绩将与日月同辉，与天地并存，永远彪炳史册。

与反复发生的民族战争导致的王朝更迭、经济破坏一样，秦汉以后，农民起义，推翻旧王朝，也是中国历史发展的主旋律。秦朝统一全国后，封建国家异常强大，予智予雄，人莫予毒，经济剥削之外，还强迫被压迫主体——农民承担难以承受的徭役负担。挣扎在死亡线上的广大农民再也无法忍受：一样都是爷娘生的，凭什么你们称孤道寡，作威作福，而我们却啼饥号寒，求生无门。"王侯将相，宁有种乎?"被迫斩木为兵，揭竿而起，将旧王朝打个稀巴烂。于是，在焚烧咸阳秦宫殿的熊熊火光中，被压迫阶级度过了自己"盛大的节日"。这种反抗，完全合理。但是，农民血液中流淌的最原始的平等、平均思想使得这种反抗只破不立，一方面是对社会原有秩序的疯狂报复和尽情破坏，一方面是为了实现"王侯将相"的个人目的，在推翻旧王朝之后的自相厮杀。更为可怕的是，长期战争所导致的物质生产停滞，又使社会经济进入灾难状态。四面楚歌声中，缺衣少食的双方将士不由地想起了当年与父母、妻子、儿女团聚，一起耕凿而食时的幸福情景。但是，因为社会存在的最重要的基础——社会经济已经遭到严重破坏，新的王朝建立后，海内户口锐减，"十不存一"，"自天子不能具钧驷，而将相或乘牛车。"更为可悲的是，这种情况竟是一再上演，反复发生。农民起义，统治者、各级贵族和地主阶级固然受到了严厉的惩罚，"天街踏尽公卿骨"，然而，削平群雄的最后胜利者站在历史的"火车头"上，也并没有看到莺歌燕舞的大好形势，而是"铠甲生虮虱，万姓以死亡。白骨露於野，千里无鸡鸣。生民百遗一，念之断人肠"。整个社会好像害了一场大病，喘息呻吟。往往需要经过百十来年的休养生息，人口总量和经济发展水平才能达到起义发生之前的程度。应该实事求是地承认，这是中国古代社会进步缓慢甚至长期停滞不前的一个主要原因。

和中国历代王朝一样，在经过二百余年的统治之后，面对民主革命浪潮，20 世纪之初，清朝也走到了自己统治的尽头。在经过短暂较量之后，清朝统治者自觉力量不敌，被迫退位，宣统逊国。中华民国顺利地接管了全国政权。如果按照前此农民起义、人民革命旧有路数，革命党人和清朝政权之间岂不要打上几年甚至十几年的拉锯战？白骨蔽野，血流成河，经济凋敝。那岂不是中华民族的又一场浩劫？革命党人即使获取最后胜利，将被战争破坏了的社会经济恢复到战前水平，至少还要再花上几十年时间。尤须指出，由于革命党人所定纲领一些内容过于偏激，首要目标即是"驱除鞑虏"，果真照此办理，岂不是要造成国家和族群法理分裂？然而，就在敌对双方互相交战之时，迫于内外交困，清朝政府宣布放弃政权，让位民国。一时之间，双方正面战场即刻偃旗息鼓，京师、外地社会秩序安然，经济不但没有受到破坏，反而不断发展。尔后数年间，虽然短暂上演过洪宪帝制、张勋复辟等历史闹剧，但是，由于推翻帝制，共和思想深入人心，和一些人抱怨、指责这场革命只推翻了一个皇帝，其他方面并无变革相反，中国社会进入了发展变革的快车道。民国建立不过五六年，新文化运动兴起。"德""赛"二先生为知识界所广泛认同。几千年来，一直被视为不变铁律的"三纲五常""君臣大义"变成了一堆垃圾，尔后，五四运动爆发，无产阶级队伍壮大，走上中国政治舞台。马克思主义传入中国，中国共产党诞生，中国革命有了新的领导力量。可见，正是由于清朝政府选择了正确的方式退出历史舞台，才使中国社会避免了族群分裂，维护了国家领土完整，没有重蹈前此历朝发展怪圈，走上了发展的快车道。同样，也正是和平交权，才为此后进行的波澜壮阔的全民抗日、救亡图存，争取中华民族彻底解放、最终自立于世界民族之林保存了民族元气。

多年以来，世人学界论及清朝历史，总是反复提及入关前几次进关掳掠，入关初统一全国过程中残酷镇压反清武装斗争，扬州十日、嘉定三屠，推行圈地、投充、逃人法、剃发、易衣冠五大败政；全国统治确立后，对内滥兴文字狱，打击反清思想，对外闭关锁国，虚骄自大；后期政治腐败，在抗击西方列强入侵时，屡屡失败，丧权辱国，割地赔款等问题。总是反复提及小脚、辫子、指甲、鸦片。这些，皆属史实，笔者无意为之回护。但是，也要看到，清朝在维护国家统一、增进民族团结、推动社会进步等方面也做出过重要贡献。与此同时，又通过自己努力和理智决策，没有重蹈中国历史上反复发生的两个怪圈，也是两个大大的亮点。即就当时被迫割让的大片边疆领土而言，虽然饱受世人诟病，但是由于历史上确曾为清朝政府管辖所及，也为此后条件具备时重新回归祖国怀抱提供了历史和法理依据。20 世纪末香港、澳门相继回归即是其典型范例。就此而论，在中国历代王朝中，清朝虽然时代居后，而且还是以少数民族为主体所建立的一个王朝，但其历史定位，却远在历代王朝之上，是一个贡献最大的封建王朝。

代结语　高山景行,追踪师风

业师郑天挺先生传略

一

郑天挺先生原名庆甡,字毅生,原籍福建省长乐县,1899 年 8 月 9 日生于北京。父母早殁,先生与其弟一起寄居在姨表兄张耀曾家,由梁漱溟的父亲、其表舅梁济(巨川)监护。1907 年到 1916 年,先生先后就读于北京闽学堂、江苏学堂、顺天高等学堂、北京高等师范学校附属中学。1917 年,考入北京大学国学门。他发奋读书,不敢有丝毫懈怠。据其《自传》称,当时,"每天除上课外,天天跑图书馆","并需每天熟读史书"。与之同时,每逢周末,先生还与同学一起,到贵州老学者姚华先生家受读文章及金石文字。

作为一个青年学子,先生当时不只严格督责自己发愤学习,同时,还有着强烈的爱国意识。他在北大读书期间,正值"五四"运动发生,先生即与广大爱国青年一起,走上街头,进行反帝爱国宣传。在此期间,他还代表北大学生到天津南开中学联系京津学生联合行动事宜。同年 11 月,日军在福州残杀中国人民,并派海军陆战队登陆威胁。先生又与在京福建籍学生一起组织聚会,到街头讲演,宣传抵制日货。当时出版了爱国刊物《闽潮周刊》,先生还以"攫日"笔名,撰写文章,宣传打倒日本帝国主义。

二

1920 年,先生大学毕业后,接受厦门大学聘约,参加了该校的筹建工作并在该校讲授国文,兼任图书部主任。1921 年暑假,为了进一步深造,先生北上,考入北京大学国学门作研究生,研究古文字学。同年秋,先生与周俶女士结婚。由于建立了家庭,先生除读书治学外,尚在一些大中学校教书,以补家用。1922 年起,他还在法权讨论委员会担任兼职秘书。利用该会收藏文献和档案资料,先生撰写了《列国在华领事裁判权志要》一书,于 1923 年正式出版。1924 年,先生研究生毕业,留北大担任讲师。1927 年后,先生一度离京南下杭州、南京、广州等地,先后担任浙江民政厅秘书、浙江大学校长秘书、广东建设委员会秘书、教育部秘书等职。1930 年,教育部长蒋梦麟出任北大校长,先生遂应北大之聘,于当年年底,回到北大任教。

1933 年,先生升任北大中文系副教授,12 月 6 日被任命为北京大学秘书长。1935 年 10 月始任北大校务会议当然会员。其间,有时蒋梦麟作为教育部代表出席南开大学校董会,蒋无时间即由先生代去。从此,行政事务繁忙。即使如此,先生仍然利用晚上时间认真备课并从事学术研究工作。当时,他在北大中文系讲授古地理学、校勘学等课程。为此,他亲自动手,编成古地理学讲义。他还利用晚上的零碎时间,每天校勘《世说新语》数页,从不间歇。在授课的同时,他还使用传统治学方法,写出了《杭世骏〈三国志补注〉与赵一清〈三国志注补〉》及《张穆〈月斋集稿本〉》等具有创见的学术论文。1936 年,先生开始到北大史学系兼课,讲授魏晋南北朝史。与此同时,他还应范文澜等先生之约,在北平女子文理学院讲授中国近三百年史。从此,先生的治学重点转向清史,先后发表《清世祖入关前章奏程式》《墨勒根王》《多尔衮与九王爷》《多尔衮称皇父之臆测》等多篇论文,与孟森先生等共同挑起了研治清史的重任。

执教北大期间,先生不只为北大校务、教学和学术研究而费尽心血;同时,还对广大青年学生反对北洋军阀反动统治的抗暴斗争和抗日救亡斗争给予了有力的支持。早在执教北大之初,他即支持北京女师大学生反对北洋政府非法解散该校的斗争。1926 年"三一八"惨案发生后,先生又亲自参加了为死难学生召开的追悼会并向制造流血事件的执政府提出抗议,同时,还参与发起了对死难家属的募捐活动。

1937 年 7 月,卢沟桥事变爆发,不久,北平沦陷。这时,北大校长蒋梦麟、文学院长胡适等均不在北平,学校其他负责人也纷纷南下,各项善后工作主要落在先生身上。当时一些汉奸文人,与日寇狼狈为奸,企图阻止爱国师生南下,局势异常严峻。这时,先生不顾夫人新丧,子女年幼,将其全部身心用于保护校产和组织师生安全转移。他先是决定向因经济困难而滞校学生每人发款二十元,促使他们迅速离校。而后,又不顾个人安危,使北大教授及其家属也安全撤离。直到 11 月 17 日,他才与留居北平的五个年幼的子女告别,与罗常培、陈雪屏等南下。几经辗转,到达由北大、清华及南开三校联合建立的长沙临时大学。这时,先生改任历史系教授,讲授隋唐五代史。不久,学校再度西迁,在昆明成立西南联合大学,他与马约翰、杨石先等任学生生活指导委员会委员。1939 年,先生仍任北大秘书长,兼文科研究所副主任。1940 年 1 月,先生被聘为联大总务长。当时,先生不仅要应付日本飞机对校舍不断的轰炸,而且要想尽办法解决师生生活困难。他亲自担任教职员遭受空袭损害救济委员会主席又兼教职员食米消费合作社召集人,派员到外地采购以解同仁饥馑之苦,同时竭力地帮助困难学生,或为他们介绍工作,有时还从自己微薄的薪俸中拿出钱来给予支持,以使他们渡过难关。与此同时,先生依然不忘教学与学术研究。在教学上,最初,先生讲授隋唐五代史。从 1938 年暑假后,改授明清史。选修该课的同学有时达一百数十人,盛况空前。此外,先生经常对北大文科研究所研究生进行指导。在学术研究中,先生也多有创获。先后发表《发羌之地望与对音》《〈隋书·西域传〉附国之地望与对音》《〈隋书·西域传〉薄缘夷之地望与对音》等数篇论文。1943 年,其《发羌之地望与对音》获教育部三等奖。1938 年后,先生转治清史。这时,东北已经沦陷,而且建立了伪满洲国。针对日本帝国主义侵占我国东北而制造的"满洲独立论",先生集中精力,先后发表《满洲入关前后几种礼俗之变迁》《清代皇室之氏族与血系》等重要论文,利用大量历史事实,证明清代皇室包含满、蒙、汉三族的血统,在入关前就和内地在政治、经济、文化方面有着密不可分的关系,是中华民族大家庭中的一员。他指出,

"近世强以满洲为地名,以统关外三省,更以之名国,于史无据,最为谬妄",有力地批驳了日本侵略者的谬论。这一时期,先生还撰写了《清代包衣制度与宦官》《清史语解》等,也都是清史研究领域中的重要著述。1947年,先生将自己十数年来清史研究论文汇为专集,题名《清史探微》出版。

1943年3月,先生偕雷海宗、姚从吾等赴重庆参加中国史学会成立大会。1944年6月,遵教育部令,北大聘先生主持本校人事工作,7月先生等应邀赴大理参加修志工作。

抗战胜利后,先生担任北大、清华、南开三大学联合迁移委员会主席。1945年10月,奉北大之命,先生赴北平准备复校,并受教育部人事处聘请暂赴平津区协办接收辅导事宜。先生还担任三校1946年度联合招生北平区主任。回到北大后,先生积极开展复校工作,并多方奔走接受敌产,为北大返平顺利开学卓著劳绩。这一时期,先生作为秘书长,面对复校的百废待举,学生的反对美军暴行及后来的反饥饿、反内战等斗争,实际上已无暇学术工作。1947年起,文科研究所建立明清史资料整理室,后又改设史学部,由先生代行主任,组织整理明清史档案。经过数年整理,先后辑录专题史料十种。其中《明末农民起义史料》《宋景诗起义史料》《太平天国史料》还于新中国成立后公开出版。

蒋介石独裁政权崩溃前夕,对广大青年学生的爱国民主运动进行疯狂的镇压。全校学生团结一致,针锋相对开展斗争,并得到广大进步教师的支持,先生在师生正义斗争的鼓舞下,开始认识国民党统治的反动本质,对进步学生给予同情和支持。1948年12月,处于人民解放军包围中的北平形势紧急。12月14日,校长胡适给汤用彤和先生留下便条,拜托他们维持校务,便匆匆南去,傅斯年、陈雪屏从南京电告先生等人组织人员南飞。面对这种情况,先生和汤用彤、周炳琳等出面负责校务,广大教授、讲助会、学生自治会给予先生坚决支持,有的致函:"唯愿我兄以北大为重,毋轻于言去",有的致函表示深信:"您一定永远和我们在一起渡过这危难时刻。"先生在重大历史关头,表现了高风亮节,1949年1月他和北大师生迎来北平和平解放。北平和平解放后,1949年5月4日,北京市军事管制委员会任命汤用彤为校务委员会主席,任命先生为北大校务委员会委员兼秘书长,仍兼史学系主任。次年5月8日,教育部批复,准先生辞去秘书长职务,专任历史学系主任和明清史料整理室主任。对于他在担任北大秘书长十八年间的工作成就,学校常委会给予高度评价并予以表彰。

三

1952年7月,国家高等院校进行院系调整,先生奉调南开大学,经教育部同意,担任历史系主任,从而开始了他的执教南开三十年的漫长岁月。

先生到校后,首先努力抓好教学。按照学校推广前苏联的教学方法,成立教研室。各系规定,教师上课,必须按教研室集体讨论的教学大纲讲授。讲课前,必须写成讲稿并在教研室内试讲,由教研室共同修改,然后再正式讲课。在贯彻这一决定时,先生凡逢教师上课,都亲自去听课,不时指导。这些规定的制订与推行,使得学生在校期间能够学到完整系统的知识,大大提高了南开大学历史系的教学质量;同时,在全国高校也产生了重要的影响。1953年全国综合大学会议,1954年7月文科教学研究座谈会,1956年6月教材会议,先生均代表南开大学出席。经过反复讨论,由先生和唐长孺共同拟定《中国古代史教学大纲》,遂被全国高校普遍采用。1961年3月,教育部文科教材会议上又决定由翦伯赞和先生共同主编《中国通史参考资料》,由先生主编《史学名著选读》,以供大学本科生阅读参考之用,从而对全国高等教育产生了重要影响。

在加强教学管理、改进历史教学的同时,先生还坚持登坛授课。截止1961年他赴北京编书之前,先后为本科生开设过隋唐五代史、明清史、明清专题、清史专题、史料学等课程。先生在授课中,极为重视备课。上课时,只是手执卡片,侃侃而述。不只传授知识,同时也传授治学方法。因而,受到了广大师生的欢迎。不只历史系本科生,而且外系学生、本系青年教师也纷纷赶来听课。为此,从1956年起,先生开始招收研究生并接收外地大专院校教师进修,为全国高等学校教学和学术研究培养了大批人才。

作为一个著名学者,先生不只带动全系师生积极进行教学改革,同时,也为南开大学历史系学术研究事业的发展而多方运筹。首先是筹建明清史研究室。报经国务院批准，于1956年建立起全国高校系统第一个明清史研究机构——南开大学明清史研究室，从而为南开大学历史系明清史研究建立了阵地。与此同时，先生还采取措施活跃南开大学历史系的学术气氛。历史系建立了定期学术讨论会制度。每逢学术讨论之时，历史系教师轮流讲演，或就当时史学讨论热点如古代史分期、百家争鸣、资本主义萌芽、土地制度、历史人物评价、清官、农民起义及秘密宗教关系等问题发表个人见解，或将各人长期研究所得与同行进行交流。为了进一步活跃学术气氛，开阔师生眼界，先生先后邀请北京大学和全国其他高校以及研究机关的著名学者来系讲演。

对于图书资料建设，先生也十分重视。20世纪50年代，他即主持建立起历史系资料室并捐献稿酬，购买全套《东方杂志》，供师生使用。除此之外，先生还鼓励授课多年的教师对现有讲稿进行修改，撰成专著，并主动为他们联系出版社出版。在他的关心下，20世纪50年代，由南开大学历史系教师撰写的学术价值甚高的学术专著相继面世，不少青年教师也发表学术论文。南开大学历史系成为全国史学研究队伍中的一支生力军。所有这些，不只为建国之初全国史学研究繁荣局面的形成做出了贡献，同时，也大大提高了南开大学历史系的知名度。

在个人学术研究方面，这一时期，先生也取得了多方面的成就。其一是连续撰写并发表十数篇学术论文，带动了学术研究的进一步深入；其二是应邀标校《明史》，对《明史》成书后二百余年的流传和研究情况进行了一番全面系统的归纳和总结。在这方面，足堪代表先生的学术成就的是《清入关前满洲族的社会性质》、1962年为中共中央高级党校讲演清史而撰写的《清史简述》以及1957年讨论资本主义萌芽问题时发表的《关于徐一夔〈织工对〉》等文。

先生虽然身为系主任、国家一级教授，但是待人宽厚，慈祥和蔼，从无疾言厉色。他作风简朴，调至南开后，长期在职工食堂用餐；十数年间，一直只住一间宿舍。直到1963年其子媳调至南开，他才有了自己的家。先生自奉甚简，困难时期，和大家一起啃窝头，吃咸菜，但是遇到其他老师有困难，他却解囊相赠，毫不吝啬。在历史系内，他没有门户，不搞帮派，尽力团结全体老师，共同搞好工作。因此，他也受到了广大师生的由衷爱戴。1963 年,先生被任命为南开大学副校长。1964 年,先生又当选第三届全国人大代表,成为广大师生学习的楷模和榜样。

在先生和南开老一辈史学家的共同努力下,经过十余年的发展,南开大学历史系发生了巨大的变化。然而,在此期间,由于"左"的倾向继续发展,政治运动一个接着一个,知识遭到了贬低,知识分子也受到不公正的待遇。1957 年的反右派斗争,历史系一些有声望的教师和有才华的学生被错误地划为右派。"拔白旗、插红旗"、反右倾、批判白专道路又使绝大多数学生不敢读书。对于友人和学生受到迫害,先生内心十分痛苦,但却爱莫能助;对于历史教学和研究中出现的偏差,先生则利用自己在教育界和学术界的影响,尽其可能地予以扭转。这一时期,他针对史学研究中"以论带史""以论代史"等"左"的倾向而坚持"论从史出"的学术主张;针对学生运动多、劳动多,上课少、读书少的现象,而采取措施,给学生补课,并提倡学生"精读一本书"。"文革"爆发后,打乱了学校的正常秩序,知识分子受到严重冲击,他本人也被抛入了苦难的深渊。1966 年 6 月,他与南开其他老一辈史学家一起被作为资产阶级反动学术权威受到批斗。被关进"牛棚",劳动改造,丧失人身自由。明清史研究室也被强行解散,在历史系任教的儿子、儿媳被下放天津郊区劳动,年逾古稀的先生孤苦零仃的生活,每天一人到食堂用餐。但先生豁达开朗,"随遇而安",师生从内心敬佩这位史学界的泰斗。

十年动乱结束之后,先生获得了解放。1978 年 2 月,先生当选为第五届全国人大代表。1979 年 10 月,经党中央批准,又被重新任命为南开大学副校长。这时,先生虽已八旬高龄,但是却以饱满的热情投入了重建历史系的工作。经过他的努力,相当一批专业人员重新回到历史系,明清史研究室也恢复了工作并充实了一批新的研究人员。1980 年 4 月先生当选天津市劳动模范,不久又当选天津市第九届人大代表和天津市第六届政协委员。

从 1978 年开始,先生恢复招收研究生。1979 年,他又接受教育部委托,在全国高校招收进修教师十余人,举办明清史进修班。为了传授知识和治学方法,他以八旬高龄,亲自登坛授课,讲授清史概论、清代制度、明清史研究等课程,每周一次,每次二学时,有时还视情况增加讲课时间和次数。迄至他去世前,一直没有间断。课堂讲授之外,先生还不顾年迈,多次带领研究生、进修教师和明清史研究室成员前赴清东陵、西陵、承德避暑山庄、明十三陵实地考察,开阔他们的眼界,丰富他们的感性知识。同时,先生还不知疲倦地投身于学术研究事业。一方面字斟句酌,对旧作进行修改订正,出版学术论文集《探微集》(1984 年获天津市哲学社会科学优秀成果荣誉奖)和《清史简述》;另一方面,则对明清时期的一些重要问题继续深入研究。两三年中,先后撰就《清入关前满族的社会性质续探》《清代的幕府》等重要学术论文十余篇。先生还应邀主编《中国历史大辞典》,组织编修《明清史资料》《清史》等书。同时,先生还敏锐地察觉到一个中外文化交流融合的新时期正在到来,因而不失时机地与杨石先校长共同发起召开了首届国际明清史学术讨论会。1980 年 8 月,来自中国、美国、日本、澳大利亚、瑞士、联邦德国、民主德国、香港等八个国家和地区的一百多位明清史专家共聚南开,提交论文七十余篇,分别就明清时期的一些重要问题进行了热烈的讨论。

1980 年 3 月,中国史学会恢复活动并在北京召开代表大会,先生当选为常务理事,主席团成员。次年 5 月,又接任主席团主席。1980 年 12 月,中央同意先生任南开大学顾问,免去其副校长职务。1981 年 4 月,先生当选天津市特等劳动模范。1981 年 7 月,参加了国务院学位委员会会议并被评为全国第一批博士生导师。1981 年 10 月,在校庆 62 周年之际,学校为杨石先、郑天挺举办了执教业绩庆祝大会。教育部及学校领导、北京大学、西南联大、南开大学几代学人数百人赶来参加,高度评价几十年来先生哺育数代学人成长之功,感谢他对国家教育事业和史学研究做出的巨大贡献。这使先生深受感动。他非常谦逊地表示自己做得还很不够,并以更加忘我的精神投身于繁忙的工作之中。过度的劳累严重地伤害了他的身体健康,12 月中旬,开完全国人大会议返津后他即病倒。在医院病床上,他仍拳拳以成立南开大学明清史研究中心,编写《中国历史大辞典》明清分册,赴厦门出席郑成功学术讨论会为念。但是,急剧恶化的病情使得先生再也无法实现自己的愿望。1981 年 12 月 20 日,在津门一场皑皑白雪之中,著名史学家、教育家郑天挺先生溘然长逝,终年82 岁。噩耗传出,南开学子,全国史学界、教育界无不为失去这样一位德高望重的学术前辈而同声哀悼。教育部长蒋南翔发来唁电，高度评价先生对中国历史研究的重要贡献。教育部和卫生部负责人专程来津表示哀悼。1982 年春，由北京大学、中国社科院、南开大学共同发起，在北京举行了郑天挺先生学术纪念会。而后，南开大学历史系又委托先生门生先后编撰出版《郑天挺纪念论文集》《郑天挺学记》等书，并在历史系开设了郑天挺先生讲座课程。尔后，随着改革开放后史学研究的迅速发展，郑天挺先生的学术业绩及其培养史学后继人才之功在现代史学发展史上愈显重要，因而，于郑天挺先生诞辰90、100、110、120 周年之际，分别于 1989、1999、2009、2019 年连续四次举行由海内外学者共同参加的郑天挺先生学术纪念会，表达了各界人士和南开广大师生对先生最深切的怀念。同时，适应学术界需要，郑天挺先生生前所著多部经典著述《清史探微》《元史讲义》《历史地理学讲义》亦相继初版、再版行世，成为专业学者及青年学子从事史学研究的重要臂助和治学津梁，在史学研究中继续发挥着重要的引领作用。

治史访谈录

问:白先生,非常高兴有机会采访您。我们知道,您是 20 世纪 60 年代初考入南开大学历史系的,请谈谈您读本科时的求学经历。

答:我出身农家,与生俱来的财富就是贫困。上学以后,一直为筹措学费发愁,花钱买闲书几近异想天开。看到别人看连环画、读书,总是羡慕不已。为了获取知识,村中有书的同学家中和造纸厂收购的废纸堆是我经常造访、光顾之地。《三国演义》《东周列国志》《廿史通俗演义》《水浒传》《西游记》《千家诗》《古文观止》《幼学琼林》各种公案、侠义小说读了不少。考上中学以后,学校图书馆各种期刊杂志如《少年文艺》《中国青年》《旅行家》《知识就是力量》每期必读。多种中外名著亦手不释卷。高中阶段,虽然要冲刺高考,但仍旧习不改,兼之当时正处于国家经济困难时期,几乎每天都是饥肠辘辘,读课外书成了一种疗饥方式。因为浸淫书史,除了政史等科成绩稍好之外,其他各科成绩一直平平。古云:穷且益坚。也许正是这样像明人宋濂《送东阳马生序》中所述求学时期的艰苦生活,使我一生生活简单,不讲究吃喝穿戴,与各种游戏、声色犬马更是完全绝缘。也许正是广泛涉猎各种文史著作而没有死啃课本,才以第一志愿考上了南开大学历史学系。进入南开大学之后,在各位授课老师指导之下,我的眼界进一步开阔。至今已过半个世纪,当时各位老师的音容笑貌仍然浮于脑海。记得初入学时班主任是陈栩先生,气度儒雅,可敬可亲。先后教授历史文选和中国史者为来新夏、刘泽华、孙香兰、赵树经、汤纲、王文郁、李义佐、诸庆清、陈志远、杨盛清、马振举等先生，教授世界史者为陈枏、陈文林、杨生茂、张友伦、许盛恒、张义德、张象等先生；教授英语者是李景岳先生；教授专题课者为吴廷璆、王玉哲、杨志玖诸先生，无不学识渊博，情操高洁。其中，我对于刘泽华、来新夏、李景岳三先生，印象尤深。刘、来二先生在授课时经常提及个人见解，在我脑海中植入了最初的创新意识。李先生则将我们这些学生视同自己儿女，嘘寒问暖，具体而微。在这些先生的指导下，我不但上课时认真听讲、作笔记，而且还利用课余和假期背诵《诗经》《楚辞》，浏览《左传》《史记》，通读《资治通鉴》《明史纪事本末》等史学名著，立下了献身史学研究的志愿。我想，正是这些先生苦心授读，我才告别蒙昧，走上人生正途。如今，我虽已从教多年且年逾古稀，教过我的老师们已有多人归于道山，健在者也都年至耄耋，但是想起他们当年哺育之劳，仍觉感念不已，难以忘怀。

问：1978年，您第二次考入南开大学，攻读历史学硕士学位，师从著名历史学家郑天挺先生。请谈一谈郑先生对您的影响。

答：就在我沉浸书史之时，1963年以后，接踵而至的政治运动和"文化大革命"使我从事史学研究的理想完全破灭并身不由己地卷入了运动之中。而后毕业分配，先是分配到北京哲学社会科学部世界宗教研究所。不久，就下放到杭州下沙浙江省军区乔司农场接受再教育。再教育结束后，又被分配到杭州机床厂作生产管理工作。经过五六年的折腾，仅有的几本专业书籍也都遗失殆尽。没有文化的生活使我仿佛置身沙漠，十分渴望雨露滋润。1971年夏，经我申请，调回原籍河北正定县公社中学教书。粉碎四人帮之后，国家拨乱反正，我被调入省立重点中学教书。这时，我获知国家恢复研究生招考制度，强烈的求知欲驱使我谢绝了学校领导的挽留，斗胆报考了郑天挺先生的研究生。1978年秋，出乎意料地接到录取通知书，再度重返已经阔别十年的南开园。

我初识郑天挺先生，是在1961年秋考入南开大学历史系的迎新会上。记得那天是重阳节，利用在京编书余暇，时任系主任的先生返津看望我们这一届入学新生。给我的第一印象是，他中等身材，身着朴素,戴着一副深度近视眼镜,气度儒雅且精神矍铄,头发虽白却泛着亮光。在即席讲话时,他对我们考入南开表示欢迎,并希望我们在校期间好好学习,将来为社会做出贡献。后来,亦不时在校园中看到他的身影。1962年新年,我们班级还集体到他家拜年。但因当时自己年幼害羞,与先生身份相差悬殊,直到毕业,也没有和先生说过一句话。再度考入南开之后,我们同门数人多次立雪程门,聆听教诲。面对全国知名史学大师,我深觉自己浅陋无知,口齿嗫嚅,汗流浃背。为使我们摆脱窘境,先生总是先讲一些题外话,使我们紧张情绪有所缓和,再入正题。这使我们感到,先生不独可敬,而且可亲。不久,先生以八旬高龄,亲自升坛,讲授清史专题。宏观上,先生将清史历史地位、发展分期、研究意义、历程、研究资料及其价值不足,条分缕析详悉相示,并反复告诫研究历史要求真求用。微观上,则提出多个具体问题,以供我们各自选择研究方向。为了无负先生期盼,对得起这个难得的深造机会,我发奋攻读专业典籍。

虽然如此,因为自己脱离专业已经十余年,在步入明清史研究领域过程中,仍异常艰难,走了不少弯路。一是贪近求便,一段时间,不分层次,没有计划,乱读一气。在检查学习情况时,先生发现这一问题,即刻指示,须从阅读原始史料起步,先读一部价值可靠的原始史料,再渐及他书。按照先生指导,我才开始阅读《满文老档》、入关前两朝实录和朝鲜《李朝实录》等原始史料。二是不懂研究方法。前此,虽然看了不少历史研究法书籍,但因一直未和史学研究实践相结合,以致年过而立,却仍是一个门外汉。入学后很长时间,读书虽极辛苦,却迄无收益,更谈不上发现和心得。我十分苦恼,并向先生倾诉。先生听过后,一方面对我进行劝慰,不要急于事功,同时,特意提示我将有关原始史料进行比读。与此同时,前辈师长郑克晟、陈生玺、冯尔康和早年大学同窗南炳文等先生亦曾多方关心并给予热情帮助。根据先生指示,我对自己研究的入关前八旗课题有关原始史料反复互读,终于发现了对入关前政局进展影响甚巨且被历代清朝统治者长期隐瞒的皇太极改旗这一重要事件。并据此搜集资料,撰成毕业论文。毕业答辩时,该文获得了先生和答辩委员王钟翰、商鸿逵、戴逸等先生的普遍好评。尔后,使用这一方法,研究其他问题,也都累试不爽,续有发现。直到现在,我还十分庆幸当年能够厕身先生门墙。正是在他的教导下，我才较为顺利地走上了研究道路。其中，比读研究法更是他老人家留给我的无价财富，是一把史学研究的金钥匙。"观于海者难为水"，在我心目中，先生的学术成就永远是一座矗立云端的丰碑，他的学术思想和研究方法也永远是我汲取不尽的宝藏，他的严谨的治学风格和孜孜不倦、老而弥笃的治学精神，将永远激励我献身史学研究事业而无怨无悔。

问：1990 年出版的《乾隆传》是您的第一部独著，该书引用的史料丰富，脉络清晰，分析客观，兼具学术性与可读性，出版后好评不断，请您介绍一下您选择乾隆帝作为传主的原因、写这部书的情况以及该书运用史料的特点。

答：乾隆时期，中国疆域、人口皆雄居世界之首，政治安定，经济文化繁荣，清朝发展进入了鼎盛时期，对于其后中国社会的发展也产生了深远的影响。但是因为乾隆皇帝在位时间长，政治、军事、文化活动多，有关史料浩如烟海，仅其中主要史料《清高宗实录》即达1500 卷，上千万字，梳理极为不易。因而，尽管 20 世纪 80 年代，清史研究重点已逐渐转向入关以后，但是有关乾隆时期清史研究著作，却迄未面世。恰在这时，一家出版社出面相邀，撰写一部乾隆皇帝传记。为此，从 1985 年始，我全力以赴投入这一工作。先是在前此阅读顺康两朝实录的基础上，精读《清世宗实录》《清高宗实录》《高宗纯皇帝御制诗文集》等。当时，没有电脑，治学条件极其艰苦，全靠手抄，一年多的时间里，抄了一大包袱卡片和索引。尔后，又对之进行分类梳理，并补充政书、方略、传记、笔记史料六十余种，方才开始写作。在写作过程中，主要企图是以乾隆皇帝和他的臣僚活动及当时重大事件为线索，展现 18 世纪盛世形成原因和过程，盛世主要表现，盛世之下存在的问题，分别涉及政治、经济、军事、文化、外交等诸多领域。经过两年多无间寒暑的辛勤劳作，方将该书告成。可能因为是一部较早面世的乾隆皇帝传记，出版后，出现了一些正面评价。尤其令人高兴的是，自此之后，继起之作陆续面世。至今，包括港台在内，有关乾隆皇帝传记，不下二十余部，乾隆时期清史研究竟后来居上，呈现百花齐放的繁荣局面。

因为这是自己独立撰写之首部学术著作，撰写该书之初，我即给自己立下规矩,对于传主活动,只采用可信资料,不故弄玄虚,使用街头巷尾小说家言以耸人听闻。对其是非功过,亦一惟史实,不过分贬低,也不刻意拔高。同时,还要认真发掘和清理乾隆朝已被淡化或遗忘的重要史实,并提出经得起学术界推敲的学术见解,以为后世提供经验教训。我觉得这是在先生求真求用学术思想指导下的一次学术实践。其中,关于乾隆朝文字狱论述、乾隆皇帝和乾嘉学派、乾隆帝对传统建储理论的批判及对建储理论的发展等,皆系个人研究所得。是否正确,还请时贤评判。

问:您在研究清史的同时,也兼顾了对中国教育史特别是书院史方面的研究。您的《中国古代书院发展史》是一部较早的系统反映中国古代书院发展历程的学术著作,引用地方志是该书的一大特点,其统计成果至今仍被大量引用。请您谈一下您是如何开展书院史研究的。

答:《中国古代书院发展史》是我继《乾隆传》之后完成的第二部学术著作。始于1988年,成于1994年,前后历时六年,大大超出原来预期。我所以选择这一课题专加研究,一是当时重回历史研究所工作,教学任务相对减轻,可以从容研究一些难度较大、涉及资料广泛的课题。二是感到建国以来的教育制度皆以升学考试为中心,几乎重蹈清代科举考试旧辙。大学管理中官本位、晋升职称中指标量化等无形的指挥棒,既不利于人才的培养和学术活动的开展,也无法满足不断进步的社会需要,因而觉得清代书院教育制度民办公助、自由研究的良好风气曾经推动了学术事业的繁荣,似于当今社会有可以借鉴之处。

最初,我拟以"清代书院研究"为题,开始研究。为了了解清代书院发展情况,必须对唐、五代、宋、元、明书院有一个概然的回顾。而这些史料大多分散零碎,散见于各地方志之中,前人从未进行过全面清理。这样,进入工作不久,我就陷入了书堆之中难以自拔。先是为了掌握清代以前书院总体发展情况,通阅一千五百余卷《古今图书集成·职方典》和《明一统志》,将清代以前书院全部择出。尔后,尚觉不足,为求掌握各代书院总量,遂不得不竭泽而渔,将《乾隆一统志》《嘉庆重修一统志》《学政全书》、各省府州县志书和有关书院的学人文集也列入阅读范围,搜集目标也扩及清代所有书院。多亏南开大学图书馆方志类藏书向称丰富,不下三千余种。此时,又陆续购进台湾成文书局整套中国地方志丛书,遂使这一工作得以持续进行。大约花了三年时间,抄录卡片,堆积起来比人还高。在此基础上,又对所搜资料进行统一整理,删除重复,补充异名,订正讹误,又复将之分朝分省按年编排,其仅知建于何朝而不详建制年代者则附于该朝之末。做完这些搜集整理资料的基础工作后,始才进入研究写作阶段。分别对历代书院发展过程、盛衰原因、内部结构、与官学和科举考试关系、学风演变、明清时期书院取代官学和清末废书院为学堂的历史过程等重要问题进行了探讨。至此,我感到,仅以"清代书院研究"为名已不能概括全书内容,遂改以《中国古代书院发展史》为名出版。因为该书搜集资料比较广泛且对各代书院发展情况作了数量统计,出版后,书院研究学者多于研究论著中使用该书统计数字及部分内容。近年,应学界要求,该书又改名《明清书院研究》,纳入《明清史学术文库》,由故宫出版社再版发行。我觉得,能够为学者提供一些所需资料和可供参考的学术见解,作一个铺路石子,是我最觉幸福的事情。因为在该书搜集资料阶段,曾经没明没夜地大量抄录原始资料,每天搬动书籍重量也不下数百斤。书稿著成后很长时间,两手一直颤抖,无法写字。那年,我已年届五十。我想,不能用手,尚可用脑。于是抽出一段时间,从五十音图开始,学习日语。一年间,将大学《标准日本语》四册学完。不久,日本东京国学院大学邀我赴日,为期一年,对中日书院制度进行比较研究,实现了我进行国际学术交流的愿望,进一步开阔了学术视野。

在撰写该书时,我虽然下了不少功夫,但是,回过头看,不满意之处尚多。一是虽于历代书院数量及其兴废趋势致力颇深,对于书院其他方面情况则觉论述颇简,尤其于执教书院的名师个案研究较少。二是即以自己用力颇深的历代书院数量而言,亦可商榷并需进行再探讨。五代以后,许多与书院性质相同的教育机构并未使用书院之名。而我在收录过程中,仅取以书院为名者,不以书院命名而有书院之实者仅录其较有影响者。这样,就为学界留下了探讨各代书院数量的空间。如果连此亦一并计算,则历代书院数量将大大突破,唐代以后书院教育情况也将部分改观。相信新的一代教育史研究学者将会就此继续致力,推动书院研究的进一步深入。

问:您在 2002 年出版了《清代中枢决策研究》一书,详细研究了努尔哈赤到道光朝各时期的政权建设、中枢决策的一般过程和主要形式、中枢决策的具体事例、对中枢决策的监察、信息的输送及保存与整理等方面,分析了中枢决策在各朝的表现特征、对前朝的发展和对以后的影响,选题新颖,视角独特,具有重要的学术价值。请问您是如何选择研究"中枢决策"这一课题的?

答:中枢决策是关乎中国历代王朝生存和发展的重要问题,历朝历代,最高统治集团无不极予重视。清朝是中国封建社会最后一个封建王朝,在中枢决策的各个方面,既于前朝多所因承,也随时代发展而在不少方面有所创新。同时,作为一个以少数民族——满族为主体所建立的王朝,清朝中枢决策的各个方面还颇具民族特色。考虑到清朝中枢决策较之以往历朝颇为特殊而其整体动态研究却相对薄弱的情况,有的前辈学者鼓励我就此进行专题研究。学术研究贵在为后人提供借鉴,清代中枢决策的各个方面较之前朝有哪些突破,有什么经验教训可供参考和汲取,引起了我的极大兴趣。我酷爱读书,进行此课题研究之前,我已通读乾隆以前历朝实录及有关政书、传记,嘉道以后实录尚未涉及。这样,出于求真求用的目的,为了补充自己清史知识中的薄弱部位,我着手研究这一课题。为此,我专设清朝历代政权建设,中枢决策机构沿革及中枢决策各机构相互间地位和作用的消长变化,中枢决策的不同形式和一般过程,中枢决策的监察落实,中枢决策中的信息输送及其保存整理等研究子课题,并以此为视角,从头重读清朝历朝实录和有关史料。不知不觉,忙忙碌碌,三四年时间,又是一晃而过,而读书及写作内容仅至道光。再往下读,近代以后史料更是浩如烟海,即使穷毕生之力也无法读完。真是头白可期,杀青无日。只好就此打住,以《清代中枢决策研究》为名出版,这使我深觉遗憾。不过,回头再想,我非超人,精力毕竟有限,想在有生之年穷尽有关清史所有载籍,实不可能。而通过自己努力,能够对清朝前期中枢决策的各个方面做出系统论述,已属不易。我希望有志于此的时贤能就此继续研究,并相信在研究水平上定将有所超越,以为清史研究做出新的贡献。

通过该课题研究,我觉得无论宏观微观,都对清朝前期历史有了新的认识。就宏观而言,我觉得:清朝前期历代统治者能够与时俱进,不过一个世纪,即在中枢决策的各个方面实现了从入关前制度草创到入关后全面仿明及与入关前旧制并行乃至摒弃前明旧制及关外遗风的转变,从而使中枢决策机构、程序皆颇为完备,决策随意性减少,准确性增加,促成了盛世局面的形成。这说明,清朝前期几代统治者都是杰出的政治家,孕育过这几代清朝统治者的满族也是一个优秀的民族,对于中国社会的进步做出了重要的贡献。同时,对于清代中枢决策的各个方面,也从前此点的静态研究前进到线、面、体的动态研究。就微观而言,我认为,清朝中枢决策中的信息输送创新迭出,尤其是其中奏折的出现和使用,对于清朝政局的发展,曾经起过重要的良性作用。与此相反,清代中枢决策的监察和落实制度则极觉薄弱,对于清朝统治的衰落起到了颇大的消极作用,应该引起我们高度重视。

问:您治学一大特点是擅长考据,撰写了许多考据文章,并为研究生开设了"历史考据学"课程,您的考据功力让我们这些后学深为折服。您能谈谈这方面的治学经验与心得体会吗?您认为作为我国传统学术研究方法之一的考据在当今的历史研究中应该怎样发扬光大?

答:考据又称考证,既是史学研究的一项基本技能,又是历史学科的重要分支。人类社会在不断地向前发展,人们对于历史的认识也需要不断地更新。除了社会制度变革和重大政治事变使人们历史观念突变之外,历史知识的更新主要还是通过史学工作者艰苦考据得以实现。可以说,在史学研究中,考据承担着辨别真伪、提供真实历史资料的后勤作用,改变传统偏见、更新历史知识的中坚作用和探索历史发展规律的尖兵作用。因为它在史学研究中作用重大且自为学科,自古以来,凡是治史者无不极为重视,甚至不少学者还毕生致力于此并有价值甚高的著述传世。建国以后,一个时期中,史学界"左"的思潮甚嚣尘上,贴标签、影射史学风靡于世,考据成了封建主义史学、资产阶级史学的同义词,这是对严肃的史学研究的辱弄。为了拨乱反正,培养史学研究的后继人才,在写过几篇考据论文之后,我不揣冒昧，以郑天挺先生史学成就中的考据部分为基点，参以个人学习和研究心得，从 20 世纪 80 年代后期始，为研究生开设了历史考据学选修课。可能因为效果尚可，一开就是二十余年。我觉得，对于研究生而言，考据是一项基本功，每个学生必须接受这方面的基本训练。很难设想，不辨别史料真伪及其可信程度，拿来就用，通篇剽袭陈说，会写出有质量的创新性论文。

我还想说的是，考据是一项高难度的学术实践活动，是靠坚实有力的证据推翻陈说，提出新见。不要指望听一次、两次专题讲述，看一本、两本介绍历史研究法的小册子就可以入行。它既需机遇，更需实践。没有精读一本基本史学原著、通晓一代史实的毅力并培养自己从常人习而不察的矛盾记载中发现疑点的本领，没有广泛涉猎相关著述、常年坚持不懈地顺藤摸瓜、竭泽而渔、积沙成丘式的学术积累以寻求可靠证据，没有对相关史料掰碎揉烂、重新组合和认真分析的耐心，而心浮气躁，仅靠浮光掠影、一目十行式的读书，是不会搞出考据成果的。

尽管如此，对于考据发展前景，我还是颇为乐观。一是我坚信，后代学者必定比我们聪明。他们不会再像我们这一代一样，经历无休无止的政治运动，无端耗费可贵年华，而是不间断地接受系统而又完整的教育，有足够的宽裕时间阅读专业书籍，基础知识扎实，将会较为顺利地走上学术研究道路并且可较快地搞出高质量的研究成果。关于这一点，十数年来，与我朝夕相处的几位学弟的学术成就可为明证。他们继承郑先生治学风格，依靠自己的刻苦勤奋，短短三四年时间，即分别以《清代易学举隅》《清代黑龙江民族研究》《清朝前期俄国驻华宗教传道团研究》《清代辑佚研究》《明代儒学研究》《清代文献辨伪学研究》《桐城桂林方氏家族与明清政治及文化研究》等多个明清史重要研究项目为题，先后著成宏观上视角新颖、微观上多处突破、考据成就突出、学术价值甚高的博士学位论文，且皆被声望甚高的各家出版机构录用出版，并在当代学术研究中产生了较大影响。二是随着现代技术被引进研究领域，原先学者不能读到的罕见古籍不同版本、不同文字书籍顷刻之间即可搜罗无遗，研究条件不可同日而语，考据准确程度将会进一步提高，前代学者考据不完善或者错误之处可以得到修正，原先不能解决之问题可以不费多大力气得以解决。无数学者所期盼的"古人之事，应无不可考者"的愿望将因此而真正变成现实。三是随着历史前进，社会进步，学科分支愈益细密，与学术和国计民生紧密相关的需要考据的问题会愈来愈多，考据任务将愈加繁重。可以说，考据面临着无限辉煌的发展前景，考据也将因此走出少数学者所垄断的象牙之塔而进一步普及，成为所有学者研究的一种手段，成为史学研究大车间中的一道工序。

问：您在《清史考辨》和其他多篇文章中大量地使用康、雍、乾三朝满汉朱批奏折等档案史料。您在研究中不但对奏折的日期、进折人员的身份及进折数量等进行了缜密的考辨与分析，而且指出了包括满文奏折在内的不少史著的大量错误，您对此类史料的熟稔程度可见一斑。请问您是如何关注到奏折等档案史料的？奏折制度对清代政治有哪些影响？并请谈谈奏折等档案史料对清史研究的重要意义。

答：档案是最原始的历史资料，其史料价值远高于易代之后纂修的各朝正史，这一点，向为学界所公认。因为战乱，明代以前政府档案大多荡然无存，只有清代档案因为距离我们时代较近，且因有识之士加意保护，其中相当部分才保存至今。对于清史研究人员而言，能够得窥金柜石室之秘，可谓三生有幸。作为最早参与清代内阁大库档案整理的学者之一和北京大学明清史料整理室的创办人，郑天挺先生晚年登坛授课期间，多次强调清宫档案对于清史研究的重要作用。遵照先生指示，20世纪七八十年代之交，为作学位论文需要，我曾数次至北京中国第一历史档案馆查阅相关档案，深觉其价值非同寻常。其后，为了方便清史研究学者使用档案，经由一史馆专家努力，相当一批清代档案陆续刊布行世，随即引起清史学界的高度重视。应该说，这是一件功德无量的大好事。为此，从撰写《乾隆传》《康熙皇帝全传》开始，我就阅读并使用其有关部分，以确保著作质量。但是，作为一个清史专业研究人员，已从事研究二十余年，却迄未对其专加研究，使我甚觉遗憾。本世纪初，我已年近六旬，再不着手此业，恐将虚度此生。为此，在完成手头几项研究项目后，从2001年始，我开始将研究重点转向和清代政治关系最为密切的历朝奏折。其中，康熙朝满汉文奏折时代最早，而且皆已出版，无须进京往返之劳。因从康熙朝奏折开始研究。在阅读过程中,我先是通读满汉文奏折并按具折人编列具折人名索引,而后将《清圣祖实录》《康熙起居注》《圣祖仁皇帝御制诗文集》《文献丛编》《抚远大将军允禵奏稿》《关于江宁织造曹家档案史料》《康熙起居注》稿本残卷与《康熙朝汉文朱批奏折汇编》《康熙朝满文朱批奏折全译》互读。即按照时间顺序,将上述各书逐年逐月阅读,并作了数册笔记。这样一来,相当一批无年月奏折、朱批写作准确时间因此而顺利解决,一些前此并不清晰的重要事件发展线索和各书中的矛盾、舛误、缺漏之处也全部展现。在此基础上,我分别撰写了数篇有关康熙朝奏折的学术论文,并提出了一些个人见解。其主要者如:关于奏折的起源、使用范围、目的、内容和作用的发展沿变,我认为,作为一种特殊上行文书,奏折应起源于顺治皇帝亲政之初。最初,其内容仅是请安、谢恩之类,使用范围亦仅限于皇室戚属,其目的仅是以此加强皇室戚属对皇帝、皇太后的向心力。康熙时期,尤其康熙二十年之后,使用范围渐次扩及满汉朝臣,内容亦由皇室家务扩至国家政务,改以加强具折臣工对皇室向心力为主要目的。同时,兼具多途径、更快捷获取重要信息,保密性强,提高决策准确程度和皇帝本人在中枢决策中的作用,加强应付各种突发事态的能力,限制逐渐膨胀的内阁权势等功能,对于此后清朝统治的加强起到了重要的作用。关于康熙帝经营西疆,有关史料证明,当时,清朝中央政权虽与准噶尔地方政权处于敌对状态,但是,准噶尔地方政权却一直承认清朝中央政权,并对沙俄蚕食领土的侵略行径进行了反抗。关于参与争储夺嫡的康熙帝诸皇子事迹,向是史家关注的重点。只是限于史料不足,研究无法深入。此次康熙帝诸皇子奏折大量刊布行世,真如雪中送炭。而经过对上述各书所载诸皇子奏折进行比读,则可确定,《抚远大将军允禵奏稿》所载是根据允禵奏折致送理藩院副本抄录的存档本,内容真实可靠。以此可知,早在康熙时期,即出现了奏折副本。又,今刊诸皇子奏折虽多,但非完璧,最多仅当原折三分之一。不只允禵,包括皇四子胤禛在内的所有参与争储夺嫡的诸皇子奏折之相当部分,皆因为遭到雍正帝忌讳,而被销毁。关于康熙朝进折人员,向无定说。经过笔者发掘,终康熙一朝,进折人员有名可录者已有 969 人,已刊康熙朝奏折计 7392 份。考虑到已佚进折人员及折件,则康熙朝进折人员定在千人以上,原有折件当较今刊奏折超出一倍,甚至更多。这些说明,康熙朝是奏折这一上行文书得到长足发展的时期。关于康熙帝和罗马教廷关系,根据奏折可见,康熙四十四年教廷使节多罗来华,不许中国教徒称天主为上帝,禁止中国教徒祭孔拜祖。因其触犯中国主权,此后十五年中,康熙帝曾多次遣使致书罗马教廷,阐释中方立场,以争取教廷理解,继续保持双方友好关系,表现了极度的耐心和宽容。只因康熙五十九年教廷又以特使嘉乐来华,顽固坚持原有立场,致使双方关系急剧恶化,康熙皇帝才被迫禁教。因此,双边关系破裂,责任全在罗马教廷。

就在我准备继续深入研究康熙朝奏折并期续有发现之时,国家清史编委会邀我主持国家新修大清史乾隆朝人物传记纂修工作。为此,我不得不放下康熙朝奏折研究而转入雍乾两朝人物传记的资料搜集工作。虽然此项工作不是以奏折为主要研究内容,但是,雍乾两朝奏折仍是我使用的主要资料。投入研究之始,仍如以前,先将入传人物奏折目录从已出版的上百册雍乾两朝奏折中分别择出,按人做成详细索引。而后,从两朝实录电子版中将各人有关资料一一择出,并以人为纲,分别集中,与《清国史》《碑传集》《国朝耆献类征》《八旗通志》《满汉名臣传》《清代官员履历档案全编》、一史馆网上奏折、台北故宫网上奏折、传主个人文集、年谱、有关方略一并按年编就各人资料长编。因为是以档案为主,参以各书互读,我发现,由于种种具体原因,从时人认为最权威的两朝实录至最可信的年谱、文集皆有许多错误,至于依据清朝国史馆史官所修人物传记而成书的《清国史》及其他传记更属"自郐以下"。根据编修体例,我将这些错误之处以考异为名,专列于各人资料长编之下。而后,又将其中错误阙漏特甚者汇为《乾隆朝人物传记资料补正》《乾隆朝臣工疑年录》二文发表。虽然这一活动仅仅涉及雍乾两朝部分立传人物资料,并未广泛及于奏折各个方面,但是总还是为自己研究雍乾两朝奏折趟开了路子。同时,通过研究,我也进一步感到,奏折确是研究清史的资料渊海。研究清史不但要使用奏折档案资料,而且还要以其为主,方才会有所发现,方能将清史研究进一步推向深入。

为了跟上时代研究步伐,不致落伍,我于花甲之年,开始学习电脑技术。从拼音打字开始,一点一点地学。年老善忘,只能靠反复操作增强记忆。其间甘苦冷暖，只有自知。正是通过使用电脑，才使我阅读到一史馆在网上公布的大量奏折，工作效率大大提高，并最终完成了国家清史编委会交给的国史纂修的神圣任务。我觉得，从走上清史研究之路至今，三十多年来，我始终是个研究生。在剩余的时间里，我仍将锲而不舍，读未见书，研究前人未曾研究的问题，以实现我的人生价值。

问：最后请您谈一下清朝历史定位及对清史研究现状的看法、未来的展望以及对后学的期望。

答：从 20 世纪初推翻帝制清朝灭亡至今，已经一个世纪。当时，出于推翻清朝统治的政治需要，对于清朝历史定位，政学两界进步人士皆持否定态度，足可理解。而今，清朝灭亡已经百年，客观地看待清朝在中国历史上的地位，给于一个正确评价，是我们清史研究人员不可推卸的责任。我觉得：在中国历代封建王朝中，清朝虽是一个以少数民族为主体所建立的王朝，但却贡献最大、地位甚高。正是在清朝统治时期，国家实现了完全统一，并最终奠定了中国版图。正是在清朝时期，破除了两千年来汉族士大夫内华夏而外夷狄的传统偏见，少数民族地位进一步提高，对于中央政府向心力进一步加强，中华民族最后形成。正是在清朝时期，政局长期安定，人口迅速增长，达到四亿以上，生产力不断发展，经济总量空前增长，位居世界之最。正是在清朝时期，文化教育进一步普及，学术事业呈现空前繁荣的局面。进入近代以后，面对船坚炮利的外敌入侵，清朝政府一次又一次地组织全国数代先民奋起抵抗。虽然因为社会制度落后，大多以失败而告终，但却起到了唤醒民族意识的重要作用。同时，为了富国强兵，清朝政府先是搞洋务，学习西方先进科学技术。不久，又进行政治改革，实现从古代向近代社会的转变。即使面对民主革命浪潮，清朝统治者亦审时度势，被迫逊位民国，避免了族群分裂。所有这些说明，在维护国家统一、增进民族团结、推动社会进步等方面，清朝政权皆做出了突出的贡献。作为一个清史研究者，应该正视这些史实，并以对历史负责的精神，据史直书，上以告慰为国家独立、民族团结、社会进步而献身的无数志士仁人和数代先民在天之灵，下以向子孙万代有个交待，以供他们汲取经验教训，激励他们自立于世界民族之林。可喜的是,本世纪初,国家进入盛世之初,党中央即注意于此,并决定由戴逸先生为首,组织清史学界专家学者纂修清史,实为适时盛举。不过,我认为,此次国家组织纂修清史,既是对一个世纪以来清史研究的一次总结,也是清史研究新阶段的开始。由于集中各路精英且深入发掘资料,层层把关,反复打磨,可以预期,最终产品将属上乘。但是,靠纂修一部书即可完成全部清史研究内容,绝非现实之论。兼之作为配套产品,许多海内外有关清史的原始资料皆成批出版并首次和读者见面,皆为清史研究提供了取之不尽的源泉。因此,可以说,此次清史纂修工程的完成不但不会终结清史研究,也不会使清史研究经过一段高潮之后趋于冷落,反而会推动清史研究进一步繁荣。为此,我特别寄语青年一代清史研究学者,继承孟森、郑天挺、戴逸等老一辈学者所开创的清史研究事业,迎接清史研究更加辉煌的明天。

后　记

　　十数年前，拙作《清史考辨》曾由人民出版社出版。此后，因为国家清史编委会组织的《清史》纂修任务泰山压顶，笔者不敢丝毫懈怠，一直没有专门时间撰写清史专题论文。退休之后，身体每况愈下，跑医院、住病房渐成常态，读书、研究、写作几乎成了奢侈品。因而，检点十数年来所作清史研究论文，为数寥寥，实觉赧颜。日前，承蒙南开大学历史学院错爱，拟将拙作纳入续行出版之《南开史学家论丛》，这使我十分感愧，又颇觉手忙脚乱。只能将原作《清史考辨》及十数篇新作合为一编，仍以《清史考辨》为名，奉献给清史学界。

　　四十余年前，业师郑天挺先生以年逾八旬之高龄，升坛授读。作为一个入室弟子，我曾经亲承謦欬，并且由此步入清史研究殿堂。其时情景，至今想起，仍觉历历在目，宛然如昨。感念之情，难以言述。仅因弟子赋性愚鲁，以致年逾古稀，仍然碌碌无为，鲜有所成，有负先生教诲和期盼。值此先生诞辰120周年之际，谨以此书献给先生，以表不肖弟子对于先生最深切之怀念。

　　在将拙稿整理完毕之际，作为一个已经退休多年的老人，我也不由地回忆起自己走过的七十多个春秋。1961年秋，我从滹沱河畔一个偏远乡村首次来到渤海之滨，成为南开大学历史系莘莘学子中的一员，在学识渊博、情操高洁的诸位老师的精心哺育和熏陶下，才告别了蒙昧，走上了人生正途。因此，对于已经驾鹤西行和健在人世的各位授业老师，怀有由衷的感恩心情。尤为感念的是，在我步入而立之年的岁月里，又受到命运之神的再次眷顾，有幸厕身学术大师、著名明清史专家、已故业师郑天挺先生门墙，从而再度改变人生轨迹，进入了清史研究领域，粗通治学门径，并为传统学术研究事业略尽绵薄之力。人生苦短，岁月又不能倒流。在向80后快步迈进之际，笔者深信，后继学者定会继续努力，更上层楼，进一步深入研究清史，将近三百年中数代先民和无数志士仁人、英烈先贤推动社会进步的光辉业绩，波澜壮阔、可歌可泣的抗击外敌入侵、捍卫民族独立的伟大斗争画卷，悉行展现于世人面前，激励他们为中华民族伟大复兴而继续奋斗。

本书的出版，得到了众多领导和学界师友的大力支持和热心帮助。其中，南开大学历史学院领导尤其是江沛院长从筹措出版经费、书稿立项、确定体例到联系出版事宜，均予关心，古道热肠，使我倍感温暖。而中华书局责任编辑杜艳茹女士则夜以继日审读书稿，发现并纠正其中错误多处，体现了一个优秀编辑极度认真负责的工作态度、高超的学术识见与编辑技巧。尚需指出，我的一个忘年交——南开大学历史学院马子木先生还于繁忙的研究工作之余，根据出版要求，抽出宝贵时间，为书稿分章设节，各立标题。金卫国、张霆诸学弟亦从网上多方收集拙作散见文章，打印校勘并订正注文，以使本书顺利结集成册。于此书稿即将面世之际，特作以上说明，并表达深深的谢意和感念之情。

白新良于 2020 年岁暮